# अमर शहीद चन्द्रशेखर आज़ाद

# अमर शहीद चन्द्रशेखर आज़ाद

विश्वनाथ वैशम्पायन

सम्पादक
सुधीर विद्यार्थी

राजकमल प्रकाशन

ISBN : 978-81-267-1435-3

**मूल्य :** 995

**पहला संस्करण :** 2007
**चौथा संस्करण :** 2024

**प्रकाशक :** राजकमल प्रकाशन प्रा.लि.
1-बी, नेताजी सुभाष मार्ग, दरियागंज
नई दिल्ली-110 002
**शाखाएँ :** अशोक राजपथ, साइंस कॉलेज के सामने, पटना-800 006
पहली मंजिल, दरबारी बिल्डिंग, महात्मा गांधी मार्ग, प्रयागराज-211 001
1, अनमोल सोराबजी संतुक लेन, धोबी तलाव, मरीन लाइंस, मुम्बई-400 002
वेबसाइट : www.rajkamalprakashan.com
ई-मेल : info@rajkamalprakashan.com

**मुद्रक :** बी.के. ऑफसेट
नवीन शाहदरा, दिल्ली-110 032

AMAR SHAHID CHANDRASHEKHAR AZAD
by Vishwanath Vaishampayan
*Edited* by Sudhir Vidhyarthi

विश्वनाथ वैशम्पायन

अमर शहीद चन्द्रशेखर आज़ाद

▶
शहीद चन्द्रशेखर 14 वर्ष की उम्र का दूर्लभ चित्र

◀
शहीद चन्द्रशेखर आज़ाद

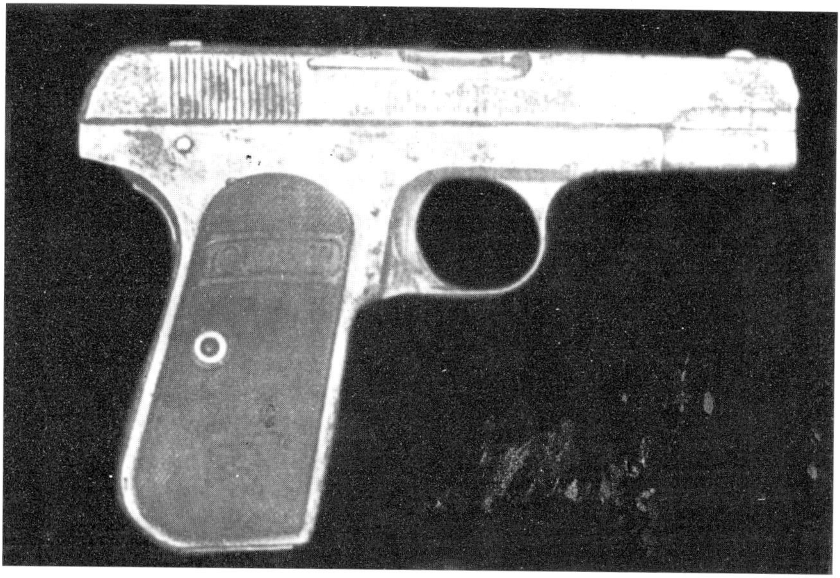

आज़ाद की पिस्तौल

मास्टर रूद्रनारायण सिंह की पत्नी के साथ आज़ाद

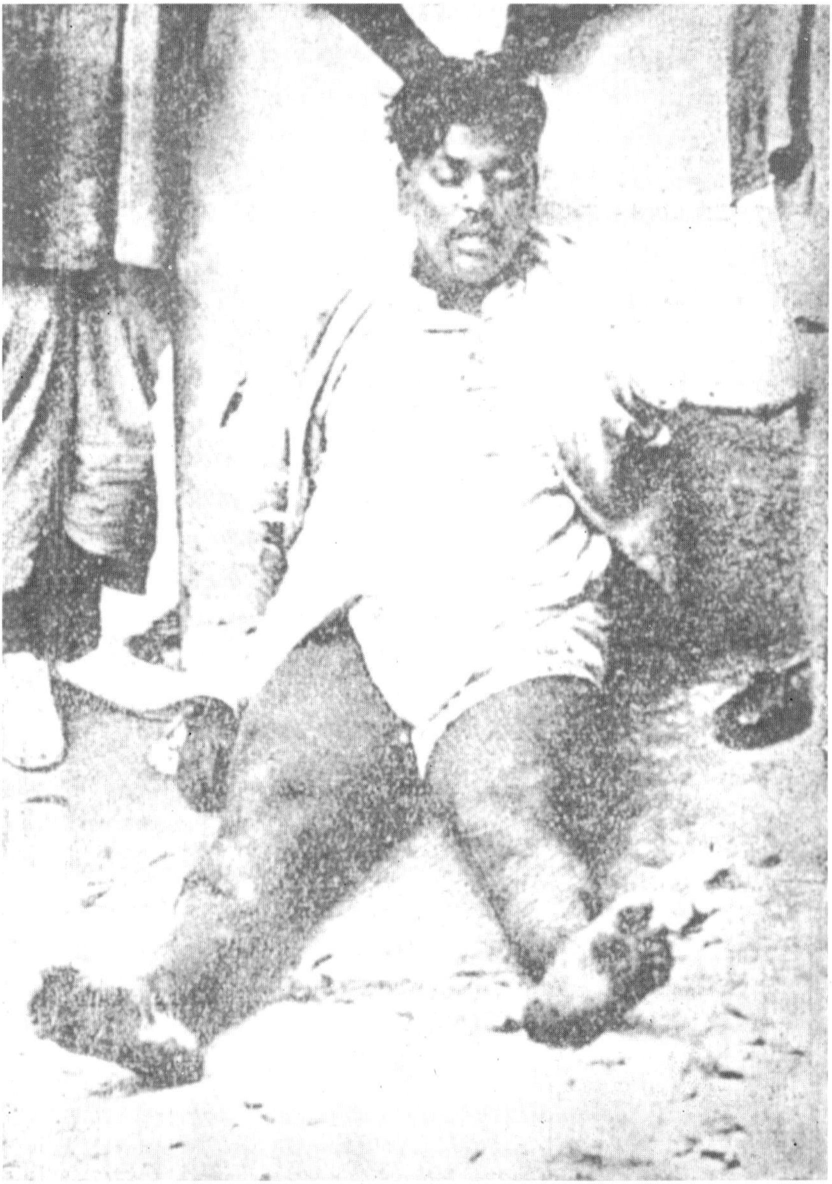

अमर शहीद चन्द्रशेखर आज़ाद के अन्तिम दर्शन

*देश के उन मृत्युंजयी नौनिहालों को जिन्होंने देश की स्वतन्त्रता की रक्षा के लिए हँसते-हँसते अपने प्राण निछावर कर दिए।*

# अमर शहीद चन्द्रशेखर आज़ाद

# वैशम्पायन की कृति

चन्द्रशेखर आज़ाद 1921 में एक साधारण असहयोगी के रूप में स्वतन्त्रता आन्दोलन में आए। तब वे काशी विद्यापीठ में संस्कृत के छात्र थे। महात्मा गांधी की देशव्यापी पुकार उन्हें भी बहा ले गई और वे 'भारत माता की जय' बोलते हुए पकड़ लिए गए। मजिस्ट्रेट के सम्मुख उन्होंने अपना नाम 'आज़ाद', पिता का नाम 'स्वतन्त्र' और घर 'जेलखाना' बताया। अदालत में उनका यह संक्षिप्त किन्तु निर्भीक संवाद रातों-रात देश भर में चर्चित हो गया और वे अपने समय के 'हीरो' बन गए। पर कम उम्र में असहयोग से मिली यह लोकप्रियता भी उन्हें बाँधकर नहीं रख सकी। स्वतन्त्रता-प्राप्ति का गांधीवादी रास्ता उन्हें रास नहीं आया और वे जल्दी ही इसे छोड़कर क्रान्तिकारी संग्राम की ओर मुड़ गए। शुरुआत में उन्हें बनारस में ही मन्मथनाथ गुप्त का साथ मिला। फिर तो तब के अनेक क्रान्तिकारी युवकों के वे बहुत नजदीक आते चले गए।

अपने स्वभाव, कार्यशक्ति और क्रान्तिकारी चेतना के चलते जल्दी ही दल के चहेते सदस्यों में आज़ाद की शुमार होने लगी और वे खतरनाक क्रान्तिकारी अभियानों में ले जाए जाने लगे। 1924 में 'हिन्दुस्तान प्रजातन्त्र संघ' बना तब आज़ाद की उसमें खास जगह थी। पं. रामप्रसाद बिस्मिल के नेतृत्व में 9 अगस्त, 1925 को काकोरी स्टेशन के निकट रेल का सरकारी खजाना लूटने के महाअभियान में आज़ाद दस क्रान्तिकारी नौजवानों में शामिल थे। बाद को गिरफ्तारियाँ हुईं तो दल के नेता सहित करीब चालीस क्रान्तिकारी जेलों में डाल दिए गए। लखनऊ में अठारह महीने मुकदमा चला जिसमें पं. रामप्रसाद बिस्मिल, अशफाक उल्ला खाँ, ठाकुर रोशनसिंह और राजेन्द्रनाथ लाहिड़ी को फाँसी तथा अन्य को लम्बी सजाएँ मिलीं।

आज़ाद काकोरी की धर-पकड़ और मुकदमे के दौरान पुलिस की बहुत कोशिशों के बाद भी पकड़े नहीं जा सके। वे कहीं छिपकर नहीं बैठ गए बल्कि दल के नेतृत्व और पुनर्गठन का भार उनके कन्धों पर आ गया था। इस कठिन समय में ही उनके भीतर नेतृत्व क्षमता का विकास हुआ। कहना न होगा कि काकोरी की फाँसियों के बाद दल के पुनर्गठन के लिए दिल्ली के फिरोजशाह कोटला के खंडहरों में 8 और 9 सितम्बर, 1928 को बुलाई गई देश भर के महत्त्वपूर्ण क्रान्तिकारियों की बैठक में सर्वसम्मति से आज़ाद ही दल के सेनापति चुने गए। यह गौरतलब है कि आगे लम्बे दौर में उनकी नेतृत्व क्षमता पर कभी किसी ने उँगली नहीं उठाई, बल्कि उनकी अगुआई में ही 'साण्डर्स

वध' और 'असेम्बली बम कांड' जैसे बड़े क्रान्तिकारी अभियान सम्पन्न हुए। 27 फरवरी, 1931 को इलाहाबाद के अल्फ्रेड पार्क में ब्रिटिश पुलिस से घिरकर शहीद हो जाने तक उन्होंने सर्वाधिक सक्रिय क्रान्तिकारी जीवन जिया, जो विश्व रिकॉर्ड है।

इस लम्बे क्रान्तिकारी सफर में आज़ाद ने अपनी दृष्टि, कार्य-कुशलता और परिश्रम से अनेक नौजवानों को पार्टी से जोड़ा जिससे सम्पूर्ण उत्तर और मध्य भारत में पार्टी का असाधारण विस्तार हुआ और वह ब्रिटिश सत्ता के लिए कड़ी चुनौती बन गई। भगत सिंह जैसे बौद्धिक क्रान्तिकारी को भी आज़ाद का नेतृत्व स्वीकारने पर कभी हिचकिचाहट नहीं हुई। आज़ाद भी अपने जीवन और कार्यों से प्रगतिशीलता और क्रान्तिकारित्व में कभी किसी से पीछे नहीं रहे।

आज़ाद के व्यक्तित्व में एक खास तरह का आकर्षण था। नायकत्व उन्हें जैसे सहज रूप में मिला हुआ था। वे पार्टी के सदस्यों के लिए सेनापति से अधिक मित्र थे। खतरनाक कामों में वे सदैव आगे रहते थे। त्वरित निर्णय लेने की क्षमता और सूझबूझ के कारण ही वे पार्टी को गतिशील नेतृत्व देने में कामयाब हो सके। आज़ाद के साथियों ने उनके मानवीय गुणों और एक योग्य सेनापति की क्षमताओं का बार-बार उद्‌घाटन किया है। मन्मथनाथ गुप्त ने 'चन्द्रशेखर आज़ाद और उनका युग' लिखकर आज़ाद की अगुआई में चले उस पूरे क्रान्तिकारी संग्राम का एक सार्थक मूल्यांकन करते हुए उसमें आज़ाद की जगह तय की है। भगवान दास माहौर, शिव वर्मा, सदाशिव राव मलकापुरकर, रामकृष्ण खत्री, शचीन्द्रनाथ बख्शी, दुर्गा भाभी, तारा अग्रवाल, श्रीदेवी मुसद्‌दी, सुखदेवराज, राजाराम शास्त्री, प्रो. नन्दकिशोर निगम, काशीराम, भवानीसिंह रावत, राजेन्द्रपाल सिंह वारियर, सुरेन्द्र शर्मा आदि उस युग के क्रान्तिकारियों ने भी आज़ाद पर अपने संस्मृतियाँ लिपिबद्ध कीं। लिखा यशपाल ने भी, पर आज़ाद पर ऐसा करते हुए उनकी कलम की स्याही में थोड़ी कमी रह गई। 'सिंहावलोकन' इसीलिए एक विवादास्पद कृति है जिसमें आज़ाद को छोटा करके दिखाने का प्रयास है। एक समय यशपाल के आज़ाद सम्बन्धी संस्मरणों पर अनेक सवाल उठे। आज़ाद के विश्वस्त क्रान्तिकारी साथी विश्वनाथ वैशम्पायन ने तीन खंडों में आज़ाद की जीवनी लिखी, जिसे उत्तर प्रदेश के मिर्जापुर में 'शहीद उद्यान' का निर्माण करानेवाले वटुकनाथ अग्रवाल ने अपने क्रान्तिकारी प्रकाशन, मिर्जापुर से ही प्रकाशित किया था। भाग-1 1965 में तथा भाग-2 व 3 एक जिल्द में 1967 में छपे। इसमें 'हिन्दुस्तान प्रजातन्त्र संघ' के गठन से लेकर 'हिन्दुस्तान समाजवादी प्रजातन्त्र संघ' में उसके रूपान्तरण तथा आज़ाद की शहादत के बाद तक के समय का ब्योरेबार प्रमाणिक विवरण है। वैशम्पायन ने आज़ाद की एक मनुष्य, एक साथी और क्रान्तिकारी पार्टी के सुयोग्य सेनापति की छवि को विस्तार देते हुए उनके सम्पूर्ण क्रान्तिकारी योगदान के सार्थक मूल्यांकन के साथ ही आज़ाद के अन्तिम दिनों में पार्टी की स्थिति, कुछेक साथियों की गद्‌दारी और आज़ाद की शहादत के लिए जिम्मेदार तत्त्वों का पर्दाफाश किया है। अपनी पुस्तक में वैशम्पायन जी बहुत निर्भीकता से सारी बातें कह पाए हैं। उनके पास तथ्य हैं और तर्क भी।

आज़ाद से उनकी निकटता इस कार्य को और भी आसान बना देती है। आज़ाद और वैशम्पायन के बीच सेनापति और सिपाही का रिश्ता है तो अग्रज और अनुज का भी। वे आज़ाद के सर्वाधिक विश्वस्त सहयोगी के रूप में हमें हर जगह खड़े दिखाई देते हैं।

आज़ाद की शहादत के बाद यदि वैशम्पायन न लिखते तो आज़ाद के उस पूरे दौर पर एक निष्पक्ष और तर्कपूर्ण दृष्टि डालना हमारे लिए सम्भव न होता। एक गुप्त क्रान्तिकारी पार्टी के संकट, पार्टी का वैचारिक आधार, जनता से उसका जुड़ाव, केन्द्रीय समिति के सदस्यों का टूटना और दूर होना तथा आज़ाद के अन्तिम दिनों में पार्टी की संगठनात्मक स्थिति जैसे गम्भीर मुद्दों पर वैशम्पायन जी ने बहुत खरेपन के साथ कहा है। वे स्वयं भी एक क्रान्तिकारी की कसौटी पर सच्चे उतरे हैं। आज़ाद के साथ किसी भी कठिन परीक्षा में वे कभी अनुत्तीर्ण नहीं हुए। आज़ाद को खोकर वैशम्पायन ने कितना अकेलापन महसूस किया, इसे उनकी इस कृति में साफ-साफ पढ़ा जा सकता है।

आज़ाद-युग पर वैशम्पायन जी की यह अत्यन्त विचारोत्तेजक कृति है जो आज़ाद की तस्वीर पर पड़ी धूल को हटाकर उनके क्रान्तिकारित्व को सामने लाने का ऐतिहासिक दायित्व पूरा करती है।

आज़ाद के जन्मशती वर्ष में इस पुस्तक के पुनर्प्रकाशन से उन सभी को प्रसन्नता होगी जिनकी आस्था क्रान्तिकारी आन्दोलन के सिद्धान्तों और आदर्शों में रही है और जो मानते हैं कि शहीदों के सपनों का समाजवादी भारत अभी निर्मित नहीं हुआ है तथा जिसके लिए लम्बे व कड़े संघर्ष की जरूरत है। यह पुस्तक क्रान्तिकारी आन्दोलन के आज़ाद-भगत सिंह युग के वास्तविक इतिहास लेखन की ओर भी लोगों को आकर्षित करेगी, ऐसी आशा है। इस पुस्तक की प्रकाशन योजना के लिए मैं श्री प्यारेलाल अग्रवाल एडवोकेट, अध्यक्ष, लाला लाजपतराय स्मारक साहित्य सदन एवं शहीद उद्यान मिर्जापुर (उ.प्र.) तथा श्री शिवलाल अवस्थी (मिर्जापुर) के प्रति कृतज्ञता ज्ञापित करता हूँ। राजकमल प्रकाशन के श्री अशोक महेश्वरी के व्यक्तिगत प्रयासों से इसका पुनर्प्रकाशन सम्भव हो सका है। इसके लिए वे धन्यवाद के पात्र हैं।

**–सुधीर विद्यार्थी**

27 फरवरी, 2006
(चन्द्रशेखर आज़ाद बलिदान दिवस)

# आज़ाद का व्यक्तित्व

आज़ाद का आदर्श चरित्र था, इसलिए वे सफल नेता थे। उनका तो कहना था कि जिस राष्ट्र ने चरित्र खोया उसने सबकुछ खोया। जिस दिन क्रान्तिकारी-दल में उन्होंने यह कमजोरी देखी उन्होंने उसे भंग कर दिया।

स्वाधीनता का यह पागल पुजारी अपने कर्तव्य के प्रति निष्ठावान और उसके पालन करने तथा कराने में वज्र के समान कठोर था।

अपने प्रति सर्वथा विरक्त और दल के प्रत्येक सदस्य के प्रति उसके हृदय में स्नेह कूट-कूट कर भरा था।

जब संगठन आदर्श के प्रति उदासीन दिखाई दिया तो आज़ाद को अत्यन्त पीड़ा हुई, फिर भी संघर्ष से उन्होंने मुँह नहीं मोड़ा।

जब दल के अनेक सदस्य कमजोरियों के कारण शत्रु से जा मिले तो लोगों ने आज़ाद से कहा कि वे रूस चले जाएँ। इस पर वे हँसकर बोले—मैं रूस-फूस नहीं जाता। मेरा देश आज़ादी का युद्ध लड़ रहा है, ऐसे समय में मैं देश से बाहर नहीं जाऊँगा, यह तो रण में पीठ दिखाने के सदृश होगा। मेरी देश में ही आवश्यकता है और मैं जीवन की अन्तिम साँस तक शत्रु से लड़ता रहूँगा।

वे जीवन के अन्तिम समय तक—पिस्तौल की आखिरी गोली तक शत्रु से लड़ते रहे तथा देश की स्वतन्त्रता के महायज्ञ में, भारत-माता के चरणों में उन्होंने अपने प्राण निछावर कर दिए।

उनका तो नारा ही था—

*दुश्मनों की गोलियों का सामना करेंगे।*
*आज़ाद हैं आज़ाद ही रहेंगे॥*

# प्राक्कथन

## *कुछ अपने विषय में*

मेरे पूर्वज कालिंजर-युद्ध के समय उत्तर प्रदेश में पेशवाओं के साथ महाराष्ट्र से आए और तभी से कर्वी, जिला बाँदा में बस गए। मेरे पिता बाँदा में सरकारी नौकरी में थे जब मेरा जन्म हुआ। शिक्षा का श्रीगणेश बाँदा में ही हुआ। कुछ वर्षों पश्चात् पिताजी का स्थानान्तर झाँसी हुआ और नौकरी से अवकाश ग्रहण करने तक वे झाँसी में ही रहे। उन्हें नौकरी से समय से पूर्व ही अवकाश ग्रहण करना पड़ा, क्योंकि मेरे घर छोड़ने से उनको अत्यधिक दुःख हुआ। उसी से उनकी आँखें जाती रहीं। अवकाश ग्रहण करने के पश्चात् वे ग्वालियर में जा बसे और वहीं उनकी मृत्यु भी हुई।

झाँसी आने पर पहले मुझे सरस्वती पाठशाला में भर्ती किया गया। परन्तु 1921 में सरस्वती पाठशाला राष्ट्रीय स्कूल घोषित हो जाने के कारण, कुछ समय पश्चात् मुझे वहाँ से निकालकर गवर्नमेन्ट इंटर कॉलेज के हाई स्कूल विभाग में छठी कक्षा में भर्ती करा दिया गया। सरस्वती पाठशाला में ही मास्टर रुद्रनारायण से मेरा घनिष्ठ सम्बन्ध हो गया था। सरस्वती पाठशाला छोड़ने के बाद भी मैं उनके यहाँ ड्राइंग सीखने जाता था। मास्टर साहब के यहाँ पैरेललबार था, वे स्वयं अच्छा पैरेललबार करते थे और हमें भी सिखाते थे।

उन दिनों महाराष्ट्र में अखाड़ों का बड़ा जोर था। भारत के विभिन्न भागों में भी जहाँ-कहीं महाराष्ट्रियों की पर्याप्त संख्या थी, उन सब जगहों में अखाड़े खुले थे, जहाँ कुश्ती और मलखम्ब के सिवा लाठी-लेजिम भी बच्चों और नवयुवकों को सिखाया जाता था। झाँसी में भी ऐसी व्यायामशाला थी। यहाँ पर अमरावती की व्यायामशाला से दो शिक्षक इसकी शिक्षा देने बुलाए गए थे। मैं भी लाठी-लेजिम और मलखम्ब सीखने के लिए इस व्यायामशाला का सदस्य बना। छह महीने में ही मैंने यह शिक्षा पूर्ण की और बाद में झाँसी के आर्यसमाज-मन्दिर की व्यायामशाला में लाठी और लेजिम सिखाने के लिए जाने लगा।

सन् 1924 में मास्टर रुद्रनारायण ने किले के नीचे सार्वजनिक वाचनालय में पैरेललबार सिखाने का क्लास खोला। इसमें एक बंगाली सज्जन भी पैरेललबार सिखाते

थे। मैं यहाँ भी सीखने जाने लगा। इन बंगाली महाशय को लोग बाबू कहकर पुकारते थे। इसी बीच मास्टर रुद्रनारायणजी राजनीति की कुछ चर्चा भी लड़कों से करते। कभी-कभी नवयुवकों को क्रान्तिकारी-साहित्य पढ़ने को देते और बाद में उनसे सशस्त्र क्रान्ति के विषय में भी विचार-विनिमय करते थे।

जब उन्होंने मुझे उस ओर झुकते और क्रान्तिकारी आन्दोलन की अधिक से अधिक जानकारी प्राप्त करने के लिए उत्सुक देखा तो भारतीय क्रान्तिकारी दल के विषय में भी उन्होंने बताया और अन्त में मुझे दल का सदस्य बनाकर बाबू का परिचय दिया। ये ही शचीन्द्रनाथ बख्शी थे, जो बनारस से झाँसी आकर क्रान्तिकारी दल का संगठन कर रहे थे। बख्शी बाबू के यहाँ ही मेरी पहली भेंट श्री चन्द्रशेखर आज़ाद से हुई। उन दिनों वे सिर पर लम्बे बाल रखे थे और खद्दर की तहमत बाँधे हुए थे। बख्शी बाबू के यहाँ ही मेरा सदाशिव राव मलकापुरकर तथा भगवान दास माहौर से क्रान्तिकारी दल के सदस्य के नाते परिचय हुआ। वैसे तो इन दोनों से ही और विशेष रूप से सदाशिव राव से मैं अच्छी तरह परिचित था, क्योंकि हम बरसों तक 'बाल-समाज' नामक संस्था के सदस्य रहे, इसलिए भी सदाशिव के घर मेरा आना-जाना बहुत था।

सन् 1925 में काकोरी-षड्यन्त्र के समय शचीन्द्रनाथ बख्शी झाँसी से फरार हो गए, उसके बाद उनसे भेंट नहीं हुई। बाद में अखबारों में पढ़ा कि वे काकोरी ट्रेन डकैती के सिलसिले में भागलपुर में गिरफ्तार कर लिए गए।

इसी बीच श्री चन्द्रशेखर आज़ाद झाँसी आकर रहने लगे। बाद में उन्होंने यहीं से अन्य सदस्यों से सम्बन्ध स्थापित कर संगठन का पुनर्गठन किया।

मैट्रिक तक मुझे दल के कार्य से कहीं बाहर नहीं जाना पड़ा। मैट्रिक पास होने के बाद पिताजी मुझे मेडिकल पढ़ने के लिए इन्दौर भेजना चाहते थे, परन्तु मैं झाँसी नहीं छोड़ना चाहता था, इसीलिए मैंने इंटर ज्वाइन किया। परन्तु यह पढ़ाई अधिक दिन न चली। दल के काम से श्री विजय कुमार सिन्हा मुझे आगरे ले गए। वहाँ लगभग 15-20 दिन रहने के कारण पढ़ाई समाप्त हो गई।

मेरे इस प्रकार जाने से घर में हड़कम्प मच गया। मैं घर से तो यह कहकर गया था कि अपनी बड़ी बहन के यहाँ सीतापुर जा रहा हूँ, किन्तु जब मेरा वहाँ भी पता न चला तो मामला और भी संगीन हो गया। उन्हीं दिनों मेरे एक चचेरे भाई जो सेना में मेजर थे, झाँसी आए हुए थे। उन्होंने मेरा ट्रंक खोला तो उसमें एक रिवाल्वर और क्रान्तिकारी-साहित्य मिला। उन्होंने सारी स्थिति पिताजी को समझा दी। मेरा ट्रंक वैसे ही बन्द कर दिया गया। आगरे से मैं अपनी बहन के यहाँ गया और वहाँ से घर लौटा।

पहले तो बहन के यहाँ ही पूछताछ हुई, परन्तु हमने एक ही सिद्धान्त इस मामले में अपना रखा था कि 'एक चुप हजार बलाएँ टालता है।' घर पर भी लोगों ने बहुत पूछताछ की। जो आता वही पूछता, कहाँ गए थे, क्यों गए थे। आखिर इस कहाँ और क्यों से तंग आकर मैंने माताजी से कहा कि 'यदि आप लोग यह पूछताछ बन्द न करेंगे तो मैं घर छोड़कर चला जाऊँगा।' इसका शुभ परिणाम हुआ, क्योंकि बचपन में मैं दो

दिन के लिए एक बार घर से और भाग चुका था, इसलिए माताजी जानती थीं कि मेरी यह निरी धमकी नहीं है, इसे मैं कार्य रूप में भी परिणत कर सकता हूँ। इसलिए उन्होंने सबलोगों की 'क्यों और कहाँ' की मुझ पर होनेवाली 'गोलाबारी' बन्द करवा दी और मैंने समय काटने के लिए स्काउट ऑफिस में नौकरी कर ली। स्कूल में मैं अच्छा स्काउट था। उसकी सारी परीक्षाओं में मैं उत्तीर्ण हो चुका था, इसलिए उस दफ्तर में मैं सरलता से काम पा गया।

इसी बीच साण्डर्स-हत्याकांड और असेम्बली-बमकांड हुए। और कुछ समय पश्चात् लाहौर में घर-पकड़ प्रारम्भ हो गई। झाँसी में भी क्रान्तिकारियों की खोज होने लगी। उन दिनों मैं अपने चाचा के यहाँ प्रतापगढ़ में था। झाँसी में भगत सिंह, सुखदेव, विजय कुमार सिन्हा तथा राजगुरु आदि आ चुके थे। लाहौर से ही पुलिस को झाँसी-केन्द्र का पता चला और इसीलिए झाँसी में श्री रामदुलारे त्रिवेदी की तलाशी हुई। तलाशी का समाचार मिलते ही आज़ाद ने सदाशिव और भगवान दास को साथ ले झाँसी छोड़ दिया और मुझे प्रतापगढ़ से सीधे ग्वालियर बुलवा लिया। आज़ाद भी वहीं थे। इस तरह हमेशा के लिए घर से बिदा ली।

उसी समय से 10 फरवरी 1931 तक मैं बराबर आज़ाद के साथ रहा। सन् 1925 से सन् 1931 तक श्री चन्द्रशेखर आज़ाद के नेतृत्व में मैंने हिन्दुस्तान सोशलिस्ट रिपब्लिकन आर्मी में काम किया। उन्हें अत्यन्त समीप से देखने और समझने का मुझे सौभाग्य प्राप्त हुआ। अपने विषय में वे कभी किसी से किसी समय चर्चा नहीं करते थे किन्तु 1931 में उन्होंने अपने जीवन की अनेक घटनाएँ बताईं। उन दिनों दिल्ली में कैलाशपति की गिरफ्तारी हो चुकी थी और वह मुखबिर बन चुका था। इससे दल को बड़ा धक्का पहुँचा। इससे आज़ाद को बहुत दुख हुआ। उन दिनों उन्हें रात को प्रायः नींद न आती, मुझे जगा देते और बातों के सिलसिले में अपने जीवन की अनेक घटनाएँ सुनाते रहते। वे कहा करते थे—'बच्चन, पार्टी की यह इमारत अब ढह जाएगी।' यह कह वे एक आह भरकर रह जाते।

10 फरवरी को मैं उनसे बिदा हुआ। उस समय मुझे यह कल्पना भी नहीं थी कि मैं उनसे सदा के लिए बिछुड़ रहा हूँ। कानपुर के कुली बाजार में 11 फरवरी की शाम को मैं अपने साथियों की गद्दारी के कारण ही पकड़ा गया। कानपुर में मुझे दो वर्ष के कठिन कारावास का दंड आर्म्स ऐक्ट में मिला। आज़ाद के शहादत के समय मैं कानपुर जेल में ही था। 14 फरवरी से 3 अप्रैल तक मैं कानपुर जेल में ही रहा। 3 अप्रैल को मुझे दिल्ली-षड्यन्त्र के मुकदमे में अभियुक्त बनाकर दिल्ली भेज दिया गया।

दिल्ली-षड्यन्त्र का मुकदमा लगभग दो वर्ष चला। पुलिस को इसमें अपनी हार होती दिखाई दी। इसलिए उसने यह मुकदमा उठाकर हम लोगों पर अलग-अलग मुकदमे चलाए। मुझ पर और गजानन सदाशिव पोतदार पर ग्वालियर-षड्यन्त्र का मुकदमा चला। इसमें हम पर यह जुर्म लगाया गया कि ग्वालियर में आज़ाद, सदाशिव राव मलकापुरकर, भगवान दास माहौर, गजानन पोतदार तथा मैंने वहाँ पिकरिक एसिड और

बम बनाए, हथियार रखे तथा सरकार को उलटने का षड्यन्त्र किया। हममें से सदाशिव राव तथा भगवान दास माहौर ग्वालियर से अकोला राजगुरु के पास जाते समय भुसावल में ही पकड़े गए थे। उनके पास बम और हथियार मिले थे। उसी सामान का जुर्म हम पर भी लगाया गया था। भुसावल केस तथा लाहौर-षड्यन्त्र-केस के मुखबिर जयगोपाल की हत्या का अदालत में प्रयत्न करने के अपराध में मलकापुरकर जी तथा माहौर जी को आजीवन कारावास की सजा हुई थी। परन्तु मुखबिर कैलाशपति तथा पुलिस ने जो आवश्यकता से अधिक होशियारी दिखाई उससे हम दोनों सेशंस कोर्ट से छूट गए। फिर हम दोनों को डिफेन्स ऑफ इंडिया रूल में पकड़ लिया गया। कुछ दिनों बाद गजानन सदाशिव पोतदार को छोड़ दिया गया और मुझे (रेग्युलेशन 3-1818) में नजरबन्द कर दिया गया। डिटेन्शन में मैं 1939 तक रहा। कारावास के 8 वर्ष 1 महीना और आठ दिन मैंने कानपुर, दिल्ली तथा नैनी जेल में काटे। हम नैनी जेल (इलाहाबाद) के कुत्ता-घर में थे, जहाँ पंडित नेहरू भी रह चुके थे। 1937 में जब देश को प्रान्तीय स्वशासन मिला तो हम लोग नैनी जेल में थे। उस समय श्री लालबहादुर शास्त्री नैनी जेल के विजिटर नियुक्त किए गए थे। एक बार हमने उनसे अपने छूटने की बात कही थी तो उन्होंने कहा था कि उत्तर प्रदेश सरकार हमें रिहा नहीं कर सकती, हमारी रिहाई का प्रश्न केन्द्रीय सरकार के अधीन है। तब हमने राज्य सरकार को लिखित आवेदन दिया कि हमें दिल्ली वापस भेजा जाए, अन्यथा हम अपनी रिहाई के लिए अनशन करेंगे। इस पर हमें दिल्ली जेल भेजा गया।

दिल्ली जाकर हमने केन्द्रीय सरकार को भी आवेदन-पत्र दिया कि यदि एक निश्चित अवधि तक हमें छोड़ा न गया तो हम भूख-हड़ताल कर देंगे। सरकार ने इसके लिए हमसे लिखित आश्वासन 'हिंसात्मक कार्रवाई' में भाग न लेने के विषय में माँगा। हमने इस प्रकार का कोई आश्वासन देने से इन्कार किया और तब मैंने तथा मेरे साथी श्री ज्वाला प्रसाद शर्मा और श्री भवानी सहाय शर्मा ने भूख-हड़ताल प्रारम्भ कर दी। उस समय कांग्रेस का त्रिपुरी अधिवेशन चल रहा था। उसी अवसर पर गांधी जी ने भी कांग्रेस-अध्यक्ष के चुनाव के प्रश्न पर भूख-हड़ताल की थी। हमारी 23 दिन की भूख-हड़ताल के पश्चात् गांधी जी ने मध्यस्थता की। जेल में गांधी जी ने हमसे भेंट करने के पश्चात् गृह-सदस्य (Home Member) से चर्चा की। गांधी जी की मध्यस्थता से हमारा अनशन समाप्त हुआ और हम एक सप्ताह के अन्दर ही 19 मार्च 1939 को छोड़ दिए गए।

जेल से छूटने के बाद मैं अमर शहीद चन्द्रशेखर आज़ाद के जन्म-स्थान भावरा गया, जहाँ मैंने उनकी माताजी के दर्शन किए। वहाँ से लौटकर मैंने उनकी परिस्थिति के विषय में 'विप्लव' में लेख लिखा। उसके बाद अनेक पत्र-पत्रिकाओं में अमर शहीद चन्द्रशेखर आज़ाद के विषय में भी लेख लिखे। परन्तु सम्पूर्ण जीवनी मैंने नहीं लिखी। इसका मुख्य कारण यही था कि मैं समझता हूँ कि आज़ाद की सम्पूर्ण जीवनी तभी लिखी जा सकती है जब उनके सभी साथी मिलकर उनके संस्मरण लिखें। इसके लिए मैंने

साथियों से पत्र-व्यवहार भी किया परन्तु वह कार्य आश्वासनों से आगे न बढ़ सका। अन्त में यह सोचकर कि उनके विषय में जो कुछ भी जानकारी है किसी दिन मेरे साथ ही न चली जाए तथा साथियों के आग्रह ने मुझे आज़ाद का संस्मरण लिखने का साहस प्रदान किया।

मैंने अपने क्रान्तिकारी जीवन की संक्षेप में यहाँ चर्चा कर दी है, जिससे आज़ाद की जीवनी या संस्मरण की घटनाओं को समझने में पाठकों को सुविधा हो सके। वैसे मैं अपने क्रान्तिकारी जीवन के अनुभव अलग पुस्तक रूप में प्रकाशित करूँगा। (दुर्भाग्य से वैशम्पायन जी यह कार्य पूरा न कर सके और 20-10-67 को अचानक हृदय रोग के दौरे में काल कवलित हो गए।)

शहीद आज़ाद के जीवन की घटनाओं को मैंने यथाशक्ति उनके वास्तविक रूप में रखने का प्रयत्न किया है। इसके लिए मैं अनेक साथियों और अन्य व्यक्तियों से मिला। उनकी जीवनी के विषय में प्रकाशित सामग्री भी पढ़ी। इस विषय में भाई मन्मथनाथ गुप्त, श्री भगवान दास माहौर तथा सदाशिव राव मलकापुरकर द्वारा लिखी गई पुस्तकों तथा लेखों से भी सामग्री एकत्रित की। उसी प्रकार मनोहरलाल जी से आज़ाद के बचपन के विषय में जानकारी प्राप्त की। मीरजापुर के श्री बटुकनाथ अग्रवाल जी के पास से भी मुझे काफी सामग्री मिली है।

शहीद चन्द्रशेखर आज़ाद की जीवनी मैंने उसके वास्तविक रूप में ही रखने का प्रयत्न किया है। आज़ाद के संस्मरण क्रान्तिकारी इतिहास का महत्त्वपूर्ण अंग हैं, इस सम्बन्ध में सत्य और तथ्य से परे हटना इतिहास के साथ अन्याय और पाठकों को गुमराह करना होगा।

उनके संस्मरण मैं तीन खंडों में प्रकाशित कर रहा हूँ। प्रथम खंड आपके सम्मुख है। इसमें आज़ाद के जन्म से लेकर काकोरी-षड्यन्त्र के मुकदमे तक की घटनाओं का समावेश है। दूसरे खंड में 1925 से 1929 तक का उनके कार्यकाल का समावेश होगा। इस भाग में उनके झाँसी आने के समय से लाहौर-षड्यन्त्र केस तक की घटनाएँ होंगी। तीसरे खंड में झाँसी के बाद ग्वालियर को दल का केन्द्र बनाने से लेकर उनकी शहादत तक की घटनाओं का विस्तृत विवरण मिलेगा।

1965 के दिसम्बर मास तक प्रथम खंड प्रकाशित हो जाएगा और बाकी दोनों खंड 1966 में प्रकाशित हो जाएँगे। योजनाएँ बनाना अपने हाथ में होता है, परन्तु कठिनाइयाँ और उलझनें तो पहले से सूचना देकर नहीं आती। साथ ही अवस्था अधिक हो जाने पर किसी संकल्प को पूरा करने में स्वास्थ्य से भी जूझना पड़ता है। मुझे भी स्वास्थ्य और परिस्थितियों से जूझकर ही यह संकल्प पूरा करना है, मुझे विश्वास है कि मैं यह कार्य अवश्य पूरा कर सकूँगा।

**—विश्वनाथ वैशम्पायन**

# अनुक्रम


*वैशम्पायन की कृति* — *9*

*आज़ाद का व्यक्तित्व* — *13*

*प्राक्कथन* — *15*

***खंड-1 : अमर शहीद चन्द्रशेखर आज़ाद***

अमर शहीद चन्द्रशेखर आज़ाद की पुण्य स्मृति का उद्‌देश्य — 25

अमर शहीद आज़ाद के संस्मरण — 32

आज़ाद बम्बई में — 43

क्रान्तिकारी दल में आज़ाद का प्रवेश — 56

***भाग-2 : धरती पुत्र चन्द्रशेखर आजाद***

धरती पुत्र अमर शहीद चन्द्रशेखर आज़ाद — 83

शहीद उद्यान — 95

शहीद आज़ाद की मूर्ति का अनावरण समारोह — 97

शहीद खुदीराम बोस और शहीद भगत सिंह की मूर्तियों का अनावरण — 98

1921 में देश की स्थिति — 100

नए सिरे से दल का संगठन — 134

लालाजी की मृत्यु का बदला — 161

बहादुरी की परीक्षा — 169

***भाग-3 : कानपुर केन्द्र बनने के बाद***

कानपुर केन्द्र बनने के बाद — 195

दल का पुनर्गठन — 206

भाई भगवतीचरण की शहादत — 221

फिर दिल्ली हेड क्वार्टर — 228

फिर कानपुर हेड क्वार्टर — 239

पं. जवाहरलाल नेहरू से भेंट — 248

आज़ाद का बलिदान 252

*परिशिष्ट-1*

1924 में क्रान्तिकारी दल का विधान 265

*परिशिष्ट-2* 269

*परिशिष्ट-3*

हिन्दुस्तान सोशलिस्ट रिपब्लिकन आर्मी 271

*परिशिष्ट-4* 273

*परिशिष्ट-5*

लाहौर षड्यन्त्र केस की समाप्ति पर अमर शहीद सरदार भगत सिंह ने देश के नाम जो अन्तिम सन्देश दिया था 279

*परिशिष्ट-6*

The H.S.R.A. MANIFESTO. 284

*परिशिष्ट-6 (क)*

हिन्दुस्तान सोशलिस्ट रिपब्लिकन आर्मी 294

*परिशिष्ट-7*

सरदार पृथ्वी सिंह का वक्तव्य 305

सन्देहों का गोलमाल 310

चन्द्रशेखर आज़ाद की शहादत के लिए जिम्मेदार कौन 325

दिनांक 27.2.1931 को आज़ाद के निधन पर लिखी गई कविता 334

भाग-1

# अमर शहीद चन्द्रशेखर आज़ाद

# अमर शहीद चन्द्रशेखर आज़ाद की पुण्य स्मृति का उद्देश्य

*भगवान दास माहौर*

आज हम एक ओर तो अपने अगणित स्वातन्त्र्य-वीरों की शहादत से प्राप्त अपने राष्ट्रीय स्वातन्त्र्य को समाजवादी प्रजातन्त्रात्मक रूप में विकसित करने में प्रयत्नशील हैं और दूसरी ओर बाहरी आक्रमण से अपनी स्वतन्त्रता और अपने देश की रक्षा, निश्शस्त्र सत्याग्रहात्मक देशभक्ति से नहीं, पूर्ण सशस्त्र देशभक्ति से कर रहे हैं। आज हिंसा-अहिंसा का प्रश्न ही नहीं रह गया है, हिंसा-अहिंसा के व्यर्थ विवाद को उठाकर अभी तक सशस्त्र क्रान्ति-प्रयास और उसके शहीदों की जो उपेक्षा-सी होती रही है उसकी शिकायत करने का आज न कोई अवसर है और न अब उसकी कोई आवश्यकता ही। आवश्यकता इस बात की है कि हम सशस्त्र क्रान्तिकारियों से लक्ष्य, नीति और उनके आदर्श को भलीभाँति समझ लें और उनकी सशस्त्र शहादत के पवित्र योग से प्राप्त अपनी स्वतन्त्रता की सशस्त्र रक्षा के लिए और उसे वास्तविक समाजवादी प्रजातान्त्रिक रूप में विकसित करने के लिए समुचित भावात्मक बल प्राप्त करें। भारतीय समाजवादी प्रजातान्त्रिक सेना के अमर शहीद सेनानी चन्द्रशेखर आज़ाद के चरित्र का यह परिशीलन इसी हेतु है।

अमर शहीद चन्द्रशेखर आज़ाद के कर्तृत्व और उनकी शहादत की गरिमा को समस्त सशस्त्र क्रान्तिकारी आन्दोलन की पृष्ठभूमि में रखकर ही हम भली-भाँति समझ सकते हैं। 1857 के प्रथम स्वाधीनता संग्राम की असफलता के बाद देश में सर्वत्र अंग्रेजी राज के दमन और आतंक का बोलबाला हो गया, परन्तु भारतीय क्रान्तिकारी फिर गुप्त रूप से सशस्त्र क्रान्ति के प्रयत्न में लग गए। 1857 में भी क्रान्ति की योजना का मुख्य आधार विदेशी सरकार की सेना के भारतीय सिपाहियों का विद्रोह ही था और आगे भी सदा यही रहा कि अनुकूल परिस्थिति में सेना के भारतीय सिपाहियों द्वारा विद्रोह हो और अंग्रेजी शासन को भारत से उखाड़ फेंका जाए तथा ऐसे सिपाही विद्रोह के लिए विस्तृत जनाधार एवं राष्ट्रव्यापी संगठन किया जाए। 1857 के बाद सरकार के गुप्तचरों

ने जो रिपोर्ट इस सम्बन्ध में दी थी उनका उल्लेख कांग्रेस के संस्थापक श्री ए. ओ. ह्यूम ने अपने एक बयान में किया है, जिसका अनुवाद इस प्रकार है...''मुझे सात बड़े-बड़े ग्रन्थ दिखाए गए। इनमें वे रिपोर्टें थीं, जो तीस हजार से भी अधिक रिपोर्टों से प्राप्त हुई थीं। इन सबसे यही दीखता था कि गरीब लोगों में अपनी दुर्दशा पर एक निराशा की भावना भरी हुई थी और उन्हें इस बात का विश्वास हो गया था कि वे भूखों मर जाएँगे, अतएव वे कुछ करने पर उतारू हो रहे थे। इसलिए वे एक-दूसरे से कंधा मिलाकर खड़े होंगे, इस कुछ करने का अर्थ था हिंसा करना...यह समझा जाता था कि सर्वत्र ही छोटे-छोटे दल मिलकर बड़े दल बन जाएँगे...सुशिक्षित वर्ग के लोग यत्र-तत्र उन विद्रोही दलों का नेतृत्व करेंगे और उसको सुसंगठित करेंगे।'' 'राष्ट्रीय आन्दोलन के सौ वर्ष' शीर्षक अपने लेख में प्रसिद्ध क्रान्तिकारी श्री शिव वर्मा ने लिखा है, ''शहरों, जिलों और तहसीलों तक में गुप्त संगठन बन गया था और अन्दर ही अन्दर गदर की तैयारी हो रही थी। व्यक्तियों की हत्या, सरकारी बैंकों और खजानों को लूटना आदि सब बातों की चर्चा उन कागजों में मौजूद थी।''

इसी सम्बन्ध में सुप्रसिद्ध क्रान्तिकारी लेखक श्री मन्मथनाथ गुप्त ने अपने ग्रन्थ 'भारतीय क्रान्तिकारी-आन्दोलन का इतिहास' में लिखा है–''ठाकुर खानदान के लोग भी गुप्त समिति बनाकर बैठ गए। रवीन्द्रनाथ ठाकुर ने अपनी आत्मकथा में इसी प्रकार की एक गुप्त समिति का उल्लेख किया है, जिसके सभापति राजनारायण वसु थे और ज्योतीन्द्रनाथ मन्त्री थे। इसी सिलसिले में यह भी पता चलता है कि शिवनाथ शास्त्री के नेतृत्व में भी एक गुप्त समिति बनी थी, जिस समय यह समिति बनी थी उस समय शास्त्रीजी सरकारी नौकर थे। उन्हीं के घर में समिति के अधिवेशन हुआ करते थे। श्री विपिनचन्द्र पाल इस समिति के सदस्य थे। यह समिति 1876 में स्थापित हुई थी।

यद्यपि 1885 में कांग्रेस की स्थापना श्री ए. ओ. ह्यूम के द्वारा अंग्रेज सरकार के अनुमोदन से इसी उद्देश्य से की गई थी कि इससे मध्यमवर्गीय असन्तोष और क्रान्तिकारी प्रवृत्ति को रोका जाए, परन्तु भारत के स्वातन्त्र्यकामी मनीषियों ने कांग्रेस के खुले संगठन का उपयोग देश में व्यापक राष्ट्रीय भावना के प्रसार और संगठन के लिए किया। आगे चलकर कांग्रेस में जो 'नरम' और 'गरम' दल हो गए, उनके मतभेद केवल खुले आन्दोलन को सफलतापूर्वक चलाने के लिए 'नरम' या 'गरम' नीति की उपयोगिता के बारे में ही था। तात्त्विक रूप में सभी स्वातन्त्र्यकामी मनीषियों की मान्यता यही थी कि अन्ततः स्वराज्य व्यापक जनविद्रोह और सेना के सिपाहियों के भारतव्यापी विद्रोह से ही आएगा। 1857 की क्रान्ति और उसकी तात्कालिक असफलता से उन्होंने यही निष्कर्ष निकाला था। उस युग के कांग्रेस के गरम और नरम दल के नेता क्रान्तिकारियों से भी गुप्त रूप से अपना सम्बन्ध बनाए रखते थे और उनकी सहायता बराबर करते रहते थे। प्रसिद्ध क्रान्तिकारियों ने कांग्रेस के बड़े नेताओं से अपने सम्पर्क और उनसे मिलनेवाली सहायता तथा क्रान्तिकारी आन्दोलन की आवश्यकता और

उपयोगिता के सम्बन्ध में इन नेताओं के दृढ़ विश्वास की बातें अपने संस्मरणों में लिखी हैं।

कांग्रेस की स्थापना और उसके तत्त्वावधान में ब्रिटिश राज्य की छत्रछाया में प्रगति और सुधार की याचना करने के खुले आन्दोलन के साथ यह आवश्यकता ऐतिहासिक रूप में उद्‌भूत हो गई थी कि एक गुप्त क्रान्तिकारी दल भी कार्यरत हो, जो अनुकूल परिस्थिति में सैनिक विद्रोह और जन-विद्रोह के सहयोग से क्रान्ति करने के आदर्श को देश के सामने जीता-जागता रखे। क्रान्तिकारी लोग आततायी राज्याधिकारियों को मारने आदि के जो ऐसे काम करते थे, जिन्हें आतंकवादी कहा गया है, उन कामों का उद्‌देश्य इस क्रान्तिकारी आदर्श और योजना के लक्ष्य की ओर जनता का ध्यान सदा बनाए रखना ही था, क्योंकि कांग्रेस के खुले आन्दोलन को तो परिस्थितिवश ब्रिटिश राज की खैरख्वाही और उससे सहयोग करने की बात करनी ही पड़ती थी। इन क्रान्तिकारी कार्यों का उद्‌देश्य एक ऐसी पार्टी का सक्रिय अस्तित्व बनाए रखना था जिसके सदस्य समय-समय पर फाँसी के फन्दे पर झूलकर, गोली खाकर शहीद होते रहें और पार्टी के प्रति जनता में तथा सेना में समुचित श्रद्धा एवं विश्वास उत्पन्न करें कि वे उपयुक्त समय पर उसके नेतृत्व में सशस्त्र-क्रान्ति करके देश को विदेशी दासता से मुक्त करा सकें। जब-जब क्रान्तिकारियों पर महज आतंकवादी होने का आरोप लगाया गया, तब-तब उन्होंने दृढ़ता से इसका प्रतिवाद किया और अपने क्रान्तिकारी रूप तथा क्रान्तिकारी लक्ष्य को प्रगट किया। ऐसा वे अपने ऊपर चलनेवाले मुकदमों में अपने बयानों में ही कर सकते थे। इसमें भी मुकदमों में फँसे हुए अपने कुछ साथियों को बचाने की गरज से प्रायः ही ऐसे बयानों में भी अपने क्रान्तिकारी लक्ष्य और योजना-सूत्र की बात करना कठिन हो जाता था। फिर भी इन क्रान्तिकारी मुकदमों में ऐसे अभियुक्त जिनका फाँसी पाना एक प्रकार से निश्चित-सा ही होता था, अपने बयानों में सशस्त्र क्रान्ति के लक्ष्य और उसके योजना-सूत्र की बात करते ही थे। उदाहरण के लिए सन् 1908 के अलीपुर बम केस के प्रधान अभियुक्त के रूप में प्रसिद्ध क्रान्तिकारी स्वर्गीय श्री बारीन्द्र घोष ने अपने एक बयान में कहा था, "हम लोग सदा यही सोचते थे कि आगे जाकर एक क्रान्ति होगी...हम कभी भी यह नहीं समझते थे कि राजनीतिक हत्याओं से आज़ादी मिल जाएगी। हम हत्याएँ केवल इसलिए करते हैं कि हम समझते हैं कि जनता में जीवन लाने के लिए इसकी आवश्यकता है।"

क्रान्तिकारी समाचार-पत्र भी क्रान्तिकारी लक्ष्य और उसके योजना-सूत्र के सम्बन्ध में लिखने की कुछ न कुछ तरकीब निकाल ही लेते थे। गुप्त रूप से छापे और बाँटे गए परचों के द्वारा भी यह कार्य किया जाता था। रौलेट कमेटी को रिपोर्ट में क्रान्तिकारी पत्र 'युगान्तर' से उद्धरण दिए गए हैं। एक उदाहरण इस प्रकार है।..."अस्त्र की शक्ति प्राप्त करने का एक और बहुत ही अच्छा उपाय है। रूस की क्रान्ति में देखा गया है कि जार की सेना में क्रान्तिकारियों से मिले हुए बहुत से आदमी हैं, जो समय पड़ने पर अस्त्र-शस्त्र सहित क्रान्तिकारियों से मिल जाएँगे। फ्रांस की राज्य-क्रान्ति में भी यह

पद्धति खूब सफल रही थी। जहाँ पर शासक विदेशी हैं वहाँ तो क्रान्तिकारियों के लिए और भी सुविधा है, क्योंकि विदेशी सरकार को अपनी अधिकांश सेना पराधीन जाति से ही भरती करनी पड़ती है। यदि क्रान्तिकारी बुद्धिमानी से इन लोगों में स्वतन्त्रता की भावना का प्रचार करें तो बहुत काम हो सकता है। जब असली संघर्ष का मौका आएगा तब क्रान्तिकारियों को न सिर्फ प्रशिक्षित आदमी मिलेंगे, बल्कि सरकारी पक्ष के अच्छे से अच्छे हथियार भी मिलेंगे।" क्रान्तिकारियों का लक्ष्य और उनकी योजना इसमें संक्षेप में भली प्रकार व्यक्त हुई है।

सन् 1914 में अंग्रेजी सरकार के प्रथम विश्व-युद्ध में पड़ जाने पर ऐसी क्रान्ति हो सकने का एक मौका आया था और तब क्रान्तिकारी दल इसके लिए प्रयत्नशील हुआ था। अमेरिका से, गदर पार्टी के तत्त्वावधान में भारतीय लोग भारत में ऐसी क्रान्ति करने के लिए दौड़ पड़े थे। विदेश-स्थित भारतीय क्रान्तिकारियों ने भारतीय क्रान्ति के लिए अन्य सरकारों से भी सहायता प्राप्त करने का प्रयत्न किया था। भारतीय सेना के लोगों ने योजना के अनुसार सशस्त्र विद्रोह करने का आश्वासन दिया था। परन्तु मुखबिरी के कारण यह क्रान्ति-योजना असफल हो गई। क्रान्तिकारियों और सैनिकों की धर-पकड़ हो गई। फिर भी नियत तिथि पर सुदूर सिंगापुर में, भारतीय स्थिति का तुरन्त ही पता न चल सकने से, सैनिकों ने विद्रोह कर ही दिया और सिंगापुर पर अधिकार कर लिया, परन्तु भारत में क्रान्ति-योजना के विफल हो जाने के कारण सिंगापुर का विद्रोह दबा दिया गया, इस विफलता के परिणामतः प्रथम लाहौर षड्यन्त्र केस में अनेक क्रान्तिकारियों को फाँसियाँ हुईं और सैकड़ों को कालेपानी की सजाएँ हुईं।

इस छोटी-सी पुस्तिका में इस क्रान्ति-योजना और उसकी विफलता की कहानी देने का अवकाश नहीं है, उन क्रान्तिकारी नेताओं और अमर शहीदों के पुण्य नामों का उल्लेख मात्र भी यहाँ नहीं हो सकता। इसकी कहानी संक्षेप में मन्मथनाथजी के 'क्रान्तिकारी आन्दोलन का इतिहास' और स्वर्गीय क्रान्तिकारी नेता श्री शचीन्द्रनाथ सान्याल के 'बन्दी जीवन' में पढ़ी जा सकती है। उस समय 'बन्दी जीवन' में क्रान्ति के योजना सूत्र (ब्राड स्ट्रेटजी) की बात प्रकाशित करना इस बात का प्रतिवाद करना ही था कि क्रान्तिकारी केवल जोशीले नौजवान हैं जो देशभक्ति की भावना से निस्सन्देह ही प्रेरित हैं परन्तु वे केवल प्रतिहिंसा की भावना से अभिभूत होकर आतंकवादी कार्यों में अपनी शक्ति और जीवन का अपव्यय करते हैं। इसका भी प्रतिवाद उसमें किया गया है कि क्रान्तिकारियों के पास न तो क्रान्ति का कोई 'दर्शन' ही है और न उसका कोई कार्यक्षम योजना-सूत्र।

कांग्रेस का खुला आन्दोलन विदेशी शासन से सहयोग और जवाबी सहयोग की सीढ़ियाँ पार करके राष्ट्रपिता महात्मा गांधी के नेतृत्व में असहयोग और अहिंसात्मक सत्याग्रह की सीढ़ी पर चढ़ा। भारतीय स्वातन्त्र्य-संघर्ष में सेना की भूमिका क्या होगी इसके विषय में गांधी जी के 10 मार्च 1920 के असहयोग के घोषणा-पत्र में की गई इस बात को यहाँ उद्धृत कर देना उचित होगा। इस घोषणा-पत्र में गांधी जी ने कहा

था : "सैनिकों से सेना में काम करने से इन्कार करने को कहने का समय अभी नहीं आया है। यह उपाय अन्तिम है, पहला नहीं है।" अर्थात् देश की मुक्ति का अन्तिम उपाय तो यही है कि सेना के भारतीय सिपाही विदेशी शासकों के लिए अपने ही देश को गुलाम बनाए रखने से इन्कार करेंगे। इसका स्पष्ट अर्थ यही होता है कि भारतीय सेना विद्रोह करेगी।

गांधी जी के नेतृत्व में इस असहयोग और अहिंसात्मक सत्याग्रह के आन्दोलन से देश के कोने-कोने में, जन-जन में व्यापक राजनीतिक चेतना फैली और जन-जन उसमें भाग ले सका। क्रान्तिकारियों ने महात्मा गांधी और उनके इस अहिंसात्मक आन्दोलन के प्रभाव की भूरि-भूरि सराहना की है। इससे राजनीतिक चेतना और स्वराज्य के लिए त्याग और बलिदान करने की भावना का जनता में व्यापक प्रसार हुआ, जिसके आधार पर ही जनक्रान्ति हो सकती है। यह बात श्री शचीन्द्रनाथ सान्याल के 'बन्दी जीवन' में देखी जा सकती है। परन्तु क्रान्तिकारियों का सदैव यही विश्वास रहा कि अन्ततोगत्वा सेना और जनता के सहयोग से सशस्त्र क्रान्ति से ही स्वराज्य प्राप्त होगा और उनके दृष्टिकोण से इस क्रान्तिकारी लक्ष्य, आदर्श एवं नीति की और अधिक जोर से घोषणा करना इस व्यापक अहिंसात्मक सत्याग्रह आन्दोलन के समय और भी अधिक आवश्यक हो गया था। अमर शहीद सरदार भगत सिंह और चन्द्रशेखर आज़ाद आदि क्रान्तिकारियों की कृतियाँ इसी उद्‌देश्य से प्रेरित थीं।

सन् 1939 में जब ब्रिटिश सरकार फिर दूसरे विश्वयुद्ध में फँस गई तब भारत को सशस्त्र क्रान्ति का सुअवसर प्राप्त हुआ, परन्तु मेरी यह मान्यता है कि भारतीय क्रान्तिकारी इस अवसर पर उस क्रान्तिकारी तत्परता से सशस्त्र क्रान्ति के प्रयत्न में न लग सके, जिस तत्परता से वे 1914 के युद्ध के समय प्रयत्नशील हुए थे। यहाँ इसके कारणों की ऊहापोह करने का प्रयोजन नहीं है। फिर भी 1942 के आन्दोलन में महात्मा गांधी के 'करो या मरो' के आह्वान, नेताजी सुभाष की आज़ाद हिन्द सेना के निर्माण और कर्तृत्व आदि से सैनिकों और जनता में क्रान्तिकारी उभार आया जो 1946 के नौ-सेना-विद्रोह और थल-सेना का उनसे लड़ने से इन्कार आदि घटनाओं में प्रगट हुआ। ब्रिटिश सरकार ने इस क्रान्तिकारी उभार को परखा और वह भारत की स्वतन्त्रता स्वीकार करने को मजबूर हो गई। तत्कालीन ब्रिटिश प्रधानमन्त्री श्री एटली ने ब्रिटिश पार्लियामेंट में एक प्रश्न के उत्तर में साफ-साफ स्वीकार किया था कि ब्रिटेन को भारत की स्वतन्त्रता इसलिए स्वीकार करनी पड़ रही है कि 1. भारतीय सेना में अब ब्रिटेन के प्रति वफादारी नहीं है और 2. ब्रिटेन के पास ऐसे साधन नहीं हैं कि भारत को दबाए रखने के लिए वहाँ पर एक विशाल अंग्रेजी सेना रखी जा सके।

इस प्रकार क्रान्तिकारियों की यह योजना कि सशस्त्र सैनिक विद्रोह और जन-विद्रोह के सहयोग से क्रान्ति होगी, तात्त्विक रूप में पूर्ण हुई। ब्रिटिश सरकार ने परिस्थिति की अनिवार्यता को परखकर सत्ता कांग्रेस को हस्तान्तरित कर दी और भारत की स्वतन्त्रता की घोषणा 15 अगस्त सन् 1947 को हो गई। यदि ब्रिटिश सरकार परिस्थिति की

अनिवार्यता को न समझती और हठ करती तो सशस्त्र सैनिक कार्य होता ही।

इस प्रकार हम देख सकते हैं कि कांग्रेस का व्यापक खुला अहिंसात्मक आन्दोलन और सशस्त्र क्रान्तिकारियों का गुप्त सशस्त्र आन्दोलन एक चिमटे के दो हाथ-से रहे हैं। वे सन् 1942 से 46 तक के आन्दोलन में पास-पास आते गए और अन्ततः मिल गए और भारत ने विदेशी दासता को पकड़कर दूर फेंक दिया। आवश्यकता आज इस बात की है कि स्वतन्त्रता की प्राप्ति की इस पूर्ण प्रक्रिया और उसमें सशस्त्र प्रतिकार की उपयोगिता को ही नहीं, उसकी पवित्रता को भी हम हृदयंगम करें और आज जो हम अपनी स्वतन्त्रता की रक्षा पूर्ण रूप से सशस्त्र होकर कर रहे हैं उसमें हम किसी प्रकार से 'आदर्शच्युत' होने जैसी भावना से अभिभूत न हों।

अमर शहीद चन्द्रशेखर आज़ाद केवल क्रान्तिकारी शौर्य, वीरता, त्याग, देशभक्ति आदि के ही प्रतीक नहीं हैं वे क्रान्तिकारी रणनीति के तथा उसके दर्शन के भी प्रतीक हैं। 'भारतीय समाजवादी प्रजातन्त्र सेना' का यह अमर शहीद सेनानी क्रान्तिकारियों के समाजवादी लक्ष्य और उसके लिए अडिग और अविरत प्रयत्न का भी प्रतीक है। राष्ट्रीय स्वातन्त्र्य-संग्राम की इस बहुमुखी प्रवृत्ति और स्वतन्त्रता को समाजवादी रूप में विकसित करने की सम्पूर्ण प्रक्रिया की भूमिका में अमर शहीद चन्द्रशेखर आज़ाद के चरित्र को प्रस्तुत करना ही साथी विश्वनाथ वैशम्पायन की इस पुस्तक का लक्ष्य है।

क्रान्तिकारी आन्दोलन के लक्ष्य और आदर्श की सही समझ के बिना महान क्रान्तिकारी शहीद चन्द्रशेखर आज़ाद के कार्य को सही रूप में समझा नहीं जा सकता। बहुत से लोग जो उन्हें किसी जासूसी उपन्यास के काल्पनिक, रहस्यात्मक अति साहसी हीरो जैसे रूप में प्रस्तुत करते हैं, उसका यही कारण है। आज़ाद के साथ अपना सच्चा-झूठा सम्पर्क स्थापित करके अपने प्रति आदर, सद्भाव या अन्य प्रकार का कोई लाभ प्राप्त करने का मिथ्या प्रयास करनेवालों की इस हरकत को श्रद्धेय श्री बनारसीदास चतुर्वेदी ने 'हिमाकत' कहा है। परन्तु आज़ाद से अपना सम्बन्ध बतानेवाले ऐसे लोगों की बातों के मामले में दो बातों का ध्यान रखना चाहिए—एक तो यह कि आज़ाद को क्रान्तिकारी गोपनीयता की नीति की आवश्यकता से कभी-कभी अपने सहायकों और साथियों तक से अपने सम्बन्ध में ऐसी बातें कह देनी पड़ती थीं, जैसी वे वास्तव में होती नहीं थीं। उदाहरण के लिए जब आज़ाद अपने अज्ञातवास में झाँसी के एक ग्राम ढिमरपुरा के ठाकुरों के घर में रहा करते थे, तो ठाकुरों के लिए उनके सम्बन्ध में यह पूछना स्वाभाविक ही था कि वे कौन हैं, उनका घर कहाँ है, उनके माँ-बाप और अन्य घरवाले कहाँ हैं और वे क्यों एक ब्रह्मचारी साधु बनकर घर से अलग रह रहे हैं, आदि। स्पष्ट है कि इसका उत्तर आज़ाद ने नितान्त असत्य, फिर भी ऐसा अवश्य दिया होगा कि उन ठाकुर को उन पर पूर्ण विश्वास हो गया होगा। अब यदि वे ठाकुर भाई आज़ाद के संस्मरण में उन बातों को बताएँ तो वे तो ठीक ही बता रहे हैं, परन्तु वास्तविकता वैसी है नहीं। आज़ाद को दल के साथ सहानुभूति रखनेवाले ऐसे लोगों से भी, जो उन्हें फरार क्रान्तिकारी नेता आज़ाद के रूप में ही जानते थे, ऐसी असत्य बातें करनी पड़ती

थीं और अपने दल के कुछ ऐसे सदस्यों से भी जिनको उनकी अनुचित जिज्ञासा के लिए झिड़क देना आज़ाद अनुचित और अनुपयोगी न समझते थे। गोपनीयता के नियम के प्रतिकूल जब मैं अति-जिज्ञासावश कुछ ऐसी बात पूछ बैठता था, तो उसके लिए आज़ाद मुझे तो बुरी तरह झिड़क देते थे, परन्तु जब कोई ऐसा साथी जो हाल ही में हम लोगों के सम्पर्क में आया हो, ऐसा ही प्रश्न करता, तो वे उसको उतनी कड़ाई से नहीं झिड़कते थे, प्रत्युत उसके मन में अपने प्रति विश्वास उत्पन्न करने का ही प्रयास करते थे और जैसा पात्र होता उसी के अनुसार या तो वे उस बात को टाल ही जाते थे, या कुछ असत्य बात कहकर उसका तात्कालिक समाधान कर देते थे, अथवा समझा देते थे कि ऐसे प्रश्न करना गोपनीयता नियम के प्रतिकूल है। अपने घर-बार, माता-पिता आदि के सम्बन्ध में भगत सिंह के द्वारा पूछे जाने पर आज़ाद ने उन्हें बुरी तरह डाँट दिया था। कभी स्वयं भी उन्हें किसी सहायक या साथी से जान-बूझकर कुछ मिथ्या बातें कह देनी पड़ती थीं। दूसरी बात यह है कि आज़ाद के कार्यकाल में ही एक से अधिक नकली आज़ाद लोगों को क्रान्तिकारियों के प्रति व्यक्त होनेवाली श्रद्धा को ठगकर अपना उल्लू सीधा करते थे। बहुत से ऐसे क्रान्तिकारी भी थे, जो अपने अनुयायियों में अपने आपको आज़ाद के नाम से ही व्यक्त करते थे। अब यदि ऐसे 'आज़ादों' के शिकार लोगों ने 'आज़ाद' से जंगल में भेंट की हो, उन्हें हजार रुपए की थैली भेंट की हो, तो वे बेचारे शायद ठीक ही कहते हैं। तात्पर्य यह है कि आज़ाद और उनके कार्य के सम्बन्ध में सत्यान्वेषण के लिए यह आवश्यक है कि उन तमाम बातों को वास्तविक न मान लिया जाए जिनके सम्बन्ध में यह कहा जाता है कि स्वयं आज़ाद ने ही अपने सम्बन्ध में कही हैं। ऐसी बातों को उनके प्रामाणिक जीवन-वृत्त में दर्ज करने के पूर्व अन्य स्रोतों से भी उनकी वास्तविकता की खोज करना आवश्यक है। अस्तु, यह कार्य है बड़ा कठिन और श्रमसाध्य भी।

भाई वैशम्पायन जी ने यह कठिन श्रम उठाया है। वे आज़ाद के साथ लगभग अन्त तक रहे थे और उनके शहीद होने के कुछ थोड़े ही दिनों पहले कानपुर में गिरफ्तार कर लिए गए थे। भाई वैशम्पायन जी ने यह पुस्तक लिखी आज़ाद विषयक अपने संस्मरणों के रूप में ही है परन्तु मेरा विश्वास है, यह अमर शहीद चन्द्रशेखर आज़ाद की एक प्रामाणिक जीवनी की महत्ता रखती है।

# अमर शहीद आज़ाद के संस्मरण

## *आज़ाद की जन्मभूमि, उनके पूर्वज और बाल्यकाल*

व्यक्ति का जीवन उसके मरने के पश्चात् एक कहानी बन जाता है। परन्तु उस कहानी का सूत्रपात होता है व्यक्ति के जन्म के साथ। उसके जीवन-प्रवाह के साथ कहानी की घटनाएँ प्रस्फुटित होकर बिखरती जाती हैं और जब मानव-समाज उनसे प्रभावित होकर उन घटनाओं को जानने के लिए उत्सुक हो जाता है तो कहानीकार उन बिखरी घटनाओं को सँजोकर उन्हें सूत्रबद्ध कर कहानी का रूप देता है। ऐसी कहानी की घटनाएँ जब बरसों बिखरी पड़ी रहती हैं तो उनमें अनेक क्षेपक जुड़ जाते हैं और तब इतिहासकार अनुसन्धान कर इन क्षेपकों को निकालकर वास्तविक घटनाओं को सूत्रबद्ध कर व्यक्ति या समय के वास्तविक इतिहास का निर्माण करता है।

क्रान्तिकारियों के इतिहास में यह क्षेपक जोड़ने की कला बहुतों ने अपनाई—विशेषकर अमर शहीद चन्द्रशेखर आज़ाद के विषय में। क्रान्तिकारी आन्दोलन के लक्ष्य और आदर्श की सही समझ के बिना महान क्रान्तिकारी शहीद चन्द्रशेखर आज़ाद के कार्य को सही रूप में समझा नहीं जा सकता। बहुत से लोग जो उन्हें किसी जासूसी उपन्यास के काल्पनिक रहस्यात्मक अति साहसी हीरो जैसे रूप में प्रस्तुत करते हैं उसका यही कारण है। देश की स्वतन्त्रता के पश्चात् अनेक लोगों ने अपने आपको आज़ाद का साथी बताया या उन्हें हजारों रुपए देने की घोषणाएँ कीं। जो एक समय आज़ाद के नाम से दूर भागते थे। यदि उन दिनों आज़ाद उनके सामने आ जाते तो उन लोगों की हृदयगति चाहे बन्द न हो जाती, परन्तु वे कम-से-कम बेहोश तो अवश्य हो जाते। ऐसे लोग भी हैं जो आज यह घोषणा करते हैं कि उन्होंने आज़ाद को 'चन्दू' कहकर पुकारा था और उससे पूछा था कि वह बड़ा होकर क्या बनेगा इत्यादि।

इस गपबाजी की हद तो तब हुई जब बम्बई में यह हवा चली कि आज़ाद विवाहित थे और उनकी धर्मपत्नी जीवित हैं तथा बम्बई में रहती हैं। मैं यह बात भी न स्वीकार करता कि ऐसी गप उड़ी है, परन्तु हमारे एक पुराने साथी श्री गजानन सदाशिव पोतदार ने इसे बताया जो आज़ाद, को निकट से जानते थे। उनका कहना है कि वे देवी जी इस बात को 'नरो वा कुंजरो वा' कहकर टाल देती हैं। उनसे कोई पूछता है तो वे कहती हैं, 'मैं किस-किसका मुँह पकड़ूँ, इससे मौन रहना ही अच्छा है।' और इस मौन को

बहुत से लोग 'मौनं सम्मति लक्षणम्' मान लें तो आश्चर्य नहीं। वैसे ही आज़ाद की दिवंगत माताजी से अब भी मिलने की बातें लोग गढ़ते और सुनाते हैं, जबकि उनका देहान्त हो चुका है। आज़ाद यदि कुछ जायदाद छोड़ जाते तो शायद आज उनका कोई पुत्र भी सामने आ जाता। इस प्रकार के मजाक उस महान विभूति के प्रति हमारे देश में ही हो सकते हैं। जो व्यक्ति आजीवन ब्रह्मचारी रहा हो, उसकी शहादत के बाद उसकी स्त्री के जीवित होने का मिथ्या प्रचार कर लोग अपना स्वार्थ सिद्ध करना चाहते हैं; इसके सिवाय ऐसे क्षेपकों से तो और कोई लाभ नहीं दिखाई देता।

ऐसे ही भ्रमात्मक प्रचार उनके जन्म-स्थान के विषय में हो रहा है। कुछ लोग मानो यह दृढ़ निश्चय कर बैठे हैं कि वे लोग उन्नाव जिले के बदरका ग्राम को उनकी जन्मभूमि सिद्ध करके ही दम लेंगे जबकि स्वयं आज़ाद, उनकी पूज्य माता जगरानी देवी और भावरा के पुराने लोग यह कह रहे हैं कि आज़ाद की जन्मभूमि अलीराजपुर रियासत का भावरा ग्राम है। आज़ाद ने अपने जीवन के अन्तिम दिनों में एक बार मुझसे कहा था—"बच्चन, अगर कभी तुम छूटो तो मेरी जन्मभूमि भावरा जाकर मेरी माताजी से अवश्य मिलना। स्वयं माताजी ने, जब वे झाँसी रहीं, मुझे सदाशिव राव मलकापुरकर, माहौर जी, मास्टर रुद्रनारायण, बनारसीदास चतुर्वेदी जी आदि अनेक व्यक्तियों को आज़ाद के भावरा में जन्म की बात बताई थी।

अभी इसी वर्ष फरवरी 1965 में भावरा में आज़ाद की मूर्ति का अनावरण-समारोह हुआ, उस समय हम लोग भावरा गए थे। वहाँ के लोगों ने भी इस बात पर आश्चर्य प्रगट किया कि समाचार-पत्रों में आज़ाद की जन्मभूमि बदरका होने का भ्रामक प्रचार किया जा रहा है। आज भी भावरा में ऐसे वयोवृद्ध व्यक्ति मौजूद हैं जो निश्चयपूर्वक कहते हैं कि आज़ाद का जन्म भावरा की इस झोपड़ी में हुआ जो आज भी सुरक्षित है। वहाँ हमें हैदर खाँ नाम के 88 वर्ष के एक वयोवृद्ध व्यक्ति मिले जो भावरा ग्राम बसने के कुछ काल पश्चात् ही भावरा आए थे। अपने परिवार के लोगों के साथ वे छोटा उदयपुर से आकर भावरा में बसे हैं। उन्हीं के सामने आज़ाद के पिता पंडित सीताराम तिवारी भावरा में आकर बसे। उसी प्रकार आज़ाद के परिवार के अभिन्न मित्र श्री मनोहरलाल जी तथा वहाँ के अन्य लोगों ने इस बात की पुष्टि की कि आज़ाद का जन्म भावरा में ही हुआ है और लोगों ने उनकी उस झोपड़ी का वह भाग जिसमें आज़ाद का जन्म हुआ था अब भी सुरक्षित रखा है।

इसके अलावा आज़ाद का जन्म माताजी ने सावन सुदी द्वितीया सोमवार को बताया था। उन्हें सम्वत् का विस्मरण हो गया था। इसी मास तिथि और दिवस के आधार पर श्री भगवान दास माहौर ने अमर शहीद आज़ाद की कुंडली बनाई थी। उसके अनुसार आज़ाद का जन्म 23 जुलाई 1906 को हुआ था। इस विषय में श्री माहौर ने लिखा है—"आज़ाद की माता जगरानी देवी का देहान्त 22 मार्च 1951 में झाँसी में मेरे ही घर पर हुआ। वे मेरे और भाई सदाशिव राव मलकापुरकर के साथ मेरे ही घर पर दो साल से रह रही थीं। तभी उन्होंने आज़ाद के जन्म और बाल्यकाल की बातें बताई थीं, जिन्हें

मैंने नोट कर लिया था। माताजी ने बताया था कि चन्द्रशेखर का जन्म सावन सुदी दूज सोमवार को दिन के दो बजे हुआ था। माताजी को सम्वत् विस्मृत हो गया था। मैंने पुराने पंचांगों को देखकर आज़ाद की जन्म-तिथि और सन् का निश्चय किया है जो 23 जुलाई 1906 है। और फलित ज्योतिष में विश्वास न होने पर भी मैंने कुतूहलवश और मित्रों के आग्रह से उनकी जन्म-कुंडली भी तैयार कर ली है। जो इस प्रकार है—

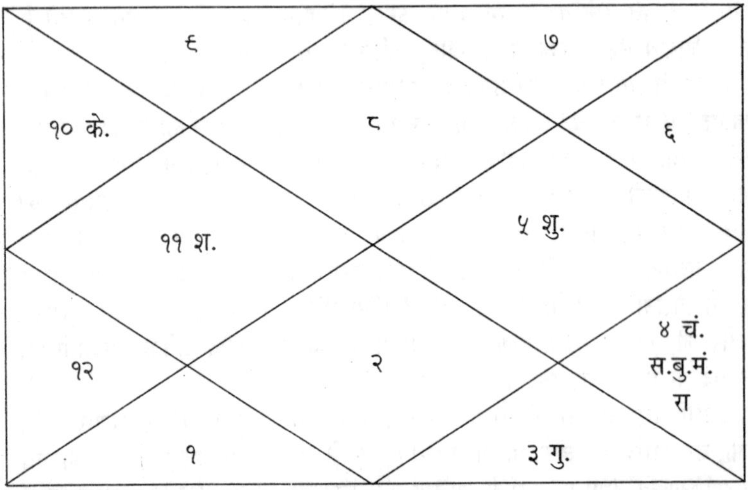


आज़ाद के जन्म के विषय में यह भी विचारणीय है कि यदि आज़ाद का जन्म बदरका जिला उन्नाव में हुआ होता तो वह सन् 1897 के पूर्व ही हुआ होता। क्योंकि सम्वत् 1956 के अकाल में ही पंडित सीताराम तिवारी ने बदरका छोड़ा था और वे भावरा जा बसे थे। उसके दो वर्ष पश्चात् वे अपनी गृहिणी जगरानी देवी को अपने साथ ले गए। उसके बाद पंडित सीताराम तिवारी एक बार 1926 में बदरका गए थे। इस विषय में श्री मनोहरलाल त्रिवेदी ने जो आज़ाद परिवार के हित-चिन्तक और घनिष्ठ मित्रों में से हैं, लिखा है—"तिवारी जी के भावरा आने के दो वर्ष बाद उनकी पत्नी जगरानी देवी बदरका से पुत्र सुखदेव को साथ लेकर भावरा आईं, उस समय सुखदेव की आयु तीन वर्ष की थी। तब से खर्च की तंगी के कारण माताजी कभी भी देश वापस न जा सकीं। हाँ तिवारी जी को उनके जाने का खर्च अपने पास से देकर मैं एक बार 1926 में देश ले गया था। वे वहाँ एक मास तक रहे और बदरका, सिकन्दरपुर आदि में सभी रिश्तेदारों से मिलकर मेरे लौटने के पूर्व ही भावरा वापस चले आए और तब से वे भावरा में ही रहे।"

यदि बदरका में आज़ाद का जन्म माना जाए तो उस हिसाब से 1921 में आज़ाद की अवस्था 22 से 24 वर्ष की होनी चाहिए। इसी अवसर पर वे असहयोग आन्दोलन में जेल गए थे और उनकी अवस्था 14-15 वर्ष की होने के कारण उन्हें केवल बेंतों

की सजा दी गई थी। यदि वे बालिग होते तो उनको कठोर कारावास की सजा दी जाती। उस समय उनका एक चित्र भी प्रकाशित हुआ था, जो बनारस के उनके सम्बन्धी श्री शिवविनायक मिश्र से हमें प्राप्त हुआ और जो अनेक पत्र-पत्रिकाओं में प्रकाशित भी हो चुका है। उस चित्र को देखकर भी उनकी अवस्था 14-15 वर्ष से अधिक नहीं मालूम होती। इन सब प्रमाणों से यह सिद्ध हो जाता है कि आज़ाद का जन्म भावरा में ही हुआ था। बदरका में उनके बड़े भाई सुखदेव का जन्म हुआ था और वे ही जगरानी देवी की गोद में थे, जब वह भावरा आईं।

भावरा जाने के लिए दोहद स्टेशन पर उतरना पड़ता है जो रतलाम बम्बई ब्राड गेज पर है। दोहद से मोटर द्वारा भावरा जाना पड़ता है। यह मोटर-मार्ग लगभग डेढ़ घंटे का है। भावरा पहाड़ियों के बीच सुरम्य घाटी में बसा है। इसके पास ही एक छोटी सी नदी भी है। यह आदिवासी क्षेत्र है। भावरा में बोहरों और हिन्दुओं की मिली-जुली बस्ती है। यहाँ आदिवासी जंगल से जंगली उत्पादन लाकर बेचते हैं।

यह ग्राम पहले अलीराजपुर रियासत में था। देश की स्वतन्त्रता और राज्यों के विलयन के पश्चात् भावरा मध्य भारत राज्य का अंग बना। मध्य भारत तथा मध्य प्रदेश के विलयन के पश्चात् वह मध्य प्रदेश में आ गया है। यह झाबुआ जिले में है। स्वतन्त्रता के पश्चात् यहाँ भी विकास के चरण पहुँच गए हैं और अनेक प्रकार की विकास-योजनाओं का जाल-सा यहाँ बिछ गया है।

## आज़ाद के पूर्वज

आज़ाद के पितामह उत्तर प्रदेश में जिला कानपुर के रहनेवाले थे। आज़ाद के पिता पंडित सीताराम तिवारी ने अपना बाल्यकाल तथा यौवन के कुछ वर्ष बदरका में बिताए। यहाँ उन्होंने तीन विवाह किए। पहले विवाह की स्त्री को उन्होंने केवल इसीलिए छोड़ दिया कि वे जब उसे लिवाने उसके मायके गए तो किसी कारणवश उनके साले ने अपनी बहिन को भेजने में विवशता प्रगट की। तिवारी जी यह अपमान न सहन कर सके और उन्होंने अपनी स्त्री को उसी समय वहाँ से चलने के लिए कहा; परन्तु संकोच और लोक-लाज के कारण वे न गईं। तब क्रोधित हो पं. सीताराम जी वहाँ से चले आए। कुछ समय पश्चात् सिकन्दरपुर के त्रिवेदी परिवार की कन्या से उन्होंने दूसरा विवाह किया। परन्तु उनकी ये दूसरी पत्नी भी अधिक दिन न रहीं। उनकी मृत्यु के पश्चात् तिवारी जी ने तीसरा विवाह चन्द्रमनखेरा में किया। उनकी तीसरी पत्नी का नाम जगरानी देवी था। इनसे पाँच सन्तानें हुईं। प्रथम पुत्र सुखदेव का जन्म बदरका में ही हुआ था। शेष चार का जन्म भावरा में हुआ था और चन्द्रशेखर उनकी अन्तिम सन्तान थे।

1856 के अकाल में पं. सीताराम तिवारी भावरा आए। इसके पूर्व उनके एक सम्बन्धी श्री हजारीलाल जी बहुत पहले से अलीराजपुर आ बसे थे और इन्हीं के सहारे तिवारी जी भी पहले अलीराजपुर आए। यहाँ आने के बाद उन्हें जंगल विभाग में नौकरी

मिल गई। परन्तु उन्होंने यह नौकरी अधिक दिन नहीं की। वे धर्म-भीरु और सरल स्वभाव होने के कारण आदमियों के उत्पात को सहन न कर सके और तंग आकर उन्होंने नौकरी छोड़ दी और भावरा में आ बसे। इसी बीच अपनी धर्मपत्नी को भी उन्होंने अपने पास बुला लिया था।

भावरा में उन्होंने गाय-भैंस रखकर दूध का व्यवसाय प्रारम्भ किया जो कुछ समय तक तो अच्छा चला। उनके पास छोटे-बड़े सब मिलाकर चालीस जानवर हो गए, परन्तु सन् 1912 में वर्षा कम होने के कारण उनके बहुत से जानवर मर गए और उनके पास चार गायें ही शेष रह गईं। अब फिर तिवारी जी को नौकरी का सहारा लेना पड़ा। भावरा के सरकारी बगीचे में ही उन्हें नौकरी मिल गई। प्रारम्भ में उन्हें पाँच रुपया वेतन मिलता था जो बाद में क्रमशः बढ़कर आठ रुपया महीना तक हो गया था।

श्री मनोहरलाल त्रिवेदी का आज़ाद और उनके परिवार से निकट का सम्बन्ध था और उन्होंने आज़ाद के लिए बहुत कुछ किया इस कारण वे उनके परिवार के ही व्यक्ति हो गए। वैसे तिवारी-परिवार से उनका दूर का रिश्ता भी है। श्री मनोहरलाल त्रिवेदी भी उत्तर प्रदेश के उन्नाव जिले के रहनेवाले हैं। 16 वर्ष की अवस्था में सन् 1913 में वे अलीराजपुर आए और भावरा की तहसील में नौकर हो गए। तिवारी-परिवार से पहले की जान-पहचान होने के कारण इनका उनके घर आना-जाना होता रहा। वे आज़ाद के बड़े भाई सुखदेव और आज़ाद दोनों को पढ़ाने लगे।

उन दिनों बालकों की शिक्षा में छड़ी उतनी ही महत्त्वपूर्ण थी जितनी पट्टी या पुस्तक। मुझे स्मरण है कि बचपन में घर में सान्ध्य-दीप जलने के बाद घर के बच्चों को हाथ-पैर धोकर भगवान की प्रार्थना करनी पड़ती थी। उनके साथ ही साथ गणेश, सरस्वती तथा दीपक की स्तुति भी हम करते थे। आज तो मैं उस प्रार्थना में से बहुत कुछ भूल गया हूँ, पर जिस प्रार्थना में विद्या और छड़ी का घनिष्ठ सम्बन्ध बताया गया है वह पंक्ति मुझे आज भी स्मरण है। शायद इसीलिए कि बचपन में शरारत करने पर अनेक बार छड़ी के प्रसाद से मैं उपकृत हो चुका हूँ। वे पंक्तियाँ हैं—''छड़ी लागे छम छम, विद्या येई घमघम।' अर्थात् जितनी अधिक छड़ियाँ पड़ती हैं, उनकी ही बुद्धि तीव्र होकर विद्या जल्दी-जल्दी आती है। परन्तु अब स्वतन्त्र भारत के अहिंसात्मक युग में छड़ी का स्कूल से निष्कासन हो चुका है। यह अलग बात है कि कुछ अध्यापक उसकी जगह पट्टी या हाथ का कभी-कभी उपयोग कर लेते हैं।

मनोहरलाल जी सुखदेव और आज़ाद को पढ़ाते समय आवश्यकता पड़ने पर कभी-कभी छड़ी का उपयोग कर लेते थे। एक दिन लड़कों की परीक्षा लेने के हेतु मनोहरलाल जी ने कोई शब्द गलत बता दिया। चन्द्रशेखर के बड़े भाई ने तो उसे ठीक किया, परन्तु चन्द्रशेखर ने कुछ कहने के बजाय तुरन्त बेंत उठाकर मनोहरलाल जी को दो बेंत जड़ दिए। सीताराम जी पास ही बैठे थे। वे चन्द्रशेखर को उसकी इस धृष्टता के लिए मारने लपके, परन्तु मनोहरलाल जी ने उन्हें रोक दिया। पिताजी ने क्रोध से पूछा—''तूने हाथ कैसे उठाया ?''

आज़ाद भी क्रोध में थे। बोले—"हमारी गलती पर ये मुझे तथा भाई को मारते हैं, इसीलिए इन्होंने जब गलती की तो मैंने इन्हें मार दिया।" चन्द्रशेखर की बात सुन वे सन्न रह गए। अपराध का दंड दिया ही जाना चाहिए, इस सिद्धान्त का उन्होंने न केवल बचपन में ही पालन किया बल्कि आजीवन इस सिद्धान्त पर वे अमल करते रहे। कर्तव्यच्युत व्यक्ति को उन्होंने कभी क्षमा नहीं किया।

आज़ाद के जीवन में जो स्पष्टवादिता, सच्चाई तथा ईमानदारी के गुण थे, वे वंश-परम्परागत थे। उनके पिताजी बगीचे की चौकीदारी करते थे, परन्तु उन्होंने कभी उस बगीचे से कोई वस्तु मुफ्त नहीं ली। अपने बच्चों को बाग में घुसकर कभी फल-फूल को हाथ भी नहीं लगाने दिया। उन्हें भूखे दिन काट देना स्वीकार था परन्तु कभी किसी से वे उधार नहीं लेते थे। एक बार घर में नमक समाप्त हो गया था। घर की स्त्रियों की आदत होती है कि घर में कोई वस्तु समाप्त हो जाने पर उस समय काम के लायक वस्तु वे पड़ोसियों से ले आती हैं और बाद में वापस कर देती हैं। जगरानी देवी भी पड़ोसी से नमक ले आईं। तिवारी जी झोपड़ी के बाहर ही बैठे थे। उन्होंने गृहिणी को जाते देखा था इस कारण उसके लौटने पर पूछ बैठे—"कटोरी में क्या है ?"

"पड़ोसिन से नमक उधार लाई हूँ, घर में नहीं था। बाजार से लाने पर लौटा दूँगी।"

"नहीं ! नमक अभी लौटा दो। एक दिन बिना नमक के रसोई बनने में कोई हर्ज नहीं।"

इसके आगे दलीलें देने का साहस जगरानी देवी को नहीं हुआ, वे उल्टे पाँव जाकर नमक लौटा आई और उस दिन बिना नमक के भोजन बना और खाया भी गया।

पं. सीताराम तिवारी कट्टर सनातनी थे और छुआछूत अत्यधिक मानते थे। आज़ाद के बड़े भाई के विषय में उन्हें यह मालूम हो गया था कि वे बीड़ी पीने लगे हैं। साथ ही उन्होंने यह अफवाह सुन ली थी कि किसी गाँव में एक स्त्री से उनका अनुचित सम्बन्ध हो गया था। इसी अपराध का सुखदेव को यह दंड दिया कि उन्हें चौके में भोजन नहीं दिया जाता था और उनकी थाली में साथ बैठकर कोई नहीं खाता था।

पं. सीताराम जी की यह कट्टर सनातनी मनोवृत्ति अन्त तक रही। जब आज़ाद काकोरी षड्यन्त्र के बाद भागे हुए थे, तो एक बार श्री सदाशिव राव मलकापुरकर को लेकर वे अपने माता-पिता से मिलने भावरा गए। एक दिन शाम को जब आज़ाद और सदाशिव राव कपड़े उतारकर भोजन करने बैठे तो सदाशिव को स्मरण हो आया कि पिस्तौल कोट की जेब में ही रह गया और कोट बाहर टँगा है। वे चौके से उठकर तुरन्त कोट उठा लाए और पास ही चौके में रख दिया।

भोजन के समय चौके से उठना तथा कपड़ों को छू लेना सनातनी चौके के विरुद्ध बात है। तिवारी जी को यह बहुत बुरा लगा। वे पूछ बैठे, "यह क्या बात है ?"

सदाशिव कुछ उत्तर देते उसके पूर्व ही आज़ाद की माँ ने रुखाई से कहा, "दादा।"

दादा इन दो अक्षरों में ही सबकुछ समझ गए और थाली पर भोजन के लिए न

बैठकर झोपड़ी के बाहर जा खड़े हुए।

पिस्तौल पास में रखी रहने पर भी आज़ाद का मन खाने में नहीं लग रहा था, क्योंकि बाहर सड़क पर वे किसी पुलिसवाले को खड़ा देख रहे थे। माता बोलीं—"क्या है ? बैठकर खा लो। मैं जाकर देखती हूँ, क्या बात है।" यह कहते हुए वे बाहर गईं और दादा से कुछ कहा।

दादा ने सिपाही से पहले क्षेम कुशल पूछा और फिर उसके वहाँ खड़े रहने का कारण पूछा तो पता चला कि वह पड़ोस के किसी व्यक्ति को साथ ले जाने के लिए वहाँ खड़ा है। माताजी ने अन्दर जाकर आज़ाद को आश्वस्त किया, तब कहीं दोनों ने आराम से भोजन किया।

माता जगरानी देवी भी कट्टर सनातनी थीं। वे भी छुआछूत बहुत मानती थीं, परन्तु 1949 में वे झाँसी आकर भगवान दास माहौर के यहाँ रहीं तो धीरे-धीरे उनमें क्रान्तिकारी परिवर्तन हुए। इन्हीं दिनों वे मेरे पास दिल्ली में भी कुछ दिन रहीं तथा सुशीला दीदी से भी मिलने गई थीं। जब वे मेरे यहाँ आईं तो मैंने उनकी रसोई के विषय में पूछा क्योंकि मैं उनके आचार-विचारों के विषय में जानता था।

मेरे प्रश्न का उत्तर उन्होंने मेरी पीठ पर हाथ फेरते हुए दिया—"बेटवा हमका तो तुम सब किरिस्टान कर दिए हो। तुम ही तो हमार बेटवा हो। बहू के हाथ का चुरवा दार चाऊर हम काहे न खैबे।" और सचमुच ही माताजी ने मेरे घर न केवल दाल-चावल खाया, बल्कि मुझे भी अपनी थाली में खिलाया। उनमें यह क्रान्तिकारी परिवर्तन इसीलिए हुआ कि उत्तर भारत में आकर उन्हें अपने पुत्र की महानता का वास्तविक ज्ञान हुआ और उस गरिमा में उन्हें छुआछूत और रुढ़िवादी मान्यताएँ बहुत हल्की प्रतीत हुईं। उन्होंने अनुभव किया कि वे आज़ाद की माँ को शोभा नहीं देतीं। आज़ाद की शहादत ने उन्हें गौरव के जिस स्थान पर पहुँचा दिया था, वहाँ से ये सब मान्यताएँ उन्हें बहुत ही अखरने लगीं और उन्होंने उन्हें सहज ही त्याग दिया।

माँ जगरानी देवी जब तक भावरा में रहीं उन्हें कभी यह विश्वास नहीं हुआ कि चन्द्रशेखर ब्रिटिश शासन से लड़ते-लड़ते शहीद हुआ। 'शेखर भला अंग्रेजों से कैसे लड़ सकता है, यह तो असम्भव-सी बात है ?' और उन्हें यह भी विश्वास नहीं हुआ कि उनका पुत्र अब इस संसार में नहीं है। जेल से छूटने के पश्चात् मैं जब भावरा गया तो देखा कि उनके दाहिने हाथ की मध्यमा तथा अनामिका उँगलियाँ एक डोरे से बँधी थीं। बाद में मुझे पता चला कि उन्होंने मानता मान रखी है कि जिस दिन उनका चन्द्रशेखर घर वापस आ जाएगा उसी दिन वे दोनों उँगलियाँ खोलेंगी। मेरे घर में प्रवेश कर माताजी के पास पहुँचने के पूर्व ही उनकी पड़ोसिन ने उन्हें मेरे आने की सूचना दे दी थी।

मैं जब उनके पैर छूकर उनके पास बैठ गया तो उन्होंने मेरे मुँह पर हाथ फेरा। एक आँख निकलवा देने के कारण उन्हें कम दिखाई देता था। उन्होंने पीठ पर भी हाथ फेर आशीर्वाद दिया। मैंने इसे मातृवात्सल्य की अभिव्यक्ति समझा, परन्तु इस घटना

के बरसों बाद जब वे दिल्ली आईं तो उन्होंने उस दिन की महत्त्वपूर्ण-अभिव्यक्ति का विशेष रहस्य बताया। उन्होंने कहा कि, "तुम्हारे घर में आने के पूर्व पड़ोसिन ने आकर मुझसे कहा कि तुम्हारा चन्द्रशेखर आ रहा है। मुझे विश्वास तो नहीं हुआ, फिर भी तुम्हारा शरीर देख मुझे शंका हुई और इसलिए मैंने तुम्हारा मुँह टटोलकर देखा कि मुँह पर माता के दाग हैं या नहीं, तथा आज़ाद की दाहिनी आँख पर जो चोट का एक निशान रहा वह है कि नहीं ? और जब मुझे दोनों ही न मिले तब मैं हताश हो गई।"

मेरे पूर्व श्री मनोहरलाल जी भी उन्हें आज़ाद के शहादत की बात बता चुके थे, परन्तु उन्हें किसी तरह उस बात पर विश्वास न हुआ और मेरे समझाने पर उनका आज़ाद के जीवित होने का विश्वास कुछ डगमगाया अवश्य, परन्तु फिर भी उनके मन में शंका बनी रही। 1949 में झाँसी आने के बाद ही उन्हें आज़ाद के शहादत की बात समझ में आई। और तभी उन्होंने वे बँधी उँगलियाँ खोल दीं। भावरा से जब मैं लौटा तो उन्होंने बड़े विश्वास के साथ दादा की अस्थियाँ मुझे यह कहकर सौंपी कि उनकी इच्छा थी कि उनकी अस्थियाँ गंगा जी में प्रवाहित की जाएँ। मैंने उनकी अस्थियों को लाकर गंगा में प्रवाहित कर दिया। जिस तरह आज़ाद के पिताजी की अस्थि विसर्जन का सौभाग्य मुझे प्राप्त हुआ, उसी तरह माताजी की मृत्यु के पश्चात् उनका दाह संस्कार करने का सौभाग्य भाई सदाशिव राव मलकापुरकर को।

मनोहरलाल जी त्रिवेदी आज़ाद को बहुत चाहते थे। और उनका यह प्रयत्न रहा कि वे आज़ाद को पढ़ाएँ। परन्तु जो स्वयं देश के नौजवानों को आज़ादी का पाठ पढ़ाने चला था, उसे नीरस अक्षरों के पाठों में कहाँ तक रुचि होती। फिर भी घरवालों की आज्ञा के आगे सिर झुकाकर वे पढ़ते रहे और साथ ही इस बन्धन से निकल भागने की ताक में भी रहे। मनोहरलाल जी का स्थानान्तर जब खट्टाली गाँव हुआ तो वे उन्हें अपने ही साथ खट्टाली ले गए। इसके एक वर्ष बाद आज़ाद का भावरा में यज्ञोपवीत संस्कार हुआ। उसके बाद घरवालों ने सोचा कि द्विज हो जाने पर शायद ब्राह्मण का बालक विद्याध्ययन में कुछ विशेष रुचि ले। पर वे तो केवल जन्म से ब्राह्मण थे, कर्म से क्षत्रिय। उन्हें तीर-कमान या बन्दूक चलाने में रुचि थी। वे सदा ऐसे मौके की ताक में ही रहते और किसी भील या शिकारी से ऐसे अवसर मिल जाते तो उस दिन वे सफल समझते।

खट्टाली जाने के पूर्व वे कुछ समय भावरा में ही रहे, क्योंकि उन दिनों मनोहरलाल जी नानपुर में थे और वहाँ पर इन्हें पढ़ाने की व्यवस्था थी। इसलिए इस बीच उनका कार्यक्रम यही होता कि घर से स्कूल के लिए निकल जाना और मार्ग से दोस्तों को जंगल में ले जाकर थानेदार-डाकू का खेल खेलना, तीर-कमान चलाने को मिल जाता तब उसका भी अभ्यास करते रहना या जानवरों के शिकार का खेल खेलना। आज़ाद ने यह घटना बताते समय मुझसे कहा था कि इस बीच में उनकी तन्दुरुस्ती अच्छी बन गई थी, पर पढ़ाई की खेती पर तुषारपात हो रहा था। इस समय तक वे छह कक्षा तक पढ़ गए थे।

जब मनोहरलाल जी का स्थानान्तर अलीराजपुर हो गया तो उन्होंने यह सोचकर कि चन्द्रशेखर की पढ़ने में अधिक रुचि नहीं है, उसे नौकरी में नाथ देने का विचार किया। ऐसा करने में उन्होंने दो लाभ सोचे—एक तो यह कि दिन भर नौकरी में रहने से आवारागर्दी कम हो जाएगी और जो वेतन मिलेगा उससे परिवार की गरीबी का आर्थिक बोझ भी कुछ हल्का हो सकेगा।

अलीराजपुर में उस समय श्री सीताराम जी अग्निहोत्री तहसीलदार थे। वे सीताराम जी की ईमानदारी और सच्चाई से बहुत प्रभावित थे.।

इसीलिए चन्द्रशेखर को तहसील में नौकरी तुरन्त मिल गई और वे मनोहरलाल जी के ही पास रहने लगे। चन्द्रशेखर की नौकरी लगने से माता-पिता को प्रसन्नता हुई, परन्तु उनके पिता चन्द्रशेखर की पढ़ाई छूटने से दुखी भी हुए। वे चाहते थे कि चन्द्रशेखर संस्कृत पढ़े और वेदाध्ययन कर पंडित बने।

आज़ाद अपनी इस नौकरी का वर्णन अत्यन्त रस लेकर करते थे—बच्चन ! वहाँ जो कुछ काम था सो तो था ही, मुझे सबसे बड़ा दुख था इस बात का कि जो भी अफसर आता उसे झुककर मुजरा करना पड़ता था, जो मुझे अच्छा नहीं लगता था। एक-दो बार तो मैंने यह कष्टप्रद कर्तव्य किसी तरह निभाया, परन्तु बाद में मैं ऐसे मौकों पर खिसक जाता। साथी कहते, "शेखर तुम्हारी यह बात अच्छी नहीं, किसी दिन नौकरी से हाथ धो बैठोगे।" तो मैं निःसंकोच कहता, "भाई यहाँ किसे नौकरी चाहिए ? कल जाती है तो आज छूट जाए, इस जेलखाने से तो छुट्टी मिलेगी। मैं स्वयं भी इससे छुटकारा पाने की ताक में था। परन्तु मनोहरलाल जी की कड़ी नजर रहने के कारण मैं भाग नहीं पाता था। दूसरे मैंने अलीराजपुर, भावरा, खट्टाली और ऐसे ही आसपास के कुछ गाँव देखे थे। उसके आगे मैं न कहीं गया था और न बाहर की दुनिया की कुछ जानकारी ही थी। जब फुरसत मिलती तो तालाब के किनारे जा बैठता या जंगल की ओर घूमने निकल जाता।"

मनोहरलाल जी अलीराजपुर में एक वर्ष रहने के बाद छुट्टी पर चले गए। आज़ाद ऐसे मौके की तलाश में ही थे। सौभाग्यवश उन दिनों वहाँ एक मोती बेचनेवाला आया था। उससे आज़ाद ने दोस्ती कर ली। प्रायः नौकरी से छुट्टी मिलने के बाद ये उसके डेरे पर जाते और उससे बम्बई की बात सुनते तथा शहर के विषय में तरह-तरह की जानकारी प्राप्त करते। अन्त में मनोहरलाल जी की अनुपस्थिति में वे उसी मोतीवाले के साथ अलीराजपुर से चम्पत हो गए। उनके पिताजी पर तहसीलदार साहब की कृपा होने के कारण, आज़ाद पर किसी प्रकार की कार्रवाई नहीं की गई। इस प्रकार नौकरी के बन्धन से छुटकारा पाकर चन्द्रशेखर ने आज़ादी की साँस ली।

श्री मनोहरलाल जी जब छुट्टी से लौटे तो उन्होंने आज़ाद की बहुत खोज की, पर कुछ भी पता न चला। बहुत दिनों बाद आज़ाद ने बनारस से उन्हें पत्र लिखा कि वे बनारस में संस्कृत पढ़ रहे हैं और घर के लोग उनकी चिन्ता न करें। इसके बाद 1922 में वे भावरा गए और लगभग 15 दिन तक घर रहे। उस समय उनके बड़े भाई

जीवित थे और पोस्ट-ऑफिस में पोस्टमैनी की नौकरी करते थे।

15 दिन रहने के पश्चात् आज़ाद मनोहरलाल जी के साथ कानपुर आए। मनोहरलाल जी उन्नाव जा रहे थे, उन्होंने आज़ाद से भी उन्नाव चलने के लिए कहा, परन्तु आज़ाद उन्हें यह कहकर चकमा दे गए कि कानपुर में उन्हें किसी से मिलना है और उससे मिलकर वे उन्नाव आएँगे, परन्तु वे वहीं से गायब हो गए।

इधर भावरा में दो वर्ष नौकरी के पश्चात् श्री सुखदेव का देहान्त हो गया, उन्हें निमोनिया हो गया था। अब माता-पिता को आज़ाद का विछोह अत्यधिक सताने लगा।

आज़ाद की शहादत के समाचार के बाद तो माताजी रात-दिन रोती रहती थीं, इससे उनके सिर में बराबर दर्द रहने लगा, और वह पीड़ा इतनी असह्य हो गई कि उनको एक आँख निकलवा देनी पड़ी। उनकी आँख का ऑपरेशन अलीराजपुर के अस्पताल में ही हुआ था। आँख निकाल देने से उनका सिर-दर्द तो ठीक हो गया, परन्तु उसका परिणाम उनके दिमाग पर हुआ। मनोहरलाल जी ने ही ऑपरेशन इत्यादि की व्यवस्था की थी। सीताराम जी तिवारी दिन में कभी अलीराजपुर आ जाते और शाम को ही भावरा लौट जाते। इतने ही समय वे अस्पताल में जगरानी देवी के पास कुछ बैठ पाते थे।

मनोहरलाल जी ने आज़ाद की अनुपस्थिति में उनके माता-पिता की बहुत सेवा की। साथ ही जब कभी आज़ाद उन्हें बुला भेजते वे तुरन्त उनसे मिलने चले आते। ऐसा कर वे अपने को बहुत बड़े संकट में डाल रहे थे। सरकार को यदि इसका पता चल जाता तो निश्चय ही उनकी नौकरी तो छूट ही जाती, साथ ही जेलखाने की हवा भी खानी पड़ती, वह अलग। परन्तु उन्होंने इन सब बातों की कभी परवाह नहीं की और वे उन्हें अपने यहाँ ठहराते, खिलाते, पिलाते और स्वयं ही उन्हें सुरक्षित स्थान पर पहुँचा देते थे। सन् 1928 में जब आज़ाद भावरा गए तो मनोहरलाल जी ने उन्हें अपने यहाँ ठहराया था। 1930 में आज़ाद ने उन्हें कानपुर मिलने के लिए बुलाया था, वही आज़ाद की उनसे अन्तिम भेंट थी।

आज़ाद झाँसी में थे तब मनोहरलाल जी के पत्र कभी-कभी मेरे पते से आते थे, जिन्हें मैं आज़ाद को पहुँचा दिया करता। पत्रों के उत्तर वे शायद ही देते हों। माता-पिता के स्वास्थ्य के विषय में जान लेना ही उन्हें पर्याप्त होता था, उन्होंने उनकी आर्थिक स्थिति की कभी चिन्ता नहीं की।

सन् 1930 में कानपुर से सरदार रामसिंह को आज़ाद ने जब भावरा मनोहरलाल जी को बुलाने भेजा था तो वे वहाँ उनके घर की आर्थिक परिस्थिति देख आए थे। जब लौटे तो उन्होंने श्री गणेश शंकर विद्यार्थी से इसका उल्लेख किया, इस पर विद्यार्थी जी ने आज़ाद को बुलाकर दो सौ रुपया उनके माता-पिता को भेजने के लिए दिया। आज़ाद ने वे रुपए पार्टी के काम में लगा दिया। कुछ दिनों बाद जब आज़ाद फिर गणेश शंकर जी से मिले तो उन्होंने घर पैसे भेजने की बात पूछी। आज़ाद हँसकर बोले—''उन बूढ़ा-बूढ़ी के लिए पिस्तौल की दो गोलियाँ काफी हैं।'' क्षण भर चुप रहे फिर गम्भीर

होकर बोले, "विद्यार्थी जी, इस गुलाम देश में लाखों परिवार ऐसे हैं जिन्हें एक समय भी रोटी नसीब नहीं होती, मेरे माता-पिता तो दिन में एक बार भोजन पा ही जाते हैं। वे भूखे रह सकते हैं, पर पैसे के लिए पार्टी के सदस्यों को भूखों नहीं मरने दूँगा। उनकी आवश्यकताओं को पूरा करना मेरा सर्वप्रथम कर्तव्य है। मेरे माता-पिता भूखों मर भी गए तो उससे देश का कोई नुकसान नहीं होगा, ऐसे कितने ही लोग इस देश में मरते-जीते रहते हैं।" यह कह आज़ाद विद्यार्थी जी के पास से उठकर चले गए, विद्यार्थी जी उनकी ओर देखते ही रह गए।

बाद में जब मनोहरलाल जी कानपुर आए तो उस समय गणेश शंकर जी अस्वस्थ थे। नवीन जी ने उन्हें बुलाकर आज़ाद के माता-पिता के लिए रुपए दिए। जब आज़ाद को यह पता चला तो उन्होंने मनोहरलाल जी को बुलाकर कहा—"मेरे माता-पिता का भार तो आप सम्हाले ही हुए हैं; उन्हें दूसरों की आर्थिक सहायता की क्या आवश्यकता है ?" मनोहरलाल जी की आँखों में आँसू आ गए।

परन्तु इस घटना से आज़ाद के विषय में यह धारणा बना लेना भूल होगी कि अपने माता-पिता से उन्हें प्रेम नहीं था। यदि ऐसी बात होती तो जीवन के अन्तिम दिनों में वे मुझसे यह न कहते कि 'बच्चन यदि कभी तुम छूटो तो मेरे जन्म-स्थान भावरा जाकर मेरी माता से अवश्य मिलना।' यह कह वे ठंडी साँस ले चुप बैठ रहते। उनकी यह चुप्पी यह बता रही थी कि उस क्षण उन्हें माता-पिता का स्नेह स्मरण हो आया था और यह उसी की अभिव्यक्ति थी, वरना उस समय उन्हें क्या कल्पना थी कि वे शहीद हो जाएँगे और मैं पकड़ा जाकर जीवित बचा रहूँगा और कभी छूटकर उनकी माताजी से मिल सकूँगा।

मनोहरलाल जी आज भावरा में ही अपनी धर्मपत्नी और कन्या के साथ रह रहे हैं। वे पेंशन लेकर भावरा में ही मकान बनाकर बस गए हैं। देश की स्वतन्त्रता के पश्चात् उनकी ही प्रेरणा से भावरा में आज़ाद के स्मारक बनाने के प्रयत्न हुए और 1965 की फरवरी में उनके प्रयत्नों को साकार रूप मिला। भावरा में आज़ाद की मूर्ति की स्थापना हुई। इसके अलावा झाबुआ जिले के अन्य स्थानों में भी आज़ाद के नाम पर सभा-गृह, प्राथमिक-शालाएँ तथा व्यायाम-शालाएँ खुलीं। इसमें सरकारी अधिकारी, कर्मचारी और आम जनता सभी का पूर्ण सहयोग मिला। भावरा में आज़ाद नगर भी बसाया जा रहा है और उस क्षेत्र में प्रति वर्ष फरवरी मास में इनके नाम से एक मेला हुआ करेगा।

# आज़ाद बम्बई में

मैं यह पहले ही बता चुका हूँ कि आज़ाद ने अन्तिम दिनों में अपने जीवन की अनेक महत्त्वपूर्ण घटनाएँ मुझे सुनाई थीं, इन दिनों हम इलाहाबाद के कटरे के एक मकान में रहते थे। साथियों के पकड़े जाने और मारे जाने के कारण वे बहुत दुखी थे। भविष्य में दल का किस प्रकार संगठन किया जाए इस चिन्ता से उन्हें रात को नींद नहीं आती थी। कुछ साथियों की गद्दारी की बातें सोच-सोच कर जब वे क्षुब्ध हो उठते तो मुझे जगाकर बैठा देते और तब अपने जीवन के प्रसंग सुनाने लगते। भूतकाल के उनके कष्ट के क्षण मधुर स्मृति बनकर उनकी मानसिक व्यथा हल्की करने में बहुत सहायक होते।

उन्हीं चिन्ता और चिन्तन के क्षणों में उन्होंने बताया था कि वे किस तरह और क्यों मोतीवाले के साथ बम्बई गए। तब तक अलीराजपुर, भावरा या उसके आसपास कुछ मील के क्षेत्र के सिवा उन्होंने कुछ नहीं देखा था और जो देखा था वह था जंगल और उसमें रहनेवाले आदिवासी। इसीलिए उन्होंने सोचा कि अलीराजपुर से अकेले जाना खतरे से खाली नहीं होगा और तभी उन्हें यह कल्पना सूझी कि मोतीवाले के साथ ही क्यों न भागा जाए। इसी के सहारे बाहरी दुनिया से परिचय हो जाएगा। इसीलिए मोतीवाले के साथ बम्बई गए। लोगों का कहना है कि वे पहले बनारस और फिर बम्बई गए, परन्तु आज़ाद के कथनानुसार भावरा से बम्बई रेल सीधी जाती थी तथा जो कुछ पैसे पास थे उनसे बम्बई तक जाना ही सम्भव था। शायद उनकी यह पहली रेलयात्रा थी और इसीलिए दोहद से अकेले बनारस भी सरल नहीं था।

मोतीवाले के साथ बम्बई तक तो पहुँच गए, परन्तु भविष्य की चिन्ता प्रश्न-चिह्न बनकर खड़ी थी। पीछे कदम हटाना उन्होंने कभी सीखा ही नहीं था, इसीलिए बम्बई पहुँचते ही उन्होंने मोतीवाले का साथ छोड़ दिया। स्टेशन के बाहर आकर उनकी आँखें मुम्बापुरी को देख कौंध गईं। रास्तों की भीड़, विशाल इमारतें, रास्तों पर दौड़ती ट्राम गाड़ियाँ और विक्टोरिया सभी तो उनके लिए मायानगरी की वस्तुओं के समान थीं। मोतीवाले से जो जाना सुना था उसे वे अब प्रत्यक्ष देख रहे थे। आखिर स्टेशन के बाहर इस तरह कितनी देर तक खड़ा रहा जा सकता था, इसलिए निरुद्देश्य चल पड़े और चलते-चलते जब समुद्र के किनारे पहुँचे तो रुककर बैठ गए। कभी समुद्र को देखते तो कभी उस पर आने-जानेवाले जहाजों को।

उन दिनों बम्बई बेकारों की माई-बाप थी। वहाँ कोई बेकार और बेघर नहीं रहता

था। तो आज़ाद को भी बम्बई में काम मिला जहाजों को रंगनेवाले रंगसाजों की मदद में। गोदी में काम करनेवाले मजदूरों की मदद से उन्हें काम मिला और उन्हीं की मदद से उनके गोल के लोगों की कोठरी में पड़ रहने को जगह। वे मजदूर शाम को आज़ाद को अपनी कोठरी पर ले गए। खाने को पूछा तो बोले—"खा चुका हूँ।" उन्होंने दिन भर मूँगफली, भेल आदि खाकर पेट भरने का प्रयत्न किया था और पेट की बची-खुची जगह पानी से भर ली थी। सोने के लिए मजदूरों ने एक चटाई दी, उसी पर आज़ाद ने अपनी आज़ादी की पहली रात गहरी नींद में काटी। एक तो रेल की यात्रा और बाद में दिन भर की पद-यात्रा ने उन्हें इतना थका दिया था कि नींद उन्हें आनी ही थी। सबेरे पाँच बजे मजदूरों ने बालक चन्द्रशेखर को जगा दिया और साथ ही काम पर ले गए।

शाम को मजदूरों ने कोठरी पर आकर जब भोजन बनाया तो आज़ाद को भी उन्होंने बुलाया, परन्तु ये थे कट्टर ब्राह्मण पिता के पुत्र। उनके साथ कैसे खाते, जिनकी न जात का पता और न धर्म का। दिन में चना-चबेना खाकर गुजर करते—यही सोचकर कि जब पैसा जमा हो जाएगा तो फिर बर्तनों और स्वयं भोजन बनाने की व्यवस्था हो जाएगी, परन्तु चने खाते-खाते जी ऊब गया, जिन्दगी में चूल्हा तो कभी फूँका नहीं था, आखिर यात्रा में सभी चलता है, इसलिए मजदूरों में से एक को साथी बना लिया। उसकी वे मदद कर देते थे चूल्हा जलाने और आँटा गूँथने में, जो मदद भी साथी के अधिक दिन काम न आई। कभी चूल्हा न जलता तो कभी आटा पतले सत्तू जैसा हो जाता, तब साथी हँसकर उन्हें हटा देता और सबकुछ स्वयं ही कर लेता।

आज़ाद से यह क्रम मुश्किल से एक सप्ताह चल सका और फिर होटल में खाना शुरू किया। इसके लिए दलील यह थी कि जब पराई जात के हाथ की बनी रोटी खा ली तो फिर होटल में खाने में ही क्या दोष है। इस प्रकार होटल की रोटियाँ सहज ही ब्राह्मणत्व को प्राप्त हो गईं।

होटल का कार्यक्रम प्रारम्भ हो जाने पर शाम का बहुत-सा समय बच जाता। दिन भर की थकान मिटाने के लिए आज़ाद ने सिनेमा का सहारा लिया। वे कोठरी में तभी जाते जब नींद आँखों पर छा जाती और नींद रोके रहने की गुंजाइश न रहती। कोठरी में इतने लोग एक साथ सोते थे कि उनके श्वासोछ्वास से वहाँ की हवा दूषित रहती थी, साथ ही कोई खखारकर किसी कोने में थूक भी देता था, बीड़ी का धुआँ भरना साधारण-सी बात थी। कोठरी में कोई खिड़की नहीं थी, इसलिए बाहर की स्वच्छ हवा आने का भी कोई साधन नहीं था। उन्हें ऐसे घुटे वातावरण में कभी सोने की आदत नहीं थी। वैसे भी क्रान्तिकारी जीवन में वे सबसे अलग एक ओर सोना पसन्द करते थे, चाहे कितनी ही ठंड क्यों न हो। ओढ़ने की कमी होने पर सारे ओढ़ने के साधन साथियों को दे देते, स्वयं एक अखबार नीचे बिछाकर धोती ओढ़ने को रख लँगोट बाँध सो जाते और उतनी ही गहरी नींद सोते, जितनी गहरी नींद साथी रजाई या कम्बल ओढ़कर सोते रहते। भावरा की शुद्ध वायु बम्बई की उन कोठरियों में कहाँ मिलती ?

इसलिए काम से छूटने पर, खा-पीकर वे सिनेमा में जा बैठते तथा बारह-साढ़े बारह बजे तक सिनेमा घरों में बिता देते। वे कहा करते थे, 'बच्चन ! बम्बई में मैंने इतने सिनेमा देखे हैं कि अब मुझे सिनेमा देखने की तनिक भी इच्छा नहीं होती।'

झाँसी में आने के बाद से जीवन के अन्तिम दिनों तक मैंने कभी उनके मुँह से यह नहीं सुना कि सिनेमा देखने जाया जाए, न उन्होंने कभी यह पूछा कि कहाँ कौन-सा चित्र लगा है। वैसे भी सिनेमा-घरों पर गुप्तचर विभाग के लोगों का पहरा रहता था, अतः न तो वे स्वयं कभी सिनेमा देखने जाते और न साथियों को जाने देते। वे साथियों को सदा इस ओर से निरुत्साहित करते रहते थे।

दल में ऐसे बिरले ही लोग रहे होंगे जिन्हें यह शौक न रहा हो। सरदार भगत सिंह, सुखदेव, विजय कुमार सिन्हा आदि को वे कभी-कभी इसके लिए डाँट भी देते और कहते कि मुझे लगता है कि किसी दिन तुम लोग सिनेमा-घरों में ही पकड़े जाओगे। भगत और सुखदेव को तो वैसा मौका नहीं आया, परन्तु विजय कुमार सिन्हा सिनेमा-भवन में ही पकड़े गए।

श्री भगवान दास माहौर ने अपने संस्मरणों में इस विषय में एक मनोरंजक घटना का उल्लेख किया है। यह घटना लाहौर की है, जब भगवान दास जी को साण्डर्स-हत्याकांड की योजना के लिए लाहौर ले जाया गया था, परन्तु बाद में उन्हें दूसरे 'एक्शन' के लिए आगरा भेज दिया गया। एक दिन सरदार भगत सिंह, विजय कुमार सिन्हा तथा भगवान दास, ब्रेडला हॉल में क्रान्तिकारियों के श्रद्धांजलि-समारोह की सभा देखने गए थे। जब वे वहाँ से लौटे तो मार्ग में उन्होंने 'टाम काका की कुटिया' (uncle Tom's cabin) का सिनेमा पोस्टर लगा देखा। इसमें अमरीकी हब्शी गुलामों पर होनेवाले अत्याचार तथा उससे हब्शियों का मुक्ति-संघर्ष दिखाया गया था। भगत सिंह ने प्रस्ताव किया, 'चित्र अवश्य देखा जाए, पर प्रश्न है कि पैसा कहाँ से आए ?'

जो फरार साथी थे या उस समय इस काम के लिए लाहौर में एकत्र हुए थे उन्हें दिन भर के खाने के लिए चार आने मिलते थे। पंजाब में उस समय दो आने में एक व्यक्ति का एक समय का भोजन हो जाता था। डेढ़ पैसे की सूखी और दो पैसे की चुपड़ी रोटी मिलती थी। उसके साथ दाल-सब्जी मुफ्त। सन् 1930 में जब मैं लाहौर गया था तो वहाँ अमृतसरी होटल में खाना खाता था और वहाँ की दो रोटियों से अधिक खाना मेरे लिए असम्भव था। वहाँ की एक रोटी हमारे चार फुल्कों के बराबर होती थी। एक दाल और एक सब्जी उसके साथ मुफ्त मिलती थी। एक दिन मैं होटलवाले से पूछ बैठा—'क्यों भाई जी ! आप इतना सस्ता खाना देते हो तो इसमें आपको क्या बचत होती होगी ?' मेरी बात सुनकर दुकानदार हँसकर बोला, 'बाबू आप लोग जैसे तो मेरे मुनाफे में ही खा जाते हो। मेरी आमदनी देखनी हो तो किसी दिन ग्यारह बजे के बाद आकर देखो।' और सचमुच ही दूसरे दिन ग्यारह बजे मैंने जो कुछ देखा उससे मुझे यह विश्वास हो गया कि हमारे जैसे दो रोटीवालों को तो लाला मुफ्त भी रोज खिला दे तो घाटा नहीं होगा। क्योंकि 11 बजे के बाद उसके जो ग्राहक आते थे वे गाँवों के जाट

या सिख होते थे और उनके लिए दस-ग्यारह रोटी खा जाना सहज था। उसी के साथ यदि दो-चार कटोरी सब्जी की ले ली तो उसके पैसे दो आने प्रति कटोरी के हिसाब से अलग लेते थे। ये गाँव के लोग कभी लेमन सोडा की एक बोतल पीकर सन्तोष नहीं करते। कम से कम चार-छह बोतलें पी जाना तो उनके लिए साधारण बात होती थी।

बात कह रहा था 'टाम काका की कुटिया' चित्र देखने की। उस समय भगवान दास जी के पास उस दिन शाम के तथा दूसरे दिन के पैसे मिलाकर तीनों का डेढ़ रुपया महाशय जी ने (आज़ाद को उस समय 'महाशय जी' के नाम से ही सम्बोधित किया जाता था। लाहौर-षड्यन्त्र के बाद से उन्हें हम लोग भैयूया कहने लगे थे) दे रखा था। माहौर जी के पास पैसे दे रखने का विशेष कारण यह था कि वे उन्हें खाने के सिवा किसी अन्य मद में खर्च नहीं करेंगे।

सरदार भगत सिंह ने भगवान दास से पैसे माँगे तो भगवान दास ने देने से इन्कार किया। तब रणजीत ने (यह भगत सिंह का पार्टी का नाम था) कला पर एक लम्बा-चौड़ा भाषण उन्हें सुनाया तथा यह समझाने का प्रयत्न किया कि गुलामी से 'मुक्ति-संघर्ष' का यह चित्र क्रान्तिकारियों के लिए देखना कितना आवश्यक है। परन्तु भगवान दास पर इस सबका कोई असर न हुआ। उनका एक ही नारा था—'महाशय जी का आदेश है कि पैसे खाने के सिवा और किसी अन्य काम के लिए खर्च न किए जाएँ, इसलिए मैं उन्हें हरगिज न दूँगा।'

अब भगत सिंह ने इस प्रकार के अन्ध अनुशासन की बात पर भी प्रवचन किया और जब उसका भी कोई असर न हुआ तो मामला हाथापाई पर आ गया। यह हाथापाई भी केवल जबानी चल रही थी और साथ-साथ तीनों के ही कदम सिनेमा-घर की ओर बढ़ रहे थे। स्वयं भगवान दास भी सिनेमा देखने के उत्सुक थे, परन्तु महाशय जी को डेढ़ रुपए का हिसाब भी तो देना होगा। फिर भी भगत सिंह की चुनौती को बचत का साधन बना भगवान दास ने कहा 'सड़क पर हाथापाई मत करो, ले लो, पर मैं ये पैसे तुम्हें स्वेच्छा से नहीं दे रहा हूँ, बल्कि मुझसे जबरदस्ती छीन रहे हो।'

भगत सिंह हँसकर बोले—'अच्छा यही सही और साथ यह भी समझ लो कि मैं तुम्हें पीट-पाट कर चवन्नी के तीन टिकिट लाने के लिए भेज रहा हूँ।'

भगवान दास ने यह भी मान लिया परन्तु अपने से डेढ़ फुट ऊँचे तथा लम्बे-चौड़े पंजाबियों की भीड़ में वे न घुस सके और लौट आकर उन्होंने पैसे भगत सिंह को पकड़ा दिए।

तब भगत सिंह कोट उतारकर कमीज की बाँहें चढ़ा सिनेमावीरों की भीड़ में घुस पड़े, परन्तु उन्हें चवन्नी के टिकिट न मिले और तब वे अठन्नी के टिकिट ले आए और इस तरह दो समय के भोजन के पैसे साफ हो गए।

सिनेमा देख लिया पर शाम का भोजन भी शहीद हो गया। दूसरे दिन सवेरे भी व्रत करना पड़ेगा यह समस्या गम्भीर थी, इसलिए रास्ते भर यह योजना बनती रही कि महाशय जी (आज़ाद) को किस प्रकार विश्वास दिलाया जाए कि वह चित्र देखना

आवश्यक था और इसलिए भोजन के पैसे खर्च कर सिनेमा देखा गया और जब वे अपने ठहरने की जगह पहुँचे तो रणजीत (भगत सिंह) ने महाशय जी से पहले उस चित्र की कहानी समझाई और फिर वह चित्र क्रान्तिकारियों के लिए क्यों देखना ज़रूरी है इस बात का भी विश्लेषण किया।

यह सब सुन आज़ाद मुस्कुरा दिए। वैसे भी वे भगत सिंह की बात नहीं टालते थे, उनके प्रति आज़ाद का बहुत स्नेह था। भगत सिंह भी चाहते तो आज़ाद को बिना बताए ही इस पैसे की पूर्ति कर सकते थे, परन्तु आज़ाद के प्रति उनके हृदय में अत्यधिक स्नेह था और थी आदर की भावना, इसीलिए उन्होंने ये सारी बातें आज़ाद से कहीं और आज़ाद ने प्रसन्नता से दूसरे दिन के खाने के लिए पैसे दिए। पार्टी को पैसों की बड़ी तंगी रहती थी, इसी कारण आज़ाद खर्च पर बड़ा नियन्त्रण रखते थे।

पैसों के हिसाब की चर्चा में मैं एक घटना का और उल्लेख करूँगा। भगवान दास, सदाशिव राव मलकापुरकर तथा मैंने जब आज़ाद के साथ झाँसी छोड़ा तो हम लोग अपने पास पैसे कभी नहीं रखते थे। आवश्यकता पड़ने पर आज़ाद से पैसे माँग लेते और काम हो जाने पर हिसाब दे देते, यदि पैसे बचते तो उन्हें हम तुरन्त लौटा देते। हमारे लिए यह साधारण बात थी, परन्तु अन्य साथियों को इससे हैरानी होती। एक बार इसी तरह भगवतीचरण जी ने मुझे किसी काम से बाहर भेजा। काम समाप्त कर जब मैं लौटा तो जाते समय उन्होंने मुझे जो रुपए दिए थे उसमें से जो खर्च हुआ था उसका हिसाब बनाकर बाकी रुपए उन्हें लौटा दिए। वे मेरी ओर देखते रह गए। पास ही बैठे पंजाब के एक साथी ने मुझसे पूछा—'यह हिसाब का लेना-देना कैसा ?' मैं प्रश्न सुन हैरान रह गया। मैंने कहा, 'हम तो यही करते हैं। अपने नेता को हिसाब तो देना ही चाहिए।'

उसने आश्चर्यचकित होकर कहा—'हम तो ऐसा नहीं करते।'

बात वहीं रुक गई। भगवतीचरण जी यह सब संवाद सुन मुस्कुरा रहे थे। बहुत दिनों तक मेरे लिए यह एक क्रान्तिकारी समस्या ही थी कि ऐसा प्रश्न क्यों किया गया ? परन्तु कुछ दिनों के बाद मुझे उसका उत्तर मिल गया। पंजाब में क्रान्तिकारियों को आर्थिक सहायता मिलने में कठिनाई नहीं होती थी और जब पैसा कहीं नहीं मिलता तो दुर्गा भाभी का अन्नपूर्णा का भंडार तो खुला ही था, केवल भगवतीचरण के आदेश की आवश्यकता होती थी और कभी-कभी वह भी नहीं।

हाँ ! इस अवसर पर भी हममें से प्रत्येक की जेब में पाँच का एक नोट सुरक्षित रहता था जो हमारे मनीबेग में निश्चिन्त हो बैठा रहता था, क्योंकि उसे हमें उसी समय खर्च करने की छूट थी जब हम किसी संकट में फँस जाते और एक शहर से दूसरे शहर में जाना आवश्यक हो जाता तो पुलिस के चंगुल से भाग निकलने में यह पाँच का नोट हमारा सहायक होता। आज़ाद ने यह व्यवस्था इसीलिए कर दी थी कि लाहौर-षड्यन्त्र में जब गिरफ्तारियाँ शुरू हुईं तो सराहनपुर में शिव वर्मा और जयदेव के पकड़े जाने के कारणों में से यह भी एक कारण था कि उनके पास उस समय बाहर जाने को पैसे

नहीं थे। डॉक्टर गया प्रसाद पैसे लेने गए थे, उनके लौटने पर ही सहारनपुर से निकलना सम्भव था, पर डॉक्टर गया प्रसाद के आने के पूर्व ही शिव वर्मा और जयदेव कपूर वहाँ पकड़े गए और बाद को गया प्रसाद भी। इसलिए तब से आज़ाद ने यह व्यवस्था कर दी थी। भोजन के लिए पैसे न रहने पर हम लोग भूखे रह जाते, परन्तु उन पाँच रुपयों में से एक भी पैसा खर्च नहीं किया जा सकता था। वह केवल संकटकालीन यात्रा की धरोहर थी और इस नियम का सभी साथी दृढ़तापूर्वक पालन करते थे।

बम्बई में आज़ाद सप्ताह में एक बार स्नान करते थे। क्योंकि सवेरे पाँच बजे उठकर नहाने की सुविधा नहीं थी, पास में कपड़े भी इतने नहीं थे कि नित्य उन्हें धोकर सुखाते और बदलते, इसलिए वे रविवार को नहाते थे। उस दिन छुट्टी होती थी इसलिए देर तक सोते रहते। बाद में नित्यक्रिया से निवृत्त हो वे नाश्ता करते और उसके बाद घूमते हुए चोर बाजार जाते, वहाँ एक हाफ पैंट और कमीज खरीदकर साबुन-तेल लेते, फिर किसी जनपथ के नल पर नहाते, पुराने कपड़े उतार फेंकते और उस दिन खरीदे कपड़े पहन लेते। ये खरीदे कपड़े भी पुराने ही होते, परन्तु धोबी के धुले होने के कारण सप्ताह भर चल जाते। फिर सिर में तेल डालकर किसी होटल में भोजन करने चल देते। इसके बाद सड़कों के चक्कर, चिड़िया-घर की सैर या किसी पार्क में पेड़ की छाँह में विश्राम। उसके बाद चौपाटी पर बैठकर समय बिताना और शाम होते ही फिर सिनेमा भवन में घुस जाना।

इनका बम्बई में न कोई मित्र था न साथी। हाँ, जहाज पर जो लोग दूध के डिब्बे चुराकर लाते उनके साथ वे भी डिब्बे का दूध पीते, बस इतनी ही देर की उनसे दोस्ती होती। बम्बई में दिन-रात मजदूरों के साथ रहकर भी वे किसी प्रकार के व्यसन में नहीं फँसे, न कभी बीड़ी पी और न तम्बाकू खाई। अनेक बार मजदूर उनसे मदिरालय में ताड़ी पीने के लिए जाने का आग्रह करते, परन्तु वे कभी चार कदम भी उनके साथ नहीं गए।

क्रान्तिकारी जीवन में भी आज़ाद मांस-मदिरा, बीड़ी-सिगरेट आदि से दूर रहे। पुलिस को धोखा देने के लिए ही दो-चार बार उन्होंने बीड़ी या सिगरेट पी होगी। ठाकुरों के साथ जब ठाकुर बन जाते थे तो मांसाहार भी उन्होंने किया है, परन्तु वह केवल यह सिद्ध करने के लिए कि वे ठाकुर हैं, अन्यथा उन्हें उसमें रुचि नहीं थी। ब्रह्मचारी होने के नाते भी वे इनसे दूर रहते थे। वे कहा करते थे कि अविवाहित व्यक्तियों को मांसाहार नहीं करना चाहिए। परन्तु जो साथी खाना चाहते थे उन्हें कभी रोका नहीं, न उनके साथ बैठकर खाने में उन्होंने कभी घृणा की।

धीरे-धीरे उन्हें बम्बई के इस यंत्रवत् जीवन से घृणा हो गई। वे यह अनुभव करने लगे कि यदि उन्हें पेट भरने के लिए नौकरी या मजदूरी ही करनी थी तो वह तो अलीराजपुर में ही मिल गई थी। उसके लिए घर छोड़कर इतने कष्ट उठाने की क्या आवश्यकता थी। तब एक रविवार को जब वे नहा-धोकर होटल में भोजन करने गए

तो भोजन करते-करते उन्होंने बम्बई छोड़ने का निश्चय कर लिया। परन्तु घर वापस जाना नहीं था इसीलिए संस्कृत पढ़ने बनारस जाने का विचार किया। उन्होंने अपने पिताजी से सुन रखा था कि संस्कृत पढ़ने के लिए लोग बनारस जाते हैं। ब्राह्मणों के बच्चों को वहाँ रहने-खाने की निःशुल्क व्यवस्था होती है तथा पहनने को कपड़ा भी दानी दे देते हैं।

होटल से भोजन के पश्चात् उन्होंने सीधे रेलवे स्टेशन की राह पकड़ी। सामान तो जो कुछ था वह पास ही था, एक सप्ताह की कमाई भी जेब में थी ही। स्टेशन पर जानकारी प्राप्त कर बनारस की गाड़ी में बिना टिकट जा बैठे। बम्बई से जाते समय वे एक चीज अवश्य ले गए, वह था मजदूरों के जीवन का अपना खुद का अनुभव। उनकी स्थिति से भी वे बहुत अच्छी तरह परिचित हो गए थे। क्रान्तिकारी जीवन में जब मजदूरों की परिस्थिति के विषय में चर्चा चलती तो वे उस पर साधिकार बोलते थे। उसी प्रकार भावरा में वे आदिवासियों तथा किसानों के जीवन को भी निकट से देख चुके थे, इसलिए किसान और मजदूरों के राज की जब वे चर्चा करते तो उसमें उनकी अनुभूति की झलक स्पष्ट दिखाई देती थी।

## बनारस में राष्ट्रीयता की दीक्षा

उन दिनों रेल-यात्रा में बिना टिकट यात्रा करनेवालों को पकड़े जाने पर बिना किराए की हवेली में नहीं भेजा जाता था, उस पर साधु और बच्चों को तो रेल-अधिकारी कुछ भी नहीं कहते थे। आज की तरह टिकट-कलेक्टर की शक्ल से एक डिब्बे से दूसरे डिब्बे में उन्हें भागना नहीं पड़ता था। उनके आने पर केवल उठकर उनका आदर कर देना ही पर्याप्त था। इसलिए बम्बई से बनारस तक आज़ाद लोगों से पूछकर यात्रा करते चले गए और किसी टिकट-कलेक्टर ने उन्हें नहीं रोका। आखिर बनारस पहुँच गए और संस्कृत पाठशाला में नाम लिखा लिया। उनके रहने और भोजन की व्यवस्था भी हो गई।

बनारस में ही उनकी श्री शिवविनायक मिश्र से भेंट हुई। वे जिला उन्नाव उत्तर प्रदेश के रहनेवाले तथा उनके दूर के रिश्तेदार भी थे। सन् 1931 की फरवरी में आज़ाद की शहादत के बाद उन्होंने ही पुलिस से उनके अवशेषों को प्राप्त कर उनकी अन्त्येष्टि की थी। श्री शिवविनायक मिश्र ने अपने संस्मरणों में लिखा है कि आज़ाद ने बनारस आने के पश्चात् अपने माता-पिता को पत्र लिखा था। श्री मनोहरलाल त्रिवेदी ने भी इसका उल्लेख किया है। पत्र में उन्होंने घर के लोगों को आश्वस्त किया था कि वे आज़ाद के लिए चिन्तित न हों, क्योंकि वे बनारस में संस्कृत पढ़ने लगे हैं।

परन्तु स्कूल में पढ़ना सम्भवतः उनकी कुंडली में ही नहीं था। घर पर उनके माता-पिता पढ़ाना चाहते थे तब वे नहीं पढ़े और बनारस में जब वे पढ़ाई की ओर बढ़े तो असहयोग-आन्दोलन ने उन्हें आज़ादी का दीवाना और राष्ट्र-भक्त बना दिया तथा

देश के स्वतन्त्रता-संग्राम में उतरने के लिए उन्हें प्रेरित किया। विद्यार्जन सिमटकर रह गया और यहीं से उनके राष्ट्रीय जीवन-संघर्ष का श्रीगणेश हुआ।

देश में असहयोग आन्दोलन चल पड़ा था। बनारस में भी वह आग पहुँच गई। यहाँ सबसे पहले यह आन्दोलन संस्कृत कॉलेज के धरने से प्रारम्भ हुआ। स्वदेशी का अंगीकार तथा विदेशी वस्तु एवं अंग्रेजी शिक्षा का बहिष्कार का नारा बुलन्द किया गया। बहुत से विद्यार्थियों ने स्कूल-कॉलेज की पढ़ाई छोड़ दी। संस्कृत कॉलेज पर धरना देनेवालों में आज़ाद भी शामिल हुए और पकड़ लिए गए।

भारतीय स्वतन्त्रता आन्दोलन का यह काल मुझे भी स्मरण है, क्योंकि स्वयं मैं भी उसी समय आज़ादी के इस आन्दोलन में उतरा था, परन्तु बाद में मेरे पिताजी ने मुझे उस ओर से विमुख कर दिया था। राष्ट्रीय आन्दोलन के संस्कार मुझ पर हो चुके थे। उन दिनों मैं सरस्वती पाठशाला झाँसी में पढ़ता था, उसमें ही साथी सदाशिव राव मलकापुरकर भी पढ़ते थे। असहयोग का शंख बजते ही यह राष्ट्रीय पाठशाला घोषित कर दी गई। जो विद्यार्थी इसमें रह गए उन्होंने खद्दर पहनने की शपथ ली। मोटी धोती सम्हालना मेरे लिए सम्भव नहीं था, इस कारण मैंने हाफ पैंट और खादी की कमीजें सिलवाईं। नित्य ही सभाएँ और जुलूस का कार्यक्रम रहता और इसमें राष्ट्रीय स्कूल के विद्यार्थी राष्ट्रीय गीत गाते। गानेवाले चार लड़कों में मैं भी होता था।

परन्तु हमारी देशभक्ति का यह सिक्का हमारे घर में अधिक दिन न चल सका। मेरे पिताजी सरकारी अस्पताल के दफ्तर में बड़े बाबू थे। हमारे मुहल्ले में ही उनके मित्रों की बैठक होती और उन दिनों जिस प्रकार जहाँ कहीं चार व्यक्ति जमा होने पर आन्दोलन की चर्चा होती थी, उसी प्रकार हमारे पिताजी की बैठक में भी इसकी चर्चा चलती। उसमें यह विषय भी आता कि पुलिस जुलूस में भाग लेनेवालों तथा सभाओं में भाषण करनेवालों को जल्दी ही पकड़नेवाली है। इस धर-पकड़ में वे लड़के भी पकड़े जाएँगे जो राष्ट्रीय गीत गाते हैं। इस पर पिताजी को चिन्ता होना स्वाभाविक था। पहले तो उन्होंने मुझे समझाने को माताजी से कहा, परन्तु माँ की बात किस बच्चे को कब भाई है। मैं अपने हठ पर अड़ा रहा।

इन्हीं दिनों झाँसी में गवर्नमेंट इंटरमीडिएट कॉलेज खुल गया। मेरे एक मामा उस कॉलेज में गणित के प्रोफेसर होकर आए। उन्होंने भी मेरे पिताजी को यह नेक सलाह दी कि मुझे गवर्नमेंट कॉलेज के स्कूल विभाग में 6 वीं या 7 वीं कक्षा जिसमें भी भरती हो सके करा दिया जाए।

हमारे पिताजी जब रौद्र रूप धारण करते तो फिर सारी दलीलों का मुँह बन्द हो जाता था। विरोध का मेरा साहस टूट गया और मैं गवर्नमेंट कॉलेज में छठीं कक्षा में भरती करा दिया गया, इसके बाद खादी भी मेरे शरीर पर अधिक दिन चिपकी न रह सकी, वह भी शीघ्र ही साथ छोड़ गई। मेरे मित्रों ने, जो अब भी राष्ट्रीय स्कूल में थे, मेरी खिल्ली उड़ाई, परन्तु उन्हें भी धीरे-धीरे दुम कटाकर हम 'दुमकटों' की पंक्ति में आ बैठना पड़ा, क्योंकि उनके अभिभावक भी सरकारी नौकर थे। हाँ, इस सबके बावजूद

भी मुझसे जो एक बात न छीनी जा सकी वह थी देशभक्ति की प्रेरणा। 1921 के असहयोग आन्दोलन ने मुझमें देशभक्ति की जो चिनगारी प्रज्वलित कर दी थी वह फिर न बुझ सकी। उसी ने मुझे आगे क्रान्तिकारी दल का सदस्य बनने की प्रेरणा दी और मैं देश की स्वतन्त्रता के सशस्त्र संग्राम का सैनिक बना।

1921 के आन्दोलन में संस्कृत कॉलेज बनारस पर घरना देते समय आज़ाद भी पकड़े गए। तब तक वे आज़ाद नहीं, बल्कि केवल चन्द्रशेखर तिवारी के नाम से ही पहचाने जाते थे। इन सत्याग्रहियों के मुकदमे श्री खरे घाट की अदालत में चला करते थे। चन्द्रशेखर के साथ जो विद्यार्थी गए थे उन्हें कठोर कारावास का दंड दिया गया और चन्द्रशेखर की अवस्था 15 वर्ष की होने के कारण उन्हें 15 बेंतों की सजा का आदेश हुआ।

अदालत में मुकदमे के समय चन्द्रशेखर से उनका नाम पूछा गया तो उन्होंने बताया—'आज़ाद'।

बाप का नाम ?

'स्वाधीन।'

घर का पता ?

'जेलखाना।'

इसी के बाद से वे चन्द्रशेखर 'आज़ाद' के नाम से पुकारे जाने लगे और जीवन के अन्त तक आज़ाद ही रहे। कुछ व्यक्तियों ने यह भी कहा या लिखा है कि उनका नाम आज़ाद श्री श्रीप्रकाश या डॉ. भगवान दास जी ने रखा था, परन्तु वैसी कोई बात नहीं थी। उन दिनों यह प्रथा-सी चल पड़ी थी कि लोग अदालत में अपना वास्तविक नाम न बताकर उल्टे-सीधे नाम बता दिया करते थे। उसी तरह चन्द्रशेखर ने अपना नाम आज़ाद बताया था और फिर श्री श्रीप्रकाश जी आदि उन्हें इसी नाम से पुकारने लगे।

आज़ाद को बेंतों की सजा दी जाने के बाद उन्हें बेंत लगाने के लिए सेंट्रल जेल भेज दिया गया। उन दिनों वहाँ गंडासिंह जेलर थे। काकोरी षड्यन्त्र में सजा हो जाने के पश्चात् जब श्री मन्मथनाथ गुप्त बरेली जेल में थे तो उस समय गंडासिंह भी वहीं थे। उन्होंने आज़ाद का उल्लेख कर उनके साहस की प्रशंसा की थी। जेल में अधिकारियों ने आज़ाद को बहुत समझाया कि वे माफी माँग लें, पर वे अपने निश्चय से तिल भर नहीं डिगे। आज़ाद ने जीवन में न किसी से माफी माँगी और न किसी के अपराध को हृदय से क्षमा किया और आखिर उन्हें पन्द्रह बेंत लगाए गए।

## बेंतों का कठोर दंड

जेल में बेंतों की सजा कोई साधारण बात नहीं होती। स्कूल की तरह नहीं कि मास्टर ने कहा हाथ फैलाओ और विद्यार्थी ने हाथ फैला दिए और कुछ क्षणों में ही बेंत की

सजा समाप्त हो गई। एक पीढ़ी बाद विद्यार्थी को किसी कोश में देखना होगा कि बेंतों की सजा क्या होती है, क्योंकि वह अध्यापक के हाथ से छीन लिया गया है, परन्तु जेलों में बेंतों की सजा आज भी है। इन्हें कसूरी बेंत कहते हैं। जेल के कानूनों को भंग करने के अपराध में यह सजा जेल सुपरिंटेंडेंट देता है, जो एक बार में 30 बेंतों तक दी जा सकती है, परन्तु जेल में कुल मिलाकर 90 बेंतों से अधिक सजा नहीं दी जाती। जेल की भाषा में जो कैदी 90 बेंत खा चुका होता है उसे 'खलीफा' कहकर पुकारते हैं। अधिकारी उसे अधिक काम नहीं देते। ऐसे खलीफा दो-चार शागिर्द भी बना लेते हैं, जो उन्हें बीड़ी, तमाखू या अन्य खाने-पीने की चीजें लाकर भेंट करते हैं।

मैंने अपने आठ वर्ष के जेल-जीवन में अनेक कैदियों को ये कसूरी बेंत खाते देखा है। तब तक मुझे यह अनुमान नहीं हो सका था कि आज़ाद को उन बेंतों से कितनी यातना हुई होगी। उस घटना की कहानी तो मैं उनके मुँह से सुन चुका था और उनके शरीर पर घावों के निशान भी देखे थे, परन्तु उस पीड़ा का वास्तविक चित्र जब मेरे सामने आया तो रोंगटे खड़े हो गए। तभी मैं समझ सका कि ब्रिटिश शासन को मिटा देने का प्रण आज़ाद ने उस भयंकर यातना के बाद किया। ऐसा करना स्वाभाविक ही था।

जब कैदी को बेंत लगते हैं तो उसे एक टिकटी से बाँध दिया जाता है, जिससे वह हिल न सके। उसे नंगा करके एक झिरझिरा कपड़ा उसके चूतड़ों पर लगा दिया जाता है। जेल सुपरिंटेंडेंट तथा अन्य अधिकारी उस समय वहाँ उपस्थित रहते हैं। भंगी बेंत मारता जाता है और गिनता जाता है।

जो कैदी बेंत खाते हैं वे अक्सर पहले से चरस या गाँजा पी लेते हैं, जिससे उस समय बेंतों की पीड़ा मालूम नहीं होती। बाद में चूतड़ों के घाव के कारण वह महीनों मुँह के बल ही पड़ा रहता है। अनेक कैदी बेंत खाने के बाद टिकटी से उतरकर अधिकारियों को उनके सामने ही गन्दी-गन्दी गाली देकर कहते हैं, चार बेंत और लगा ले। बेंत लगने के पूर्व कैदियों की डॉक्टरी (मुलाहिजा) जाँच होती है, यदि उनका दिल कमजोर हुआ या और कोई ऐसी बीमारी हुई जिससे वह बेंत खाने में असमर्थ हो तो कुछ समय के लिए सजा स्थगित कर दी जाती है।

बेंत लगानेवाला अक्सर जेल में सजा काटनेवाला मेहतर नम्बरदार होता है। जिस दिन वह बेंत लगाता है उसे अस्पताल से सेर भर दूध मिलता है। वह नित्य ही पेड़ पर टाट के गद्दे बाँध उस पर बेंत लगाने का अभ्यास करता है। ये बेंत पतले और काफी लम्बे होते हैं तथा गन्दे पानी में पड़े रहते हैं। मारते समय मेहतर पेड़ के पैतरे की तरह पैतरे से आकर पूरी ताकत से बेंत मारता है। कई बार तीस से कम बेंतों की सजा में भंगी घूस लेकर इस प्रकार बेंत लगाता है कि अधिकारी तो समझता है कि बेंत जोरों से लग रहे हैं परन्तु वे हल्के लगते हैं, किन्तु कैदी चिल्लाता है अपनी पूरी शक्ति से, यह 'कला,' अदालती बेंतों की सजा में होती है। ऐसे अवसर पर बेंत की सजा भुगतनेवाले व्यक्ति के रिश्तेदार अफसरों की पूजा कर देते हैं, पर जेल की सजा में यह

भ्रष्टाचार कम ही हो पाता है और राजनैतिक बन्दियों के मामले में तो अदालत की सजा या जेल के बेंतों को सजा में कोई अन्तर नहीं होता।

चन्द्रशेखर आज़ाद ने भी ये कसूरी बेंत हँसते-हँसते खाए। हर बेंत के साथ वे 'महात्मा गांधी की जय' तथा 'भारत माता की जय' और 'वन्दे मातरम्' के नारे लगाते थे। जिन बेंतों को खाते समय नामी बदमाशों के छक्के छूट जाते हैं, वे ही बेंत आज़ाद ने बहादुरी से सहन किए। हर बेंत के साथ उनके मन में प्रतिशोध की अग्नि प्रज्वलित होती रही और देश को स्वतन्त्र करने का संकल्प दृढ़ से दृढ़तर और दृढ़तम होता गया।

बेंत लगने के बाद आज़ाद को जेल से बाहर कर दिया गया और जाते समय उन्हें तीन आने पैसे दिए गए। आज़ाद ने वे पैसे बड़े तैश से वहीं जेलर के मुँह पर फेंक मारे। घावों पर जेल डॉक्टर ने दवा लगा दी थी, फिर भी रक्त बन्द नहीं हुआ था। वह किसी तरह पैदल ही घसीटते हुए अपने स्थान को चले। श्री शिवविनायक मिश्र ने अपने एक लेख में लिखा है कि बेंत लगने के बाद सराय गोवर्धन में गौरीशंकर शास्त्री ने उनके घाव ठीक होने तक उनकी सेवा की थी।

उस अवसर पर काशी में ज्ञानवापी पर उनका भव्य स्वागत हुआ, इसमें बहुत बड़ी संख्या में लोग उपस्थित थे। आज़ाद के छोटे होने के कारण जनता की अपार भीड़ उन्हें देख नहीं पा रही थी। लोगों ने शोर मचाना प्रारम्भ किया। इस पर आज़ाद को एक मेज पर खड़ा किया गया, तब कहीं लोग उन्हें देख सके। लोगों ने उन्हें फूल-मालाओं से लाद दिया था। उसी समय चरखे के पास खड़ा कर उनका एक चित्र लिया गया था जो 42 वर्ष पश्चात् 1963 में प्रकाश में आया। उसकी कहानी भी रोचक है। आज़ाद ने अपने जीवन-काल में इस चित्र की कभी किसी से चर्चा नहीं की थी। हम लोग यही समझते थे कि झाँसी में मास्टर रुद्रनारायण द्वारा लिए गए दो चित्रों के अतिरिक्त उनका कोई और चित्र कहीं लिया ही नहीं गया, अतः उसे खोज निकालने की बात भी कभी नहीं उठी थी।

इस चित्र की कहानी यों हैं—सितम्बर 1963 में मीरजापुर में आज़ाद की प्रतिमा का उद्घाटन-समारोह श्री बटुकनाथ अग्रवाल ने आयोजित किया, उसमें आज़ाद के अनेक साथी एकत्र हुए थे। समारोह-समाप्ति के पश्चात् भगवान दास माहौर, सदाशिव राव मलकापुरकर, मैं तथा श्री शचीन्द्रनाथ बख्शी ने बनारस जाने की योजना बनाई। वहाँ श्री भगवान दास जी के एक मित्र प्रोफेसर राधेश्याम शर्मा हैं। उनसे जब हम लोग मिलने गए तो बातों ही बातों में आज़ाद की चर्चा चली। शर्माजी ने बताया कि बनारस में एक वैद्यजी हैं जो उनके पड़ोसी भी हैं। वे बताते हैं कि उन्होंने आज़ाद के अवशेषों का दाह-संस्कार किया था। उनकी कुछ अस्थियाँ भी उनके पास सुरक्षित हैं तथा उनके पास एक चित्र है जो वह आज़ाद के बचपन का बताते हैं।

पहले तो हमें विश्वास ही न हुआ, क्योंकि हमें उन्हीं दो चित्रों का पता था जो मास्टर रुद्रनारायण ने झाँसी में हमारी जानकारी में लिए थे। इस प्रश्न पर काफी चर्चा

हुई और उसके बाद यह तय हुआ कि एक बार वह चित्र देखा जाए। वैद्यजी के पास समाचार भेजा गया, वैद्यजी एक अलबम लेकर आए। आज़ाद के बचपन का चित्र होने पर भी हमें पहचानने में देर न लगी और तब हम उस चित्र की कहानी जानने को उत्सुक हो उठे।

श्री मिश्रजी ने बताया कि आज़ाद का यह चित्र उन्हें बेंत लगने के बाद खींचा गया था। उन्होंने कहा, ''बाद में आज़ाद के क्रान्तिकारी हो जाने तथा उनका नाम अखबारों में आने पर मैंने वह चित्र श्री रामपंचायतन चित्र के पीछे छिपाकर रख दिया था। इस प्रकार छिपाकर रखने का एक यह भी कारण था कि मैं कांग्रेस का सक्रिय कार्यकर्ता था और आन्दोलन के समय मेरे घर पर अनेक बार तलाशियाँ होती थीं। पुलिस के हाथ यह चित्र न लगने पाए, इसके लिए मैंने चित्र को छिपाने की यह तरकीब निकाली थी।''

उन्होंने हमें आज़ाद की अस्थियों के भी दर्शन कराए। सन् 1931 के समाचार-पत्रों में आज़ाद के अन्तिम संस्कार के जो समाचार छपे थे, श्री शिवविनायक मिश्र ने उन्हें सुरक्षित रखा है, वे हमने देखे। इन कतरनों को पढ़कर यह स्पष्ट हो गया कि उन्होंने ही आज़ाद का अन्तिम संस्कार किया था। वैद्यजी ने यह भी बताया कि आज़ाद को बेंतों की सजा मिलने के बाद उनका यह चित्र 'मर्यादा' पत्रिका में छपा।

इनके बालकपन के चित्र की गोपनीयता की कहानी जितनी रोचक है उतनी ही रोचक कहानी उनके अन्य दो चित्रों की भी है। ये दो चित्र झाँसी के हमारे बुजुर्ग मित्र तथा साथी मास्टर रुद्रनारायण जी के पास थे। मास्टर साहब स्वयं उत्तम चित्रकार तथा फोटोग्राफर थे। मास्टर साहब ने आज़ाद का एक चित्र तहमत बाँधे, मूँछें ऐंठते हुए खींचा है और दूसरा अपने परिवार के साथ, इसलिए कि उसे देखकर कोई यही समझेगा कि वे मास्टर रुद्रनारायण के परिवार के ही कोई व्यक्ति हैं। एक दिन जब आज़ाद स्नान कर तहमत बाँधे कमरे में आए तो उसी समय मास्टर साहब किसी का चित्र खींच चुके थे, उन्होंने कहा, 'यार आज तुम अपना चित्र मुझे इसी तरह खींच लेने दो।' और आज़ाद तैयार हो गए। बोले ''अच्छा तो जरा मुझे मूँछें ऐंठ लेने दो।'' परन्तु मास्टर साहब उतनी देर भी रुकना नहीं चाहते थे कि कहीं इरादा बदल न जाए, इसीलिए उन्होंने मूँछें ऐंठते हुए ही फोटो ले लिया। सामने ही मेज पर उनका पिस्टल था। बाद में उसी चित्र की पृष्ठभूमि में रुद्रनारायण जी ने हेर-फेर कर दिया जिससे कोई यह न जान सके कि चित्र कहाँ खींचा गया है। मास्टर रुद्रनारायण के परिवार के साथवाला दूसरा चित्र भी खींचा गया था।

आज़ाद कभी चित्र खिंचवाने के पक्ष में नहीं थे। वे हम लोगों से कहा करते थे कि जब कभी स्कूल या कॉलेज में फोटोग्रूप हो तो हम लोग उससे अलग रहें। मास्टर रुद्रनारायण के पास जो चित्र थे, उनका मुझे भी बहुत बरसों तक पता नहीं था, परन्तु सन् 1929 में कानपुर में एक दिन अचानक आज़ाद मुझसे बोले, ''बच्चन कल तुम झाँसी जाओ और मास्टर रुद्रनारायण के पास मेरे फोटो की दो प्लेटें हैं; उन्हें तुड़वा आओ।''

मैं क्षण भर उनकी ओर आश्चर्य से देखता रहा, तब वे हँसकर बोले, ''सचमुच

मास्टर ने मेरे दो फोटो लिए हैं। पता नहीं उस दिन कैसे मैं मास्टर के चकमे में आ गया और फोटो खिंचवा लिए। तुम कल अवश्य जाओ और उन प्लेटों को तुड़वा देना।''

दूसरे दिन मैं झाँसी गया और मास्टर साहब से सारी बात कही। मास्टर साहब ने इन्कार नहीं किया, वे दोनों प्लेटें मेरे सामने रखकर बोले, ''तुम सरदार का हुक्म जरूर मानो, मैं तुम्हें नहीं रोकता, पर एक बात सोच लो, इन प्लेटों के टूट जाने के बाद किसी दिन हम लोग इनके फोटो के लिए तरस जाएँगे।''

प्लेट उठाते-उठाते मेरा हाथ रुक गया। मास्टर साहब की बात ने हृदय में हलचल मचा दी। मैं फोटो-प्लेट तोड़ नहीं पा रहा था परन्तु आज़ाद को मैं क्या कहूँगा ?

मुझे असमंजस में पड़ा देख मास्टर साहब ने कहा, ''एक बात करते हैं, मैं तुम्हारे सामने ही इन दोनों प्लेटों को दीवार में चुन देता हूँ, इसे तुम्हारे और मेरे सिवा कोई नहीं जानेगा।''

''पर मैं भैया से जाकर कहूँगा क्या ?''

''कह देना कि मैं उन्हें तुड़वा आया हूँ।''

''पर यह तो साफ झूठ होगा ?''

''तो बोल लेना। सत्यवादी हरिश्चन्द्र के अवतार तो हो नहीं और न गांधीवादी हो।'' हँसते हुए मास्टर साहब ने कहा।

मैं मान गया। तब मास्टर साहब ने उन दोनों फोटो को उठाकर मेरे ही सामने भीत में चुन दिया, परन्तु जब मैं कानपुर गया तो रास्ते भर दुविधा में था कि भैया से जाकर क्या कहूँगा। मान लो आज मैंने कह दिया कि मैंने उन्हें फोड़ डाला और फिर कभी वे पुलिस के हाथ लग गईं तो ?

आखिर मैंने साहस कर भैया से यह पहला और शायद अन्तिम झूठ बोला कि मैं प्लेटें तोड़ आया हूँ। इसका पश्चात्ताप और खटका मेरे मन में बहुत दिनों तक बना रहा। परन्तु शहादत के बाद तक ये प्लेटें पुलिस के हाथ न लगीं, पुलिस उनके लिए छटपटाती ही रही। उनकी शहादत के बाद अलबत्ता पुलिस ने उनका चित्र खींच लिया। अब तो ये चारों चित्र देश के अनेक पत्र-पत्रिकाओं में प्रकाशित हो चुके हैं।

# क्रान्तिकारी दल में आज़ाद का प्रवेश

जेल में बेंतों की सजा खाने और उन घावों के ठीक हो जाने के पश्चात् आज़ाद काशी विद्यापीठ में भरती हो गए। 1921 में बनारस में महात्मा गांधी ने काशी विद्यापीठ की स्थापना की थी। आज़ाद जब काशी विद्यापीठ में भरती हुए तो वह 1922 का समय था। गांधी जी के आन्दोलन के साथ-साथ देश में क्रान्तिकारी आन्दोलन भी चल रहा था। 1923 में क्रान्तिकारियों का एक केन्द्र बनारस में भी स्थापित हो गया और वहीं से फिर उत्तर प्रदेश में वह फैलता गया।

जिन दिनों आज़ाद विद्यापीठ में भरती हुए उन्हीं दिनों वहाँ श्री मन्मथनाथ गुप्त तथा प्रणवेश चटर्जी भी पढ़ते थे। आज़ाद को विद्यापीठ में आया देख अनेक विद्यार्थियों को अत्यन्त आश्चर्य तथा कुतूहल हुआ। कुतूहल का एक कारण तो यह था कि वे अपनी अवस्था के अनुसार बहुत नीची कक्षा में भरती हुए, और दूसरा कुतूहल कुछ श्रद्धामिश्रित था, क्योंकि ये वही आज़ाद थे जिन्होंने देश की आज़ादी के लिए बेंत खाना स्वीकार किया, परन्तु माफी माँगना नहीं। आज़ाद के देर से विद्यापीठ में भरती होने का एक कारण यह भी था कि कुछ समय उन्होंने संस्कृत पढ़ने में बिताया था।

बनारस में बंगाल के क्रान्तिकारी संगठन करने आ चुके थे और उनसे मन्मथनाथ तथा प्रणवेश चटर्जी इस दल की दीक्षा भी ले चुके थे। आज़ाद की देशभक्ति की चर्चा विद्यापीठ में तो थी ही, क्रान्तिकारियों की आँख उन पर लगी रही। प्रणवेश ने आज़ाद से मित्रता की और धीरे-धीरे उन्हें दल का सदस्य बना लिया। प्रणवेश अपनी इस सफलता पर अत्यन्त प्रसन्न थे। उन्होंने इसकी चर्चा मन्मथ से की। इस प्रकार श्री प्रणवेश चटर्जी की मार्फत आज़ाद हिन्दुस्तान प्रजातान्त्रिक संघ में आए। वैसे प्रणवेश आज़ाद से कहीं पुराने सदस्य थे, परन्तु आगे चलकर आज़ाद प्रणवेश से कहीं आगे निकल गए। इस तरह 'गुरु गुड़ रह गए और चेला चीनी हो गए।' अन्त में जब प्रणवेश काकोरी-षड्यन्त्र में पकड़े गए तो उन्होंने कमजोरी भी दिखाई। सजा होने के बाद उन्होंने चीफ कोर्ट में बयान दिया, जिसमें श्री मन्मथनाथ गुप्त तथा श्री जोगेशचन्द्र चटर्जी के विषय में बहुत कुछ बताया जो अभी तक पुलिस को मालूम नहीं हो सका था। जेल से छूटने के पश्चात् चटर्जी दिल्ली चले गए और शायद आत्मग्लानि से उन्होंने आत्महत्या कर ली।

श्री मन्मथ ने अपनी पुस्तक में लिखा है कि (प्रणवेश की दुर्घटना को छोड़) बनारस

की एक विशेषता थी कि काकोरी-षड्यन्त्र में बनारस-केन्द्र के सदस्यों में से कोई मुखबिर नहीं बना। यदि दुर्भाग्य से कहीं ऐसा हो जाता तो बनारस के पकड़े गए सदस्यों में से बहुतों को फाँसी और कालापानी की सजा मिलती। बनारस में क्रान्तिकारी दल के सदस्यों की संख्या भी काफी थी। प्रचार की दृष्टि से भी बनारस में अधिक महत्त्वपूर्ण कार्य हुआ। काकोरी-षड्यन्त्र में भी बनारस के सदस्य काफी थे और उन्हें काफी लम्बी सजाएँ मिली थीं।

असहयोग आन्दोलन में जब आज़ाद थे तो उस समय की एक घटना का उल्लेख श्री शिवविनायक मिश्र ने अपने एक लेख में किया है। आज़ाद किस प्रकार प्रारम्भ से ही पुलिस की आँखों में धूल झोंकते थे, इसका यह एक उज्ज्वल उदाहरण है। एक बार सम्पूर्णानन्द जी ने कांग्रेस की एक नोटिस कोतवाली के पास चिपकाने के लिए कहा। आज़ाद ने वह नोटिस चिपकाना स्वीकार तो कर लिया परन्तु वहाँ पुलिस का कड़ा पहरा था। उन्होंने एक तरकीब सोची। वह नोटिस उन्होंने अपनी पीठ पर हल्का-सा चिपका कर उसके उल्टी तरफ काफी लेई लगा दी थी। कोतवाली के पास जाकर एक खम्भे से वे जा टिके, वहीं पुलिसवाला भी खड़ा था। वे पुलिसवाले से बातें करने लगे। इसी बीच उन्होंने खम्भे से लगे-लगे ही नोटिस खम्भे पर चिपका दिया। जब काम हो गया तो आज़ाद वहाँ से चले गए, क्योंकि पुलिसवाला भी इसी बीच दूसरी ओर चला गया था।

थोड़ी ही देर में रास्ता चलनेवाले उस खम्भे पर चिपकी कांग्रेस की नोटिस को पढ़ने लगे। सिपाही भीड़ देख पास आया और खम्भे पर नोटिस देख हक्का-बक्का रह गया। आज़ाद के ऐसे साहस और बुद्धिमत्ता के अनेक उदाहरण उनके क्रान्तिकारी जीवन में बिखरे पड़े हैं।

काशी विद्यापीठ में पढ़ते समय वे एक बार भावरा गए थे। वहाँ वे दस-पन्द्रह दिन माता-पिता के पास रह भी आए, इसके बाद उन्होंने घर से सम्बन्ध-विच्छेद कर लिया।

आज़ाद का स्वास्थ्य सदा से ही अच्छा था। बनारस में ही पाँच सौ डंड बैठकें वे नित्य प्रातः लगाया करते थे। झाँसी आने के बाद भी जब वे ओरछा के पास ढिमरपुरा गाँव में ब्रह्मचारी के वेष में रहे तो उस समय भी उनका व्यायाम का क्रम नहीं टूटा, परन्तु झाँसी लौट आने के पश्चात् जब उनके खाने-पीने की व्यवस्था ठीक न रही तो उनका व्यायाम छूट गया। सिर के बाल बढ़ाए, खादी की तहमत बाँधे तथा गले में यज्ञोपवीत पहने उस समय आज़ाद को जिन्होंने देखा है वे ही उनके उत्तम स्वास्थ्य की कल्पना कर सकते हैं।

इस व्यायाम के कारण ही वे कभी बीमार नहीं पड़े, न कभी उन्होंने कोई दवा ही खाई। शाम को वे अक्सर भोजन न कर, पैसे पास होने पर आधा सेर दूध पी लेते थे और यदि उन्हें किसी दिन कब्ज की शिकायत हुई तो वे सेर भर गरम दूध पी लेते थे, जिससे उनका पेट साफ हो जाता था। अन्तिम दिनों में उनके शरीर में दर्द रहता था। अक्सर वे भूमि पर ही सोते थे, इस कारण उनका शरीर सबेरे अकड़ जाता था। इसलिए सबेरे उठने के पूर्व वे जो कोई भी पास होता उसे पीठ पर खड़ाकर पैरों से पीठ

दबवाते। पाँच-सात मिनट इस प्रकार दबाने पर फिर वे उठ बैठते।

जिस समय किसी व्यक्ति को दल का सदस्य बनाना होता तो पहले उसे क्रान्तिकारी साहित्य दे उसमें आन्दोलन के प्रति रुचि पैदा की जाती और इसी बीच यह भी परख लिया जाता था कि उस व्यक्ति का कहाँ तक इस ओर झुकाव हो सकता है। फिर यदि उसे योग्य समझा जाता तो दल का सदस्य बनाया जाता। जो पुस्तकें पढ़ने को दो जाती थीं, उनमें थीं 'आनन्द मठ,' 'एशिया निवासियों के प्रति यूरोपियनों का बर्ताव,' 'बन्दी-जीवन', 'गुरुगोविन्द सिंह', 'शिवाजी', 'वीरा दी निहलिस्ट,' मैक्सिम गोर्की की 'मदर,' 'आयरलैंड की क्रान्ति तथा क्रान्तिकारियों का इतिहास', 'डीवेलरा' का जीवन-चरित्र आदि। ये पुस्तकें आज़ाद बिना पढ़े ही लौटा देते क्योंकि जो किताबों में था उससे कहीं अधिक क्रान्तिकारी भावना उनमें पहले से हो जागृत हो चुकी थी, परन्तु जिस पुस्तक के पढ़ने में उन्हें रुचि उत्पन्न हो जाती थी उसे पूरी पढ़कर उसे याद भी रखते थे। समय के साथ दल की विचारधारा में जो परिवर्तन होते रहे उन्हें समझने में आज़ाद किसी से पीछे नहीं रहे। वे उन सभी विचारों को आत्मसात् कर लेते थे। जवाहरलाल नेहरू से जब वे मिले और उस समय उन्होंने जो विचार प्रकट किए। वे किसी क्रान्तिकारी से कम नहीं थे। वे मार्क्सवाद को भी अच्छी तरह समझने का प्रयास करते थे।

आज़ाद ने स्कूली शिक्षा अधिक नहीं पाई थी, फिर भी हिन्दी तो वे बखूबी पढ़ ही लेते थे, अभ्यास से बाद में अंग्रेजी भी काम चलाने के लिए काफी समझ लेते थे। अंग्रेजी का अध्ययन उन्होंने इसलिए किया कि उन दिनों अंग्रेजी के अखबारों में ही ताजे समाचार जल्दी आते थे। उनका नित्य का नियम था कि वे सबेरे उठते ही एक अंग्रेजी और एक हिन्दी का अखबार मँगवाते, अंग्रेजी अखबार मैं उन्हें पढ़कर सुनाता था।

अखबार पढ़ना उन्हें इस कारण भी आवश्यक प्रतीत होता था कि क्रान्तिकारियों के विषय में, विशेषकर उनकी गिरफ्तारी आदि के विषय में तुरन्त पता चल जाए और उसके अनुसार वे अगली कार्यवाही कर सकें। इसलिए सबेरे के नाश्ते के लिए चाहे पैसा न रहे, पर वे अखबार अवश्य मँगाते थे। बाद में वे धीरे-धीरे स्वयं अंग्रेजी अखबार पढ़ने लगे। पहले जो समाचार वे मुझसे पढ़वाकर सुनते और समझते उसे फिर वे स्वयं पढ़ते और समझते। धीरे-धीरे उन्हें अंग्रेजी अखबार स्वयं पढ़कर समाचार समझने का अभ्यास हो गया था।

एक बार हमारे हाथ बम के खोल (shell) ढालने की एक पुस्तक लग गई। पुस्तक अंग्रेजी में थी। साथ ही उसमें चित्र भी दिए गए थे। पहले उन्होंने वह पुस्तक मुझसे पढ़वाई और फिर स्वयं उसे धीरे-धीरे पढ़कर खूब समझा। उसके बाद लाहौर में जो बम के खोल ढले थे उनमें सुधार कर कानपुर में बम ढालने का कारखाना खोला। इस कारखाने में दिन में चमारों के जूते ठोंकने के ठेके (एंगिल) बनते थे और रात को बम ढाले जाते थे। जब दिल्ली-षड्यन्त्र में इन बमों के विषय में सैनिक विशेषज्ञ की रिपोर्ट माँगी गई तो उसने यही लिखा कि 'ये बम सेना के बमों से किसी प्रकार कम नहीं हैं।'

आज़ाद की इस सफलता का रहस्य उनकी अद्भुत लगन थी। जिस काम को करने की वे ठान लेते, उसे पूरा करने में वे दिन-रात एक कर देते थे।

दल में आने के पश्चात् मन्मथ बाबू ने उनका परिचय दल के अन्य सदस्यों से कराया, जिनमें श्री शचीन्द्रनाथ बख्शी, श्री राजेन्द्रनाथ लाहिड़ी तथा श्री गोविन्दचरण कर थे। काकोरी के बाद श्री शचीन्द्रनाथ बख्शी के परिचय से ही वे झाँसी आए थे। उसी समय श्री शचीन्द्रनाथ बख्शी ने सदाशिव राव मलकापुरकर तथा भगवान दास माहौर और मेरा परिचय उनसे कराया था।

सत्याग्रह आन्दोलन में आज़ाद ने यह देखा था कि नेता लोग नवयुवकों को आगे कर स्वयं पीछे रहते हैं और ब्रिटिश शासक नवयुवकों को ही चुन-चुनकर कड़ी से कड़ी सजा देते हैं, जिससे वे निरुत्साहित होकर पीछे हट जाएँ और आन्दोलन का क्रान्तिकारी रूप नष्ट हो जाए। क्रान्तिकारी आन्दोलन में अंग्रेजी हुकूमत ने नवयुवकों को आजीवन कारावास और फाँसी की सजा से कम दी ही नहीं। इन क्रान्तिकारियों के मुकदमों में निर्णय देते समय कानून की हत्या की जाती थी और कड़े-से-कड़े दंड की योजना की जाती थी। 1857 से लेकर 1942 तक के क्रान्तिकारी-आन्दोलन के इतिहास में ऐसे हजारों उदाहरण मिलेंगे।

आज़ाद ने यह सब देखा और समझा था, इसीलिए नवयुवकों के उपयुक्त क्रान्तिकारी मार्ग को ही उन्होंने अपनाया और सशस्त्र क्रान्ति के मार्ग पर वे जीवन की अन्तिम साँस तक अडिग रहे। दल के काम के आगे वे खाने-पीने की भी सुध भूल जाते। कम से कम पैसों में भोजन की व्यवस्था हो सके, उतने में वे गुजारा करते थे।

उन्होंने एक बार बताया था कि बनारस में रहते समय उन्हें पता चला कि गोपाल मन्दिर में नैवेद्य का पत्तल बहुत सस्ता मिलता है और उसमें दो व्यक्तियों का पेट आसानी से भर जाता है, तो वे कई दिन तक नियम से वह भोग का पत्तल ले आते और उसमें दो व्यक्तियों का पेट भर भोजन हो जाता।

श्री मन्मथ ने आजाद की जीवनी में लिखा है, "बहुत से लोग यह समझते थे कि आज़ाद सैनिक के रूप में ही पार्टी के लिए सबसे अधिक उपयोगी थे, पर वास्तव में यह बात नहीं थी, वे योग्य संगठनकर्ता भी थे। वे जोगेन्द्र शुक्ल तथा रामकृष्ण खत्री को, जो उस समय स्वामी गोविन्द प्रकाश के नाम से प्रसिद्ध थे, दल में लाए। श्री जोगेन्द्र शुक्ल ने एक बार तो ब्रिटिश शासन को झकझोर दिया था। गोविन्दप्रकाश जब पार्टी के सदस्य बनाए गए तब वे उदासी साधुओं के महामंडल के प्रान्तीय मन्त्री थे, वे एक महन्त के प्रधान शिष्य भी थे। अनेक महन्तों से उनकी जान-पहचान भी थी। वे यदि दल में न आते तो आज किसी महन्त की गद्दी पर बैठे होते।

चन्द्रशेखर आज़ाद दल के काम के लिए धीरे-धीरे बनारस से बाहर भी जाने लगे। नेता के किसी आदेश का पालन करने में न तो वे कभी हिचकिचाए और न कभी उसकी अवहेलना ही की। आज़ाद की वीरता के तो सभी कायल थे, परन्तु साथ ही वे यह भी जानते थे कि वे अनुशासन का भी उतनी ही तत्परता से पालन करते हैं। इसी अनुशासन

की लगन ने एक दिन उन्हें हिन्दुस्तान सोशलिस्ट आर्मी के सेनापति पद पर आसीन कराया। तब कौन जानता था कि आज़ाद एक दिन योग्य सेनापति भी होंगे। प्रारम्भ से ही आज़ाद के विषय में सभी की यही धारणा थी कि वे न तो कभी विपत्ति की चिन्ता करते थे, और न कभी संकट में अपना मानसिक सन्तुलन ही खोते थे।

आज़ाद में अभूतपूर्व साहस था। वे कहा करते थे कि बचपन में उन्हें शेर का मांस खिलाया गया था। शायद वे यह बात हँसी में कहा करते हों, परन्तु उनमें सिंह की सी निर्भीकता और साहस अवश्य था। वे जब ओरछा के ढिमरपुरा गाँव में सातार नदी के किनारे हनुमान जी की मड़िया के पास झोपड़ी में ब्रह्मचारी बनकर रहे थे तो वहाँ वे रात को अकेले ही सोते थे। लोगों को मालूम था कि वहाँ रात को हिंस्र पशु पानी पीने आते हैं, इसलिए वे ब्रह्मचारी जी को वहाँ सोने से मना करते, इस पर ब्रह्मचारी जी कहते "साधुओं को किसका डर बच्चा। उन्हें जब हम नहीं सताएँगे तो वे हमारे पास क्यों आएँगे और प्रभु की वैसी इच्छा ही होगी तो उसे कौन रोक सकता है।" और सचमुच जंगली जानवर कभी उनकी ओर नहीं आए। वे अपनी कुटिया में सोए रहते और जानवर नदी पर पानी पीकर लौट जाते।

वे कुशल नेता थे, किसी भी योजना को वे तब तक कार्यान्वित नहीं करते थे जब तक कि वे उसे अच्छी तरह ठोंक-बजाकर देख न लेते। किसी भी एक्शन के बाद वे घटना-स्थल का पूर्णतया निरीक्षण कर लेते कि वहाँ कहीं कोई ऐसी वीज या चिह्न तो नहीं छूट गया जिससे पुलिस को यह पता चले कि यह काम क्रान्तिकारियों का है। साण्डर्स-हत्याकांड में भगत सिंह के पिस्टल की मैगजीन गिर गई थी, आज़ाद चिल्लाए, 'क्या करते हो मैगजीन छूट गई।' यह सुनते ही बिजली की गति से राजगुरु जाकर मैगजीन उठा लाए। उस पर भी ये चिल्लाए 'क्यों मरने जाता है।'

यों चिल्लाने का उनका इतना ही आशय था कि मैगजीन तो उठा ली जाए, पर उसे सचेत हो उठाने की आवश्यकता है।

एक्शन में हत्या की पूर्व निर्धारित योजना होने पर ही वे हत्या होने देते थे, अन्यथा डकैती में वे हत्या के पक्ष में कभी नहीं रहे। ऐसे ही नियन्त्रण के कारण काकोरी केस के पूर्व उनके हाथ से एक स्त्री ने पिस्तौल छीन ली थी, जिसका पूर्ण विवरण इसी पुस्तक में आगे आएगा।

एक बार एक एक्शन में शालिगराम शुक्ल के हाथ से अनजाने में हत्या हो गई। बास्तव में वे उस व्यक्ति का एक हाथ से मुँह बन्द किए थे और दूसरा हाथ उस व्यक्ति के गले पर था। जैसे-जैसे वह व्यक्ति चिल्लाने का प्रयत्न करता सालिग अपने दोनों ही हाथ कसते जा रहे थे। परिणाम यह हुआ कि कुछ ही क्षणों में वह व्यक्ति शान्त हो गया। सालिग समझे वह बहोश हो गया है, परन्तु उसके प्राण-पखेरू कूच कर चुके थे। उस समय इस दुर्घटना का पता न चला। परन्तु दूसरे दिन जब यह समाचार अखबारों में प्रकाशित हुआ, तो आज़ाद को इसका अत्यन्त दुख हुआ और इसके लिए उन्होंने शालिगराम को बहुत डाँटा। प्रसंगावधान तो मानो उनका स्वभाव ही बन गया था। परन्तु

जिसने प्राण हथेली पर रख लिए हों, शहादत जिसका जीवन-लक्ष्य हो, उसे भय किस बात का ?

आज़ाद स्वयं अनुशासन मानते थे और वे चाहते थे कि दल के सदस्य भी उसका पूर्ण रूप से पालन करें। इसीलिए उन्होंने पार्टी के निर्णय का कभी उल्लंघन नहीं किया।

1923 के अन्त या 1924 के प्रारम्भ में रामप्रसाद बिस्मिल के नेतृत्व के समय की घटना है। इस दल में मन्मथनाथ गुप्त भी साथ थे। सदस्य शाहजहाँपुर से बनारस लौट रहे थे, साथ में हथियार भी थे। उस समय इस यात्रा में दल का नेतृत्व जो व्यक्ति कर रहे थे, अचानक उन्हें शंका हुई कि एक कारतूस कम है। अब उन्हें झक सवार हुई कि कारतूस गिने जाएँ। रेलगाड़ी में भला यह कैसे सम्भव हो सकता था। पर हुक्म था कि सभी अपने-अपने कारतूस गिनें। आखिर सभी ने अपनी-अपनी जेबों में हाथ डालकर कारतूस गिने। फिर भी कारतूस पूरे न हुए। फिर एक बार गिनती हुई पर कारतूस का पता न चला। तब टुकड़ी के नेता ने श्री मन्मथनाथ गुप्त को बुलाकर कहा–"चन्द्रशेखर को गोली चलाने का शौक है, उसी ने कारतूस चुराकर रख लिया होगा।"

मन्मथ ने इसका विरोध किया, परन्तु नेता नहीं माने। उन्होंने उनकी तलाशी लेने का आदेश दिया, तब श्री मन्मथनाथ गुप्त ने कहा, "तलाशी होनी है तो सभी की हो, किसी एक की तलाशी लेना अनुचित होगा।"

तब यह तय हुआ कि सभी की तलाशी ली जाए। इसीलिए सबसे पहले मन्मथ ने अपनी तलाशी दी। बाद में नेता की तलाशी हुई, उसके बाद अन्य सभी सदस्यों की। परन्तु कारतूस का पता नहीं चला। इस तलाशी पर सभी ने क्षोभ व्यक्त किया, परन्तु आज़ाद ने इसका तनिक भी बुरा नहीं माना।

जब वे स्वयं कमांडर-इन-चीफ थे उस समय भी दल का निर्णय उन्हें शिरोधार्य होता था। केन्द्रीय समिति ने असेम्बली में बम फेंककर प्रदर्शन की योजना बना ली थी। उसमें निश्चय हुआ था कि बम फेंकने के बाद सरदार भगत सिंह और दत्त (बटुकेश्वर दत्त) आत्मसमर्पण कर देंगे। श्री चन्द्रशेखर आज़ाद इस पक्ष में नहीं थे। उनका कहना था कि आत्मसमर्पण न किया जाए। बम फेंककर पर्चे बाँटे जाएँ और उसके बाद दोनों बाहर निकल आएँ। आज़ाद कार लेकर बाहर तैयार रहेंगे और दोनों को ही सुरक्षित निकाल ले जाएँगे। परन्तु उनकी बात स्वीकार नहीं की गई। नेता के नाते वे अपनी इच्छा पार्टी पर लाद सकते थे, परन्तु उन्होंने ऐसा नहीं किया और अनुशासन की प्रतिष्ठा बनाए रखा।

क्रान्तिकारियों को क्रोध बहुत शीघ्र आता था, जो अवस्था में जितना छोटा होता, उतना ही उसमें जोश और क्रोध की मात्रा अधिक होती। श्री बटुकेश्वर दत्त जैसे शान्त प्रकृति के व्यक्ति बिरले ही होते थे, आज़ाद भी उस समय दल में छोटे ही थे। उन्हें अन्याय सहन नहीं था, वे तुरन्त उसका प्रतिकार करते। श्री मन्मथ ने ऐसी ही एक घटना का वर्णन किया है।

ये लोग एक बार शाहजहाँपुर गए। वहाँ वे एक नवाब की कोठी में ठहरे। मन्मथ

नवाब साहब के भाँजे बने और बाकी सदस्यों में से कुछ इनके मित्र तथा नौकर बने। साथ में एक मैंचेस्टर राइफल थी जो एक साथी मन्मथ के पीछे-पीछे लेकर चल रहा था। नवाब साहब के नौकरों ने नवाब साहब के भाँजे को कभी नहीं देखा था, इसलिए उन्होंने नवाब के भाँजे के लिए कोठी खोल दी। यहाँ परिस्थिति नाजुक थी। एक दिन आज़ाद की एक साथी से बहस छिड़ गई। उसने झगड़े का रूप धारण कर लिया। दोनों के पास पिस्तौल थी। झगड़े का रूप देख दोनों के पास से पिस्तौलें छीन ली गईं। आज़ाद में एक बात थी कि वे जितनी जल्दी गुस्सा होते थे, उतनी ही जल्दी उनका क्रोध शान्त भी हो जाता था।

जब आज़ाद के हाथों दल का नेतृत्व आया तो उनके स्वभाव में जमीन-आसमान का अन्तर हो गया, इसका प्रमाण यह घटना है। आगरे में हम लोग जोगेश बाबू को जेल से छुड़ाने की योजना में शामिल होने के लिए एकत्र थे। उस समय वहाँ भगत सिंह, राजगुरु, भगवान दास, विजय कुमार सिन्हा, जयदेव कपूर, बटुकेश्वर दत्त तथा कुछ अन्य साथियों के साथ मैं भी था। इतने सदस्यों के लिए दोनों समय होटल में भोजन के लिए पैसे देना सम्भव नहीं था, इसलिए सबेरे प्रति व्यक्ति को एक आना नाश्ते के लिए मिलता और दिन में एक बार भोजन बनता। दाल बन जाने के बाद दो व्यक्ति क्रम-क्रम से रोटी सेंकते और दो खाने बैठते।

एक दिन भोजन बनाने का यह क्रम चल रहा था। राजगुरु और एक अन्य साथी रोटी बना रहे थे और दो व्यक्ति खा रहे थे। राजगुरु रोटियाँ सेंक रहे थे, इसलिए उनके हाथ में चिमटा तथा सँड़सी थी। रोटियाँ सेंकते-सेंकते उन्होंने सँड़सी आग में रख दी और जब वह गरम हो गई तो उस गरम सँड़सी से छाती पर तीन बार दाग लिया। पास बैठे साथी कुछ कहें उसके पूर्व ही सारी क्रिया समाप्त हो चुकी थी। एक साथी चिल्लाया, "क्या करते हो ?" राजगुरु की यह हरकत देख सभी सन्न रह गए और राजगुरु थे कि मुस्कुरा रहे थे मानो कुछ हुआ ही न हो।

विजय कुमार सिन्हा ने छाती पर जले स्थानों को देखकर कहा—"कैसे बेवकूफ हो जी !"

कोई उत्तर नहीं !

मैंने पूछा—"रघुनाथ (यह राजगुरु का पार्टी का नाम था) तुमने यह क्या किया ?"

तो बोले—"कुछ नहीं यार, देख रहा था कि पुलिस-टार्चर से विचलित तो नहीं होऊँगा।"

आज़ाद उस दिन वहाँ नहीं थे, परन्तु रात ही को वहाँ आ पहुँचे। उनका स्वभाव था कि आते ही सभी साथियों को देख-सुन लेते। उन्हें जब रघुनाथ की हरकत मालूम हुई तो उन्होंने तुरन्त उसे बुलाया। हजरत आधी धोती ओढ़े सामने आए, जिससे छाती पर के घाव दिखाई न दें।

"यह धोती क्यों ओढ़ रखी है ?"

रघुनाथ चुप ! क्योंकि एक चुप्पी हजार बलाएँ टालती है, पर आज़ाद कब चुप

बैठनेवाले थे। उन्होंने कहा, "धोती हटाओ !" फिर क्षण भर छाती के फफोलों को देखकर पूछा—"क्यों यह क्या है ?"

नीचा सिर किए रघुनाथ ने उत्तर दिया, "मैं देख रहा था कि किसी दिन पुलिस यदि मुझे कहीं दागे तो उससे कितनी तकलीफ होगी और उसे मैं सहन कर सकूँगा या नहीं ?"

महाशय जी क्रोध से बोले—"तो किसी दिन तुम पिस्तौल की गोली भी अपने पर चलाकर देखोगे कि पुलिस द्वारा चलाई गई गोली लगने पर कितनी पीड़ा होती है और उसे सहन करने की शक्ति तुममें है या नहीं। लाओ पिस्तौल मेरे हवाले करो, तुम्हारा कोई भरोसा नहीं कि तुम कब क्या कर डालोगे।"

राजगुरु उठे, पिस्तौल लाकर महाशय जी को दे दिया और जाकर चुपचाप सो रहे। हम लोगों की हँसी न रुक रही थी। राजगुरु भड़ककर बोले—"साले ! तुम्हीं लोगों ने डाँट लगवाई और अब हँस रहे हो।" बहुत देर तक यह चुहुलबाजी चलती रही।

दूसरे दिन सबेरे आज़ाद ने रघुनाथ को पास बुलाकर बड़े प्रेम से समझाया और उसका रिवाल्वर उसे लौटा दिया। कहने का तात्पर्य यह कि नेतृत्व के साथ-साथ आज़ाद के जीवन में गाम्भीर्य आ गया था और प्रत्येक काम वे बड़ी जिम्मेदारी से करते थे।

श्री रामप्रसाद बिस्मिल के कार्यकाल में भी रुपयों की बड़ी तंगी रहती थी। उसके लिए डकैतियाँ की जाती थीं। परन्तु इन डकैतियों में भय भी बहुत था, इसलिए रुपया प्राप्त करने के अन्य उपायों पर भी सोच-विचार किया जाता था और उन्हें कार्य रूप में परिणत करने के प्रयत्न भी किए जाते थे।

श्री गोविन्द प्रकाश (श्री रामकृष्ण खत्री) साधु रह चुके थे, वे जानते थे कि एक महन्त अपनी गद्दी के लिए चेला ढूँढ़ रहा है। महन्त के पास काफी सम्पत्ति थी। दल ने उस धन को प्राप्त करने के लिए यह विचार किया कि दल के किसी सदस्य को महन्त का चेला बनाया जाए। सोचा गया था कि महन्त शीघ्र मर जाएगा और चेला महंत बनकर समस्त सम्पत्ति का अधिकार पा लेगा। आज़ाद को महन्त का चेला बनाने के लिए चुना गया। खत्रीजी ने सारी व्यवस्था कर दी। बनारस के पास गाजीपुर में यह उदासी अखाड़ा था। पहले तो आज़ाद इसके लिए तैयार नहीं हो रहे थे परन्तु उन्हें बताया गया कि महन्त बीमार रहता है और साल-दो साल में ही मर जाएगा और उसके बाद पार्टी के हाथ बड़ी जायदाद लगेगी, तो आज़ाद तैयार हो गए। साथ ही यह अनुशासन की भी बात थी। पार्टी का निश्चय था इसलिए आज़ाद को बात मान लेनी पड़ी। महन्त महोदय को यह नहीं बताया गया कि आज़ाद सत्याग्रह-आन्दोलन में जेल जाकर बेंतों की सजा पा चुके हैं।

आज़ाद वहाँ चले तो गए परन्तु ऐसा लगा कि उन्हें पार्टी ने किसी बड़ी मुसीबत में ढकेल दिया है। वहाँ जाते ही उन्हें पहले गुरुमुखी सीखनी पड़ी। जिस पढ़ाई से वे दूर भागते थे, वही फिर उनके गले पड़ी। साथ ही जपजी को कंठस्थ करना पड़ा। कहाँ क्रान्ति का पुजारी और कहाँ यह आरती और पूजा-पाठ। कुछ दिन तो दल के लिए

महान त्याग की भावना से वे सब करते रहे और सहते रहे, परन्तु जब असह्य हो गया तो महन्त से छिपाकर उन्होंने रामकृष्ण खत्री को पत्र लिखा 'मेरी तबीयत बिल्कुल नहीं लगती, जल्दी आओ और साथ में मन्मथ को लाकर मुझे यहाँ से मुक्ति दिलाओ।'

आज़ाद के इस सन्देश ने सदस्यों को व्यग्र कर दिया। आखिर श्री खत्री तथा मन्मथ ने वहाँ जाकर आज़ाद की हालत देखना तय किया। खत्री साधु होने के कारण वहाँ बड़ी आसानी से जा सकते थे, परन्तु मन्मथ का जाना जरा कठिन था। तब मन्यथ को एक भक्त के रूप में लेकर खत्री जी रवाना हुए। श्री मन्मथ का नाम रखा गया आप्टे। गाजीपुर पहुँचने पर ये लोग मठ में पहुँचे। मठ एक गढ़ी के समान था। उसे देखकर ही यह समझा जा सकता था कि यह हमेशा से मठ ही नहीं रहा होगा और भी किसी काम में आता रहा होगा।

दोनों ही मठ में पहुँचे। स्वामी गोविन्द प्रकाश जी ने आप्टे जी का परिचय कराया। "ये साधुओं के परम भक्त हैं, आपकी कीर्ति सुन दर्शनार्थ आए हैं।"

मन्मथ जी उर्फ आप्टे ने तुरन्त महन्त जी के पैर छुए, इधर-उधर की बातें होने के पश्चात् गीता पर भी चर्चा हुई। चर्चा के साथ-साथ आप्टे जी की आँखें महन्त जी के चेले आज़ाद को ढूँढ़ रही थीं। स्वामी गोविन्द प्रकाश भी उसी की तलाश में आँखें दौड़ा रहे थे, परन्तु दृष्टि दीवारों या महन्त के नौकरों से टकराकर वापस आ जाती थी। उनके मन में महन्त की यह गढ़ी देख प्रसन्नता हो रही थी, यह सोच-सोचकर कि एक दिन यह गढ़ी महन्त के मरते ही दल के हाथ में होगी। यहाँ गोली चलाने का अभ्यास भी बड़ी आसानी से किया जा सकेगा।

गोविन्दप्रकाश जी ने मठ घूमने का प्रस्ताव किया, इस आशा से कि कहीं आज़ाद से भेंट हो जाए और जब ये लोग मठ देखने निकले तो इसी समय आज़ाद कहीं से आ टपके। आज़ाद के शरीर पर गेरुआ वस्त्र तो था परन्तु मन अत्यन्त असन्तुष्ट और अस्वस्थ था। दोनों ने आज़ाद को देखा तो इच्छा हुई कि उनसे लिपटकर गले मिलें, परन्तु वह सम्भव नहीं था क्योंकि वहाँ तो सभी यह जानते थे कि आप्टे और चेले की कोई पहचान नहीं है। आप्टे जी का परिचय आज़ाद से कराया गया। आप्टे जी ने आज़ाद के पैर छुए। आज़ाद के मुरझाए चेहरे पर हँसी की रेखा दौड़ गई।

हम लोग एक जगह जाकर बैठ गए और बातें करने लगे। महन्त के दूर निकल जाने पर आज़ाद ने कहा, "यह साला अभी नहीं मरने का, डंड पेलता है और खूब दूध पीता है। गुरुमुखी पढ़ते-पढ़ते तो मेरी आँखें फूटी जा रही हैं। मैं तो यहाँ नहीं रहूँगा।"

शाम की गाड़ी से ये दोनों वापस लौट आए; आज़ाद को यह आश्वासन देकर कि राजेन्द्र लाहिड़ी से परामर्श करने के बाद उन्हें सूचित किया जाएगा, परन्तु राजेन्द्र लाहिड़ी से परामर्श होने के पश्चात् भी ये लोग किसी निर्णय पर न पहुँच सके। बात वहीं रह गई। कुछ दिन बाद अचानक एक दिन आज़ाद बनारस आ धमके। उनकी कहानी सुनते-सुनते सभी लोट-पोट हो जाते। अब पार्टी ने महन्ती की आशा छोड़ दी। आज़ाद

मुश्किल से दो महीने महन्त की गद्दी के उम्मीदवारों में रहे, बाद में वे फिर बनारस में रहकर दल का काम जोर-शोर से करने लगे।

सन् 1924 में भारतीय क्रान्तिकारी दल की ओर से सारे भारत में रंगून से पेशावर तक एक अंग्रेजी परचा बाँटा गया। यह परचा श्री शचीन्द्रनाथ सान्याल ने लिखा था। लोग कल्पना भी नहीं कर सकते थे कि दल का विस्तार इतना अधिक है। विपिनचन्द्रपाल ने तो शंकित हो यहाँ तक कह डाला था कि परचा पुलिस द्वारा बँटवाया गया है। इस परचे के बँटने का समाचार पत्रों में छपा तो उससे पार्टी के प्रति उन लोगों की श्रद्धा बढ़ी और उसके विषय में उत्सुकता भी हुई। यह परचा बनारस से ही देश के विभिन्न प्रान्तों में भेजा गया था। बनारस के लक्सा मोहल्ले में क्रान्तिकारियों ने एक मकान ले रखा था। इसमें सामने के कमरे में तबला, हारमोनियम, बीड़ी, माचिस आदि पड़ा रहता था, ताकि देखनेवाले लोग यह समझें कि यहाँ कुछ शोहदे जमा होकर लफँगाई करते हैं। ऐसा सब करने का उद्देश्य यही था कि लोग चाहे गुंडा या आवारा समझें, पर क्रान्तिकारी न समझें। यहाँ आज़ाद भी आया करते थे। पैमप्लेट का जो बंडल आया वह इसी मकान में खोला गया और उसके अनेक छोटे बंडल बनाकर उन्हें उत्तर प्रदेश के केन्द्रों को भेजा गया। इन परचों के बंडल बनाने तथा उनके वितरण में जिन लोगों ने भाग लिया था उसमें आज़ाद भी थे। आज़ाद ने परचे बाँटने में सबसे अधिक सफलता प्राप्त की थी। काशी विद्यापीठ के एक अधिकारी ने जब दफ्तर खोला तो दफ्तर के हर रजिस्टर से वह परचा निकला। इसका रहस्य यही था कि आज़ाद ने दफ्तर के एक चपरासी को अपना मुरीद बना लिया था, जिसकी यह करामात थी। बनारस के कोने-कोने में यह परचा बँटा था और एक तहलका-सा मच गया था।

चन्द्रशेखर आज़ाद स्वभाव से जोशीले थे और दल के कार्यों के करने में बड़ी उत्सुकता दिखाते थे, इसी गुण से दल के सदस्यों में वे प्रिय हो गए थे। रामप्रसाद बिस्मिल ने उनका नाम 'क्विक सिल्वर' यानी पारा रखा था। दल के कुछ लोग इनके जोशीलेपन से प्रसन्न तो थे परन्तु चाहते थे कि आज़ाद कुछ कम जोशीले होते तो अच्छा होता। वे मन्मथ जी के अधिक निकट होने के कारण उनके घर आया-जाया करते थे। दल के काम की जब भी चर्चा होती तो आज़ाद की एक ही रट होती, "कोई एक्शन हो।" एक्शन माने डकैती या हत्या। क्रान्तिकारियों में रिवाल्वर या पिस्तौल को 'चीज' कहा जाता था। आज़ाद के इसी जोश के कारण पार्टी द्वारा जहाँ कहीं एक्शन आयोजित होता उसमें आज़ाद को अवश्य भेजा जाता। पार्टी द्वारा ऐसा करने के दो कारण थे। एक तो यह कि वे तगड़े थे और दूसरे इनके विषय में यह विश्वास था कि वे पकड़े जाने पर भी पुलिस को भेद नहीं देंगे। ऐसी अनेक डकैतियों में आज़ाद के साथ मन्मथ भी गए थे। इन डकैतियों का नेतृत्व रामप्रसाद बिस्मिल करते थे।

मन्मथ ने प्रतापगढ़ के पास एक डकैती का उल्लेख अपनी पुस्तक में किया है, उसमें उन्होंने लिखा है कि इस डकैती में आज़ाद के हाथ से एक स्त्री ने पिस्तौल छीन ली थी, जिस पर वे अत्यधिक छटपटाए थे। पिस्तौल छिन जाने का कारण था नेता का यह आदेश

कि स्त्रियों पर हाथ न उठाया जाए और उन पर गोली भी न चलाई जाए।

क्रान्तिकारी दल प्रतापगढ़ के पास एक गाँव में एक सूदखोर महाजन के घर डकैती करने गया। इस दल में आठ व्यक्ति थे। जब ये गाँव में घुसे तो गाँववालों ने इन्हें रोका, पर जब उन्हें यह पता चला कि वे महाजन के यहाँ जा रहे हैं तो किसी ने इस विषय में अधिक उत्सुकता नहीं दिखाई। इन सबके पास हथियार थे जो छिपे हुए थे।

महाजन के मकान में घुसते ही इन लोगों ने अपना असली रूप प्रकट किया। डकैती करने का तरीका यह होता था कि निश्चित स्थान पर पहुँचकर पहले कुछ गोलियाँ चला दी जाती थीं जिससे लोग भयभीत हो आगे न बढ़ें। यहाँ भी ऐसा ही किया गया। रामप्रसाद नेता थे और वे दरवाजे पर ही खड़े थे।

गोलियों की आवाज को गाँववाले पहले तो पटाखों की आवाज समझे, परन्तु बाद में वे गोल बनाकर घर की ओर आए तथा रामप्रसाद बिस्मिल पर टूट पड़े। शचीन्द्रनाथ बख़्शी ने आकर उन्हें पकड़े जाने से बचाया।

अन्दर जो हो रहा था वह और भी अजीब था। अन्दर मन्मथ तथा आज़ाद स्त्रियों को डरा-धमकाकर चुप बैठा रहे थे। मन्मथ ने लिखा है कि इन स्त्रियों में एक स्त्री हमारी माँ की अवस्था की थी और दूसरी उससे कम अवस्थावाली। ये दोनों ही बड़ी लड़ाकू साबित हुईं। वे हम पर हमला करने लगीं। रिवाल्वर की धमकी दी तो वे और आगे बढ़कर जूझ पड़ीं। उन्होंने इतना बल प्रयोग किया कि हम समझे कि हम अब खत्म हुए। अजीब परिस्थिति थी। वे हमारे रिवाल्वरों को पकड़े थीं और हमें मार रही थीं। हम रिवाल्वर नहीं छीनने दे सकते थे, इसलिए पूरी ताकत लगाकर अपने रिवाल्वर छीनने का प्रयत्न करते रहे। मैंने तो किसी तरह अपना रिवाल्वर छीन लिया, परन्तु उन दोनों ने मिलकर आज़ाद से उनका रिवाल्वर छीन लिया और उनमें से एक उसे ले भाग खड़ी हुई। आज़ाद उन दिनों अधिक तगड़े नहीं थे। रिवाल्वर छिन जाने से वे क्रोध से पागल हो रहे थे। यदि उनका बस चल जाता तो वे मेरा रिवाल्वर छीनकर उस स्त्री का पीछा करते, परन्तु इसी बीच हुक्म हुआ कि हम लौट चलें। लौटते समय आज़ाद ने हमारे कप्तान पं. रामप्रसाद बिस्मिल को यह रिपोर्ट देना चाहा, परन्तु गाँववालों के बढ़ते दबाव के कारण हम वापस जाने की जल्दी में थे, इसलिए बात अधूरी रह गई।

हमें लौटते देख गाँववालों ने ईंट-पत्थर बरसाने शुरू किए। यही गनीमत थी कि इनके पास लाठी-भाले तो थे पर बन्दूक या रिवाल्वर नहीं थे, अन्यथा अनर्थ हो जाता। इसके पहले हुई गाँव की डकैतियों में गाँववालों ने कभी पीछा नहीं किया था। यहाँ पीछा करने का कारण शायद यह था कि यहाँ के गाँववाले यह समझ रहे थे कि हमारे पास जो हथियार हैं वे नकली हैं। इसी बीच चलते-चलते राजेन्द्र लाहिड़ी एक पत्थर से ठोकर खाकर एक गढ़े में गिर गए। उन्हीं के पास रुपयों की गठरी थी। लाहिड़ी गढ़े से निकलकर फिर पैसे के लिए वापस गढ़े में उतरना चाहते थे, पर उन्हें रामप्रसाद जी ने रोक दिया। गठरी गिरी देख कुछ गाँववाले तो उसे निकालने में व्यस्त हो गए और बाकी पीछा करना बेकार समझ वहीं रुक गए।

परन्तु इसी बीच बन्दूक की आवाज सुन एक अन्य गाँव के लोग लालटेन और लाठियाँ लेकर मैदान में आ डटे थे। पंडितजी ने परिस्थिति समझकर हमें रुकने के लिए कहा और जब भीड़ कुछ चालीस-पचास गज पर आ गई तो भीड़ को निशाना बनाकर उन्होंने दो गोलियाँ चलाईं। गोली चलते ही एक आदमी चीखकर गिर पड़ा और उसका परिणाम यह हुआ कि लोगों ने पीछा करना बन्द कर दिया। लोग समझ गए कि हमारे पास जो हथियार हैं वे खिलौने नहीं, बल्कि वास्तविक हैं और उनसे आदमियों की मृत्यु भी हो सकती है। इतना होने पर भी एक-दो साहसी व्यक्ति हमारा पीछा करते ही रहे।

रात्रि की नीरवता में हम जल्दी-जल्दी आगे बढ़ते गए। अब गाँववालों ने पीछा करना छोड़ दिया था, परन्तु यह घटना हमारे लिए दुखद सिद्ध हुई। हाथ कुछ भी नहीं लगा बल्कि हमने एक रिवाल्वर भी गाँठ का खो दिया।

इसके बाद एक-दूसरे गाँव में डकैती डाली गई, इसमें भी आज़ाद ने भाग लिया। इसका भी नेतृत्व पं. रामप्रसाद बिस्मिल ने ही किया था। इस बार दल के लोगों ने पुलिस वालों की वर्दी पहनी थी। रामप्रसाद बहुत गोरे थे, इसलिए वे पुलिस कप्तान बने। बनारस के एक सदस्य जिनकी लम्बी डाढ़ी थी, सिख पुलिस दरोगा बने और बाकी सब मामूली सिपाही। यह सब इसलिए किया गया था कि मकान के दरवाजे आसानी से खुल सकें।

इस बार पूर्ण सफलता मिली। गाँववाले यही समझे कि पुलिसवाले मकान की तलाशी ले रहे हैं, परन्तु घर के अन्दर क्या हो रहा था यह किसी को मालूम नहीं हो सका, जब ये लोग गाँव से सही-सलामत चले गए, तब कहीं यह आवाज उठी कि ये लोग वास्तव में पुलिसवाले नहीं थे।

अन्त में पार्टी गाँवों की डकैतियों से ऊब गई, क्योंकि इसमें संकट अधिक रहता और लाभ नगण्य, इसलिए इस विषय में एक प्रस्ताव पारित हुआ, जिसमें यह निश्चय किया गया कि भविष्य में किसी गाँव या व्यक्ति विशेष के घर डाका न डाला जाए, इससे पार्टी की प्रतिष्ठा को धक्का लगता है और साथ ही दल को हानि उठानी पड़ती है, इसलिए भविष्य में रेलों या बैंकों की ही सम्पत्ति लूटी जाए।

हाँ, ऐसे अभियानों से एक ही लाभ होता था कि सदस्यों को वास्तविक मौका आने पर किस प्रकार सामना करना चाहिए, इसकी ट्रेनिंग प्रत्यक्ष कार्य के रूप में मिलती थी। साथ ही साथियों की एक प्रकार से परीक्षा भी हो जाती थी। चन्द्रशेखर आज़ाद ने इन 'एक्शनों' से बहुत कुछ सीखा और यह सब उनके काम आया। यह बात अलग है कि इन अनुभवों के लिए दल को कभी-कभी भारी कीमत चुकानी पड़ी।

गाँवों में डकैती न करने का निर्णय तो किया गया, परन्तु पं. रामप्रसाद के नेतृत्व तक ही इस निर्णय पर अमल हो सका। षड्यन्त्र के बाद सरदार भगत सिंह तथा यतीन्द्रनाथ दास आदि ने जो दल बनाए उनमें कभी-कभी गाँवों में डकैतियाँ डालने की योजनाएँ बनीं और एक-दो बार डकैतियाँ डाली भी गईं। लाहौर-षड्यन्त्र के मुकदमे में एक यह भी अभियोग था कि बिहार के मौलनिया नामक गाँव में क्रान्तिकारियों ने डकैती

डाली थी। श्री जोगेन्द्र शुक्ल तथा उनके साथियों को इस डकैती में सजा हुई थी।

पं. रामप्रसाद बिस्मिल के नेतृत्व काल में क्रान्तिकारियों के विषय में जनता को न तो जानकारी ही थी और न उनके प्रति सहानुभूति ही इस हद तक थी कि लोग उन्हें खुलकर या चोरी-छिपे इतनी आर्थिक सहायता देते कि उन्हें दल की आवश्यकताओं की पूर्ति के लिए डकैतियों का सहारा न लेना पड़ता। हाँ, दो बार श्री शिवप्रसाद गुप्त ने पार्टी को पाँच-पाँच सौ रुपए की मदद दी थी।

जब गाँव की डकैतियाँ बन्द कर दी गईं तो निश्चय किया गया कि सरकारी खजाना लूटा जाए और इसके लिए खोज चालू हुई और अन्त में काकोरी ट्रेन डकैती की योजना बनी। योजना बनाते समय यह बात निश्चित कर ली गई कि इसमें दल का राजनैतिक रूप स्पष्ट रहे, जिससे जनता पर इसका अच्छा प्रभाव पड़े तथा सरकार के दमन के प्रतिकार को भी राजनीतिक रूप दिया जा सके। इस घटना के कुछ दिन पूर्व दल के एक सदस्य श्री रवीन्द्र मोहन को जब पुलिस किसी अन्य प्रकार न फाँस सकी तो उनको आवारा घोषित कर सजा दे दी थी। सदस्य इस घटना से बहुत क्षुब्ध थे और इसका भी प्रतिकार करना चाहते थे।

काकोरी ट्रेन डकैती की योजना पर जब विचार हो रहा था तो श्री अशफाक उल्ला ने इस नीति का विरोध किया था। उनका कहना था कि हम यह काम करके सरकार को चुनौती तो अवश्य दे देंगे, परन्तु यहीं से पार्टी के अन्त का प्रारम्भ हो जाएगा, क्योंकि दल अभी उतना संगठित और दृढ़ नहीं है, इसीलिए अभी सरकार से सीधा मोर्चा लेना ठीक नहीं होगा, परन्तु अन्त में डकैती करने का ही निश्चय हुआ। आज़ाद तो उस समय सदा ही ऐसे कार्यों के पक्ष में होते थे, जिनमें उन्हें अपने साहस और वीरता से काम करने का अवसर मिले।

जिस प्रकार पं. रामप्रसाद बिस्मिल के नेतृत्व में काम करनेवाले दल में आज़ाद को प्रत्येक एक्शन में जाने की इच्छा रहती और वे अपनी इच्छा प्रगट करते रहते थे, उसी प्रकार आज़ाद के नेतृत्व में काम करनेवाले दल में राजगुरु थे। उन्हें किसी एक्शन का पता भर चल जाए कि वह होनेवाला है, वे तुरन्त आज़ाद के पास पहुँचकर उनसे कहते "महाशय जी मुझे इसमें अवश्य भेजिए।" उनके इस शौके-शहादत से तंग आकर कभी-कभी आज़ाद उनसे कहते "रघुनाथ तू ससुरे बहुत लुकलुक करता है। इतनी अधिक लुकलुक न किया कर।" पर वे अपनी आदत से लाचार थे। साण्डर्स वध-कांड के समय राजगुरु को आज़ाद ने साथ लिया था। इससे राजगुरु बहुत प्रसन्न हुए थे और उसमें उन्होंने ही पहली गोली ऐसा निशाना साधकर चलाई थी कि साण्डर्स वहीं ढेर हो गया था।

आपको एसेम्बली बम योजना में नहीं भेजा गया, उसके लिए आप बड़े दुखी हुए थे। पकड़े गए तो अन्दर भी वे सरकार के साथ संघर्ष में सबसे आगे रहने का प्रयत्न करते। उन्हें जब भगत सिंह के साथ फाँसी पाने का सौभाग्य प्राप्त हुआ तो वे फूले न समाए। साथी कहते हैं कि उन्हें इतना प्रसन्न पहले कभी नहीं देखा गया था। कार्य की लगन और मर मिटने की तमन्ना और शौके-शहादत की उत्सुकता की चर्चा करते

हुए श्री भगवान दास माहौर ने राजगुरु के अपने संस्मरण में लिखा है—ऐसा लगता है कि फाँसी का तख्ता गिर जाने के बाद भी दिल की धड़कन बन्द होने से पूर्व यदि राजगुरु फाँसी की काली टोपी के बाहर आँख खोलकर एक बार देख सकते, तो उस दीवाने ने यही देखने की कोशिश की होती कि कहीं भगत सिंह मुझसे पहले तो नहीं...और उस समय भी भगत सिंह के ओठों पर राजगुरु का यह पागलपन देखकर अपने जीवन की अन्तिम और सबसे मधुर मुस्कान खिल जाती और यदि वे कह सकते तो कहते, "शौके-शहादत तो हम सबकी ही रही है भाई ! पर तू तो सरापा शौके-शहादत है, हार गए तुझसे।"

कुर्बानी की ऐसी विचित्र स्पर्धा क्रान्तिकारियों में ही होती थी। आज़ाद की उत्सुकता और राजगुरु का उतावलापन उस दीवानगी के कुछ बेजोड़ उदाहरण हैं।

काकोरी ट्रेन डकैती की योजना में यह निश्चय किया गया कि जब ट्रेन किसी छोटे स्टेशन पर खड़ी हो तो उसे लूट लिया जाए। ऐसा करते समय पहले गार्ड, ड्राइवर तथा स्टेशन मास्टर को पकड़ रखना होगा। इस समय आज़ाद की भावना तो यहाँ तक थी कि गार्ड या ड्राइवर यदि अंग्रेज या एंग्लो इंडियन हों तो उन्हें मार डाला जाए। ब्रिटिश शासन काल में मेल पैसेंजर और एक्सप्रेस गाड़ियों के ड्राइवर तथा गार्ड अधिकतर अंग्रेज या एंग्लो-इंडियन होते थे, हिन्दुस्तानियों को ये पद नहीं दिए जाते थे। हाँ कुछ पारसी ड्राइवर अवश्य हो गए थे, बाकी कोई हिन्दुस्तानी इन गाड़ियों का गार्ड या ड्राइवर नहीं हो सकता था। दल के तत्कालीन नेता पंडित रामप्रसादजी डकैती में ऐसी हत्याओं के विरोधी थे। इस एक्शन के लिए उन्होंने यह शर्त रखी थी कि सदस्य जब उन्हें यह आश्वासन दें कि किसी की हत्या नहीं की जाएगी तभी वे इस योजना का नेतृत्व करेंगे। उनकी यह शर्त स्वीकार कर ली गई थी।

इस योजना के अनुसार सहारनपुर की ओर से लखनऊ आनेवाली आठ नम्बर डाउन ट्रेन के खजाने को लूटने का निश्चय किया गया, क्योंकि यह पैसेंजर गाड़ी मार्ग के छोटे-छोटे स्टेशनों की रकम लेकर आती थी। यह निश्चय हुआ कि किसी दिन इसी ट्रेन को मार्ग में दो स्टेशनों के बीच रोककर लूटा जाए। निश्चित दिन इस कार्य के लिए विभिन्न क्षेत्रों से साथी लखनऊ में जमा हुए। कुछ तो छेदीलाल धर्मशाला में ठहरे और बाकी जिनके अपने विश्वास योग्य स्थान थे वे सब अपने-अपने स्थान पर जा टिके।

उस दिन दस सदस्य स्टेशन की ओर पैदल रवाना हुए। वहाँ गाड़ी से पहले ही पहुँचना था, और जैसे ही गाड़ी स्टेशन पर रुके, गार्ड, ड्राइवर तथा स्टेशन-मास्टर को कब्जे में कर गाड़ी का खजाना लूटना था। परन्तु पैदल चलकर जाने में देर हो गई और जब लोग स्टेशन के आउटर सिगनल पर पहुँचे तो गाड़ी लखनऊ की ओर जा रही थी। एक व्यक्ति को यह देखने के लिए भेजा कि जो गाड़ी गई है वह वही थी या दूसरी कोई ? उस व्यक्ति ने लौटकर बताया कि वह वही आठ डाउन गाड़ी थी। यह सुन सभी को निराशा हुई परन्तु और कोई चारा नहीं था। इसलिए सभी वापस लखनऊ के लिए फिर पैदल चल पड़े।

9 अगस्त 1925 को फिर दूसरी योजना बनी।* इस बार यह निश्चय हुआ कि लखनऊ से पश्चिम की ओर जानेवाली गाड़ी पर सवार होकर अगले स्टेशन पर जाकर उतरा जाए और वहीं से आठ डाउन पैसेंजर पर सवार हुआ जाए।

जंक्शन पर पहुँचकर जब आठ डाउन पैसेंजर पर चढ़े तो श्री अशफाक उल्ला, शचीन्द्रनाथ बख्शी तथा राजेन्द्र लाहिड़ी सेकेंड क्लास में सवार हुए। उन्हें यह काम सौंपा गया कि वे निश्चित स्थान पर जंजीर खींचकर गाड़ी खड़ी कर दें। बाकी सात व्यक्ति—पं. रामप्रसाद बिस्मिल, केशव चक्रवर्ती, मुरारीलाल, मुकुन्दीलाल, चन्द्रशेखर आज़ाद, बनवारीलाल तथा मन्मथनाथ गुप्त जो तीसरे दर्जे के डिब्बे में सवार हुए थे, उनमें से कुछ को गार्ड तथा ड्राइवर को पकड़ने का काम सौंपा गया था और बाकी लोगों को गाड़ी के दोनों ओर पहरा देने तथा खजाने पर कब्जा करने का। जिस समय गाड़ी की जंजीर खींची गई अँधेरा हो चला था। गाड़ी रुकते ही सभी अपने-अपने निश्चित कार्य पर जुट गए।

गार्ड और ड्राइवर को तुरन्त पेट के बल लिटा दिया गया तथा तिजोरी को नीचे गिरा दिया गया। तिजोरी काफी वजनी और मोटी थी। तिजोरी तोड़ने के लिए हथौड़ा-छेनी तैयार थी। गाड़ी के दोनों ओर दो साथी पिस्टल लेकर पहरा दे रहे थे। इस बार बन्दूकें साथ नहीं लाई गई थीं, क्योंकि माउजर पिस्टल को जब उनके केसों में लगे कुन्दे पर चढ़ा दिया जाता है तो वे बन्दूक का काम दे जाते हैं। माउजर की गोली, पिस्टल या रिवाल्वर की गोली से बड़ी, पर बन्दूक की गोली से कुछ छोटी रहती है और इसकी मार की दूरी भी काफी होती है। इस गाड़ी में एक अंग्रेज मेजर तथा खजाने के साथ सशस्त्र पुलिस भी थी। इसलिए गोली चलने की सम्भावना से भी सावधानी बरतना आवश्यक था।

गाड़ी रुकते ही यह घोषणा कर दी गई थी कि "क्रान्तिकारी केवल सरकारी खजाना ही लूटेंगे किसी भी मुसाफिर के माल को आँच नहीं आएगी। इसलिए कोई भी मुसाफिर गाड़ी से नीचे उतरने का प्रयत्न न करें।" लोग इसे कोरी धमकी न समझें इसलिए बीच-बीच में गोलियाँ चलाई जाती थीं। सेफ तोड़ने में कठिनाई होते देख श्री अशफाक ने अपना माउजर श्री मन्मथ को दे उसे पहरे पर खड़ा किया और वे स्वयं सेफ पर घन चलाने लगे। उस समय पंडित रामप्रसाद के बाद दल में श्री अशफाक ही सबसे तगड़े थे। श्री अशफाक की हथौड़ी की मार से मोटी तिजोरी भी मुँह खोल अन्दर का खजाना उगलने के लिए विवश हो गई। हथौड़े की चोट चारों ओर गूँज रही थी और तिजोरी के टूटने के साथ-साथ सभी के मुँह पर प्रसन्नता की झलक प्रस्फुटित हो रही थी।

इसी बीच लखनऊ की ओर से रेलगाड़ी आने की आहट सुनाई दी। प्रतिक्षण वह गाड़ी नजदीक आती जाती थी और दिलों में नाना प्रकार की शंकाएँ उठ रही थीं। "गाड़ी क्यों और कैसे आ रही है ? क्या अधिकारियों को इतनी जल्दी पता चल गया; परन्तु यह कैसे सम्भव है" इत्यादि। सभी ने आदेश के लिए नेता की ओर देखा।

---

* बिस्मिल ने अपनी आत्मकथा में काकोरी ट्रेन डकैती के ऐसे दो प्रयत्नों का उल्लेख नहीं किया है। उनके अनुसार सब लोग उसी सहारनपुर पैसेन्जर ट्रेन में सवार थे—सम्पादक।

यह तो निश्चित ही था कि यदि मोर्चा लेने की बात आती तो डटकर मुकाबला होगा। अन्धकार में केवल हथौड़े के चोट का शब्द गूँज रहा था, यात्री चुपचाप बैठे थे। धीरे-धीरे आनेवाली गाड़ी के इंजन का सर्चलाइट दिखाई देने लगा। रेलगाड़ी तेजी से क्या आ रही थी मानो भीषण संकट ही तेजी से चला आ रहा था। क्रान्तिकारी भावी संकट की कल्पना कर रहे थे, 'गोली चलेगी। कितनों की मृत्यु हो कौन जाने ?' और उन कुछ क्षणों में न जाने ऐसे कितने चित्र आँखों के सामने आए-गए।

श्री रामप्रसाद बिस्मिल ने घटना पर विचार किया। उन्होंने देखा कि जहाँ पैसेंजर खड़ी है, वहाँ दोहरी लाइन है। उसे देखते ही उन्हें स्मरण हो आया कि यह पंजाब मेल के आने का समय है। उन्होंने तुरन्त साथियों को इसकी सूचना दे आश्वस्त किया। तब तो सभी को ध्यान आया कि यह पंजाब मेल जाने का समय है, क्योंकि उन दिनों टाइम टेबिल बड़े ध्यान से दिन में कई-कई बार देखा जाता था।

अब मन में दूसरी शंका उठी कि मेल के गार्ड, ड्राइवर तथा अन्य लोग जब पैसेंजर गाड़ी को इस प्रकार जंगल में खड़ी देखेंगे तो उन्हें अवश्य शंका हो जाएगी, या फिर पैसेंजर गाड़ी के यात्री ही चिल्लाकर मेल ट्रेन के यात्रियों को अपनी विपत्ति की ओर आकृष्ट करें।

गाड़ी बहुत पास आ चुकी थी, अधिक सोचने का समय नहीं था। पंडितजी सामने ही थे। सदस्य हर क्षण यह उम्मीद कर रहे थे कि पंडितजी हमें तुरन्त पेड़ों की आड़ लेकर मोर्चा लगाने को कहेंगे और तब दोनों ओर से गोलियाँ चलेंगी।

अब मेल ट्रेन की सीटी सुनाई दे रही थी। कुछ ही क्षणों में उसका इंजन हमारी गाड़ी के पास होगा तभी पंडितजी ने आदेश दिया "सब लोग अपने-अपने स्थान पर ही रहें तथा अपने-अपने हथियारों को नीचा कर लें।" साथ ही अशफाक को आदेश हुआ कि वे हथौड़ा चलाना थोड़ी देर के लिए बन्द कर दें।

सभी आदेश का पालन कर खड़े हो गए। मानो वे मेल ट्रेन को देखने के लिए ही पैसेंजर में से उतरकर खड़े हों। डाकगाड़ी सीटी देती सर्राटे से निकल गई। शायद डाकगाड़ी में बैठे व्यक्तियों का ध्यान भी इस पैसेंजर गाड़ी की ओर नहीं गया। अगर किसी ने देखा भी होगा तो यही सोचा होगा कि पैसेंजर गाड़ी जहाँ-तहाँ जब-तब रुकती ही रहती है। इसीलिए उन्होंने इस घटना को महत्त्व नहीं दिया होगा। वैसे भी डाकगाड़ी में बैठा यात्री अपने आपको पैसेंजर गाड़ी से उच्च स्तर का यात्री समझकर उसकी ओर हीन दृष्टि से ही देखता है।

बात जो भी हो, डाकगाड़ी की तीव्र गति से जैसे संकट आया था वैसे ही वह गाड़ी की आवाज मन्द होने के साथ कम होता गया। गाड़ी निकलने के बाद पिस्तौलों और माउजरों की नलियाँ सीधी हो गईं और अशफाक उल्ला के घन का घनघोर शब्द अबाध गति से निनादित होने लगा।

तिजोरी फूटी और उसके अन्दर का सारा खजाना क्रान्तिकारियों के कब्जे में आ गया। अब इस नाटक के अन्तिम दृश्य के साथ पटाक्षेप बाकी था और वह यह कि

तिजोरी में नगद रुपया बहुत था, उसकी गठरी बाँधकर लखनऊ के लिए रवाना होना। आदेश चलने का हुआ। दूसरी यह बात भी थी कि अब की बार रेल की पटरी-पटरी लखनऊ नहीं जाना था, बल्कि टेढ़े-मेढ़े रास्ते से शहर में प्रवेश करना था। चौक से लखनऊ में प्रवेश नहीं किया गया क्योंकि इस मार्ग पर अधिक रात तक लोगों की चहल-पहल रहती है। इस प्रकार गठरी लेकर जाते हुए किसी को देखकर कोई शंका नहीं कर सकता था।

शहर में घुसते ही खजाना सुरक्षित स्थान पर रख दिया गया, साथ ही हथियार भी सुरक्षित स्थान पर भेज दिए गए। सदस्यों के ठहरने के जो ठिकाने थे वहाँ वे चले गए और आज़ाद जैसे लोगों ने रात पार्क में ही बैठकर बिता दी।

प्रातः सभी सदस्य घटना का क्या परिणाम हुआ जानने को उत्सुक थे। गोमती-स्नान को जानेवाले लोगों का आवागमन प्रारम्भ हो चुका था, अतः सदस्य सहज ही इधर-उधर फैल गए और थोड़ी देर में 'इंडियन टेली टेलीग्राफ' अखबार बेचनेवाला 'चिल्लाता सुना गया' काकोरी के पास सनसनीखेज डकैती।

अखबार की एक प्रति खरीदी गई और सबेरे के धुँधलके में कई कॉलमों में काकोरी ट्रेन डकैती का छपा समाचार पढ़ा गया। रिपोर्ट में लिखा था इसमें तीन व्यक्ति मारे गए जिसमें एक गोरा भी था। सदस्यों में से किसी को भी इन हत्याओं का पता नहीं था। गोरे के मरने के समाचार पर तो शायद कुछ नहीं, भारतीयों के मारे जाने पर सदस्यों को दुःख ही हुआ। अनुमान यह लगाया गया कि जब यात्रियों को डराने के लिए गोलियाँ चलाई जा रही थीं तो उसी समय अँधेरे में ये यात्री उतरे होंगे और उसी समय उन्हें गोली लगी होगी।

परन्तु बाद में पता चला कि समाचार गलत था। इस दुर्घटना में कोई गोरा नहीं मरा था। हाँ, एक मुसलमान जो अपनी नई ब्याही बीबी को देखने उतरे थे, वे ही गोली के शिकार हो गए थे। जिस गोरे के मरने की बात छपी थी वे महाशय तो खतरा देख फर्स्ट क्लास का दरवाजा बन्द कर बैठ गए थे। उन्होंने दरवाजा तभी खोला जब ट्रेन लखनऊ पहुँच गई। इसके बाद उसी दिन बाहर से आए सदस्य अपने-अपने ठिकानों के लिए रवाना हो गए।

इस कार्य में गोविन्दचरण कर जो लखनऊ में ही रहते थे बहुत सहायता की परन्तु वे डकैती-घटना-स्थल पर नहीं गए थे।

श्री अशफाक ने जो शंका की थी वह सच निकली। इस ट्रेन डकैती से ब्रिटिश शासन बौखला उठी, उसने इस डकैती को एक चुनौती के रूप में स्वीकार किया। यह तो स्पष्ट ही था कि वह राजनैतिक डकैती थी। इसलिए सभी जगह गुप्तचर विभाग सजग हो ऐसे लोगों पर कड़ी नजर रखने लगा जिन पर क्रान्तिकारी होने या उनसे सहानुभूति होने का सन्देह था। मन्मथनाथ गुप्त तथा आज़ाद की निगरानी प्रारम्भ हो गई। आम लोगों में इस विषय की चर्चा होने लगी। मन्मथ जी ने इस विषय की चर्चा करते हुए लिखा है, "शायद ऐसा प्रचार कर वे यह देखना चाहते थे कि इस प्रकार

के प्रचार का हम पर क्या असर होता है। क्रान्तिकारी नेता की ऐसी प्रसिद्धि तो लोगों से चन्दा प्राप्त करने में शायद सहायक हो जाए परन्तु साधारण सदस्य के लिए ऐसी प्रसिद्धि एक रोड़ा ही हो सकती है।"

आज़ाद तथा मन्मथ ने राजेन्द्र लाहिड़ी को यह बात बताई और कहा कि अब घर छोड़कर फरार होने का समय आ गया है। परन्तु साधनहीनता के कारण लाहिड़ी कुछ भी नहीं कह सकते थे।

आज़ाद इस प्रकार की बातों से निराश होनेवाले व्यक्ति नहीं थे और न वे संकट सामने आया देख अपने-आपको भाग्य के भरोसे यों ही छोड़ देना चाहते थे। इसलिए एक दिन उन्होंने यह इच्छा प्रकट की कि वे बहुत दिनों से घर नहीं गए हैं इसलिए घरवालों से मिलने के लिए घर जाना चाहते हैं और एक दिन आज़ाद बनारस से गायब हो गए।

आज़ाद के विषय में एक विशेष बात यह थी कि उनके घर का पता कोई नहीं जानता था। वैसे दल के नियमों के अनुसार होता यह था जो व्यक्ति जिस किसी दल का सदस्य बनता था उसके विषय में तथा उसके घर इत्यादि के विषय में पूरी जानकारी प्राप्त कर ली जाती थी। परन्तु आज़ाद ने असहयोग आन्दोलन में जो वीरता दिखाई थी उससे प्रभावित होकर ही शायद नेता ने इस बात पर अधिक ध्यान नहीं दिया कि आज़ाद के घर के विषय में जानकारी की गई है या नहीं और नहीं की गई तो क्यों नहीं की गई ?

26 सितम्बर 1925 को यानी ट्रेन डकैती के 47 दिन बाद उत्तर प्रदेश के विभिन्न स्थानों पर गिरफ्तारियाँ की गईं। अनेकों के नाम वारंट निकले। आज़ाद के नाम भी वारंट था। बनारस में कई लोगों के नाम वारंट थे पर उस समय इने-गिने लोग ही पुलिस की पकड़ में आए। बाकी धर-पकड़ की सूचना पाते ही फरार हो गए।

दशहरे का उत्सव चल रहा था। श्री शचीन्द्रनाथ बख्शी भी नाटक देखने गए हुए थे। जब वे रात को अपने घर लौटे तो उन्हें घर के आसपास सन्दिग्ध वातावरण दिखाई दिया। वे चुपचाप उल्टे पाँव लौटे। लौटकर उन्होंने मनमोहन गुप्त को चारों ओर पता लगाने के लिए भेजा। जब उन्हें गिरफ्तारियों का पता चला तो वे तुरन्त बनारस छोड़कर चल दिए। राजेन्द्र लाहिड़ी भी पुलिस के हाथ न आए क्योंकि वे बम बनाना सीखने के लिए कलकत्ता गए हुए थे। आज़ाद का किसी को भी पता नहीं लगा कि वे कहाँ गए ?

जिस दिन गिरफ्तारी हो रही थी उस दिन आज़ाद शाम को पाँच बजे काशी में ज्ञानचन्द की दुकान चौक में बैठे थे। किसी व्यक्ति ने यह सूचना दी कि आज़ाद के नाम वारंट है। खुफिया इंस्पेक्टर भवानी सहाय वारंट लेकर घूम रहा है। आज़ाद को सावधान किया गया और वे तुरन्त कचौड़ी गली के रास्ते निकलकर अपने निवास-स्थान पर बैजनत्था की ओर चले गए। 10 मिनट बाद ही भवानी सहाय आठ-दस आदमियों के साथ ज्ञानचन्द की दुकान पर पहुँचा। उसने ज्ञानचन्द से आज़ाद के बारे में पूछा। ज्ञानचन्द ने पूछा आखिर आज़ाद को क्यों खोज रहे हो ?

भवानी सहाय ने कहा मुलाकात करना है क्योंकि शाम को आज़ाद यहीं दुकान पर बैठते हैं। यह कहकर भवानी सहाय वहाँ से चल दिया।

आज़ाद सबेरे चार बजे ज्ञानचन्द के घर पर गए। ज्ञानचन्द ने आज़ाद को खर्च के लिए पचास रुपए दिए और आज़ाद रुपए लेकर काशी के बाहर चल दिए।

बनारस के अलावा शाहजहाँपुर के अशफाक उल्ला, प्रतापगढ़ के कुन्दनलाल तथा इटावा के श्री मुकुन्दीलाल भी 26 सितम्बर की धर-पकड़ में पुलिस के हाथ नहीं लगे। परन्तु इसके तीन मास पश्चात् मुकुन्दीलाल बनारस की कारमाइकल लाइब्रेरी से निकलते हुए पकड़े गए। श्री शचीन्द्रनाथ बख्शी लगभग पन्द्रह मास पश्चात् भागलपुर में पकड़े गए और अशफाक उल्ला रूस जाने के लिए रुपयों के प्रबन्ध में लगे हुए थे कि दिल्ली में पकड़ लिए गए। परन्तु सारे हिन्दुस्तान की खाक छान डालने पर भी आज़ाद को पुलिस न पा सकी।

काकोरी-षड्यन्त्र का मुकदमा चला। केस में इक्कीस अभियुक्त थे जिनमें से सत्रह पहले पकड़े गए और मुकदमा प्रारम्भ हो जाने के बाद श्री बख्शी तथा अशफाक उल्ला दोनों पकड़ लिए गए और उन पर अलग से पूरक मुकदमा चला। श्री चन्द्रशेखर आज़ाद और कुन्दनलाल जी को पुलिस नहीं पकड़ सकीं।

अभियुक्तों की ओर से पैरवी करनेवालों में श्री गोविन्दवल्लभ पंत, श्री आर.एफ. बहादुर तथा चन्द्रभान गुप्त थे। अभियुक्तों की सहायता के लिए एक डिफेन्स कमेटी बनी जिसमें सर्वश्री मोतीलाल नेहरू, गणेश शंकर विद्यार्थी तथा जवाहरलाल नेहरू आदि थे। अभियुक्त थे—पंडित रामप्रसाद बिस्मिल, (दल के नेता), श्री राजेन्द्र लाहिड़ी, श्री रोशनसिंह, श्री शचीन्द्रनाथ सान्याल, श्री मन्मथनाथ गुप्त, श्री जोगेश चटर्जी, श्री मुकुन्दीलाल, श्री गोविन्दचरण, श्री राजकुमार सिन्हा, श्री रामकृष्ण खत्री, श्री विष्णुशरण दुबलिस, श्री सुरेशचन्द्र भट्टाचार्य, श्री भूपेन्द्रनाथ सान्याल, श्री रामदुलारे त्रिवेदी, श्री प्रेमकिशन खन्ना, श्री प्रणवेश चटर्जी तथा बनवारीलाल। श्री अशफाक उल्ला, श्री चन्द्रशेखर आज़ाद, श्री शचीन्द्रनाथ बख्शी तथा कुन्दनलाल को फरार घोषित किया गया।

यह मुकदमा 18 महीने चला। इसमें श्री रामप्रसाद बिस्मिल, श्री रोशनसिंह तथा श्री राजेन्द्र लाहिड़ी को फाँसी की सजा हुई। शचीन्द्रनाथ सान्याल को कालापानी, श्री मन्मथनाथ गुप्त को 14 वर्ष का आजीवन कारावास, सर्वश्री जोगेश चटर्जी, मुकुन्दीलाल, गोविन्दचरण कर, राजकुमार सिनहा तथा रामकृष्ण खत्री को दस-दस वर्ष; विष्णुशरण दुबलिस एवं सुरेन्द्र भट्टाचार्य को सात-सात वर्ष; भूपेन्द्र सान्याल, रामदुलारे त्रिवेदी और प्रेमकृष्ण खन्ना को पाँच-पाँच वर्ष। बनवारीलाल इकबाली गवाह बन गया था फिर भी उसे पाँच वर्ष की सजा हुई। पूरक मुकदमे में अशफाक उल्ला को फाँसी की सजा तथा शचीन्द्र बख्शी को कालेपानी की सजा हुई थी।

इस निर्णय के विरुद्ध सरकार ने सात व्यक्तियों के विरुद्ध अपील की। ये थे सर्वश्री जोगेश चटर्जी, गोविन्दचरण कर, मुकुन्दीलाल, सुरेश भट्टाचार्य, विष्णुशरण

दुबलिस तथा मन्मथनाथ गुप्त। इनमें से मन्मथनाथ गुप्त को छोड़ सभी की सजाएँ बढ़ा दी गईं। जिन्हें दस साल की सजा दी गई थी उनकी सजाएँ बढ़ाकर कालापानी कर दी गई और जिनकी सात साल की थी उनकी दस साल कर दी गई। मन्मथ के विषय में जज ने सजा यह कहकर नहीं बढ़ाई कि उनकी आयु कम है।

इनमें से अनेकों को यह आशंका नहीं थी कि उनकी सजाएँ इतनी अधिक बढ़ा दी जाएँगी। परन्तु इसमें आश्चर्य की कोई बात नहीं थी, क्योंकि ब्रिटिश शासन काल में मजिस्ट्रेट पुलिस के हाथ की कठपुतली होते थे और वे इन्हें जैसा चाहते नचाते थे। जिन हाईकोर्टों को निष्पक्ष समझा जाता था, वे भी सरकार के दबाव में आकर उसके इच्छानुसार निर्णय देती थीं।

बाइसरीगल बमकांड में भी ऐसा ही हुआ। यह मुकदमा गाडोदिया डकैती के आधार पर चला था। परन्तु डकैती के गवाहों की गवाही बिगड़ जाने से मुकदमे की नींव ही ढह गई। मुख्य गवाह ने पुलिस की कलई खोल दी, इस कारण पुलिस की सारी योजना ही ठंडी पड़ गई। उस समय सर जफरुल्ला जो देश के विभाजन के बाद कुछ समय पाकिस्तान के विदेश मन्त्री हुए थे, सरकारी वकील थे। उन्होंने सरकार को सलाह दी कि मुकदमा उठा लिया जाए। ट्रिब्यूनल ने दिल्ली-षड्यन्त्र का मुकदमा तो उठा लिया परन्तु हम पर अलग-अलग मुकदमे चलाने का आदेश दिया गया।

हमारे वकील ने इस आदेश को अवैध कह हाईकोर्ट में अपील की। न केवल हमारे वकीलों को बल्कि मजिस्ट्रेटों को भी यह विश्वास था कि हाईकोर्ट से हम लोग छूट जाएँगे। हमारे वकील भी डॉ. किचलू तथा श्री श्यामलाल जी जैसे पंजाब के प्रसिद्ध बैरिस्टर तथा वकील थे। परन्तु निर्णय हमारे विरुद्ध हुआ, क्योंकि शासन का दबाव हाईकोर्ट के जज पर भी पड़ा। हमारे जेल सुपरिंटेंडेंट एक एंग्लो इंडियन फर्स्ट क्लास मजिस्ट्रेट मि. पूल थे। उन्होंने जब निर्णय सुना तो कहने लगे, 'तुम लोगों के विषय में अब कुछ भी विश्वासपूर्वक नहीं कहा जा सकता।'

ब्रिटिश शासन-काल में यह परिपाटी ही रही है कि राजनैतिक मामलों में मजिस्ट्रेट पक्षपात कर अभियुक्तों को कड़ी से कड़ी सजा देते थे और इन गद्दारों को बाद में पुरस्कृत किया जाता था। क्रान्तिकारी आन्दोलन के इतिहास में ऐसे सैकड़ों उदाहरण मिलेंगे जहाँ न्याय की डींग हाँकनेवाले इन ब्रिटिश शासकों ने अनेकों निरपराध व्यक्तियों को फाँसी पर चढ़ा दिया या जेलों में सड़ा दिया। यह सब इसीलिए किया जाता था कि नवयुवक इससे आतंकित हो विद्रोह न करें परन्तु परिणाम सदा उल्टा ही रहा। "मर्ज बढ़ता ही गया ज्यों-ज्यों दवा की।" हर शहादत क्रान्ति की आग भड़काती रही और क्रान्तिकारियों के सिर कभी नहीं झुके। उनका जीवन-लक्ष्य तो शौके-शहादत ही होता था। वे तो क्रान्ति के होमकुंड की समिधि बनने में ही जीवन सार्थक समझते थे।

इसी मस्ती में श्री रामप्रसाद बिस्मिल, श्री राजेन्द्र लाहिड़ी, श्री अशफाक उल्ला तथा श्री रोशन सिंह हँसते-हँसते फाँसी पर चढ़ गए। जनता की ओर से फाँसियाँ रुकवाने

के लिए जन-आन्दोलन हुआ। फाँसी की दो तारीखें टलीं। वाइसराय से अपील भी की गई पर सब व्यर्थ। ब्रिटिश साम्राज्यवाद इन नवयुवकों के खून का प्यासा था वह भला कैसे न्याय कर सकता था। न्याय के नाम पर अन्याय कर इन्हें फाँसी पर चढ़ा दिया गया।

श्री राजेन्द्र लाहिड़ी को सबसे पहले फाँसी हुई। यानी औरों से दो दिन पहले 17 दिसम्बर 1927 को गोंडा जेल में उन्हें फाँसी दे दी गई। 14 दिसम्बर को उन्होंने एक पत्र लिखा जो इस प्रकार था—कल मैंने सुना कि प्रिवी कौंसिल ने मेरी अपील अस्वीकार कर दी। आप लोगों ने हम लोगों की प्राणरक्षा के लिए बहुत कुछ किया, कुछ भी उठा नहीं रखा। परन्तु मालूम होता है कि देश की बलिवेदी को हमारे रक्त की आवश्यकता है। मृत्यु क्या है जीवन की दूसरी दिशा के सिवा कुछ भी नहीं। इसके लिए मनुष्य दुख और भय क्यों माने। यह तो नितान्त स्वाभाविक अवस्था है, उतनी ही स्वाभाविक जितना कि प्रातःकालीन सूर्य का उदय होना। यदि यह सच है कि इतिहास पलटा खाएगा तो मैं समझता हूँ कि हमारी मृत्यु व्यर्थ नहीं जाएगी।

सबको मेरा नमस्कार
आपका
राजेन्द्र

*हम सिरेदार जो वशद शौक घर करते हैं।*
*ऊँचा सर कौम का हो नजर यह सर करते हैं।*
*सूख जाए न कहीं पौधा यह आज़ादी का।*
*खून से अपने इसे इसलिए तर करते हैं।*

पंडित रामप्रसाद बिस्मिल को गोरखपुर जेल में फाँसी हुई। 19 दिसम्बर को हँसते-हँसते फाँसी के तख्ते पर झूल गए। 18 दिसम्बर की शाम को जब उन्हें दूध पीने के लिए दिया गया तो उन्होंने यह कहकर इन्कार कर दिया कि अब तो माता का दूध पिऊँगा। उन्हें मुक्ति नहीं पुनर्जन्म चाहिए था। इसीलिए कि भारत-भूमि पर एक बार फिर जन्म लेकर फिर देश की आज़ादी के लिए कुछ करें। फाँसी के दिन सवेरे स्नान-सन्ध्या-प्रार्थना आदि से निवृत्त हो अपनी माता को पत्र लिखा जिसमें देशवासियों के नाम सन्देश भेजा।

फाँसी होनेवाले दिन बिस्मिल जी से मिलने के लिए श्रीयुत शिव वर्मा भी उनके छोटे भाई बनकर गए थे। उन्हें बिस्मिल जी से यह पूछना था कि पार्टी के हथियार कहाँ रखे हैं। उस समय वहाँ से पुलिसवाले भी हट गए थे और वर्माजी ने हथियार सम्बन्धी सभी जानकारी बिस्मिल जी से प्राप्त कर ली। बिस्मिल और उनकी माँ में जो वार्ता हुई उसका वर्णन वर्माजी ने 'चाँद' के फाँसी अंक में निम्नलिखित किया हैं—उस दिन माँ को देखकर उस भक्त पुजारी की आँखों में आँसू आ गए। उस समय उस जननी ने हृदय को पत्थर से दबाकर जो उत्तर दिया था वह भी भूला नहीं है। वह एक स्वर्गीय हृदय था, और उसे देखकर जेल-कर्मचारी दंग रह गए थे। माता ने कहा, 'मैं तो समझती

थी कि तुमने अपने ऊपर विजय पाई है किन्तु यहाँ तो तुम्हारी दशा ही कुछ और है। जीवन-पर्यन्त देश के लिए आँसू बहाकर अब अन्तिम समय तुम मेरे लिए रोने बैठे हो इस कायरता से अब क्या होगा ? तुम्हें वीर की भाँति हँसते हुए प्राण देते हुए देखकर मैं अपने आपको धन्य समझूँगी। मुझे गर्व है कि इस गए-बीते जमाने में मेरा पुत्र देश की बलिवेदी पर अपने प्राण निछावर कर रहा है। मेरा काम तुम्हें पालकर बड़ा बनाना था। तुम देश की चीज थे और उसके काम आ गए। मुझे इसमें तनिक भी दुख नहीं है।' उत्तर में बिस्मिल ने कहा—'माँ तुम तो मेरे हृदय को भली-भाँति जानती हो। क्या तुम यह समझती हो कि मैं तुम्हारे लिए रो रहा हूँ अथवा इसलिए रो रहा हूँ कि कल मुझे फाँसी हो जाएगी ? यदि ऐसा है तो मैं कहूँगा कि तुम जननी होकर भी मुझे नहीं समझ सकी। मुझे अपनी मृत्यु का तनिक भी दुख नहीं है। हाँ, यदि घी को आग के पास लाया जाए तो उसका पिघलना स्वाभाविक है। बस उसी प्राकृतिक सम्बन्ध से दो-चार बूँद आँसू आ गए। आपको विश्वास दिलाता हूँ कि मैं अपनी मृत्यु से बहुत सन्तुष्ट हूँ।'

शिव वर्माजी ने जेल से लौटकर उस व्यक्ति के पास आदमी भेजा जिनके पास बिस्मिल जी ने हथियार रखे थे। उस व्यक्ति से वर्माजी ने पार्टी के हथियार देने के लिए कहा तो उस व्यक्ति ने हथियार अपने पास होने से साफ इन्कार किया। तब वर्माजी ने उस व्यक्ति से कहा कि पार्टी के हथियार आपके ही पास हैं उन्हें आपका न लौटाना पार्टी को सरासर धोखा देना है, जिसकी सजा गोली मार देने के सिवा दूसरी नहीं है। इसका परिणाम तुम्हारे लिए बहुत भयानक है। यह सुनते ही उस व्यक्ति ने कहा कि मुझे दस मिनट का समय दें। यह कहकर वह घर के अन्दर गया और पाँच मिनट में ही उसने बोरे में लपेटा हुआ पार्टी का सभी हथियार लाकर वापस कर दिया।

जब फाँसी के लिए बिस्मिल जी को लेने आए तो 'वन्दे मातरम्' तथा 'भारत माता की जय' के नारे लगाते हुए वे तुरन्त उठकर चल दिए। चलते समय उन्होंने गर्जना की थी—

*मालिक तेरी रजा रहे और तू ही तू रहे।*
*बाकी न मैं रहूँ न मेरी आरजू रहे॥*
*जब तक कि तन में जान रगों में लहू रहे।*
*तेरा ही जिक्र या तेरी ही जुस्तजू रहे॥*
*अब न अगले बलबले हैं और न अरमानों की भीड़।*
*एक मिट जाने की हसरत बस दिले-बिस्मिल में है॥*

फाँसी-घर के दरवाजे पर पहुँचकर फिर उन्होंने सिंह-गर्जना की, 'मैं ब्रिटिश-साम्राज्य का विनाश चाहता हूँ।' इसके बाद फाँसी के तख्ते पर खड़े होकर प्रार्थना की, 'विश्वानिदेवसवितुर्दुरितानि परासुव'...इत्यादि। यह त्रिसुपर्ण का घोष करते हुए वे गोरखपुर जेल में फाँसी के फन्दे में झूल गए।

फाँसी के समय जेल के चारों ओर पुलिस का पहरा था। फाँसी के बाद उनके

शव का गोरखपुर की जनता ने विराट जुलूस निकाला जिसमें हिन्दू-मुसलमान सभी शामिल हुए। अनेकों ने फूलों के साथ पैसे भी निछावर किए।

फाँसी के कुछ दिन पूर्व उन्होंने अपने एक मित्र को पत्र लिखकर भेजा था जिसमें उन्होंने लिखा था—19 तारीख को जो कुछ होनेवाला है उसके लिए मैं तैयार हूँ। यह है ही क्या ? केवल शरीर का बदलना मात्र। मुझे विश्वास है कि मेरी आत्मा मातृभूमि तथा उसकी दीन संतति के लिए नए उत्साह के साथ काम करने के लिए शीघ्र ही फिर लौट आएगी।

अशफाक उल्ला को भी 19 दिसम्बर को ही फाँसी हुई। वे उस समय अत्यन्त प्रसन्न मुद्रा में थे। वे बगल में कुरानशरीफ लटकाए लबेक और कलमा पढ़ते जा रहे थे। फाँसी के तख्ते पर चढ़कर उन्होंने फाँसी के फन्दे का बोसा लिया और उपस्थित जनता से कहा—"मेरे हाथ इंसानी खून से नहीं रँगे हैं। मुझ पर जो इल्जाम लगाया गया है वह गलत है। खुदा के यहाँ मेरा इंसाफ होगा।" इसके बाद उन्होंने गले में फाँसी का फन्दा डाला और कुरान की आयतें पढ़ते हुए इस संसार से बिदा हुए।

जनता उनका शव शाहजहाँपुर ले जाना चाहती थी, पहले तो अधिकारियों ने मना किया परन्तु बाद में उसे आज्ञा दे दी गई। रास्ते में लाश लखनऊ स्टेशन पर उतारी गई थी, मृत्यु के दस घंटे बाद भी मुख पर बड़ी शान्ति थी मानो वे अभी गहरी नींद में सो रहे हों। मरने के पहले उन्होंने एक शेर बनाया था—

*तंग आकर हम भी उनके जुल्म के बेदाद से।*
*चल दिए सूए अदम जिन्दाने फैजाबाद से।*
*वतन हमेशा रहे शादकाम और आज़ाद।*
*हमारा क्या है हम रहे रहे रहे न रहे॥*

रोशनसिंह के विषय में किसी को यह आशा नहीं थी कि उन्हें फाँसी की सजा दी जाएगी। इसलिए एक बार तो उन्हें यह निर्णय सुनकर कुछ धक्का लगा परन्तु बाद में उन्होंने बड़े धैर्य तथा शौर्य का प्रदर्शन किया। फाँसी के 6 दिन पूर्व अर्थात् 13 दिसम्बर को उन्होंने अपने एक मित्र को पत्र लिखा--इस सप्ताह के भीतर फाँसी होगी। ईश्वर से प्रार्थना है कि वह आपको मुहब्बत का बदला दे। आप मेरे लिए हरगिज रंज न करें। मेरी मौत खुशी का बायस होगी। दुनिया में पैदा होने पर मरना जरूरी है। दुनिया में बदफैली कर मनुष्य अपने को बदनाम न करे और मरते वक्त ईश्वर को याद करे। ये दो बातें होनी चाहिए और ईश्वर की कृपा से मेरे साथ दोनों ही बातें हैं। इसलिए मेरी मौत किसी प्रकार अफसोस के लायक नहीं है। दो साल से मैं बाल-बच्चों से अलग हूँ। इस बीच ईश्वर-भजन का खूब मौका मिला। इससे मेरा मोह छूट चुका है। मेरा पूरा विश्वास है कि दुनिया की कष्ट-भरी यात्रा समाप्त कर मैं आराम को जिन्दगी के लिए जा रहा हूँ। हमारे शास्त्रों में लिखा है कि धर्मयुद्ध में मरनेवालों की वही गति होती है जो जंगल में रहकर तपस्या करनेवालों की होती है—

*जिन्दगी जिन्दादिली को जान ऐ रोशन।*
*वरना कितने मरे और पैदा होते जाते हैं॥*

आखरी नमस्ते !

रोशन

रोशनसिंह को इलाहाबाद के मलाका जेल में फाँसी दी गई थी, उन्हें जिस समय फाँसी के लिए ले जाने लगे तो वे हाथ में गीता ले तुरन्त चल पड़े। फाँसी का फन्दा गले में पड़ने के पूर्व उन्होंने 'वंन्दे मातरम्' का नारा लगाया और 'ओम्' का जाप करते फाँसी के तख़्ते पर झूल गए।

उनके शव का स्वागत करने भीड़ एकत्रित थी। परन्तु अधिकारियों ने इसकी आज्ञा नहीं दी। तब शान्तिपूर्वक उनके शव को श्मशान घाट ले जाकर आर्यसमाजी विधि से उसका दाह संस्कार किया।

## आज़ाद फरार हो गए

25 सितम्बर 1925 को काकोरी डकैती की धर-पकड़ के पूर्व ही आज़ाद बनारस से गायब हो गए थे। उन्होंने साथियों को तो यह बताया कि वे अपने घर जा रहे हैं परन्तु वे घर न जाकर सीधे झाँसी गए।

झाँसी में आकर वे चुपचाप बैठ गए। किसी भी साथी को अपने वहाँ होने की सूचना उन्होंने नहीं दी। वहाँ उनके जाने की कल्पना भी कोई नहीं कर सकता था, क्योंकि एक बार ही उन्हें झाँसी शचीन्द्रनाथ बख़्शी के पास भेजा गया था, और यह बात श्री लाहिड़ी के सिवा और किसी को मालूम नहीं थी। इसीलिए काकोरी षड्यन्त्र के समय न कोई साथी उनका पता लगाने आया और न उन्होंने किसी को अपने वहाँ होने की खबर दी।

आज़ाद की यह आदत थी कि जब भी कोई ऐसा साथी पकड़ा जाता जो उन्हें तथा उसकी रहने की जगह जानता होता तो वे रहने की जगह तुरन्त ही बदल देते थे और आवश्यकता हुई तो शहर भी। अपने इसी नीति के कारण अनेक लोगों के मुखबिर होने पर भी पुलिस उनका पता बरसों तक न पा सकी। उनकी चुनौती थी–

*सरफरोशी की तमन्ना अब हमारे दिल में है।*
*देखना है जोर कितना बाजुए कातिल में है॥*

भाग-2

# धरती-पुत्र चन्द्रशेखर आज़ाद

# धरती पुत्र अमर शहीद चन्द्रशेखर आज़ाद

वीर शहीद चन्द्रशेखर आज़ाद सही माने में 'धरती पुत्र' (Son of the Soil) थे। उन्होंने साधारण गरीब किसान परिवार में जन्म लिया। विद्याध्ययन के लिए काशी आकर 1921 के असहयोग आन्दोलन में बेंत खाए। उसके बाद सन् 1923 के मध्य में मन्मथनाथ गुप्त के क्रान्तिकारी दल में आने के बाद गुप्त के ग्रुप के सदस्य प्रणवेश द्वारा चन्द्रशेखर आज़ाद क्रान्तिकारी दल में आए। उस समय आज़ाद केवल 16 वर्ष के थे। तब तक उनके व्यक्तित्व का विकास नहीं हुआ था। लेकिन चन्द्रशेखर की ज्वलन्त देशभक्ति, अदम्य उत्साह तथा असीम साहस किसी मंजे और सुलझे क्रान्तिकारी से कम नहीं थे। चन्द्रशेखर के चंचल स्वभाव और प्रत्येक काम के करने में उतावलेपन की मनोवृत्ति के कारण शुरू में उन्हें कोई अधिक जिम्मेदार नहीं समझता था। लेकिन ईमानदारी, लगन, त्याग की भावना तथा अनुशासनबद्ध आचरण के द्वारा चन्द्रशेखर के चरित्र में गम्भीरता आती गई और इस तरह बालक चन्द्रशेखर के व्यक्तित्व का विकास होता गया।

साल भर बाद 1924 में 17 वर्ष की अवस्था से ही वे 'एक्शन्स' में बुलाए जाने लगे। प्रथम अवसर पर जब उन्हें एक्शन में साथ लिया गया उस समय हम 22 क्रान्तिकारी शाहजहाँपुर से चलकर रेल द्वारा दूसरे जिले के एक मुफस्सिल स्टेशन पहुँचे। हम सब अलग-अलग होकर वहाँ पहुँचे। हमारे साथ काफी अस्त्र-शस्त्र (बन्दूकें, राइफल, रिवाल्वर, पिस्टल) थे। स्टेशन पर सहज ही मेरे मन में यह जिज्ञासा उत्पन्न हुई कि मैं यह अनुमान लगाऊँ कि यदि स्टेशन पर इस समय 'पुलिस रैड' हो जाए तो हममें से कौन पकड़ा जाएगा और कौन अपने को बचा ले जाएगा। वैसे बच निकलने का आदेश तो सभी को दिया गया था। मैंने देखा कि करीब-करीब सभी पकड़े जा सकते हैं। श्री रामप्रसाद बिस्मिल तथा अशफाक का व्यक्तित्व ही ऐसा था कि कभी भीड़ में वे छिप नहीं सकते थे। हाँ भले ही रोब के बल पर वे दोनों निकल जाएँ। रामप्रसाद कोई अफसर बनकर और अशफाक कोई राजा या कुँवर बनकर। बाकी बच्चों में से एक-दो रेलवे कर्मचारी या नहर विभाग के कार्यकर्त्ता के भेस में बच सके और बाकी के लिए तो पुलिस की गिरफ़्त से बच सकना असम्भव-सा ही है। मैंने फिर एक बार साथियों पर दृष्टि डाली तो आज़ाद कहीं दिखाई नहीं दिए। ट्रेन सीटी देकर चली गई। फिर मैंने उनके लिए दृष्टि दौड़ाई तो देखता क्या हूँ कि आज़ाद एक लाठी टेंकती हुई बुढ़िया को

सहारा देकर चले आ रहे हैं। साथ ही बुढ़िया दादी से ठेठ देहाती भाषा में बातें करते जा रहे हैं। फाटक पर पहुँचे और अपना तथा बुढ़िया का टिकट बाबू को देकर बाहर निकल गए। बाद में वह बाहर की भीड़ में इस प्रकार घुल-मिल गए कि मेरी दृष्टि उन्हें खोजने पर भी न पा सकी। दूर से उन्हें ढूँढ़ निकालना भी कठिन हो गया। तब मैंने यह अनुभव किया कि पुलिस के छापे में यदि सबके सब भी पकड़े जाएँ तो भी आज़ाद पुलिस के हाथ नहीं लगेंगे। क्योंकि वे धरतीपुत्र जो हैं इसीलिए उस धरती के वातावरण में सहज ही घुल-मिल गए।

इसके बाद चन्द्रशेखर आज़ाद काकोरी ट्रेन डकैती तक प्रायः सभी डकैतियों में रहे। उस समय तक बमरौली, बिचपुरी, सरायमहेश, द्वारकापुर के डकैतियों के एक्शन्स हो चुके थे। इन सभी में आज़ाद साथ थे। इन एक्शन्स में चन्द्रशेखर आज़ाद तथा अन्य साथियों ने काफी अनुभव प्राप्त कर लिया था।

सन् 1924 से ही बनारस तथा लखनऊ छोड़कर मैंने झाँसी को अपना हेड क्वार्टर बनाया था। झाँसी में भी बनारस की तरह मुझे संगठन बनाने में सहायता मिली। सन् 1925 तक मैंने वहाँ सुदृढ़ संगठन तैयार कर दिया था। इसी बीच मैंने अनुभव किया कि यहाँ भी मेरे पीछे सी. आई. डी. लग गई है। साथ ही वहाँ के लोगों को यह मालूम हो गया है कि मैं क्रान्तिकारी हूँ। ऐसी परिस्थितियों में मैंने अनुभव किया कि मुझे झाँसी छोड़नी पड़ेगी। अब मेरे सामने प्रश्न था कि यहाँ का संगठन किसे सौंपा जाए। पहले मैंने मन्मथ से बात चलाई पर वे कॉलेज की पढ़ाई छोड़कर बनारस से जाने को तैयार न हुए। तब आज़ाद की बात मेरे ध्यान में आई। क्यों न उन्हीं को यह भार सौंपा जाए। वैसे आज़ाद अंग्रेजी पढ़े-लिखे नहीं थे फिर भी मुझे यह विश्वास था कि वे अपनी लगन और कार्यक्षमता के कारण संगठन सम्हाल लेंगे और आगे चलकर मेरा यह विश्वास सत्य ही निकला। 1925 के प्रारम्भ में इसी सम्बन्ध में आज़ाद को मैंने झाँसी बुलाया। उन्हें मैंने सात-आठ दिन तक झाँसी रखकर कुछ प्रमुख व्यक्तियों, जैसे—मास्टर रुद्रनारायण, भगवान दास माहौर, सदाशिव राव मलकापुरकर, विश्वनाथराव वैशम्पायन आदि से परिचय करा दिया।

काकोरी ट्रेन डकैती के कुछ दिनों बाद जब मैं फिर झाँसी आया तो वहाँ भी बनारस की तरह पुलिस की सरगर्मी देखी। तब मैं वहाँ से भी चल पड़ा और घूमता-घामता दशहरे के मौके पर बनारस पहुँचा, तो चन्द्रशेखर ने कहा कि पुलिस उसका भी पीछा करने लगी है और यह सम्भावना है कि सरकार शीघ्र ही धर-पकड़ प्रारम्भ कर दे। वे तो किसी प्रकार भी जेल जाने को तैयार नहीं। तब मैंने राजेन्द्र लाहिड़ी से परामर्श कर आज़ाद को झाँसी जाने के लिए कह दिया; परन्तु इसकी जानकारी मेरे और राजेन्द्र लाहिड़ी के सिवा अन्य किसी को नहीं थी। इसके बाद मेरी आज़ाद से भेंट नहीं हुई।

फरार अवस्था के दिनों मैं कानपुर कांग्रेस से होकर झाँसी गया था। उन दिनों मैं संन्यासी के वेश में था। उसी वेश में मैं झाँसी गया और वहाँ एक रात रहा भी। वहाँ अधिक रहना खतरे से खाली नहीं था। इसलिए दूसरे दिन सवेरे ही शहर छोड़कर चला

गया। झाँसी में मुझे वैसे भी बहुत लोग जानते थे और पुलिसवाले तो अच्छी तरह पहचानते थे, इसलिए शीघ्रातिशीघ्र वहाँ से चला जाना आवश्यक था। झाँसी के संगठन को मैं अछूता छोड़ जाना चाहता था। उस समय मुझे मालूम था कि आज़ाद ओरछे के पास सातार नदी के तट पर हैं, परन्तु मैं उनसे मिलने नहीं गया।

मेरे पकड़े जाने के बाद भी आज़ाद के समाचार मुझे जेल में मिलते रहे और मेरी धारणा के अनुसार आज़ाद न केवल एक अच्छे सिपाही थे बल्कि अच्छे संगठनकर्ता भी सिद्ध हुए। अपनी इसी योग्यता के कारण फरार अवस्था में वे 6 वर्ष तक उत्तर भारत में सक्रिय रहे। यह तो ब्रिटिश शासकों को एक चुनौती थी। आज़ाद के सामने इस बीच भारत से बाहर जाने के अनेक मौके आए पर हर बार उन्होंने इन्कार किया और फिर स्वतन्त्रता संग्राम में जूझते हुए एक दिन 27 फरवरी 1931 को इलाहाबाद के एल्फ्रेड पार्क में खुले सशस्त्र संघर्ष में शहीद हो गए।

बड़े दुःख की बात है कि आज़ादी के 20 वर्ष पश्चात भी ऐसे वीर, बलिदानी का, जिसके त्याग और बलिदान से भारत स्वतन्त्र हुआ, इतिवृत्ति आज़ाद भारत के नौजवानों को पढ़ाया भी न गया। जबकि हमारे पराजय का इतिहास वारेन हेस्टिंग्स तथा लार्ड क्लाइब के द्वारा किए गए अनाचारों, अत्याचारों, लूटखसोट तथा बर्बर शासन कर देश को कैसे गुलाम बनाया पढ़ाया जाता रहा और आज भी, पढ़ाया जा रहा है। भारत के जिन क्रान्तिकारी वीर शहीदों के त्याग और बलिदान की परम्परा की इतिवृत्ति पढ़ाने से नौजवानों को साहस, आत्मविश्वास और शौर्य की प्रेरणा मिलती, ऐसे इतिहास का शमन किया गया, उसे झुठलाया गया साथ ही इस असत्य का प्रचार किया गया कि कांग्रेस ने ही भारत को आज़ाद कराया। अर्थात् केवल नमक बनाकर और चर्खा कातकर भारत को आज़ादी मिली। इसका परिणाम यह हुआ कि महान भारत एक महान बलशाली निर्माण होने के बदले एक भीरु कायर और नपुंसक राष्ट्र बना। परिस्थिति यहाँ तक बिगड़ी कि आज संसार के सामने भारत का विकृत रूप एक दुर्बल भिखारी के सिवा कुछ नहीं है।

मेरे सहयोगी तथा मित्र श्री विश्वनाथ राव वैशम्पायन ने चन्द्रशेखर आज़ाद की प्रामाणिक जीवनी लिखकर एक महान कार्य किया है और इस प्रकार देश की एक ज्वलन्त माँग को पूरा किया है। मुझे आशा है कि यह पुस्तक भारत की नवीन पीढ़ी के हाथों में पहुँचकर उन्हें देशभक्ति, साहस तथा बलिदान की प्रेरणा देगी। अन्य क्रान्तिकारी साथियों से भी मेरा अनुरोध है कि वे भी क्रान्तिकारी इतिहास के संकलन में योगदान कर अपना कर्तव्य पूरा करेंगे। जो वीर बलिदान हो गए वे तो अपना कर्तव्य कर गए। अब हम जो उनके सहयोगी जीवित हैं, उनका कर्तव्य हो जाता है कि उन वीरों के बलिदानों को इतिहास के पन्नों में अमर करें। भारत युग परिवर्तन के संक्रमणकाल से गुजर रहा है। दिन-प्रतिदिन अकल्पित परिवर्तन हो रहे हैं। इस संक्रमण काल में क्रान्तिकारी साहित्य की बड़े पैमाने पर आवश्यकता है जिसे हमारे क्रान्तिकारी साथी ही पूरा कर सकते हैं। ऐसे साहित्य से आज के क्रान्तिकारी युग प्रवर्तकों को प्रेरणा

और मार्गदर्शन मिलेगा। और हमारी नवीन पीढ़ी सच्चे मानों में स्वतन्त्र भारत की योग्य कर्णधार बन सकेगी।

**–शचीन्द्रनाथ बख्शी**

## संस्मरणों के विषय में

अमर शहीद चन्द्रशेखर आज़ाद के जीवन के संस्मरणों का प्रथम भाग दिसम्बर 1965 में प्रकाशित हुआ था। पाठकों ने उसका स्वागत किया, जिससे द्वितीय खंड लिखने में मेरा उत्साह बढ़ा। उस समय विचार था कि सन् 1966 के मध्य तक दूसरा खंड प्रकाशित हो जाएगा परन्तु अनेक कारणों से वह सम्भव न हो सका और 1966 बीतकर 1967 भी आधा बीत गया।

एक कारण तो यह भी था कि पहले ये संस्मरण तीन खंडों में निकालने का विचार था, परन्तु पाठकों के अनेक पत्र इस आशय के आए कि इसे पूर्ण कर ही एक साथ प्रकाशित कर दिया जाए। साथियों की भी यही राय हुई।

लिखना प्रारम्भ किया तो अनेक घटनाओं के विषय में यह आवश्यक प्रतीत हुआ कि जो साथी जीवित हैं, उनसे मिलकर उनसे सम्बन्धित घटनाओं की पुष्टि कर ली जाए। इसके लिए झाँसी, अजमेर, जयपुर, देहरादून, कानपुर, हरदोई, लखनऊ, नैनीताल आदि अनेक स्थानों पर जाकर साथियों से मिला और उनसे अनेक घटनाओं का स्पष्टीकरण किया। पुस्तक में उन सब नामों का उल्लेख मैंने यथास्थान कर दिया है। इसी सम्बन्ध में अनेक पुस्तकों तथा विशेषांकों का भी अध्ययन किया। मतलब यह कि आज़ाद सम्बन्धी जहाँ कहीं जो कुछ मिला उसकी यथार्थता को समझकर उसे पुस्तक में स्थान दिया। उन सभी पुस्तकों या पत्र-पत्रिकाओं के नामों का भी मैंने पुस्तक में उल्लेख किया है। इसके लिए उन पुस्तकों तथा पत्र-पत्रिकाओं के लेखकों तथा सम्पादकों का मैं ऋणी हूँ।

पुस्तक का प्रथम भाग पढ़ने पर अनेक पाठकों के इस आशय के भी पत्र आए कि जहाँ दल का विधान या अन्य पैम्फ्लेट आदि का उल्लेख आता है उन्हें दिया जाना चाहिए। क्योंकि पाठक उनके विषय में भी जानना चाहते हैं। प्रथम भाग में दल के विधान का उल्लेख आया है। उस समय मुझे वह प्राप्त न हो सका था, इसलिए तब मैं उसे देने में असमर्थ रहा। दूसरे भाग में मैंने ऐसे सब दस्तावेज दिए हैं, मुझे केवल एक पैम्फ्लेट नहीं मिल सका जो दिसम्बर 1929 की लाहौर कांग्रेस में बाँटा गया था। दल का विधान मुझे पंडित रामदुलारे त्रिवेदी जी से मिला, उन्होंने अपनी पुस्तक 'काकोरी के दिलजले' नामक पुस्तक में उसका पूरा ब्योरा दिया है। वहीं से मैंने उसे लिया है।

इन पर्चों में 'फिलॉसफी ऑफ दि बाम्ब' का सम्पूर्ण हिन्दी अनुवाद दिया गया है, जो अभी तक कहीं प्रकाशित नहीं हुआ है। यह पर्चा अमर शहीद भगवतीचरण जी का लिखा है। अनुवाद में मैंने लेखक के मन्तव्य और भावों को जैसे के तैसा उतारने का

प्रयत्न किया है, फिर भी मुझे सन्तोष नहीं हुआ। साथ ही मेरे मित्र और इस कर्तव्य को पूर्ण करने में मेरे सहयोगी श्री बटुकनाथ अग्रवाल जी का भी यही विचार हुआ कि हिन्दी के साथ मूल अंग्रेजी भी दे दिया जाए, जिससे पाठक दोनों ही पढ़कर उससे पूर्ण रूप से लाभ उठा सकें।

इन संस्मरणों में अमर शहीद चन्द्रशेखर का 1925 से 27 फरवरी 1931 तक के कार्यकाल की घटनाओं का वर्णन है। आज़ाद का प्रयास था कि भारत के समस्त क्रान्तिकारियों को एक सूत्र में पिरोकर समस्त भारत में गुरिल्ला युद्ध प्रारम्भ किया जाए। इसी के लिए उन्होंने बम ढालने तथा उसका मसाला पिकरिक आदि बनाने के लिए कारखाने खोले। परन्तु अनेक कारणों से उनका वह स्वप्न पूरा न हो सका। कभी भारत का क्रान्तिकारी इतिहास लिखा गया तो उसमें इस सम्बन्ध में इसकी विस्तृत चर्चा हो सकेगी।

इन संस्मरणों में कुछ अप्रिय घटनाओं का भी उल्लेख करने के लिए मुझे बाध्य होना पड़ा, जिसका मुझे दुख है। परन्तु मैंने देखा कि जब तक मैं उन घटनाओं का उल्लेख और विवेचन नहीं कर देता तब तक आज़ाद के विषय में जो अनेक भ्रान्तियाँ उत्पन्न की गई हैं वे दूर नहीं होंगी।

जिस समय से मैंने तथा मेरे अनेक साथियों ने यशपाल के 'सिंहावलोकन' के तीनों भाग पढ़े, उसी समय से मेरा विचार था और साथियों की भी यही राय थी कि इन भ्रान्तियों को दूर किया जाए। स्वयं यशपाल ने भी अपने 'सिंहावलोकन' के तृतीय भाग की प्रस्तावना में लिखा है—"सच्चाई का अपना बल होता है, यदि मैंने वास्तविकता के साथ न्याय नहीं किया और कुछ लोगों का दावा है कि वे वास्तविकता को अधिक जानते हैं या अत्यधिक सच्चाई रो पेश कर सकते हैं तो उन्हें भी अवसर है कि सच्चाई को पाठकों के सामने लाए। तटस्थ पाठक ध्यान देने पर सत्य और असत्य की परख स्वयं कर सकता है।"

इससे भी प्रेरित होकर मैंने घटनाओं का उल्लेख जैसा मैं जानता था किया। निर्णय स्वयं पाठक ही करेंगे।

एक बात और, जनवरी 1967 में आज़ाद की शहादत के लिए कौन जिम्मेदार हैं ? इस पर चर्चा वीरभद्र तिवारी के कहने से श्री लल्लन प्रसाद व्यास ने 'साप्ताहिक हिन्दुस्तान' में प्रारम्भ की। उसका उत्तर मैंने, भाई रामचन्द्र मुसद्दी तथा भाई काशीराम ने दिया। बाद में यशपाल का भी एक पत्र छपा। बात यहीं नहीं रुकी। यशपाल ने बाद में एक लेखमाला 'धर्मयुग' में चन्द्रशेखर आज़ाद के प्रति विश्वासघात किसने किया था (सन्देहों का गोल माल) लिखी। जिसका उत्तर मैंने तथा सुखदेव राज ने दिया। इस सम्बन्ध में अनेक पाठकों के पत्र आए कि इसका स्पष्टीकरण हो। साथियों ने भी यह आग्रह किया कि मैं पुस्तक के अन्त में यह चर्चा दे दूँ और इसका निर्णय पाठकों पर छोड़ दूँ। सारे विवाद की चर्चा पढ़ने के बाद वे ही निर्णय कर लें कि आज़ाद की मृत्यु के लिए कौन कहाँ तक दोषी है।

जो कुछ मुझे ज्ञात था मैंने लिखा है। यदि साथी कुछ और जानते हों तो वे भी लिखें जिससे उस महान विभूति के जीवन पर विस्तृत प्रकाश पड़ सके।

इन संस्मरणों को पुस्तक रूप में प्रकाशित करने का मेरे जीवन का एक स्वप्न था। जब-जब अवसर मिला मैं पत्र-पत्रिकाओं के माध्यम से उन्हें प्रकाश में लाता रहा। पुस्तक का स्वप्न साकार न होता यदि श्री बटुकनाथ जी अग्रवाल मेरे इस कार्य में सहयोग का उत्साह न दिखाते। उनके पास क्रान्तिकारी साहित्य के सम्बन्ध में जो सामग्री है उससे मुझे इन संस्मरणों को लिखने में बहुत मदद मिली तथा घटनाओं का सिलसिला क्रमबद्ध हो सका।

अन्त में पाठकों से निवेदन है कि इसमें जो अच्छा है उसे वे मेरी तुच्छ भेंट समझकर ग्रहण करें और जो निकृष्ट है (त्याज्य है) उसे पढ़कर भुला दें। किसी भी संगठन का जब विस्तार होता है तो उसमें कुछ बुराइयाँ घुस ही जाती हैं। इतिहास में तो वह सभी आ जाता है। संगठन की अच्छाइयों के साथ उसके दोष भी इतिहास में स्थान पा जाते हैं, मार्ग दर्शन के रूप में, पर कुछ बुराइयों से सारा संगठन तो बुरा नहीं कहलाता।

आज़ाद तो इन सबसे ऊँचे उठ चुके थे, ये बुराइयाँ उन्हें तब भी न छू सकीं और अब भी वे उनके इतिहास को कलंकित न कर सकेंगी। वे तो इतिहास में अपना स्थान अमर कर गए हैं। वे भावी पीढ़ी के लिए दीप-स्तम्भ के समान हैं जो नवयुवकों का मार्ग आलोकित करने में सहायक होगा।

**–विश्वनाथ वैशम्पायन**

कुछ दिन पूर्व आदरणीय श्री शचीन्द्रनाथ बख्शी बाबू का पत्र आया कि मैं श्री वैशम्पायनजी की जीवनी लिखूँ जो 'पाँचजन्य' के विशेषांक में दी जा सके। जिनके साथ अभिन्न हो मैंने गत 26 वर्ष बिताए हैं उनकी जीवनी में सभी घटनाओं को लिखा जा सकता है। समस्या यही है कि उनमें से इस लेख के लिए कौन-सी चुनी जाए।

अभी इसी गरमी के दिनों की बात है–किसी ग्रन्थ में अन्य क्रान्तिकारियों के चित्रों एवं जीवन परिचय के साथ इनका भी चित्र एवं परिचय माँगा गया था। "मेरी जीवनी लिखने के लिए तुमसे अच्छा व्यक्ति और कौन हो सकता है ? तुम्हीं इस परिचय को लिख दो।" उन्होंने मुझसे कहा था। मैंने भी एक अति संक्षिप्त परिचय लिखकर उन्हें दिखाया था और उन्होंने उसे भेज भी दिया था। उसी के आधार पर ये कुछ पक्तियाँ लिख रही हूँ।

श्री वैशम्पायन जी का जन्म 28 नवम्बर सन् 1910 ईसवी में उत्तर प्रदेश के बाँदा नामक नगर में हुआ था। घर में एक बड़ी बहन के पश्चात् यही प्रथम पुत्र होने के कारण लालन-पालन लाड़-प्यार में हुआ था। शिक्षा-दीक्षा बाँदा में ही प्रारम्भ हुई थी। सात-आठ वर्ष की अवस्था में पिता का स्थानान्तरण झाँसी में हुआ। झाँसी में इन्हें प्रथम सरस्वती पाठशाला में दाखिल किया गया। सन् 1921 ई. के असहयोग आन्दोलन में यह पाठशाला राष्ट्रीय पाठशाला घोषित हुई, तब इन्हें राजकीय इंटर कॉलेज में भरती किया

गया। परन्तु सरस्वती पाठशाला में इनके मस्तिष्क पर देशभक्ति के जो संस्कार हुए थे वे अमिट रहे। पाठशाला से निकलने पर भी वे वहाँ के ड्राइंग शिक्षक मास्टर रुद्रनारायण जी के यहाँ ड्राइंग सीखने जाते थे। यहीं पर उनका परिचय श्री शचीन्द्रनाथ बख्शी जी से जिन्हें बाबू नाम से सम्बोधित करते थे हुआ। बाबू उस समय क्रान्तिकारी दल में नए रंगरूट भरती करने के लिए आए हुए थे। श्री वैशम्पायन जी का इस ओर झुकाव देख उन्हें दल का सदस्य बनाया गया। इस किशोरावस्था में भी उनकी बुद्धि, सूझबूझ, साहस इत्यादि गुणों से बख्शी बाबू अत्यधिक प्रभावित हुए थे। उन्होंने लिखा है "इस किशोर बालक में अपनी उमर से ड्योढ़े उमर से भी ज्यादा उमर के नौजवानों से भी ज्यादा बुद्धि थी और था अन्तर्निहित साहस जिसका रूप बाहर से दीखता नहीं था; समय पर बहिर्प्रकाश होकर साथियों को चकित कर देता था।" उनके क्रान्तिकारी जीवन में इस कथन की पुष्टि करनेवाली अनेक घटनाएँ मैंने पढ़ी है !

वे लगभग ढाई वर्ष फरार रहे, यही बात उनकी बुद्धि, साहस एवं सूझबूझ की परिचायक है। इस अवधि में उनके सभी गुणों की अच्छी परख हुई। श्री चन्द्रशेखर आज़ाद ने इन्हीं गुणों के कारण उनको अनेक जिम्मेदारियों के कार्य सौंपे जिन्हें श्री वैशम्पायन जी ने पूरी तरह निभाया। श्री आज़ाद के आदेश पर ये शस्त्र संग्रह करने जाते थे। एक बार जयपुर में शस्त्रास्त्र तथा बारूद एवं बम बनाने के लिए आवश्यक सामान लाना था। रियासतों में उन दिनों कड़ी निगरानी रहती थी। ऐसे समय इतना अधिक सामान बिना शक उत्पन्न किए लाना बहुत कठिन था। परन्तु इन्होंने अपने मेजबान श्री अवधेश नारायण शुक्ल की सहायता से घरेलू वातावरण निर्माण किया। उनकी स्त्री तथा छोटी बच्ची के साथ कानपुर तक शुक्लजी का छोटा भाई बनकर आए। इस नाटक में यदि थोड़ी कसर होती तो ये और इनके साथ वह भद्र महिला भी पकड़ी जाती।

उसी प्रकार सरदार भगत सिंह को छुड़ाने की योजना बनाते समय परिस्थिति का निरीक्षण करने ये लाहौर गए हुए थे। दो-तीन सप्ताह वे वहाँ रहे। रविवार के दिन बड़े सवेरे कड़ाके के जाड़े में एक कमीज पहन तथा तहमद बाँधे जेल के फाटक पर खड़े रहते। जेल के फाटक पर पुलिस की जालीदार लॉरी आ लगती। उसमें जाली से सटे हुए सरदार भगत सिंह एवं बटुकेश्वर दत्त को पुलिस की आँखों में धूल झोंककर देखते वरना इन्हें वहीं गिरफ्तार कर लिया जाता। परन्तु समय को पहचान इन्होंने ऐसा कुछ न किया।

इस अवलोकन के पश्चात् जब वे वापस लौटनेवाले थे तब उन्हें मालूम हुआ कि उनकी व्यवस्था श्री भगवतीचरण वोहरा की पत्नी श्रीमती दुर्गादेवी जी ने की थी। अब तक इन लोगों को यही बताया गया था कि भगवतीचरण पुलिस के आदमी हैं। अतः वे हमेशा उनका सम्पर्क टालते रहते थे। अब इतनी लम्बी अवधि में उनके काम में कोई बाधा न हुई तब श्री वैशम्पायन जी को विश्वास हुआ कि इनके साथ कार्य करने से दल को बहुत लाभ हो सकता है। उन्होंने श्री आज़ाद से चर्चा कर उनको श्री भगवतीचरण से मिलाया।

श्री आज़ाद के वे अत्यन्त विश्वस्त साथी थे। अतः वे उन्हें अनेक जिम्मेदारियों के काम सौंपते थे। उनके सन्देशवाहक का काम भी श्री वैशम्पायन जी ही करते थे। इसीलिए इनकी गिरफ्तारी के बाद आज़ाद बहुत अकेले एवं उदासी महसूस करते थे। श्री सुखदेव राज ने लिखा है, "बच्चन (श्री वैशम्पायन) की गिरफ्तारी से उन्हें (आज़ाद) बहुत ही दुःख हुआ था। वे अत्यधिक अकेलापन महसूस करने लगे थे।...आज़ाद बच्चन पर बहुत निर्भर करते थे...आखिर में वे एक-दूसरे के पूरक हो गए थे। बच्चन आज़ाद के प्राइवेट सेक्रेटरी की तरह तो थे ही किन्तु उनके अत्यधिक अन्तरंग मित्र भी थे और सलाह-मशविरा भी वे बच्चन से ही किया करते।"

उनके साहस का परिचय सन् 1947 में दिल्ली के दंगों के समय हमें भी हुआ। तब आप दिल्ली में 'नया हिन्दुस्तान' दैनिक का सम्पादन करते थे। घर में माँ, जीजी, मैं तथा छोटी नन्दिनी एवं छोटा भानजा अविनाश रहते थे। संचार बन्दी होते हुए भी उन्हें दफ्तर जाना पड़ता था। पत्रकार के नाते उनके पास 'पास' था। फिर भी पुरानी दिल्ली में घूमना खतरे से खाली नहीं था। तथापि वे अपना जीवन अकारण संकट में नहीं डालेंगे एवं संकट आने पर उससे अपना बचाव भी कर लेंगे इसका मुझे पूरा विश्वास था। हुआ भी ऐसा ही। उन दिनों भीड़ एकत्र होने पर गोली चलाई जाती। वे दो बार भीड़ में घिर गए परन्तु शीघ्र गति से चलकर वे भीड़ से दूर हो गए और सौभाग्यवश उनके गोली की मार के बाहर होते-होते ही गोली चली अतः वे बच गए।

माता-पिता से विरासत में पाए हुए, आत्माभिमान, ईमानदारी, लगन, निष्ठा, दृढनिश्चय इत्यादि गुणों से प्रारम्भ हुआ चरित्र विकास मास्टर रुद्रनारायण, सरस्वती पाठशाला के अन्य शिक्षक, बख्शी बाबू एवं अन्त में श्री आज़ाद के प्रभावशाली व्यक्तित्व के प्रभाव में पूर्ण हुआ। फलतः वे पक्के आदर्शवादी व्यक्ति रहे। हि.स.प्र.स. ने समाजवादी स्वतन्त्रता का आदर्श निश्चित किया था। वही उनका आमरण आदर्श रहा। उसके लिए उन्होंने सर्वस्व होम करने की तैयारी की थी। श्री जोगेशचन्द्र चटर्जी की रिहाई के समय एक्शन हेतु दल में व्यक्तियों की कमी होने पर इन्हें बुलाया गया था। उस समय ये फरार हो गए थे, तब घर में माता-पिता को मालूम हो गया था कि ये क्रान्तिकारी दल के एकनिष्ठ सदस्य बन चुके हैं। अतः दूसरी बार फरार होने पर माँ सदैव सोचती थी कि "न जाने इस लड़के की कब और क्या खबर सुनाई देगी—पकड़ा गया या पुलिस की गोली से मारा गया या फाँसी चढ़ गया या और भी कुछ।" इस आदर्श को प्राप्त करने में क्रान्तिकारियों ने जो मार्ग अपनाया था उसमें बेईमानी के लिए कोई स्थान न था। जहाँ बेईमानी हुई वहीं व्यक्ति और उसी समय दल आदर्शों से भ्रष्ट हुआ। परन्तु श्री वैशम्पायन जी उन आदर्शों से कभी दूर न हुए।

उनका आत्माभिमान बचपन से प्रखर था। बचपन में एक बार इन्होंने माँ के पास रखे हुए अपने पाँच रुपए माँगे। वे काम में व्यस्त थीं। अतः उन्होंने पैसे देते हुए कहा, "जाओ। अब घर में मुँह न दिखाना।" शाम के समय पाठशाला समाप्त हुई पर अब

घर कैसे जाएँ। माँ ने तो घर आना मना किया है ? यह सोचकर 9-10 वर्ष का यह बालक सीधा स्टेशन पहुँचा। वहाँ सुबह झाँसी से दिल्ली जानेवाली पैसेंजर गाड़ी साइडिंग में खड़ी थी, उसमें जा बैठे। पास में पैसा था, कुछ खा लिया होगा। उस आयु में नींद भी बहुत आती थी। अतः वहीं सो गए। सुबह आँख खुली तब गाड़ी झाँसी से रवाना हो चुकी थी। माँ की याद व्याकुल करने लगी, आँखों में आँसू छलछलाए। गाड़ी में कोई सौदागर यात्री थे उन्होंने काफी धीरज बँधाया। परन्तु मथुरा के स्टेशन पर झाँसी की ओर जानेवाली गाड़ी देख उनका धीरज टूट गया। वे तुरन्त उस गाड़ी में जा बैठे। घर से निकलने के पश्चात् तीसरे दिन झाँसी वापस लौटे एवं शाम को पाठशाला के बाहर पुलिया पर बैठ गए। शाम को छुट्टी होने पर बुआ के लड़के ने उन्हें देख लिया एवं घर जाकर खबर दी तब इन्हें लोग लिवा ले गए।

बन्दीवास के आठ वर्ष अपने अधिकार एवं आत्मसम्मान की रक्षा के लिए लड़ते-झगड़ते ही बीत गए। रिहाई के बाद भी आत्मसम्मान के कारण इन्होंने अपने बारे में किसी से कुछ भी नहीं कहा। कभी-कभी घर में इतना ही कहते, "यदि मैं अपने लिए कुछ कर सकता तो मैं कभी का उत्तर प्रदेश में मन्त्री हो गया होता।"

विभिन्न स्थानों में सेवा करते समय भी उन्होंने अपना आत्मसम्मान एवं स्वतन्त्रता अक्षुण्ण रखी। रायपुर में दैनिक 'महाकौशल' में आठ वर्ष काम करने के पश्चात् भी इसी बात पर उन्होंने त्यागपत्र दे दिया था।

सन् 1963 में मेरा रायपुर से स्थानान्तरण हुआ। दोनों लड़कियों की परीक्षाएँ समाप्त होने पर उन्हें अगली शिक्षा के लिए बाहर भेजना आवश्यक हुआ। पर आर्थिक परिस्थिति अनुकूल न थी। श्री बनारसीदास चतुर्वेदीजी को एक बार लिखा था कि सोचता हूँ, लड़कियों के स्कालरशिप के लिए प्रयत्न करूँ। परन्तु उनके आत्मसम्मान ने उन्हें यह लिखने के लिए लेखनी उठाने नहीं दी।

सन् 1939 में कारागार से रिहा होने पर उन्होंने पत्रकारिता की ओर कदम बढ़ाए। पत्रकारिता के भी उनके कुछ सिद्धान्त थे। उनका विश्वास था कि पत्रकार समाज का प्रतिनिधि एवं जनता का सेवक है। अतः जनता पर अत्याचार करनेवालों को उचित दंड मिलना ही चाहिए। भ्रष्टाचारी व्यापारी, घूसखोर एवं अधिकार के नशे में डूबे हुए अधिकारी आदि उनकी लेखनी के शिकार हुए। जिन लोगों को उनके लेखों के कारण न्याय मिला वे उनके सदैव ऋणी रहे। उन्हें पूजनीय समझते रहे। भ्रष्टाचारियों ने उन्हें अपने सिद्धान्तों से गिराने के लिए लालच न दिया हो ऐसी बात नहीं। पर उनका आदर्शवाद, विवेकबुद्धि, ईमानदारी सभी गुण इतनी उच्च कोटि के थे कि उन्हें अपने स्थान से गिराना किसी के लिए भी सम्भव न था।

नजरबन्दी के साढ़े पाँच वर्ष उन्होंने गहन अध्ययन एवं लेखन में बिताए। वहाँ उन्होंने अनेक पुस्तकें मँगाई तथा उनका अध्ययन किया। हिन्दी, मराठी एवं अंग्रेजी के अतिरिक्त वे उर्दू, बंगला एवं गुजराती भी अच्छी तरह जानते थे तथा थोड़ी-बहुत संस्कृत समझ लेते थे। उन्होंने बंगला एवं मराठी की पुस्तकों का अनुवाद किया जिसमें, बंगला

की लेखिका प्रभावती सरस्वती के दो उपन्यासों के अनुवाद 'कंगाल की बेटी' एवं 'निर्दोष कन्या' के नाम से प्रकाशित हो चुके हैं। मराठी के प्रसिद्ध उपन्यासकार हरिनारायण आपटे के ऐतिहासिक उपन्यास 'उषःकाल' का संक्षिप्त अनुवाद 'महाराष्ट्र प्रभात' के नाम से एवं श्री सुखरणकर के दो उपन्यास 'जाही जुही' व 'नदी की बाढ़' के नाम से प्रकाशित हुए हैं। हाल ही में मराठी की लेखिका गीतासाने–यही मेरी बड़ी बहिन श्रीमती गीता–नरसिंह–द्वारा लिखी गई पुस्तक 'चंबलची दस्युभूमि' का हिन्दी अनुवाद भी उन्होंने पूरा किया था। महाराष्ट्र सरकार ने इस पुस्तक पर 1500 रु. का इनाम मूल लेखिका को दिया है। यह अनुवाद छापने के लिए भी वे प्रयत्नशील थे।

लारेन विन्यन द्वारा लिखित 'अकबर दि ग्रेट' का मराठी अनुवाद नेशनल बुक ट्रस्ट के लिए उन्होंने किया एवं वह प्रकाशित भी हुआ। उसी प्रकार फ्रांस के सी.आई.डी. द्वारा निश्चित रोमांचकारी एवं रहस्यमय सत्यकथा 'डान रामौन' का भी हिन्दी अनुवाद किसी पत्रिका में छप चुका है।

बन्दी जीवन से ही उन्होंने कथा कहानी, एकांकी, प्रहसन, कविता इत्यादि लिखना प्रारम्भ किया था। उनकी अनेक कहानियाँ विभिन्न पत्रिकाओं में छप चुकी हैं। उनके मौलिक उपन्यास 'मातृत्व का अभिशाप', एवं 'मातृत्व की परिधि' पुस्तक रूप में प्रकाशित हो चुके हैं। तीसरा उपन्यास 'समाज के फूल और शूल' उन्हीं के साप्ताहिक पत्र 'विचार और समाचार' में सन् 1964 के दिवाली अंक में छप चुका है, परन्तु अभी पुस्तक रूप में प्रकाशित नहीं हो पाया है। इन सभी पुस्तकों में उन्होंने स्त्री जीवन के उज्ज्वल पहलू एवं उस पर समाज द्वारा किए गए अत्याचारों पर प्रकाश डाला है। यत्र नार्यस्तु पूज्यन्ते रमन्ते तत्र देवताः (जहाँ नारी की पूजा होती है वहीं देवताओं का वास रहता है।) इस उक्ति पर उनका विश्वास था। उनके मतानुसार नारी साक्षात् ममता, त्याग एवं बलिदान की मूर्ति होती है। इन्हीं गुणों के बल पर वह इनसान को देवता बना सकती है। परन्तु यही नारी यदि दूषित हो जाए तो उसके लिए पुरुष भी समान रूप से उत्तरदायी है। "स्त्रियाचरित्रं पुरुषस्य भाग्यं देवो न जानाति कुता मनुष्य :" (स्त्रियों का चरित्र एवं पुरुष का भाग्य इतने जल्दी बदलता है कि उनके बारे में मनुष्य तो क्या देवता भी निश्चित रूप से कुछ बता नहीं पाते।) इस उक्ति में स्त्री के चंचल स्वभाव का वर्णन किया है। उससे वे सहमत नहीं थे। स्त्री को दूषित करने में पुरुष आगे बढ़ते हैं परन्तु समाज दंड केवल स्त्री को देता है। इस अन्याय को उन्होंने पाठकों के सामने रखा है।

उन्हें व्यंगात्मक शैली बहुत भाती थी। इसका उपयोग उन्होंने समाज के अत्याचार एवं अन्याय को जनता के सामने रखने के लिए किया है। उनकी दो दीर्घ कथाएँ 'विद्यासागर' एवं 'अघोरघंट' में उन्होंने राजनीतिज्ञों की विकृत मनोवृत्ति पर तीव्र व्यंग किया है। 'अघोरघंट' इसीलिए अभी अप्रकाशित है।

बन्दीगृह से मुक्त होने पर राजनीति में उनके जैसे आदर्शवादी ईमानदार व्यक्ति के लिए स्थान न था। जीवन के जिन मूल्यों को इन्होंने सँजोया था एवं जिसके लिए

क्रान्तिकारी आमरण लड़ते रहे उनका कोई महत्त्व न रहा था। उसके बाद से अवसरवादी लोग आगे बढ़े अतः उन्होंने राजनीति से नाता तोड़ लिया। परन्तु देशभक्ति धधकती ही रही। सन् 1962 में जब चीन ने भारत पर हमला किया तब और सन् 1965 में पाकिस्तान के साथ युद्ध छिड़ गया तब वे कुछ कर गुजरने के लिए विकल हो उठे। जनता में जोश था पर उसे उचित मार्गदर्शन करानेवाला कोई नहीं था इस पर वे खीझ उठते। 51 वर्ष की अवस्था में उन्हें सेना में भरती किया जाना सम्भव न था। दिल की आग लेखनी द्वारा प्रकट हुई। उसी परिस्थिति पर उन्होंने नाटक लिख डाला–'बर्फीली चट्टानों का गरम लहू।' इस नाटक में अवनीन्द्रबाबू के रूप में उन्होंने अपनी ही बेचैनी व्यक्त की है तथा पत्रकारों का उथलापन, नेताओं की अवसरवादिता एवं प्रसिद्धि की चाह तथा स्त्रियों की संकीर्णता पर तीव्र व्यंग किया है। इस नाटक का प्रथम प्रयोग रायपुर में महाराष्ट्र नाट्य मंडल द्वारा सुरक्षा कोष के लिए सन् 1963 की जनवरी में हुआ था तथा दूसरा प्रयोग धमतरी में शासकीय उच्चतर माध्यमिक कन्या शाला की छात्राओं द्वारा 8 एवं 9 जनवरी 1966 को सुरक्षा कोष के लिए धन जुटाने के लिए ही किया गया था। उनके द्वारा लिखा हुआ दूसरा नाटक 'जो मैं हूँ, नहीं हूँ' के दो अंक लिखे गए थे। उसमें भी घूसखोरी, अन्याय, अत्याचार के विरोध में उन्होंने लेखनी उठाई है।

अन्तिम तीन-चार वर्षों से वे श्री चन्द्रशेखर आज़ाद की जीवनी लिखने में संलग्न थे। सांसारिक आपत्तियाँ एवं अपनी गिरती सेहत के कारण उसे पूर्ण करने में इतने वर्ष लगे। प्रथम भाग दिसम्बर सन् 1965 में श्री लालबहादुर शास्त्रीजी के करकमलों द्वारा प्रकाशित हुआ था। उसे छपवाने के कार्य में वे बनारस, जौनपुर के चक्कर काटते रहे। सत्रह वर्ष पुराने रक्तचाप एवं सात वर्ष पुराने मधुमेह की परवाह न कर पच्चीस वर्षीय युवक का उत्साह एवं कार्य शक्ति ले वे इस कार्य में जुट गए। परन्तु गंगा की बाढ़ के कारण वह कार्य उनके जीवन काल में पूरा न हो पाया। इसके बाद श्री भगवतीचरण वोहरा की एवं अपनी जीवनी लिखने की योजना थी।

आदर्शवादी होते हुए, उनका दृष्टिकोण विशाल था, विचार उदार थे। नारी के प्रति उनके मन में आदर भाव था। घर में भी वही आदर हमें प्राप्त था। विवाह के रूप में उन्होंने 'ऐसा जीवन-साथी, जिसके ऊपर निर्भर हो जीवन बिताया जा सके' ढूँढ़ा था। उन्होंने यह बात आमरण निभाई। हम दोनों घनिष्ट मित्रता के भी सूत्र में बँधे थे। अभिन्न सत्वर के नाते उन्होंने मेरे विकास कार्य में न केवल योगदान दिया वरन् मुझे प्रेरणा भी दी। अन्यथा बी. टी. एवम् एम. एड. की परीक्षा उत्तीर्ण करना मेरे लिए सम्भव न हो सकता।

लड़कियों को वे जी-जान से प्यार करते थे, क्योंकि उन्हें सहज ही बालकों से प्रेम था। परन्तु उनके मार्गदर्शन में तथा समुचित विकास में कोई अन्तर न आया। "प्राप्ते तु षोडषे वर्षे पुत्रं मित्रवदा-चरेत्।" (पुत्र सोलह वर्ष का हो जाने पर उसके साथ मित्र के समान बराबरी का व्यवहार करना चाहिए) उस वचन के अनुसार उन्होंने अपनी

पुत्रियों को आवश्यक स्वतन्त्रता दे दी थी। "हमने जो स्वातन्त्र्य बच्चों को दिया और जिसका हमने स्वयं उपयोग किया उसे छीन लेने का हमें कोई अधिकार नहीं।" निधन से कुछ ही दिन पूर्व वे मुझसे कह रहे थे।

गरीबों के प्रति उनके मन में सहानुभूति थी। जिसे वे संकट में देखते उसे ही निरपेक्ष सहायता करते। 'नेकी कर दरिया में डाल' यह उनका ब्रह्मवाक्य था।

उनके आदर्श ऊँचे थे, चरित्रगुण असाधारण थे एवं कार्य भी असाधारण एवं उदार दृष्टिकोण लिए हुए थे, उसी प्रकार उनकी अभिरुचि भी उच्च कोटि की थी। उन्हें संगीत से नितान्त प्रेम था। जब सम्भव हुआ वे संगीत की महफिलें अवश्य सुनते। स्वयं थोड़ी बहुत सितार एवं तबला बजा लेते थे। विद्यार्थी दशा में वे अनेक बार झाँसी से ग्वालियर संगीत की महफिल सुनने या मराठी नाटक मंडली के नाटक देखने जाते थे। झाँसी के बाल समाज के वे सदस्य थे तथा गणेशोत्सव के समय नाटक एवं अन्य सांस्कृतिक कार्यक्रमों का संगठन किया करते थे। उन्हें स्वयं अभिनय कौशल अवगत था। एक बार उनके नाटक में स्त्री की भूमिका करनेवाले लड़के ने ऐन समय पर अभिनय करने से इन्कार कर दिया। तब उसका काम इन्होंने कर लिया एवं बाल समाज की प्रतिष्ठा बढ़ाई।

बागवानी का भी उन्हें बचपन से शौक था। जो भी चीज बोते वही खूब फलता-फूलता। जेल में उनकी बैरक के सामने काफी खुली जगह थी वहीं पर उन्होंने खूब फल-फूल लगाए थे। घर में कच्चा आँगन न होने पर वे गमलों में ही बगीचा लगाते रहे। धमतरी के इस छोटे से आँगन में 8-9 तरह के गुलाब, 4-5 प्रकार की लिली, जुही, बेला, चमेली, गुलदावदी, गुलाबकावली इत्यादि के अनेक फूल खिलकर दूसरों का ध्यान अनायास ही आकर्षित करते हैं।

शारीरिक शिक्षा में भी वे पिछड़े न थे। झाँसी में लाठी एवं लेजिम की शिक्षा ग्रहण कर उसी व्यायामशाला में वे लाठी एवं लेजिम के शिक्षक बन गए। स्काउट एसोसिएशन की आवश्यक परीक्षा पास कर लेने पर उन्हें इनर सर्कल (Inner Circle) का सदस्य बना लिया गया था। उसी की तात्कालिक उपचार (First Aid) तथा परिचर्या (Home Nursing) की परीक्षाएँ भी उन्होंने उत्तीर्ण की थीं। जेल में बैडमिंटन कोर्ट बना हुआ था। उसमें जेल के शासकगण भी इनके साथ खेलने आते थे।

शिक्षाशास्त्र में बालकों के बहुमुखी विकास पर बल दिया जाता है। श्री वैशम्पायन जी का व्यक्तित्व नई पीढ़ी के लिए उच्च आदर्श प्रस्तुत करता है। इनके जीवनकाल में इन्होंने अन्तिम क्षण तक घोर संघर्ष किया। यदि नई पीढ़ी उनके आदर्शों को अपनावे तथा उनके समान चरित्रवान् हो तो राष्ट्र का उत्थान दूर नहीं है। उसी में उनकी आत्मा को शान्ति मिल सकती है।

**ललिता वैशम्पायन**

# शहीद उद्यान

*श्री लाजपत स्मारक साहित्य सदन, मिर्जापुर।*

## "जो देश अपने शहीदों को भुला देता है वह जीवित नहीं रहता"

श्री लाजपत स्मारक साहित्य सदन (पुस्तकालय) मिर्जापुर के तत्त्वावधान में एक शहीद उद्यान की स्थापना की योजना सन् 1955 से थी। उस योजना के अन्तर्गत सर्वप्रथम अमर शहीद चन्द्रशेखर आज़ाद की मूर्ति का अनावरण 13 सितम्बर, 1963 को तथा 8 मई, 1965 को शहीद खुदीराम बोस और सरदार भगत सिंह की मूर्तियों का अनावरण हुआ।

शीघ्र ही वीर कुँवरसिंह, अमर शहीद रामप्रसाद बिस्मिल, शहीद अशफाक उल्ला खाँ तथा शहीद भगवतीचरण की मूर्तियों का अनावरण दि. 28 मई, 1968 को होगा। क्रान्ति युग के इतिहास की इस कड़ी को पूर्ण करने के लिए वासुदेव बलवन्त फड़के, रासबिहारी बोस, पिंगले, मदनलाल ढीगरा, करतार सिंह, यतीन्द्रनाथ मुकर्जी (बाघा), यतीन्द्रनाथ दास, सूर्यसेन, प्रीतिलता वादेकर, सरदार ऊधम सिंह, वीर सावरकर आदि वीरों की मूर्तियों की स्थापना की योजना है। यह सब कार्य मिर्जापुर की जनता के सहयोग से ही सम्भव हो सका।

अमर शहीद चन्द्रशेखर आज़ाद की मूर्ति का अनावरण समारोह दिनांक 13 सितम्बर, 1963 को श्री योगेशचन्द्र चटर्जी द्वारा सम्पन्न हुआ। इस समारोह में भारतीय स्वतन्त्रता संग्राम के क्रान्ति वीर सेनानी सर्वश्री विजय कुमार सिन्हा, शचीन्द्रनाथ बख्शी, मन्मथनाथ गुप्त, रामकृष्ण खत्री, मनमोहन गुप्त, विश्वनाथ वैशम्पायन, भगवान दास माहौर, सदाशिव मलकापुरकर, कृष्णशंकर श्रीवास्तव, भगवती प्रसाद मिश्र तथा देवेन्द्रमणि त्रिपाठी सम्मिलित हुए थे।

अमर शहीद खुदीराम तथा सरदार भगत सिंह की मूर्ति का उद्घाटन समारोह दिनांक 8 मई सन् 1965 को श्री माता विद्यावती (सरदार भगत सिंह की माता) तथा डॉक्टर पांडुरंग खानखोजे द्वारा क्रमशः सम्पन्न हुआ। इस अवसर पर सर्वश्री डॉ. पांडुरंग खानखोजे, पं. परमानन्द, माता विद्यावती, बहन अमर कौर, श्रीमती प्रतिभा सान्याल,

श्रीमती रणवीर सिंह, मनमोहन गुप्त, जितेन्द्रनाथ सान्याल, योगेशचन्द्र चटर्जी, किरनचन्द्रदास, मन्मथनाथ गुप्त, मनमोहन गुप्त, सदाशिव राव मलकापुरकर, डॉ. भगवान दास माहौर, विश्वनाथ वैशम्पायन, स्वामी हीरानन्द, सरदार रणवीर सिंह, भगवती प्रसाद मिश्र, बृजनन्दन ब्रह्मचारी, देवेन्द्रमणि तथा श्रीकृष्ण 'सरल' उपस्थित थे।

# शहीद आज़ाद की मूर्ति का अनावरण समारोह

(15-9-63)

## सम्मिलित होनेवाले क्रान्तिकारी–

सर्वश्री शचीन्द्रनाथ बख्शी (काकोरी षड्यन्त्र), विश्वनाथ वैशम्पायन (दिल्ली षड्यन्त्र), रामकृष्ण खत्री (काकोरी षड्यन्त्र), जोगेश चटर्जी (काकोरी षड्यन्त्र), बटुकनाथ अग्रवाल (संयोजक), विजय कुमार सिन्हा (लाहौर षड्यन्त्र), मन्मथनाथ गुप्त (काकोरी षड्यन्त्र), मनमोहन गुप्त (मनमाड बम केस), देवेन्द्रमणि तिवारी (पुराने क्रान्तिकारी), सदाशिव राव मलकापुरकर (भुसावल बम कांड), भगवान दास माहौर (भुसावल बम कांड), कृष्ण शंकर श्रीवास्तव (पुराने क्रान्तिकारी), भगवती प्रसाद मिश्र (पुराने क्रान्तिकारी)।

# शहीद खुदीराम बोस और शहीद भगत सिंह की मूर्तियों का अनावरण

(8, 9, मई 1965)

## सम्मिलित होनेवाले क्रान्तिकारी

सर्व श्री बृजनन्दन ब्रह्मचारी, मन्मथनाथ गुप्त (काकोरी षड्यन्त्र), पं. परमानन्द (सिंगापुर क्रान्ति), बीबी अमर कौर (भगत सिंह की बहन), माता विद्यावती जी (भगत सिंह जी की पूज्य माता), डॉ. खानखोजे (गदर पार्टी), जितेन्द्र नाथ सान्याल (लाहौर षड्यन्त्र), किरणचन्द्र दास (शहीद जतीन्द्रनाथ दास के अनुज), बटुकनाथ अग्रवाल (संयोजक), मनमोहन गुप्त (मनमाड बम केस), देवेन्द्रमणि तिवारी, विश्वनाथ वैशम्पायन (दिल्ली षड्यन्त्र), सरदार रणवीरसिंह–(भगत सिंह के अनुज), सदाशिव राव मलकापुरकर (भुसावल बम कांड), सीताराम गुप्त (पुराने क्रान्तिकारी), स्वामी हीरानन्द (पुराने क्रान्तिकारी), श्रीकृष्ण 'सरल' (कवि, भगत सिंह महाकाव्य), भगवती प्रसाद मिश्र, श्रीमती रणवीर (लीला रानी) कुमारी इस्कारा रणवीर सिंह, श्रीमती सान्याल।

## हिन्दुस्तान समाजवादी प्रजातन्त्र सेनानी

1. चन्द्रशेखर आज़ाद–जन्म : 23 जुलाई 1906। काकोरी षड्यन्त्र में फरार। हि. स. प्र. सेना के सेनापति। साण्डर्स हत्याकांड के नेता। 27 फरवरी 1931 को एल्फ्रेड पार्क इलाहाबाद में पुलिस संघर्ष में बलिदान।
2. सरदार भगत सिंह–जन्म : 28 सितम्बर 1907। हि. स. प्र. स. की केन्द्रीय समिति के सदस्य। लाहौर षड्यन्त्र 1929 में 23 मार्च 1931 की शाम को लाहौर जेल में फाँसी।
3. भगवतीचरण–जन्म : जुलाई 1904। बलिदान : 28 मई 1930। हि. स. प्र. संगठन के कर्णधार; सांस्कृतिक विभाग के नेता। लाहौर में रावी के किनारे बम विस्फोट में बलिदान।

4. शिवराम राजगुरु–हि. स. प्र. सेना के उत्साही सदस्य। साण्डर्स हत्याकांड में सक्रिय सहयोग। लाहौर षड्यन्त्र 1929 में 23 मार्च 1931 को सन्ध्या को लाहौर में बलिदान।
5. सुखदेव–हि. स. प्र. स. की कार्यकारिणी के सदस्य। लाहौर षड्यन्त्र (1929) के मुकदमे में 23 मार्च 1931 को लाहौर जेल में शाम को फाँसी।
6. रामप्रसाद बिस्मिल–जन्म 11 जून 1897। काकोरी दल के नेता। काकोरी षड्यन्त्र में 19-12-1927 को गोरखपुर जेल में फाँसी।
7. अशफाक उल्ला खाँ–जन्म : 22.10.1900 : बलिदान 19-12-1927 को। फैजाबाद जेल में फाँसी। काकोरी दल के प्रमुख सदस्य।
8. ठाकुर रोशन सिंह–काकोरी दल के सक्रिय सदस्य। काकोरी षड्यन्त्र में इलाहाबाद जेल में 19 दिसम्बर 1927 को फाँसी।
9. राजेन्द्र लाहिड़ी–जन्म : जून 1901। 17 दिसम्बर 1927 को गोंडा जेल में काकोरी षड्यन्त्र में फाँसी।
10. जतीन्द्रनाथ दास–लाहौर षड्यन्त्र 1929 के मुकदमे में 63 दिन की भूख हड़ताल के बाद बोर्स्टल जेल लाहौर में बलिदान : 13 सितम्बर 1929।
11. मणीन्द्रनाथ बनर्जी–पुलिस अधिकारी बैनर्जी को मारने के अपराध में दंडित। फतेहगढ़ जेल में भूख हड़ताल से 20 जून 1934 को बलिदान।
12. ठाकुर महावीर सिंह–लाहौर षड्यन्त्र के मुकदमे में आजन्म कारावास की सजा। अंडमान सेलुलर जेल में भूख हड़ताल में 17 मई 1933 को बलिदान।
13. बैकुंठ शुक्ल–1929 के लाहौर षड्यन्त्र के मुखबिर फणीन्द्र को भुजाली से मार डाला। मृत्युदंड। गया जेल में 14 मई 1934 को फाँसी।
14. हरीकिशन–पंजाब गवर्नर हत्याकांड में 9 जून 1931 के मियाँवाली जेल में फाँसी।
15. शालिगराम शुक्ल–2 दिसम्बर 1930 को डी. ए. वी. कॉलेज कानपुर के सामने पुलिस संघर्ष में बलिदान।
16. जगदीश–शालीमार गार्डन में 3 मई 1931 को पुलिस की गोली के शिकार।

# 1921 में देश की स्थिति

कुन्दनलाल गुप्त बनारस से ही आज़ाद से परिचित थे। उन्होंने आज़ाद के विषय में चर्चा करते हुए मुझे बताया, 'आज़ाद में एक विशेष आकर्षण था। 1921 के असहयोग आन्दोलन में उन्होंने जो वीरता और साहस का परिचय दिया उससे वे केवल बनारस के ही नहीं समस्त उत्तर प्रदेश के क्रान्तिकारियों के स्नेहभाजन बन गए थे। चौरी-चौरा कांड के बाद असहयोग आन्दोलन बन्द किए जाने पर जब इस विषय में चर्चा होती तो आज़ाद निःसंकोच यही राय देते कि स्वतन्त्रता का युद्ध शीघ्र ही फिर प्रारम्भ किया जाना चाहिए। उनकी इस विचारधारा से कुछ नेता उनसे क्रुद्ध भी होते तथा इसके लिए उन्हें उद्दंड भी कहते, परन्तु आज़ाद इन सब बातों से नहीं डरे और बराबर अपने विचारों पर बल देते ही रहे।

श्री कुन्दनलाल गुप्त जी से मैंने जब यह प्रश्न किया कि 'उत्तर भारत में क्रान्तिकारी आन्दोलन का श्रीगणेश कैसे हुआ ?' तो जो कुछ उन्होंने बताया वह इस प्रकार था—काशी में दशाश्वमेघ घाट पर गांधी आश्रम का खद्दर भंडार था। पड़ोस में ही श्री राजेन्द्र लाहिड़ी के भाई की होम्योपैथी की दुकान थी। तब राजेन्द्र लाहिड़ी हिन्दू विश्वविद्यालय के चतुर्थ श्रेणी के विद्यार्थी थे। अक्सर हम सब इसी दुकान पर बैठकर राजनीति की चर्चा करते।

कुछ रुककर गुप्तजी ने कहा कि यहाँ उस समय असहयोग आन्दोलन और क्रान्तिकारियों का उसके प्रति दृष्टिकोण क्या था, इसका उल्लेख कर देना आवश्यक है क्योंकि उससे उस समय के नवयुवकों की विचारधारा क्या थी, यह बात समझने में भी आसानी होगी। देश के क्रान्तिकारियों से गांधीजी ने एक वर्ष का समय माँगा था। क्रान्तिकारियों ने इसे स्वीकार कर यह आश्वासन दिया भी था कि वे इस बीच कोई हिंसात्मक कार्यवाही नहीं करेंगे। गांधीजी का अहिंसात्मक आन्दोलन असफल हो गया। कांग्रेस ने जनआन्दोलन की सीधी लड़ाई छेड़ने के बाद उसे अकस्मात ही इस प्रकार रोककर विधान सभाओं आदि में प्रवेश कर कानूनी लड़ाई का मार्ग अपनाया। तब बंगाल के क्रान्तिकारियों ने फिर अपना आन्दोलन प्रारम्भ कर दिया।

बनारस के गांधी आश्रम में जब हम सब देश की राजनैतिक स्थिति पर चर्चा करते तो कभी-कभी राजेन्द्र लाहिड़ी सशस्त्र क्रान्ति के मार्ग की चर्चा कर हम सबों के विचारों को जानने का प्रयत्न करते। लगभग सभी का मत उस पक्ष में होता। इन्हीं दिनों शहर

में जो व्यायाम समितियाँ बनाई जाने लगीं उनमें हम एक-दूसरे के अधिक सम्पर्क में आए। उसी प्रकार जन सभाओं तथा अन्य सार्वजनिक कार्यों में हम हिस्सा लेते समय एक-दूसरे से सहयोग करते।

## दल के संगठन पर एक विहंगम दृष्टि

सन् 1923 के प्रारम्भ में एक गुप्त सभा बुलाई गई। यह गुप्त सभा बनारस क्रान्तिकारी संगठन की स्थापना की दृष्टि से एक सुदृढ़ चरण था। इस बैठक में पहली बार यह बात श्री कुन्दनलाल गुप्त जी को ज्ञात हुई कि श्री राजेन्द्र लाहिड़ी का सम्बन्ध बंगाल के क्रान्तिकारियों से था। इस बैठक में मन्मथनाथ गुप्त, चन्द्रशेखर आज़ाद, जोगेन्द्र शुक्ल के अलावा और भी साथियों से उनका परिचय हुआ। इसी बैठक में यह निश्चय किया गया कि उत्तर भारत में क्रान्तिकारी सगंठन किया जाए और उसका केन्द्र बनारस रहे। उसमें संगठन की मोटी-सी रूप-रेखा बनाई गई और उसमें दो बातों का विशेष रूप से उल्लेख किया गया। एक तो नेताओं के आदेश पालन करने पर बल दिया गया तथा इस बात को अत्यन्त आवश्यक समझा गया कि सदस्य दल के भेदों को जानने की उत्सुकता न दिखाएँ। सभी ने एक स्वर से इन नियमों के पालन करने का वचन दिया। इसी बैठक में दल के लिए एक विधान बनाने का निश्चय किया गया। यह था उत्तर भारत में क्रान्तिकारी प्रजातन्त्र दल की स्थापना का प्रारम्भ। सन् 1924 में श्री शचीन्द्रनाथ सान्याल की प्रेरणा से हिन्दुस्तान रिपब्लिकन एसोसिएशन की स्थापना हुई और 1924 के प्रारम्भ में एसोसिएशन का घोषणापत्र 'दि रिव्योल्यूशनरी' के नाम से प्रकाशित हुआ।[1]

श्री कुन्दनलाल गुप्त ने बताया कि दल के संगठन के लिए धन की आवश्यकता तो होती ही थी परन्तु उस निधि को एकत्रित करने में उस समय जन-सहयोग सम्भव न हो सका और कभी यदि थोड़ा-बहुत सहयोग मिल भी गया तो उससे दल के सभी कार्य नहीं चल सकते थे। इसी से मजबूर होकर डकैतियों से धन जुटाना पड़ता। श्री रामप्रसाद बिस्मिल के नेतृत्व में मैंने तथा श्री चन्द्रशेखर आज़ाद ने अनेक डकैतियों में भाग लिया। इन डकैतियों के बाद हम सभी उदास रहते परन्तु श्री आज़ाद की दशा विशेष उल्लेखनीय होती। डकैतियाँ कर जब हम गाँवों से लौटते तो घरों, सरायों या धर्मशाला में ठहरे रहते। समय काटने के लिए हँसी-मजाक भी चलता। यह सब इसलिए होता कि मन पर जो अवसाद का एक बोझ-सा होता उसे हल्का किया जाए। परन्तु आज़ाद इसमें भाग न लेते। उनका हृदय बालकों जैसा कोमल होने के कारण वे अत्यन्त दुःखी होते तथा उस भावना में साथियों को बुरा-भला कह जाते। परन्तु मोर्चे पर वे अपना कर्तव्य दृढ़तापूर्वक निभाते उसमें कहीं भी कमी न रह पाती। ऐसी डकैतियों के बाद कई-कई दिनों तक वे दुःखी रहते। बाद की चर्चा में भी किसी डकैती की दुर्घटना का उल्लेख होते ही वे उदास हो जाते।

1. परिशिष्ट एक में विधान देखें।

उत्तर प्रदेश में काकोरी ट्रेन डकैती के बाद जब पुलिस उत्तर प्रदेश में धर-पकड़ प्रारम्भ की तो उस समय श्री कुन्दनलाल गुप्त प्रतापगढ़ में थे। वे नित्य ही गाड़ियों के समय रेलवे स्टेशन पर जाकर साथियों की खोज करते जिससे उन्हें पुलिस कार्यवाही के विषय में सचेत किया जा सके। परन्तु जब प्रतापगढ़ में पुलिस की हलचल बढ़ गई और गुप्तजी को अपनी गिरफ्तारी का सन्देह हो गया तो वे उसी रात प्रतापगढ़ से रवाना हो गए और इलाहाबाद आ गए। यहाँ उन्होंने दल के एक सदस्य की सहायता से एक मकान किराए पर लिया। वे अधिकतर दिन में चुपचाप मकान में पड़े रहते और रात को ही बाहर निकलते थे।

कुछ ही दिनों बाद एक दिन आज़ाद भी वहाँ आ गए और कुछ दिन दोनों ही साथ रहे। वहाँ भी आज़ाद सशस्त्र और सावधान रहते और उनकी यह सतर्कता शहादत तक बनी रही।

उनकी सतर्कता की चर्चा करते-करते कुन्दनलाल जी जोर से हँस पड़े और बोले–"इलाहाबाद की उस घटना की आज भी (1966 में) याद कर हँसी आ जाती है। एक दिन शाम को मैं आज़ाद को घर में अकेला छोड़ बाहर गया था। लौटकर देखा कि आज़ाद ऊपर के कमरे में हैं और दरवाजा बन्द कर रखा है। मैंने दरवाजे पर दस्तक देकर आवाज दी। दरवाजा खुला और मेरी छाती पर माऊजर पिस्टल तना था। वे मेरी आवाज न पहचान सके इसलिए किसी भी व्यक्ति का यथोचित स्वागत करने को वे सज्ज थे।"

गुप्तजी ने आज़ाद की मस्ती का उल्लेख करते हुए कहा, "देश के स्वतन्त्र हो जाने के बाद श्री चन्द्रशेखर आज़ाद का स्वप्न क्या था उसे वे झूम-झूमकर गाते हुए सुनाया करते–

*जेहि दिन होइहैं सुरजवा,*
*अरहर के दलिया, धान के भतुआ*
*खूब कचरके खैबेना।*
*अरे जेहि दिन होइहैं सुरजवा।"*

"स्वतन्त्र भारत में जन साधारण को पेट भर भोजन, तन ढकने को कपड़ा और सिर पर छप्पर का साया हो।" परन्तु खेद है कि स्वतन्त्रता के 19-20 वर्षों बाद भी आज तक उनका वह स्वप्न साकार न हो सका।

इलाहाबाद में ही गन कैपों के विस्फोट की दुर्घटना हुई। उस दुर्घटना में श्री कुन्दनलाल जलने से बाल-बाल बचे। इस विस्फोट से उन्हें यह शंका हो गई कि इस धड़ाके से अड़ोस-पड़ोस के लोगों को शंका न उत्पन्न हो जाए। इसीलिए आज़ाद ने वहाँ से हट जाने का निर्णय लिया। उन्होंने यह बात श्री कुन्दनलाल जी को भी बता दी; परन्तु उन्होंने यह नहीं बताया कि वे इलाहाबाद से कहाँ जाएँगे। इसके कुछ मास पश्चात् ही कुन्दनलाल जी झाँसी पहुँचे और आज़ाद से मिले। इसके पूर्व भी जब शचीन्द्रनाथ बख्शी झाँसी में रहते थे तब कुन्दनलाल झाँसी आए थे। दल में वे नम्बर

वन के नाम से प्रसिद्ध थे। बख्शी जी ने उनसे भगवान दास, सदाशिव और मेरा परिचय करा दिया था। इसलिए भी वे आज़ाद से सहज ही सम्बन्ध स्थापित कर सके। उन दिनों आज़ाद ओरछा के पास ढिमरपुरा गाँव में रहते थे। कुन्दनलाल जी सदाशिव राव मलकापुरकर के पास ठहरे रहे और तब आज़ाद के पास उनके आने का समाचार लेकर मैं ढिमरपुरा गया। बाद में उनके आदेश पर ही कुन्दनलाल जी को ढिमरपुरा पहुँचाया गया।

दल की गोपनीयता के नियम का आज़ाद बड़ी कड़ाई से पालन करते थे और दूसरों को भी उस नियम का पालन करने के लिए बाध्य करते थे। यही कारण था कि छह बरसों तक पुलिस उन्हें न पा सकी। मुखबिरों ने जब-जब पुलिस को उनके ठिकानों का पता दिया, पुलिस पहुँचने के पूर्व ही आज़ाद वहाँ से लापता हो जाते थे। दिल्ली षड्यन्त्र में जैसे ही कैलाशपति पकड़ा गया आज़ाद ने कानपुर छोड़ दिया क्योंकि कैलाशपति यह जानता था कि आज़ाद कानपुर में हैं और कहाँ-कहाँ उनके ठिकाने हैं। मुखबिर होने पर उसने वीरभद्र तिवारी तथा सद्गुरुदयाल अवस्थी के भी नाम बता दिए थे और यह भी बता दिया था कि ये दोनों ही दल के केन्द्रीय समिति के सदस्य हैं। उसने कानपुर के वे सभी स्थान पुलिस को दिखा दिए थे जहाँ उसे ठहराया गया था। वीरभद्र तो पुलिस के हाथ फैजाबाद जेल में ही लग गया। वह एक एक्शन के डर से कांग्रेस के सत्याग्रह आन्दोलन में पहले से ही जेल चला गया था। अवस्थी इस समय फरार थे। आज़ाद ने यह सिद्धान्त ही बना लिया था कि जब कभी उनका साथी पकड़ा जाए फिर वह चाहे कितना भी विश्वासपात्र क्यों न हो; वे उन परिचित स्थानों में जाना उस समय तक छोड़ देते थे जब तक उस सम्बन्ध में निश्चित जानकारी न हो जाए। मेरे कानपुर में पकड़े जाते ही उन्होंने कटरे का घर छोड़ दिया था। ऐसा करने में अविश्वास से अधिक सतर्कता की ही भावना थी।

## झाँसी का संगठन

जिस समय शचीन्द्रनाथ बख्शी झाँसी में दल के संगठन के नाते मुकरियाना मोहल्ले में रहे थे, उस समय आज़ाद एक बार वहाँ आए थे। उसी समय बख्शी बाबू ने आज़ाद से हम सबका परिचय करा दिया था। उस समय उनके सिर पर लम्बे बाल थे। वे खद्दर का कुर्ता तथा खद्दर की ही तहमत बाँधे हुए थे। इससे कुछ ही समय पहले वे एक महन्त के अखाड़े से भागकर आए थे। वहाँ उन्हें व्यायाम तथा 'जपजी' के पाठ के सिवा और कोई काम नहीं था। खाने-पीने की भी कमी नहीं थी। इससे उनका शरीर स्वस्थ और कसा हुआ था। हम लोगों को दुबला-पतला देख वे व्यायाम करने पर बल देते।

मुकरियाने के इसी मकान में मैंने पहले पहल रिवाल्वर देखा। यहीं पर गोली चलाने की वह दुर्घटना आज़ाद के सामने हुई थी जिसका उल्लेख माहौरजी ने 'यश की धरोहर'

में किया है। एक दिन बख्शीजी तथा भगवान दास में रिवाल्वर चलाने के सम्बन्ध में चर्चा हो रही थी। बख्शीजी भगवान दास को बता रहे थे कि रिवाल्वर से निशाना कैसे साधा जाता है। अचानक ही आज़ाद ने उछलकर बख्शीजी के हाथ का रुख छत की ओर कर दिया और अपने दोनों हाथों से उसे जकड़ लिया। 'धड़ाका' तो अवश्य हुआ पर गोली छत से जा टकराई अन्यथा माहौरजी को लगती और फिर न जाने उसका क्या परिणाम होता। बात यह थी कि बख्शी बाबू ने रिवाल्वर एक बार खाली कर उसे फिर भर दिया था और बातों ही बातों में वे यह भूल गए कि वह भरा हुआ है और एकदम ट्रिगर दबा बैठे। दुर्घटना के बाद आज़ाद ने भगवान दास की नाड़ी देखी और उनके हाथ की रेखाएँ देख बोले 'तुम बड़े भाग्यशाली हो, हस्तरेखाएँ कहती हैं कि तुम कुछ करके ही मरोगे।' वास्तव में वे यह देखना चाहते थे कि भगवान दास पर उस दुर्घटना का क्या प्रभाव होता है। वे जब कभी भी रिवाल्वर, पिस्टल या बन्दूक साफ करने बैठते या हमें सिखाते तो हमेशा शस्त्र की नली जमीन की ओर करके ही उन्हें साफ करने को कहते।

उस समय भी आज़ाद को झाँसी बहुत पसन्द आई थी। वैसे भी कुछ समय पश्चात वे झाँसी आकर रहनेवाले थे। बुन्देलखंड के पहाड़, जंगल तथा पहाड़ी इलाके को वे गुरिल्ला युद्ध के लिए बहुत ही उपयुक्त समझते थे। यहाँ पर सदस्यों को पिस्तौल, रिवाल्वर तथा राइफल आदि चलाने की शिक्षा देने के केन्द्र स्थापित करने का उनका विचार था। इस क्षेत्र में हथियार तथा उनके लिए गोलियों की व्यवस्था करना भी सम्भव था क्योंकि आसपास की छोटी-छोटी रियासतों में वे आसानी से मिल जाती थीं। आगे चलकर 1925 में वे जब स्थायी रूप से झाँसी रहे तो उन्होंने इस योजना को कार्य-रूप में परिणत किया। खनियाधाना, दतिया, बिजावर तथा भोपाल रियासतों में उन्होंने ऐसे केन्द्र बनाए जहाँ दल के सदस्यों को हथियार चलाने की शिक्षा देने की व्यवस्था हो सकी। इनमें से कुछ ठिकानों से हथियार भी प्राप्त हो सके।

बख्शी बाबू के पास जिस समय आज़ाद आकर कुछ दिन रहे उसी बीच मास्टर रुद्रनारायण से भी उनका घनिष्ठ परिचय हो गया। इसके पूर्व भी मास्टर रुद्रनारायण ने शाहजहाँपुर में आज़ाद को देखा था तथा उनकी सहृदयता का परिचय वे प्राप्त कर चुके थे। श्री चन्द्रशेखर आज़ाद की शहादत के बाद तथा देश के ब्रिटिश शासकों की गुलामी से मुक्ति के पश्चात मास्टर रुद्रनारायण जी श्री बनारसीदास चतुर्वेदी से मिलने गए थे। उस समय चतुर्वेदी जी को उन्होंने आज़ाद की सहृदयता का वर्णन करते हुए बताया था, कि सन् 1924 में शाहजहाँपुर में क्रान्तिकारियों की बैठक में शामिल होने के लिए मास्टर रुद्रनारायण भी आमन्त्रित थे। इस विषय में शचीद्रनाथ बख्शी का कथन है कि मास्टर रुद्रनारायण को तहसील पीलीभीत के अन्तर्गत बमरौली गाँव की डकैती की योजना में ले जाने के लिए बुलाया गया था परन्तु वे अस्वस्थ होने के कारण एक दिन देर से पहुँचे इससे वे फिर बैठक में ही शामिल होकर लौट गए थे। बमरौली डकैती में आज़ाद तथा सरदार भगत सिंह भी थे। भगत सिंह ने डकैती में भाग तो लिया परन्तु

लौटने पर वे कई दिनों तक उदास रहे। उन्होंने कानपुर में अपने साथियों से इस सम्बन्ध में अपनी भावनाएँ व्यक्त करते हुए कहा था, 'अब उन्हें डकैती में न ले जाया जाए क्योंकि वहाँ लोगों पर होनेवाले अत्याचार और उसके लिए हत्या करना वे सहन नहीं कर सकते।'

मास्टर रुद्रनारायण को स्टेशन पर लेने बख्शी जी आए थे। उन्होंने पहले ही से मास्टर साहब को बता दिया था कि स्टेशन पर वे उनसे बातचीत नहीं करेंगे और थोड़ी दूर तक उनके पीछे-पीछे चलेंगे। उन दिनों उत्तर प्रदेश में क्रान्तिकारियों की खोज बड़े जोर से हो रही थी और शाहजहाँपुर में भी गुप्तचर विभाग की काफी हलचल थी। ठंड के दिन होने के कारण मास्टर रुद्रनारायण रजाई ओढ़े स्टेशन के मुसाफिरखाने में पड़े रहे। जब बख्शी को आया देखा तो वही रजाई ओढ़े उनके पीछे हो लिए। जिस स्थान पर उन्हें जाना था वह किसी नवाब की कोठी थी और उसका पिछला दरवाजा खोलकर क्रान्तिकारी उसमें रहते थे और सामने के दरवाजे पर ताला पड़ा रहता था। वे जब बँगले के आसपास लगे काँटों के तारों के पास पहुँचे तो बख्शी जी ने मास्टर जी से थोड़ा घूमकर चलने को कहा। पर मास्टर जी समय बचाने के लिए काँटों के तारों के बीच से ही घुस पड़े। परिणाम यह हुआ कि काँटों के तार के बीच से जाने से उनके पैर लहू-लुहान हो गए। जब वे अन्दर गए तो उनके इन धावों की ओर किसी का ध्यान नहीं गया परन्तु आज़ाद ने उन्हें देख लिया और तुरन्त कहीं से स्पिरिट और पट्टियाँ लाकर उनके घावों की मरहम-पट्टी की। मास्टर रुद्रनारायण का आज़ाद से यह प्रथम परिचय था। उनके स्नेहपूर्ण व्यवहार से वे अत्यन्त प्रभावित हुए। मास्टर साहब ने इस घटना का वर्णन करते हुए कहा था, "जिन्होंने आज़ाद के माता-पिता के दर्शन नहीं किए वे आज़ाद के जीवन का चित्रण नहीं कर सकते। आज़ाद के भक्त और प्रशंसक अपनी श्रद्धा के प्रवाह में उन्हें शक्तिशाली दानव की श्रेणी में निरुपित-सा करते हैं। वे समझते हैं कि महान शक्तिशाली ब्रिटिश शासन से जूझनेवाला आज़ाद पाषाण-हृदय ही हो सकता है, परन्तु उनके सहृदयता को वे ही समझ सकते हैं जिन्होंने उनकी माता के दर्शन किए हों। आज़ाद का जो आदर्श चरित्र था वह थी उनके पिता की देन।" मास्टर रुद्रनारायण आज़ाद के आदेश पर उनके जन्म स्थान भावरा गए थे। वहाँ उन्होंने आज़ाद के माता-पिता के दर्शन किए थे। कुछ दिन वे उनके पास रहे भी। फुर्सत के समय आज़ाद के पिता श्री सीताराम तिवारी से वे श्री चन्द्रशेखर के जीवन पर चर्चाएँ भी करते थे। उसी सिलसिले में उन्होंने एक बार बताया—"सरकारी बाग की नौकरी में हमने कोई बेईमानी नहीं की। इस बाग से कभी आम तो क्या एक भाँटा (बैगन) भी हमने तहसीलदार तक को मुफ्त नहीं भेजा, फिर घरवालों को तो कभी उन्हें मैंने छूने तक नहीं दिया। अगर ये (आज़ाद की माता की ओर संकेत कर) कभी कोई फल-फूल ले जातीं तो मैं इनका सिर काट देता।" यह कहते-कहते स्वाभिमान की एक झलक उनके चेहरे पर दिखाई दी। "हमने कभी बेईमानी से एक पैसा भी नहीं कमाया और पराया धन हराम समझा।" कथन की समाप्ति कर उनके चेहरे पर गौरव-गरिमा की लाली छा गई।

इस तरह मास्टर रुद्रनारायण जी एक के बाद एक आज़ाद के संस्मरण बनारसीदास जी को सुनाते जा रहे थे, दृष्टि उनकी आज़ाद के शहादत के बाद के चित्र पर थी। आँखों का श्रद्धापात्र अर्ध्य दे रहा था और मास्टर साहब कहे जा रहे थे—"और उस दिन की घटना ने तो मुझे आश्चर्यचकित ही कर दिया। वह थी साण्डर्स की हत्या के बाद की बात। जब मैंने अखबारों में यह घटना पढ़ी तो मुझे पूर्ण विश्वास हो गया कि इसमें आज़ाद का सक्रिय भाग होना ही चाहिए। मैं उस क्षण की प्रतीक्षा बड़ी उत्सुकता से कर रहा था जब मैं आज़ाद से मिलकर उसके लिए उन्हें बधाई दूँ। इसलिए आज़ाद के लाहौर से लौटने के पश्चात् जैसे ही वे मुझसे मिले मैंने तुरन्त उसके चरण छूए।

"आज़ाद चौंके ! और पीछे हटते हुए बोले 'यह क्या उल्टी बात आपने कर डाली। यह तो बिल्कुल गलत काम किया आपने।"

"मैंने गम्भीर हो कहा 'मैंने इस समय चन्द्रशेखर के पैर नहीं छुए हैं। मैंने तो लाला लाजपत राय का अपमान करनेवालों से बदला चुकानेवाले महापुरुष की चरणरज ली है। उस गर्व से मैं फूला नहीं समा रहा हूँ।"

मास्टर साहब झाँसी के हम सभी साथियों के पूज्य रहे। झाँसी में आज़ाद जो इतने वर्षों सुरक्षित रह सके और पुलिसवालों के सामने ही निशंक घूमते-फिरते थे उसका अधिकतर श्रेय मास्टर रुद्रनारायण को ही है। वैसे मास्टर साहब ने घर छोड़कर दल के कार्यों में सक्रिय भाग नहीं लिया पर उनकी कुर्बानी किसी सक्रिय सदस्य से कम नहीं थी। उनके घर की आर्थिक स्थिति अच्छी न होने पर भी वे आज़ाद को यथाशक्ति सहायता देने में न हिचकिचाते। उनकी सहधर्मिणी श्रीमती मुन्नी देवी भी इसमें सहयोग देती; परन्तु स्त्रियों को गृहस्थी का भार सम्हालते समय अनेक बातों का ध्यान रखना पड़ता है और उन परिस्थितियों में जब कभी वे अधिक सतर्कता का परिचय देती हैं तो पुरुष उसे उनकी संकुचित मनोवृत्ति समझता है। ऐसी परिस्थितियों में उन्होंने एक-दो बार आज़ाद को भोजन कराने में आनाकानी की। आज़ाद को उनकी यह भावना अच्छी न लगी। इसकी किसी से चर्चा न कर मास्टर साहब के यहाँ वे भोजन करना टालने लगे। और ऐसी स्थिति में उन्हें कुछ दिन भूखा भी रहना पड़ा। मास्टर साहब को जब यह पता चला तो उन्हें अत्यन्त दुःख हुआ। वे उनसे झगड़ा कर बैठे और दोनों यानी देवर-भाभी में सन्धि कढ़ी-चावल की दावत पर हुई। कढ़ी-चावल आज़ाद को अत्यन्त प्रिय था और उस कढ़ी में यदि पकौड़ियाँ पड़ी हों तो फिर तो वह उनके लिए पकवान होता।

उन्हें कढ़ी-चावल क्यों इतना प्रिय था, इस रहस्य का पता मुझे तब चला जब मेरी सहधर्मिणी ने उनकी माताजी का उल्लेख करते हुए बताया कि 1949 में जब हम लोग दिल्ली में थे तो माताजी हमारे पास कुछ दिन ठहरी थीं। उस समय मैंने उनसे पूछा था कि वे कैसी रसोई पसन्द करेंगी। तब उन्होंने कढ़ी-भात खाने की इच्छा प्रकट करते हुए कहा था—"बच्चा कढ़ी-भात तो हमको बहुत पसन्द है, पर साँस की बीमारी से डर लगता है। पर आज हम कढ़ी-भात जरूर खाएँगे।" उन दिनों दिल्ली में राशन का संकट नहीं था। अच्छे से अच्छा चावल मिल जाता था। इसलिए माताजी को इच्छा भोजन

कराना सहज हुआ। उस दिन उन्होंने प्रसन्नतापूर्वक कढ़ी-भात खाया और सबसे प्रसन्नता की बात यह कि उससे उन्हें कोई नुकसान नहीं हुआ। उस दिन हमें पता चला कि आज़ाद को कढ़ी-भात इतना क्यों पसन्द था।

आज़ाद जब मास्टर साहब के यहाँ आने-जाने लगे तो मास्टर साहब ने उनका प्रवेश घर के चूल्हे तक करा दिया था। मास्टर साहब के पिता जो उन दिनों उन्हीं के पास रहते, मास्टर साहब का यह व्यवहार सहन न कर सके। उत्तर प्रदेश में पर्दा प्रथा उन दिनों बहुत थी। घर में जवान बहू हो और एक बाहरी नवयुवक का प्रवेश घर में इस प्रकार बेरोकटोक हो यह बात घर के बड़े बूढ़े किस प्रकार सहन कर सकते थे। पहले सौम्य शब्दों में इसका विरोध होता रहा पर धीरे-धीरे इस प्रश्न को लेकर बाप-बेटे में ठनने लगी। मास्टर साहब ने जब देखा कि मामला तूल पकड़ता जा रहा है तो उन्हें यह भी भय हुआ कि यह बात बाहर न जाए। उससे दरवाजे पर बैठनेवाला गुप्तचर विभाग का आदमी भी चौकन्ना हो सकता है। काकोरी डकैती के बाद से मास्टर रुद्रनारायण के यहाँ आने-जानेवालों पर नजर रखने के लिए गुप्तचर विभाग का आदमी बराबर दरवाजे पर बैठा रहता था। एक बार इस सम्बन्ध में मास्टर साहब के यहाँ तलाशी भी हो चुकी थी। इसलिए हरीशंकर मोटर ड्राइवर की असलियत उन्हें अपने पिता को बताने के लिए बाध्य होना पड़ा। उसके बाद से मास्टर साहब के पिताजी का दृष्टिकोण ही बदल गया ? वे उनसे बड़े स्नेह से बात करते, जब कभी मौका देखते तो उनसे क्रान्तिकारी आन्दोलन की भी चर्चा करते। आज़ाद अक्सर ऐसे मौकों पर विशेष घटनाओं की चर्चा टाल जाते। या फिर कुछ मनगढन्त किस्से सुनाकर उन्हें प्रसन्न कर देते।

मास्टर रुद्रनारायण से पूर्व परिचित होने के कारण ही काकोरी के बाद जब आज़ाद इलाहाबाद से झाँसी आए तो पहले वे मास्टर रुद्रनारायण जी के यहाँ ही ठहरे। गोकि वहाँ उनका ठहरना संकटापन्न था फिर भी मास्टर साहब ने उन्हें अपने यहाँ ठहराने में आनाकानी नहीं की। मास्टर साहब कांग्रेस आन्दोलन में भी जेल जा चुके थे तथा उनके विषय में पुलिस को यह भी शंका थी कि वे क्रान्तिकारियों से सम्बन्ध रखते हैं, इसलिए उनके दरवाजे पर गुप्तचर विभाग का पहरा रहता था। मास्टर रुद्रनारायण पुलिस की इस प्रकार की कार्यवाही से कभी विचलित नहीं हुए और उन्हें वे बड़े प्रेम से अपने कमरे में बुलाकर बैठाते तथा उनसे पंजा और कलाई भी लड़ाया करते। कुछ दिनों पश्चात आज़ाद भी इस दंगल में शामिल होने लगे। इन सी. आई. डी. वालों में एक हेड कांस्टेबिल कम्मोद सिंह भी था। भगवान ने उसे एक ही आँख में दृष्टि देकर उसके द्वेत की भावना समाप्त कर दी थी। ये महोदय आज़ाद की तलाश में बहुत रहते। कई बार वह मास्टर रुद्रनारायण से आज़ाद का जिक्र करते हुए कहता, "मास्टर अगर आज़ाद हाथ आ जाए तो हमारे पौ बारह हो जाएँ।" मास्टर खिलखिलाकर हँसकर कहते, "देखो शायद तुम्हारी तकदीर खुल जाए।"

लाहौर षड्यन्त्र में फणीन्द्र के मुखबिर हो जाने के बाद कम्मोद सिंह को जब यह

पता चला कि आज़ाद बरसों झाँसी में रहकर उसकी छाती पर मूँग दलते रहे तो वह सन्नाटे में आ गया। इस घटना के बाद वह फिर मास्टर साहब के यहाँ न आया।

## ढिमरपुरा में आज़ाद

मास्टर साहब ने आज़ाद को झाँसी न रहने की सलाह दी क्योंकि काकोरी कांड के बाद झाँसी में भी पुलिस की सरगर्मियाँ जोरों पर थीं। काकोरी षड्यन्त्र के मुखबिरों से पुलिस को यह पता चल गया था कि झाँसी भी क्रान्तिकारियों के संगठन का केन्द्र है। आज़ाद का शरीर और व्यक्तित्व भी कुछ ऐसा था कि वे आसानी से पुलिस की नजरों पर चढ़ जाते। आखिर यह निश्चय किया गया कि वे ओरछे के पास ढिमरपुरा गाँव में सातार नदी के किनारे हनुमान जी के मन्दिर में साधुवेश में रहें। इसके पूर्व आज़ाद महन्त के मठ में साधु बनकर रह चुके थे, इसलिए उन्हें साधु बनकर रहने में तनिक भी झिझक न हुई। वे कमर में मूँज की करधनी बाँध लँगोटी लगाकर यात्रा पर निकल पड़े। साथ में एक कम्बल और रामायण का गुटका भी ले लिया। सातार पर ये हनुमान भक्त ब्रह्मचारी कहलाने लगे। मास्टर रुद्रनारायण जी पहले वहाँ आज़ाद को साथ ले जाकर स्थान दिखा लाए थे। ब्रह्मचारी जी ने जब मन्दिर में आसन जमा लिया तो मास्टर जी कभी-कभी जाकर उन्हें देख आते। वे वहाँ जाते ही उन्हें श्रद्धा से दंडवत करते। प्रारम्भ में आज़ाद ने गाँव में मधुकरी से निर्वाह किया। वे गाँव में किसी एक व्यक्ति के यहाँ पहुँच जाते और उससे भोजन की इच्छा प्रकट करते और वह गृहस्थ उन्हें भोजन करा देता। उन दिनों में गाँवों में साधु-सन्त कभी भूखे नहीं रहते थे। आज भी ठग—साधुवृत्ति वाले लोग भी गाँवों में कुछ न कुछ पा ही जाते हैं। जबकि देश में भीषण अन्न संकट है। साधु, ब्रह्मचारी या संन्यासियों के प्रति भक्तिभाव यह भारतीय परम्परा में स्वाभाविक ही है। धीरे-धीरे ब्रह्मचारी जी ने गाँव के लोगों को रामायण भी सुनाना प्रारम्भ किया। साथ ही छोटे बच्चों के लिए हनुमान जी के मन्दिर के चबूतरे पर पाठशाला प्रारम्भ हो गई। बचपन में विद्याध्ययन से भागनेवाले श्री चन्द्रशेखर अब स्वयं अध्यापक बनकर बच्चों को पढ़ाने लगे। आज़ाद की प्रतिष्ठा बढ़ने लगी। उनके व्यवहार और चाल-चलन से प्रभावित होकर ढिमरपुरा के ठाकुर मलखान सिंह ने स्कूल के लिए उन्हें अपने घर के सामने की चौपाल दे दी। अब दिन भर ही ब्रह्मचारी हरिशंकर जी का समय मलखान सिंह की चौपाल में ही कटता। अब भोजन की समस्या भी हल हो गई थी। दोनों समय ब्रह्मचारी जी को मलखान सिंह अपने साथ रसोई में ले जाकर भोजन कराते। धीरे-धीरे ठाकुरों का यह परिवार उन्हें अपना पाँचवाँ भाई मानने लगा। इसी बीच जब कभी रात को बातें करते-करते उन्हें देर हो जाती तो ठाकुर लोग उन्हें चौपाल में ही सोने का आग्रह करते और वे लाचार हो सो जाते। एक दिन सारे परिवार की राय से ब्रह्मचारी जी का डेरा ठाकुरों के घर आ गया। ठाकुर मलखान सिंह तथा उनके भाई जंगल विभाग में नौकरी करते थे इससे अनेक बार चारों ही भाई कई-कई दिन तक घर से बाहर रहते।

इसलिए श्री ब्रह्मचारी हरिशंकर का उनकी बखरी में रहना परिवार के हित में ही था।

धीरे-धीरे हरिशंकर ब्रह्मचारी ठाकुरों के परिवार के ही व्यक्ति समझे जाने लगे। अनेक बार वे लगान इत्यादि भी पटाने ओरछा चले जाते। पाई-पाई का हिसाब रखते। अब ठाकुर लोग घर की ओर से निश्चिन्त हो गए। जब कभी मलखान सिंह दौरे पर जाते तो पैसों के तिजोरी की चाबी भी वे ब्रह्मचारी जी को सौंप जाते। ठाकुरों की बन्दूकों पर भी उनका पूर्ण अधिकार था। मलखान सिंह के साथ वे कभी-कभी शिकार खेलने भी जाने लगे और बन्दूक से अच्छा निशाना लगाने लगे। कभी-कभी वे झाँसी के साथियों को ढिमरपुरा बुलाकर बन्दूक चलाना सिखाते। ऐसे समय मलखान सिंह साथ न होते। इस प्रकार के अभ्यास से झाँसी के सदस्य अभ्यस्त हो अच्छा निशाना लगाने लगे।

## पुलिस को चकमा

ठाकुरों के यहाँ रहने पर भी वे प्रातःकाल सातार नदी में स्नान कर मन्दिर के अखाड़े में व्यायाम करते। पाँच सौ दंड और एक हजार बैठकें लगाने के पश्चात् वे मुग्दर के हाथ भी घुमाते। इसी के साथ दिन में बच्चों का स्कूल भी चलाते तथा रात में लोगों के आग्रह पर तुलसीकृत 'रामायण' का भी पाठ होता। इस प्रकार ढिमरपुरा में जब उनकी व्यवस्था ठीक हो गई तथा गाँव में शंका का कोई कारण नहीं रहा तो धीरे-धीरे वे फिर झाँसी आने-जाने लगे। परन्तु पुलिस से वे सदा सतर्क रहते। एक दिन झाँसी से ओरछा लौटते समय जब वे सदर बाजार से आगे ओरछे की सड़क पर एक अन्य साधु के साथ चले जा रहे थे तो मार्ग में दो सिपाही मिल गए। उन्होंने इन साधुओं को रुकने का आदेश दिया। आज़ाद अपने साथी के साथ ठहर गए। पास आकर सिपाहियों ने पूछा, "क्यों तू आज़ाद है ?"

वे बिना हिचकिचाए हँसकर बोले, "हैं ! बच्चा हम तो आज़ाद ही हैं। साधुओं को क्या बन्धन है बाबा ? महावीर जी के भक्त हैं, भजन करते हैं और मस्त रहते हैं। तो चलें बच्चा ? हनुमान जी को चोला चढ़ाने में देर हो गई हैं।" यह कह उन्होंने वहाँ से जाने की जल्दी की। पर पुलिसवाले उन्हें थाने ले जाने की जिद करने लगे। कुछ दूर तो आज़ाद उनके साथ हो लिए और उन्हें समझाते रहे परन्तु जब उन्होंने देखा कि सिपाही मानते ही नहीं हैं तो वे दृढ़ता से बोले, "तुम्हारे थाने के दरोगा से हनुमान जी बड़े हैं, मैं तो हनुमान जी का हुकम मानूँगा। तुम मानो अपने दरोगा-फरोगा को।" इनकी बदली हुई आँखें देख पुलिसवाले सहम गए। आज़ाद उग्ररूप में उन्हें कुछ हनुमान की तरह ही दिखाई देने लगे। इसीलिए उन्हें आगे कुछ कहने का साहस न हुआ और वे ठिठककर रह गए। बजरंग भक्त ब्रह्मचारी जी तीर की तरह ढिमरपुरा की ओर बढ़ गए। उन्होंने एक बार भी लौटकर न देखा कि पुलिसवालों का क्या हाल है। ब्रिटिश शासन काल में झाँसी के आसपास अनेक छोटी रियासतें थीं। इनमें अक्सर डकैती तथा हत्याओं की वारदातें होती ही रहती थीं उसी से झाँसी के सीमावर्ती इलाकों में पुलिस

का गश्त रहता था साथ ही रियासतों में भी क्रान्तिकारियों की हलचल रहती विशेषकर हथियारों के सम्बन्ध में। क्योंकि रियासतों में हथियार रखने पर कोई प्रतिबन्ध नहीं था तथा छोटे-छोटे जमींदार-जागीरदार भी पिस्तौल-रिवाल्वर रखते और अनेक बार पैसों की लालच में उन्हें बेच देते। काकोरी षड्यन्त्र के अभियुक्तों पर एक यह भी आरोप था कि वे रियासतों में शरण लेते थे और वहाँ अनेक केन्द्र भी थे। इसलिए पुलिस इस षड्यन्त्र में फरार क्रान्तिकारियों की खोज झाँसी की आसपास की रियासतों में भी किया करती थी। इन दो पुलिसवालों ने आज़ाद पर जो सन्देह किया वह इसी कारण किया था। परन्तु आज़ाद अपने साहस और चातुर्य के बल पर ही उस दिन पुलिस के चंगुल से बच निकले।

## आज़ाद के चरित्र की अग्निपरीक्षा

आज़ाद का सबसे बड़ा सम्बल था उनका चरित्र। चरित्र को उन्होंने सदा महत्त्व दिया और अपनी इस धारणा पर जीवन के अन्त तक दृढ़ रहे। चरित्रहीन व्यक्ति से वे सदा घृणा करते। कुछ साथियों ने उनके इसी गुण की हँसी उड़ाई। पर वे अपने सिद्धान्त पर अटल रहे। विवाह उनकी दृष्टि में पाप नहीं था परन्तु जब नारी, दल के किसी सदस्य के कर्तव्य में बाधक होती दिखाई दी, किसी व्यक्ति ने दल की सदस्यता को विवाह का साधन बनाया और उसके लिए दल का दुरुपयोग किया तो ऐसे सदस्यों को आज़ाद कड़ी से कड़ी सजा देने में न हिचके। उनके इस महान गुण की कुछ स्वार्थी तत्त्वों ने खिल्ली उड़ाई, उसे आज़ाद की भूल आरोपित कर यहाँ तक लिख डाला कि उन्होंने इसके लिए उनसे पश्चात्ताप भी व्यक्त किया परन्तु उनका यह प्रयत्न अपने अवगुण छिपाने तथा वस्तुस्थिति पर परदा डालने का असफल प्रयास मात्र था। पार्टी में अनेक सदस्य विवाहित थे और आज़ाद की उनके प्रति पूर्ण श्रद्धा और आस्था थी। भाई भगवतीचरण भी विवाहित थे। आज़ाद उन्हें बहुत अधिक मानते थे। उनसे परामर्श किए बगैर कोई योजना कार्यान्वित नहीं करते थे। परन्तु जिन लोगों ने दल को अपनी प्रेम-लीला का साधन, प्रगतिशीलता का जामा पहनाकर बनाना चाहा, जिन्होंने अपनी कमजोरियों को इस प्रकार छिपाना चाहा, आज़ाद ने उन्हें कभी क्षमा नहीं किया और अन्तिम दिनों में तो वे इसी निर्णय पर पहुँचे थे कि स्त्रियों का संगठन पुरुषों के संगठन से अलग रखा जाए और दीदी (सुशीला देवी) को उस संगठन का प्रमुख बनाकर वह विभाग उनके जिम्मे कर दिया था।

सरदार भगत सिंह से प्रेम करनेवालों की संख्या कम न थी। वे भी ऐसी किसी नवयौवना को पार्टी का सदस्य बनाकर उससे विवाह कर सकते थे परन्तु उनके सामने क्रान्तिकारियों का एक आदर्श था। जेल से उन्होंने जो अनेक पत्र लिखे हैं उनमें से एक पत्र इस सम्बन्ध में भी लिखा था। उसमें उन्होंने लिखा है कि क्रान्तिकारी के जीवन से प्रेम अलग नहीं किया जा सकता। उन्होंने 'दी कैरियर ऑफ ए निहलिस्ट' पुस्तक

में से एक पंक्ति भी उद्धृत की थी, 'The love is incompatable for the life of a revolutionary'. वे यह भी जानते थे कि एक दिन उन्हें फाँसी चढ़ना या गोली से मारा जाना है। उनकी शादी का दिन तो वही होगा। आज़ाद भी इसी सिद्धान्त के थे। उनके जीवन में ऐसे क्षण आए परन्तु वे तनिक भी विचलित नहीं हुए। ऐसी ही अग्निपरीक्षा का एक क्षण ढिमरपुरा में रहते समय आया, जिसमें वे खरे उतरे।

ढिमरपुरा के ठाकुर मलखान सिंह के परिवार में उनकी एक बहन भी थी, जिन्हें आज़ाद जीजी कहते और हम सब भी उन्हें जीजी कहते थे। जीजी अत्यन्त स्नेहमयी थीं। झाँसी से ब्रह्मचारी जी से जो भी मिलने आता उसका वे बड़े वात्सल्यपूर्ण ढंग से स्वागत करतीं। ब्रह्मचारी जी से मिलने आनेवाले व्यक्ति के पहुँचते ही उसे हाथ-मुँह धोने को पानी देतीं और ब्रह्मचारी जी के आने तक वह व्यक्ति आटे का लड्डू और कटोरा भर दूध पीकर थकान हल्की कर चुका होता। आज़ाद के क्रान्तिकारी जीवन के विषय में वे शायद ही कुछ जानती हों पर उन पर उनका पूर्ण विश्वास था। परन्तु एक बार वे भी अपनी सहेली के स्नेहवश आज़ाद के चरित्र की परीक्षा कर बैठीं।

उनकी यह सहेली एक विवाह के सम्बन्ध में ठाकुरों के घर न्यौता देने आई थी। वह थीं प्रौढ़ा; परन्तु समृद्ध घराने की होने तथा कई बच्चों की माँ होने पर भी यौवन का निखार शरीर पर अलसाकर ठिठक-सा गया था। उसके पति के निधन के बाद भी वासना की भूख आँखों का स्थायी भाव-सा बन गया था। वह ढिमरपुरा में कुछ दिन रहीं। इस बीच उसने ब्रह्मचारी जी को अनेक बार देखा और उन पर वह आसक्त हो गई। अपनी इस मनमथशर की पीड़ा को वह जीजी से न छिपा सकी। जीजी ने उसे हरचन्द समझाया पर वह न मानी और जीजी से हठकर आज़ाद से मिलना चाहा। गर्मी के दिन थे। बह्मचारी जी रात को ठाकुरों के घर की छत पर ही सोते थे। सब भाई दौरे पर थे। घर में केवल स्त्रियाँ ही थीं। इस अवसर से लाभ उठाकर वह प्रौढ़ा एक दिन चाँदनी रात में छत की सीढ़ियाँ चढ़ गई। आज़ाद क्रान्तिकारी दल के पुनः संगठन की चिन्ता में व्यस्त थे। पैरों के झाँझरों की आवाज सुन उनका ध्यान टूटा। उन्होंने देखा कि पाहुन मन्दगति से ऊपर चली आ रही है। उन्होंने सोचा गर्मी में छत पर बैठने वह जीजी के साथ आई होगी। जीजी अनेक बार रात्रि को भोजन के पश्चात ब्रह्मचारी जी से काम-काज की चर्चा करने आ बैठती थीं। शायद आज उनकी सहेली भी साथ चली आई हो।

वह महिला बिना हिचकिचाए इनकी खाट पर आ बैठी। आज़ाद उठ बैठे और उससे दूर खिसककर बैठ गए। दोनों ही चुप। आज़ाद इस प्रतीक्षा में कि शायद जीजी आ रही हों, पर जब कुछ क्षण बीत जाने पर भी वे न आई तो आज़ाद महिला से पूछ बैठे कि वे कैसे आई हैं ?

वहाँ कहने को तो बहुत कुछ था पर बात जबान पर आकर रुक जाती थी और नेत्र अपनी वाणी से सबकुछ समझा देना चाहते थे परन्तु आज़ाद 'नैन और सैनो' की यह भाषा जानते ही न थे। वे समझ ही न सके कि वह क्यों आई हैं। उन्होंने जब

उसे चुप और अपनी ओर बढ़ते देखा तो कहा कि उन्हें इस प्रकार रात को अकेले नहीं आना चाहिए था। यदि कुछ बात हो तो तुरन्त कहकर वे चली जाएँ।

ब्रह्मचारी जी की इस सरलता पर महिला मुस्कुरा दी तथा फिर कुछ उनकी ओर बढ़ी। आज़ाद भी पीछे हटते गए और जब खाट पर पीछे हटने की जगह नहीं रही तो उठकर खड़े हो गए और तनिक आवेश में बोले—यदि तुम नहीं जाओगी तो मैं ही चला जाऊँगा। आज़ाद ने यह भी बताया कि उस महिला ने यह धमकी दी कि यदि आज़ाद उनकी बात नहीं मानेंगे तो वह चिल्लाकर लोगों को इकट्ठा कर उन्हें बदनाम कर देगी। परन्तु आज़ाद उस धमकी से डरनेवाले कहाँ थे। वे तुरन्त जीने की ओर बढ़े। जीने से उन्होंने दरवाजा खोलकर बाहर जाना चाहा; दरवाजा बाहर से बन्द था। वे तुरन्त लौट पड़े और दस-बारह फीट उँची छत से बिना कुछ सोचे-विचारे ही नीचे कूद पड़े और हनुमान जी के मन्दिर की ओर चल दिए।

जब उस स्त्री ने देखा कि ब्रह्मचारी जी मदनबाण से बिद्ध हो उस पर क्रुद्ध हो छत से कूद गए तो उसने घबराकर छत से नीचे झाँका। उसने देखा कि कूदकर ब्रह्मचारी जी काफी दूर निकल गए हैं तो वह तुरन्त जीने से नीचे उतरकर जीजी से मिली। उसे देखते ही जीजी सब समझ गई। उन्होंने महिला को बहुत बुरा-भला कहा। उन्हें यह भी भय हुआ कि अब ब्रह्मचारी जी कभी ठाकुरों के घर न आएँगे। और मलखान सिंह तथा उनके भाइयों को जब यह घटना मालूम होगी तो घर में एक तूफान खड़ा हो जाएगा।

दूसरे दिन ब्रह्मचारी जी अपने नित्य नियम के अनुसार बच्चों को चौपाल में पढ़ाने तो आए, परन्तु घर में खाने न गए और कुछ बहाना बनाकर मन्दिर लौट गए। तब जीजी ने स्वयं उनके पास जाकर क्षमायाचना की। ब्रह्मचारी जी ने भी देखा कि परिस्थिति ऐसी नहीं है कि झाँसी लौटा जाए अन्यथा वे रात को ही झाँसी चले आते, एक क्षण वहाँ न टिकते, इसलिए वे मान गए। परन्तु उन्होंने यह निश्चय व्यक्त किया कि उस महिला के वहाँ रहने तक वे घर के अन्दर नहीं जाएँगे, या तो भोजन मन्दिर में पहुँचा दिया जाएगा या फिर वे घर के चौपाल में बैठकर भोजन करेंगे। साथ ही वे उस महिला के वहाँ रहने तक रात्रि को हनुमान के मन्दिर में ही रहेंगे। और उन्होंने अपने प्रण को निभाया। जितने दिन वह महिला वहाँ रही वे घर न गए परन्तु वह महिला जब अपने घर जाने लगी तो उसने मन्दिर में जाकर ब्रह्मचारी जी से क्षमायाचना की तथा अपने किए पर पश्चात्ताप किया। साथ ही ब्रह्मचारी जी को विवाह में शामिल होने का निमन्त्रण भी दे गई। धीरे-धीरे ठाकुर मलखान सिंह तथा परिवार के बाकी लोगों को भी यह बात मालूम हो गई इससे ब्रह्मचारी जी के प्रति उनकी श्रद्धा और भी बढ़ गई। उस महिला के जाने के पश्चात आज़ाद फिर ठाकुरों के घर में पूर्ववत रहने लगे।

उस स्त्री के इस प्रकार के आचरण और दुःसाहस का क्या कारण था और उसने इसे एक साधारण-सी बात क्यों समझी ? इसके लिए उत्तरदायी उस समय का बुन्देलखंड

की रियासतों का वातावरण था। रियासतों में जनसाधारण की गरीबी तथा चरित्रहीन सामन्तशाही के कारण स्वैराचार का बोलबाला था। रियासतों में स्त्रियों का सुन्दर होना एक अभिशाप था। इसका एक छोटा-सा ही उदाहरण मैं यहाँ दूँगा जिससे उस समय के रियासतों के वातावरण का अनुमान लगाया जा सकता है।

उन दिनों आजकल के सिनेमा नहीं थे। रामलीला, नाटक या नौटंकी ही जनसाधारण के मनोरंजन के साधनमात्र थे। वर्षाकाल में गाँव की शायद ही कोई चौपाल हो जहाँ आधी-आधी रात तक आल्हा न गूँजता हो। एक छोटी-सी रियासत में एक नौटंकी मंडली आई। उसके अनेक प्रयोग हुए और उसकी प्रसिद्धि राज-दरबार तक पहुँची। राजमहल में भी उनके प्रयोग हुए। उन दिनों नौटंकियों या नाटक कम्पनियों में स्त्रियों का पार्ट लड़के ही करते थे। इस कम्पनी में भी स्त्री पात्र का काम एक लड़का करता था, जो अत्यन्त सुन्दर था। एक रात जब नौटंकी समाप्त हुई तो वहाँ के राजा साहब ने उस लड़के को इनाम देने के लिए अपनी सेवा में बुला भेजा। मैनेजर पहले तो घबराया परन्तु बाद में उसने सन्देशवाहक से दो घंटे में लड़के को खिला-पिलाकर राजा साहब के पास भेजने का आश्वासन दिया। इस समाचार से राजा प्रसन्न तो हुए परन्तु साथ ही सतर्कता के लिए राजधानी के परकोटे के दरवाजे बन्द करवा दिए जिससे नौटंकी के लोग कहीं भाग न जाएँ। इधर मैनेजर ने अपने साथियों से परामर्श कर यह निश्चय किया कि सारा सामान छोड़कर जितनी जल्दी हो सके राज्य से भाग जाया जाए। कम्पनी के एक-एक, दो-दो कर सारे कर्मचारी चले गए। अन्त में मैनेजर लड़के को लेकर निकला। उस पर तैनात सिपाही यही समझते रहे कि—लोग खाने-पीने गए होंगे। क्योंकि शहर से बाहर जाना होता तो ये लोग अपना सामान भी साथ ले जाते। इधर मैनेजर परकोटे के फाटक पर सिपाहियों को घूस देकर बाहर निकल गया और उसने रातोरात पैदल ही भागकर ब्रिटिश सीमा में आकर दम लिया। राजा साहब को जब इनके इस प्रकार पलायन का पता चला तो उन्होंने इनके पीछे सिपाही दौड़ाए। उनका सामान जब्त किया पर लड़का हाथ न लगा। सभी रियासतों के शासक ऐसे नहीं थे; उनमें कुछ अपवाद भी थे परन्तु अधिकतर छोटी रियासतों का यह हाल था कि जनसाधारण को सयानी लड़की घर में रखना दूभर हो जाता था और उसमें भी यदि लड़की सुन्दर हुई तो उनके लिए वह महान अभिशाप होता। ऐसी लड़कियों को घर से बाहर न निकलने दिया जाता, सम्भवतः इस भय से कि कहीं राजा या उसके मुसाहिबों की दृष्टि उस पर पड़ गई तो परिवार को ग्रहण लग जाएगा। रनिवास से उस लड़की को बुलाया जाएगा। रनिवास का तो बहाना मात्र होता। बुलावा तो राजा साहब की सेवा के लिए होता था। यदि लड़की को न भेजा जाता तो उस परिवार को विनाश का शिकार होना पड़ता या फिर वह परिवार राज छोड़कर भाग जाता। इसी डर से लोग लड़की को तरुण होने के पूर्व ही या तो उसका विवाह कर देते या उसे ब्रिटिश शासित प्रदेश में अपने नातेदार या इष्ट-मित्रों के पास भेज देते। तो ऐसे दूषित वातावरण में स्त्री-पुरुषों के सम्बन्धों के विषय में विकृत मनोवृत्ति हो तो उसमें आश्चर्य की कोई बात नहीं और

आज़ाद पर आसक्त होनेवाली वह ठाकुर महिला भी तो ऐसे ही वातावरण की एक अंग थी।

## दल का पुनः संगठन

ढिमरपुरा में रहते हुए आज़ाद ने धीरे-धीरे दल के सदस्यों से मिलना प्रारम्भ किया। वहाँ बैठकर उन्होंने काकोरी के बाद बिखरे सूत्रों को एकत्रित करना प्रारम्भ किया। शुरू में हम लोग झाँसी से जाकर सप्ताह में एक-दो बार काकोरी षड्यन्त्र के मुकदमे की कार्रवाई जो अखबारों में छपती थी उसे काटकर दे आते थे। इसके सिवा इस सम्बन्ध में होनेवाली धर-पकड़ तथा पुलिस की गतिविधि के समाचार भी हम लोग उन्हें पहुँचाते रहते थे। झाँसी में इस समय दल के सदस्यों की संख्या दस-बारह थी। भगवान दास माहौर, सदाशिव राव मलकापुरकर, श्री बालकृष्ण गिधाशीवाले, श्री सोमनाथ, श्री कालिका प्रसाद अग्रवाल, श्री सीताराम भागवत तथा मैं। इसके अलावा आगे चलकर श्री गजानन सदाशिव पोतदार तथा दंडपाणी तेलंग भी ग्वालियर में दल के सदस्य हुए।

इनके अलावा कुछ रियासतों में भी कुछ सदस्य या सहानुभूति रखनेवाले सदस्य थे। पर इनमें से चार-छह व्यक्ति ही आज़ाद का ढिमरपुरा का ठिकाना जानते थे। आज़ाद के पास हम कुछ ही घंटे रह पाते परन्तु इतने में ही हम उनसे बहुत कुछ सीखते। उनसे मिलने पर जो घनिष्ठता तथा आत्मीयता बढ़ी उसका हम सभी पर बहुत अच्छा परिणाम हुआ। श्री माहौर ने अपनी पुस्तक 'यश की धरोहर' में इस अपनत्व तथा ममत्व का जो उल्लेख किया है वह इस प्रकार है। "इस सम्बन्ध में एक बात बड़े मार्के की है कि यद्यपि क्रान्तिकारी दल के सम्बन्ध में ऐसा कोई बड़ा केस नहीं हुआ, जिसमें दल के कुछ सदस्य सरकार से माफी लेकर सरकारी इकबाली गवाह न बन गए हों और इस प्रकार अपनी देशभक्ति का दिवाला निकालकर अपने कल के साथियों को अपनी चमड़ी बचाने के लिए वे फाँसी चढ़ाने में प्रवृत्त न हुए हों। परन्तु मुझे ऐसा एक भी व्यक्ति याद नहीं आता जो सीधे आज़ाद के ही सम्पर्क से पार्टी में सम्मिलित हुआ हो या जिससे आज़ाद का घनिष्ठ सम्बन्ध रहा हो और वह फिर इकबाली गवाह बना हो। इसका कारण मुझे यह प्रतीत होता है कि बुद्धि के द्वारा आदर्शवाद की झोंक में ऊपर से अपनाई गई क्रान्तिकारी देशभक्ति का दिवाला निकल सकता था और निकला परन्तु हृदय में घर कर गई आज़ाद की मैत्री और प्रेम का दिवाला इतनी जल्दी नहीं निकल सकता था। देशभक्ति और इंकलाब के स्वप्न भले ही कमजोरी आने पर मिथ्या प्रतीत होने लगें, परन्तु आज़ाद का प्रेम और भाईचारा एक ठोस वास्तविकता होती थी, दूर की अस्पष्ट आदर्श की बात नहीं होती थी। आज़ाद के व्यक्तिगत व्यवहार में प्रेम सर्वजयी आत्मीयता इतने शुद्ध रूप में होती थी कि फिर आज़ाद के खिलाफ पुलिस का कोई भय या प्रलोभन कुछ नहीं कहलवा सकता था। साथियों के हृदय में देशभक्ति की भावना एवं क्रान्तिकारी वीरता के आदर्श के आसपास आज़ाद का आत्मीयतापूर्ण सम्पर्क

एक सुदृढ़ गढ़ बन जाता था जिससे हृदय में देशभक्ति और वीरता की भावना डाँवाडोल न होकर सुरक्षित बनी रहती थी।''

और यह थाती झाँसी के हम तीनों साथियों का बड़ा सम्बल रहा। आज़ाद हमारी इन भावनाओं से भी अच्छी तरह परिचित थे जिसे वे अनजाने कभी-कभी व्यक्त भी कर देते थे। जिस समय भगवान दास तथा सदाशिव की गिरफ्तारी का समाचार उन्होंने अखबारों में पढ़ा तो बड़े उदास हो उठे। थोड़ी देर शान्त रहे और फिर लम्बी साँस लेकर बोले—''बच्चन अब तक हम चार थे पर अब हम दो ही रह गए।'' वैसे उन दिनों दल के सदस्यों की संख्या दिन पर दिन बढ़ती ही जा रही थी। परन्तु उनका यह कहना हमारे लिए बड़े गौरव की बात थी। उनका हम पर कितना अडिग विश्वास था, ये शब्द उसके प्रमाण हैं।

एक बार की घटना है, मैंने उनसे चर्चा की थी या उन्होंने ही कहा था—''बच्चन अब हमारे पास कार आ गई है तो तुम्हें ड्राइविंग सिखा दूँगा।'' परन्तु जब कभी फुर्सत के समय में मौका आया तो मुझे कहीं न कहीं काम से जाना पड़ा। मैंने कहा, ''आप मुझे ड्राइविंग सिखाने की बात कहते ही रहिए। जब कहता हूँ तो ढपोरशंखी आशीर्वाद ही दे देते हैं, मौका आता है तो तुरन्त काम से मुझे ही कहीं बाहर भेज देते हैं।''

इस पर वे तनिक हँसकर दुःखी हो बोले—''क्या करूँ भाई ! जब महत्त्वपूर्ण कार्य होता है तो मुझे तुमसे अधिक विश्वासपात्र व्यक्ति भेजने को दिखाई नहीं देता। जिनके पास भेजना है एक प्रकार से उनका जीवन संकट में डालता हूँ। तुम कहते हो तो अब तुम्हें नहीं भेजूँगा। मैं स्वयं ही चला जाया करूँगा।''

उनके इन उद्‌गारों से मेरे हृदय में ग्लानि उत्पन्न हुई। अपनी मूर्खता पर क्रोध आया। मैंने क्षमायाचना के स्वर में कहा—''मुझसे भूल हुई।'' उस दिन के बाद फिर मैंने कभी उनसे ऐसी बात नहीं कही। साथ ही मैं उनके इतने विश्वास का पात्र हूँ यह जानकर मैंने गौरव का अनुभव किया। उनका यह स्नेह और विश्वास मेरे गिरफ्तारी के बाद के जीवन का बहुत बड़ा सम्बल था। वह ऐसी ढाल थी जिस पर पुलिस की हर चोट निरर्थक हो जाती थी। मेरी गिरफ्तारी के बाद जब मुझे उनकी शहादत का समाचार मिला, तो सबसे पहली बात जो मेरे मस्तिष्क में आई, वह यही थी कि यदि मैं बाहर होता तो शायद यह परिस्थिति निर्माण न हो पाती। जेल जीवन के उस असहाय अवस्था में मैं उस समय केवल अश्रुओं की श्रद्धांजलि देने के सिवा और कुछ नहीं कर सकता था।

मेरे जेल से छूटने पर जो साथी मिले उन्होंने बताया कि, 'बच्चन तुम्हारे पकड़े जाने के बाद भैया 'डेस परेट' से हो गए थे। 'झाँसी के हम तीन साथी उनके एक छोटे से परिवार के सदस्य थे। उनके आदेश का प्रत्येक शब्द हमारे लिए ब्रह्म वाक्य होता था। उनके आदेश का विरोध तो हमने कभी किया ही नहीं, यदि उनकी इच्छा के विरुद्ध हममें से कोई कुछ कह बैठता तो वे डाँटने के साथ-साथ यह भी कह बैठते—''हाँ अब

तुम लोग समझदार हो गए हो तुम चाहो जैसा करो।" इन शब्दों में वह स्नेह और अपनत्व की भावना होती थी जो एक परिवार के कर्ता में होती थी। वह यह अनुभव करे कि अपने अनुजों को उसने छोटे से बड़ा किया, अनुभव और अनुभूतियों से उनकी बुद्धि को परिपक्व बनाया और वे अब समझदार हो गए हैं तो मेरी इच्छा पर अपनी स्वेच्छा का रंग चढ़ाना चाहते हैं। पर यह सब क्षणिक होता। उनका क्रोध कई दिनों तक बना रहे ऐसा कभी नहीं हुआ। वे नाराज होते और दूसरे ही क्षण समझाने लगते। उनका हृदय आइने की तरह साफ था। उनके इस गुण का ज्वलन्त प्रमाण ढिमरपुरा की घटना है। उस महिला की दूषित भावनाओं ने उन्हें अत्यन्त क्रुद्ध कर दिया था परन्तु जीजी की क्षमायाचना पर उन्होंने दोनों को ही क्षमा कर दिया।

इस घटना के बाद वे जब झाँसी आए तो उन्होंने भगवान दास माहौर के घर में यह किस्सा हँस-हँस कर सुनाया था। इसी के साथ उन्होंने अपने बचपन की एक और घटना का उल्लेख किया था। एक स्त्री उन्हें अपने घर में पकड़कर ले गई। पहले उसने उनके साथ धींगा मस्ती की और बाद में जबरन उन्हें लिटाकर उनके कान में पेशाब कर दिया। इस वीभत्स क्रिया का क्या अर्थ लगाया जा सकता है इसे फ्राइड के सिद्धान्तवेत्ता ही बता सकते हैं।

उन्होंने यह सब बताते हुए भगवान दास को चेतावनी देते हुए कहा था, "तू सुसरे बहुत गाता है, 'हृदय लागी मनमथ शर हो।' इन कविता-फविताओं के कारण किसी के चक्कर में न आ जाना।" बाद में दल के अनेक सदस्यों को यह घटना मालूम हो चुकी थी। भगत सिंह इस घटना को लेकर अनेक बार उनसे हँसी करते। साण्डर्स हत्याकांड के पूर्व लाहौर में उस सड़क की जानकारी करने आज़ाद जाते। वह अक्सर सबेरे का समय होता था। उनके साथ भगत सिंह भी होते। इसी बीच स्कूल-कॉलेज के लड़कियों की बस पास से निकलती तो वे भगत सिंह का हाथ पकड़कर धीरे से कहते, "है कोई देवी जो हमारे रणजीत से शादी करे।" और हँस देते। भगत सिंह भी हँसकर कहते—"महाशय जी मेरी शादी भी तो आप ही कराएँगे।"

यह घटना बताते-बताते आज़ाद गम्भीर हो जाते। फिर एक लम्बी साँस ले कहते, "उसकी शादी मैंने ही तय की। सगाई तो हो चुकी है परन्तु शादी की शुभ घड़ी मैं न देख सकूँगा।" यह कहते-कहते उनकी आँखें डबडबा आतीं।

एक-दो नहीं तीन साथियों की 'शादियों' की तिथि निश्चित हुई। देश के कोने-कोने से इस 'विवाह' का विरोध हुआ पर दूल्हे दुल्हन को किसी कीमत पर छोड़ने को तैयार न थे। इन तीन दीवानों का विवाह का मुहुर्त था, परन्तु ब्रिटिश शासकों ने जनता के भय से एक दिन पूर्व सन्ध्या को ही फाँसी की बारात चढ़ा दी। शासकों ने इस दुर्घटना को हरचन्द छिपाया पर 'इंकलाब जिन्दाबाद' के नारे ने सारे विश्व को एक बार चौंका दिया। परन्तु आज़ाद तो 27 फरवरी को ही अपने सिर सेहरा बाँध चुके थे और अपने साथियों की प्रतीक्षा में स्वर्ग में थे।

जब कभी कोई आज़ाद से उनके विवाह की चर्चा करता तो वे अपनी पिस्तौल

दिखाकर कहते—"यही मेरी चिर संगिनी है जो अन्त तक मेरा साथ देगी।" और वास्तव में उसने ही उनका अन्त तक साथ दिया।

ढिमरपुरा में रहते-रहते ब्रह्मचारी जी के वेश में परिवर्तन हुआ। कम्बल की जगह कुरता और लँगोटी की जगह धोती ने ले ली। उन्हें साइकिल भी मिल गई जिस पर वे ओरछा से झाँसी आने-जाने लगे।

काकोरी का मुकदमा चल रहा था। आज़ाद तथा कुन्दनलाल को छोड़ उस मुकदमे से सम्बन्धित सभी व्यक्ति गिरफ्तार हो चुके थे। पुलिस की दौड़-धूप शिथिल पड़ गई थी। अब आज़ाद ने भी धीरे-धीरे फिर से दल को संगठित करने का काम शुरू किया और इसके लिए वे अनेक बार कानपुर तथा बनारस आदि गए। वहाँ वे नए तथा पुराने सदस्यों से मिले। उसी प्रकार विजय कुमार सिन्हा, शिव वर्मा तथा कुन्दनलाल गुप्त भी झाँसी आने-जाने लगे। इन लोगों के आने पर या तो आज़ाद स्वयं झाँसी आते या फिर उन लोगों को वे ढिमरपुरा बुला लेते।

इधर पंजाब में सरदार भगत सिंह ने साथी भगवतीचरण तथा श्री सुखदेव के साथ मिलकर दल के संगठन का काम प्रारम्भ किया। उन्होंने रूस के जेकोवस्की तथा क्रोपाटकिन की तरह स्टडी सर्कल चलाए। काकोरी षड्यन्त्र के मुकदमे के समय सरदार भगत सिंह लखनऊ भी आए और उन्होंने श्री रामप्रसाद बिस्मिल से सम्बन्ध भी स्थापित किया। उन्होंने भी रामप्रसाद जी को छुड़ाने की योजना बनाई थी जिसमें वे पकड़े जाने से बाल-बाल बचे। काकोरी के बाद 'हिन्दुस्तान रिपब्लिकन एसोसिएशन' छिन्न-भिन्न हो चुकी थी। सदस्य इधर-उधर बिखर से गए थे। भगत सिंह उत्तर प्रदेश के क्रान्तिकारियों से सम्बन्ध स्थापित कर दल को सुव्यवस्थित कर देने का प्रयत्न करने लगे। काकोरी षड्यन्त्र के मुकदमे के फैसले के बाद 1927 में दल की एक बैठक हुई जिसमें क्रान्तिकारी दल के सदस्यों को संगठित कर संगठन को सुदृढ़ बनाने का निश्चय किया गया। इसके लिए पंजाब, उत्तर प्रदेश तथा बिहार का दौरा करने का निश्चय किया गया। सरदार भगत सिंह तथा विजय कुमार सिन्हा ने साथ-साथ इन प्रान्तों का दौरा कर सदस्यों से चर्चा की।

पंजाब में सरदार भगत सिंह ने नौजवान भारत सभा की स्थापना की। इसी के अन्तर्गत काकोरी दिवस तथा अन्य क्रान्तिकारी दिवस मनाए गए। इस सम्बन्ध में उन्होंने भाषण-मालाएँ भी प्रारम्भ कीं। साथ ही सन् 1915 तथा 16 के प्रथम लाहौर षड्यन्त्र के मुकदमे के शहीदों के फोटो एकत्रित कर उन्हें मैजिक लैंटर्न द्वारा प्रदर्शित करने का भी प्रबन्ध किया गया। इसके लिए भाई भगवतीचरण ने बहुत-सी सामग्री तथा साहित्य तैयार कर दिया परन्तु सरकार ने यह योजना अधिक दिन न चलने दी और उस पर प्रतिबन्ध लगा दिया। नौजवान भारत सभा धीरे-धीरे देशव्यापी संस्था बन गई।

इस समय तक क्रान्तिकारी दल के विधान पर पूर्णरूप से अमल नहीं हो पा रहा था। दल की शक्ति—धन एकत्रित करने तथा आतंकवादी कार्यों पर ही अधिक लगती

रही। कानपुर की बैठक में इस बात पर बल दिया गया कि समाजवाद के सिद्धान्तों का प्रचार भी सक्रिय रूप से किया जाए। उस समय सदस्यों के सामने जो समाजवाद का नक्शा था उसका आधार रूस का समाजवाद था।

उत्तर प्रदेश से विजय कुमार सिन्हा, श्री शिव वर्मा तथा श्री जयदेव कपूर क्रान्तिकारी दल को सुव्यवस्थित करने तथा अन्य प्रान्तों के क्रान्तिकारियों को संगठित करने का प्रयत्न कर रहे थे। बिहार में दल के संगठन का कार्य श्री फणीन्द्र घोष तथा श्री जोगेन्द्र शुक्ल कर रहे थे। फणीन्द्र काकोरी के समय से ही उत्तर भारत के क्रान्तिकारियों से सम्बन्धित थे। 1926 में फणीन्द्र घोष को मणी बैनर्जी ने जतीन्द्रनाथ सान्याल से मिलाया। बाद में फणीन्द्र जयचन्द विद्यालंकार से भी कलकत्ते में मिला और उसने जयचन्द विद्यालंकार जी के भाई इन्द्रदेव से मिलने की इच्छा प्रकट की। परन्तु इन्द्रदेव जी देवगढ़ षड्‌यन्त्र के सिलसिले में जेल जा चुके थे इसलिए उनसे भेंट न हो सकी। बाद में फणीन्द्र बिहार के मुजफ्फरपुर नगर में श्री योगेन्द्र शुक्ल से मिला। उसने उन्हें एक रिवाल्वर तथा कारतूस भी दिए। कलकत्ते में कमलनाथ तिवारी से श्री फणीन्द्र ने भेंट की तथा तीन-चार महीने वह वहाँ रहा। यह बात जून-जुलाई 1928 की है। यहाँ से फणीन्द्र बेतिया वापस चला गया।

## ढिमरपुरा से विदा

आज़ाद कुछ काल और ढिमरपुरा में रहते, परन्तु वहाँ कुछ ऐसी घटनाएँ हुईं जिनकी वजह से आज़ाद को ढिमरपुरा छोड़ झाँसी आना पड़ा। एक समय झाँसी से ओरछा जाते समय आज़ाद की पुलिस से मुठभेड़ हो गई थी। उसके बाद से वे अत्यधिक सतर्क हो गए थे। फिर हनुमान जी के मन्दिर में एक दुर्घटना हो गई जिससे आज़ाद को ढिमरपुरा छोड़ना पड़ा। सातार नदी के किनारे जिस हनुमान मन्दिर में आज़ाद रहते थे, कुछ दिनों से वहाँ एक साधु भी आ टिका था। इस साधु ने एक दिन एक कहार की हत्या कर दी। इस विषय में जब तहकीकात होने लगी तो उसकी लपेट में ब्रह्मचारी जी भी आ गए। पुलिस ने जब उनका नाम और ठिकाना जानना चाहा तो उन्होंने बड़ी गम्भीरता से उत्तर दिया—"ठौर-ठिकाना भला साधुओं का क्या होगा ? इन्हीं सब झंझटों से मुक्ति पाने के लिए तो हमने आजन्म ब्रह्मचारी रहने का व्रत लिया है। साधु का ठौर-ठिकाना नहीं पूछना चाहिए, उससे उसका व्रत भंग होता है..."

शायद ठाकुरों के कहने-सुनने तथा गाँववालों के इस कथन से कि ब्रह्मचारी जी बहुत नेक व्यक्ति हैं, रियासत की पुलिस ने उनसे अधिक पूछताछ नहीं की। पुलिस के चले जाने के बाद आज़ाद ने सोचा कि अब उन्हें इस ब्रह्मचारी अवतार की इति श्री करनी होगी अन्यथा किसी दिन ढिमरपुरा में ही पुलिस के साथ संघर्ष की नौबत आ जाएगी। उससे ठाकुरों के परिवार को भी नुकसान पहुँचेगा। इसलिए एक रात जैसे वे अचानक ढिमरपुरा में आए थे वैसे ही अचानक वे वहाँ से चले गए।

आज भी ढिमरपुरा गाँव के पास सातार नदी के किनारे वह हनुमान का मन्दिर है। वह स्थान झाँसी के किसी सेठ ने खरीद लिया है। आज़ाद की शहादत के बाद यह स्थान अत्यन्त रमणीक बन गया है। यह सब परिवर्तन होने पर भी वहाँ आज़ाद की कुटिया आज भी वैसी ही बनी है। ढिमरपुरा के ठाकुर नाहर सिंह अब भी जीवित हैं। वे प्रतिदिन मन्दिर में आकर हनुमानजी की पूजा करते हैं तथा अमर शहीद आज़ाद की कुटिया में उनके लगे चित्र पर भी श्रद्धांजलि चढ़ाते हैं। प्रति वर्ष 27 फरवरी को यहाँ शहीद दिवस मनाया जाता है।

## हरिशंकर मोटर ड्राइवर

ब्रह्मचारी जी अपने लम्बे बालों और साधु वेश-भूषा को सातार नदी की भेंट कर धोती, कमीज, कोट, सिर पर गोल टोपी और पैरों में पम्पशू पहने एक दिन जब मास्टर रुद्रनारायण के यहाँ आ पहुँचे तो मास्टर साहब को अत्यन्त आश्चर्य हुआ, उन्हें यह समझते देर न लगी कि ढिमरपुरा में कुछ गड़बड़ अवश्य हो गई है और अब ब्रह्मचारी जी की कोई नई व्यवस्था करनी होगी। परामर्श के पश्चात् यह तय हुआ कि आज़ाद अब झाँसी में ही रहकर कुछ काम-काज करेंगे जिससे आवारागर्दी में चालान का भय न रहे। आखिर झाँसी में ही मोटर मैकेनिक का काम सीखने के लिए रामानन्द मोटर ड्राइवर के साथ आज़ाद को लगा दिया और वे हरिशंकर के नाम से पुकारे जाने लगे। अब वे सदर बाजार में बुन्देलखंड मोटर कम्पनी में मोटर चलाने तथा मोटर सुधारने का काम सीखने लगे।

श्री रामानन्द ड्राइवर आज भी जीवित हैं और झाँसी में ही रहते हैं। अब ड्राइवरी आदि से अवकाश ग्रहण कर वे भगवत भजन में दिन बिताते हैं। आज भी जब कोई उनसे आज़ाद की चर्चा छेड़ता है तो वे उनके संस्मरण सुनाते-सुनाते उस काल और घटनाओं में खो से जाते हैं। उनसे जब मैंने पूछा कि आज़ाद से उनकी भेंट कैसे हुई तो उन्होंने बताया, "मास्टर रुद्रनारायण और वे स्वजातीय (कायस्थ) होने के कारण तथा मास्टर साहब ने अपने एक नौकर रामदयाल को बुन्देलखंड कम्पनी में ड्राइविंग सीखने रखाया था। साथ ही मास्टर साहब की मोटर ठीक करने के लिए अक्सर मास्टर साहब के यहाँ मैं जाता रहता था। मास्टर साहब में यह गुण था कि वे लोगों को सहज ही अपना मित्र बना लेते थे। इसी से आज़ाद को मैंने अपने साथ रख लिया। मैं थोड़े ही दिन पूर्व टीकमगढ़ से झाँसी आया था। टीकमगढ़ में ही मेरा घर और परिवार था। मैं झाँसी से सैंयूयर जानेवाली रोड पर एक रेलवे गुमटी पर अपने मित्र के साथ रहता था। बाद में रामदयाल ढीमर की सहायता से नई बस्ती में उसी के मकान के पास मैंने एक मकान किराए पर ले लिया। उस समय मेरे परिवार में मैं, मेरी स्त्री और एक लड़का था। आज़ाद को नई बस्ती के मकान में लोग मेरा भाई कहकर ही पहचानते थे।"

रामानन्द जी को यह तो पता था कि हरिशंकर एक क्रान्तिकारी है पर वे यह नहीं

जानते थे कि वे आज़ाद हैं और उन पर हजारों रुपयों का इनाम लगा हुआ है। लाहौर षड्यन्त्र में जब फणीन्द्र घोष मुखबिर हो गया तो उसने झाँसी का भी उल्लेख कर लोगों के नाम बताए। उनमें रामानन्द जी का नाम भी था। पुलिस ने उन्हें गिरफ्तार कर आज़ाद की खोज में सारा भारतवर्ष घुमा डाला। श्री रामानन्द जी का कहना है कि इस भ्रमण में वे एक-दो बार आज़ाद से मिले भी तथा उन्होंने आज़ाद को पुलिस के सारे किस्से सुनाए।

तो बुन्देलखंड कम्पनी में आज़ाद उस्ताद सिराजुद्दीन खाँ तथा कल्लू पुरोहित के हाथ के नीचे मोटर मैकेनिक का काम सीखने लगे। काम के प्रति आज़ाद की लगन तथा गुरु के प्रति उनकी श्रद्धा का उल्लेख करते हुए रामानन्द जी ने बताया, "आज़ाद ने कभी हिन्दू-मुसलमान का भेद नहीं किया। श्री सिराजुद्दीन मुसलमान होते हुए भी उन्हें बहुत मानते थे। एक बार की बात है कि उस्ताद सिराजुद्दीन की लड़की की शादी थी और उसके लिए ओरछे से घी लाना था। उन दिनों रियासतों में अच्छा और सस्ता घी मिलता था। इसीलिए ओरछे से घी मँगाया गया था। दो पीपे घी बहँगी (काँवड़) पर लादकर लाना था। अठारह-अठारह सेर के दो कनस्तर कन्धे पर 12-14 मील ढोकर लाना आसान नहीं था। आज़ाद को जब यह मालूम हुआ कि इसके लिए कोई तैयार नहीं हो रहा है तो उन्होंने तुरन्त रामानन्द जी से चलने को कहा और दोनों ओरछे चल पड़े। काँवड़ पर जंगल के रास्ते घी लाने का एक और भी कारण था और वह यह कि रियासत से घी ले जाने पर प्रतिबन्ध था। इसलिए चुंगी अधिकारियों की आँखों से बचाकर उसे लाना था। इस तरह आज़ाद तथा रामानन्द जी काँवड़ पर घी ले आए। इस पर उस्ताद सिराजुद्दीन बहुत ही प्रसन्न हुए। बाद में रामानन्द जी का सिराजुद्दीन से मतभेद हो जाने के कारण रामानन्द जी ने बुन्देलखंड कम्पनी की नौकरी छोड़ दी और झाँसी में ही लालकुर्ती के श्री लीलाधर जी की मोटर पर काम करने लगे। आज़ाद भी उन्हीं के साथ रहे। आज़ाद की शहादत के बाद पुलिस सिराजुद्दीन को उनकी लाश पहचानने के लिए इलाहाबाद ले गई थी। ऐसा कुछ लोग कहते हैं।

जिन दिनों रामानन्द जी के साथ आज़ाद रेलवे लाईन की गुमटी पर रहते थे उन दिनों उन्हें भीषण आर्थिक संकट का सामना करना पड़ता था। कई दिन तो केवल एक समय चबैना खाकर ही गुजारा कर लेते थे। एक बार उनके पास केवल एक आना ही बाकी था जिससे एक दिन की भूख की समस्या हल हो सकती थी। उस दिन समस्या थी कि आज यह एक आना खर्च हो गया तो कल क्या होगा ? फिर भी आज भूख की ज्वलन्त समस्या हल करना आवश्यक था। इसलिए उस एक आने के चने ले आए और उन्हें खाने लगे। खाते-खाते आखिरी मुट्ठी जो भरी तो उसमें उन्हें कुछ गोल-गोल-सा लगा। मुट्ठी खोलकर देखा तो वह इकन्नी थी। आज़ाद ने कहा, "उस इकन्नी को देख मुझे हँसी आ गई, यह सोचकर कि चलो कल की भी व्यवस्था हो गई। पर फिर यह ध्यान आया कि यह तो उस गरीब चना बेचनेवाले की गाढ़ी कमाई का पैसा है, उस पर मेरा कोई अधिकार नहीं। चबैना खाकर पानी पिया और इकन्नी उस

चनेवाले को लौटा आए। यह कहकर कि कल रात जो तुमने मुझे चने तौलकर दिए थे उसमें यह इकन्नी आई थी। दुकानदार ने एक बार उस इकन्नी की ओर देखा और एक बार मेरी ओर देख मुस्कुरा दिया। मैं भी मुस्कुराकर अपने रास्ते चल दिया।'' आज़ाद की कल की भूख प्रश्न-चिह्न ही बनी रही। और ऐसे निराहार दिवस तो उनके संगी-साथी ही थे। लगातार कई दिनों तक ठीक से भोजन मिलना ही उनके लिए अनहोनी बात होती।

## राम-राम नहीं, हाय ! हाय !

बुन्देलखंड कम्पनी में ड्राइवरी सीखते समय ही आज़ाद के दाहिने हाथ की कलाई की हड्डी टूट गई थी। हड्डी टूटने का कारण आज़ाद के अचाट शक्ति के प्रयोग थे। काकोरी के समय भी सदस्यों में यह बात प्रसिद्ध थी कि हर साहस का काम करने के लिए आज़ाद तुरन्त अपने आप आगे आते थे और सौंपे काम को बहुत जल्दी निपटा भी देते थे। इसीलिए उनका नाम क्विकसिल्वर रखा गया था। असम्भव शब्द तो मानो उनके कोश में था ही नहीं। एक दिन बुन्देलखंड कम्पनी में एक मोटर का हैण्डिल लगाकर स्टार्ट करने का प्रयत्न हो रहा था। आज़ाद भी कमर कसकर आगे आए। लोगों ने बहुत मना किया पर वे न माने। उन्होंने उसे अपनी शक्ति को चुनौती समझा और चुनौती को अस्वीकार करना तो वे जानते ही न थे। उन्होंने पूरी शक्ति से हैण्डिल मारा और उसने उल्टा झटका दिया। कलाई की हड्डी टूट गई। बड़ी पीड़ा हुई। लोग उन्हें अस्पताल ले गए। वहाँ हड्डी बैठाने के लिए क्लोरोफार्म दिया जाने लगा तो उन्होंने उसे लेने से इन्कार किया। उन्हें यह मालूम था कि क्लोरोफार्म देने के बाद जो अचेतन अवस्था आती है उसमें मनुष्य अनर्गल प्रलाप करता है। उन्हें डर था कि वे भी उस हालत में कहीं ऐसी बात न कह जाएँ जिससे उनके क्रान्तिकारी होने का भेद खुल जाए। इसलिए उन्होंने क्लोरोफार्म लेने से ही इन्कार कर दिया और बोले, ''रहने दीजिए डॉक्टर साहब ? मैं किसी गड़रिए से हड्डी बैठवा लूँगा। वे लोग बिना क्लोरोफार्म सुँघाए ही हड्डी बैठा देते हैं।'' पर मित्रों ने उनकी बात न मानी और उन्हें क्लोरोफार्म लेने पर मजबूर किया। जब क्लोरोफार्म दिया जाने लगा तो डॉक्टर ने कहा कि, ''राम-राम कहो,'' तो बिगड़कर बोले—''जी हाँ अब हाथ टूट गया है तो राम-राम कहूँ। मुझे भगवान से घिघियाना नहीं आता।'' डॉक्टर बोला—''तो हाय-हाय कीजिए।'' ''हाँ यह हो सकता है'' आज़ाद ने कहा। अन्त में गिनती गिनते-गिनते वे बेहोश हो गए।

श्री भगवान दास माहौर लिखते हैं कि हाथ की हड्डी बैठाकर प्लास्टर चढ़ा दिया गया परन्तु बेहोशी में बातें कुछ ऐसी हो गईं जिसकी उन्हें शंका थी। जब वे होश में आए तो डॉक्टर के व्यवहार में परिवर्तन पाया। उसका पहले का-सा रूखा व्यवहार नहीं रहा। उसने बड़ी सहानुभूतिपूर्वक उनसे कहा, ''अब तुम्हारा हाथ ठीक हो जाएगा। चिन्ता मत करो। मैं आशा करता हूँ कि तुम इसका उपयोग देशहित में वीरता से कर सकोगे।''

और आज़ाद की शहादत के बाद उस डॉक्टर को यदि इस बात का पता चला हो कि जिस हाथ को उसने ठीक किया था उसने कितना बड़ा पराक्रम कर दिखाया। यदि वह हिन्दुस्तानी डॉक्टर रहा हो तो उसको निश्चय ही गर्व हुआ होगा, तथा उसने भी आज़ाद के पराक्रम में अपने आपको साझीदार समझा होगा। यह घटना 1927 की है।

उन दिनों आज़ाद नई बस्ती में रामानन्द के मकान में ही रहते थे। रामानन्द जी की स्त्री गुनार देवी ने भी इस बीमारी में आज़ाद की बहुत सेवा की। आज़ाद के प्रति उसकी यह लगन देखकर अड़ोस-पड़ोसवालों ने उसके चरित्र पर भी शंका की। क्योंकि अड़ोसी-पड़ोसी तो यही जानते थे कि आज़ाद एक साधारण ड्राइवर ही तो है, तो जैसे अन्य ड्राइवरों का चरित्र होता है वैसा ही उनका भी होगा। इसीलिए उन्होंने उसी मापदंड से आज़ाद को भी नापा। परन्तु वास्तविकता तो रामानन्द जी जानते थे। वही स्थिति उनकी स्त्री की भी थी इसीलिए उनकी आज़ाद के प्रति इतनी श्रद्धा थी। आज़ाद भी इस परिवार पर पूर्ण विश्वास करते थे। कई बार गुनार देवी के पास वे हथियार रखने को भी दे देते थे। वे भी उन्हें सम्हालकर रखतीं और उसकी किसी को कानो कान खबर न होती।

जिन दिनों आज़ाद का हाथ टूटा था उन दिनों शारीरिक कष्ट के साथ-साथ आर्थिक संकट भी उन्हें था। हम लोगों की आर्थिक स्थिति ऐसी नहीं थी कि हम उनकी सहायता कर सकते। कभी-कभी वे मास्टर रुद्रनारायण के यहाँ खाने जाते थे, परन्तु उन्हें यहाँ खाना खाना अच्छा नहीं लगता था। उन्हें यह असह्य था कि कोई उनकी इसीलिए उपेक्षा करे कि वे किसी की दया पर निर्भर करते हैं। यदि कहीं तनिक भी यह शंका हो जाती कि उनके साथी उनकी उपेक्षा कर रहे हैं तो उससे उन्हें अत्यन्त ठेस पहुँचती। जिन दिनों उनका हाथ टूटा था उन्हीं दिनों एक दिन स्लिंग में हाथ डाले वे भगवान दास जी के घर आए। भगवान दास जी अपने एक मित्र से बातें करने में व्यस्त थे। आज़ाद कुछ समय ठहरे रहे। भगवान दास बातों में ही लगे रहे। आज़ाद को यह बुरा लगा। उन्हें ऐसा प्रतीत हुआ कि भगवान दास उनकी उपेक्षा कर रहे हैं। इसीलिए वे वहाँ से चल दिए। इस घटना का उल्लेख करते हुए श्री माहौर ने अपनी 'यश की धरोहर' में लिखा है, "हम लोग झाँसी के साथी 17-18 वर्ष के अनुभवहीन अल्हड़ युवक थे। आज़ाद का हाथ टूट गया। उन्हें कितनी पीड़ा हुई होगी; उन्हें उठने-बैठने में कितना कष्ट हुआ होगा, इत्यादि बातों की हमने विशेष चिन्ता नहीं की। टूटा हाथ झोली में डाले आज़ाद स्वयं एक दिन मुझसे मिलने मेरे घर आए। मैं दरवाजे के सामने सड़क पर खड़ा अपने एक सहपाठी से बातें कर रहा था। आज़ाद हमारे पास न आकर दूर दरवाजे पर खड़े हो गए। मैं इतना हृदयहीन था कि आज़ाद टूटे हाथ की पीड़ा भरी झोली सम्हाले खड़े रहे और मैं अपने मित्र से हँसी-मजाक की बातें करता रहा। आखिर सब्र की भी हद होती है। आज़ाद वहाँ से चल दिए। मैं बुलाता ही रहा पर वे वापस न आए। तब कहीं मुझे अनुभव हुआ कि मुझसे कोई अनुचित व्यवहार हो गया है। न जाने किस आवश्यकता से वे आए थे। उस दिन उन्हें खाने को मिला होगा या नहीं।

दूसरे दिन आज़ाद फिर आए। मैंने सहमे हुए पूछा, 'कल आप चले क्यों गए ?' वे कुछ देर चुप रहे और बोले 'चला न जाता तो क्या करता। गन्दे कपड़े पहने हूँ, हफ्तों नहाया नहीं हूँ, बदन से बदबू आ रही है। इन गन्दे कपड़ों को पहने तुम्हारे मित्रों के बीच थोड़े ही खड़ा रह सकता हूँ। खैर मैं तुम्हारे हृदय को पहचानता हूँ। मेरी उपेक्षा करना तुम्हारा उद्देश्य नहीं था, फिर भी तुम्हें समझना चाहिए। अपनी ही धुन में न रहा करो। मेरी जगह और कोई होता तो कितना बुरा मानता।' मैं बहुत लज्जित हुआ परन्तु इस अप्रतिभ हालत में उन्होंने मुझे न रहने दिया। शीघ्र ही बातों का विषय बदल दिया और बड़े ममत्व से आवश्यक बातों में लगा लिया।''

आज़ाद झाँसी में हम सब साथियों से और विशेषकर हम तीनों (भगवान दास, सदाशिव और मैं) के अत्यन्त निकट थे। ऐसा कोई दिन नहीं जाता था जब वे हमसे न मिलते हों। मेरे नाम से उनके पत्र आते थे पर मेरे घर वे बहुत ही कम आते थे। आवश्यकता पड़ने पर बाहर ही से आवाज दे लेते थे। एक-दो बार वे मेरे घर आए जरूर पर मेरी माताजी द्वारा की गई पूछताछ से वे कुछ सतर्क हो गए। बात कुछ विशेष नहीं थी। आज़ाद हम सबके घरों में मोटर मैकेनिक हरिशंकर के नाम से ही पहचाने जाते थे। मेरी माँ को उनसे तो कोई शिकायत न थी, पर उन्हें एक शंका अवश्य थी कि मेरी एक मोटर मैकेनिक से दोस्ती कैसी ? उन्हें यह बात कुछ बेतुकी-सी लगी थी। माताजी जब भी हरिशंकर को देखतीं तो उनके सामने कुछ न कहतीं पर बाद में मुझसे बार-बार यही पूछतीं कि इनसे तुम्हारी दोस्ती कैसी ? मैं उन्हें बहुत समझाने का प्रयत्न करता परन्तु उससे उन्हें सन्तोष न होता। वे इतना ही कहकर रह जातीं कि यह बात मेरे गले नहीं उतरती। परन्तु मेरे घर छोड़ने के बाद उन्हें जब इस रहस्य का पता चला तो उन्होंने आज़ाद के प्रति बड़ी श्रद्धा प्रकट की। मेरे पते से आज़ाद पत्र मँगाते थे। इसमें यह सुविधा थी कि पिताजी कभी वे पत्र नहीं खोलते थे। हाँ कभी-कभी मेरे नाम आए पत्रों पर लगी डाक की मोहरों को पढ़कर जरूर पूछ लेते कि 'तेरे मित्र तो सारे हिन्दुस्तान में फैले मालूम देते हैं।' मैं चट कह देता कि स्काउट रैली में जब मैं अमृतसर गया था तो वहाँ विभिन्न प्रान्तों से आए स्काउटों से मैत्री हो गई थी उन्हीं के कभी-कभी पत्र आ जाते हैं। इस प्रकार एक-दो बार के बाद फिर पिताजी ने मुझसे इस सम्बन्ध में कभी नहीं पूछा। वे बन्द पत्र वैसे ही मुझे दे देते थे।

सदाशिव तथा भगवान दास के घर में घंटों हम लोग बैठे रहते थे। सदाशिव के बहनोई की कपड़े सीने की दुकान थी। वहाँ अक्सर ही सदाशिव तथा उनके भाई शंकर के मित्रों का जमघट रहता। सदाशिव का पढ़ने का कमरा अलग था। इसलिए पहले तो हम दुकान पर बैठकर गप लगाते फिर धीरे से सदाशिव के पढ़ने के कमरे में जा बैठते। वहीं आवश्यक चर्चा होती। वैसे ही भगवान दास के यहाँ भी बड़ी स्वतन्त्रता थी। छोटा-सा घर होने पर भी भगवान दास का कमरा अलग था। परिवार में यही अकेले पढ़नेवाले थे इससे इनकी अधिक इज्जत होती थी। छुट्टियों के दिन कई घंटे तक भगवान दास के यहाँ बैठक रहती। हम लोग पहले भगवान दास की माताजी के पास

बैठ भगवान दास के विरुद्ध मोर्चा बाँधते। तब माताजी बिगड़ने का रूपक बाँध कहतीं "तुम सब एकई थारी के चट्टा-बट्टा हो। अकेले हरिशंकर अच्छे हैं। कुछ बाके गुन सीखते।" इस भलमनसाहत की सनद हरिशंकर को मिलने का कारण था कि माताजी जो भी छोटा-मोटा काम कहती आज़ाद तुरन्त उन्हें कर देते। इसी से माताजी के वे अधिक स्नेह पात्र थे। भगवान दास के यहाँ अधिक स्वतन्त्रता होने के कारण जब शहर से बाहर जाने का काम होता तो भगवान दास ही भेजे जाते। भगवान दास के जाने के बाद उनके घर पर जाकर आज़ाद स्वयं ही आवाज देते और माताजी से पूछ बैठते, "कहाँ गया है भगवान दास ?" माताजी उखड़ पड़तीं, "न जाने कहाँ गया है।" आज़ाद गम्भीर हो कहते, "उसे कम-से-कम बताकर तो जाना था।" फिर स्वयं ही कह चलते, "कहीं किसी दोस्त के यहाँ बैठा पढ़ रहा होगा।" फिर किसी दोस्त का नाम ले कहते, "फलाने के यहाँ गया होगा। अभी जाकर देखता हूँ।" इस तरह उन्होंने कभी यह शक न होने दिया कि इन सबके ये ही गुरु हैं।

आज़ाद को खाने-पीने की तंगी रहती थी। विशेषकर उन दिनों जिन दिनों उनका हाथ टूटा था। हम लोगों को घर से पैसे नहीं मिलते थे कि उसमें से बचाकर आज़ाद को कुछ दिया जा सके। पर समस्या तो सुलझानी ही थी। इसलिए मैं तथा सदाशिव घर से रोटियाँ तथा अचार चुराकर भगवान दास के कमरे में जमा होते। आज़ाद के वहाँ आने पर उन्हें वहीं खिला दिया जाता। इससे भी समस्या कुछ हद तक ही हल हो पाई थी। तब भगवान दास ने एक चाल चली और वह हिकमत भी आज़ाद की ही बताई हुई थी।

भगवान दास का घर पक्का सनातनी था और आज़ाद भी वहाँ कट्टर सनातनी थे। भगवान दास की माताजी को आर्य समाजपना या किरिस्टानपना अच्छा नहीं लगता था। अक्सर भगवान दास को उन नियमों का उल्लंघन करने पर गाली खानी पड़ती थी और ऐसे शुभ अवसर पर यदि आज़ाद सामने होते तो वे माताजी का पक्ष ले भगवान दास को ही सुना देते। भगवान दास के यहाँ उसे चौके में भोजन मिलता था परन्तु चौके के अन्दर एक और चौका होता था जहाँ भगवान दास का प्रवेश नहीं था। भगवान ने लिखा 'मेरी क्रान्तिकारी प्रगतिशीलता 'उस माता-रेखा' का उल्लंघन नहीं कर सकती थी।' वे एकदम बहुत-सी रोटियाँ थाली में रखाकर अपने कमरे में चले जाते। वहाँ वे कुछ रोटियाँ स्वयं खाकर बाकी आज़ाद के लिए बचा लेते। परन्तु इस कार्यक्रम पर माँ बहुत नाराज हुई। एक दिन भगवान दास को खाना भी न मिला पर भगवान दास ने 'हम्मीरहठ' न छोड़ा। उन्होंने कहा, "चौके में धुआँ बहुत होता है। मेरी आँखों में रोहे हैं। कालेज के डॉक्टर ने धुएँ से बचे रहने को कहा है। मुझे अंधा नहीं होना है। मैं चौके में हरगिज नहीं खाऊँगा।" यह तर्क भी आज़ाद का सिखाया हुआ था। भला कौन माँ चाहेगी कि बेटे की आँखें खराब हो जाएँ। आज़ाद जब आए तो माँ ने उनसे भगवान दास के क्रिस्टानपन की शिकायत की। इसके लिए आज़ाद ने भगवान दास को खूब झिड़का और चौका विज्ञान पर एक लेक्चर दिया। पर भगवान की आँखों

का तर्क सुन निरुत्तर हो गए और आपद धर्म का महत्त्व माँ को समझाया कि, "यदि नहा-धोकर साफ-सुथरे तौर पर भगवान चौके से बाहर खाए तो कोई हर्ज नहीं है; क्योंकि आँखों का मामला बड़ा नाजुक होता है।" कट्टर ब्राह्मण हरिशंकर ने जब विधान दे दिया तो माँ को तो मानो खुदा ने ही मान लिया। और इस तरह रोटियों की चोरी का मार्ग प्रशस्त हो गया। भगवान को अधिक रोटियाँ खाते देख माँ प्रसन्न होती थी कि बेटे की भूख बढ़ रही है। फिर भी इस प्रकार हम तीनों आज़ाद का पेट भरें यह बात कुछ अच्छी नहीं लगती थी। आखिर भगवान दास ने एक दिन जब हम सबलोग बैठे थे तो इसका उल्लेख करते हुए कहा—"महाशय जी ! हम सब आराम से भोजन करते हैं और आपको इस प्रकार रुखा-सूखा खाना पड़ता है।" तो आज़ाद चट बोल उठे, "अरे बेवकूफ हुआ है। तीन घर से तीन तरह की रोटियाँ आती हैं। किसी के घर से आम का अचार तो किसी के घर से नींबू का अचार और तेरे घर से करेले का अचार जो मिलता है, वह तो मुझे बहुत ही पसन्द है। कभी-कभी साग-सब्जी भी मिल जाती है। यही सब खाकर तो देख कैसा भैंसा हो रहा हूँ और तू अपने को देख ! कैसा टूटरूटूँ बना है।"

भगवान दास ने इस पर एक सुझाव रखते हुए कहा, "मास्टर साहब रुद्रनारायण जी के घर तो आप खुलकर खा सकते हैं, वहीं पर आपकी नियमित व्यवस्था क्यों न की जाए ?" आज़ाद का उत्तर था, "तू इस खिटपिट में न पड़। अभी तू नहीं समझता कि किसी के यहाँ रोज-रोज खाना अच्छा नहीं। अभी तो वहाँ जब कभी जाता हूँ बड़े प्रेम और आदर से खाना मिलता है पर रोज-रोज वहाँ खाने पर वह बात नहीं रह जाएगी। मैं बड़े मजे में यहाँ खाना खा लेता हूँ और मस्त रहता हूँ।"

पर एक दिन इस 'सहभोज' की पोल खुल गई। पोल तो खुल गई पर आज़ाद अपने को बड़ी सफाई से बचा ले गए। उस दिन हम सब एक ही थाली में बैठे खा रहे थे कि भगवान दास का छोटा भाई राधासरन जो उस समय नौ-दस साल का ही था आ धमका। वह यह 'भ्रष्टाचार' देख 'बाई' कहकर चिल्लाने ही वाला था कि आज़ाद समूचा कौर निगल गए और चिल्लाए—"यों नहीं मानते ! खाते ही जा रहे हैं, कितनी देर से समझा रहा हूँ। जा तो राधासरन बुला तो ला माँ को।" मतलब यह कि राधासरन को विश्वास हो गया कि आज़ाद इस म्लेच्छपन में शरीक नहीं थे। म्लेच्छ थे तो मैं, भगवान दास तथा सदाशिव। इस तरह भगवान की माँ को अन्त तक हरिशंकर के ब्राह्मणत्व पर अडिग विश्वास बना रहा। पर जब हम लोग घर से भागे और पुलिस हरिशंकर की खोज करने लगी तब कहीं भगवान दास जी की माता को पता चला कि गुरु तो हरिशंकर ही थे। भगवान दास के जेल से छूटने पर जब वे आज़ाद की चर्चा उनके मुँह से सुनतीं तो गदगद हो कहतीं, 'ए भगवान ! जे जे गुन हतेबा में !'

## प्रसंगावधान

इन बैठकों में कभी-कभी आज़ाद पिस्तौल या रिवाल्वर भी लाकर दिखाते तथा उसके प्रयोग और मशीनरी के विषय में समझाते। एक दिन सदाशिव के घर पर हमें एक नई पिस्तौल दिखा रहे थे जो हाल ही में वे कहीं से लाए थे। कमरे के सभी ओर के दरवाजे बन्द कर दिए गए थे। हमारे सिवा सदाशिव का एक-दो साल का भानजा वहाँ पर था पर उसे बच्चा समझ उसकी उपेक्षा की गई। आज़ाद ने पिस्तौल निकालकर उसकी समस्त क्रियाएँ समझाईं। उसी बीच सदाशिव के बहनोई ऊपर आ गए। उन्हें दरवाजा खोलना पड़ा। पिस्तौल तुरन्त एक तकिए के नीचे छिपा दिया गया। मगर जैसे ही सदाशिव के बहनोई को उसने देखा तो बच्चा किलककर बोला—'काका दम्बूक !' उसके ये शब्द सुन हम सभी सन्न रह गए परन्तु आज़ाद तुरन्त उस बच्चे से बोले—'हाँ चलाओ बन्दूक !' और स्वयं हाथ से बन्दूक बना चुटकी बजा मुँह से 'धुङङ-धुङङ' का शब्द निकालने लगे और साथ ही उस बच्चे का मुँह तकिए की ओर से फेर उसके हाथ की भी उसे बन्दूक बनाना सिखाने लगे। बच्चा बहल गया और इस तरह संकट टल गया, अन्यथा उस दिन हमारी सारी पोल खुल जाती। सदाशिव के बहनोई के चले जाने के बाद आज़ाद बोले—"देखा, बच्चे कितना गजब हो सकते हैं और तुम लोग उसकी बात सुन हक्के-बक्के रह गए। चाहिए तो यह था कि बच्चे को बहलाते और उसे उठा ले जाते। पर तुम लोगों को तो मानो साँप सूँघ गया था।"

एक बार ऐसी ही दुर्घटना ग्वालियर में भी हो गई थी। साण्डर्स मर्डर तथा एसेम्बली बम-कांड के बाद जब धर-पकड़ शुरू हुई तो फणीन्द्र घोष के कारण झाँसी में भी धर-पकड़ प्रारम्भ हुई। इसीलिए आज़ाद के साथ हम तीनों को भी भागना पड़ा। हम सब ग्वालियर में गजानन सदाशिव पोतदार द्वारा लिए गए मकान में जाकर रहने लगे। यह मकान जनकगंज में था। इस मकान में पिकरिक बनाना प्रारम्भ किया गया। गजानन विक्टोरिया कॉलेज ग्वालियर में बी.एस.सी. के विद्यार्थी थे। इसलिए वे इस काम में बहुत सहायक सिद्ध हुए तथा आगरे में जो बम फैक्टरी खोली गई थी उसमें सदाशिव पिकरिक गनकाटन बनाना सीख आए थे। इन दिनों आर्थिक स्थिति अत्यन्त खराब थी। एक समय ठीक से भोजन भी नसीब नहीं होता था। कभी पकौड़ियाँ तो कभी उबला बेसन खाकर ही गुजारा होता था, परन्तु पिकरिक बनाने का काम चालू रहा। विक्टोरिया कॉलेज से पोतदार आवश्यक एसिड इत्यादि ले आते थे।

हमारे पड़ोस में ही एक महाराष्ट्रीय परिवार था। उस परिवार के बच्चे अक्सर गजानन पोतदार के यहाँ आते। उनमें से एक लड़का गाना सीखता था। भगवान दास को गाने का बड़ा शौक था। इससे भी उन्होंने उन बच्चों को आने के लिए प्रोत्साहन दिया था। कभी कुछ चीज इन बच्चों के खाने लायक हुई तो वे इन बच्चों को दे दिया करते थे। भगवान दास का यह भी तर्क था कि बच्चों के आते-जाते रहने से आस-पास के लोगों को शक न होगा। इस तरह इन बच्चों को हमारे घर आने-जाने की खुली छूट थी।

एक दिन बम भरने का सामान बिखरा पड़ा था। स्टोव पर पिकरिक बनाने के लिए एसिड गरम पानी में रखा था। इसी बीच इन बच्चों के साथ उनके पिताजी भी गजानन से मिलने आए। हम सब लोग लँगोट बाँधे कार्य में व्यस्त थे। ऐसा करने में एक तो कपड़ों का बचाव था दूसरे हम लोगों के पास कपड़ों का भी अभाव था। इसलिए जब किसी को बाहर जाना अत्यन्त आवश्यक होता तो वह कपड़े पहनकर बाहर हो आता और आते ही कपड़े उतार लँगोट बाँधे पड़ा रहता। गर्मी के कारण इस प्रकार लँगोटधारी बने रहना कृष्टदायक नहीं होता था परन्तु आगरे की भीषण सर्दी में भी आज़ाद नीचे अखबार बिछाकर केवल एक धोती ओढ़े लँगोट बाँधे सो जाते थे और उसी तरह रात काट देते।

तो इधर दरवाजा खोलने के लिए बच्चे ने आवाजें दीं, स्टोव की आवाज के कारण उनमें से केवल आखिरी आवाज ही हमने सुनी परन्तु जब तक कपड़े पहनकर दरवाजा खोलने जाते, तब तक बच्चे ने दरवाजे में हाथ डालकर कुंडी खोल ली और वे अन्दर चले आए। आज़ाद ने तुरन्त बरामदे में रखा पानी का घड़ा आँगन में उड़ेल दिया। वे लोग ठिठककर खड़े हो गए। तब तक सारा सामान ढँक दिया गया। आज़ाद ने कहा, "आ जाइए, सफाई चल रही है, स्टोव पर चाय का पानी रखा है इससे आपकी आवाज नहीं सुनाई दी।" वे लोग अन्दर आए और गजानन से बातें कर चले गए। उनके जाने के बाद भगवान दास की जोरदार 'ताजपोशी' हुई। हम सब चुपचाप मुस्कुराते रहे।

आज़ाद गरजे, "कितनी बार कहा है कि इन ससुरे बच्चों को मुँह न लगा, पर ध्यान ही नहीं रखता। जो दूसरों के अनुभव से समझ ले वह बुद्धिमान, जो अपने अनुभव से भी न समझे उसे क्या कहा जाए ? अब क्या कहूँ तुझसे ?" यदि पिकरिक बनता होता और उसकी भाप उड़ती रहती तो यह लोग क्या कहते और हम लोगों की क्या हालत होती ? भगवान दास ने इस घटना का उल्लेख करते हुए लिखा है—तब भी मैंने मन-ही-मन यही समझा कि दोष मेरा नहीं उस साँकल का है जो ढीली थी। बाद में साँकल कड़ी कर दी गई तथा उन लड़कों के आने-जाने पर भी प्रतिबन्ध लगा दिया गया।

आज़ाद अत्यन्त सहृदय तथा मिलनसार व्यक्ति थे। जिस किसी से भी मिलते उस पर अपनी छाप छोड़ जाते, परन्तु जब कोई उनकी शक्ति को चुनौती दे देता तो वे उसे सहन नहीं कर सकते थे। फिर वह साइकिल दौड़ाने का मामला हो या पंजा-कलाई लड़ाने का। वे अक्सर झाँसी के किले के अन्दर जाते-आते रहते थे। वहाँ के एक बिजली मिस्त्री से उन्होंने दोस्ती कर ली थी। इसलिए उन्हें सहज ही किले में प्रवेश मिल जाता था। अन्यथा ब्रिटिश शासनकाल में झाँसी के किले के अन्दर कोई हिन्दुस्तानी नहीं जा सकता था। वहाँ अंग्रेज सैनिकों का ही पहरा रहता था। केवल शिवरात्रि को एक दिन ही वह जनता के लिए खुलता था। वह भी शिवमन्दिर तक आने-जाने का निर्धारित मार्ग रहता था। इस किले में आने-जाने के दो मार्ग हैं; एक शहर की ओर से जहाँ अब ट्रक स्टैंड है। दूसरा मार्ग स्टेशन की ओर से। शहरवाले मार्ग पर बहुत चढ़ाव पड़ता है। साइकिल से पूरा चढ़ाव कम लोग ही चढ़ पाते थे। पर आज़ाद यह चढ़ाव साइकिल पर चढ़

जाते। एक बार एक गोरे सैनिक की आज़ाद से होड़ लग गई। पर आज़ाद तो ऊपर तक साइकिल चढ़ा ले गए परन्तु उस टामी के लिए ऊपर तक साइकिल चढ़ाना सम्भव न हो सका। यह घटना आज़ाद ने जब हमें सुनाई तो कहने लगे—"साला बड़ा लुक-लुक कर रहा था। जैसे ही मैंने साइकिल तेज कर ऊपर चढ़ाई तो रह गया ससुरा हपर-हपर करता।"

इसी प्रकार मास्टर रुद्रनारायण के यहाँ भी पंजा या कलाई लड़ाने का दंगल चलता रहता। आज़ाद की कलाई की हड्डी टूट जाने से उनका दाहिना हाथ कमजोर पड़ गया था। मास्टर साहब उन्हें मना करते, परन्तु जब कोई उन्हें चुनौती देता तो तुरन्त मैदान में उतर आते। मास्टर साहब के यहाँ जो गुप्तचर विभाग का कांस्टेबिल उनकी निगरानी के लिए रहता था उसे भी पंजा या कलाई लड़ाने का बड़ा शौक था। आज़ाद के सामने यदि कोई उससे पंजा या कलाई लड़ाने में हार जाता तो आज़ाद स्वयं उससे पंजा या कलाई लड़ाने बैठ जाते और उसे हराकर ही छोड़ते। मास्टर साहब उन्हें इसके लिए मना भी करते तो आज़ाद अपनी भूल स्वीकार करते हुए कहते, "क्या करूँ जब यह चीफ-फीफ किसी को हरा देता है तो मुझसे देखा नहीं जाता। फिर मुझे तब तक शान्ति नहीं मिलती जब तक मैं उसे हरा नहीं देता।" उनका हाथ भी तो इसी शक्ति के प्रयोग में ही टूटा था।

आज़ाद को जैसा भोजन चाहिए वैसी व्यवस्था नहीं हो पाती थी, इस विषय में उनका कभी नियमित जीवन नहीं रहा फिर भी वे बहुत कम बीमार पड़ते थे। उन्हें मैं सन् 1925 से देखता आ रहा था और जून 1925 से 10 फरवरी 1931 तक तो सदैव उनके साथ रहा, परन्तु उन्हें कभी बीमार पड़ते नहीं देखा। एक बार उन्हें खून की पेचिश हो गई थी परन्तु उसकी भी परवाह न कर वे 28 मील पैदल चले थे। बस इसके अलावा उन्हें कभी बीमार पड़ते नहीं देखा। अधिक से अधिक खाने की अनियमितता से उन्हें कब्ज हो जाता तो उसका इलाज था सेर भर दूध। वे उस दिन रात को भोजन न कर, कहते—"एक सेर गरम दूध तो ले आओ।" उन दिनों दो या तीन आने का सेर भर दूध मिल जाता था। बस उसे पी लेते और दूसरे दिन सबेरे उनकी तबीयत ठीक हो जाती। यही कारण था कि वे किसी के बीमार पड़ जाने पर उसकी सेवा कर सकने में असमर्थ थे। यह बात नहीं कि वे कुछ करना नहीं चाहते थे, बल्कि उनके स्वयं के बीमार न पड़ने के कारण उन्हें यह सूझता ही न था कि बीमार व्यक्ति के लिए क्या करें ?

जब हम लोग दिल्ली में प्रोफेसर नन्दकिशोर निगम के बंगले पर रहते थे तो निगम बीमार पड़ गए। प्रो. निगम हिन्दू कॉलेज दिल्ली में प्रोफेसर भी थे और होस्टल सुपरिन्टेन्डेन्ट भी। इन्हें सिविल लाइन में बंगला मिला हुआ था। वे वहाँ अकेले ही रहते थे। इस कारण आज़ाद को वहाँ रहने में सुविधा थी।

यह उस समय की बात है जब भगत सिंह तथा अन्य साथियों पर मुकदमा चल रहा था। इन्हीं दिनों प्रोफेसर नन्दकिशोर निगम को टाइफाइड हो गया था। उस अवस्था में वे होस्टल ही में पड़े रहे। उनकी बहन शहर में रहती थीं और कभी-कभी उन्हें देखने

आती थीं। बाकी तीमारदारी हमीं लोग करते थे। निगम जी का बुखार उतरने के बाद उन्होंने डॉक्टर से पूछकर एक ही दिन में स्नान, खिचड़ी और दही भी खाने का कुपथ्य किया। हम लोगों ने मना किया पर वे न माने उसका परिणाम यह हुआ कि शाम को ही उनकी तबीयत इतनी खराब हुई कि उनके हाथ-पैर ठंडे पड़ने लगे। मैंने भैया से कहा, "निगम की हालत बहुत खराब हो गई है और इनके हाथ-पैर तो ठंडे पड़ रहे हैं।" तो बोले, "तू पागल है वह तो अच्छा भला बोल रहा है।" पर मैं तुरन्त ही पास के बंगले में जाकर डॉक्टर को फोन कर आया, वहीं से थोड़ी ब्राण्डी माँग लाया और उसे निगम को पिला दी। डॉक्टर के आने में लगभग एक घंटा लग गया। डॉक्टर ने आकर मरीज को देखा और बोला, "यदि निगम को ब्राण्डी न दी जाती तो इतने देर उनका बचना मुश्किल था।" डॉक्टर के जाने के बाद आज़ाद ने आश्चर्य प्रकट करते हुए कहा, "क्या निगम की हालत सचमुच ही इतनी खराब थी ? मैं तो समझ रहा था कि तुम यों ही कह रहे थे।"

ऐसे ही कानपुर में मुझे कालरा हो गया। कई दिन बराबर यात्रा में रहा। खाने-पीने का ठिकाना नहीं था। उन दिनों हम लोग श्री रामचन्द्र जी मुसद्‌दी के घर में थे। डॉक्टर आया, उसने चिन्ता प्रकट की। तब तक आज़ाद यही समझते रहे कि मामूली दस्त हो रहे हैं। डॉक्टर ने जब हालत खतरनाक बताई तो आज़ाद सोच में पड़ गए। मैं भी सोच रहा था कि मेरी मृत्यु सभी के लिए समस्या बन जाएगी। पर वह नौबत न आई। डॉक्टर के इंजेक्शन से शाम तक हालत ठीक हो गई। श्रीमती श्रीदेवी मुसद्‌दी ने मेरी बहुत सेवा की। मुझे एक क्षण के लिए भी यह अनुभव नहीं होने दिया कि मैं अपने घर में नहीं हूँ। आज़ाद मेरी चारपाई के पास तब तक गुमसुम बैठे रहे जब तक डॉक्टर ने यह नहीं कहा कि, "अब खतरा नहीं है।" दो इंजेक्शन से ही हालत सुधर गई।

आज़ाद जितने कठोर मालूम होते थे उतने वे नहीं थे। जो व्यक्ति उनके निकट सम्पर्क में रहे हैं वे ही उनके हृदय को परख सकते थे। हाँ, अन्याय तो उन्होंने कभी सहन नहीं किया। झाँसी में रामानन्द जी के यहाँ जब रहते थे तो उनके पड़ोस में ही रामदयाल ढीमर रहता था, जो मास्टर रुद्रनारायण के यहाँ ड्राइवरी करता था। रामदयाल वैसे भला आदमी था परन्तु जब शराब पी लेता था तो वह जानवर बन जाता था। रात को अक्सर वह शराब पीकर आता और अपनी स्त्री को पीटता था। रात को जब आज़ाद उसके स्त्री-बच्चों का रोना सुनते तो वह उन्हें असह्य हो जाता। कई बार वे यह रोना-धोना सुनकर खाना छोड़ देते। एक दिन सबेरे ही आज़ाद घर से कारखाने जाने के लिए निकले और रामदयाल भी अपने घर से लोटा लेकर टट्टी जाने निकला। उसे देख आज़ाद को क्रोध आ गया। परन्तु फिर यह सोचकर कि बेकार क्यों किसी से उलझा जाए वे आगे चल पड़े। परन्तु पिछली रात रामदयाल ने अपनी पत्नी को अत्यधिक पीटा था। इससे उन्हें क्रोध तो था ही, उसे सामने देख वह असह्य हो उठा। वे लौट पड़े और रामदयाल को बुलाकर समझाने लगे, "देख भाई, वैसे तो तू बड़ा नेक है पर जब तू शराब पी लेता है तो जानवरों जैसा व्यवहार क्यों करने लगता है ? तुझे पीना है तो खूब पी

परन्तु अपनी घरवाली को तो न मारा कर। इससे मोहल्लेवालों को कष्ट होता है।"

रामदयाल सबकुछ सह सकता था परन्तु उसे यह असह्य हुआ कि आज़ाद उसकी घरवाली का पक्ष लें। उसने भी तनिक रूखे और तीखे स्वर में कहा—"हरिशंकर, मैं अपनी घरवाली को पीटता हूँ। मैं चाहूँ तो उसे जान से मार डालूँ। तुम्हारी वह क्या लगती है जो तुम उसकी तरफदारी कर रहे हो ?"

आज़ाद यह कहाँ सुन सकते थे, क्रोध से लाल हो बोले—"अच्छा आज रात को मार के देख, अगर रात को ही तेरा नशा न उतार दूँ तो कहना।"

"अजी रात ही क्यों और नशे की ऐसी-तैसी। अभी होश में ही उसको तुम्हारे सामने यहीं सड़क पर मारता हूँ, देखूँ कौन क्या करता है ?" यह कह रामदयाल ढीमर हाथ का लोटा वहाँ फेंक घर में गया और घरवाली के बाल पकड़कर उसे बाहर घसीट लाया और बोला, "लो इस हरामजादी को मारता हूँ, देखूँ क्या करते हो ?" यह कह उसने मारने के लिए हाथ उठाया। आज़ाद ने उसका हाथ पकड़ उसके गाल पर एक जोर का तमाचा मारा कि रामदयाल के हाथ से औरत का झोटा छूट गया और वह सिर पकड़कर बैठ गया। इसी बीच और भी लोग आ गए पर कोई कुछ न बोला। रामदयाल से सभी दुखी थे। रामानन्द जी भी घर से बाहर आ गए। इससे पहले कि कोई कुछ कहे वे आज़ाद को घर में ले गए।

इधर रामदयाल को जब होश आया तो वह उठकर चुपचाप घर में चला गया। इस घटना के बाद वह कई दिनों तक आज़ाद से नहीं बोला, परन्तु उसने अपनी स्त्री को मारना भी बन्द कर दिया था। शराब पीकर आने पर भी वह खाना खाकर चुपचाप सो जाता।

नई बस्ती में रामानन्द जी के मकान के आस-पास मजदूर पेशे के ही लोग रहते थे। आज़ाद को यहाँ सभी लोग हरिशंकर के नाम से ही जानते थे। वे इन सबके साथ बहुत ही घुल-मिलकर रहते। उनके दुख-सुख में यथासम्भव सम्मिलित होते, परन्तु उनके दुर्गुणों में वे कभी भी उनका साथ न देते। बीड़ी, सिंगरेट, पान, तम्बाखू किसी का तो नशा उन्हें नहीं था। उनके साथ काम करनेवाले मोटर ड्राइवर, क्लीनर आदि शराब तक पीते, परन्तु वे कभी उसके पास तक न जाते। उनके समस्त व्यवसाइयों को बड़ा आश्चर्य होता था कि यह अजब आदमी है। शराब या भाँग न सही पर बीड़ी भी न पीए यह कैसा ड्राइवर ? आज़ाद के इस गुण के कारण उनके साथी उन्हें सम्मान की दृष्टि से भी देखते थे।

मैं यह पहले बता चुका हूँ कि आज़ाद बम्बई में रहकर मजदूरों की परिस्थिति से अच्छी तरह परिचित थे, इसीलिए वे उनके प्रति सहानुभूति रखते थे। उनका एक पड़ोसी धनीराम बढ़ई था। उसका-इनका केवल दुआ-सलाम का ही परिचय था। बीच में कई दिनों तक उन्होंने धनीराम को न देखा। एक दिन अचानक सबेरे-सबेरे धनीराम का शब्द सुनाई दिया—"खान बाबा, तुम विश्वास करो, हम तुम्हारा रुपया जरूर लौटा देगा। हम भागता तो नहीं है, बाल बच्चेदार आदमी है।" पर खान बाबा था कि आपे से बाहर

हो रहा था, "हम कुछ नहीं जानता। तुम सुअर का बच्चा हमारा रुपया इसी वक्त दो।"

आज़ाद के लिए यह घटना नई नहीं थी। बुन्देलखंड कम्पनी में काम करनेवाले मजदूर इन खानों से रुपया या कपड़ा उधार लेते और अक्सर यह होता कि रकम निश्चित समय पर न पटा सकते और तब इस प्रकार का संवाद होता। इन काबुलियों का हिन्दुस्तान में आज भी अत्याचार बन्द नहीं हुआ है। वे एक रुपए पर प्रतिमास एक आने से चार आने तक का ब्याज ले लेते हैं। दस रुपए का शाल बारह या पन्द्रह रुपए में देंगे। माल देते समय बड़े भाईचारे से बातें करेंगे, परन्तु पैसा वसूल करते समय वे बड़ी बेरहमी से पैसा वसूल करते हैं। रवी बाबू का 'काबुलीवाला' पात्र इनमें लाखों में शायद एक मिले; पर धनीराम से निर्दयतापूर्वक पैसे वसूल करनेवाला काबुली पठान हर कस्बे के हर मुहल्ले में आज भी देखने को मिलेगा। किसी सरकारी या गैर सरकारी कारखाने के फाटक पर वेतन के दिन चले जाइए ये सूदखोर पठान आपको वसूली के लिए खड़े दिखाई देंगे।

आज़ाद को धनीराम का घिघियाना सुनकर दया आ गई। वे घटनास्थल पर पहुँचे। खान उसके औजारों की बोरी पकड़े खड़ा था और धनीराम कहे जा रहा था, "खान बाबा, मैं 15 दिन से बीमार था, कल ही से तो काम पर जाने लगा हूँ। दो-चार दिन काम करने पर मालिक से कुछ पेशगी माँगकर तुम्हारा रुपया चुका दूँगा।"

आज़ाद ने कहा, "खान भाई, छोड़ दो। वह तुम्हारी रकम देने से इन्कार तो नहीं कर रहा है। आखिर उसे इस तरह पकड़ने से कोई फायदा नहीं। वह मजदूरी पर नहीं गया तो, न तो तुम्हारे पैसे ही मिलेंगे और उसके बाल-बच्चे भूखों मरेंगे।"

खान को आज़ाद की यह अनाधिकार चेष्टा लगी। उसने देखा कि धोती, कुरता कोट और सिर पर गोल टोपी लगाए यह लाला कहाँ से आ गया। उसने उन्हें क्रोध से एक बार ऊपर से नीचे तक देखा और बोला, "तुम कौन है इसका ?"

धनीराम ने कहा, 'भैया हरिशंकर, मैं इससे कह रहा हूँ कि कल से ही तो काम पर जाने लगा हूँ, और आज मालिक से किस तरह पेशगी रकम माँग सकूँगा। एक-दो दिन हो जाएँ तो उनसे पैसा लेकर चुका दूँगा। इसकी रकम की आखिरी किस्त ही तो देनी है। उसमें 15 दिन की ही देर हो गई है। उसका भी यह महीना भर का सूद ले ही लेगा।"

आज़ाद ने कहा, "खान छोड़ दो इसे, मैं इसका हूँ तो कोई नहीं, पर यह मेरा पड़ोसी है। मैं जानता हूँ ईमानदार आदमी है।"

पर खान नरम होने के बजाय और अधिक गरम हो बोला, "ए, हम बोलता है तुम अपना काम देखो। हम इससे आज पैसा वसूल करेगा। इसके लिए यह अपना बीबी बच्चा बेंच दे।"

बीबी-बच्चा बेचने की बात सुन आज़ाद आप से बाहर हो गए। वे तेजी से आगे बढ़े और पठान के हाथ को जोर का झटका दिया। धनीराम का हाथ छूट गया और वह दूर जा खड़ा हुआ। आज़ाद ने कहा—"देखूँ तू उसे कैसे काम पर नहीं जाने देता ?"

खान भी तगड़ा था। वह साइकिल खड़ी कर आज़ाद की ओर बढ़ा। आज़ाद तैयार थे। उन्होंने उस भीमकाय को ऐसी पटकंत दी कि उसकी पगड़ी कहीं जा गिरी और जूता कहीं जा गिरा। भीड़ जमा हो गई। यह स्वाभाविक ही था कि मोहल्ले के लोग धनीराम और आज़ाद का पक्ष लेते। उनमें से अनेक ऐसे थे जो खानों के शोषण से पीड़ित थे। उसका इस प्रकार प्रतिशोध लिया जाता देख सभी प्रसन्न हुए और खान पर बरस पड़े। खान ने देखा कि वह शक्ति में मात खा चुका है, और उसकी खासी मरम्मत भी हो चुकी थी। वह चुपचाप उठा, पगड़ी सम्हाली और साइकिल ले यह कहता हुआ वहाँ से भागा, "अच्छा हम दस दिन बाद आएगा और अपनी पाई-पाई वसूल करेगा।" उत्तर में लोगों ने एक जोर का ठहाका लगाया। आज़ाद एक शब्द कहे बिना ही चुपचाप धोती का एक छोर हाथ में पकड़े तेजी से वहाँ से चले गए। उस दिन से बस्ती में आज़ाद के प्रति लोगों में बड़ी श्रद्धा उत्पन्न हो गई। मोहल्ले के बच्चे जब आज़ाद को आया देखते तो चुपचाप एक ओर हट जाते। स्वयं रामानन्द जी का लड़का मोहन जहाँ इन्हें आता देखता 'नाहरू आए' (नाहर आया) कहकर भागकर माँ की गोद में जा छिपता। मोहन की माँ के हाथ में भी मोहन को डराने का यह एक असीम अस्त्र था।

आज़ाद अन्याय का प्रतिकार करते समय कभी भी अतिरेक की सीमा तक नहीं पहुँचते थे। जहाँ भी वे यह देखते कि प्रतिकार उनके क्रान्तिकारी होने का भेद खोल देगा, तो वे उस उत्तेजना को दबा देते थे। ऐसी ही एक घटना का उल्लेख भगवान दास ने अपनी पुस्तक में किया है, "आज़ाद जब झाँसी में सदर बाजार बुन्देलखंड कम्पनी में काम करते थे तो एक दिन मेरे पास बड़ी उत्तेजना में आए और अपना पिस्तौल निकालकर मुझे देते हुए बोले—'ले इसे अपने पास रख ले।' मैं प्रश्न सूचक दृष्टि से उनकी ओर देखने लगा तो आगे बोले—'मेरा दिमाग आज ठीक नहीं है। आज सदर बाजार में कुछ सोल्जरों ने बड़ा उपद्रव किया, औरतों को छेड़ा, लोगों को मारा और गालियाँ बकी हैं। इससे मैं उत्तेजित हो उठा हूँ। कई बार मेरा हाथ पिस्तौल पर जा चुका है। मुझे ऐसा लगा कि कहीं मैं अपने पर से काबू न खो दूँ। नहीं तो गड़बड़ हो जाएगी। इसीलिए चला आया हूँ। तू इसे रखे रह। मुझे काम पर तो वापस जाना ही है।' और जो बातें हुईं उसमें आज़ाद ने मुझे समझाया—'हर बदमाशी और अत्याचार का प्रतिकार हम थोड़े ही कर सकते हैं ? यदि उत्तेजना में आकर मैं वहाँ कुछ कर डालता तो इधर तुम लोगों की हालत खराब हो जाती, और न जाने कहाँ-कहाँ क्या हो जाती। यों तो बदमाश और शरारती लोग कदम-कदम पर मिलते ही रहते हैं। आँखों के सामने बदमाशी देख क्रोध आ जाना स्वाभाविक ही है, इसी से यहाँ चला आया हूँ। अब तुमसे बातें कर लीं, उत्तेजना शान्त हो गई, अब जाता हूँ।' आज़ाद पिस्तौल मेरे पास छोड़कर काम पर चले गए।"

ओरछा के पास ढिमरपुरा में सातार तट पर रहते हुए अनेक बार उन्हें क्रोध संवरण करना पड़ा था। उन दिनों उनके साथ एक साधु रहता था। उसे उन्होंने एक कुतिया

के साथ अनैतिक व्यवहार करते देखा था। उस समय उनके पास बन्दूक भी थी। क्रोध वश साधु को मार डालने की उनकी इच्छा न हुई हो ऐसी बात नहीं परन्तु परिणाम सोच वे चुप रह गए। अगर वे उस साधु को मार डालते तो पुलिस की आँखों में चढ़ जाते। इसीलिए वे क्रोध दबाकर रह गए। ऐसी घृणित घटनाओं के प्रति वे अपना क्रोध शब्दों में ही व्यक्त कर शान्त हो जाते—हम लोगों से चर्चा कर।

# नए सिरे से दल का संगठन

इन सब कठिनाइयों के होते हुए भी आज़ाद अपने लक्ष्य को एक क्षण के लिए भी न भूले। दल के संगठन की चिन्ता उन्हें हर समय रहती थी। धीरे-धीरे बिखरे हुए सदस्य फिर एक-दूसरे के सम्पर्क में आ गए और तब संगठन को एक व्यवस्थित रूप देने का निश्चय किया गया। इसके लिए श्री विजय कुमार सिन्हा, श्री शिव वर्मा तथा सरदार भगत सिंह ने विभिन्न प्रान्तों का दौरा किया। श्री विजय कुमार सिन्हा श्री राजकुमार सिन्हा के भाई थे जो काकोरी षड्यन्त्र के मुकदमे में अभियुक्त थे। श्री विजय कुमार अनेक अंग्रेजी पत्रों के संवाददाता भी थे तथा काकोरी षड्यन्त्र के मुकदमे की कार्यवाही के संवाद भेजते थे। श्री विजय युवक संगठनों तथा रामकृष्ण मिशन में भी कार्य करते रहे। वे 'प्रताप' के सम्पादक श्री गणेश शंकर विद्यार्थी के सम्पर्क में भी थे। श्री विजय कुमार सिन्हा को देशभक्ति की प्रेरणा उनसे ही मिली। श्री गणेश शंकर विद्यार्थी कानपुर में ही नहीं समस्त उत्तर प्रदेश में नवयुवकों की चेतना के स्रोत रहे हैं। आज़ाद का श्री गणेश शंकर विद्यार्थी से उनके शहादत तक घनिष्ठ सम्पर्क रहा। पुलिस यह जानती थी कि गणेश जी का सम्बन्ध क्रान्तिकारियों से है। वे भी पुलिस के पूछने पर इन्कार नहीं करते थे। पर साथ ही यह भी कहते थे कि, 'मैं उनसे मिलने नहीं जाता हूँ। वे यदि मेरे पास आते हैं तो मैं उन्हें नहीं रोक सकता। मैं तो राजनैतिक व्यक्ति हूँ। मेरे द्वार तो सबके लिए खुले हैं।' कानपुर के दल से सर्वश्री महावीर, बटुकेश्वर दत्त, अजय घोष, पं. रामदुलारे त्रिवेदी, सुरेन्द्र पांडे, ब्रह्मदत्त, शिव वर्मा, जयदेव कपूर, डॉ. गया प्रसाद, सदगुरु दयाल अवस्थी, वीरभद्र तिवारी आदि भी विद्यार्थी जी से सम्बन्धित थे।

श्री कुन्दनलाल गुप्त के कथनानुसार श्री विजय कुमार को दल के अनेक सदस्यों का पता तो चल गया; परन्तु श्री चन्द्रशेखर आज़ाद का पता न चल सका। तब यह काम श्री कुन्दनलाल गुप्त को सौंपा गया। कुन्दनलाल जी को यह पता था कि आज़ाद झाँसी भी रह चुके हैं इसलिए वे उन्हें ढूढ़ने झाँसी आए। और उनके अनुमान के अनुसार वे उन्हें वहाँ मिल गए। उन्होंने आज़ाद से मिलकर यह निश्चय कर लिया कि आवश्यकता पड़ने पर उन्हें बुलाया जाएगा। बाद में कानपुर की एक बैठक में श्री कुन्दनलाल गुप्त आज़ाद को ले गए। यहाँ पर उनकी सुखदेव तथा सरदार भगत सिंह से भेंट कराई गई। इसके पूर्व आज़ाद बमरौली डकैती कांड के समय भगत सिंह से मिल चुके थे। उस समय सरदार भगत सिंह दल में बलवन्त सिंह के नाम से पुकारे

जाते थे। कानपुर की बैठक में ही यह निश्चय किया गया कि पंजाब तथा उत्तर प्रदेश मिलकर काम करें।

कानपुर की बैठक में दल को फिर संगठित कर सुव्यवस्थित रूप से चलाने का निश्चय किया गया। उत्तर प्रदेश में युवकों के संगठन तथा शस्त्र जुटाने के कार्य पर ही अधिक बल दिया जा रहा था। कॉलेजों तथा विभिन्न विश्वविद्यालयों में क्रान्तिकारी संगठन जोरों पर था। गुप्त संगठन के साथ ही साथ सदस्य मजदूर सभा तथा यूथलीग आदि में भी कार्य करते थे।

सरदार भगत सिंह इसके पूर्व भी कानपुर में रह चुके थे। वे 'प्रताप' के सम्पादकीय विभाग में काम कर चुके थे। बाद में माँ की बीमारी का समाचार पाकर वे फिर लाहौर वापस चले गए थे। जहाँ उन्होंने नौजवान भारत सभा का निर्माण किया। यह सभा क्रान्तिकारी दल के खुले मंच के रूप में कार्य करती थी।

उस समय देश में पूर्ण स्वतन्त्रता का प्रस्ताव कांग्रेस ने नहीं अपनाया था। 1927 को मद्रास कांग्रेस में श्रीनिवास आयंगर ने पूर्ण स्वराज्य की माँग की थी। परन्तु कांग्रेस ने अपनी माँग औपनिवेशिक स्वराज्य तक ही सीमित रखी। वह क्रान्तिकारी दल के आन्दोलन से लाभ उठाती रही। वह क्रान्तिकारियों का भय दिखाकर ब्रिटिश शासकों से अपनी शर्तें भी मनवाना चाहती थी। आखिर जनता के बढ़ते असन्तोष को देख सन् 1928 में कांग्रेस ने यह घोषणा की कि यदि एक वर्ष में 'सब्सटेन्स ऑफ इंडिपेंडेन्स' न मिला तो पूर्ण स्वराज्य कांग्रेस का लक्ष्य होगा। परन्तु कांग्रेस की इस घोषणा से जनता को सन्तोष न हुआ और पूर्ण स्वतन्त्रता की माँग जोर पकड़ती गई और अन्त में 1929 के लाहौर कांग्रेस अधिवेशन में कांग्रेस को पूर्ण स्वतन्त्रता की घोषणा करनी पड़ी।

## दिल्ली की बैठक

देश के इस असन्तोष के वातावरण में 8 तथा 9 सितम्बर 1928 को दिल्ली क्रान्तिकारी दल की बैठक हुई। इस बैठक में आज़ाद को भी जाना था परन्तु उनकी आँखों में तकलीफ होने के कारण वे इस बैठक में भाग लेने न जा सके। 8 सितम्बर को सभी सदस्यों के न पहुँच सकने के कारण यह बैठक 9 सितम्बर को हुई। आज़ाद की अनुपस्थिति में बैठक का संचालन सरदार भगत सिंह ने किया। इस बैठक में सरदार भगत सिंह, सुखदेव, विजय कुमार सिन्हा, शिव वर्मा, सुरेन्द्र पांडे, ब्रह्मदत्त मिश्र, श्री कुन्दनलाल गुप्त, जयदेव कपूर, फणीन्द्र घोष, मनमोहन बनर्जी आदि उपस्थित थे।

बैठक की कार्रवाई शुरू होने पर श्री शिव वर्मा ने बताया कि वे बंगाल के क्रान्तिकारियों से मिले थे और उन्होंने यह निर्णय लिया है कि वे उत्तर भारत के क्रान्तिकारियों से मिलकर काम नहीं करेंगे, क्योंकि वे अभी हिंसात्मक कार्यों के पक्ष में नहीं हैं। जबकि उत्तर भारत के क्रान्तिकारी आवश्यकता पड़ने पर उसके पक्ष में हैं। श्री विजय कुमार सिन्हा ने काकोरी षड्यन्त्र के बाद की देश की स्थिति पर प्रकाश

डाला। उन्होंने बताया कि कांग्रेस किस प्रकार ब्रिटिश सरकार से स्वतन्त्रता का सार मिलने पर सन्तुष्ट हो जाने की बात करती है किन्तु वह जनता को यह बताना नहीं चाहती कि स्वराज्य का वह क्या अर्थ लगाती है। इससे स्वराज्य शब्द का आकर्षण जनता की दृष्टि में कम हो रहा है। किसान जमींदारों तथा साहूकारों के जुल्मों तथा आर्थिक मन्दी के कारण जगह-जगह विद्रोह कर रहे हैं। मिल मजदूर तथा रेलवे कर्मचारी अपनी माँगों के लिए हड़तालें कर रहे हैं परन्तु देश का नेतृत्व श्रमिक किसानों के संघर्ष को देश के मुक्ति संग्राम का अंग बनाने में असमर्थ है। नेता वर्ग जन-असन्तोष से हटकर, अंग्रेजों से पूँजीपतियों के अधिकारों के संरक्षण के लिए मोल-तोल करने पर जुटा है। अतएव स्वतन्त्रता की लड़ाई को संगठित करने, उसे भारतीय जनसाधारण की लड़ाई बनाने का कार्य हम क्रान्तिकारियों पर आ पड़ा है, जिसे पूर्ण करना हमारा कर्तव्य है।

## नाम का परिवर्तन

सरदार भगत सिंह ने कहा, "पार्टी का नाम हिन्दुस्तान रिपब्लिकन एसोसिएशन के सिद्धान्त, कांग्रेस के स्वराज्य के सिद्धान्त की अपेक्षा अधिक स्पष्ट होने पर भी अब नाम पुराना हो गया है, इसमें सोशलिस्ट शब्द जोड़कर जनता को हम बता दें कि भारत का क्रान्तिकारी आन्दोलन समाजवादी राज्य की स्थापना करेगा जिसमें भारतीय जनता भारतीय स्वतन्त्रता तथा भारतीय लोकराज्य में बराबर की हिस्सेदार होगी।" सरदार भगत सिंह ने आगे कहा—"सोशलिस्ट शब्द इस बात का प्रतीक होगा कि हम किस प्रकार का शासन देश में चाहते हैं। आज के युग में इस बात का स्पष्टीकरण होना अत्यन्त आवश्यक है क्योंकि हम शनैः शनैः अपने आन्दोलन को जनता का आन्दोलन बना देना चाहते हैं। यही हमारा अन्तिम लक्ष्य भी है। इसलिए यह अत्यन्त आवश्यक है कि जिस जनता को हम इस क्षेत्र में आकर अपना बलिदान करने के लिए कहें उसे यह तो बता दें कि उसके बलिदान का लाभ किसे मिलेगा। इस सोशलिस्ट शब्द को जोड़कर हम अपने स्वर्गस्थ नेताओं का अपमान नहीं कर रहे हैं, बल्कि हम उनकी धरोहर में वृद्धि कर रहे हैं। जिसकी वे हमसे आशा करते थे। इसके अतिरिक्त हमारे जो सहायक हैं, वे तो नाम से नहीं, काम से परिचित हैं और उसी के कारण हमें सहायता भी देते हैं। इस नाम परिवर्तन से उनका हमारे संगठन के प्रति विश्वास ही बढ़ेगा, घटेगा नहीं।"

श्री कुन्दनलाल गुप्त के कथनानुसार सरदार भगत सिंह ने दल के नाम से सोशलिस्ट शब्द जोड़ने का सुझाव दिया तथा पार्टी को कार्य की गति तीव्र करने को कहा। इस प्रस्ताव का विरोध श्री फणीन्द्र घोष तथा श्री मनमोहन बनर्जी ने किया। वे पुराना नाम चालू रखने के ही पक्ष में थे। उन्हें भय था कि सोशलिस्ट नाम ग्रहण करने से क्रान्तिकारी आन्दोलन कहीं जनता की सहानुभूति तो न खो देगा ? उच्च सुशिक्षित वर्ग डर जाएगा और इसका परिणाम होगा कि दल को इससे भीषण आघात पहुँचेगा। कुछ ने यह भी दलील दी कि यह नाम श्री शचीन्द्रनाथ सान्याल तथा रामप्रसाद बिस्मिल

जैसे व्यक्तियों ने रखा है, इसलिए इसे न बदला जाए। बहुत वाद-विवाद के बाद यह बात मान ली गई कि सोशलिस्ट शब्द जोड़ दिया जाए और भविष्य में पार्टी का नाम 'हिन्दुस्तान सोशलिस्ट रिपब्लिकन एसोसिएशन' हो। इस विषय की चर्चा करते हुए श्री कुन्दनलाल गुप्त ने अपने संस्मरण में लिखा है 'यद्यपि भगत सिंह को छोड़कर हममें से किसी के भी विचार समाजवाद के विषय में उस समय तक स्पष्ट नहीं हुए थे तथापि भगत सिंह के विचार हमें उचित जँचे। हमने अनुभव किया कि वह स्वतन्त्रता, स्वतन्त्रता ही क्या जिसमें गरीब को कोई अधिकार न हो, और उसे अपने भाग्य-निर्णय की स्वतन्त्रता न हो।

श्री आज़ाद इस परिवर्तन से पहले चौंके अवश्य परन्तु चर्चा के पश्चात उन्होंने यह परिवर्तन स्वीकार कर लिया। वे यही सोचते थे कि रिपब्लिकन शासन व्यवस्था में समानाधिकार का अधिकार तो निहित होगा ही। परन्तु चर्चा के बाद उन्हें यह समझते देर न लगी कि रिपब्लिकन शासन व्यवस्था में तो यह भी सम्भव है कि गोरी नौकरशाही के स्थान पर काली नौकरशाही स्थापित हो तथा पूँजीपति अपना प्रमुख प्रभुत्व स्थापित कर जनसाधारण का शोषण करता रहे। इसलिए जिस जनता की शक्ति पर स्वतन्त्रता प्राप्त होगी उसे सुस्पष्ट शब्दों में विश्वास दिलाना अनुचित न होगा और यह विश्वास दल के नाम में समाजवादी शब्द जोड़कर ही दिलाया जा सकता है।

इस बैठक में दल को दो विभागों में विभक्त किया गया। एक सैनिक विभाग, जिसके प्रमुख चन्द्रशेखर आज़ाद को सेनापति बनाया गया; दूसरा संगठन विभाग। संगठन विभाग में भी सक्रिय सदस्यों की श्रेणी अलग बनाई गई और सहानुभूति रखनेवाले सदस्यों की श्रेणी अलग। सक्रिय दल का कार्य आज़ाद के नेतृत्व में हथियार जमा करना, किसी को मारने या पूँजीपतियों या खजाने से रुपया लूटने का निश्चय केन्द्रीय समिति द्वारा किए जाने पर उसे कार्य रूप में परिणत करना था। सक्रिय सदस्य ही संगठन विभाग के नेतृत्व में पार्टी के साहित्य-प्रचार तथा संगठन का कार्य करेंगे। सहानुभूति रखनेवाला अंग दल के लिए धन एकत्रित करेगा, जिसके लिए वह स्वयं चन्दा देगा और लोगों से भी धन एकत्रित करेगा। प्रचार साहित्य में भी वह सहयोग करेगा तथा सदस्यों को ठहराने तथा उनके भोजन की व्यवस्था करेगा।

दल की केन्द्रीय समिति बनाई गई। इसमें पंजाब से सरदार भगत सिंह तथा सुखदेव, उत्तर प्रदेश से विजय कुमार सिन्हा तथा शिव वर्मा, बिहार तथा उड़ीसा से फणीन्द्र घोष तथा राजपूताने से कुन्दनलाल गुप्त को लिया गया। साथ ही गुप्त जी को दल का जनरल सेक्रेटरी चुना गया। श्री विजय कुमार सिन्हा को विभिन्न प्रान्तों के क्रान्तिकारियों में तालमेल बनाए रखने के लिए नियुक्त किया गया। सरदार भगत सिंह सैनिक विभाग में भी थे तथा संगठन विभाग में भी। झाँसी में दल का हेडक्वार्टर रखने का निश्चय किया गया।

प्रान्तीय शाखाओं को एक्शन करने के अधिकार को छोड़ सभी अधिकार दिए गए। साथ यह भी निश्चय किया गया कि हथियारों पर नियन्त्रण केन्द्र का हो, प्रान्तों में

एक्शन के लिए हथियार दिए जाएँगे और काम हो जाने पर उन्हें वापस केन्द्र को लौटा दिया जाएगा। पैसा केन्द्र के हाथ में होगा। धन के लिए आवश्यकता पड़ने पर डकैती करना आवश्यक समझा गया तो अन्तिम निर्णय केन्द्रीय समिति ही करेगी। केन्द्र ही प्रान्तीय शाखाओं को धन देगा। दल के सक्रिय सदस्यों के लिए घर छोड़ना अनिवार्य कर दिया गया।

प्रचार की कार्य प्रणाली को दृष्टि में रखकर ही पंजाब में दल ने नौजवान भारत सभा की स्थापना की थी जो देश में पूर्ण स्वतन्त्रता की माँग के साथ मजदूर, किसानों तथा बुद्धिजीवी वर्ग के अधिकारों, सामाजिक क्रान्ति, विदेशी शासन के अत्याचारों तथा 1857 के स्वातन्त्र्य युद्ध, कूका विद्रोह, गदर पार्टी, बब्बर अकाली आन्दोलन, पंजाब सैनिक विद्रोह, खालसा आन्दोलन एवं क्रान्तिकारियों द्वारा किए गए आत्म बलिदानों का इतिहास युवकों के समक्ष रखा था। गदर पार्टी के 'मुखपत्र' 'कीर्ति किसान' में पुराने क्रान्तिकारियों, विभिन्न देशों के स्वतन्त्रता के प्रयत्नों, समाजवाद, लाला हरदयाल के विचार, कार्ल मार्क्स के सिद्धान्त आदि पर प्रकाश डाला जाता था, तथा इन विषयों पर समय-समय पर लेख प्रकाशित किए जाते थे। सरदार भगत सिंह ने आयरलैंड के प्रसिद्ध क्रान्तिकारी डेनब्रीन की *माइ फाइट फार आयरिश फ्रीडम* (My Fight For Irish Freedom) पुस्तक का हिन्दी अनुवाद 'मेरा आयरिश स्वतन्त्रता संग्राम' बलवंत सिंह के नाम से प्रकाशित किया था। जब-जब दल को ऐसे प्रचार का अवसर मिला उसने मौका हाथ से नहीं जाने दिया। श्री कुन्दनलाल गुप्त मार्च या अप्रैल 1928 में दिल्ली गए थे। वहाँ उनकी विजय सिंह 'पथिक' से भेंट हुई। उन्हीं से उन्हें ज्ञात हुआ कि 'चाँद' के सम्पादक श्री रामरख सिंह सहगल चाँद का विशेषांक 'फाँसी अंक' के शीर्षक से निकालना चाहते हैं। उसके लिए चतुरसेन शास्त्री से अनुरोध किया गया है कि वे उसका सम्पादन करें। दिल्ली की बैठक में इसकी भी चर्चा हुई और श्री चतुरसेन शास्त्री से मिलकर 'चाँद' के फाँसी अंक में भारत के प्रमुख क्रान्तिकारियों के जीवन तथा बलिदान और क्रान्तिकारी आयोजन के सम्बन्ध में लेख छपवाने का निर्णय किया गया। इसका प्रमुख भार श्री शिव वर्मा को सौंपा गया। सरदार भगत सिंह ने इस अंक के हेतु गदर पार्टी के वीरों तथा अन्य प्रमुख क्रान्तिकारियों के सम्बन्ध में बहुत से लेख तथा चित्रों के ब्लाक दिए।

इसके अलावा इस अवसर पर यह भी निश्चय किया गया कि एच.एस.आर.ए. के सक्रिय सदस्य घर छोड़ दें तथा परिवार से सारे सम्बन्ध तोड़ दें। उसी प्रकार सरदार भगत सिंह को अपने आपको गुप्त रखने तथा हुलिया बदलने के लिए सिक्खों के प्रतीक केशों का बलिदान करने का सुझाव दिया गया।

इसी बैठक में जोगेशचन्द्र चटर्जी तथा शचीन्द्र सान्याल को छुड़ाने का प्रस्ताव विजय कुमार सिन्हा ने रखा जो पारित हुआ। उसी प्रकार उन्होंने काकोरी के मुखबिरों को भी मारने का सुझाव रखा।

सरदार भगत सिंह ने 'साइमन कमीशन' के विरोध में एक एक्शन करने का प्रस्ताव

रखा जो स्वीकृत हो गया। इस पर विस्तृत प्रकाश डालते हुए उन्होंने कहा कि दल के प्रचार की दृष्टि से इसका अत्यधिक महत्त्व होगा। इसे भगत सिंह प्रोपैगेण्डा बाई डीड (स्व-रक्त से या अपनी कुर्बानी से प्रचार) कहा करते थे और उनका दृढ़ विश्वास था कि ऐसे एक्शन की गूँज सारे संसार में प्रतिध्वनित होगी।

इसी बैठक में दल के सदस्यों के असली नाम बदल दिए गए। जिससे आपस में भी सदस्यों को एक-दूसरे के नाम का पता न चल सके। उदाहरणार्थ, भगत सिंह का नाम रणजीत, सुखदेव का बिलेजर, फणीन्द्र का दादा, शिव वर्मा का प्रभास, कुन्दनलाल का नं. वन तथा प्रताप, विजय कुमार का बच्चू तथा आज़ाद पंडित जी, महाशय जी तथा नं. 2 के नाम से सम्बोधित किए जाने लगे।

## आगरे में केन्द्र

जिन 'ऐक्शन्स' को करने का निश्चय हुआ उसके लिए यह आवश्यक हो गया कि दल का हेड क्वार्टर झाँसी से आगरा लाया जाए। यहाँ पर दो मकान किराए पर लिए गए। एक नाई की मंडी में तथा दूसरा हींग की मंडी में। इन मकानों में उन सदस्यों को ठहराने की व्यवस्था की गई जो घर छोड़कर आनेवाले थे।

ब्रिटिश शासकों ने भारत में स्वतन्त्रता के लिए बढ़ते असन्तोष को देखकर भारतीय शासन व्यवस्था में सुधार करने हेतु एक कमीशन नियुक्त किया जो 'साइमन कमीशन' के नाम से प्रसिद्ध हुआ। इसमें सारे सदस्य अंग्रेज थे परन्तु भारत के सभी दलों और प्रमुख नेताओं को इसका विरोध करते देखा तो भारतीय जनता के आँसू पोंछने के लिए ब्रिटिश शासकों ने इसमें एक भारतीय श्री शंकरन नायर की नियुक्ति कर दी। इस कमीशन पर बम फेंकने का विचार किया गया और इसके लिए बम बनाने की योजना भी बनी। श्री फणीन्द्र ने कलकत्ते से किसी व्यक्ति को लाने का आश्वासन दिया जो आगरे में बम बनाना सिखाए। साथ ही धन की आवश्यकता की पूर्ति के लिए फणीन्द्र ने बिहार में डकैती करने का प्रस्ताव रखा तथा उसके लिए स्थान निश्चित करने का भार भी अपने ऊपर लिया।

## बुन्देलखंड और आज़ाद

आज़ाद ने बुन्देलखंड के अपने वास्तव्यकाल से बुन्देलखंड की अनेक रियासतों में हथियार चलाने का अभ्यास करने के लिए व्यवस्था की थी। इन रियासतों में प्रमुख दतिया तथा खनियाधाना की रियासतें थीं। भोपाल में भी एक-दो केन्द्र थे। लाहौर षड्यन्त्र के बाद उन्होंने जयपुर, अजमेर तथा दिल्ली के पास नलगढ़ा में भी ऐसे केन्द्र खोले थे। इन केन्द्रों में वे अत्यन्त विश्वस्त सदस्यों को ही ले जाते थे। आज़ाद ने ये केन्द्र तो बना रखे थे परन्तु इन रियासतों में भी बहुत कम लोग यह जानते थे कि

हरिशंकर कौन हैं ? कहीं ये ठाकुर माने जाते तो कहीं पंडित हरिशंकर ज्योतिषी; कहीं हरिशंकर मोटर मेकैनिक। हाँ, महाराजा खनियाधाना श्री खलक सिंह जूदेव उनकी वास्तविकता जानते थे। मास्टर रुद्रनारायण ने उन्हें बताया था कि हरिशंकर कौन हैं। महाराज खलक सिंह जूदेव आज भी जीवित हैं तथा बुन्देलखंड में बसई में एक साधारण नागरिक की तरह रह रहे हैं। उनकी दृष्टि अत्यन्त कमजोर हो गई है। शरीर स्वस्थ है और हृदय आज भी उतना ही विशाल है जितना राजसी ठाटबाट के दिनों में था। सन् 1966 में उनसे बसई में मिलने गया और जब उन्हें मेरे वहाँ आने का कारण मालूम हुआ तो वे अत्यन्त प्रसन्न हुए। आज़ाद की चर्चा करते वे आत्मविभोर हो गए। यहाँ मैं उनकी भेंट का वर्णन कुछ विस्तार से करूँगा। क्योंकि झाँसी की राष्ट्रीय चेतना में उनका बहुत बड़ा हाथ रहा है।

मेरा प्रश्न था, आज़ाद से आपका परिचय कैसे हुआ ? प्रश्न सुनकर वे हँसे। फिर थोड़ी देर गम्भीर मुद्रा में सोचते रहे। मानो भूतकाल के स्वर्णयुग के उस चित्र को अपनी स्मृति में वे स्पष्ट कर उसमें खो से गए। फिर मानो उन्हें ध्यान आया हो कि कोई व्यक्ति वह चर्चा कर रहा है तो बोले, ''आप झाँसी के हैं तो मास्टर रुद्रनारायण को तो जानते ही होंगे। मेरा उनका परिचय एक मोटर बिक्री के सिलसिले में हुआ था। उनका मेरे यहाँ आना-जाना होता रहा। वे यह जानते थे कि मैं राष्ट्रीय विचारों से सहानुभूति रखता हूँ। इसलिए वे अक्सर यह चर्चा चलाते। वे अच्छे चित्रकार भी थे। मुझे भी चित्रकला में रुचि थी। हमारी घनिष्ठता का यह भी एक कारण था। मास्टर साहब ने आज़ाद का परिचय मुझे पहले मोटर मेकैनिक के रूप में ही दिया। बाद में एक दिन उनके विषय में बताया कि वे क्रान्तिकारी हैं। उस दिन से मैं उन्हें बड़ी श्रद्धा की दृष्टि से देखने लगा था।

''तब से आज़ाद अक्सर बसई में मेरे पास कभी अकेले तो कभी अपने साथियों के साथ आते। सहसा वे कुछ क्षण रुककर मुस्कराकर बोले—''यह उन दिनों की बात है जब ब्रिटिश शासकों को शक हो गया था कि मैं देश के राष्ट्रीय आन्दोलन में देशभक्तों को सहायता देता हूँ। तब मेरी रियासत कोर्ट अववार्ड (Award) में जप्त थी और श्री प्रभुदयाल शासक नियुक्त किए गए थे जो मुझ पर कड़ी नजर रखते थे। एक दिन दोपहर को लगभग एक बजे मैं अमराई में बैठा था, पास ही प्रभुदयाल जी भी बैठे थे। शासन व्यवस्था के विषय में चर्चा चल रही थी, अचानक आज़ाद सामने आ खड़े हुए। वे झाँसी से पार्सल ट्रेन से आए थे। मेरा ध्यान उस ओर नहीं था। जब वे सामने आ खड़े हुए तो मैं सहज ही उठ खड़ा हुआ और मैंने कहा—'पंडित जी महाराज, आइए।' उस समय मैं यह भूल ही गया कि प्रभुदयाल जी भी बैठे हैं और एक व्यक्ति जो साधारण लिबास में आए उसके सम्मानार्थ एक राजा इस प्रकार खड़ा हो जाए तो उन्हें आश्चर्य होना स्वाभाविक ही था। मेरे खड़े होने पर आज़ाद का प्रभुदयाल जी ने खड़े हो स्वागत किया। मैंने आज़ाद को बैठने के लिए कहा। उनके बैठने पर प्रभुदयाल जी अचानक पूछ बैठे—'पंडित जी का परिचय ?' मैंने कहा—'आप एक अच्छे ज्योतिषी

हैं। फिर प्रश्न था—'पंडित जी का नाम?' अब तो मैं चक्कर में था कि क्या नाम बताऊँ। मेरी दुविधा को आज़ाद समझ गए और उन्होंने तुरन्त उत्तर दिया—'किशन लाल।' बात सध गई। अगर दो क्षण की देर हो जाती तो निश्चय ही मामला गड़बड़ा जाता।

"आज़ाद से कई बार कई विषयों पर चर्चा होती। मैंने अनेक बार पैसे-कौड़ी की आवश्यकता के विषय में पूछा परन्तु एक-दो बार से अधिक उन्होंने मुझसे पैसे नहीं लिए। पिस्तौल तथा माउजर की गोलियाँ मैंने अवश्य दी थीं। इसके अलावा वे अपने साथियों को शिकार के बहाने यहाँ लाते और निशानेबाजी सिखाते। उनका निशाना बड़ा ही सच्चा था। बुन्देलखंड की कविता में उन्हें बड़ा रस आता था। एक बार मैंने उन्हें एक राष्ट्रीय होली सुनाई थी।" यह कह वे फिर सिर पर हाथ फेरते हुए सोचने लगे, फिर एक बीड़ी सुलगाकर बोले—"हाँ, याद आ गई। वह इस प्रकार थी—

*खेली ऐसी होली*
*सुरंग रंग केसर बोरी*
*महारानी ने गढ़ पर*
*फाग की धूम मंचाई।*

*लाल रंग पिचकारी छूटे*
*भूमि भई सरबोरी*
*महारस रंग मचो री।*

आज़ाद अक्सर इसे गवाते। मेरी यह कविता 'प्रताप' में भी छपी थी। गणेश शंकर जी से ही मुझे राष्ट्रीय प्रेरणा मिली थी।"

खनियाधाना दरबार में अक्सर निशानेबाजी की स्पर्धा होती ही रहती थी। महाराजा खनियाधाना मुझे बसई की वह कोठी दिखाने ले गए जहाँ उनका निवास स्थान था तथा आज़ाद आते थे। उन्होंने वह अमराई भी दिखाई जहाँ उनकी अक्सर बैठक होती थी। उससे कुछ अन्तर पर एक पेड़ की ओर अनुमान से ही इशारा करते हुए उन्होंने कहा कि उसी पेड़ पर निशाना टाँगा जाता था और निशानेबाजी की स्पर्धा होती थी। महाराज के दरबारियों को आज़ाद से कुछ ईर्ष्या-सी थी क्योंकि महाराज उन्हें अत्यधिक सम्मान देते थे। यहाँ तक कि यदि भोजन के लिए बैठे हों और थाल सामने रखा जा रहा हो और उसी बीच आज़ाद आ जाएँ तो महाराज उठकर उनका स्वागत करते तथा अपने सामने की थाली आज़ाद के सामने सरका देते तथा अपने लिए दूसरी थाली परोसवा मँगवाते।

## निशाने की परीक्षा

एक दिन सबलोग कोठी के बाहर बैठे थे। इस बार आज़ाद के साथ मास्टर रुद्रनारायण, सदाशिव राव तथा भगवान दास माहौर भी थे। शिकार के साथ-साथ निशानेबाजी की भी चर्चा चल रही थी। सरदारों ने बात छेड़ी 'पंडित जी' याने आज़ाद के निशाना देखने

की चर्चा और बात ही बात में राजा साहब के मुसाहिबों ने आज़ाद की निशानेबाजी की परीक्षा लेने की योजना बना डाली। ऐसी परीक्षा जिसमें आज़ाद असफल हो जाएँ और उनकी ठकुराई-ईर्ष्या की तृप्ति हो। भगवान दास जी ने अपनी पुस्तक में इस घटना का वर्णन किया है इसलिए उन्हीं के शब्दों में उसे उद्धृत कर रहा हूँ : एक छोटा रूखा अनार, जो आकार में एक आँवले से भी छोटा था, एक सूखी टहनी में खोंसा था। मास्टर रुद्रनारायण जी का खयाल था कि वह कई दिनों से इसी भाँति लगा हुआ था और कई लोगों की निशानेबाजी की परीक्षा उससे हो चुकी थी। एक साहब बन्दूक लेकर निशाना साधने बैठे। श्रीमान् राजा साहब अपने अनुचरों की इस मनोवृत्ति को ताड़ गए। वे नहीं चाहते थे कि आज़ाद की निशानेबाजी की परीक्षा हो। उन्हें आज़ाद के अच्छे निशानेबाज होने में सन्देह नहीं था। वे आज़ाद का बहुत आदर करते थे। अन्य लोगों की दृष्टि में तो आज़ाद 'होंगे कोई' थे। श्रीमान् ने विषय बदलने की चेष्टा थी। मगर आज़ाद तो आज पक्के ठाकुर बने बैठे थे। उन्होंने विषय नहीं बदलने दिया। अब शुरू हुआ 'ममाजू' आप देखो। 'ककाजू' आप देखो ? 'दाऊ जू' आप देखो। होते-होते 'पंडित जी आप देखो', होकर बन्दूक आज़ाद के हाथों तक पहुँचा दी गई।

मास्टर साहब परिस्थिति ताड़ गए। उन्होंने भी आज़ाद की परीक्षा लेने देना उचित नहीं समझा और उन्होंने भगवान दास को इशारा किया। भगवान दास लिखते हैं—मैं भी परिस्थिति समझ गया और डरते-डरते आगे बढ़ा। मैं खूब जानता था कि आज़ाद को यह अच्छा न लगेगा कि मैं उनके हाथ से बन्दूक ले लूँ। वे अवश्य रुष्ट होंगे परन्तु आज़ाद की परीक्षा हो यह भी भद्दी बात थी। मास्टर साहब ने कहा 'हाँ साधो हाथ, आज तुम्हारी परीक्षा है।' राजा साहब को भी मार्ग मिल गया। उन्होंने तुरन्त मास्टर साहब के प्रस्ताव का अनुमोदन किया परन्तु लोगों को तो पंडितजी की परीक्षा लेनी थी। उन्होंने बहुत से ऐसे फिकरे कसे जिससे पंडितजी को ताव आ जाए परन्तु मैं बच्चा था और हठ करने का मेरा अधिकार था। मैंने हठ किया, 'पंडित जी निशाना मैं लगाऊँगा।' राजा साहब ने भी मेरा समर्थन किया। बड़े अनमने हो आज़ाद ने बन्दूक मुझे पकड़ा दी। मैंने निशाना साधा और आज़ाद ने गुरु के नाते मुझे कुछ हिदायतें दीं। उस दिन आज़ाद की तकदीर अच्छी थी और मेरी शायद उससे भी अच्छी। मैंने ट्रिगर दबाया और धमाका हुआ। सबके साथ मैंने भी देखा कि पेड़ पर हिलता हुआ अनार अब नहीं है। और जिस टहनी में वह खोंसा था वह वैसी ही हिल रही है। राजा साहब ने मेरी प्रशंसा की। पंडित जी ने भी मेरी पीठ ठोकी। राजा साहब के अनुचर झल्लाए। उसमें से एक से न रहा गया। उसने कह ही डाला—'महाराज कभी-कभी अन्धे के भी हाथ बटेर लग जाती है।' पंडित जी बोले, 'इसकी क्या बात है दाऊजू, मरजी हो तो फिर लगवा लो।' आज़ाद ने सरल स्वभाव से ही यह कहा था पर बाल की खाल निकालनेवाले आलोचकों और भाष्यकारों की भाँति उन लोगों ने इसके अनेकानेक अर्थ निकाले और अपने आपको अपमानित-सा अनुभव किया।

राजा साहब के एक साले साहब जरा बिकट ठाकुर थे। आज़ाद ने बहुत टाला

लेकिन आज़ाद से उनका बतबढ़ाव हो ही गया। यदि मास्टर साहब के हास्य और राजा साहब की साधिकार शान्तिप्रियता ने परिस्थिति को न सम्हाला होता तो निश्चय ही उस रोज राजा साहब के साले और पंडित जी में द्वन्द्व युद्ध होकर रहता। परन्तु उस दिन हँसी-खुशी और ठाकुरी शिष्टाचार से विदा होकर आज़ाद झाँसी चले गए।

सन् 1966 में मैं राजा साहब से मिलने गया था। उस समय मेरे साथ भाई सदाशिव भी थे। जब हम बसई की कोठी देखने गए थे तो सदाशिव राव जी ने भी वह आँवले के पेड़ का स्थान दिखाया जहाँ चाँदमारी हुई थी। जिन साले साहब का उल्लेख ऊपर किया जा चुका है उनके विषय में महाराज ने एक घटना और सुनाई—'इसी जगह हम लोग खड़े थे। आज़ाद ने उनसे कुछ मजाक कर दिया। साले साहब ने एक बड़ा-सा पत्थर क्रोध से उनकी ओर फेंका। आज़ाद तुरन्त एक ओर हटकर चोट बचा गए अन्यथा उस दिन अनर्थ हो जाता।'

राजा साहब से मैंने पूछा कि जब आपकी रियासत कोर्ट अवूवार्ड में ले ली गई तो उस समय आप पर यह आरोप भी था कि आप क्रान्तिकारियों को मदद करते हैं ?

उत्तर में राजा साहब ने कहा—"स्पष्ट शब्दों में तो मुझ पर यह आरोप नहीं लगाया था क्योंकि बहुत प्रयत्न करने पर भी उन्हें इसके प्रमाण नहीं मिले थे। इस सम्बन्ध में ब्रिटिश शासकों ने जो लिखा था उसका एक सेन्टेन्स मुझे आज भी भूला नहीं है। वह था 'आज आपकी जो स्थिति हुई वह आपके मित्र कहलानेवाले लोगों के कारण हुई है।' पर मुझे इस पर कोई खेद नहीं था।"

राजा साहब 22 वर्ष पश्चात् जब झाँसी में भगवान दास जी के घर माता जगरानी देवी के दर्शन करने गए तो उनके चरणों पर गिरकर अपने वीर भाई चन्द्रशेखर आज़ाद की स्मृति में फूट-फूटकर रोए और 1966 में भी जब हम उनसे मिलने गए तो वे आज़ाद की चर्चा करते हुए गदगद हो जाते और उनके ज्योतिहीन नेत्रों से प्रेमाश्रु उमड़ पड़ते।

आज़ाद गाना नहीं जानते थे पर काव्य के प्रेमी थे। अनेक बार वे इधर-उधर की पंक्तियाँ गुनगुनाते थे और अक्सर वे खनियाधाना में सुने गीतों की कड़ियाँ गुनगुनाते थे। उसमें की कुछ पंक्तियाँ मुझे आज भी याद हैं :

*लहरत लहर लहरिया लहर बहार*<br>
*मोतिन जरी किनरिया बिखुरे बार।*

*प्रीतम एक सुमरिनिया मोहि देहि जाहु*<br>
*जेहि जप तोर बिरहवा करहुँ निबाहु।*

उस सेनानी के हृदय के किसी कोने में उत्कट प्रेम की चिनगारी जल रही थी और वह एकमात्र देशप्रेम था। आज़ादी की विरहवेदना उन्हें असह्य थी।

जीवन के अन्तिम दिनों में अनेक घटनाओं में वे महाराजा खनियाधाना का भी उल्लेख करते और उनके सौहार्द और त्याग की प्रशंसा करते।

महाराज ने कहा—'यदि आज वे होते तो...' कंठ भर आया। भविष्य के स्वप्न मौन

में ही बिखर गए। आज बसई की एक साधारण-सी झोपड़ी में महाराज खलक सिंह जूदेव रह रहे हैं। राज्य से उन्हें केवल ढाई सौ रुपया मिलता है जिसमें से वे 50 रुपए प्रति मास अयोध्या के सीताराम जी के मन्दिर के खर्च के लिए देते हैं। महाराजा ने देश के स्वतन्त्रता संग्राम में बहुत योग दिया, जो ब्रिटिश शासन में एक रियासत के राजा के लिए बड़ी जोखिम की बात थी। राज्य के विकास के लिए उन्होंने अनेक प्रगतिशील योजनाएँ लागू कीं जो एक स्वतन्त्र लेख का विषय है।

इस तरह 1926 से 1929 तक झाँसी और उसके आसपास की रियासतें क्रान्तिकारियों का बहुत बड़ा केन्द्र रहीं। एसेम्बली में फेंके जानेवाले बमों का परीक्षण झाँसी के पहाड़ों में हुआ। इसके लिए फणीन्द्र घोष तथा भगत सिंह आए थे जिन्हें रामदुलारे शर्मा के यहाँ ठहराया गया था। इस सम्बन्ध में रामानन्द मोटर ड्राइवर का कथन है कि उन दिनों वे सदर के श्री लीलाधर जोशी की कार पर थे और उसी कार में वे आज़ाद और उनके साथियों को बम की परीक्षा कराने ले गए थे। फणीन्द्र के मुखबिर हो जाने पर उसने ही रामदुलारे का घर पुलिस को बताया तथा मोटर ड्राइवर रामानन्द का भी हुलिया दिया। इस बम परीक्षण के समय सरदार भगत सिंह, फणीन्द्र, चन्द्रशेखर आज़ाद तथा सदाशिव राव जी भी थे। बम का परीक्षण बेतवा नदी के जंगलों में बडोरा के पास हुआ था। वहाँ से वे दतिया घूमने भी गए थे। दतिया में ठाकुर नाहर सिंह के यहाँ ठिकाना बना रखा था। नाहर सिंह से आज़ाद की पहचान ठाकुर प्रताप सिंह की मार्फत हुई थी। इनसे पिस्तौल की गोलियाँ मिलती थीं तथा अनेक बार यहाँ सदस्यों को हथियार चलाना सिखाने की भी व्यवस्था थी। ठाकुर नाहर सिंह को आज़ाद के विषय में केवल इतना ही ज्ञात था कि वे ठाकुर होने के नाते शिकार के शौकीन हैं और इसीलिए कभी-कभी उनके पास चले आते हैं। बाद में ठाकुर नाहर सिंह दतिया से बिजावर चले गए थे क्योंकि राजा साहब से अनबन हो गई थी। उन पर यह आरोप था कि वे महाराजा को मरवाना चाहते थे।

## आज़ाद को पकड़ने का षड्यन्त्र

ठाकुर नाहर सिंह वैसे तो बड़े बहादुर थे। वे शेर का शिकार करते थे परन्तु छिपकली से बहुत डरते थे। इसलिए पाखाने जाने के पूर्व उनका नौकर पहले पाखाने में जाकर सारी छिपकलियाँ भगा आता था। यह नौकर ठाकुर साहब का मुँहलगा था, नाम था मोहना। वह बहुत ही चालाक था। उसे यह शक हो गया था कि आज़ाद कोई फरार व्यक्ति हैं, हो सकता है कि कोई डकैत हों। उसे यह लालच हुआ कि पुलिस को खबर देने पर हो सकता है कि इनाम भी मिल जाए। उन दिनों ठाकुर नाहर सिंह पर कुछ आर्थिक संकट भी था इसलिए मोहना की यह योजना कि ठाकुर साहब 'हरिशंकर को पकड़वा दें' नाहर सिंह को स्वीकार होना स्वाभाविक था। जिस समय मोहना यह सब ठाकुर साहब को बता रहा था उस समय आज़ाद पास ही लेटे थे। वे दोनों ही सोचकर

निःशंक हो बातें कर रहे थे कि आज़ाद सो रहे हैं। इस बात का विश्वास दिलाने के लिए आज़ाद बीच-बीच में खर्राटे भी भरते जाते थे परन्तु वे उनकी सारी बातें सुन रहे थे। जब ये लोग जंगल की ओर गए तो आज़ाद ने तुरन्त उठकर कमरे में रखे समस्त हथियारों को खाली कर दिया और उन सबकी गोलियाँ निकालकर जेब में रख लीं और जब ये लोग लौट आए तो स्वयं लोटा ले पाखाने जाने का बहाना कर घर से निकल पड़े। उन दिनों आज़ाद को खूनी पेचिश हो रही थी। इसलिए दिन में कई बार उन्हें जंगल जाना पड़ता था। यह बात ठाकुर और उनके नौकर को मालूम थी, इससे उन्हें आज़ाद के इस प्रकार जंगल जाने पर शक न हुआ। साथ में उन्होंने माउजर पिस्टल भी ले लिया था। अँधेरा हो चला था। रास्ते में लोटा एक स्थान पर फेंककर उन्होंने जंगल ही जंगल झाँसी की राह ली। खूनी पेचिश हो जाने के कारण उन्हें कमजोरी बहुत आ गई थी। जंगल ही जंगल कई मील चलकर धरमपुरा पहुँचे और वहाँ से झाँसी आए। इस तरह वे महान संकट से बच गए। इसके बाद वे कभी बिजावर या दतिया नाहर सिंह के यहाँ नहीं गए। उन्होंने इस घटना का उल्लेख केवल हम लोगों से किया और किसी से कुछ नहीं कहा। ठाकुर प्रताप सिंह को भी यह मालूम न हो सका।

नाहर सिंह और उनके नौकर की गद्दारी की बात सुनकर हममें से किसी ने कहा—"महाशय जी, ऐसे व्यक्तियों को क्यों न समाप्त किया जाए ?" तो आज़ाद हँसकर बोले—"पगले हुए हो ? इस गुलाम देश में गद्दारों और विश्वासघातियों की क्या कमी है ? किस-किस को मारते फिरोगे ? अपने काम-से-काम रखो। यदि अनिवार्य होता तो दो कारतूस अपने बमतुल बुखारे के खर्च कर देता।" वे अपने माउजर को बमतुल बुखारा कहते थे—"पर मुझे उसका दुःख ही होता। अच्छा ही हुआ कि मैं बिना किसी दुर्घटना के वहाँ से चला आया। हो सकता है कि आज वे जिस आर्थिक संकट में हैं कल वह दूर हो जाए और उन्हें अपने किए पर पश्चात्ताप हो। तब उनसे कुछ काम ही लिया जा सकता है।" पर वैसा दिन फिर कभी नहीं आया...

## आज़ाद फिर सक्रिय हुए

दिल्ली की बैठक के बाद आज़ाद फिर दल के कार्य के लिए उत्तर भारत तथा बिहार का दौरा करने लगे। दिल्ली की बैठक में फणीन्द्र घोष ने बिहार में डकैती की योजना बनाने का आश्वासन दिया था। इसीलिए वे सरदार भगत सिंह को साथ लेकर बेतिया गए। साथ में राजगुरु भी थे। इन दोनों को वे मुजफ्फरपुर की एक धर्मशाला में ही ठहरा गए थे। बेतिया में अनेक आढ़तों को देखा पर वे सभी साधारण परिस्थिति के लोग थे। पूँजीपति की श्रेणी में आनेवाला उनमें से कोई न था, इसलिए वहाँ डकैती का विचार स्थगित कर दिया गया। बाद में आज़ाद जोगेन्द्र शुक्ल के साथ मुजफ्फरपुर तथा हाजीपुर भी इस सम्बन्ध में गए परन्तु उन्हें वह स्थान भी योग्य प्रतीत न हुआ। इसलिए डकैती की योजना स्थगित कर दी गई। आज़ाद ने कभी कोई ऐसा काम जल्दबाजी में नहीं

किया। जब तक उन्हें यह विश्वास नहीं हो जाता था कि रकम काफी मिलेगी तथा उसमें भाग लेनेवाले साथियों को वे सही सलामत बचा ले जाएँगे, तब तक वे काम में हाथ नहीं डालते थे।

इधर आगरे में श्री जोगेश चटर्जी को छुड़ाने की योजना बन रही थी। उधर देश में 'साइमन कमीशन' के बहिष्कार की तैयारी भी जोरों पर थी।

आज़ाद ने झाँसी से श्री भगवान दास माहौर को विक्टोरिया कॉलेज ग्वालियर में पढ़ने के लिए भेजा जिससे कि वहाँ वे विद्यार्थियों में दल के संगठन का कार्य करें। भगवान दास वहाँ बी.ए. में भर्ती हुए तथा कॉलेज के पास होस्टल ही में रहने लगे। पार्टी के दो सदस्य श्री गजानन सदाशिव पोतदार तथा दंडपाणि तैलंग भी ग्वालियर में ही पढ़ते और होस्टल में रहते थे। इस तरह आज़ाद के लिए तथा दल के सदस्यों के लिए ग्वालियर में आकर टिकने का ठिकाना हो गया। होस्टल में रहते हुए ही बाद में नाका चन्द्रबदनी पर एक मकान और किराए पर लिया गया क्योंकि दल के सदस्यों का यहाँ आना-जाना अधिक बढ़ गया था। इस मकान में सरदार भगत सिंह, सुखदेव, राजगुरु, बटुकेश्वर दत्त, विजय कुमार सिन्हा आदि अनेक सदस्य रह चुके थे।

## भूतों से आज़ाद की टक्कर

यह होस्टल निर्जन में होने के कारण यहाँ के विद्यार्थी भूत की चर्चा चलाते। यह कार्यक्रम अधिकतर गर्मियों के दिनों में ही होता था जबकि सभी लोग बाहर मैदान में सोते थे। अँधेरी रात को ही यह कार्यक्रम अत्यन्त सफल रहता। इसमें भूत कहीं चलता दिखाई देता, कहीं आग गिरती दिखाई देती तो कहीं एक के बाद एक फासले से रोशनी जलती। कुछ विद्यार्थी डरने का अभिनय करते तो कुछ धीरज बँधाने का। इससे नवागन्तुक डर जाता।

एक बार आज़ाद भी होस्टल में जा ठहरे। उनके साथ सदाशिव तथा मैं भी था। विद्यार्थियों ने हम लोगों को भी भूत कार्यक्रम से डराना चाहा। भगवान दास को अपने मित्रों का यह आग्रह न तो टालते ही बना न उसमें पूर्ण सम्मति ही देते बनी। उन्हें डर था कि क्रोध में आकर यदि आज़ाद ने कहीं पिस्तौल निकाल ली तो गजब हो जाएगा और यदि उन्हें पहले से बता दिया जाए कि भूत प्रोग्राम क्या है तो लड़के उनकी जान खाएँगे। आखिर लाचार हो भगवान दास ने भी भूत प्रोग्राम में शामिल होना स्वीकार कर लिया। उन्होंने होशियारी यह की कि आज़ाद से यह कहकर पिस्तौल माँग ट्रंक में बन्द कर दिया कि कहीं लड़के जेब में हाथ न डाल बैठें। पहले तो वे तैयार ही न हो रहे थे पर बाद में तैयार हो गए। पिस्टल बक्स में बन्द कर भगवान दास ने चाबी उन्हें दे दी।

खुले मैदान में चारपाइयाँ पड़ी थीं। हलवाई की दुकान से खाना खाने के बाद हम सभी चारपाइयों पर लेटकर बातें करने लगे। थोड़ी देर में झपकी-सी आने लगी तो एकदम शोर हुआ। पोतदार महाशय हड़बड़ाकर आज़ाद की चारपाई पर जा गिरे और भूत-भूत चिल्लाकर लगे हनुमान चालीसा पढ़ने। हम सभी हड़बड़ाकर उठ बैठे; देखा दूर एक पेड़ पर से अँगारे बरस रहे थे। वहाँ बन्द हुए तो एक और पेड़ से फिर वही दृश्य। कॉलेज की इमारत पर एक सफेद कपड़ा ओढ़े नरकंकाल झूलता दिखाई दिया। रसायनशाला की टंकी पर रह-रहकर रोशनी होने लगी। कभी वह तेज जलती तो कभी एकदम बुझ जाती। आज़ाद बैठे-बैठे यह सब देखते रहे। फिर हँसकर बोले, 'ये तो आसपास रहनेवाले गुंडों की शरारत मालूम होती है।' परन्तु विद्यार्थी तो आज़ाद को यह विश्वास कराने पर तुले थे कि यह गुंडों का उत्पात नहीं बल्कि भूतों का उत्पात है। आज़ाद ने जब यह देखा कि लड़के नहीं मानते और भूतों का तमाशा जारी ही है तो वे उठे; उन्होंने कोट पहना और भगवान दास से कहा—'चल मैं देखूँ कैसे भूत हैं ?' यह कहते-कहते उन्होंने नीचे से कुछ पत्थर उठाकर जेब में भर लिए। भगवान दास घबराए कि आज कहीं किसी भूत के सिर का निशाना बना तो खैर नहीं। इसलिए खाट पर बैठते हुए वे बोले—'रहने दीजिए महाशय जी, लोग बताते हैं कि यहाँ तो ऐसा होता ही रहता है। अगर इन भूतों को छेड़ा न जाए तो फिर ये भूत किसी से कुछ नहीं कहते।'

आज़ाद ने भगवान दास का हाथ पकड़कर उन्हें, उठाते हुए कहा—'अबे चल, क्या पिन-पिन कर रहा है।' अब भगवान दास को उनके साथ जाने के सिवा और कोई चारा न था। आज़ाद थोड़ी दूर मैदान में चलकर खड़े हो गए। मैं और सदाशिव भी उनके पीछे हो लिए। जैसे ही पास के पेड़ पर से अँगारे बरसने शुरू हुए, आज़ाद ने दो-तीन पत्थर जोर-जोर से उधर सन्नाए। परिणाम यह हुआ कि आग बरसानेवाला सारा मसाला नीचे आ गिरा। खैर यह हुई कि भूत महाशय बच गए। पेड़ की आग के बाद टंकी पर से भूत-भड़ाका होना ही था। वहाँ प्रकाश होते ही आज़ाद ने उधर भी पत्थरों का प्रसाद भेजा। भाग्य से टंकी पर के भूत महाशय के कान के पास से ही पत्थर सन्नाता निकल गया। उन्होंने टंकी पर तुरन्त पेट के बल लेट जाने में ही खैर समझी। टंकी की रोशनी देख कॉलेज की इमारत का नरकंकाल भी प्रकाश में प्रकट हुआ। उसने भी जब अपने पास से पत्थर का सन्नाटा और सामने की दीवार पर पत्थर के लगने की आवाज सुनी तो भूत जो पहले मंथर गति से चल रहा था भागता नजर आया। आज़ाद उसे पकड़ने के लिए लपके थे परन्तु भगवान दास ने उन्हें मना कर दिया। महाशय हरिशंकर का यह रौद्र रूप और पत्थरों की बौछार से विद्यार्थी चिन्तित हुए कि कहीं किसी के पत्थर लगा तो खैर नहीं। टंकीवाला भूत बिल्कुल पास था इससे सँकरी लोहे की सीढ़ी से उसका जल्दी-जल्दी उतरना सम्भव न था इसलिए उसका बुरा हाल था। आखिर लड़कों ने हार मानकर कहा, महाशय जी, मारिए मत, अपने ही लोग हैं। तब हरिशंकर जोर से खिलखिलाकर हँसे और उन्होंने लड़कों की प्रतिभा की प्रशंसा की। अब लड़के भी महाशय हरिशंकर के प्रशंसक बन गए। झाँसी में अनेक स्थानों पर भूत होने की

कहानियाँ प्रचलित थीं पर हममें से किसी ने भी कभी कोई भूत न देखा और आज़ाद महीनों ओरछे के जंगलों और खंडहरों में रात-रात घूमे परन्तु उन्हें कभी भी न तो भूत ही दिखाई दिया, न उसका डर ही आया। इस घटना से आज़ाद को होस्टल के लड़के इतना अधिक जानने लगे कि बाध्य हो भगवान दास को होस्टल के बाहर घर लेना पड़ा। नाका चन्द्रबदनी पर मकान लिया गया जिसका उल्लेख किया जा चुका है।

आज़ाद दल के एक महत्त्वपूर्ण नेता थे इसीलिए सभी लोग उन्हें यथाशक्ति सुरक्षित रखना चाहते थे। सदा यह प्रयत्न रहता कि छोटे-मोटे काम उन्हें जोखिम में डाले बिना ही हो जाएँ। पर आज़ाद को यह चिन्ता बनी रहती थी कि उनके न होने से लड़के कुछ उल्टा-सीधा न कर बैठें। इसलिए वे सदा साथ रहते। एक बार पैसों के अत्यधिक अभाव के समय कानपुर के साथियों के कहने पर एक डकैती करनी थी। इसके लिए यह निश्चय किया गया कि शिव वर्मा, राजगुरु तथा भगवान दास को साथ ले जाकर, यह काम कर आएँ; परन्तु आज़ाद इससे सहमत न हुए। उन्होंने प्रत्यक्ष तो कुछ न कहा पर अपने व्यवहार से इन्होंने इस बात पर नाराजगी प्रकट की कि उन्हें छोड़ जाना युक्तिसंगत न होगा। उन्हें यही शंका हो रही थी कि कहीं कुछ उल्टा-सीधा न हो जाए। अन्त में उन्हें भी साथ ले जाना तय हुआ। वे साथ गए पर मन्दिर की डकैती की योजना पूरी नहीं हुई। वहाँ कुछ परिस्थितियाँ ऐसी निर्मित हो गई थीं कि यदि संयम से काम न लिया जाता तो दो-चार खून हो जाते। और उस दिन यदि आज़ाद साथ न होते तो सम्भव था कि राजगुरु अपने ऊपर नियन्त्रण न रख सकते और उन्हें खाली हाथ लौटना पड़ता और तब वे पंडित जी को मुँह दिखाना भी पसन्द न करते। स्वयं भगवान दास भी खाली हाथ लौटने की बात पसन्द न करते और राजगुरु के साथ सहमत हो 'वीरतापूर्ण' कार्य कर बैठते तथा बाद के भीषण परिणामों की कल्पना ही की जा सकती है। इन सब बातों को देखते हुए आज़ाद का वहाँ जाना उचित ही हुआ। लौटे तो सभी उदास। मार्ग में किसी ने चौराहे पर टोटका कर रखा था। उसे देख आज़ाद को उस मायूसी में भी परिहास सूझा। उन्होंने भगवान दास से कहा—"देख तो, उसमें मिठाई, नारियल या सवा रुपया हो तो उठा ला।" भगवान दास गए तो झुँझलाकर दीया ठोकर से बुझाकर चले आए। आज़ाद ने पूछा—"कुछ लाया ?" तो भगवान दास ने झल्लाकर कहा—"उसमें था क्या, जो ले आता ?"

"अरे दीया काहे का था ? घी का या तेल का ?"

"घी का।"

आज़ाद फिर खिलखिलाकर हँसते हुए बोले, "मैं तो जानता था कि तू कुछ लुक-लुक कर ही डालेगा। अबे, दीया बुझाकर घी तो पी जाना था। उसे तूने यूँ ही मिट्टी में मिला दिया। है न मूर्ख ? तूने आज किसका मुँह देखा था ?"

भगवान दास वैसे ही भरे हुए बोले—"आपका।"

भगवान दास को इस प्रकार क्षुब्ध देख आज़ाद की हँसी बढ़ती ही गई। वे बोले—"आईना देखा होगा, आईना। प्रात लेहिं जो नाम हमारा ता दिन ताहि न मिले

अहारा' की कहावत चरितार्थ हुई होगी।'' इस तरह उस उदासी के वातावरण को आज़ाद ने हँसी-खुशी में पलट दिया।

परिस्थिति को समझ सकने तथा उसके अनुसार तुरन्त निर्णय लेकर उचित कदम उठाने की उनमें अद्भुत क्षमता थी। शायद वे अपने निर्णयों के औचित्य को तर्क द्वारा सिद्ध करने में असमर्थ होते परन्तु दल के सभी सदस्यों को विश्वास था कि पंडित जी का एक्शन के विषय में निर्णय सदा उचित होता था।

एक और ऐसी ही घटना बुन्देलखंड की है। एक राज्य में वहाँ के एक सरदार से आज़ाद का परिचय करा दिया गया था। सरदार साहब उनके क्रान्तिकारी होने की बात जानते थे। उन्होंने प्रस्ताव रखा कि आज़ाद उनके साथ राजा के विरुद्ध षड्यन्त्र में शामिल होकर राजा साहब को समाप्त करने में उनसे सहयोग करें। उन्होंने यह भी प्रलोभन दिया था कि इससे दल को पैसे की भी बहुत मदद हो सकेगी। दल के एक सदस्य भी इनके पक्ष में थे। उनकी इस पक्ष में यह दलील थी कि आखिर डकैती करते समय अनिवार्य होने पर हम हत्या भी तो करते ही हैं; फिर इसमें क्या दोष है ?

आज़ाद ने उन्हें, एकदम नहीं न कहकर, बड़े मीठे शब्दों में यह समझाया, ''ऐसा करना उचित नहीं। मजबूरी दूसरी बात है, और जानबूझकर हत्या करना दूसरी बात। हमारा क्रान्तिकारियों का दल है, हत्यारों का नहीं। पास में पैसे हों या न हों, हम भूखे पकड़े जाकर फाँसी पर भले ही लटक जाएँ परन्तु पैसे के लिए ऐसा घृणित कार्य नहीं कर सकते। यह सब हमारे सिद्धान्तों के प्रतिकूल है।''

एक बार झाँसी के एक सदस्य ने, जो मुझसे अवस्था तथा अनुभव में बड़े थे, मेरे सामने एक प्रस्ताव रखा कि एक व्यक्ति के साथ डकैती में चला जाऊँ। वह व्यक्ति नकली सिक्के बनाता था। और, वह जो करने जा रहा था वह डकैती नहीं, चोरी थी। उसमें सोने के जेवर हाथ लगने की आशा थी। उन दिनों झाँसी में आज़ाद, भगवान दास या सदाशिव इन तीनों में से कोई न था, जिनसे मैं परामर्श करता। मैंने सोचा, पार्टी को पैसा तो मिल ही जाएगा इसलिए इस कार्य के करने में कौन-सी हानि है ? इसलिए, मैं उस व्यक्ति के साथ जाने को तैयार हो गया। दो दिन बाद उस व्यक्ति के साथ जाना था। इसी बीच एक दिन के लिए आज़ाद झाँसी आ गए। उनका नियम था कि आते ही एक बार सबलोगों से मिलकर हाल-चाल पूछ लेते थे। वे आते ही मुझसे मिले, चिट्ठी-पत्री आने की बात पूछी। बातों के सिलसिले में मैंने उन्हें इस एक्शन की, और मेरे इस एक्शन में जाने के लिए सहमत होने की बात बताई। पहले वे बड़े धैर्य से सारी बातें सुनते रहे; फिर हँसकर बोले—''आपको किसने यह सलाह दी ?'' फिर जब मैंने नाम बताया तो रुष्ट हो बोले—''उस मूर्ख को मैं देखता हूँ। और खबरदार, अपने आप ऐसा मूर्खतापूर्ण कार्य किया तो। वहाँ पकड़े गए तो चोर कहलाओगे, दूसरे जेवर मिल भी गए तो उन्हें कहाँ बेचते फिरोगे ? और हम लोग क्या चोर-उचक्के हैं ? इक्के-सिक्के ढालना हमारा काम नहीं।'' बाद में उन सज्जन की भी जोरदार खबर ली गई। वे सज्जन मुझसे बहुत बिगड़े कि मैंने आज़ाद को यह सब क्यों बताया। मैंने उन्हें

स्पष्ट कह दिया कि एक नेता के नाते मुझे उन्हें सारी बातें बताना आवश्यक था। और ऐसे कामों में उनकी सलाह और नेतृत्व तो अत्यन्त आवश्यक था ही।

इस प्रकार की दूरदर्शिता तथा सूझ-बूझ की अनेक ऐसी घटनाएँ हैं जबकि उन्होंने दुर्घटनाओं में फँसने से सदस्यों को बचाया है। इसके लिए लोग उनसे झुँझलाए और लड़े भी, पर वे अपने निर्णय पर अडिग रहे। फरवरी 1929 की बात है। जोगेश बाबू को जेल से छुड़ाने की योजना बनी थी और उसके लिए सदस्य आगरे में इकट्ठा थे। 16 फरवरी को श्री बटुकेश्वर दत्त की ड्यूटी यह देखने को लगाई गई कि जोगेशचन्द्र चटर्जी आगरा जेल से अन्य जेल ले जाए जाएँ तो वे उसकी सूचना तुरन्त दें। जोगेश बाबू के स्थानान्तरण की योजना यह थी कि उन्हें रात को दस बजे की गाड़ी से ले जाया जाएगा। उसी के अनुसार हमारी योजना बनी थी। परन्तु चार बजे बटुक ने आकर बताया कि उन्हें तो शाम की साढ़े पाँच की गाड़ी से ले जाया जा रहा है। जोगेश दा को लखनऊ जेल ले जाना था। इसलिए यह निश्चित था कि उन्हें कानपुर में ही रात भर रखेंगे क्योंकि इस गाड़ी से लखनऊ जाने के लिए कोई मेल नहीं था। इसलिए उसी गाड़ी से राजगुरु को भी जाने का आदेश हुआ कि जाकर यह देखें कि कानपुर में उन्हें कहाँ रखा जाता है ? राजगुरु से यह भी कहा गया कि वे कानपुर के सदस्यों से मिलकर घर का प्रबन्ध करने को कहें, जहाँ जोगेश बाबू को छुड़ाने के बाद रखा जा सके। राजगुरु के जाने के बाद रात को तूफान से आज़ाद, भगत सिंह, शिव वर्मा, भगवान दास तथा सदाशिव भी कानपुर गए। साथ में हथियारों के सिवा रेती, छेनी, हथौड़ी भी ले गए। जब वे लोग कानपुर पहुँचे तो आज़ाद की जेब कट गई तथा उधर राजगुरु ने खबर दी कि घर की व्यवस्था नहीं हो सकी। सभी यह उम्मीद कर रहे थे कि महाशय जी अब आदेश देते हैं, तब आदेश देते हैं और जब आदेश हुआ आगरे लौटने का तो सब को मानो काठ मार गया। जोगेश दा सबके सामने से बेड़ियाँ खनखनाते चले गए और सब साथी उनकी ओर देखते ही रह गए। उनके जाने के बाद नेता के आदेश के अनुसार आगरे का टिकट ले सभी वापस गाड़ी में जा बैठे। आज़ाद की जेब से 50 रुपया निकल जाने के कारण उनका भी टिकट सदस्यों में से किसी को लेना पड़ा। आगरे तक सभी मौन, मन मारे बैठे रहे।

आगरा पहुँचने पर घर में घुसते ही भगत सिंह एकदम फूट-फूटकर रोने लगे। उनके इस रूप को देख यह कल्पना भी नहीं की जा सकती थी कि सारे रास्ते वे इतना भारी तूफान अपने हृदय में दबाए बैठे थे। इस असफलता के लिए उन्हें बड़ी ग्लानि हुई। आँसुओं का भार कम हुआ तो वे इस बात को लेकर आज़ाद से उलझ पड़े। आज़ाद मौन रहे। वे शान्त चित्त सारी बातें सुनते रहे। थोड़ी देर बाद जब भगत सिंह शान्त हुए तो उन्हें पास बैठाकर बड़े प्रेम से समझाया कि 'कानपुर स्टेशन पर पुलिस का जो इन्तजाम था उसे देखते हुए हमारी शक्ति बहुत कम थी। हमला करने पर हम जोगेश दा को छुड़ा भी न पाते और हमारे लोग भी मारे जाते। इसीलिए मैंने यह एक्शन स्थगित कर दिया।' सरदार भगत सिंह ने भी वास्तविकता समझी तथा आज़ाद के निर्णय को

उचित मान उनसे क्षमा-याचना की। आज़ाद के कार्यकाल में ऐसे अनेक अवसर आते रहे, जब भावुकता के वशीभूत होकर यदि एक्शन कर दिए जाते तो दल के अधिकतर सदस्य बिना कुछ किए ही जान से हाथ धो बैठते। ऐसा ज्वलन्त प्रमाण भगवतीचरण जी की शहादत का है। बम के परीक्षण काल में यदि वे होते तो यह मालूम होने पर कि बम की पिन ढीली है उसे कभी चलाने न देते। हम लोगों की बात की अवहेलना तो भाई भगवतीचरण जी ने कर दी परन्तु भैया की बात वे कभी न टाल सकते।

भाई भगवतीचरण जैसा विद्वान् और सुलझा व्यक्ति मेरे देखने में नहीं आया। मेरी तो यह धारणा है कि सरदार भगत सिंह के कार्यकाल में भी भाई भगवतीचरण चाहे उनकी प्रेरणा न रहे हों पर उनके परामर्शदाता अवश्य थे। दल के विधान में जैसे सरदार भगत सिंह ने परिवर्तन किए वैसे ही भाई भगवतीचरण ने भी किए थे। आज़ाद से उनके मिलने के बाद दल के कायर सदस्य बगलें झाँकने लगे थे। उन्होंने जब केन्द्रीय समिति की सदस्यता के लिए यह अनिवार्य नियम बनाने का सुझाव दिया कि केन्द्रीय समिति का सदस्य वही बन सकता है जिसने एक्शन (राजनैतिक डकैती या हत्या) में भाग लिया हो तब केन्द्रीय समिति में जो कायर थे उन्हें इस नियम से धक्का पहुँचा और एक्शन से जान छुड़ानी पड़ी। सोचता हूँ, यदि परीक्षण के लिए भाई भगवतीचरण न गए होते और गांधी जी के 'कल्ट ऑफ द बाम' का मुँहतोड़ उत्तर 'दि फिलासफी ऑफ द बाम' से देनेवाला कुछ समय और जीवित रहता तो पार्टी का, और देश की स्वतन्त्रता का, इतिहास ही कुछ और होता। घर रहते हुए भी सरदार भगत सिंह के कार्यकाल में वे उचित परामर्श और सक्रिय सहयोग देते रहे। पंजाब में संगठन को पैसे की कभी कमी नहीं हुई। इसका श्रेय बहुत कुछ भगवतीचरण जी को था। उनके रहने-न रहने पर भी सदस्यों को पैसा मिल जाता था। वे ऐसे आदर्श देशभक्त थे जिन्होंने नाम के लिए नहीं बल्कि सदा कर्तव्य समझकर काम किया। नाम की लालसा उन्हें कभी नहीं रही। वे तो कहा करते थे—'मैं ऐसी जगह मरना चाहता हूँ जहाँ मुझे कोई न जाने, मेरी मृत्यु पर कोई आँसू न बहाए, मेरी प्रशस्ति के कोई गीत न गाए।' (I Want to die unwept, unheared and unsung) (आइ वान्ट टु डाई अनवेप्ट, अनहर्ड ऐंड अनसंग।)

आज़ाद को अपने कार्यकाल में दल के नेतृत्व में हाथ बटानेवाला सहयोगी यदि कोई मिला था तो वे भगवतीचरण थे। उनके पहले और उनके बाद ऐसा कोई साथी न मिला जिस पर कार्य का भार डाल एक दिन के लिए भी आज़ाद सुख की नींद सो सके हों। उनकी शहादत के बाद तो लोगों ने आज़ाद के कार्य का बोझ हलका करने के बजाय उसे बढ़ाया, ऐसी उलझनें पैदा की जिससे दुखी हो आज़ाद को केन्द्रीय समिति तक का विघटन करना पड़ा। वे ऐसे लोगों से छुटकारा पाना चाहते थे जो विश्वासपात्र नहीं रहे थे। उन्होंने इसीलिए कुछ लोगों को साथ ले दक्षिण भारत जाकर वहाँ नए सिरे से कार्य करने का निश्चय किया था।

## बम का मसाला बनाने की तैयारी

घटनाओं के प्रवाह में मैं बहुत आगे बह गया। मैं चर्चा कर रहा था 1928 की आगरे की घटनाओं की जबकि दल का पुनर्गठन हो चुका था तथा संगठन का कार्य जोरों पर था। इन्हीं दिनों भारत में साइमन कमीशन आनेवाला था। सारे देश में इसके विरोध की तैयारियाँ हो रही थीं। हिन्दुस्तान सोशलिस्ट रिपब्लिकन आर्मी ने भी इसके विरोध का निश्चय किया। इसके लिए गनकाटन पिकरिक तथा फल्मिनेट ॲव् मरकरी बनाने के कार्य को सिखाने का निश्चय किया गया। इस काम को जाननेवाले सदस्य बंगाल में थे। उन्हें लाने का कार्य वही व्यक्ति कर सकता था जो उनके सम्पर्क में रहा हो। ऐसा व्यक्ति फणीन्द्र घोष ही था। इसलिए यह काम फणीन्द्र घोष को ही सौंपा गया। पर कलकत्ता कांग्रेस के समय जब सरदार भगत सिंह कलकत्ते गए थे तो वहाँ जयचन्द्र विद्यालंकार से मिले। जयचन्द्र जी ने यतीन्द्रनाथ दास जी से उनका परिचय कराया। श्री यतीन्द्रनाथ बम बनाना जानते थे। बाद में इन्हें फणीन्द्र साथ लेकर इलाहाबाद गए। वहाँ उन्हें श्री जे.एन. सान्याल से मिलाया गया और वहाँ उन्होंने पिकरिक, फल्मिनेट ॲव् मरकरी तथा गनकाटन बनाकर दिखाया। इसके लिए आवश्यक तेजाब इत्यादि श्री ललित मुकर्जी से मँगाए गए। मुकर्जी विज्ञान का विद्यार्थी था और उसे यह सब चीजें कॉलेज से आसानी से मिल गई। ललित और फणीन्द्र दोनों ही बाद में लाहौर षड्यन्त्र के मुकदमे में मुखबिर बने। इलाहाबाद से श्री दास भवानीपुर बंगाल लौट गए। इसी के दो दिन बाद साण्डर्स हत्याकांड के पश्चात् सरदार भगत सिंह कलकत्ता पहुँचे। फणीन्द्र ने उन्हें बताया कि इलाहाबाद में जो विस्फोटक पदार्थ बनाने का प्रयत्न हुआ वह सफल रहा। तब सरदार भगत सिंह यतीन्द्रनाथ दास से मिले और उन्हें आगरे चलने का आग्रह किया, जिससे वहाँ के कुछ सदस्यों को भी विस्फोटक पदार्थ बनाने की ट्रेनिंग दी जा सके। पर यतीन्द्र ने यह कह आगरे जाने से इन्कार किया कि ठंड के दिनों में आगरे में बरफ नहीं मिल सकेगी। गनकाटन बनाने के लिए उसकी अत्यन्त आवश्यकता होगी। इसीलिए कलकत्ते ही में उसे बनाने का निश्चय किया गया। उन दिनों पार्टी के एक सदस्य श्री कमलनाथ तिवारी आर्यसमाज मन्दिर की तीसरी मंजिल के कमरे में रहते थे। वहीं पर गनकाटन बनाने का निश्चय किया गया। श्री कमलनाथ भी गनकाटन बनाना सीखने को तैयार हो गए। श्री यतीन्द्रनाथ दास ने यहीं गनकाटन बनाकर दिखाया। इसी अवधि में सरदार भगत सिंह ने उन्हें आगरे चलकर सदस्यों को यह विद्या सिखाने के लिए तैयार कर लिया। इसी अवसर पर यतीन्द्रनाथ दास ने उन्हें दो तैयार बम भी दिए।

आगरे में बम का मसाला बनाने के लिए दो मकान किराए पर लिए गए थे। एक हींग की मंडी में तथा दूसरा नाई की मंडी में। यहाँ पर देसी बम भी बने, जो डिब्बों, कीलों तथा मनसिल पोटाश आदि से बनाए जाते थे। श्री यतीन्द्रनाथ दास ने यहाँ आकर दल के सदस्यों को पिकरिक, गनकाटन तथा फल्मिनेट मरकरी बनाना सिखाया। सीखनेवालों में शिव वर्मा, विजय कुमार सिन्हा, सुखदेव, डॉ. गया प्रसाद, सदाशिव राव,

ललित मुकर्जी आदि थे। इस मकानों में अनेक सदस्य आकर ठहरते रहे।

दिल्ली की बैठक के बाद आगरे में ये मकान थोड़े ही दिनों में किराए पर ले लिए गए थे। यहाँ मकान लेने का एक तो यह कारण था कि जोगेशचन्द्र चटर्जी उन दिनों आगरा जेल में थे, इस दृष्टि से आगरे में घर लेना आवश्यक था, दूसरे यह स्थान पंजाब दिल्ली, उत्तर प्रदेश आदि जाने के लिए भी सुविधाजनक था। इन मकानों में अनेक सदस्य आ चुके थे। कई बार एक मकान में दस से ऊपर संख्या हो जाती। जिन दिनों जोगेश दा को छुड़ाने की योजना बनी थी उन्हीं दिनों लाला लाजपतराय की मृत्यु के प्रतिशोध की योजना बन रही थी। उसी के लिए आज़ाद भगवान दास माहौर को लाहौर ले गए थे। साथ ही वहाँ पंजाब नेशनल बैंक से रुपया लूटने की भी योजना थी। इन्हीं दिनों मुझे भी आगरे जाने का अवसर मिला। आगरे में जो सदस्य थे उनमें से कुछ तो लाहौर चले गए थे, इसलिए वहाँ कुछ लोगों की और आवश्यकता हुई। इसके लिए श्री विजय कुमार सिन्हा झाँसी से सदाशिव राव को ले जाने के लिए आए थे, परन्तु उन दिनों सदाशिव 'साइटिका' से बीमार थे इसलिए उनका जाना सम्भव नहीं था। तब मुझे ले जाने की बात हुई। वहाँ केवल एक सप्ताह का काम था। मैंने घर में माताजी से कहा कि मैं बहन के यहाँ सीतापुर जा रहा हूँ और विजय कुमार सिन्हा के साथ आगरे चल दिया। परन्तु वहाँ सात दिन के बजाय दस-बारह दिन लग गए। इससे घरवालों को बड़ी चिन्ता हो गई। मेरी बहन के यहाँ से भी घरवालों को पता चला कि मैं वहाँ नहीं गया हूँ। इससे वे लोग और भी घबराए। तब मेरा ट्रंक खोलकर देखा गया, उसमें क्रान्तिकारी साहित्य था। इससे उन लोगों की परेशानी और भी बढ़ी। उधर आगरे से मैंने एक पत्र घर के लिए दिया था वह पत्र सरदार भगत सिंह ने काठगोदाम से पोस्ट किया। पत्र में मैं कहाँ हूँ, इस विषय में नहीं लिखा था। घरवालों ने लिफाफे की मोहर देखी और काठगोदाम की मुहर देख वे अत्यधिक चिन्तित हुए। विजय जब मुझे लेकर आगरे पहुँचे तो उस समय लोहामंडी में एक मकान था, उसी में हम गए। परन्तु उसी रात हमें वह घर बड़े नाटकीय ढंग से छोड़ना पड़ा। सम्भवतः एक-दो दिन में ही जोगेशचन्द्र चटर्जी के स्थानान्तरण की बात थी। इसलिए आज़ाद की अनुपस्थिति में ही उन्हें छुड़ाने का एक्शन होना था। इसके लिए कानपुर से कुछ व्यक्ति बुलाए गए थे। जयदेव भी उसी मकान में थे। रात को बारह या एक बजे के लगभग किसी ने दरवाजा खटखटाया। विजय ने जाकर दरवाजा खोला। एक ऊँचा पूरा व्यक्ति साफा बाँधे तथा चादर ओढ़े अन्दर आया। उसने थोड़ी देर विजय से अलग बातें की और तुरन्त वापस लौट गया। विजय ने दरवाजा बन्द कर कमरे में आकर हमसे कहा—'हमें तुरन्त यह घर छोड़ देना होगा, क्योंकि इस पर पुलिस का वाच है।' वहाँ से हम तीनों ही एक-एक कर निकले और राजामंडी स्टेशन के पास जाकर मिले। रात को आठ बजे का समय, आखिर जाएँ तो कहाँ जाएँ; फिर यह तय किया गया कि आगरा फोर्ट स्टेशन के पास के एक होटल में रात को टिका जाए तथा सबेरे दूसरा मकान तलाश किया जाए। साथ में हथियार भी थे। होटल में रात जागकर ही काटी; यह सोचकर यदि पुलिस ने छापा

मारा तो उसका डटकर मुकाबला किया जाए। परन्तु सबेरे तक कोई अप्रिय घटना नहीं हुई, तब हम लोग आश्वस्त हुए। बाद में दिन भर आगरे का चक्कर लगाकर मकान तय किया। उन दिनों मकान की समस्या इतनी नहीं थी जितनी आज है, इसलिए शाम तक मोहल्ला नूरी दरवाजे पर दूसरी मंजिल पर एक मकान मिल गया। कमरा एक ही था और बड़ा था परन्तु उसमें बड़ी-बड़ी सीकचों की चारों तरफ खिड़कियाँ थीं जिन पर दरवाजे नहीं लगे थे। ठंड के दिन होने से रात को जोरों की हवा आती थी। हम लोगों ने बताया कि हम विद्यार्थी हैं। दूसरे हमने अपने आपको अग्रवाल बनिया बताया। मकान मालिक स्वयं अग्रवाल बनिया थे, इससे पटरी बैठ गई। बताने को तो हम अपने आपको अग्रवाल बता गए परन्तु जब मकान मालकिन ने प्रश्न किया, 'कौन से अग्रवाल बनिया ?' तब तो हमारी सिट्टी गुम। पर जब उन्होंने कहा कि, 'वे तो सूर्यवंशी हैं, हम क्या राजवंशी हैं ?' तो हमने कहा, 'हम भी सूर्यवंशी ही हैं। हम विद्यार्थी हैं और दिल्ली के रहनेवाले हैं।' तीर निशाने पर बैठा।

मकान मालिक की दूध की दुकान थी और वृद्धा घर में आटा पीसकर बेचती थी। हम लोग वृद्धा से ही आटा लेते। इससे एक लाभ और भी था कि जब कभी पैसों की कमी हो जाती तो वृद्धा से आटा उधार ले आते। बर्तनों की कमी हो जाने पर एक-दो बर्तन भी मिल जाते थे। दूध भी उसी की दुकान से लेते। इस तरह हमारे लिए वह घर बड़ी सुविधा का रहा। हाँ बुढ़िया ने हमें एक बात से सतर्क कर दिया था कि मकान में और भी किराएदार हैं और सभी के घरों में बहू-बेटियाँ हैं, तो हमसे किसी को शिकायत न हो, हमारी ओर उँगली उठाने का मौका न मिले। और, वह समय कभी नहीं आया। हम सदा ही अपना दरवाजा बन्द रखते। इस मकान में दस-बारह सदस्य तक आकर रहे परन्तु कभी किसी किराएदार को वह बात न अखरी। बुढ़िया हमारी प्रशंसा करते न थकती थी। इस मकान के विषय में अक्सर एक मजाक होता था। वह यह कि स्वयं सुखदेव भी हमारे पूर्व इस मकान को देख गए थे परन्तु बुढ़िया ने उन्हें कमरा देने से इन्कार कर दिया था। सुखदेव का पार्टी का नाम विलेजर था, कुछ वैसे ही वे ऊँचे भी थे। बात करने का ढंग पंजाबी होने से उनमें कुछ रूखापन प्रतीत होता था। वे कहा करते, ''क्यों बे, तुम लोगों को बुढ़िया ने कमरा दे दिया और मैंने जब इसे किराए पर लेना चाहा तो बुढ़िया ने छूटते ही पहला सवाल किया, 'घरवाली है ?' मैंने जब इन्कार किया तो उसने बातों का सिलसिला ही तोड़ दिया और बोली—'बहू नहीं है तो हम छड्डों को मकान नहीं देंगे।' दिन भर तो मैं मकान ढूँढ़ता रहा और मिला तो घरवाली न होने से वह भी हाथ से गया।''

विजय और सुखदेव में काफी घनिष्ठता थी। उन दोनों में हँसी-मजाक भी चलता था। विजय ने कहा—''साले, तुम दीखते भी तो गुंडे हो, कोई शरीफ तुम्हें कैसे मकान देता; और फिर जहाँ अड़ोस-पड़ोस में जवान बहू-बेटियाँ हों ?''

''और तुम बड़े शरीफ हो ? यह कहो कि बच्चन के छोटा होने से तुम्हें सुविधा हो गई और इसी से बुढ़िया को तुम्हारे विद्यार्थी होने पर विश्वास हो गया।'' इस मकान

में भगत सिंह, सुखदेव, राजगुरु, शिव वर्मा, जयदेव, आज़ाद, भगवान दास, सदाशिव और फणीन्द्र भी रह चुके थे। फणीन्द्र के मुखबिर होने पर उसने यह घर पुलिस को भी दिखा दिया था। पुलिस मकान मालिक को गवाह बनाकर शिनाख्त परेड में ले गई थी परन्तु उन्होंने वहाँ किसी को नहीं पहचाना और यही कहते रहे कि ये लोग कमरे का दरवाजा बन्द रखते थे इससे हम इन्हें नहीं पहचान सकते और जिस लड़के ने मकान किराए पर लिया वह इनमें नहीं है। पर वास्तविकता यह थी कि वे बहुतों को पहचान सकते थे। जयदेव तथा शिव वर्मा तो अक्सर उसकी दुकान पर दूध लेने जाया करते थे। ब्रिटिश शासन काल में जब दमन का इतना आतंक था, जनसाधारण की क्रान्तिकारियों के प्रति इतनी भी सहानुभूति होना बहुत बड़ी बात थी।

इस मकान में आने के तीन-चार दिन बाद हम फिर एक दिन राजामंडी स्टेशन के पासवाले मकान पर गए। विजय सड़क पर ही खड़े रहे और मैं घर में अन्दर तक जाकर देख आया। आसपास न गुप्तचर विभाग का कोई आदमी था न कोई पहरा। जो सज्जन इस मकान में आए थे, वे जोगेश दा के एक्शन में या तो भाग लेना नहीं चाहते थे या फिर वह एक्शन होने ही देना नहीं चाहते थे, इसलिए उन्होंने पुलिस का हौवा खड़ा किया। बाद में पता चला कि ये श्री सद्‌गुरुदयाल अवस्थी थे। इस घटना से मैंने यही सबक लिया कि फरारी जीवन में पुलिस की आशंका से बहुत सतर्क रहना पड़ता है। गोकि उस बात में कुछ तथ्य नहीं था केवल दल के सदस्यों को आगरे से हटा देने की यह एक चाल मात्र थी, जो सफल न हुई। जब आज़ाद आए तो मैंने उन्हें कहा, एक 'लेडीप्रसाद' यहाँ आए थे और उन्होंने हमें एक रात बहुत परेशान किया। बाद में सदस्यों में इस नाम को लेकर खूब हँसी-मजाक होता।

इस मकान में आज़ाद को मैंने पहली बार साण्डर्स हत्याकांड के बाद देखा। मुझे वहाँ देख वे आश्चर्य में पड़ गए और यह जानकर तो वे अत्यधिक चिन्तित हुए कि मैं 20-25 दिन से घर से गायब हूँ। वे जानते थे कि मेरे इस प्रकार घर में न होने से कुहराम मच जाएगा। विजय ने उन्हें मेरे लाए जाने का कारण बताया, तब कहीं वे शान्त हुए। उन्होंने मुझे वहाँ से तुरन्त बहन के यहाँ सीतापुर जाने तथा वहाँ से तुरन्त घर पर समाचार देने को कहा। आज़ाद बिना काम के किसी को घर से बाहर नहीं भेजते थे और ज्योंही काम समाप्त हो जाता उस सदस्य को घर लौटा देते। भगवान दास और सदाशिव अनेक बार पार्टी के काम से आगरे और अन्य स्थानों पर भेजे गए परन्तु शीघ्र ही वे झाँसी लौट आते थे। किसी को भी अधिक दिन बाहर ठहरने में आर्थिक समस्या का भी सामना करना पड़ता था, इससे भी आज़ाद इस विषय में सतर्क थे।

## फाकामस्ती भी अजीब मस्ती है

नूरी दरवाजे के इसी मकान में राजगुरु ने सँडासी से छाती पर जलाकर 'पुलिस टार्चर' के अनुभव का प्रयोग किया था। इसी मकान में आज़ाद सरदार भगत सिंह का मल्लयुद्ध

होता था। फुर्सत के समय ऐसी अनेक रोचक घटनाएँ इस घर में होती रहती थीं। एक बार आज़ाद, भगत सिंह वगैरह लाहौर में थे, उस समय उस मकान में मैं, विजय तथा जयदेव ही रह गए थे। कमरे में बिजली नहीं थी इसलिए लालटेन से प्रकाश की व्यवस्था थी। वैसे दिन में धूप कम पर हवा खूब आती थी। केवल एक दरवाजा था जो बन्द रहता। जो भी बाहर से आता दरवाजे पर दस्तक देता। एक व्यक्ति जाकर दरवाजा खोलता और बाकी सचेत हो जाते। अपना ही साथी आया देख हथियार पर से हाथ हट जाते। दिन में बानर सेना का भी काफी उत्पात रहता। सींकचों के पास आकर वे ताक-झाँक करते रहते। खाने के लिए तो हमें ही पूरा नहीं पड़ता था, फिर भला हम इन्हें कहाँ से देते। यदि कोई वस्तु उनके हाथ की पहुँच में आ जाती तो उसे तुरन्त उठा ले जाते। आर्थिक संकट तो था ही। भूख लगने पर सोचा जाता कि पास में कितना पैसा है और कम-से-कम कितने में गुजारा हो सकता है। श्री जयदेव ने बताया कि इस घर में एक बार तो तीन दिन तक केवल एक-एक कप चाय पर ही गुजारा करना पड़ा था। मैं जिन दिनों था, उन दिनों दिन में एक बार खाना बनता। दो साथी बनाते, दो खाने बैठते। हर खानेवाले का यही प्रयत्न रहता था कि वह कम खाकर बाद में खानेवालों के लिए बाकी छोड़ दे। कई बार आज़ाद तथा भगत सिंह 'भूख नहीं है' कहकर भूखे ही रह जाते।

यही स्थिति काकोरी के समय भी थी। श्री शचीन्द्रनाथ बख्शी ने ऐसी ही एक घटना का वर्णन करते हुए कहा—एक बार सम्भवतः बनारस या शाहजहाँपुर में काफी सदस्य एकत्रित थे। उन दिनों खिचड़ी पर ही लोग गुजारा करते थे। खिचड़ी बन चुकी थी और सभी सदस्य बैठे खा रहे थे और सबको परोसनेवाले थे कुन्दनलाल जी। सब खाना खा चुके। कुन्दनलाल बैठे बरतन माँज रहे थे। उन्हें बर्तन मलते देख आज़ाद और बख्शी बाबू भी उनकी सहायता के लिए आ बैठे। बख्शी बाबू ने सहज ही कुन्दनलाल जी से पूछा, 'तुमने भोजन किया या नहीं' इस पर कुन्दनलाल जी चुप ही रहे। बहुत पूछने पर उन्होंने बताया कि खाना बचा ही नहीं। इस पर सभी को दुःख हुआ। कुन्दनलाल जी के लिए तुरन्त व्यवस्था की गई। आगरे में अनेक बार जितना आटा होता उनकी रोटियाँ बना ली जातीं और दाल की डेगची बीच में रख सभी चारों ओर बैठ एक साथ खाते। श्री माहौर ने इसे 'भक्षण-चक्र' सम्बोधित किया है। एक बार सरदार भगत सिंह ने लखनऊ के लोगों की खाने की नजाकत का प्रदर्शन किया। इस बीच सबका खाना हो गया और वे नजाकत के प्रदर्शन के बहाने भूखे ही रह गए, जिससे दूसरे भरपेट खा सकें। पर इस प्रदर्शन का महत्त्व लोगों की आँखों से न छिप सका।

एक और रोचक घटना--कमरे में लालटेन जल रही है। विजय बाबू किसी गम्भीर पुस्तक का अध्ययन कर रहे हैं और जयदेव एयर पिस्टल लिए चूहे के शिकार पर बैठे हैं जो भुने चनों के दानों पर बार-बार हमला कर रहा है, पर जयदेव जी को देख ठिठक जाता है। जयदेव जी चने के दाने आगे बढ़ा देते हैं, पर साथ ही उन्हें शंका है कि रोशनी कम होने से निशाना कहीं चूक न जाए। वे तुरन्त लालटेन उठाकर उसे अपने सुभीते

से रख लेते हैं। विजय पुस्तक में ऐसे स्थान पर थे कि क्षण भर भी उससे आँख नहीं उठाई जा सकती थी। उन्होंने लालटेन फिर उठाकर अपने सुभीते से रख ली। इधर मोर्चेबन्दी का सवाल था; जरा सा मौका चूकने पर दुश्मन हाथ से निकल जाता। जयदेव बोले, "तनिक चूहा मार लेने दो फिर तुम पढ़ते रहना।" विजय—"तुम बाद में मार लेना।" "नहीं बाद में क्या मरने के लिए वह बैठा रहेगा ? तुम अजीब अहमक हो ? बात नहीं समझते।" इस पर दत्त बाबू शान्तिपूर्वक मुस्कुराकर बोले—"अरे भाई लड़ो मत, रात बहुत हो गई है। दोनों ही सो जाओ।" पर दोनो ही जोश में थे, बहस बढ़ गई। जयदेव ने घर से बाहर जाकर सोने को ही समस्या का हल घोषित किया। विजय ने भी कहा—"हाँ-हाँ ? चले जाओ और सो रहो बाहर जाकर।" जयदेव जी ने भी यह चुनौती स्वीकार कर ली और बटुकेश्वर दत्त के कहने पर भी वे न माने। एक दरी और तकिया लेकर वे बाहर चले गए। विजय भी दरवाजा बन्द कर फिर अपनी किताब में रम गए। मैं तथा दत्त जी पड़े-पड़े यह तमाशा देख रहे थे। मोहन बाबू (बटुक का पार्टी का नाम) बोले--"तुम लोग कैसी बच्चों-जैसी बातें करते हो।" विजय ने उत्तर तो नहीं दिया परन्तु जयदेव के जाने से उन्हें जो चिन्ता हो गई, वह उनकी वाणी के विरोधाभास से प्रकट हो रही थी। उन्होंने पुस्तक बन्द की और बोले—"उठो मोहन बाबू ताश खेला जाए।" हमें भी नींद नहीं आ रही थी। इसलिए यह प्रस्ताव भला मालूम हुआ। ताश बाँटते-बाँटते विजय फिर बोले—"बच्चन, जयदेव साले को दरवाजा न खोलना। अब आए भी तो अन्दर नहीं आने देंगे।" यह कहते जाते थे और दृष्टि दरवाजे की ओर थी इसी आशा से कि शायद आ ही जाएँ। ताश जरूर खेल रहे थे पर मन नहीं लग रहा था। सभी यही सोच रहे थे कि जो हुआ अच्छा नहीं हुआ, पर वह बात कोई जबान पर न ला रहा था। आखिर एक घंटे की प्रतीक्षा के बाद जयदेव ने दरवाजा खटखटाया। सभी ने मुक्ति की साँस ली। पर दूसरे ही क्षण विजय जाग उठे। वे मेरा हाथ पकड़कर बैठाते हुए बोले—"बच्चन, मत खोलो साले को। बाहर गया था बड़े ठसक से।" अब मोहन बाबू तनिक नाराजी दिखाते हुए बोले—"क्या बच्चों-जैसी बात करते हो, खोलने दो दरवाजा ?" दरवाजा खुला। बगल में दरी और तकिया दबाए जयदेव खड़े मुस्कुरा रहे थे। वे अन्दर आए तो विजय भी मुस्कुराकर बोले—"गए थे बाहर सोने; अब क्यों चले आए ? ठंड लगी होगी तो भागे उठकर ?" जयदेव ने दरी एक ओर फेंककर विजय के बगलगीर होते हुए कहा—"सोया तो रहता पर तेरा वो—पुलिसवाला जो आ धमका। मैंने तो सामने की दुकान पर सोने का इन्तजाम कर ही लिया था। उस पुलिसवाले ने आकर जगाया और एक शरीफ आदमी को सोता देख—" बीच में ही विजय फिर बोल पड़े—"तुझे शरीफ समझा, उसने चोर-उचक्का ही समझा होगा इसीलिए उठाकर भगा दिया।" "नहीं बे," मैंने उससे कहा—"रात बहुत हो गई है, घरवालों को जगाना ठीक न समझकर यहाँ सो रहा।" पुलिसवाले ने बड़े अदब से कहा—"चलो बाबू, मैं चलकर उन्हें जगा देता हूँ। माफ करें अगर रात को किसी दुकान का ताला टूट गया तो व्यर्थ ही आप मुसीबत में पड़ जाएँगे, इसके बाद घर आने के सिवा चारा ही नहीं था।"

यह कह वे लेटने की तैयारी करने लगे तो विजय ने फिर छेड़ा—"ले मार अब चूहा। हमारा पढ़ने का भी मूड खराब किया।" जयदेव ने कहा—"अबे, अब सोने भी देगा या—अच्छा चलो हम भी ताश खेलेंगे।" खेल में विजय और जयदेव साथी बने। एक घंटे तक खूब खेल जमा और फिर सभी एक रजाई की शरण ले सो गए।

## जब इश्क ने बलवा किया

आगरे में फुर्सत के समय ताश, पुस्तकें पढ़ना, देश की समस्याओं पर विचार-विनिमय होता। कभी-कभी चाँदनी रात में लोग ताज की सैर करने चल देते। सरदार तो अक्सर ही वहाँ जाते। आज़ाद एक ही बार ताज देखने गए। वे कहते—'वहाँ जाकर लोगों पर जो 'मन-हूसियत' छा जाती है उससे मैं ऊब गया हूँ।' भगत सिंह वहाँ जा अक्सर भावुकतावश घंटों चुपचाप बैठे रहते थे। राजगुरु ने एक बार अपनी गोली-मार भावुकता का परिचय दिया था। एक दिन जब सबलोग ताज से घर लौटे तो रघुनाथ यानी राजगुरु कागज-पेंसिल लेकर लिखने बैठे और थोड़ी देर में चिल्लाए—'बन गया शेर, बन गया।' और बिना किसी के कुछ कहे लगे उसे पढने—

*अब तक नहीं मालूम था, इश्क क्या चीज है,*
*रोजे को देखकर मेरे इश्क ने बलवा किया।*

हम सब तो 'इश्क ने बलवा किया' कहकर हँस पड़े। पर सरदार ने अपना रिवाल्वर निकालकर क्रोध से कहा—'ले जाओ मार दो गोली, मुझे या फिर वादा कर कि आज से फिर शेरो-शायरी का नाम न लूँगा।' राजगुरु यह सुन हतप्रभ हो गए और फिर कम-से-कम सरदार को तो वे बाद में कभी शेरो-शायरी का रसास्वादन नहीं कराते थे। पर उन्हें शेर याद करने का शौक था। उसके बाद वे इन लोगों के साथ कभी ताज देखने भी न गए।

जब सदस्यों की संख्या बढ़ जाती तो खाने के साथ-साथ ओढ़ने-बिछाने की भी समस्या रहती। तब आज़ाद अखबार बिछा अपनी धोती ओढ़ उसी में रात काट देते। भगत और सुखदेव दरी या कम्बल जो भी मिल जाता उसे ही ओढ़कर पड़ रहते। नीचे सबके ही अखबार बिछे रहते। ऊपर से तो कुछ ठंड बच जाती थी परन्तु नीचे से तो समाचारों की गरमी पर ही तसल्ली करनी पड़ती थी। जब पैसे होते तो सबेरे नाश्ते की 'ऐयाशी' कर लेते। सबको एक-एक आना मिलता। कुछ लोग उतने पैसे में कचौड़ी लाकर नाश्ता करते और कुछ चाय बनाते। चाय में कभी-कभी भगत तथा सुखदेव तो शामिल हो जाते पर आज़ाद कभी शामिल न हुए। दिन भर में भोजन बनता। सभी बारी-बारी से बनाते परन्तु रणजीत (भगत सिंह) कहते—"मैं इसमें शामिल नहीं होऊँगा।" वे सबके कपड़े धो देते। इसमें सुखदेव अक्सर हाथ बटाते। उनकी अनुपस्थिति में हम में से किसी को ले जाते। एक दिन मैं भी उनके इस काम में सहयोग कर रहा था। कपड़े धोते समय वे मुझे आयरलैंड के स्वतन्त्रता आन्दोलन की घटनाएँ सुनाते रहे। कभी-कभी गाने का भी कार्यक्रम होता इनमें हिन्दी, मराठी, बंगाली गाने गाए

जाते। मराठी का 'राजा कुठे गुतला' 'सखये तो प्राण माझा' बहुत प्रचलित था। इस गीत की पार्श्वभूमि यह है कि अभिमन्यु युद्धभूमि में वीरगति को प्राप्त हो चुका है और उत्तरा अपने वीर पति के लिए विलाप कर रही है। उसकी धुन भी इतनी मधुर थी कि शब्दों का अर्थ पूर्ण रूप से न समझने पर भी लोगों को यह विरहगीत बहुत पसन्द आता था। गाते-गाते एक शान्त वातावरण निर्मित हो जाता था। गीत समाप्त होने पर भी कुछ क्षण स्तब्धता रहती। गानेवालों में मैं, भगवान दास तथा विजय थे।

भगत सिंह कभी-कभी मस्ती में गाते थे। मेरा रंग दे बसंती चोला और हीर। उनकी आवाज बहुत सुरीली थी। सुर, ताल या लय की सीमा उन्होंने नहीं जानी। हम सबमें विलेजर (सुखदेव) इन सब मामलों में औरंगजेब थे। वे गाना होता तो सुनते रहते निर्विकार भाव से क्योंकि और कोई चारा ही न होता। आज़ाद को गाना अच्छा लगता था पर वे संगीत से अधिक उसके शब्दों के आशिक थे। कभी-कभी किसी बुन्देलखंडी कविता की एकाध लाइन शुरू कर देते और फिर मुझसे या भगवान दास से कहते—'हाँ गाओ तो यह गाना।' अन्तिम दिनों में जब एकान्त में बैठ विचारों में अत्यधिक उलझ जाते तो कहते 'गाना गाओ' और ऐसे समय 'माँ हमें विदा दो' गीत वे गवाते और साथ देते। गीत समाप्त होने पर गीत की रसधारा मानो उनके सारे मस्तिष्क के विषाद को धो देती। कभी रणजीत का स्मरण करते-करते वे गा उठते, 'मेरा रंग दे बसन्ती चोला।' गाते-गाते वे एकदम मौन हो बैठ जाते। फिर एक लम्बी साँस लेकर कहते, 'आगरे के दिन भी क्या दिन थे !'—फिर मौन ! मानो उस वातावरण में फिर खो गए हों। फिर हँस देते और मूँछें ऐंठने लगते। मानो फिर कुछ दृढ़ संकल्प कर बैठे हैं, ब्रिटिश शासकों से बदले का संकल्प। आँखें चमक उठतीं। अनेक बार इतने पर भी मन शान्त न होता तो कहते, 'चलो बच्चन, घूमने चलें।' दोनों ही चल पड़ते दो अनजाने अपरिचित राहगीरों से। धीरे-धीरे शाम हो जाती, अँधेरा फैलने लगता तो घर लौट आते और अनेक बार इस मूड में होने पर बिना खाए ही सो जाते।

आज़ाद हिन्दुस्तान सोशलिस्ट रिपब्लिकन आर्मी के कमांडर थे। पर पद के अभिमान में उन्होंने कभी अपने को अपने साथियों से भिन्न नहीं समझा। हँसी-मजाक में सब के साथ, साथियों से कुश्ती भी हो जाती, परन्तु एक्शन के समय आज़ाद का आदेश ब्रह्मवाक्य होता था। विचार-विनियम के समय सभी अपना-अपना दृष्टिकोण रखते, परन्तु निर्णय हो जाने पर सभी निर्णय को शिरोधार्य मानते। आज़ाद ने स्वयं भी दल के निर्णय का कड़ाई से पालन किया। असेम्बली बमकांड का निर्णय इसका प्रमाण है। उनका विचार था कि असेम्बली में बम फेंकने के पश्चात् भगत-दत्त बाहर निकल आएँ। आज़ाद ने दावा किया था कि वे उन्हें सुरक्षित ले आएँगे। इस दृष्टि से आज़ाद ने असेम्बली भवन का निरीक्षण भी किया था, परन्तु बहुमत इस पक्ष में नहीं था। विशेष रूप से, सरदार भगत सिंह इस बात पर बल दे रहे थे कि वहाँ क्रान्तिकारियों को आत्मसमर्पण करना ही चाहिए, जिसे वे 'प्रोपैगैण्डा बाई डीड (प्रचार का सक्रिय तरीका) कहा करते थे। इस कार्य में जहाँ समस्त विश्व में दल का प्रचार हुआ, वहाँ दल के

संगठन की दृष्टि से भारी हानि भी हुई। आगे सम्भवतः जो हुआ वह दल की भूलों का ही परिणाम था। असेम्बली बमकांड तक पुलिस को यह पता नहीं चल सका था कि साण्डर्स हत्याकांड में किसका हाथ है; परन्तु उसके बाद ही ऐसे सूत्र मिल गए जिससे दल के सदस्यों को पकड़ने में पुलिस को सफलता मिली। सरदार भगत सिंह के पास असेम्बली में जो पिस्टल था उसी का उपयोग साण्डर्स हत्याकांड में हुआ था। इसलिए पुलिस ने तुरन्त उस पिस्टल के बोर को मिलाया और वह इस नतीजे पर पहुँची कि इसी बोर का पिस्टल साण्डर्स हत्या में काम में आया था। पुलिस ने यह मानकर कि भगत सिंह उसमें थे, इनके साथियों की खोज प्रारम्भ कर दी।

# लालाजी की मृत्यु का बदला

## बैंक लूटने की योजना

आज़ाद के विषय में यह सभी जानते थे कि वे बेकार किसी की हत्या नहीं करना चाहते थे और न वे सदस्यों को ही निरर्थक संकट में डालते थे। पैसों की तंगी रहने पर भी उन्होंने ऐसा कोई काम नहीं किया जिसमें व्यर्थ ही कुछ रुपयों के लिए लोग हत्या के अपराधी हों या स्वयं मारे जाएँ। बैंक लूटने की उन्होंने योजना बनाई। रेलवे क्लियरेन्स एकाउंट्स ऑफिस दिल्ली का भी रुपया लूटने की योजना बनाई। पर जब उन्होंने उसमें खतरा अधिक देखा तो ऐसी योजनाएँ स्थगित कर दीं। एक डकैती में उन्हें बताया गया था कि 30 हजार रुपया मिलेगा परन्तु वहाँ तीन हजार ही शायद मिला, साथ ही उसमें एक व्यक्ति मारा भी गया। इस दुर्घटना से आज़ाद अत्यन्त दुखी और क्षुब्ध हुए। जिस व्यक्ति ने उन्हें समाचार दिया था उस व्यक्ति पर वे बहुत बिगड़े।

पंजाब नेशनल बैंक को लूटने का प्रस्ताव सरदार भगत सिंह का था। यह योजना दिसम्बर 1928 में बनी थी। इसमें भाग लेनेवाले थे श्री कुन्दनलाल गुप्त, कैलाशपति, महावीर सिंह, हंसराज, जयगोपाल, राजगुरु, भगत सिंह, सुखदेव तथा किशोरीलाल। इस एक्शन का नेतृत्व आज़ाद के ही हाथों था। इसके लिए कई बार आज़ाद पंजाब नेशनल बैंक लाहौर का निरीक्षण कर आए थे। योजना बनी थी कि बैंक के फाटक पर के सिपाही से सुखदेव पिस्टल दिखाकर बन्दूक छीन लेगा। इसी बीच जो सदस्य अन्दर होंगे उनमें से कैलाशपति टेलीफोन के तार काट देगा। साथ ही वह तथा हंसराज बैंक के खजांचियों को काबू में कर लेंगे। इधर भगत सिंह तथा महावीर तगड़े होने के कारण बैंक के अन्दर जो लोग भी होंगे उन्हें रोक रखेंगे। नोट थैलों में भरने का काम जयगोपाल तथा किशोरी का होगा। इसमें दो स्पष्ट आदेश थे। एक तो यह कि सिक्कों को हाथ न लगाया जाए, दूसरे अत्यन्त आवश्यक होने पर ही गोली चलाई जाए।

निश्चित समय पर आज़ाद सब साथियों को लेकर बैंक में गए। तब दल के पास मोटर नहीं थी। इसलिए टैक्सी लाने की योजना थी। टैक्सी लाने का काम भगत सिंह तथा महावीर सिंह को सौंपा गया था। परन्तु उस दिन बैंक बन्द होने के समय तक टैक्सी न मिली। उस दिन आज़ाद ने बैंक के अन्दर की परिस्थिति और अच्छी तरह देखी और एक्शन के भीषण परिणाम को भी समझा। वे इस निष्कर्ष पर पहुँचे थे कि

यदि उस दिन एक्शन हो जाता तो धन तो बहुत मिलता परन्तु दल को कुछ साथियों को खोना पड़ता। इसी से बाद में यह योजना रद्द कर दी गई।

रेलवे क्लियरेन्स एकाउंट्स ऑफिस की योजना भी इसी प्रकार की थी। इसमें एक लाख रुपया मिलता। यह रुपया प्रति मास वेतन के दिन स्टेट बैंक से क्लियरेन्स एकाउंट्स ऑफिस जाता था। इसके लिए कई महीनों वेतन के दिन निरीक्षण किया गया कि रुपया कैसे जाता है। उसमें कौन-कौन होता है और उनमें से कितने लोग हथियार लिए रहते हैं। इसके लिए एक कार में एक गोरखा तथा एक क्लियरेन्स एकाउंट्स ऑफिस का खजांची जाता था, साथ ड्राइवर होता था। योजना बनी थी कि रेलवे क्लियरेन्स एकाउंट्स ऑफिस की गाड़ी स्टेट बैंक, चाँदनी चौक में पहुँचते ही वहाँ कैलाशपति खड़ा रहेगा जो गाड़ी का हुलिया तथा उसमें बैठे लोगों की संख्या का पता आज़ाद को आकर क्लियरेन्स एकाउंट्स ऑफिस के सामने देकर चला जाएगा। गाड़ी रवाना होने के लिए स्टार्ट हो तो वह म्युनिसिपल बाग की पगडंडी से साइकिल पर जाकर खबर देगा कि गाड़ी चल चुकी और यदि यह न भी हो सका तो हमें गाड़ी की जानकारी तो पहले ही हो चुकी होगी। आज़ाद अपने साथियों के साथ गाड़ी पर हमला बोल देंगे। गाड़ी खड़ी होते ही गोरखे से शस्त्र छीना जाएगा तथा रिवाल्वरों से धमकाकर रकम का बैग छीन लिया जाएगा। यदि गोली चलाने की आवश्यकता हुई तो कम से कम लोगों को घायल किया जाएगा। इसमें आज़ाद के सिवा मैं, धन्वन्तरि, विद्याभूषण, काशीराम तथा लेखराम मोटर के साथ भाग लेनेवाले थे। थैले उठाकर पास खड़ी अपनी कार में ले जाने का काम मुझे तथा धन्वन्तरि को सौंपा गया था। क्लियरेन्स एकाउंट्स ऑफिस से हमारी कार घूमती हुई रास्ते में साथियों को उतारते हुए प्रोफेसर निगम के बँगले जाती। वहाँ थैलों से रुपया निकालकर दूसरे थैलों में भरा जाता। पुराने थैलों को कहीं ले जाकर जला दिया जाता। वहाँ से वह रुपथा एक सैनिक अधिकारी की मदद से कानपुर जाता। वहाँ से वह बैंकों तथा आढ़तियों की मार्फत बाजार में फैला दिया जाता। आज़ाद ने एक-दो महीने तक स्वयं सारी परिस्थिति देखी। उन्होंने यह भी देखा कि वेतन की रकम लेने लोग कितने बजे जाते हैं। क्लियरेन्स एकाउंट्स ऑफिस से स्टेट बैंक, चाँदनी चौक तक जाने में कितनी देर लगती है, तथा बैंक से रकम लेने में भी कितना समय लगता है। मार्ग में पुलिस कहाँ होने की सम्भावना है और यदि चाँदनी चौक की ओर से भागना पड़ा तो कहाँ से बचकर निकला जा सकता है। परन्तु 1 जुलाई 1930 को मोतीलाल नेहरू की गिरफ्तारी के कारण शहर में हड़ताल हो गई। शहर में सशस्त्र पुलिस गश्त करने लगी। आज़ाद ने एक्शन स्थगित कर दिया क्योंकि रुपया छीनने के पश्चात् पुलिस से मुठभेड़ होती और फिर उसमें कोई नहीं बचता। इसके पूर्व 6 जून 1930 को गाडोदिया डकैती हो चुकी थी। यह एक्शन चाँदनी चौक के कूचा नटवाँ में गाडोदिया स्टोर्स में रात को सवा दस बजे हुआ था। जिसमें 13 हजार रुपया मिला था। एक्शन के समय केवल हवा में ही फायर करने से काम चल गया था। बिना किसी रक्तपात के सभी साथी सही-सलामत रुपया लेकर निकल आए थे। आज़ाद ने हमले

के लिए ठीक ऐसा समय चुना था जब कोठी में रुपया गिना जा रहा था। आज़ाद की सफलता का कारण उनका योग्य नेतृत्व तथा उनके साथियों का उनमें अटूट विश्वास था। प्रत्येक एक्शन में जाते समय वे आगे होते और लौटते समय साथियों को आगे कर घटना-स्थल का अच्छी तरह निरीक्षण कर सबसे पीछे चलते। वे देख लेते थे कि दल के सदस्य ऐसी कोई चीज तो नहीं छोड़ चले हैं जिससे पुलिस को सुराग लग जाए। गाडोदिया डकैती के समय स्टोर्स के नीचे एक हलवाई की दुकान थी। जब रुपया लेकर लोग उतरे तो ऊपर आढ़त के लोगों ने शोर मचाया। ये हलवाई महाशय पहलवान थे। उन्होंने सोचा कि भागनेवालों को वे बात की बात में पकड़ लेंगे। इसलिए जैसे ही पहले सदस्य श्री विद्याभूषण सामने आए तो वह हनुमान जी की तरह हुँकारकर दुकान से नीचे कूदा। विद्याभूषण की चुनौती तथा उनके हाथ में चमचमाता रिवाल्वर देख वह जितनी फुर्ती से नीचे कूदा था उतनी ही फुर्ती से दुकान पर चढ़ गया। इसी बीच एक-दो फायर हवा में कर दिए गए। बस उसके बाद किसी की भी हिम्मत रास्ता रोकने की नहीं हुई। वहाँ से सभी सही-सलामत निकलकर कार द्वारा निश्चित स्थान पर चले गए।

## कमीशन पर हमले की तैयारी

आगरे के मकान में ही साइमन कमीशन पर भी प्रहार की योजना बनी। उसमें पहली बार नागपुर में प्रयत्न करने का निश्चय किया गया परन्तु धनाभाव के कारण वह सम्भव न हो सका। उसके बाद दिल्ली में प्रयत्न करने का निश्चय किया गया। जिस समय बम फेंकने के लिए सदस्य तैयार थे, उसी समय पता चला कि कमीशन के सदस्यों के जाने का मार्ग बदल दिया गया। श्री जयदेव कपूर का कहना है कि उस समय यदि श्री राजगुरु जयदेव को रोक न देते तो दल की शक्ति और प्रयत्न व्यर्थ हो जाता। जयदेव जैसे ही मोटरों पर बम फेंकने को तैयार हुए राजगुरु ने उनका हाथ पकड़ लिया। जब मोटरें निकल गईं तो राजगुरु ने बताया कि उसमें साइमन कमीशन के सदस्य नहीं थे।

आगरे में जो बमों का मसाला बना था उसका परीक्षण झाँसी में किया गया। बेतवा के जंगल में बम फेंकने का अभ्यास भगत सिंह ने किया। उन्होंने बम पर कैप लगाकर उसे फेंका। प्रयत्न बहुत सफल रहा। वहाँ से ये लोग सुकुआँ ढुकुआ का बाँध देखने गए। वहाँ से दतिया और दतिया से झाँसी आए। झाँसी से फणीन्द्र तथा भगत सिंह आगरा गए, साथ में आज़ाद की साइकिल भी लेते गए।

साण्डर्स हत्या की योजना भी आज़ाद ने तैयार की थी। इसके पूर्व साइमन कमीशन पर प्रहार की योजना और उसकी असफलता के कारणों पर प्रकाश डाला जा चुका है। पंजाब नेशनल बैंक की डकैती की योजना के लिए सदस्य लाहौर में थे ही। इसके पूर्व 20 अक्टूबर को लाहौर में लाला लाजपत राय के नेतृत्व में साइमन कमीशन का बहिष्कार किया गया। लाहौर की नौजवान भारत सभा ने भी इस विरोध-प्रदर्शन में सक्रिय भाग लिया। नौजवान भारत सभा ने यह प्रदर्शन सरदार भगत सिंह तथा भाई

भगवतीचरण की प्रेरणा से किया था। यह भी कहा जाता है कि लालाजी पहले इस विरोध-प्रदर्शन का नेतृत्व करने तथा पुलिस द्वारा लगाई गई दफा 144 को तोड़ने के विरुद्ध थे परन्तु क्रान्तिकारियों ने उन्हें यह धमकी दी कि यदि वह नेतृत्व करने से इन्कार करेंगे तो नौजवान भारत सभा सारी स्थिति जनता के सामने रख देगी। कहा जाता है कि इस पर लालाजी ने कहा कि क्या तुम लोग मेरी राजनैतिक मृत्यु कराने पर तुले हो ? मतलब यह है कि लालाजी ने विरोध-प्रदर्शन का नेतृत्व किया। प्रदर्शन अत्यन्त सफल रहा और सरकार ने भी अंग्रेज अफसरों के नेतृत्व में बर्बरता से दमन किया। जनता पर धुँआँधार लाठियाँ बरसाई गई तथा घुड़सवार पुलिस ने जनता को रौंद डाला। नेता भी लाठी प्रहार से न बचे। इसी में लाला लाजपत राय भी लाठी चार्ज से घायल हो गए।

लाला लाजपत राय के घायल हो जाने पर उसी दिन शाम को कांग्रेस की ओर से मूरी दरवाजे के बाहर के मैदान में साइमन कमीशन के विरोध में एक विराट सभा हुई थी जिसमें लालाजी ने भी बड़ा जोशीला भाषण दिया था। उसमें उन्होंने कहा था–'मैं आज चैलेंज देता हूँ कि इस सरकार की पुलिस ने मुझ पर जो वार किया है, एक दिन वह इस सरकार को ले डूबेगा।' फिर उन्होंने अंग्रेजी में कहा–'आइ डिक्लेयर द ब्लोज हर्ल्ड ऐट मी, विल बी द लॉस्ट नेल्स इन कॉफिन ॲव् द ब्रिटिश रूल इन इंडिया। (I declare the blows hurled at me, will be last nails in coffin of the British rule in India.)

इस लाठी-प्रहार के पश्चात् 17 नवम्बर 1928 को लालाजी का देहान्त हो गया। लाला लाजपत राय के प्रति साम्राज्यवाद का यह व्यवहार भारत का अपमान था। सारा देश तिलमिला उठा। श्री कुन्दनलाल गुप्त उन दिनों लाहौर में ही थे। इस घटना का उल्लेख करते हुए उन्होंने अपने संस्मरणों में लिखा है–इस घटना का (यानी जनता के क्रोध और क्षोभ का) अनुमान इससे लगाया जा सकता है कि लालाजी की मृत्यु की शोकसभा में स्वर्गीय चितरंजन दास की धर्मपत्नी श्रीमती बासन्ती देवी ने कहा था–'लालाजी की चिता ठंडी होने के पूर्व देश का कोई युवक खून का बदला लेगा ?' गुप्त जी ने आगे लिखा है–श्रीमती बासन्ती देवी के ये उद्‌गार देश की आवाज थी। राष्ट्र का यह अपमान असह्य था। क्रान्तिकारी दल ने प्रतिशोध लेने की ठानी। जिस समय लाहौर में 'ब्रिटिश शासन मुर्दाबाद', 'लाला जी जिन्दाबाद,' 'खून का बदला खून से' के नारे लगाते हुए डेढ़ लाख की भीड़ के साथ 18 नवम्बर को लालाजी की अर्थी निकली उस समय आज़ाद, भगत सिंह और उनके साथी लालाजी के हत्यारे को दंड देने के लिए एयर पिस्टल से निशानेबाजी कर रहे थे। लालाजी की मृत्यु के पूर्व ही कुन्दनलाल जी, राजगुरु को लाहौर पहुँचा आए थे। 8 और 9 दिसम्बर 1928 को भोजंग हाउस में एक बैठक हुई जिसमें लालाजी के हत्यारों को मारने की योजना बनी। श्री कुन्दनलाल जी ने लिखा है–'पुलिस अधिकारी स्काट जनता के डर से पुलिस ट्रेनिंग स्कूल में जो किले था, जा छिपा। वहाँ से वह बहुत कम बाहर निकलता, या निकलता ही न था।' इसलिए साण्डर्स

की निगरानी प्रारम्भ की गई। इसके लिए आज़ाद ने बाहर से भेजे और चुने साथियों को बुलाया। उधर जोगेश बाबू को छुड़ाने के लिए भी आगरे में कुछ चुने सदस्यों को छोड़ दिया गया जो आवश्यकता पड़ने पर उनकी अनुपस्थिति में भी वह काम कर सकें। भगवान दास को मैं ग्वालियर से आगरे जोगेश दा के 'एक्शन' के लिए बुला लाया था। बाद में उन्हें विजय लाहौर ले गए। सम्भवतः उन्हें वहाँ पंजाब नेशनल बैंक की डकैती में भाग लेने बुलाया गया था। वे साण्डर्स हत्याकांड तक वहाँ रहे और उसके बाद में ग्वालियर लौट गए। साण्डर्स हत्याकांड के विषय में योजना बनाते समय दल ने यह निश्चय किया था कि तीनों व्यक्ति जतीन्द्र बाधा की तरह लड़ते-लड़ते शहीद हो जाएँगे। यह एक्शन ठीक पुलिस स्टेशन के सामने ही होनेवाला था। भगत सिंह, आज़ाद तथा राजगुरु के इस एक्शन में भाग लेने से पंजाब, उत्तर प्रदेश तथा महाराष्ट्र का स्वाभाविक ही प्रतिनिधित्व इस प्रतिशोध में हो गया। इस एक्शन के करने का यह भी उद्देश्य था कि संसार यह जान ले कि भारतीय जनता ने लालाजी के अपमान को चुपचाप सहन नहीं कर लिया। उसके साथ ही साथ भारत में भी क्रान्तिकारियों के प्रति जनता की आस्था और विश्वास बढ़े। पकड़े जाने के बाद बोर्स्टल जेल से सुखदेव ने अपने भाई को एक पत्र लिखा था। उसमें पार्टी की नीति तथा दृष्टिकोण को स्पष्ट किया था।

## साण्डर्स मारा गया

एक्शन करने के पूर्व आज़ाद ने घटनास्थल का सुव्यवस्थित ढंग से निरीक्षण किया। एक्शन कहाँ किया जाएगा और यदि संघर्ष न हुआ तो किधर से लौटना सुविधाजनक होगा। एक्शन के समय आज़ाद डी.ए.वी. कॉलेज के गेट पर थे। जयगोपाल को साण्डर्स को पहचानने के लिए खड़ा किया गया था। भगत सिंह तथा राजगुरु पुलिस स्टेशन से सटे खड़े थे। जैसे ही साण्डर्स मोटर साइकिल पर चढ़कर अन्दर से फाटक तक आया, जयगोपाल का इशारा पा दोनों आगे बढ़े। राजगुरु की पहली गोली ने ही काम तमाम कर दिया। साण्डर्स के मुँह से हल्की-सी चीख निकली और वह मोटर साइकिल समेत गिर पड़ा परन्तु भगत सिंह ने कई गोलियाँ उस पर चलाकर विश्वास कर लिया कि साण्डर्स अब अपनी बर्बरता की बहादुरी का दावा करने के लिए जीवित नहीं रह गया है। गोलियों की आवाज सुनकर थाने के बरामदे में खड़ा सिपाही चिल्लाया। उसे सुन ट्राफिक इन्सपेक्टर फर्न दो सिपाही तथा हवलदार चनन सिंह के साथ थाने से दौड़ा आया। फर्न ने राजगुरु को पकड़ने का प्रयत्न किया। राजगुरु ने जब देखा कि उसका रिवाल्वर जाम हो गया है तो उसने फर्न को पकड़कर ऐसा पहलवानी दाव लगाया कि फर्न जमीन चाटने लगा। उसके उठकर पीछा करने तक राजगुरु को भागने का अवसर मिल गया। भगत सिंह ने फर्न को जो पीछा करते देखा तो गोली चलाई। गोली की आवाज सुनते ही फर्न जमीन पर लेट गया और फिर न उठा। आज़ाद ने चिल्लाकर कहा, 'चलो'। आदेश पाते ही दोनों डी.ए.वी. कॉलेज होस्टल की ओर भागे, परन्तु इसी

बीच राजगुरु ने लौटकर जल्दी से भगत सिंह के पिस्टल की मैगजीन उठा ली। आज़ाद चिल्लाए, 'क्या करता है ? राजगुरु ने उस समय, तो कुछ उत्तर नहीं दिया। पर जब भोजंग हाउस पहुँचे तो सफाई देते हुए कहा—'पिस्टल की मैगजीन रणजीत से गिर गई थी, उसे ही उठाने गया था।' फर्न के पीछे ही चनन सिंह था। वह गोली चलने की परवाह न कर गाली देता हुआ भगत और राजगुरु के पीछे दौड़ा। इस समय तक दोनों ही कोर्ट स्ट्रीट से घूमकर डी.ए.वी. कॉलेज के अहाते के छोटे से दरवाजे में घुस चुके थे। आज़ाद ने माउजर से मोर्चा सम्हाला और चेतावनी देते हुए गर्जे—'खबरदार पीछे हट जाओ।' यह सिंहगर्जना सुन दोनों सिपाही तो रुक गए पर चनन सिंह नहीं रुका। आज़ाद ने गोली चला दी और हवलदार वहीं घायल होकर गिर पड़ा। घायल होने के एक घंटे बाद ही वह मेयो अस्पताल में जाकर मर गया। उसके बाद ये लोग इस प्रतीक्षा में कुछ क्षण रहे कि पुलिस टुकड़ी उनका पीछा करे और तब वे उससे मोर्चा लें। जब कोई नहीं आया तो ये लोग साइकिलों पर सवार हो भोजंग हाउस चले गए।

इनके जाने के कुछ समय बाद ही बहुत बड़ी संख्या में पुलिस ने डी.ए.वी. कॉलेज के होस्टल को घेर लिया। उसका कोना-कोना छान मारा, पर किसी का भी पता न चला। दूसरे दिन सबेरे ही लोगों ने लाहौर शहर में जगह-जगह हिन्दुस्तान सोशलिस्ट रिपब्लिकन आर्मी के पोस्टर लगे देखे, जिनमें बड़े-बड़े अक्षरों में लिखा था—साण्डर्स इज डेड एंड लालाजी इज अवेंजेड। (Saunders is dead and Lalajee is avenged) 'साण्डर्स मारा गया और लालाजी के अपमान का बदला ले लिया गया।' इससे सरकार और भी खीझ उठी। उसने सारे लाहौर में कड़ा पहरा बैठा दिया। वह हर आने-जानेवाले युवक की कड़ी छानबीन करती रही, स्टेशन पर, चौराहों तथा गलियों में सरकार के गुप्तचर घूमते रहे; परन्तु क्रान्तिकारियों का कुछ पता न चला। और एक दिन सरदार भगत सिंह श्रीमती भगवती चरण (दुर्गा भाभी) और उनके चार-साढ़े चार वर्ष के पुत्र शची को साथ ले प्रथम श्रेणी के यात्री के रूप में लाहौर से कलकत्ता चले गए। श्री शिवराम राजगुरु भी अपना सिर मुँडवाकर नौकर बनकर उनके साथ लखनऊ गए और फिर वहाँ से आगरे के मकान में चले गए। भगत सिंह कलकत्ता सुशीला दीदी के पास गए। वहाँ सुशीला दीदी एक सेठ के यहाँ शिक्षिका थीं। वहीं भाई भगवतीचरण भी थे। थोड़े ही दिनों बाद वहाँ कलकत्ता कांग्रेस का अधिवेशन था इसलिए भगत सिंह कलकत्ता रुक गए। वहाँ पर फणीन्द्र ने उन्हें जतीन्द्रनाथ दास से मिलाया जो बम का मसाला, गनकाटन, फलमिनेट ऑव् मरकरी तथा पिकरिक बनाने के विशेषज्ञ थे।

इधर आज़ाद ने एक यात्रियों का दल बनाकर स्वयं तिलक और माला धारण कर रामनामी दुपट्टा ओढ़ा और तीर्थयात्री बन भक्त मंडली के साथ माखनचोर गिरधारी, कृष्णमुरारी के दर्शनों के लिए मथुरा रवाना हुए। इस प्रकार वे भी सही-सलामत आगरा पहुँच गए। आज़ाद के साथ साण्डर्स हत्याकांड की चर्चा करते हुए जब चनन सिंह का उल्लेख आता तो वे उसकी मृत्यु पर दुःख प्रकट करते हुए कहते—'बच्चन, एक हिन्दुस्तानी और एक अंग्रेज की निष्ठा का अन्तर देखो। फर्न को गोली की आवाज

सुनते ही अपने प्राणों का मोह हो गया और चनन सिंह ने अपने कर्तव्य के लिए गोली और मौत की परवाह न की। मैंने बहुत कोशिश की कि चनन सिंह को गोली न मारना पड़े पर जब कोई चारा ही न रहा तो गोली मार दी।' मुझे उनके मुँह से चनन सिंह की प्रशंसा सुनकर विस्मय हुआ और मैं सोचने लगा कि चिन्तन के क्षणों में मानवता कठोर कर्तव्य पर विजय पाती है। साण्डर्स के प्रति भी वे यदा-कदा सहानुभूति प्रकट करते थे।

## आज़ाद की दूरदर्शिता

दल का केन्द्र आगरा होने पर भी आज़ाद ने झाँसी नहीं छोड़ी थी। जब भी उन्हें समय मिलता वे झाँसी अवश्य आते। उन्होंने यह बात बहुत कम लोगों को बताई थी कि वे झाँसी में रहते हैं। झाँसी के प्रति उनके इस अपनत्व को लेकर भगत सिंह आज़ाद से हँसी-मजाक में कहा करते थे, 'पंडित जी, झाँसी में आपने कोई डौल तो नहीं फँसा रखा है। यानी किसी स्त्री से प्रेम तो नहीं हो गया है।' आज़ाद हँसकर कहते—'जिससे मुझे प्रेम हो गया है वह हमारी तो सदा मेरी जेब में ही रहती है और वह है मेरी पिस्तौल।' आज़ाद ने अपने रहने का स्थान सदा ही गुप्त रखा। झाँसी में भी वे रामानन्द के साथ रहते हैं, यह बात बहुत कम साथी जानते थे। जब कोई साथी पकड़ा जाता तो वे तुरन्त उन सब स्थानों को छोड़ देते जिन्हें वह जानता था और कुछ दिनों के लिए कहीं और हट जाते। झाँसी में भी निवास स्थान का पता उन्होंने झाँसी के सदस्यों में से भी सबको नहीं दिया। इसका बहुत बड़ा लाभ तब हुआ जब झाँसी में रामदुलारे का पता बता देने पर भी फणीन्द्र आज़ाद का ठिकाना न बता सका और झाँसी के रामदुलारे शर्मा के बयान देने पर भी पुलिस को आज़ाद के मकान का पता न चल सका। फणीन्द्र ने रामानन्द मोटर ड्राइवर की तो चर्चा की पर उसे यह नहीं मालूम था कि आज़ाद इन्हीं के यहाँ रहते भी थे। उसे यही ज्ञात था कि रामानन्द मोटर ड्राइवर इन्हें कार में बम परीक्षण के लिए ले गया था।

उनका यह नियम अटल था। इसमें अविश्वास की भावना का प्रश्न ही नहीं उठता। यहाँ तक कि भगत सिंह तथा दत्त के एसेम्बली में आत्मसमर्पण के बाद भी उन्होंने अपना नियम नहीं तोड़ा। इस सन्दर्भ में भगवान दास जी ने अपनी 'यश की धरोहर' में लिखा है—जब भगत सिंह और दत्त दिल्ली असेम्बली में बम फेंककर (8 अप्रैल 1929) गिरफ्तार हो गए तो अखबारों में छपा कि भगत सिंह ने पुलिस के सामने इकबाल कर लिया है और दल का सारा हाल बता दिया है। अंग्रेजी का अखबार पढ़कर मैं आज़ाद को हिन्दी में सुना रहा था। आज़ाद तुरन्त बोले—'कैलाश, सदाशिव वगैरह सबको तुरन्त आगाह कर दो कि दो-चार दिन जरा इधर-उधर रहें।' मैंने पूछा 'क्यों ?' तो बोले 'जब यह खबर छपी है तो सम्भव है कि इसमें कुछ सत्य हो।' मुझे बड़ा बुरा लगा। मैंने कहा—'पंडित जी, यदि भगत सिंह अप्रूवर बन सकता है तो यह पार्टी-वार्टी का ढकोसला

बेकार है। फिर जो होना हो होने दीजिए।'

आज़ाद बोले—'तू तो मूर्ख है। इसमें भगत सिंह के प्रति अविश्वास की बात नहीं है। नीति की बात है, अनुशासन की बात है। यदि कल मैं भी पकड़ा जाऊँ तो जो-जो अड्डे मुझे मालूम हैं वहाँ से लोगों को हटना और चीजों (हथियारों) को हटाना ही ठीक होगा, इसमें लुक-लुक करना ठीक नहीं होगा।' इस पर मैं भावुकता में आकर बोलने लगा तो आज़ाद बोले—'अरे बुद्धू, किसी दिन अपनी इसी भावुकता में मारा जाएगा, फिर कालेपानी की किसी कोठरी में दुनिया की इस बेवफाई की गजलें गुनगुनाता रहेगा। चल उठ।' और फिर हम लोग आज़ाद के साथ तीन-चार दिन झाँसी के बाहर इधर-उधर घूमते रहे। उनके साथ उनका पिस्टल तथा माऊजर भी था।

सरदार भगत सिंह को आज़ाद केवल पार्टी के एक सदस्य के नाते ही नहीं देखते थे बल्कि उन्हें अपने भाई की तरह अपने परिवार के व्यक्ति की तरह मानते और उन पर अत्यधिक स्नेह करते थे। एसेम्बली बमकांड में वे भगत सिंह को नहीं भेजना चाहते थे। वे समझते थे कि उनके जाने और वक्तव्य देने से पार्टी को देश की राजनीति में बहुत बड़ा स्थान तो मिलेगा—इतना ही नहीं, बल्कि विश्व के लोग भी यह जानेंगे कि भारतीय क्रान्तिकारी भारत की स्वतन्त्रता के लिए बड़ी से बड़ी कुर्बानी दे रहे हैं—पर साथ ही वे यह भी अनुभव करते थे कि पार्टी को इससे बहुत बड़ा धक्का लगेगा।

भाई भगवतीचरण की शहादत के बाद उन्होंने एक बार दल की चर्चा करते हुए कहा था—'बच्चन, काकोरी के समय तो मैं इतना सुलझा हुआ नहीं था; परन्तु बाद में जब दल का संगठन हुआ और उसमें जो साथी मिले उनमें सरदार भगत सिंह एक हीरा था। मैं जानता था कि उसके जाने के बाद पार्टी का बौद्धिक पक्ष बहुत कमजोर हो जाएगा और हुआ भी वही। पर लाहौर षड्यन्त्र के बाद मैंने फिर कमर कसी। पर पग-पग पर रणजीत का अभाव खटकता था। पर जब बापू भाई मिले (भगवतीचरण) तो फिर नई चेतना आई। मुझे विश्वास हो गया कि दल की फिर वही स्थिति हो जाएगी जो सरदार भगत सिंह के कार्यकाल में थी। धीरे-धीरे वही समाँ बँधा। एसेम्बली बमकांड की तरह ही 'वाइसरीगल ट्रेन बमकांड' का प्रभाव हुआ। उनके 'फिलासफी अव् दि बम' से तो देश का राजनैतिक वातावरण ही बदलता दिखाई दिया; परन्तु उनकी अचानक शहादत से तो फिर मेरे सामने प्रश्न चिह्न खड़ा हो गया।

# बहादुरी की परीक्षा

ग्वालियर में नाका चन्द्रबदनी में जो मकान भगवान दास ने लिया था, उसका कुछ उद्देश्य यह भी था कि आज़ाद के पास आनेवाले हर सदस्य को सीधे झाँसी न पहुँचाया जाए। बहुत से सदस्यों को ग्वालियर में ही बुलाया जाता और भगवान दास उनके आने की खबर झाँसी भेजते और तब आज़ाद स्वयं ग्वालियर जाकर उनसे मिल आते। इसी मकान में एक बार भगत सिंह तथा सुखदेव की पुलिस से झड़प हो गई थी और मामला थाने जाने तक आ गया था। बाद में भगवान दास तथा गजानन पोतदार ने मामला रफादफा करा दिया था। इसी मकान की छत से कूदने की शर्त लगी थी। इस मकान की छत पर बैठ रात को बड़ी देर तक चर्चा होती। यह छत आठ-दस फुट ऊँची थी। एक दिन सुखदेव, विजय, भगत, दत्त बैठे चर्चा कर रहे थे। प्रस्ताव हुआ कि छत से नीचे आँगन में कूदा जाए। भगत सिंह और सुखदेव तो कूद गए पर जब दत्त बाबू को कूदने के लिए कहा गया तो बोले—'ना भाई, कहीं हाथ-पैर टूट गया तो क्या होगा ?' परन्तु साथी न माने। उन्होंने कहा, 'अगर किसी एक्शन में ऐसा मौका आ जाए तो क्या करोगे ? क्या पीछे हटोगे ? इसलिए इन सब बातों का अभ्यास होना ही चाहिए।' विजय से कहा तो वे बोले, 'जब मौका आएगा तो देखा जाएगा। फिर मुझसे सीनियर लोग बाकी हैं। उनके बाद ही मेरा नम्बर आएगा।' मोहन बाबू (बटुकेश्वर दत्त) बहुत सीधे थे। उन्होंने कहा—'नहीं मानते हो तो कूद जाऊँगा।' और वे दौड़कर कूदे। नीचे पत्थर का छज्जा था। उस पर पैर पड़ते ही पत्थर टूट गया और वे नीचे गिरे। उनके हाथ में चोट आ गई थी। श्री गजानन सदाशिव पोतदार ने इस घटना का उल्लेख करते हुए कहा कि, 'दत्त को विक्टोरिया कॉलेज के एक प्रोफेसर का रिश्तेदार बताकर अस्पताल में भर्ती करा दिया। अच्छे हो जाने के बाद वहाँ की परिचारिकाओं के स्नेहपूर्ण व्यवहार से प्रसन्न हो वे कभी-कभी हँसी में कहा करते थे, 'यार अस्पताल से निकलने की तो इच्छा नहीं होती थी पर बदकिस्मती से जल्दी ही अच्छा हो गया।' जिन परिचारिकाओं ने उनकी सेवा की थी, पर काश, उन्हें यह पता चल सकता कि उन्होंने कितने महान विभूत की सेवा की थी तो वे अपने को धन्य समझतीं। पर एक तो उनके कर्तव्य का यह स्वाभाविक धर्म था, दूसरे उनकी दृष्टि में व्यक्तित्व का महत्त्व होता है पर दूसरे अर्थ में।'

उन दिनों आज़ाद ने बुन्देलखंड में अनेक स्थानों पर हथियार चलाने के केन्द्र बना

रखे थे। वैसे एयर पिस्टल से तो निशानेबाजी का अभ्यास जगह-जगह होता था पर रिवाल्वर या बन्दूक की निशानेबाजी के लिए बहुत कम स्थान थे। ग्वालियर की इस दुर्घटना के समय आज़ाद दतिया में थे। उन्होंने जब मोहन बाबू को दतिया बुला भेजा तो उस समय उनके पास अकेले भगवान दास ही पहुँचे। पहले तो उन्हीं से जवाब तलब हुआ कि बटुक क्यों नहीं पहुँचे; फिर ग्वालियर जाकर उन्होंने सभी की परेड ली। अस्पताल जाकर बटुक को देख आए और उन्हें तसल्ली भी दी। वैसे बटुक यह तो समझ ही गए कि आज़ाद उनकी इस हरकत से क्रुद्ध अवश्य हुए होंगे और अच्छे होने पर उन्हें 'उपदेशामृत' का पान तो करना ही पड़ा। 'तुम भी बच्चों जैसी बातें करते हो। इन लोगों के जोश दिलाने पर तुम कूद पड़े। ऐसी भी क्रान्तिकारी की कोई परीक्षा होती है। मान लो वहाँ से गिरकर मर गए होते तो कैसी मुसीबत होती।' और यह बात बिल्कुल सही थी। क्रान्तिकारी के लिए गोली खाकर मरना इतना कष्टप्रद नहीं जितना कि बीमार अवस्था में किसी स्थान पर मरना अथवा वह मरणासन्न अवस्था में पड़ा हो, जबकि उसकी खोज में पुलिस जमीन-आसमान एक कर रही हो, तो दल के सदस्यों के लिए यह गम्भीर समस्या उत्पन्न हो जाती है। यदि किसी सहानुभूति रखनेवाले के घर में ऐसी किसी क्रान्तिकारी की मृत्यु हो जाए तो वह परिवार क्या जवाब दे अड़ोस-पड़ोस के व्यक्तियों को, और क्या सफाई दे पुलिस को। तब मैं इन समस्या की गम्भीरता को नहीं समझता था परन्तु सन् 1930 में मैं हैजे से बीमार हुआ। उस समय मैं कानपुर में श्री रामचन्द्र मुसद्दी के मकान में था। मुझे मृत्यु का भय नहीं हुआ परन्तु चिन्ता हुई तो इस बात की कि ऐसा होने पर श्री मुसद्दी तथा भैय्या (आज़ाद) को बड़ा संकट होगा; परन्तु सौभाग्य से वैसा समय नहीं आया। उत्तर भारत में क्रान्तिकारियों के लिए ऐसी समस्या नहीं आई। केवल एक सदस्य को आगरे में माता निकल आई थीं। तब अन्य साथियों की सेवा से वह बच गया परन्तु बंगाल में ऐसी अनेक दुर्घटनाएँ हुईं जबकि मृत्युशैय्या पर पड़े, साथियों को किसी अकेले मकान में ले जाकर छोड़ दिया जाता था केवल एक घड़ा पानी के सहारे और वे उसी स्थिति में बिना किसी शिकवा-शिकायत के प्राण त्याग देते थे। देश की स्वतन्त्रता के नाम पर उनके इस महान त्याग को कुछ इने-गिने लोग ही जान पाते थे। ऐसी दुर्घटनाओं में मृत्युशैय्या पर पड़ा साथी स्वयं हठ करता था कि उसे किसी निर्जन स्थान में ले जाकर छोड़ दिया जाए जिससे उसके मरने पर किसी साथी को संकट का सामना न करना पड़े।

झाँसी आज़ाद का गढ़ रहा और वे यथाशक्ति उसे सुरक्षित रखना चाहते थे। इस सम्बन्ध में श्री कालिका प्रसाद जी ने जो दल के सदस्य थे और आजकल झाँसी में एडवोकेट हैं, एक घटना का वर्णन किया। झाँसी में एक क्रान्तिकारी ग्रूप ने एक डकैती का आयोजन किया। यह सन् 1926-27 की घटना होगी। झाँसी स्टेट बैंक से खजाना महरौली जाते समय उसे लूटने की योजना थी। श्री कालिका प्रसाद अग्रवाल जी ने आज़ाद को यह बात बताई। दोनों ओर की शक्ति को देखते हुए आज़ाद ने परामर्श दिया कि यह एक्शन न किया जाए क्योंकि इसमें दल के व्यक्ति मारे जाएँगे

और पैसा भी हाथ न लगेगा। आज़ाद की सलाह पर वह एक्शन स्थगित कर दिया गया।

## गड़े धन की खोज

पार्टी के लिए अर्थ संकट तो सदा बना ही रहता था। उसे हल करने में दल की शक्ति और समय नष्ट हो जाता था। आज़ाद जहाँ भी इसकी सम्भावना देखते उसके लिए असम्भव होने पर भी प्रयत्न करने में न चूकते। एक बार मास्टर रुद्रनारायण ने बताया कि ओरछे में बेतवा नदी के किनारे के खंडहरों में एक लक्ष्मी जी का मन्दिर है। लोग कहते हैं कि वहाँ एक स्थान पर धन गड़ा है और उस पर एक साँप बैठा है, जो धन को छूने नहीं देता। 'मास्टर साहब की बात सुनकर आज़ाद हँसे।' मास्टर धन-वन तो क्या होगा पर मैं यह जरूर देखना चाहता हूँ कि उस पर जो साँप बैठा है वह धन को कैसे नहीं छूने देता।'

'भूत-प्रेत, भूमिया साँप-वाप यह सारी ढपोरशंखी बाते हैं।' मास्टर जानते थे कि जहाँ आज़ाद की शक्ति को चुनौती दी कि वे उसे सहन नहीं कर सकेंगे। इसलिए वे हँसते हुए ही बोले—'तो चलकर देख क्यों नहीं लेते।' आज़ाद राजी हो गए। मन में यह भी विचार झाँक रहा था कि सचमुच यदि गड़ा धन हो और वह हाथ लग जाए तो पार्टी की यह एक बड़ी भारी समस्या हल हो जाएगी। इसलिए एक दिन वे, मास्टर रुद्रनारायण तथा रामानन्द मोटर ड्राइवर को ले साइकिलों पर शाम को ही ओरछे पहुँच गए। साथ में गैंती-फावड़े भी ले लिए। उस स्थान पर पहुँचते ही खुदाई प्रारम्भ कर दी और इस तरह सबेरा होने तक उस गड़े धन के प्रलोभन में खुदाई होती रही। सन् 1966 में जब मैं रामानन्द मोटर ड्राइवर से आज़ाद के संस्मरणों के सम्बन्ध में मिला था तो उन्होंने ही यह घटना बताते हुए कहा—'ओरछे में लक्ष्मी जी के मन्दिर के पास के उस महल में हमने बहुत बड़ा गढ़ा खोद डाला, परन्तु न तो हमें गड़ा धन ही मिला और न धन पर बैठा साँप ही दिखाई दिया। सबेरा होने पर बेतवा में मुँह-हाथ धोए और मास्टर साहब से इस सम्बन्ध में वाद-विवाद करते झाँसी वापस लौटे।'

अर्थसंकट के लिए आज़ाद ने कभी ऐसा काम नहीं किया जिससे दल की प्रतिष्ठा को ठेस पहुँचती। साण्डर्स हत्याकांड के बाद जनता में क्रान्तिकारियों के प्रति सहानुभूति जागी। इससे अर्थ संचय में कुछ सुविधा हुई, साथ ही लोगों के दिल में क्रान्तिकारियों के प्रति कुछ कुतूहल भी जागा। कुछ धनी लोग भी क्रान्तिकारियों को देखने को उत्सुक हुए। उन्होंने आज़ाद से मिलना चाहा। ऐसी ही एक उत्सुक महिला ने एक बार मास्टर रुद्रनारायण से यह इच्छा प्रकट कि, यदि मास्टर साहब आज़ाद को उनसे मिला दें तो वे उन्हें दो हजार रुपए देंगे। ये महिला कुछ राजनीति में भी दखल रखती थीं और नेताओं में भी उनकी गिनती थी। मास्टर साहब ने यह प्रस्ताव आज़ाद के सामने रखा। आज़ाद यह सब सुनकर बहुत बिगड़े—'मास्टर, कह दो कि यदि क्रान्तिकारियों और

उनके कार्य से सहानुभूति है, तो वे वैसे ही पैसे दे दें, यह शर्त मैं मानने के लिए तैयार नहीं हूँ। मैं गांधी जी तो हूँ नहीं जो लोगों को दर्शन देकर तथा हस्ताक्षर बेंचकर पैसा एकत्रित करता फिरूँ।' इस तरह आर्थिक संकट होने पर भी वे उस महिला से मिलने नहीं गए और उस प्रस्ताव को उन्होंने ठुकरा दिया। वैसे उनके अनेक राजनैतिक नेताओं से अच्छे सम्बन्ध थे। विशेषकर श्री गणेश शंकर विद्यार्थी जी से। अनेक बार वे उनके पास पैसा के लिए गए . गणेश शंकर जी ने भी उन्हें, यथाशक्ति सहयोग दिया। वे स्वयं उन्हें रुपया देते और पास न होने पर किसी से दिलाते। सन् 1931 में पं. मोतीलाल जी ने भी उन्हें बुलाया था और आर्थिक सहयोग का आश्वासन भी दिया था।

धन की समस्या हल करने के लिए जाली सिक्के बनाने की योजना भी उन्होंने कभी स्वीकार नहीं की। उनका मत था कि एक तो इसमें जितना खतरा है, उतना लाभ नहीं होगा, दूसरे इससे दल की प्रतिष्ठा को भी धक्का लगेगा। सम्भवतः काकोरी के समय यह प्रयोग किया जा चुका था और दल के सदस्य इसी निश्चय पर पहुँचे थे कि इस घृणित कार्य को हमें नहीं करना चाहिए। किसी ने उन्हें एक ऐसे गिरोह के सरदार से मिलाया था जो सिक्के ढालने का ही काम करता था। आज़ाद उससे मिले। उसकी सारी बातें सुन ली, परन्तु सहयोग करने से इन्कार कर दिया। उनका यह भी कहना था कि इस गिरोह का कोई सिद्धान्त या आदर्श तो है नहीं। वह तो केवल पैसे के लालच में ही यह सब कर रहा है। उनका कोई व्यक्ति पकड़ा जाने पर यदि भेद खोल देता है तो हम लोगों का भी पुलिस को पता चल जाएगा और तब लेने के देने पड़ जाएँगे। दल में एक समय ऐसी परिस्थिति आ गई थी जब ऐसा प्रतीत होने लगा था कि शायद अब पार्टी को धन के लिए डकैतियों का सहारा नहीं लेना पड़ेगा। जन जागृति से तथा कुछ कांग्रेस नेताओं के आश्वासन से यह आशा जगी थी कि दल को जनता से आर्थिक सहयोग मिल सकेगा। कुछ लोगों ने तो इस अवसर से लाभ उठाया। क्रान्तिकारियों के नाम से पैसे लेकर लोग हजम कर गए। सन् 1930 में जब कांग्रेस आन्दोलन चल रहा था, कुछ नेता इस पक्ष में थे कि कांग्रेस के आन्दोलन के साथ-साथ क्रान्तिकारी आन्दोलन भी चलता रहे। विशेष रूप से क्रान्तिकारी उन सब अत्याचारों का बदला लें जो कांग्रेस सत्याग्रहियों पर किए जाते हैं। इस विषय में चर्चा हेतु पं. मोतीलाल जी ने आज़ाद को आनन्द भवन में बुलाया था। यह 1930 की घटना है। उन दिनों आज़ाद इलाहाबाद में ही थे। यहाँ कटरे में दो मकान किराए पर लिए गए थे। इनमें से एक में तो सुखदेवराज, भाभी तथा दीदी रहते थे और दूसरे में मैं तथा आज़ाद। प्रारम्भ में कुछ दिनों तक श्री रामरख सिंह सहगल के यहाँ भी भाभी, दीदी रहीं। वे दोनों ही उनके मातृमन्दिर में रहा करती थीं। अनेक बार आज़ाद भी इनके यहाँ दिन भर ठहरते और भाभी, दीदी से मिलकर लौट जाते। कटरे में ही श्री सुरेन्द्र शर्मा के यहाँ भी अनेक बार आज़ाद तथा मैं ठहरा करते थे।

इन्हीं दिनों एक दिन दोपहर को आज़ाद ने कहा, 'बाहर चलना है।' लगभग तीन बजे का समय होगा। हम दोनों ही चल पड़े। जब हम लोग आनन्द भवन के पास पहुँचे

तो उन्होंने बताया कि वे मोतीलाल जी से मिलने जा रहे हैं। पहले से समय निश्चित हो चुका है। इस विषय में मध्यस्थ थे राजर्षि पुरुषोत्तमदास जी टंडन। कुछ लोगों का कहना है कि कानपुर के डॉ. जवाहरलाल ने इस मन्त्रणा का आयोजन किया था पर उस समय आनन्द भवन में आज़ाद को टंडन जी ही सीढ़ियों पर मिले। टंडन जी से आज़ाद पहले भी एक-दो बार मिल चुके थे। श्रीमती दुर्गा देवी का उनसे अच्छा परिचय था। वे एक-दो बार अपने पिताजी से टंडन जी के ही मकान पर मिली थीं। टंडन जी का उनके पिता से घनिष्ठ सम्बन्ध रहा क्योंकि श्रीमती दुर्गा देवी इलाहाबाद जिले की रहनेवाली थीं। उनके पिता का नाम बाँके बिहारी नागर था। वे गुजराती ब्राह्मण थे, और शहजादपुर जिला इलाहाबाद में रहते थे। तथा बाद में संन्यास ले वहीं रहने लगे थे। दुर्गा देवी जब उनसे मिलना चाहतीं तो उन्हें टंडन जी के यहाँ बुलवा लेती थीं। उस दिन आज़ाद लगभग एक घंटे तक मोतीलाल जी के पास रहे। उस बीच मैं आनन्द भवन के लॉन में बैठा रहा। श्रीमती कृष्णा कुमारी (श्रीमती कृष्ण हठी सिंह) बाद को मेरे हीं पास लॉन में आकर बैठी बातें करती रहीं। सम्भवतः वे भी इस भेंट की बात जानती थीं इसलिए उन्हें मेरे पास बैठकर बातें करने के लिए भेजा गया था जिससे मैं अकेला न रहूँ और वहाँ जो गुप्तचर विभाग के दूत रहते थे वे किसी प्रकार से शंका न कर सकें। उन्होंने हमारे क्रान्तिकारी आन्दोलन के विषय में किसी प्रकार की भी चर्चा नहीं की और न उस विषय में कोई बात जानने की उत्सुकता ही प्रकट की, सम्भवतः उन्हें इस सम्बन्ध में पहले से ही सचेत कर दिया गया था। चर्चा का विषय गांधी जी का आन्दोलन ही रहा। लगभग एक घंटे के पश्चात आज़ाद बाहर आए और हम दोनों फिर साथ हो लिए। घर पहुँचने तक किसी प्रकार की चर्चा आज़ाद ने नहीं की। पर मैंने यह देखा कि वे इस भेंट के बाद बहुत प्रसन्न थे। घर पहुँचने पर उन्होंने बताया कि मोतीलाल जी ने क्रान्तिकारियों को आर्थिक सहायता का वचन दिया है और हमें अपने कार्य की गति तीव्र करनी होगी। विशेष रूप से हमें कांग्रेस सत्याग्रहियों पर अत्याचार करनेवालों से बदला लेना होगा। इस प्रकार की हमारी कार्रवाइयों का पता मोतीलाल जी को चल चुका था। कानपुर में शराब के ठेके पर धरना देनेवाले सत्याग्रहियों के साथ जो लोग दुर्व्यवहार करते थे, क्रान्तिकारियों द्वारा उन्हें पकड़कर जूतों से पीटा जाता तथा उनका मुँह नालियों में घुसेड़ा जाता। ऐसे ही इलाहाबाद के एक मजिस्ट्रेट को भी मारने की योजना बनाई जा रही थी, ये महाशय सत्याग्रहियों को और उनमें भी स्त्रियों को बड़ी कड़ी सजाएँ देते थे। यह उस समय की बात है जब कैलाशपति मुखबिर बन चुका था और उसने वीरभद्र तिवारी, सद्गुरुदयाल अवस्थी समेत सभी सक्रिय सदस्यों के नाम बता दिए थे। इन्हीं दिनों पुलिस वीरभद्र को फैजाबाद जेल से मलाका जेल लाई थी। मैं मलाका जेल पर उस अत्याचारी मजिस्ट्रेट को देखने गया था। उसी दिन वहाँ मलाका जेल के सामने श्रीमती वीरभद्र तथा सी.आई.डी. इन्सपेक्टर शम्भूनाथ को खड़े मैंने देखा था। मैं तुरन्त ही वहाँ से लौट पड़ा और इसकी सूचना आज़ाद को दी। छूटने के पश्चात् जब मैं कानपुर गया तो श्री रामचन्द्र मुसद्दी ने मुझे बताया कि जिन दिनों फैजाबाद

जेल में श्री वीरभद्र को भेजा गया था उन दिनों वे भी उसी जेल में थे। दोनों ही एक बैरक में रहते थे। वहाँ कानपुर के और भी साथी थे। जिस दिन श्री वीरभद्र से नाट बावर मिलकर गया उस दिन वीरभद्र बहुत ही उद्विग्न रहा। उसने खाना भी नहीं खाया। वीरभद्र ने श्री मुसद्दी से कहा कि वे एक समाचार श्रीमती वीरभद्र के पास भेजें। समाचार था—बाबू से कहना मुझसे मिल लें और आने से पहले किताबें हटा दें। बाबू से मतलब श्री शम्भूनाथ सी.आई.डी. इन्सपेक्टर से था। सम्भवत : उन दिनों श्रीमती मुसद्दी श्री रामचन्द्र मुसद्दी से मिलने आई थी और उन्हीं की मार्फत यह सन्देश जाना था। 1930-31 के आन्दोलन के समय सत्याग्रहियों के प्रति जनता की अत्यधिक सहानुभूति थी। इससे जेल के वार्डर या बाबू भी इन लोगों के समाचार या चिट्ठियाँ गुप्त रूप से बाहर ले जाया करते और उनके मित्र या सम्बन्धियों को दे देते थे। वैसे भी वार्डरों के लिए यह कोई नई बात नहीं थी। जेलों में रहनेवाले साधारण कैदियों के लिए भी ये वार्डर घूस लेकर पैसे और सामान पहुँचाते रहते थे। ये 'बाबू,' यानी श्री शम्भूनाथ, उनसे फैजाबाद जेल में मिले या नहीं यह तो ज्ञात नहीं, पर वे मलाका जेल पर श्री वीरभद्र की पत्नी के साथ अवश्य आए थे, यह तो मैंने स्वयं अपनी आँखों से देखा है।

जिस समय कैलाशपति ने क्रान्तिकारियों के कानपुर में केन्द्र होने तथा श्री वीरभद्र के सेन्ट्रल कमेटी में होने की बात पुलिस को बताई तो उत्तर प्रदेश के पुलिस ऑफिसर फैजाबाद जेल में वीरभद्र से मिले और उन्हें इस बार फाँसी या कालेपानी भेजने की धमकी दी। आज़ाद को इतने दिन कानपुर में रखने पर भी उन्होंने क्रोध प्रकट न किया। साथियों का कहना है कि इस भेंट के बाद श्री वीरभद्र अत्यन्त उद्विग्न थे और बैरक में लौटने पर वे स्वस्थचित्त नहीं थे। उठ-उठकर वे बैरक में घूमते रहते थे। इसी के कुछ दिनों बाद उन्हें मलाका जेल, इलाहाबाद स्थानान्तरित किया गया।

गाडोदिया डकैती के समय ही आज़ाद ने कानपुर में एक डकैती की योजना का निश्चय किया था और उसका भार उन्होंने वीरभद्र तिवारी पर ही सौंपा था। उसी विषय में पूछताछ करने के लिए आज़ाद ने मुझे कानपुर भेजा था। वहाँ वीरभद्र से मिलकर मुझे पता लगाना था कि उस योजना में कहाँ तक प्रगति हुई है। कानपुर पहुँचकर मुझे पता चला कि वीरभद्र महाशय कांग्रेस आन्दोलन में झंडा उठाकर जेल चले गए हैं। इस डकैती में तीस हजार रुपए मिलने की आशा थी। आज़ाद को आशा थी कि इस डकैती के पश्चात् दिल्ली तथा कानपुर के बम के कारखाने अच्छी तरह चल सकेंगे तथा कुछ और हथियार खरीदने में भी सुविधा हो जाएगी। इस समय तक वीरभद्र ने किसी एक्शन में भाग नहीं लिया था और पार्टी के नियमों में भाई भगवतीचरण ने जो संशोधन कराए थे उसके अनुसार केन्द्रीय समिति के सदस्यों के लिए यह आवश्यक कर दिया गया था कि वे किसी न किसी एक्शन में अवश्य भाग लें। वीरभद्र केन्द्रीय समिति का सदस्य था, इसलिए अब एक्शन से बच नहीं सकता था। आज़ाद ने इस दृष्टि से भी इस एक्शन का काम वीरभद्र पर छोड़ा था। केन्द्रीय समिति में जब कोई प्रस्ताव आते थे तो वे सर्वसम्मति से पास होते थे। वीरभद्र महोदय की यह नीति रही कि वे बैठक में किसी

राय का विरोध नहीं करते थे परन्तु जिनके विषय में वे असहमत होते उन्हें वे बाद में होने न देते। इसका उदाहरण था, 'यशपाल जी की हत्या की योजना।' बैठक में इन्होंने इस प्रस्ताव का किसी प्रकार से भी विरोध नहीं किया परन्तु बाद में उन्होंने यशपाल को सारा भेद बताकर उन्हें दिन भर अपने घर में छिपाए रखा और पूछे जाने पर भी उनको कुछ भी जानकारी न होने का नाटक किया। इनकी और इनके सहयोगी की यह सुनिश्चित योजना थी कि उत्तर प्रदेश और विशेषकर कानपुर में ऐसा कोई एक्शन न होने दिया जाए जिससे उनकी कलई खुल जाए। एक्शन की योजना में वे कुछ दूर तक तो साथ चलते पर बाद में किसी तरह ऐसा अड़ंगा लगा देते कि योजना सफल न हो पाती। जोगेश बाबू को छुड़ाने की योजना कितनी ही बार बनी पर हर बार उसमें कोई न कोई बाधा उत्पन्न हो गई। हर बार पुलिस उन्हें स्थानान्तरित करने की योजना में ऐन मौके पर परिवर्तन कर देती। ये सब काम यह लोग इतनी सफाई से करते थे कि दल के नेताओं को इस सम्बन्ध में तनिक भी शंका न हो पाती। यशपाल के सम्बन्ध में जो निर्णय लिया गया था, उस बैठक में श्री आज़ाद, वीरभद्र, सद्‌गुरुदयाल, धनवन्तरी तथा कैलाशपति थे। बैठक में सारी बातों पर स्पष्ट रूप से विचार हुआ और तब मृत्युदंड का निर्णय लिया गया था। उस समय किसी ने इसका विरोध नहीं किया। यशपाल को कानपुर बुलाया गया। उनसे चटाई मोहाल के मारवाड़ी ढावे में मिलने की बात थी परन्तु जब मैं उनसे मिलने ढावे में गया तो वे वहाँ नहीं मिले। मैंने श्री वीरभद्र जी से जाकर पूछा तो उन्होंने साफ कह दिया कि वे उनके यहाँ नहीं हैं। मैंने सारी परिस्थिति भैया को बताई, वे आश्चर्य में पड़ गए कि यशपाल क्यों नहीं आए ? दूसरे दिन कैलाशपति ने दिल्ली से तार भेजा। तार पाकर आज़ाद तथा मैं दिल्ली गए। वहाँ जाने पर पता चला कि यशपाल कानपुर गए थे और वहाँ से लौटकर फैक्टरी से सामान तथा प्रकाशो को लेकर कहीं चले गए। बाद में जब यशपाल जी को भैयूया ने दिल्ली बुलाया और उनसे इस सम्बन्ध में पूछा तो उन्होंने स्पष्ट रूप से बताया कि किस तरह वीरभद्र उन्हें स्टेशन से ही अपने घर ले गया और उसने उन्हें कैसे अपने घर रखा और कैसे उन्हें रात को कानपुर से जाने में मदद की। क्या तिवारी का यह कार्य दल के साथ गद्‌दारी का न था ?

साण्डर्स हत्याकांड के बाद कुछ समय डकैती की योजनाएँ स्थगित-सी ही रहीं। कुछ तो इस एक्शन से जनता में भी क्रान्तिकारियों के प्रति सहानुभूति हो गई थी और लोग आर्थिक सहायता करने में कुछ साहस करने लगे थे। फिर भी पूर्ण रूप से समस्या हल नहीं हो पाती थी। आज़ाद, भगत सिंह, सुखदेव, विजय तथा सुरेन्द्र पांडेय आदि सदस्य कहीं न कहीं से रुपया ले ही आते थे। दल ने डकैती करने के निश्चय अनेक बार किए परन्तु जब गम्भीर आर्थिक संकट हो जाता था और दूसरा कोई चारा ही नहीं रहता था तो लाचार हो डकैती का मार्ग अपनाना पड़ता था; परन्तु साण्डर्स हत्याकांड के बाद भगत सिंह और दत्त को छुड़ाने की योजना तक यानी 1929 से 1930 तक कोई डकैती नहीं हुई।

साण्डर्स हत्याकांड के पश्चात् जब जोगेश बाबू को छुड़ाने की योजना कार्यान्वित न हो सकी तो आगरे के साथ-साथ दिल्ली में भी केन्द्र स्थापित करने का विचार किया गया। दिल्ली में सदस्यों के ठहरने आदि की कुछ व्यवस्था थी। वहाँ कुछ सदस्य भी थे परन्तु अब यह निश्चय किया गया कि एक व्यक्ति स्थायी रूप से वहाँ रखा जाए जो दल के संचालन का भी भार सम्भालें तथा अन्य व्यवस्थाएँ भी करें। इसके लिए कैलाशपति को वहाँ रखने का निश्चय किया गया। कैलाशपति बड़हलगंज जिला गोरखपुर के डाकखाने में काम करता था। और वहाँ से वह 28 जून 1928 को 3190 रुपया लेकर भागा था। दल का कैलाशपति सक्रिय सदस्य था। उसने बड़ी लगन, ईमानदारी तथा त्याग से बहुत दिनों तक कार्य किया। पर जब से चन्द्रावती उसके जीवन में आई तब से उसमें कमजोरी आई और उसी मामले को लेकर पुलिस ने उस पर दबाव डाला और चन्द्रावती ने ही उसे पुलिस को सबकुछ बता देने हेतु प्रेरित किया। लाहौर षड्यन्त्र में साथियों के पकड़े जाने के बाद जो केन्द्रीय समिति बनी उसमें कैलाशपति भी लिया गया था। कैलाशपति ने अजमेर का केन्द्र सुदृढ़ किया। वैसे काकोरी कांड से पूर्व भी क्रान्तिकारियों का सम्बन्ध अजमेर से बराबर चला आता था; परन्तु लाहौर षड्यन्त्र के समय अर्जुनलाल सेठी, बाबा नरसिंह दास आदि ने सक्रिय सहयोग दिया। बाद में बाबा नरसिंह दास ने अजमेर के सदस्यों को बहुत कुछ आर्थिक तथा अन्य प्रकार की सहायता दी। सन् 1966 में जब मैं अमर शहीद चन्द्रशेखर आज़ाद के विषय में अजमेर क्षेत्र की जानकारी प्राप्त करने गया था, उस समय वहाँ मैं वयोवृद्ध डॉ. अम्बा प्रसाद जी से भी मिला था। वे पुराने क्रान्तिकारियों के सम्पर्क में रह चुके हैं। क्रान्तिकारी इतिहास की अनेक स्मृतियाँ वे आज भी सँजोए हैं। यदि उनके रहते वे प्रकाश में न आई तो क्रान्तिकारियों का बहुत सा इतिहास काल के कराल गाल में लुप्त हो जाएगा।

अजमेर में ही मुझे यह पता चला कि आज़ाद द्वारा दल की केन्द्रीय समिति को भंग कर देने के बाद कैलाशपति चन्द्रावती को लेकर अहमदाबाद जाने के विचार में था। उसने यह योजना मदनगोपाल को बताई थी; परन्तु दिल्ली से हटने के पूर्व ही वह गिरफ्तार हो गया।

गोरखपुर से भागने के पश्चात् कैलाशपति कुछ दिन कानपुर रहा और बाद में दिल्ली में एक घर लेकर उसे ठहरा दिया गया था। इसी मकान में अनेक सदस्य आते-जाते रहे। आज़ाद भी इसी मकान में कई बार आए। लाहौर षड्यन्त्र के बाद आज़ाद प्रोफेसर नन्दकिशोर निगम के बँगले में ठहरने लगे और अन्त तक वह उनका अड्डा रहा। इसके सिवा झंडेवलान में जब साबुन का कारखाना खुला तो बहुत दिनों तक आज़ाद उसी मकान में आते-जाते थे। दिल्ली से एक बार आज़ाद पिकरिक, गनकाटन आदि विस्फोटक पदार्थ बनाने सम्बन्धी कुछ पुस्तकें आगरे लाए थे। उन्हें ऐसा साहित्य जहाँ कहीं मिल जाता, वे ले आते। साथियों से उसे पढ़ाते और उसे समझते। 1930 तक उन्होंने अंग्रेजी पढ़ना सीख लिया और तब वे स्वयं भी ऐसी किताबें पढ़ने लगे। जहाँ वे न समझ पाते साथियों से उसे समझते। एक बार मैं कुछ पुस्तकें बम

के खोल तथा बम की पिन इत्यादि बनाने के विषय में लाया। आज़ाद ने उन्हें बड़े मनोयोग से पढ़ा और जब कानपुर में बम के खोल ढालने का कारखाना प्रारम्भ किया गया तो उन्होंने इसी ज्ञान के आधार पर इन बमों के खोलों में सुधार किया। दिल्ली षड्यन्त्र मुकदमे में विस्फोटक पदार्थों के जानकार एक्सप्लोसिव इंस्पेक्टर ने अपने बयान में कहा था कि क्रान्तिकारियों ने जो बम और उसका मसाला तैयार किया है, वह शासन के कारखानों में ढले बमों तथा बने मसाले से किसी भी दृष्टि से कम नहीं हैं और यदि इसका उपयोग होता तो इसके घातक परिणाम अवश्य होते।

साण्डर्स तथा स्काट की हत्या की योजना बनाते समय यह निश्चय किया गया कि यदि पुलिस संघर्ष में साथी घायल हो जीवित पकड़े गए तो उस समय सरदार भगत सिंह, दल की कार्यप्रणाली तथा क्रान्तिकारियों के सिद्धान्तों के विषय में एक विस्तृत वक्तव्य देंगे। विशेषकर यह सन्देश देश के नवयुवकों के प्रति होगा। जो दल के प्रचार और विस्तार में सहायक होगा। उस समय जब यह योजना कार्यान्वित न हो सकी तो असेम्बली बमकांड के समय इस प्रकार का प्रचार किया गया।

इस समय देश में मजदूर आन्दोलन भी जोर पकड़ रहा था। बड़े-बड़े शहरों में जहाँ बड़े-बड़े कारखाने थे मजदूर अपना संगठन बना रहे थे और उनके द्वारा वे अपनी माँगें प्रतिष्ठानों के मालिकों तथा सरकार के सामने रखते थे और उसके लिए संघर्ष भी करते थे। सरकार इस आन्दोलन से सतर्क हो गई। उसको भविष्य की भीषण कल्पना विचलित करने लगी। उसने इस आन्दोलन को दबाने के लिए दमन नीति का सहारा लिया। सरकारी अधिकारियों के हाथ मजबूत करने हेतु सरकार ने इस सम्बन्ध में विशेष कानून बनाने का निश्चय किया। ये बिल थे 'ट्रेड डिस्प्यूट बिल तथा पब्लिक सेफ्टी बिल।' देश में इसका धोर विरोध हुआ। मजदूर संगठनों में विशेष रूप से इसका विरोध करने हेतु आन्दोलन की जोर-शोर से तैयारियाँ की गई। क्रान्तिकारी दल ने भी इसका विरोध करने का निश्चय किया। इन दोनों ही काले कानूनों का भविष्य स्पष्ट था। असेम्बली में रखे जाने पर यह स्वीकृत नहीं होगा और तब वाइसराय अपने विशेषाधिकार द्वारा कानून का रूप दे देंगे। क्रान्तिकारी दल की कार्य समिति ने इस पर विचार किया और ऐसा कुछ कार्य करने का निश्चय किया जिससे यह स्पष्ट हो जाए कि हिन्दुस्तान सोशलिस्ट रिपब्लिकन पार्टी देश के मजदूर-किसानों के साथ है और वह इनके हितों की रक्षा के लिए हर सम्भव प्रयत्न करेगी। दल ने निश्चय किया कि जिस समय इन काले कानूनों को असेम्बली में रखा जाए, उसी समय बम फेंककर इनका विरोध किया जाए। साथ ही क्रान्तिकारियों ने ऐसा क्यों किया ? स्पष्टीकरण करनेवाले पर्चे भवन में फेंककर स्थिति स्पष्ट की जाए। ऐसा कर दल भारतीय जनता तथा विश्व के सामने दो बातें स्पष्ट रूप से रखना चाहता था। एक तो यह कि सरकार यदि जनता के निर्णय की अवहेलना कर सकती है तो जनता भी उसका उत्तर देने में समर्थ है। दूसरे यह कि वैधानिक तरीकों से जो लोग देश को स्वतन्त्र कराने के शेखचिल्लियों जैसे स्वप्न देख रहे थे, इस एक्शन द्वारा उनकी भी आँखें खोलनी थी कि वैधानिक तरीकों से

स्वराज्य नहीं मिल सकता। उसके लिए सशस्त्र विद्रोह ही आवश्यक और एकमात्र उपाय है। केन्द्रीय समिति ने यह निश्चय किया कि दल के दो व्यक्ति असेम्बली भवन में जाकर घोषणा के समय सरकारी बेंचों पर बम का धड़ाका करें तथा दल की नीति सम्बन्धी पर्चे फेंके। ये बम भीषण न हों, जिससे इनके विनाश तांडव का दायरा सीमित ही रहे। उस समय यह भी निश्चय किया गया था कि जो दो सदस्य उस एक्शन के लिए अन्दर जाएँगे वे अपना काम कर बाहर निकल आएँगे और आज़ाद उन्हें कार में बैठाकर सुरक्षित स्थान पर पहुँचा देंगे। इसके लिए मोटर तथा अन्य सारी व्यवस्थाएँ हो चुकी थीं। केन्द्रीय समिति ने जिस समय इस योजना के विषय में निर्णय लिया था उस समय इस योजना में सरदार भगत सिंह को भेजने का निर्णय नहीं लिया गया था। परन्तु बाद में उनके मित्र श्री सुखदेव ने इस बात पर बल दिया कि सरदार भगत सिंह को ही जाना चाहिए। इस पर भगत सिंह ने स्वयं जाने का तथा वहाँ आत्मसमर्पण करने का निश्चय किया। वे किसी तरह भी वापस लौट आने के लिए तैयार न हुए। इनके साथ जाने के लिए दूसरे सदस्य श्री बटुकेश्वर दत्त चुने गए। इसकी व्यवस्था के लिए श्री जयदेव कपूर दिल्ली भेजे गए। उन्होंने वहाँ दो घरों की व्यवस्था की। श्री जयदेव ने इस सम्बन्ध की चर्चा में मुझे बताया कि असेम्बली भवन का भी निरीक्षण करना आवश्यक था; वह व्यवस्था भी जयदेव जी ने की। असेम्बली भवन के वाच एंड वार्ड विभाग के ऑफिसर श्री देवेन्द्रनाथ टंडन से उन्होंने मैत्री की और इस प्रकार असेम्बली भवन में आने-जाने की उन्हें बहुत सुविधा हो गई। जिस समय इन लोगों के एक्शन के बाद वापस जाने की योजना बनी थी उस समय आज़ाद भी एक बार असेम्बली भवन के बाहर निरीक्षण कर आए थे। वहाँ जो पैम्फलेट वितरित होनेवाले थे उन्हें सरदार भगत सिंह ने तैयार कर स्वयं उसकी प्रतियाँ टाइप की थीं। इसके लिए मास्टर राजबली सिंह ने मारवाड़ी हाई स्कूल से टाइपराइटर की व्यवस्था की थी। उन्होंने असेम्बली योजना के समय श्री जयदेव को बाजार सीताराम में मकान ले दिया था। यह दस रुपए महीने पर लिया गया था। मकान मालिक कोई गुंडा था। बाद में उससे झगड़ा होने के कारण वह मकान छोड़ना पड़ा और दूसरा मकान जो नई सड़क पर ले रखा था उसमें वे चले गए। दिल्ली में भी अर्थ संकट ने साथ नहीं छोड़ा। श्री जयदेव के कथनानुसार उन्होंने यहाँ एक हलवाई की दुकान पर खाता खोल रखा था। जहाँ दूध-जलेबी उधार मिल जाती थी। यह दूध-जलेबी का भी आहार उतना ही किया जाता था जिससे भुख कुछ शान्त हो जाए। इस हलवाई का उधार असेम्बली बमकांड के बाद सुखदेव के रुपया लाने पर ही चुकाया जा सका।

मास्टर राजबली के जीवन के साथ कैसा खिलवाड़ किया गया और बाद में वे पागल अवस्था में कैसे मारे-मारे फिरे इस दुखद घटना का भी वर्णन किए बिना लेखनी आगे नहीं बढ़ना चाहती। एक ओर मास्टर ने अपनी नौकरी तथा अपना जीवन संकट में डालकर दल की मदद की। कैलाशपति दिल्ली गया तो उसे मास्टर राजबली ने घर दिलवाया। बाजार सीताराम में कैलाशपति रहने लगा। बाद में उसी ने मास्टर राजबली

की पत्नी चन्द्रावती को अपने चंगुल में फँसाया। गिरफ्तारी के समय वह भी कैलाशपति के पास थी। पुलिस उसे भी पकड़ ले गई। कहते हैं कि उस पर पुलिस ने अत्याचार किए और उसी के कष्टों से दुःखी होकर कैलाशपति ने दल के साथ गद्दारी करने का निश्चय किया। बाद में चन्द्रावती को पुलिस ने छोड़ दिया था और वह कैलाशपति के पास बराबर आती-जाती रही। दिल्ली षड्यन्त्र के मुकदमे के पश्चात् कैलाशपति के साथ वह चली गई, शायद वर्मा या अफ्रीका। क्योंकि कैलाशपति को पूर्ण विश्वास था कि छोड़े जाने के बाद निश्चय ही वह मारा जाएगा। इसलिए उसने हिन्दुस्तान में रहना उचित न समझा।

जेल से छूटने के बाद सन् 47-48 में मैं जब दिल्ली में था तो मैंने मास्टर राजबली को दिल्ली की गलियों में विक्षिप्त अवस्था में लोगों के सामने हाथ पसारते देखा है। एक दिन स्वयं मैंने उनकी अवस्था से दुखित हो उनके हाथ पर एक रुपया रख दिया। रुपया रख तो दिया परन्तु मन में भयंकर ग्लानि उत्पन्न हुई। रुपया देने के बाद मैं उनकी ओर आँख उठाकर न देख सका। मुझे ऐसा प्रतीत हुआ मानो उनके प्रति जो अन्याय हुआ है उसका मैं भी भागीदार हूँ। मैं भी तो उसी दल का सदस्य था जिसके लिए मास्टर राजबली ने अपना सर्वस्व दे दिया और बदले में हमने उसका सर्वस्व, उसका जीवन साथी तक छीन लिया और उसके गार्हस्थ्य जीवन में आग लगाकर दर-दर का भिखारी बना दिया। प्रगतिशीलता के नाम पर भौतिकवादी इसमें सम्भवतः कोई अन्याय न देखें। चन्द्रावती को वे किसी प्रकार दोषी न ठहरा सकें, कैलाशपति को भी वे इसके लिए अपराधी न कहें, पर मैं तो आज तक किसी प्रकार भी नैतिकता के त्रिकोण में इस विचार को औचित्य की तसवीर न बना सका। दल के लिए भी इसे मैं अप्रतिष्ठा ही निरूपित करता रहा हूँ। कैलाशपति के दल के प्रति किए गए विश्वासघात के अपराध से भी उसका यह अपराध मानवता के नाते अधिक जघन्य और घृणित अपराध है।

आठ अप्रैल 1929 को असेम्बली में सरदार भगत सिंह तथा दत्त ने ऐतिहासिक बम विस्फोट किया। इस प्रकार सरकार के काले कानूनों के विरुद्ध जनमत की यह बुलन्द आवाज थी। इस विस्फोट के साथ ही साथ 'इंकलाब जिन्दाबाद' के नारे असेम्बली हॉल में गूँज उठे। 'साम्राज्यवाद का नाश हो' तथा 'दुनिया के मजदूरों एक हो' के घोष ने असेम्बली भवन को दहला दिया। ब्रिटिश शासन के अंग्रेज हुक्काम जान बचाने के लिए जहाँ-तहाँ लुक-छिप गए। साथ ही भगत और दत्त ने असेम्बली भवन में पर्चे फेंके जिसमें यह स्पष्ट रूप से बताया गया था कि क्रान्तिकारी दल ने ऐसा क्यों किया।[1] हॉल में धुआँ अत्यधिक भर गया था और ऐसी भगदड़ मची थी कि कोई किसी को नहीं देख पाता था। सभी को भागने की पड़ी थी। सरदार भगत सिंह और दत्त चाहते तो वे भी भाग जाते परन्तु निर्णय आत्माहुति का था। दोनों ही अपनी जगह से तिल भर भी नहीं हटे और वहाँ उन्होंने अपने आपको पुलिस के हवाले कर दिया। पुलिस ने इन्हें तब तक गिरफ्तार नहीं किया जब तक उन्होंने पिस्टल व रिवाल्वर फेंक नहीं

1. परिशिष्ट-3

दिए, उसके बाद ही उन्हें गिरफ्तार कर दिल्ली जेल भेज दिया गया। वहीं उनका मुकदमा सेशन जज की अदालत में चला। सरकार की ओर से 19 गवाह गवाही देने आए। अदालत से उन पर दफा 307 (हत्या का प्रयत्न) के अपराध में सेशन कोर्ट में मुकदमा भेजा गया। सेशन की अदालत भी जेल में ही लगी और 4 जून से 12 जून तक यह मुकदमा चला। सरदार भगत सिंह तथा श्री बटुकेश्वर दत्त को आजन्म कारावास का दंड दिया गया। इस मुकदमे की अपील हाईकोर्ट में की गई जो 13 जनवरी 1930 को खारिज हो गई।[1] सजा सुनाए जाने के बाद सरदार भगत सिंह को मियाँवाली जेल तथा श्री दत्त को लाहौर सेन्ट्रल जेल भेज दिया गया था। हाईकोर्ट की अपील तो दोनों को फिर एक बार मिलने का बहाना था ही, साथ ही वे यह भी चाहते थे कि अदालत के सामने जाकर उन्हें एक बार फिर अपने दल के सिद्धान्तों के प्रचार का अवसर मिले। वे तो यह जानते ही थे कि शत्रु से न्याय की आशा करना व्यर्थ है। ब्रिटिश शासन ने न्याय देने का नाटक तो अवश्य किया परन्तु क्रान्तिकारियों को न्याय कभी नहीं मिला। इस अवसर पर सरदार भगत सिंह ने हाईकोर्ट के सामने जो वक्तव्य दिया उसे देखने से यह परिस्थिति स्पष्ट हो जाएगी कि हाईकोर्ट की अपील से उनका क्या उद्देश्य था। उन्होंने कहा, 'हमें जो दंड दिया गया है उस विषय में हमें कोई आपत्ति नहीं है। हमें यदि कोई आपत्ति है तो हत्यारे कहे जाने पर। क्रान्ति का विरोध करनेवाले लोग केवल बम, पिस्तौल, तलवार और रक्तपात को ही क्रान्ति का नाम दे देते हैं परन्तु क्रान्ति इतने में ही सीमित नहीं है। ये सब क्रान्ति के उपकरण हो सकते हैं परन्तु इनके उपयोग के पीछे होती है समाज की आर्थिक और राजनैतिक स्थिति बदलने की जनभावना। हमारी आज की परिस्थितियों में क्रान्ति का उद्देश्य कुछ व्यक्तियों का रक्तपात करना मात्र नहीं है, बल्कि उसका उद्देश्य है मनुष्य के द्वारा मनुष्य के शोषण की प्रथा को समाप्त करना तथा इस देश के भविष्य के आत्मनिर्णय के अधिकार को प्राप्त करना।' लाहौर षड्यन्त्र के मुकदमे के बाद सरदार भगत सिंह ने देशवासियों के नाम एक अपील की थी। जो चोरी से जेल के बाहर प्रकाशन के लिए भेजी गई थी।[2]

असेम्बली बमकांड से देश का तरुण समाज नींद से जाग-सा उठा। उसने नौजवानों में नवीन रक्त का संचार किया, बलिदान की भावना प्रज्वलित की। गुलामी की जंजीरें तोड़ने का दृढ़ संकल्प मन में ले वे उठे और देश को ब्रिटिश शासकों की गुलामी से मुक्त करके ही उन्होंने दम लिया। देश में नवजागृति के साथ ही साथ ब्रिटिश शासन का सिंहासन भी डोल उठा (सारा पुलिस विभाग भी सक्रिय हो उठा)। इससे ब्रिटिश शासन की प्रतिष्ठा को बड़ा धक्का लगा। गुप्तचर विभाग के बड़े-बड़े अफसरों की नींद हराम हो गई। समस्त प्रान्तों में क्रान्तिकारियों की खोज होने लगी। असेम्बली बमकांड से पुलिस को साण्डर्स हत्याकांड का सूक्ष्म सूत्र हाथ लग गया। पुलिस के गुप्तचर विभाग को यह शंका तो थी ही कि साण्डर्स हत्याकांड में सरदार भगत सिंह का हाथ है और

1. परिशिष्ट-4
2. परिशिष्ट-5

पंजाब में क्रान्तिकारी दल सक्रिय है। परन्तु असेम्बली बम कांड में जो पिस्टल भगत सिंह के पास मिली उसमें से चली गोलियाँ ठीक उसी बोर की थीं जिस बोर की गोलियाँ साण्डर्स के शरीर से निकली थी। इस पिस्टल की गोलियों का परीक्षण किया गया। विशेषज्ञों की राय ने यह धारणा दृढ़ कर दी। पुलिस ने अब पंजाब में भगत सिंह के साथियों को ढूँढ़ना प्रारम्भ कर दिया। असेम्बली बम कांड के बाद सरदार भगत सिंह तथा बटुकेश्वर दत्त के जो फोटो भारत में बटे थे, पुलिस ने दिल्ली छानकर उस फोटोग्राफर का भी पता लगा लिया जिसने सरदार भगत सिंह और दत्त के फोटो खींचे थे। उसी से यह भी पता चला कि किन दो व्यक्तियों ने इनके साथ आकर इनके फोटो खिंचवाए थे, यह कहकर कि दोनों विदेश जा रहे हैं इसलिए इनके फोटो खिंचवाए जा रहे हैं। इससे पुलिस को अनुमान हो गया कि दिल्ली में भी क्रान्तिकारियों का अड्डा है और बाद में जिस प्रकार इन चित्रों का सारे भारतवर्ष में वितरण हुआ उससे तो पुलिस और अधिक चौकन्नी हो गई। उसकी यह धारणा और भी दृढ़ हो गई कि क्रान्तिकारी आन्दोलन एक-दो प्रान्तों में ही नहीं सारे भारत में अपनी जड़ें मजबूत करता जा रहा है। इतने पर भी पुलिस क्रान्तिकारियों का पता न पा सकती परन्तु आखिर अन्धे के हाथ बटेर लग ही गई। लाहौर में सुखदेव ने जहाँ बम की खोल खरादने को दिए थे उन्हें एक पुलिसवाले ने देख लिया। उसके पूछने पर लोहार ने बताया कि इन्हें एक बाबू दे गया है किसी मशीन के पुर्जे कहकर। पुलिसवाले को शंका हो गई कि ये हो न हो बम के खोल हैं। उसने इसकी सूचना अधिकारियों को दी। उन्होंने वहाँ गुप्तचर विभाग का सिपाही नियुक्त कर दिया और जिस समय सुखदेव वे पुर्जे लेने आया तो वह उसके पीछे हो लिया और इस तरह कश्मीरी बिल्डिंग की बम फैक्टरी का पुलिस को पता चल गया। पुलिस को यह भी पता चल गया कि यह मकान भगवतीचरण के नाम पर किराए पर लिया गया है। पुलिस ने इस मकान की निगरानी की और 15 अप्रैल 1929 को छापा मारकर सुखदेव, जयगोपाल तथा किशोरीलाल को गिरफ्तार कर लिया। 2 मई को हंसराज वोहरा गिरफ्तार हो गया और इस तरह सारे देश में गिरफ्तारियों का ताँता शुरू हो गया। जयगोपाल और हंसराज के सरकारी माफी गवाह बन जाने से दल के बहुत से नाम और पते पुलिस को मिल गए। इसके पूर्व सुखदेव ने भी बयान दिया था और उसी का असर जयगोपाल पर भी पड़ा। उत्तर प्रदेश, बंगाल तथा बिहार के अनेक स्थानों में गिरफ्तारियाँ हुई। सहारनपुर में जयदेव, शिव वर्मा तथा डॉ. गया प्रसाद पकड़े गए। फणीन्द्रनाथ घोष कलकत्ते में अपनी ससुराल में पकड़ा गया। इसके मुखबिर हो जाने से ही झाँसी में आज़ाद के रहने और काकोरी के बाद उनकी समस्त गतिविधियों का पता पुलिस को चल गया।

फणीन्द्र दल में दादा के नाम से पुकारे जाते थे। समाचार पत्रों में जब यह खबर छपी कि ये महाशय सरकारी गवाह बन गए हैं तो किसी को भी इस बात का विश्वास न हुआ। फिर भी आज़ाद ने इस सम्बन्ध में सावधानी बरतना ही उचित समझा। उन्होंने सदाशिव तथा भगवान दास को रात्रि को घर न सोने का आदेश दिया और स्वयं वे

भी अपने घर पर न सोकर अन्य कहीं जा सोते थे। रात को इसलिए भी यह सावधानी बरती गई क्योंकि पुलिस अक्सर रात को ही छापे मारकर सोते में लोगों को गिरफ्तार करती थी। मैं उन दिनों झाँसी नहीं था, इसलिए सुरक्षित ही था।

और एक दिन फणीन्द्र को लेकर पंजाब पुलिस झाँसी आ धमकी। उसने स्थानीय पुलिस को सूचना दी कि वह कुछ स्थानों की तलाशी लेगी। यह बात झाँसी की पुलिस के लिए अपमानजनक थी। इसलिए उसका प्रयत्न यह रहा कि पंजाब पुलिस को यहाँ सफलता न मिले। कम्पोद सिंह हवलदार ने तुरन्त मास्टर रुद्रनारायण को इसकी सूचना दे दी। मास्टर साहब ने रात्रि को ही आज़ाद को इसकी सूचना दे दी। आज़ाद रामदुलारे शर्मा को सूचित करने रात को ही गए थे पर वे घर पर नहीं थे। आज़ाद फिर सबेरे ही उनके घर पहुँचे। उनके यहाँ साथियों के कुछ कपड़े पड़े थे जिन्हें हटाना जरूरी था। जैसे ही वे गली के पास पहुँचे तो रामदुलारे का साला लुक्कू पान की दुकान पर खड़ा था। उसने बताया कि पंजाब पुलिस ने सारा मकान घेर लिया है, साथ फणीन्द्र भी हैं। वे बिना भय के देखते हुए गली के उस पार साइकिल पर निकल गए। वहाँ से वे सीधे सदाशिव तथा भगवान दास को भी सचेत करने पहुँच गए। वहाँ जाकर भगवान दास से बोले—'ले भगवान, तेरा वह दादा आ गया है। साले ने पखाने के रोशनदान तथा छेद तक गिनवा दिए हैं।' उन्होंने भगवान दास तथा सदाशिव को साथ ले झाँसी छोड़ दी और वे दतिया होते हुए ग्वालियर पहुँच गए। यहाँ पर गजानन सदाशिव पोतदार ने जनकगंज में एक मकान ले रखा था, उसी में जा टिके। साथ ही आाजद ने मुझे पत्र लिखवाया कि मैं झाँसी न जाकर सीधे ग्वालियर चला आऊँ। मैं उन दिनों प्रतापगढ़ में अपने चाचा के यहाँ था। इधर झाँसी में रामदुलारे शर्मा ने भी बयान दिया। पर उसने केवल उन्हीं बातों को पुष्टि की जो फणीन्द्र ने झाँसी के सम्बन्ध में बताई थी। उससे हम तीनों तथा आज़ाद के विषय में पुलिस को सब ज्ञात हो गया। और इस तरह हमें सदा के लिए झाँसी छोड़ देनी पड़ी।

जेल से छूटने के पश्चात् मैं कई बार रामानन्द जी से मिला और उनसे आज़ाद के अनेक संस्मरण सुने। श्री रामानन्द जी ने बताया कि फणीन्द्र द्वारा नाम बताने पर उन्हें पुलिस ने गिरफ्तार कर झाँसी में कोतवाली में रखा। उन्होंने आज़ाद के बारे में पुलिस को यही बताया कि हरिशंकर नाम का एक व्यक्ति बुन्देलखंड कम्पनी में मोटर ड्राइवरी सीखने आया। साथ काम करने से मैत्री हो गई। दोस्ती के नाते उनके कहने पर वे एक-दो बार मोटर में उन्हें तथा उनके दोस्तों को घुमाने अवश्य ले गए थे। कुछ देर वे पहाड़ियों में घूमते रहे। वहाँ उन्होंने क्या किया उन्हें नहीं मालूम। रामानन्द तो अपनी मोटर पर बैठे रहे। वे सब जब लौटकर आए तो उन्हें वे वापस ले आए।

पर पुलिस को इतने पर सन्तोष न हुआ। उन्होंने रामानन्द जी को आज़ाद को पहचानकर पकड़वाने के लिए हरिद्वार से लेकर रामेश्वर तक और लाहौर से कलकत्ता-बम्बई तक खूब घुमाया परन्तु पुलिस की मनोकामना पूरी न हुई। अलबत्ता एक-दो बार रामानन्द जी आज़ाद से लुक-छिपकर मिले और उन्हें पुलिस की गतिविधियों

से सचेत कर दिया। साथ ही यह भी बताया कि झाँसी के किन-किन व्यक्तियों को उन्हें पहचानने और पकड़वाने के लिए घुमाया जा रहा है। उनमें रामदुलारे शर्मा का साला मुक्कू भी था जो आज़ाद को अच्छी तरह पहचान सकता था। पुलिस के खर्च से वह भी सारा हिन्दुस्तान घूम आया परन्तु उसे आज़ाद क्या उनकी परछाई भी देखने को न मिली। वह भी यह नहीं जानता था कि हरिशंकर ही आज़ाद हैं अन्यथा जिस दिन रामदुलारे शर्मा के यहाँ तलाशी हो रही थी और आज़ाद उस समय वहाँ आए थे उसी समय वह सम्भवतः पुलिस को सूचित कर देता। उसे तो बहुत बाद में यह पता चला कि हरिशंकर एक सोने की चिड़िया थी।

झाँसी के विषय में यह गर्व की बात है कि वहाँ के लोगों ने आज़ाद के विषय में पुलिस को कुछ नहीं बताया और जिन लोगों ने बताया भी वह उतना ही जितना कि पुलिस जान चुकी थी। इसमें झाँसी की पुलिस भी सहायक हुई। झाँसी की पुलिस तथा गुप्तचर विभाग के लिए यह अपमानजनक बात थी कि आज़ाद इतने बरस झाँसी रहे, पुलिस अफसरों से उन्होंने ड्राइविंग लाइसेंस लिया, उनके साथ घूमे-फिरे, फिर भी एक क्षण के लिए भी उन्हें यह शंका न हुई कि यह वही व्यक्ति है जिसकी खोज में सारे देश की पुलिस जमीन-आसमान एक कर रही है। जिस पर हजारों रुपयों का इनाम है। एक दिन अचानक पंजाब पुलिस आकर इस रहस्य का उद्घाटन करती है, जो उनके लिए लज्जा की बात है। केवल दिखावे के लिए ही उन्होंने पंजाब पुलिस से सहयोग किया परन्तु अन्दर ही अन्दर वे असहयोग ही करते रहे। रामानन्द जी ने इसकी चर्चा करते हुए कहा—जिस डिप्टी कलेक्टर महोदय (श्री सूरज नारायण) के सामने उनके बयान हुए उन्होंने मुझे समझाने के बहाने एकान्त में बात करने की पुलिस से अनुमति चाही। एकान्त में उन्होंने रामानन्द जी से वास्तविक परिस्थिति जान लेने के बाद बचाव के लिए बयान की खास-खास बातें समझा दीं कि उन्हें किस प्रकार बयान देना चाहिए। डिप्टी कलेक्टर साहब रामानन्द जी को अच्छी तरह जानते थे इसलिए भी रामानन्द जी के साथ उनकी सहानुभूति थी। राम्दुलारे शर्मा ने भी उतना ही बताया जितना फणीन्द्र ने झाँसी के विषय में बताया था। वैसे भी रामदुलारे दल के सदस्य नहीं थे। उनके यहाँ भगत, विजय, सुखदेव तथा फणीन्द्र को ठहराया गया था। जो लोग उनके यहाँ ठहराए गए थे उनके विषय में वे ये भी न जानते थे कि इनका वास्तविक नाम क्या है और दल में उनका क्या महत्त्व है। दंडपाणि तैलंग ने भी ऐसा ही किया। कैलाशपति के मुखबिर हो जाने पर कैलाशपति ने ग्वालियर की चर्चा में दोनों साथियों पोतदार तथा तैलंग का नाम बताया। उसकी तथा दंडपाणि की भेंट न होती परन्तु दंडपाणि साइंस के विद्यार्थी होने के कारण पिकरिक बनाने में सहायता करने पोतदार के घर आते थे और कैलाशपति की उपस्थिति में भी वे एक-दो बार आए, इससे कैलाशपति उनके विषय में जान गया और उसने दंडपाणि का नाम बताया। दडंपाणि अगर चाहते तो झाँसी के अनेक अन्य साथियों को पकड़ा सकते थे। झाँसी के लोगों को जब यह पता चला कि हरिशंकर साधारण मोटर ड्राइवर न होकर एक प्रसिद्ध क्रान्तिकारी हैं तो लोगों

को उन्हें देखने की उत्कट इच्छा हुई। कोई कहता ताज्जुब है कि उनके चेहरे से कभी यह नहीं प्रतीत हुआ, तो कोई कहता मोटर ड्राइवर होते हुए भी उसके व्यवहार में एक विशेषता थी। इस सम्बन्ध में एक घटना अवश्य उल्लेखनीय है, जिन दिनों उन्हें आज़ाद के नाम से लोग नहीं जानते थे उन दिनों की यह घटना है। सदाशिव के बहनोई की दुकान पर एक व्यक्ति भागवत जी आया करते थे। उन्हें सब 'संटोल' कहा करते थे। इससे उनका पूरा नाम क्या था यह मुझे भी नहीं मालूम। वे झाँसी के रेलवे वर्कशॉप में काम करते थे। वे हस्त सामुद्रिक विद्या में दखल रखते थे। वैसे भी उन्हें लोगों की हस्तरेखाएँ देखने का शौक था। हम लोग उनके आने पर उन्हें परेशान करते। एक दिन आज़ाद को भी उन्हें हाथ दिखाने की सूझी। श्री भागवत ने थोड़ी देर उनका हाथ बड़े गौर से देखा। बीच-बीच में वे उनके मुँह की ओर भी देखते जाते थे। बाद में उन्होंने उनकी मुट्ठी बन्द करते हुए कहा, 'ऐसे हाथ के बारे में मैं कुछ भी नहीं बताऊँगा। मेरे गुरु का यह आदेश है।' आज़ाद हँसकर बोले—'तुम्हें कुछ आता-जाता तो है नहीं, यों ही दून की हाँकते रहते हो।' इस पर श्री भागवत ने कहा—'तुम चाहे कुछ कहो, मैं तुम्हें कुछ नहीं बताऊँगा।'

जिन दिनों झाँसी में धर-पकड़ का बाजार गर्म था उन दिनों मैं प्रतापगढ़ अपने चाचा के यहाँ गया हुआ था। सदाशिव का पत्र मिलने के पूर्व ही मैं झाँसी के सम्बन्ध में पढ़ चुका था। सदाशिव के पत्र ने भविष्य की सुलझन उलझा दी और मैं तुरन्त ग्वालियर के लिए रवाना हो गया। यही हम तीनों की अपने-अपने परिवार से सम्बन्धविच्छेद की घड़ी थी। फिर तो हम सब यही सोचकर चले थे कि या तो गोली के शिकार होंगे, फाँसी पर चढ़ेंगे या फिर आजन्म जेल की चहारदीवार में बन्द हो जाएँगे। मैंने झाँसी में कुछ घंटे ठहरकर सदाशिव के भाई शंकरराव मलकापुरकर से यह पता लगाया कि मुझे कहाँ जाना है क्योंकि ग्वालियर में मेरा ननिहाल था और खुलेआम मैं पोतदार को तलाश करते नहीं फिर सकता था। वहीं से ठीक पता ले मैं आज़ाद के पास पहुँच गया। मुझे देख आज़ाद ने कहा—'आ गए ? अब घर-वर सब भूल जाओ। क्रान्तिकारी दल में सक्रिय जीवन का यहाँ से प्रारम्भ है। कठिनाइयाँ पग-पग पर होंगी, उनसे घबराना नहीं।' मैंने उस समय इतना ही कहा—'आप तो मार्ग निर्देशक हैं ही फिर डर कैसा ?' मन में सोचा मेरे जीवन के सुनहले पृष्ठों का यहीं से प्रारम्भ है। वैसे आगरे में मुझे फणीन्द्र ने नहीं देखा था, इससे पुलिस के पास मेरे नाम होने की कम आशा थी। परन्तु सुखदेव मुझे अच्छी तरह जानते थे और उन्होंने पुलिस को बयान दे ही दिया था, इससे सतर्कता बरतना अत्यावश्यक था।

इधर झाँसी में शंकरराव मलकापुरकर को बहुत कुछ बता दिया गया था जिससे कि झाँसी में होनेवाली गतिविधियों का पता चलता रहे। इसके पूर्व शंकरराव जी को इस सम्बन्ध में कुछ भी पता नहीं था। आज़ाद की यह नीति थी कि जब कभी धर-पकड़ का जोर होता तो वे स्वयं शान्त हो कहीं बैठ जाते तथा साथियों को भी ऐसा ही करने का आदेश देते। इस दृष्टि से ग्वालियर सुरक्षित स्थान था। ग्वालियर की जानकारी बहुत

कम सदस्यों को थी, जनकगंज में जो मकान था वह इम्प्रूवमेंट ट्रस्ट का था। इसमें कई कमरे, एक छोटा आँगन और ऊपर बड़ी छत थी। इस मकान को भुतहा समझकर कोई नहीं लेता था। इससे यह तीन रुपया महीना किराए पर ही मिल गया था। पोतदार ने एक वर्ष में शायद कुछ ही महीनों का किराया दिया था और जो दिया भी उसे इम्प्रूवमेंट ट्रस्ट के बाबू ही खा गए। ग्वालियर रियासत होने के कारण रियासती पोल प्रसिद्ध थी। इस घर में दो पैसे की सब्जी और रोटी या चावल एक समय खाकर हम दिन काट देते और कभी-कभी तो आटा, दाल, चावल के अभाव में केवल बेसन उबालकर उसी से पेट की ज्वाला शान्त करते।

ग्वालियर के चन्द्रवदनी नाके के मकान में जब सदस्य आते थे तो होस्टल के विद्यार्थियों का जिस हलवाई के यहाँ हिसाब था वहीं गजानन सदाशिव पोतदार के खाते में लोग खा आते। भगत सिंह तथा सुखदेव अनेक बार वहाँ जाकर दूध-जलेबी खा चुके थे। एक बार तो हिसाब इतना बढ़ गया कि हलवाई पोतदार से इतने मित्रों को खिलाने का कारण पूछ बैठा। असेम्बली बमकांड के बाद जब भगत सिंह और दत्त के फोटो ग्वालियर में भी बँटे तो उन्हें देख रामप्रसाद हलवाई पहचान गया। दोनों ही कई बार उसके वहाँ खा गए थे। फिर एक बार चुपके से गजानन को बुलाकर उसने कहा कि उसकी तरफ से वह निश्चिन्त रहें, किसी प्रकार का धोखा नहीं होगा। साथ ही जो हिसाब गजानन के नाम निकलता था उसे चुकता लिख दिया।

ग्वालियर के जनकगंजवाले घर में पिकरिक के सिवा फल्मिनेट ऑवमरकरी भी बनाया गया जो गजानन के कथनानुसार शुद्ध था। इसके अलावा टीन के डिब्बों में मैनसिल, पोटाश, काँच के टुकड़े, लोहे की कीलें आदि भरकर बम बनाए गए। लोहे के बमों में पिकरिक भरकर उन्हें भी तैयार कर लिया गया था। यह सब सामान भुसावल में सदाशिव तथा भगवान दास के पास पकड़ा गया। कैलाशपति के मुखबिर बन जाने पर उसने पुलिस को बताया कि भुसावल में जो विस्फोटक पदार्थ तथा बम इत्यादि मिले थे वे सब ग्वालियर में तैयार हुए थे। इस सामान में जो फल्मिनेट ऑव्मरकरी तथा पिकरिक था, इसके विषय में कैलाशपति ने बताया कि गजानन को इसका फार्मूला ज्ञात था। इसी से गजानन पोतदार की जोरों से खोज हुई। उसकी गिरफ्तारी के बाद इस विषय में पुलिस ने पोतदार से बहुत पूछा। उसे विदेश भेजने तथा दक्षिण भारत की रिसर्च इंस्टीट्यूट में 460 रुपया प्रति माह नौकरी दिलाने का भी प्रलोभन दिया। पोतदार ने कुछ भी बताने से इन्कार किया तो पुलिस ने उसे दिल्ली षड्यन्त्र में अभियुक्त बनाया। बाद में हम दोनों पर ग्वालियर षड्यन्त्र का अलग मुकदमा चलाया गया। इन दोनों ही मुकदमों से हम दोनों ही छूट गए। बाद में मुझे रेगुलेशन 3 में लगभग 9 वर्ष तक जेल में बन्द रखा गया और पोतदार छोड़ दिए गए।

ग्वालियर में आज़ाद के नेतृत्व में बम बनाने का काम बराबर चलता रहा। हम सभी पिकरिक और ग़नकाटन बनाना सीख गए थे। सामान के लिए पैसा न होने पर भी भोजन में से पैसा बचाकर सामान लाया जाता। ग्वालियर में आज़ाद ने साथियों से

परामर्श कर यह निश्चय किया कि पंजाब, दिल्ली, उत्तर प्रदेश तथा बिहार में पुलिस की सरगर्मी बहुत है इसलिए कुछ दिनों तक दक्षिण भारत या बरार में जाकर रहा जाए तथा संगठन का क्षेत्र उस ओर बढ़ाया जाए। इस काम के लिए मुझे आज़ाद ने अकोला में श्री सहस्रबुद्धे के पास भेजा। उनकी मार्फत राजगुरु से सम्बन्ध स्थापित करना था। मैं नागपुर होता हुआ अकोला गया और वहाँ श्री सहस्रबुद्धे से मिला। श्री सहस्रबुद्धे कट्टर खद्दरधारी थे और वहाँ उनका एक आश्रम भी था। उनके पास में दो या तीन दिन ठहरा। राजगुरु आए। मुझे देखते ही अत्यन्त प्रसन्न हो ऐसे मिले जैसे बरसों बाद बिछड़े मिल रहे हों। जबकि कुछ मास पूर्व ही मेरी-उनकी झाँसी-मानिकपुर के बीच रेलगाड़ी में भेंट हो चुकी थी। अब की मेरे यह कहने की बारी थी। 'अपने आशिक को ढूँढ़ने निकले; ऐसी होती है लौ लगी दिल को।' राजगुरु हँस पड़े। उन्हें झाँसी-मानिकपुर के बीच की घटना याद हो आई, जब उन्होंने मेरा ध्यान अपनी ओर आकर्षित करने के लिए यह शेर कहा था। मैंने उन्हें 'महाशय' जी का सन्देश सुनाया और इधर दल के सदस्यों के ठहरने के लिए व्यवस्था करने को कहा। उन्हें यह भी बताया कि पहले भगवान दास तथा सदाशिव आएँगे, उसके बाद आज़ाद और मैं आऊँगा। इस योजना से वे अत्यन्त प्रसन्न हुए और उन्होंने तुरन्त ही दोनों को भेजने के लिए कहा। तब यह कल्पना भी नहीं थी कि यह योजना भी अधूरी ही रह जाएगी और उसमें हम अपने दो और साथी खो बैठेंगे। लौटते समय मैंने गले मिल राजगुरु से बिदा ली इस आशा से कि फिर मिलेंगे। पर उस वीर के दर्शनों की वह अन्तिम घड़ी ही थी। यह स्वप्न में भी नहीं सोचा था कि इसी बीच राजगुरु भी पकड़े जाकर अपने 'शौके-शहादत के' अरमान पूरे करने चल देंगे। किसी देशद्रोही ने आखिर राजगुरु का भी पता दे ही दिया और एक दिन रात में पुलिस ने उनके पूने के मकान में उन्हें गिरफ्तार कर लिया। उनकी गिरफ्तारी के लिए पंजाब पुलिस विशेष रूप से भेजी गई थी।

अकोला से लौटते समय मैं भुसावल की ओर से लौटा क्योंकि आज़ाद ने कहा था कि दोनों ओर के मार्ग देख आना कि किस ओर से जाने में सुविधा होगी। ग्वालियर आकर मैंने सारी स्थिति आज़ाद को बता दी। अन्त में कुछ समय के लिए ग्वालियर छोड़ने का निश्चय किया गया। यह तय हुआ कि पहले भगवान दास और सदाशिव सामान लेकर अकोला जाएँ, और आज़ाद तथा मैं कानपुर। आज़ाद एक दिन पूर्व ही कानपुर चले गए थे। दूसरे दिन हम तीनों झाँसी के लिए रवाना हुए। झाँसी से उतरकर मैंने दोनों साथियों से विदा ली। वे दोनों भुसावल होते हुए अकोला के लिए रवाना हुए और मैं कानपुर के लिए। आज़ाद कानपुर इसलिए गए थे कि वहाँ से कुछ रुपयों की व्यवस्था कर लें जिससे अकोला जाने पर एकदम पैसे की समस्या न खड़ी हो जाए, परन्तु होनहार कुछ और ही थी। झाँसी से भुसावल जानेवाली गाड़ी रवाना होने पर मैं कानपुर की गाड़ी में जा बैठा। झाँसी से सुरक्षित निकल जाने तक ही चिन्ता थी। कानपुर पहुँचकर मैंने आज़ाद को दोनों के सुरक्षित चले जाने की सूचना दी। अभी इस शुभ समाचार को दिए एक घंटा भी न बीता होगा कि वह आनन्द दुख में परिवर्तित हो गया।

नित्य के नियमानुसार मैं अखबार लेने गया। अखबार के प्रथम पृष्ठ पर ज्योंही मैंने दृष्टि डाली तो मुझे मानो काठ मार गया। बड़े-बड़े अक्षरों में भुसावल स्टेशन पर दो नवयुवकों की गिरफ्तारी का समाचार था। उसमें गोली चलने की भी चर्चा थी। मुझे समझते देर न लगी कि ये दोनों और कोई नहीं हमारे साथी ही थे। मैंने दुःखी मन से अखबार आज़ाद के सामने जाकर रख दिया। मेरी ओर देखकर ही वे समझ गए कि अखबार में क्रान्तिकारियों की धर-पकड़ का समाचार है। उन्होंने सरसरी दृष्टि समाचारों पर दौड़ाई। फिर शून्य में दृष्टि गड़ाकर कुछ देखते रह गए। फिर एक दीर्घ निःश्वास लेकर वे बोले, 'बच्चन, अब रह गए हम दो। ये तो गए।' यह कहते-कहते उनकी आँखों में आँसू आ गए। आज़ाद के साथ रहते मुझे लगभग चार-पाँच वर्ष हो चुके थे पर इन पाँच वर्षों में मैंने पहली बार उनकी आँखों में आँसू देखे। अक्सर वे जब किसी चिन्ता में डूब जाते तो पालथी मार दोनों हाथ मिलाकर पालथी पर रखते और नीचा सिर किए सोचते रहते, जब तक समस्या का समाधान मिलता। फिर सिर पर से हाथ फेर तनिक मुस्कुरा देते। मानो सारी चिन्ता समाप्त कर अगले कार्य की रूप-रेखा बना ली हो। ऐसे समय उनकी आँखों में एक अजीब चेतना दृष्टिगोचर होती। इस बार उनकी आँखों के आँसुओं ने अपने साथियों के प्रति उनके स्नेह और सौहार्द की गाथा कह डाली। कितनी वेदना थी उनके मन में, क्षण भर रुककर फिर वे ही शब्द, 'ये भी सुसरे गए।' अब दुर्घटना का विश्लेषण शुरू हुआ, 'हुआ ये होगा कि भुसावल पहुँचने पर अकोलावाली गाड़ी में देर होगी इसीलिए कुली न कर वे स्वयं ही सामान उठाकर चल दिए होंगे। भुसावल स्टेशन पर आबकारी विभाग के लोग बड़ी कड़ी निगाह रखते हैं। भगवान दास जी की रियासती वेशभूषा से उन्हें शक हुआ होगा। इसीलिए तलाशी ले बैठे। और फिर पिस्तौलें चली होंगी। पर वास्तविकता कुछ और ही थी। इस दुर्घटना के सम्बन्ध में श्री भगवान दास ने बताया कि उन्होंने सामान कुली के सिर पर रखाया था और कुली ही उन्हें उस रास्ते से ले गया जहाँ आबकारी विभाग के लोग तलाशी ले रहे थे। सदाशिव ने उन्हें मराठी में बहुत कुछ समझाने की कोशिश की परन्तु वे न माने और उन्होंने इनकी तलाशी ले ही ली। तलाशी में माऊजर तो वे छिपा गए परन्तु माऊजर की गोलियाँ सामने ही पड़ गईं। पुलिस को गोलियाँ पहचानते देर न लगी। बस एक हँगामा खड़ा हो गया। अब भगवान दास जी को पिस्तौल चलाने के सिवा चारा न रहा। एक गोली चलने पर पिस्टल जाम हो गया। तब वे भागे पर आसपास के रास्ते मालूम न होने के कारण सीधे पुलिस लॉकअप की ओर भागे और वहाँ वे पकड़े गए। इधर सदाशिव राव भी भागे परन्तु सिगनल की तारों में अटककर गिर पड़े। पीछा करनेवालों ने उन्हें दबोच लिया। इस तरह दोनों ही व्यक्ति पकड़कर हवालात में बन्द कर दिए गए।

एक-दो दिन में ही भुसावल का मामला अखबारों में छप गया। अब आज़ाद ने अकोला जाने का विचार छोड़ दिया। उन्हें सारी योजना बदलनी पड़ी क्योंकि उनका तो सिद्धान्त था कि पकड़े जानेवाले साथियों को जो कार्यक्रम मालूम हो उसे या तो आमूल बदल देना या फिर कुछ दिनों के लिए उसे स्थगित कर देना। इस तरह दक्षिण जाने

का विचार स्थगित कर दिया गया और कानपुर में ही कुछ समय तक रहने का विचार किया। उन दिनों सरदार राम सिंह के ही मकान पर हम ठहरे थे। यहीं पर उन्होंने वीरभद्र तिवारी, सद्गुरुदयाल अवस्थी, मन्नीलाल पांडे, विश्वनाथ पांडेय, हमीद खाँ, कैलाश द्विवेदी आदि को लेकर कार्य प्रारम्भ किया। उनका विचार था कि भुसावल कांड के विषय में कुछ और जानकारी मालूम होने पर वे फिर रघुनाथ यानी राजगुरु से सम्बन्ध स्थापित करेंगे। उन्होंने मास्टर साहब के पास कानपुर के साथियों में से किसी को भेजकर शंकर राव को बुलवाया और सदाशिव तथा भगवान दास के पास उन्हें भेजा तथा उनके लिए वकील की व्यवस्था की। सितम्बर 1929 में अचानक यह खबर छपी कि राजगुरु पूना में पकड़े गए। अब तो दक्षिण भारत जाने का रहा-सहा उत्साह भी समाप्त हो गया। राजगुरु की गिरफ्तारी से आज़ाद को बड़ी हैरानी हुई क्योंकि राजगुरु का पूने का पता दल के इने-गिने व्यक्तियों को ही मालूम था। उनका वास्तविक नाम भी बहुत कम लोग जानते थे। झाँसी में वे अनेक बार आए पर हमें भी उनका नाम रघुनाथ ही मालूम था। लाहौर षड्यन्त्र के मुकदमे में उन्हें जब फरार घोषित किया गया तो उनका नाम रघुनाथ और रहनेवाले बनारस के बताया गया था।

कानपुर केन्द्र बनने के बाद होनेवाली घटनाओं का वर्णन करने के पूर्व ग्वालियर की एक महत्त्वपूर्ण घटना का वर्णन करूँगा। ग्वालियर में रहते समय भाई भगवतीचरण तथा यशपाल लाहौर षड्यन्त्र के मुकदमे में फरार घोषित किए जा चुके थे। भगवतीचरण जी के विषय में पुलिस का कथन था कि दल के नाते सुखदेव, भगवतीचरण मस्तिष्क तथा भगत सिंह उनके दाहिना हाथ थे। भगवतीचरण के विषय में पुलिस की राय सोलह आने ठीक थी। क्रान्तिकारी दल की रूप-रेखा तथा उसके उद्देश्य के विषय में उनका दृष्टिकोण स्पष्ट था। उन्होंने विश्व के क्रान्तिकारी देशों और क्रान्ति का नेतृत्व करनेवाले वीरों का इतिहास और विचारों का गहरा अध्ययन किया था। दुर्भाग्यवश कुछ स्वार्थी तत्त्वों ने उन्हें गुप्तचर विभाग का व्यक्ति कहकर बदनाम कर रखा था जिससे उनके आज़ाद से मिलने में बहुत बड़ी बाधा हुई। भगवतीचरण जी को सरदार भगत सिंह के निकट सम्पर्क में रहने के कारण आज़ाद के सम्बन्ध में जानकारी होना स्वाभाविक ही था, परन्तु लाहौर षड्यन्त्र के मुकदमे के सिलसिले में जो धर-पकड़ हुई उससे आपसी सम्बन्धों के सूत्र टूट गए और तब आज़ाद का पता लगाना कठिन हो गया। फिर भी वे पता लगाते-लगाते श्री गणेशशंकर जी के द्वारा झाँसी शंकर राव जी के पास पहुँच गए। उन्हीं की मार्फत उन्होंने आज़ाद से मिलने का सन्देशा भेजा और यह भी कहलवाया कि उनके लिए वे रुपया भी लाए हैं। परन्तु लाहौर के साथियों में से ही किसी ने यह सन्देशा भेजा था कि भगवतीचरण से वे न मिलें क्योंकि वे सी. आई. डी. के आदमी हैं। इसलिए आज़ाद न तो उनसे मिले और न उन्होंने भगवतीचरण जी से रुपया ही लेना स्वीकार किया। भगवतीचरण इस व्यवहार से अत्यन्त दुःखी हो लौट गए, पर हतोत्साह नहीं हुए। इन्हीं दिनों भगवतीचरण और यशपाल वाइसराय की गाड़ी उड़ाने की योजना बना रहे थे। उन्होंने पंजाब में फिर नए सिरे से सदस्यों को एकत्रित कर

काम प्रारम्भ कर दिया था। वाइसराय की ट्रेन के एक्शन के लिए दिल्ली आना-जाना पड़ता था इसलिए दिल्ली ही उनका केन्द्र बना। उन्हें यह विश्वास था कि वाइसराय की गाड़ी उड़ाने के बाद आज़ाद को यह विश्वास हो जाएगा कि ये गुप्तचर विभाग के आदमी नहीं हैं। परन्तु इस एक्शन के पूर्व ही भैया की उनसे भेंट हो गई और वह भी बड़ी अजीब परिस्थितियों में।

भाग-3

# कानपुर केन्द्र बनने के बाद

# कानपुर केन्द्र बनने के बाद

इसके पूर्व यह लिखा जा चुका है कि सदाशिव तथा भगवान दास की गिरफ्तारी के बाद आज़ाद ने दक्षिण भारत जाने का विचार स्थगित कर दिया था और कानपुर के साथियों को लेकर संगठन का काम आगे बढ़ाना प्रारम्भ कर दिया। कानपुर के कुछ साथियों के नाम तो बता चुका हूँ। इसके अलावा रामचन्द्र जेलयात्री, राजेन्द्र निगम, नारायणदास, रामचन्द्र मुसद्दी, श्रीमती मुसद्दी, रामभरोसे जी, श्री गुलजारी लाल तथा सनक आदि से भी उनका परिचय हुआ। इसके अलावा कुछ कांग्रेसी नेताओं तथा नगर के गण्यमान्य व्यक्तियों से भी उनका परिचय हो गया था। गणेश शंकर विद्यार्थी से तो उनका पूर्व परिचय था ही। इसके अलावा अरोड़ा जी, श्री प्यारेलाल अग्रवाल, श्री चौबे जी, प्रिंसिपल खन्ना, डॉ. जवाहरलाल आदि से भी उनका परिचय था। जब सुरेन्द्र पांडेय लाहौर षड्यन्त्र के मुकदमे से छूटकर आए तो उनका जो दल था वह भी आज़ाद के सम्पर्क में आ गया। सुरेन्द्र पांडेय के भाई वीरेन्द्र पांडेय से सम्बन्ध था ही। उसके बाद शालिगराम से भी परिचय हुआ जो बाद में कानपुर में शहीद हुए। इतने लोगों को तो मैं जानता था। इसके अलावा भी आज़ाद वहाँ के कुछ लोगों के सम्पर्क में आए। मेरा उन सबको जानना दल के अनुशासन के नाते भी आवश्यक नहीं था और उनकी शहादत के बाद तो अनेक लोग उनके निकट सम्पर्क में आने का दम भरते हैं।

श्री वीरभद्र के विषय में यहाँ यह कह देना भी आवश्यक है कि काकोरी षड्यन्त्र के मुकदमे में आजन्म कारावास का दंड पाए श्री शचीन्द्र बख्शी से 1966 में मैंने जब वीरभद्र की चर्चा की तो उन्होंने बताया कि उन लोगों ने जेल से आज़ाद के पास यह खबर भेजी थी कि वीरभद्र पर विश्वास न किया जाए परन्तु आज़ाद ने उनके उस सन्देश की उपेक्षा कर वीरभद्र को साथ लिया। लाहौर षड्यन्त्र मुकदमे के अभियुक्त श्री शिव वर्मा का कहना है कि जोगेश बाबू को छुड़ाने तथा उनके लिए कानपुर में मकान ठीक करने की व्यवस्था के सिलसिले में जब वे कानपुर गए तो वहाँ के एक पार्क में उनसे श्री सद्गुरुदयाल अवस्थी ने वीरभद्र को मिलाया, तो वे उन्हें देख दंग रह गए कि इस व्यक्ति को उन्होंने उनसे क्यों मिलाया ? उस समय वीरभद्र ने उनके सामने यह कहा था कि मैं काकोरी षड्यन्त्र के मुकदमे का प्रायश्चित करना चाहता हूँ। पर प्रायश्चित तो किसी पाप का ही होता है। तो श्री वीरभद्र जी ने वह कौन-सा पाप किया है ?—वीरभद्र के विषय में आज़ाद इतना तो अवश्य जानते थे कि उनका सम्बन्ध

सी.आई.डी. इन्सपेक्टर शम्भूनाथ से है। दोनों के घर पड़ोस में ही हैं। वीरभद्र तिवारी की छत से शम्भूनाथ की छत मिली हुई थी और कांग्रेस आन्दोलन के समय जब वीरभद्र के यहाँ तलाशी होती थी तो वे आपत्तिजनक सामान यहाँ तक कि पिस्तौल इत्यादि का भी बक्सा वे शम्भूनाथ की छत पर या उनके जीने पर रख आते थे। उसकी मार्फत दल के एक-दो आदमियों को भी सी.आई.डी. विभाग में रखवाया था। श्री सनक उनमें से एक थे। अनेक बार वीरभद्र से भी सी.आई.डी. की गतिविधि के सम्बन्ध में समाचार मिलते रहे। इस तरह आज़ाद को यह मालूम था कि वीरभद्र का सम्बन्ध शम्भूनाथ से है पर यह बात भी उतनी ही सत्य है कि कैलाशपति के मुखबिर हो जाने तक वीरभद्र ने पुलिस को इस बात का पता नहीं चलने दिया कि आज़ाद कानपुर में हैं। इस बात पर साथ ही जब भी कानपुर या उत्तर प्रदेश में कोई एक्शन करने की योजना बनती तो आज़ाद के सामने,तो वे उसका विरोध न करते परन्तु कोई न कोई चाल चलकर ऐसी परिस्थिति निर्मित कर देते कि वह एक्शन स्थगित हो जाता। उनके इस कार्य में और भी सहयोगी थे। श्री जोगेशचन्द्र चटर्जी को छुड़ाने की योजना सफल न होने देने का यही कारण था। परन्तु आज़ाद इन सब चालाकियों को समझ सके। यशपाल कांड के पश्चात ही उन्हें इन सब बातों का बोध हुआ। कैलाशपति के मुखबिर होने के पश्चात ही पुलिस अधिकारियों को यह पता चला कि वीरभद्र किस प्रकार दुहरा खेल खेल रहे थे। बाद में वीरभद्र और उनके साथी हर सम्भव प्रयत्न करते रहे आज़ाद को पकड़वाने का। मुझे पकड़वाना भी उस षड्यन्त्र का एक अंग था। भैया यानी आज़ाद की शहादत के बाद कानपुर में पर्चेबाजी हुई थी। लोगों का कहना है कि वीरभद्र और उनके साथियों में फूट पड़ने के कारण यह कांड हुआ। आरोपों-प्रत्यारोपों की बौछार हुई थी। आज भी यदि पुलिस विभाग में उस समय का रेकार्ड सुरक्षित हो तो सरकार आसानी से इन सब बातों पर प्रकाश डाल सकती है और कौन दोषी और कौन निर्दोष है इसका पता चल सकता है।

श्री वीरभद्र के विषय में श्री यशपाल ने अपने 'सिंहावलोकन' पुस्तक के तृतीय भाग, पृष्ठ 43 पर लिखा है, जो इस प्रकार है—'कैलाशपति जैसे महत्त्वपूर्ण व्यक्ति के मुखबिर बन जाने से हम सभी को बहुत धक्का लगा। आज़ाद के मन में विशेषकर यह प्रतिक्रिया हुई कि दल द्वारा मुखबिरों को कोई दंड न दिया जा सकने के कारण ही लोग मुखबिर बन जाने से नहीं हिचकते। इस घटना से मुखबिरों के प्रति आज़ाद का क्रोध और भी उबल पड़ा।'

एक समस्या यह भी थी कि कैलाशपति से परिचित अनेक लोगों के गिरफ्तार हो जाने के बाद भी वीरभद्र तिवारी के खिलाफ कोई कार्रवाई क्यों नहीं हुई ? वीरभद्र अब भी श्रद्धानन्द पार्क में अपने मकान में ही रहता था। वीरभद्र खुफिया पुलिस के इन्सपेक्टर पं. शम्भूनाथ का केवल पड़ोसी ही नहीं था बल्कि ऐसी धारणा थी कि दोनों परिवारों में काफी सौहाद्र और सम्बन्ध भी था। आज़ाद के मन में यह सन्देह हो गया था कि वीरभद्र विश्वासघाती है।

आज़ाद ने चुन्नीगंज के मकान में मुझसे कई बार परामर्श किया। मैंने अपना विचार प्रकट किया कि खुफिया पुलिस के इन्सपेक्टर से सौहाद्र होना ही सन्देह का कारण हो सकता है परन्तु कैलाशपति की गिरफ्तारी के बाद भी वीरभद्र फरार होने की आवश्यकता नहीं समझता, यही बात खास सन्देह का कारण है।

मेरा भी अनुमान है कि वीरभद्र ऐसी कोई घटना नहीं होने देना चाहता था जिससे उस पर आँच आने का डर हो। मेरा विश्वास था कि वीरभद्र तिवारी बहुत गहरी समझ-बूझ और शरीर खूब लम्ब तडंग होने के बावजूद स्वभाव से कायर है। मैंने भैया (आज़ाद) को जनवरी 1930 की केन्द्रीय समिति की बैठक में तिवारी और कैलाशपति का दिया सुझाव 'कि प्रान्तीय संगठनकर्ताओं को सशस्त्र कार्यों में भाग लेने से रोक दिया जाए,' याद दिलाया। मेरा विश्वास था कि भीरु आदमी प्राण बचाने की तिकड़म में कुछ भी कर सकता है। उन दिनों कोई केन्द्रीय समिति नहीं थी। हम लोगों में से जो भी समीप रहता आज़ाद उसी से सलाह-मशविरा कर लेते।

अगे यशपाल जी ने लिखा है कि आज़ाद के साथ वे एक बार किस प्रकार वीरभद्र को मारने गए और उस समय वह न आया। इस तरह यह स्पष्ट हो जाता है कि प्रारम्भ से ही वीरभद्र का गुप्तचर विभाग से सम्बन्ध रहा और यह भी कहा जाता है कि गुप्तचर विभाग के अधिकारी नाट बावर से उसका सम्बन्ध रहा परन्तु कैलाशपति के मुखबिर हो जाने तक उसने आज़ाद को प्रत्यक्ष हानि नहीं पहुँचाई। बाद में वह स्पष्ट रूप से सामने आ गया।

आज़ाद ने सेठ दामोदर स्वरूप की अध्यक्षता में केन्द्रीय समिति बनाई जिसमें वीरभद्र, सद्गुरुदयाल, आज़ाद, कैलाशपति तथा बाद में बनारस के श्री विद्याभूषण भी उसमें शामिल किए गए। लाहौर षड्यन्त्र के मुकदमे से छूटने पर श्री सुरेन्द्र पांडेय भी घर छोड़कर दल का काम करने लगे थे। संगठन कुछ व्यवस्थित हो जाने पर आज़ाद ने जेल में सरदार भगत सिंह तथा अन्य साथियों से सम्बन्ध स्थापित किया। एक-दो बार कुछ समाचार लेकर कानपुर के कुछ साथियों को लाहौर भेजा था और बाद में दिल्ली में श्री काशीराम जी की मार्फत सन्देश आने-जाने लगे। काशीराम जी हरदोई के रहनेवाले थे इसलिए श्री जयदेव कपूर के रिश्तेदार बनकर वे वोर्स्टल जेल में उनसे मिलते रहे। उन्हीं की मार्फत जेल से सन्देश आने-जाने लगे परन्तु मुख्य मध्यस्थ श्रीमती दुर्गा देवी वोहरा थी जो वकीलों की मार्फत या कभी-कभी स्वयं मिलकर सन्देश लाती-ले जाती रहीं। सभी उन्हें भाभी कह सम्बोधित करते थे।

कैलाशपति दिल्ली के चार्ज में थे और काशीराम भी दिल्ली में थे। इसके अलावा प्रो. निगम, मास्टर छैलबिहारी, विमल प्रसाद जैन, मास्टर हरकेश, भवानी सिंह, भवानी सहाय, भगीरथ, विश्वंभर आदि सदस्य कैलाशपति से सहयोग करते थे। उसी प्रकार अजमेर का भी ग्रुप दिल्ली के अन्तर्गत था। वहाँ श्री मदन गोपाल, रुद्रदत्त मिश्र, रामचन्द्र नरहर बापट, ज्वाला प्रसाद, रामजी लाल आदि सदस्य थे।

दिल्ली षड्यन्त्र का मुकदमा प्रारम्भ होने पर पुलिस की गतिविधियाँ कुछ शिथिल

हो गईं। अब आज़ाद फिर खुलकर इधर-उधर घूमने लगे। उन्होंने हथियार प्राप्त करने के साधनों की भी वृद्धि की। उन्हें ज्ञात था कि काकोरी के समय श्री रामप्रसाद बिस्मिल के नेतृत्व में रियासतों से ही हथियार प्राप्त किए जाते थे, विशेषकर ग्वालियर रियासत से। झाँसी में रहते समय आज़ाद ने भी आसपास की रियासतों से हथियार प्राप्त करने का प्रयत्न किया और उसमें वे सफल भी हुए। दतिया, खनियाधाना आदि में अनेक बार हथियार, बारूद इत्यादि सामान सहज ही मिल जाता था। पिस्तौल और रिवाल्वर की गोलियाँ भी कभी-कभी मिल जाती। क्योंकि सरदारों के यहाँ उनकी कोई गिनती नहीं रखता था। अनेक बार उनके नौकर गोलियाँ बेंच देते या पिस्तौल या रिवाल्वर भी हाथ लग जाता तो उसे बेचने से न हिचकिचाते थे। कानपुर के सिद्धा महाराज की मार्फत भी सरकारी रिवाल्वर और उसकी गोलियाँ मिल जाती थीं। सिद्धा महाराज दल के सक्रिय सदस्य थे। जयपुर से भी बन्दूकें, पिस्तौल तथा कारतूस भरपूर मिल जाते थे। इसकी व्यवस्था वैद्य श्री मुक्तिनारायण जी शुक्ल ने की थी। इनके पास जयपुर में झंडू फार्मेसी की एजेन्सी थी। साथ ही वे उस समय राजघराने की रसशाला में दवाएँ बनाते थे। धीरे-धीरे उन्होंने राजमहल, शस्त्रागार के अधिकारियों से परिचय बनाया। उनके पास से मैं एक-दो बार जाकर हथियार लाया था। पिछले वर्ष यानी 1966 में उनसे मिलने गया था। उस समय उन्होंने आज़ाद से परिचय होने की घटना का उल्लेख करते हुए बताया—मैं कानपुर का रहनेवाला हूँ। मेरे चाचा कैलाशनारायण शुक्ल गणेश शंकर जी के घनिष्ठ मित्रों में से थे। मुझे गणेश जी ने अपने पास रखकर पढ़ाया-लिखाया। मेरे नाना के कोई औलाद नहीं थी इसलिए बिहार तथा जयपुर की जायदाद मुझे वसीयत में मिली और तभी यानी 1917 से मैं जयपुर में आ बसा। वीरभद्र की मेरी अच्छी जान-पहचान थी और उन्हीं की मार्फत मेरी आज़ाद से भेंट हुई। मेरे पास हथियार लेने के लिए आज़ाद और तुम्हारे सिवा रामसिंह तथा रामचन्द्र जेल यात्री भी आए थे। आज़ाद एक बार वाइसराय की गाड़ी उड़ाने के सम्बन्ध में देख-भाल करने जयपुर आए थे। जयपुर के आस-पास इस योजना को कार्यान्वित करने का विचार था परन्तु बाद में वह योजना स्थगित कर दी गई। कारण, मुझे ज्ञात नहीं। अचानक ही बात काटकर वे उठ खड़े हुए और आले में रखी एक एयर पिस्टल जो अब बन्दरों को डराकर भगाने का काम देती है, लाकर मेरे सामने रखते हुए कहा—इस पिस्टल से भैया जयपुर में निशानेबाजी करते थे। मैंने उनसे यह एयर पिस्टल सुरक्षित रखने को कहा है। शायद किसी दिन क्रान्तिकारी शहीदों की वस्तुओं का म्यूजियम बने और वहाँ इन वस्तुओं का उपयोग हो सके।

सबसे कौतूहलपूर्ण घटना का जो उन्होंने वर्णन किया वह थी—एक पिस्टल के विषय में। वह पिस्टल उन्होंने आज़ाद को दिया था और उनका कहना है कि वही पिस्टल आज़ाद के पास अन्तिम समय तक रहा। परन्तु श्री विद्याभूषण शुक्ल का कहना है कि उन्होंने प्रो. बैनर्जी का जो पिस्टल भैया को दिया था वही उनके पास अन्त तक रहा। जो भी हो पर श्री मुक्तिनारायण जी का दिया पिस्टल दल के पास था। सम्भवतः

वह बाद में भगवतीचरण के पास रहा हो। यह अमेरिकन पिस्टल अलवर रियासत के कमांडर इन चीफ गंगासिंहजी का था। महाराजा अलवर से अनबन हो जाने के कारण वे नौकरी से हटा दिए गए थे। तभी से वे जयपुर में आ बसे थे। इन्हीं दिनों मुक्तिनारायण जी ने उनकी गृहिणी का इलाज किया था। इससे प्रसन्न हो उन्होंने यह अमेरिकन पिस्टल उन्हें उपहार के रूप में दिया था। उसका बख्शीशनामा भी उन्होंने वैद्यजी को लिखकर दिया था परन्तु वास्तविकता यह थी कि वह पिस्टल उनसे खरीदा गया था। फिर उन्होंने मुझे उस घटना की याद दिलाई जब मैं जयपुर से दो बन्दूकें और गोलियाँ लाया था। उस समय किस प्रकार बन्दूक बेचनेवाले ने मेरे निशाने की परीक्षा करनी चाही थी और किस तरह यह सब सामान जयपुर से ले जाया गया। इन घटनाओं का कुछ विस्तृत वर्णन अनुचित न होगा।

## श्रीमती कल्याणी देवी का साहस

जिस व्यक्ति से बन्दूकें लेनी थी वह यह समझता था कि ये ठाकुर लोग बन्दूकों के शौकीन हैं इसीलिए शिकार इत्यादि के लिए यह लोग ले जाते हैं; परन्तु जब उसने मेरी अवस्था देखी तो उसे लगा जैसे बन्दूक चला भी सकता हूँ या नहीं। जिस स्थान पर वह हथियार लाया था वह जंगल-सा ही था। उस व्यक्ति ने आग्रह किया कि राइफल मैं चलाकर देख लूँ। मेरे बहुत मना करने पर भी वह अपने हठ पर अड़ा रहा। मैंने राइफल तो कभी चलाई नहीं थी। हाँ, डबल बोरगन कई बार चलाकर अभ्यास कर चुका था। इसलिए राइफल चलाने में हिचकन हुई। सम्भवतः 100 गज के फासले पर के एक पेड़ के तने को निशाना बनाकर दो गोलियाँ चलाई। दूर से कुछ दिखाई न दिया। मैंने सोचा निशाना चूक गया परन्तु मेरे वहाँ पहुँचने के पूर्व ही खाँ साहब दौड़कर वहाँ पहुँच गए और उन्होंने वहाँ से कहा, वल्लाह क्या निशाना है, गोली पर गोली धँस गई है। मुझे यह सुन प्रसन्नता हुई और उत्सुकता भी। मैं और वैद्यजी दोनों ही पेड़ के पास पहुँचे और देखा तो सचमुच ही दोनों गोलियाँ एक-दूसरे से सटी हुई थी। निशाने पर थीं। वैद्यजी ने प्रशंसा की और खाँ साहब भी अपनी असलियत पर आ गए और बोले—आपको देख मुझे शक हुआ था कि आप बन्दूक चला भी सकते हैं या नहीं। उसके बाद खाँ साहब ने बताया कि वे देशी-रिवाल्वर भी बनाते हैं और दूसरी बार जब मैं आऊँगा तो वे उसे अवश्य दिखाएँगे। दस-पन्द्रह फायर करने पर भी उस रिवाल्वर की नली गरम नहीं होती। मैंने पैसे चुकाए और माल लेकर घर आया। घर आकर वैद्यजी कहने लगे, आज इज्जत बच गई।

यही सब सामान कानपुर ले जाना था—दो बन्दूकें, एक रिवाल्वर, रिवाल्वर की गोलियाँ तथा बन्दूकों की गोलियाँ। आखिर यह सब जाता कैसे। ट्रंकों में भी भरने पर जयपुर स्टेशन पर यदि आबकारी विभाग के लोगों को शंका हो गई तो सब खेल ही समाप्त हो जाएगा। परामर्श हुआ। उस परामर्श में उनकी पत्नी श्रीमती कल्याणी देवी

ने भी भाग लिया। समस्या गम्भीर समझ उनकी पत्नी श्रीमती कल्याणी देवी बोली 'काहे घबरात हो हम चलिबे तुम्हारे संग और छोटी बिटियवा हमरे संग जाई।'

उनकी बात सुनकर मैं तो आश्चर्यचकित रह गया। परदे में स्त्री और इतनी जोखिम उठाने को तैयार हो जाए। वैद्यजी ने कहा—"पुलिस ने पकड़ लिया तो ?" "हम हुँ लाला के संगे जेल जैबे और का होई।" वैद्यजी पत्नी का यह साहस देख प्रसन्न हुए। दो नए ट्रंक और एक टिफिन खरीदा गया। ट्रकों में बन्दूकें तथा श्रीमती कल्याणी देवी तथा उनकी बच्ची के कपड़े रखे गए। टिफिन में कलाकन्द के नीचे गोलियाँ भरी गई और उस प्रकार एक छोटा-सा आर्सनल ले हम स्टेशन पहुँचे। राजघराने से वैद्यजी का सम्बन्ध होने के कारण तथा वैद्य होने के नाते वे अत्यधिक लोकप्रिय थे। स्टेशन पर आबकारी के सिपाही भी थे। उनका वैद्यजी से हाल-चाल पूछना स्वाभाविक ही था। वे बोले 'का बताई कैसे आए।' फिर मेरी ओर संकेत कर बोले, "ई ससुर हमार भैया हैं। कानपुर से पढ़ाई छोड़ भाग आए हैं। अब फिर समझा-बुझाकर भेज रहे हैं। संगे उनकी भौजी और बिटिया को भेजते हैं। नाहीं तो हम इन्हें पढ़ैका कानपुर भेजी और ई बीच से ही कहाँ रफूचक्कर हुई जाएँ।" मैं मुँह लटकाए उनकी सारी बातें सुनता रहा और देखनेवालों को तनिक भी सन्देह न हुआ कि ये इनके भाई नहीं हैं। जब रेल में हम लोग बैठकर चल दिए तो कल्याणी देवी बोली—"लाला इतनी गारी कबहूँ न खाए हुई हो।" मैंने कहा, "ठीक यही तो नहीं पर घर में उत्पात करने पर बहुत कुछ सुन चुका हूँ। मार भी खा चुका हूँ।" कानपुर तक की यात्रा बड़ी ही सुखद रही। मार्ग भर यह चिन्ता तो रही ही कि कहीं पुलिस शंका न करे। पर साथ में भौजी और बिटिया के रहने पर किसी ने हमारी ओर देखा तक नहीं और हम सही-सलामत कानपुर पहुँच गए। भौजी को मैंने उनके घर पहुँचाया और मैं अपने डेरे पर गया था। 24 सितम्बर 1966 को जब मैं उनके घर पर था तो वे संस्मरण सजीव हो उठे मानो कल की ही बात हो। वैद्यजी ने बताया कि पुलिस भी उन्हें हथियार पहचानने के लिए दिल्ली ले गई थी; परन्तु उन्होंने कहा इनमें से तो कोई हथियार मेरे पहचान के नहीं हैं। आज़ाद के संस्मरणों की चर्चा करते हुए हम सभी की आँखों में आँसू थे। उन सुखद क्षणों की स्मृति में रात कब कट गई पता भी न चला। दुर्गा भाभी भी उनके यहाँ रही थीं। वे लोग आज भी बड़ी आत्मीयता से उनका स्मरण करते हैं।

आज़ाद का व्यक्तित्व ही कुछ ऐसा था कि जो भी उनके सम्पर्क में आता वह उनका हो लेने में अपने को धन्य मानता। छल-कपट रहित स्वभाव, जीवन की सादगी और उनका निष्कपट व्यवहार सामनेवाले व्यक्ति पर अपनी छाप छोड़ जाता। जो उनके नाम से भी परिचित न होते वे भी उनसे मिलकर यह अनुभव करते कि यह अवश्य ही कोई असाधारण व्यक्ति हैं। जिन्होंने उनके साथ विश्वासघात किया वे भी अपने पश्चात्ताप के क्षणों में उस महान विभूति की महत्ता को स्वीकार करेंगे और अपने घृणित कर्म के लिए अपने आपको धिक्कारे बिना न रह सकेंगे।

## भगत और दत्त को छुड़ाने की योजना

कानपुर आने के पश्चात् आज़ाद ब्रिटिश-शासन से फिर एक टक्कर लेने की बात सोचने लगे। उन्हें यह समाचार मिला था कि भगत और दत्त को छुड़ाया जा सकता है। उसके लिए चाहे कुछ भी कीमत क्यों न देनी पड़े। पर इसं एक्शन से फिर एक बार क्रान्तिकारी दल अपनी शक्ति और साहस का प्रदर्शन करेगा। दुनिया यह जानेगी कि जो लोग पकड़े गए हैं उससे दल की शक्ति कम नहीं हो सकी है, बल्कि बढ़ी ही है। आज ब्रिटिश शासन के दमन का उत्तर वह उतने ही तीखेपन से अब भी दे सकता है।

उन्हें यह बताया गया था कि सरदार भगत सिंह और दत्त प्रति रविवार को पैदल ही सेन्ट्रल जेल से बोर्स्टल जेल अपने साथियों से मिलने जाते हैं और कुछ घंटे वहाँ रुककर वैसे ही वापस आते हैं। दोनों जेलों के बीच मुश्किल से एक-डेढ़ फर्लांग का ही अन्तर होगा। परन्तु बाद में इन्हें सशस्त्र पुलिस के पहरे में पुलिस लॉरी में ले जायां जाने लगा। शायद यह नई व्यवस्था इसी आशंका से की गई कि इस प्रकार खुलेआम ले जाने से क्रान्तिकारी उन्हें कहीं छुड़ा न ले जाएँ। इस विषय में आज़ाद अच्छी तरह जानकारी प्राप्त कर लेना चाहते थे। इसलिए उन्होंने पहले एक-दो व्यक्तियों को भेजा। वे लोग जो जानकारी लाए, आज़ाद को वह भी अपर्याप्त ही प्रतीत हुई। अन्त में उन्होंने मुझे काशीराम के साथ लाहौर जाकर सारी परिस्थिति का निरीक्षण कर आवश्यक जानकारी लाने के लिए भेजा। रास्ते में एक ऐसी दुर्घटना हो गई कि हम पुलिस के चंगुल में फँसने से बाल-बाल बचे।

लाहौर जाना था इसलिए निश्चय किया गया कि यात्रा सेकेंड-क्लास से की जाए; क्योंकि पुलिस को यह विश्वास था कि क्रान्तिकारी पैसे की बचत की दृष्टि से तीसरे दरजे में ही सफर करते हैं। इसीलिए उनकी नजर तीसरे दरजे में यात्रियों पर ही अधिक रहती थी। इसीलिए तय किया गया कि तीसरे दरजे में न जाकर दूसरे दरजे में जाया जाए। काशीराम जी स्वयं कई बार लाहौर जा चुके थे, इसलिए यात्रा का भार उन्हें ही सौंपा गया। दिल्ली स्टेशन पर काशीराम जी टिकट ले आए। पर हम दूसरे दरजे में न बैठकर प्रथम श्रेणी में बैठे। गाड़ी चलने पर मैंने पूछा—'हमने इतना खर्च क्यों किया।' तो वे बोले, 'एक व्यक्ति प्रथम श्रेणी का वापसी टिकट खरीद चुका था अचानक उसके घर में कोई बीमार पड़ गया इससे वह वापस न जा सका। मजबूरी में उसने हमारे द्वितीय श्रेणी के किराए में ही पहले दर्जे के टिकट दे दिए। ये टिकट अमृतसर तक के हैं। अमृतसर में उतरकर हम लाहौर के टिकट खरीद लेंगे।' अमृतसर तक हम सही-सलामत चले गए। पर अमृतसर में जब काशीराम जी गेट पर टिकट लेने गए तो मुसीबत में पड़ गए। इन टिकटों पर वह व्यक्ति यात्रा कर चुका था और ये बेकार थे। मैं सामान लिए प्लेटफार्म पर ही उनकी प्रतीक्षा में खड़ा था। बड़ी देर के बाद काशीराम जी एक टिकट कलेक्टर के साथ आ पहुँचे। टिकट कलेक्टर दिल्ली से अमृतसर तक का चार्ज माँग रहा था और हमारे पास तो केवल दस रुपया ही था। यदि चार्ज नहीं देते हैं तो

पुलिस के हवाले किए जाते हैं। बाद में और क्या गुल खिलते पता नहीं। अब अन्तिम उपाय यही था कि हम उस व्यक्ति को वास्तविक स्थिति से परिचित करा देते। हमने उसे एक ओर ले जाकर कहा कि 'हम लोग लाहौर षड्यन्त्र के मुकदमे के अभियुक्तों के रिश्तेदार हैं। पहली ही बार इधर आ रहे हैं। हमें यह मालूम नहीं था कि वह सूटेड-बूटेड व्यक्ति ठग था।' उसे कुछ उत्सुकता हुई तो नाम पूछा कि हम किससे मिलने जा रहे हैं। हमने जयदेव जी का नाम बताया। उसने जयदेव और जयगोपाल के नामों में गड़बड़ कर कहा। 'वही जो सरकारी गवाह है ? वह तो गद्‌दार है। मैं आप लोगों को नहीं छोड़ सकता।' हमें कुछ धीरज बँधा, यह देखकर कि इसके दिल में क्रान्तिकारियों के प्रति श्रद्धा तो है, अब मामला सुलझ जाएगा। तब हम उसे पाँच मिनट यह समझाते रहे कि सरकारी गवाह जयदेव नहीं, जयगोपाल है। जयदेव तो अभियुक्त हैं। यह सुन उसका मन पसीजा। फिर उसने हमें एक भाषण पिलाया। उसका सार यह था कि आपके पीछे तो पुलिस रहती है, आपको तो इस प्रकार खतरा मोल नहीं लेना चाहिए इत्यादि। वह काशीराम जी को गेट पर ले गया और उसने लाहौर के टिकट दिलवा दिए। एक पुलिस वाला जो दूर से ताक रहा था मेरे पास आकर बोला, 'क्या मामला है ?' मैंने कहा, 'कुछ नहीं, हम यहाँ दिन भर रुकना चाहते थे, स्वर्ण मन्दिर तथा अमृतसर घूमने, पर इस टिकट पर ब्रेक जर्नी नहीं हो सकती यही झगड़ा था सो निपट गया। हमें दूसरी मेल से जाना ही होगा। गेट पर टिकट ले लिए थे। उन्हें ही लेने भाई साहब गए हैं।' उन दिनों जी.आई.पी. मेल तथा फ्रान्टियर मेल एक दूसरी के पीछे ही लाहौर पहुँचती थी। इसलिए तुरन्त ही हम लोग अमृतसर से चल पड़े। मैंने मन ही मन निश्चय कर लिया कि भविष्य में काशीराम जी पर अपनी जिम्मेदारी के साथ-साथ अपनी अक्ल का भार उन पर नहीं लादूँगा। स्वयं सोच-विचार कर चलना होगा। और यह निश्चय करना उचित ही हुआ क्योंकि लाहौर पहुँचते ही मैंने पूछा, 'हम कहाँ ठहरेंगे ?' काशीराम जी ने आश्चर्यचकित हो कहा, 'क्यों ब्रेंडला हॉल में, जहाँ सभी साथियों के रिश्तेदार ठहरते हैं।' 'वहाँ तो सी.आई.डी. के आदमी भी तैनात होंगे ?' मैंने कहा।

'हाँ सो तो होंगे ही ?'

'तो फिर मेरा वहाँ जाना क्या उचित होगा। मेरा सामान आप लेते जाएँ, मैं आस-पास किसी होटल में खाना खाकर इसी पार्क में रहूँगा। मेरे ठहरने की और कहीं व्यवस्था करा दो।' शाम को चार बजे काशीराम जी एक व्यक्ति को साथ ले आए। वे मुझे शहदमिट्ठा मोहल्ले में ले गए और एक संस्कृत विद्यार्थी के पास ठहरा दिया। ये ओरियंटल कॉलेज में पढ़ते थे। आज़ाद का आदेश था कि मैं रविवार को प्रातः काल सेंट्रल जेल पर खड़ा रहूँ और यह देखूँ कि भगत तथा दत्त किस प्रकार सेन्ट्रल जेल से बोर्स्टल जेल ले जाए जाते हैं। उनके साथ कितनी गारद रहती है। इस प्रकार दो रविवार देखने के पश्चात मैं कानपुर वापस आऊँ। मैं सेंट्रल जेल लाहौर के मार्ग की जानकारी कर रविवार को सबेरे ही एक तहमत और कमीज पहन सेंट्रल जेल की ओर चल पड़ा। सम्भवतः नवम्बर का महीना था और कड़ाके का जाड़ा पड़ रहा था। सर्दी

से बुरा हाल था। उन दिनों गरम स्वेटर क्या और कैसा होता है यह मुझे मालूम ही नहीं था। घर में जब तक था तब तक सर्दियों में मैं रुई की बंडी पहनता था, पर उस समय तो वह भी पास नहीं थी। तेज कदम चलकर बदन में गर्मी लाने का प्रयत्न किया। जीवन में शायद पहली बार वहाँ सिगरेट का प्रयोग किया। सेंट्रल जेल के फाटक पर लोगों की काफी भीड़ थी। रविवार के दिन कैदियों की मुलाकात का दिन होता था। उससे शहराती और देहाती सभी प्रकार के लोग वहाँ जमा थे। जब लोग मुझसे कुछ पूछते तो वह भाषा भी मेरे लिए नई थी। पहले तो लोगों के प्रश्न समझने में ही कठिनाई होती और प्रश्न समझ भी जाता तो मेरा उत्तर समझने में लोगों को कठिनाई होती। मैं लोगों को यही बताता रहा कि मैं किसी कैदी से मिलने आया हूँ जो दिल्ली से सजा पाकर यहाँ आया है। एक कप चाय और सिगरेट ने बदन में गर्मी ला दी। सात-सवा सात बजे एक पुलिस लॉरी जेल के फाटक के सामने आ लगी और पन्द्रह मिनट बाद ही वह मुख्य सड़क से बोर्स्टल जेल गई। मैं सड़क के दूसरी ओर खड़ा था। सरदार भगत सिंह और दत्त को मेरी सूचना सम्भवतः मिल चुकी थी। इसी से वे मेरी ओर ही देख रहे थे। क्षण भर में ही गाड़ी आँखों के सामने से ओझल हो गई। मैं तो केवल मोटर की जाली से सटे दो सिर ही देख पाया। कुछ क्षण मैं ठगा-सा खड़ा रहा। फिर ध्यान आया कि कहीं मेरे इस प्रकार खड़े रहने से किसी को शक न हो जाए। इसलिए भीड़ के साथ ही सेंट्रल जेल के गेट तक चला गया। गेट के बाहर भी सशस्त्र पहरा था। वहाँ से लौट मैं फिर शहर की ओर चल दिया और नौ बजे बोर्स्टल जेल के सामनेवाली सड़क पर खड़ा रहा। थोड़ी ही देर में फिर उसी प्रकार लॉरी लौटी। फिर जाली से सटे दो सिर और लॉरी फर्र से आगे निकल गई। बाद में उदास मन मैं अपने डेरे पर पहुँचा। सबेरे आते समय जो उत्साह और उमंग थी वह अब अवसाद में परिणत हो गई। आगरे में भगत तथा दत्त के साथ बीते दिनों ने आ घेरा। भूल ही गया कि मैं लाहौर में हूँ। ऐसा प्रतीत हुआ कि डेरे पर पहुँचते ही फिर सब साथी मिलेंगे। भगत सिंह, दत्त, विजय, रघुनाथ, सुखदेव, शिव वर्मा, जयदेव, पर डेरे पर कोई न्हीं था केवल मैं, एकाकी और इन साथियों की मँडराती स्मृतियाँ। साथी तो बन्द थे, कोई बोर्स्टल जेल में तो कोई सेन्ट्रल जेल में।

इस प्रकार दो-तीन रविवार मैंने इन लोगों की तथा पुलिस की गतिविधि देखी। तीसरे रविवार की शाम को मैंने उस व्यक्ति से जो मेरी व्यवस्था देखा करता था, कहा, अब मैं वापस जाना चाहता हूँ। मेरे लिए पैसों की व्यवस्था कर दी जाए। परन्तु दूसरे दिन वे सज्जन जो उत्तर लाए उससे मैं तो आश्चर्यचकित रह गया। आपके जाने की आवश्यकता नहीं है, यहाँ सारी व्यवस्था हो चुकी है। आपके लिए यहीं रहने का आदेश है। यह उत्तर तो मैं समझ ही न सका। क्योंकि आज़ाद के सिवा यह आदेश दे कौन सकता है, और उन्होंने यह आदेश भेजा भी तो किसके द्वारा। इस बीच काशीरामजी से भी तो भेंट नहीं हो सकी। मैंने कुछ सोचकर उस व्यक्ति से कहा 'क्या मैं उनसे मिल सकता हूँ जो मेरी व्यवस्था करते हैं ?'

उस व्यक्ति ने कुछ सोचकर कहा 'आपकी व्यवस्था तो मिसेज भगवतीचरण करती हैं।' यह नाम सुन मैं फिर चौंका। श्रीमती दुर्गा देवी ? पर कानपुर से चलते समय तो विशेष रूप से आज़ाद ने चेताया था कि मैं लाहौर में भगवतीचरण जी के घर भूलकर भी न जाऊँ और दुर्गा देवी से भी न मिलूँ। क्योंकि उन पर लोगों का शक है कि वे पुलिस के आदमी हैं। मैं सोच में पड़ गया कि जिसने मुझे 15-20 दिन लाहौर में रखा, मेरी सारी सुख-सुविधाओं का ध्यान रखती रहीं, अगर वे चाहतीं तो मुझे किसी दिन भी पकड़वा दे सकती थीं। इस मामले में कहीं कुछ गलतफहमी अवश्य है। अन्त में मैंने दुर्गा देवी से मिलने का निश्चय किया और दूसरे दिन शाम को मैं उनसे मिलो। हम दोनों के बीच जो व्यक्ति सन्देशवाहक का काम करता था, वह था इन्द्रपाल।

दूसरे दिन शाम को जब मैं दुर्गा देवी जी से मिला तो उनसे मेरा पहला सवाल यही था कि, 'वे मेरे विषय में क्या जानती हैं ?'

'क्यों आप दिल्ली से तो आए हैं, उन्होंने (भगवतीचरण) ही तो आपको यहाँ भेजा है।' उन्होंने आश्चर्यान्वित हो उत्तर दिया।

'नहीं, मैं तो चन्द्रशेखर आज़ाद के पास से यहाँ आया हूँ और अब मुझे वापस जाना है।'

आज़ाद का नाम सुनकर वे अत्यन्त प्रसन्न हुईं। उन्होंने बताया कि भगवतीचरण जी बहुत दिनों से आज़ाद से मिलने के लिए उत्सुक हैं और अनेक बार वे उनसे मिलने का प्रयत्न भी कर चुके हैं। यह तो बहुत अच्छा हुआ कि आपसे भेंट हो गई। अब मैं उनके पास समाचार भेजती हूँ, तब तक आप रुकें।'

समाचार भेजने तक मैं रुकना नहीं चाहता था। मैंने कहा, 'आज़ाद से सारी बातें बताकर भाई भगवतीचरण जी को मैं उनसे मिलाने का प्रयत्न करूँगा। अब दोनों ही मिलकर काम करेंगे तो ठीक रहेगा।'

भगत सिंह और दत्त को छुड़ाने की योजना भाई भगवतीचरण ने भी बनाई थी और उनका विचार था कि वाइसरीगल बमकांड के बाद वे यह काम हाथ में लेंगे। इसलिए जब मैं लाहौर पहुँचा तो भाभी को यह अनुमान हुआ कि मैं उन्हीं का भेजा लाहौर आया हूँ क्योंकि मेरी व्यवस्था करने का जो सन्देश उन्हें मिला था, वह सरदार भगत सिंह के द्वारा भेजा गया था और उसमें केवल इतना ही था कि दिल्ली से आए एक व्यक्ति की उन्हें व्यवस्था करनी है। इसी से यह भ्रम निर्माण हुआ होगा।

## ऐतिहासिक मिलन

जब मैं कानपुर पहुँचा तो आज़ाद मुझे देख बहुत प्रसन्न हुए क्योंकि बहुत दिनों से उन्हें मेरा कोई समाचार नहीं मिला था और इसी बीच लाहौर में एक क्रान्तिकारी पकड़ा भी गया था, इससे उन्हें यह शंका होना स्वाभाविक था कि कहीं मैं ही न पकड़ा गया हूँ। मैंने सारी बातें उन्हें बताई और यह भी बताया कि किस तरह वहाँ दुर्गा देवी से मैं मिला

तथा किस तरह उन्होंने मेरी सारी व्यवस्था की। इसके पूर्व कैलाशपति की मार्फत भी भैया (आज़ाद) को भगवतीचरण के विषय में समाचार मिल चुका था; परन्तु वे अब तक यह निश्चय नहीं कर सके थे कि क्या किया जाए। मुझसे सारी बातें सुनने के पश्चात् उन्होंने यह समझ लिया कि भगवतीचरण जी से मिलने में कोई भय का कारण नहीं है। इसलिए उन्होंने उसी दिन मुझे दिल्ली भेजा। वहाँ कैलाशपति की मार्फत भाई भगवतीचरण से मिलकर उन्हें कानपुर ले जाना था। कुदसिया गार्डन में भाई भगवतीचरण तथा श्री यशपाल से भेंट हुई। भगवतीचरण तथा यशपाल भी उसी रात भैया से मिलने कानपुर रवाना हुए। चटाई मोहाल के मारवाड़ी बासे में मैंने उन्हें ले जाकर ठहराया और तब मैं भैया को सन्देश देने गया। भैया आए और दोनों एक-दूसरे से ऐसे मिले मानो दो भाई एक लम्बे बिछोह के बाद अचानक मिले हों। भैया ने भगवतीचरण से बड़े स्पष्ट शब्दों में कहा, 'देखो भाई, तुमसे मिलने से मैंने इन्कार किया यह सच है परन्तु इसमें बुरा मानने की बात नहीं है। सभी बातों का पता तो मैं अपने आप नहीं लगा सकता था। मुझे जैसा बताया गया, उस पर मुझे विश्वास करना पड़ा।' इस विषय में भैया को भी एक पहेली रही कि आखिर भगत सिंह तो इस भ्रम को दूर कर सकते थे। वे भाई भगवतीचरण को अच्छी तरह जानते थे। उनका एक शब्द ही सारी गलतफहमी दूर कर देता। बहुत सोचने के बाद इसका एक ही उत्तर समझ में आया कि दोनों ही भगत और दत्त को छुड़ाने का प्रयत्न कर रहे थे इसलिए शायद उन्होंने यह सोचा हो कि दोनों के अलग-अलग प्रयत्न करने से किसी न किसी को तो सफलता मिल ही जाएगी। परन्तु यदि ग्वालियर में ही दोनों की भेंट हो जाती तो यह काम और भी जल्दी हो जाता। क्योंकि प्रारम्भ में इन दोनों को बोर्स्टल जेल ले जाने के मामले में पुलिस द्वारा इतनी सतर्कता नहीं बरती जाती थी, परन्तु जैसे-जैसे समय बीतता गया पुलिस का नियन्त्रण कड़ा होता गया। और जिस समय यह एक्शन करने का निश्चय हुआ उस समय पुलिस अत्यन्त सतर्क हो चुकी थी। फिर भी एक्शन करने का निश्चय हुआ। सारी व्यवस्था हो चुकी; परन्तु रावी के किनारे बम बिस्फोट में 28-5-1930 को भाई भगवतीचरण की मृत्यु से योजना को बड़ा धक्का पहुँचा। फिर भी प्रयास किया गया पर संकेतों के समझने में कहीं भूल रह गई और एक्शन न हो सका। भैया को बापू भाई की मृत्यु से बहुत बड़ा धक्का लगा। उसके बाद साथियों के विश्वासघात ने उनकी कमर तोड़ दी।

## केन्द्रीय समिति में निर्णय

जिस समय आज़ाद और बापू भाई (भगवतीचरण) की भेंट कानपुर में हुई उन दिनों भगवतीचरण तथा यशपाल दिल्ली में वाइसराय की गाड़ी उड़ाने की योजना में लगे हुए थे। इसलिए इस भेंट के बाद यह निश्चय किया गया कि भगत सिंह और दत्त को छुड़ाने की योजना अभी कुछ दिन के लिए स्थगित कर दी जाए। भाई भगवतीचरण ने सारी योजना की रूप-रेखा आज़ाद को बताई। उसके बाद केन्द्रीय समिति में भी इस पर

विचार विनिमय हुआ। उस समय तक केन्द्रीय समिति में आज़ाद, वीरभद्र, कैलाशपति तथा सद्गुरुदयाल थे। अब उसमें भगवतीचरण तथा यशपाल को भी ले लिया गया। बैठक में जब यह प्रश्न रखा गया तो वीरभद्र भी एक्शन के पक्ष में थे परन्तु चाहते थे कि उसे लाहौर कांग्रेस अधिवेशन तक स्थगित रखा जाए। अन्त में यही निश्चय हुआ कि एक्शन किया जाए। इसके पूर्व पैसे के लिए भी एक डकैती करने का विचार था परन्तु एक्शन के लिए पैसे की व्यवस्था हो जाने के कारण उसे भी इस एक्शन की समाप्ति तक स्थगित रखा गया। ट्रेन उड़ाने की योजना कौरव-पांडवों के किले से थी। वहाँ से ढाई सौ गज की दूरी पर रेलवे लाइन के नीचे बम दबे थे और उन्हें बिजली के तारों से जोड़ा गया था। किले में बैटरी के तार जोड़कर उसे संचार से विस्फोट करना था। यह काम यशपाल ने अपने ऊपर लिया था और उन्होंने ही उसे पूरा किया। यह दूसरी बात है कि उसमें पूर्ण सफलता न मिल सकी। 23-12-1929 को सबेरे घना कोहरा था इस कारण गाड़ी का अन्दाज लगाने में भूल हो गई। धमाका हुआ परन्तु वह वाइसराय के डब्बे से हटकर चौथे डब्बे के नीचे हुआ। पटरी उड़ जाने पर भी पूरी गाड़ी उस पर से निकल गई। लार्ड इरविन बाल-बाल बच गए। स्टेशन पर पहुँचते ही गाड़ी तिरपाल से ढँक दी गई। वाइसराय के कार्यक्रम में कोई परिवर्तन नहीं हुआ। वे रेलवे स्टेशन से सीधे गिरजाघर प्रार्थना करने गए और उसके बाद वाइसरिगल लॉज चले गए।

23 दिसम्बर 1929 को ही लार्ड इरविन ने कांग्रेसी नेताओं की बैठक बुलाई थी, इनके अलावा इस बैठक में मिस्टर जिन्ना भी आमन्त्रित थे। गांधी जी ने इस बैठक के लिए यह शर्त रखी थी कि यदि वाइसराय यह आश्वासन दें कि शीघ्र स्वायत्त शासन की माँग को पूर्ण करने के लिए आवश्यक विधान बनाने के लिए सम्मेलन बुलाया जाएगा तभी कांग्रेसी नेता इस बैठक में भाग लेंगे। परन्तु लार्ड इरविन को ऐसे किसी आश्वासन देने का अधिकार नहीं था इसीलिए कांग्रेसी नेताओं ने सम्मेलन में भाग नहीं लिया।

मैं वाइसरिगल ट्रेन दुर्घटना के पूर्व ही लाहौर कांग्रेस में पर्चे लेकर चला गया था, जिन्हें कांग्रेस अधिवेशन में आए प्रतिनिधियों में बाँटना था। जहाँ तक मेरा अनुमान है ये पर्चे 24 को सबेरे ही हर कैम्प में पहुँच गए थे। इन पर्चों में दल के सिद्धान्त तथा कार्यक्रम आदि पर प्रकाश डाला गया था तथा पूर्ण स्वतन्त्रता से कम कुछ भी स्वीकार करने से इन्कार किया गया था। साथ ही नौजवानों से अपील थी कि वे देश की आज़ादी के लिए आगे बढ़ें। इस पर्चे की पृष्ठभूमि में वाइसराय की ट्रेन उड़ाने की घटना भी थी इससे कांग्रेस अधिवेशन में एक नया जोश दिखाई देने लगा। पूर्ण स्वतन्त्रता के प्रस्ताव का घोर विरोध हुआ था, फिर भी तरुण पीढ़ी ने जवाहरलाल जी के नेतृत्व में उसे पास कराकर ही दम लिया। गांधी जी ने भी सविनय अवज्ञा आन्दोलन (Civil disobedience movement) का प्रस्ताव स्वीकृत कराया। उन्होंने कहा, 'मैं अपनी आत्मा की पुकार को ही सर्वश्रेष्ठ मानता हूँ, इसी कारण मैंने यह निर्णय लिया है।' पर उनकी आत्मा को चेतानेवाला बम का धड़ाका था और थे क्रान्तिकारी एक्शन—साण्डर्स

हत्या, असेम्बली बम कांड और अब लार्ड इरविन की ट्रेन का बम द्वारा उड़ाए जाने का प्रयास, जिसकी उन्होंने घोर शब्दों में निन्दा की थी। ये सारी घटनाएँ एक वर्ष की ही अवधि में हुई थीं। क्रान्तिकारियों की इस क्रान्तिकारी प्रगति को देखकर गांधी जी की आत्मा को धक्का लगा कि यदि यह सब इसी प्रकार चलने दिया गया तो देश के नेतृत्व की बागडोर उनके हाथ से निकलकर क्रान्तिकारियों के हाथ में चली जाएगी, इसलिए उन्होंने यह घोषणा की कि 26 जनवरी 1930 तक यदि सरकार न झुकी तो सविनय अवज्ञा आन्दोलन प्रारम्भ कर दिया जाएगा।

लाहौर कांग्रेस में बिहार से जोगेन्द्र शुक्ल भी आए थे। उनसे मिलकर मैंने उन्हें आज़ाद का सन्देश दिया। कांग्रेस अधिवेशन के दिनों में मैं दिन में कांग्रेस नगर में रहकर विभिन्न प्रान्तों के क्रान्तिकारियों से मिलता तथा रात्रि को दुर्गा भाभी के घर जा सोता। यहीं पर मेरी भेंट दीदी, लीलाजी तथा सरदार भगत सिंह की बहन बीबी अमर कौर से हुई। लीलाजी दल की सदस्या तो नहीं थीं, परन्तु क्रान्तिकारियों को वे यथाशक्ति सहायता करती थीं। जब वे इलाहाबाद के रामरख सिंह सहगल के मातृमन्दिर की संचालिका थीं तो वहाँ पर मुझसे उनकी सन् 1930 में एक-दो बार भेंट हुई थी। उन दिनों वे डेन्टिस्ट थीं। वे बड़ी भावुक हृदया थीं। जीवन में जहाँ अनेक ममत्व की स्मृतियों का बसेरा है और जो यदा-कदा जीवन में उभर आती हैं, उनमें से एक स्मृति लीलाजी की भी है। बाद में, जब मैं जेल में था तो एक दिन मैंने सुना कि प्रेम में पराजय सहन न होने के कारण उन्होंने आत्महत्या कर ली।

# दल का पुनर्गठन

## बम का दर्शन

लाहौर कांग्रेस अधिवेशन के बाद मैं कानपुर चला आया। उधर भगवतीचरणजी ने लखनऊ के अमीनाबाद पार्क में एक किराए का मकान लिया और इस पर सेनिटरी सप्लायर्स का बोर्ड लगाया गया। लखनऊ में मकान लेकर रहने का तात्पर्य यही था कि भैया से निकट सम्पर्क स्थापित किया जा सके। मैं इस मकान में कई बार गया हूँ। इसी अवसर पर बापू भाई ने 'फिलासफी आफ दि बाम' पैम्फलेट तैयार किया जिसे छापने की व्यवस्था भैया ने की थी। वाइसराय की गाड़ी उड़ाने के प्रयत्न के पश्चात् गांधी जी ने इसके विरुद्ध कांग्रेस में निन्दा का प्रस्ताव पारित कराया तथा 'यंग इंडिया' साप्ताहिक में इसके विरुद्ध एक लेख 'कल्ट ऑफ बाम्ब' शीर्षक लिखा। दल ने यह निश्चय किया कि इसका मुँहतोड़ उत्तर दिया जाए। बापू भाई पर इस उत्तर को तैयार करने की जिम्मेदारी सौंपी गई। साथ ही यह भी निश्चय हुआ कि 26 जनवरी 1930 को यह सारे देश में बाँटा जाए। इसी दिन कांग्रेस पूर्ण स्वतन्त्रता की घोषणा करनेवाली थी। इस विचार को व्यवस्थित प्रस्ताव का रूप देने के लिए केन्द्रीय समिति की बैठक बुलाई गई। जिसमें काकोरी षड्यन्त्र से छूटे आज़ाद के पुराने साथी सेठ दामोदर स्वरूप को आमन्त्रित किया गया था। वे बीमारी के कारण बहुत कमजोर थे परन्तु आज़ाद के पूर्व परिचित होने तथा उनसे अत्यन्त स्नेह होने के कारण उनके आग्रह को न टाल सके। यह उनकी पहली और आखिरी बैठक थी। इसके बाद वे फिर अन्य किसी बैठक में शामिल न हुए, गोकि उन्हें केन्द्रीय समिति का अध्यक्ष बनाया गया था, इसका मुख्य कारण जो बाद में मुझे श्री शचीन्द्रनाथ बख्शी से ज्ञात हुआ वह यह था कि वीरभद्र का केन्द्रीय समिति में होना। वीरभद्र शंकास्पद स्थिति में काकोरी षड्यन्त्र से छूटा था। दल के सदस्यों का मत था कि उसने पुलिस को कुछ आश्वासन देकर मुक्ति पाई है। इस विषय की विस्तृत चर्चा जहाँ वीरभद्र कांड आई है, वहाँ की जाएगी। तो इस बैठक में 'फिलासफी ऑफ दि बाम' पैम्फलेट तैयार कर बाँटने के सिवा एक और महत्त्वपूर्ण निर्णय लिया गया कि केन्द्रीय समिति के सदस्य के लिए किसी न किसी 'एक्शन' में भाग लेना आवश्यक होगा। यशपाल के अनुसार, वीरभद्र तिवारी ने इस प्रस्ताव का विरोध किया। उसका कहना था कि ऐसे कामों में भाग लेनेवाले व्यक्तियों को घटनास्थल

पर मारे या गिरफ्तार हो जाने की सम्भावना रहेगी। इसलिए संगठन की परम्परा बनाए रखने के लिए प्रान्तीय संगठनकर्ता ऐसे सशस्त्र कामों का संगठन और निर्देशन तो करें परन्तु उसमें सक्रिय भाग न लें। कैलाशपति ने भी इसका समर्थन किया था। मैं (यशपाल), भाई भगवतीचरण और भैया (आज़ाद) तीनों ही, इसके विरुद्ध थे। समझौता इस बात पर हुआ कि सेठ जी को छोड़कर आरम्भ में सभी साथी कम-से-कम तीन बार सशस्त्र काम में सहयोग दें। सशस्त्र काम में भाग लेना अपनी इच्छा पर नहीं बल्कि दल के निर्णय पर रखा गया। इसी बैठक में 'बम का दर्शन' पर्चा बाँटने की जिम्मेदारी प्रान्तीय संगठनकर्ताओं को दी गई।

इस बैठक के बाद सेठ दामोदर स्वरूप जब बरेली लौटे तो उन्होंने जेल में शचीन्द्रनाथ बख्शी के पास गुप्त रूप से एक पत्र भेजा, जिसमें यह उल्लेख किया कि एक तो आज़ाद उनसे जेल में मिलना चाहते हैं, दूसरे उन्हें वीरभद्र को केन्द्रीय समिति का सदस्य बनाए जाने तथा बैठक में आया देख आश्चर्य हुआ। उन दिनों बख्शी जी भूख हड़ताल कर रहे थे। बख्शी जी ने जेल से ही आज़ाद के पास गुप्त पत्र भेजा कि वे हरगिज मिलने न आवें तथा वीरभद्र तिवारी से सम्बन्ध न रखें। क्योंकि उसने काकोरी में धोखा दिया है। उसका पकड़ा जाकर छूट जाना अवश्य सन्देहजनक है, तथा वह पुलिस को कुछ बताकर ही छूटा है। परन्तु आज़ाद ने उस पत्र को महत्त्व नहीं दिया, बल्कि वह पत्र वीरभद्र को दिखा दिया था। जब जनवरी 1967 में यह चर्चा 'साप्ताहिक हिन्दुस्तान' में चली तो बख्शी बाबू ने यह घटना मुझे बताई।

26 जनवरी 1930 को 'फिलासफी ऑफ दि बाम' के समस्त भारत में एक साथ बँटने से आम जनता में और विशेषकर नवयुवकों में एक नवीन चेतना का संचार हुआ तथा दल के प्रति लोगों की आस्था बढ़ी। जनता को यह विश्वास भी हो गया कि हमारी शाखाएँ सारे देश में हैं और इसका प्रमाण था कि 'बम का दर्शन' सारे देश में एक ही दिन, एक साथ बाँटा गया ! 1922 से अब तक दल की ओर से जितने पर्चे बँटे थे उनमें से यह पर्चा सबसे अधिक प्रभावशाली सिद्ध हुआ। इस पर्चे में जो तर्कसंगत विचार तथा गांधी जी की दलीलों के उत्तर दिए गए थे उससे शिक्षित जनता अत्यधिक प्रभावित हुई।[1]

## भगत-दत्त को छुड़ाने की तैयारियाँ

आज़ाद ने भगत और दत्त को छुड़ाने की जो योजना बनाई थी उसे कार्यान्वित करने का निश्चय किया गया। आज़ाद तथा भगवतीचरण के मिलने के पूर्व भगवतीचरण भी इसी प्रकार की योजना बना रहे थे। इन दोनों के साथ-साथ काम करने के निश्चय से इस योजना को बल मिला तथा इसे अधिक सफलतापूर्वक कर सकने की आशा बँधी। आज़ाद के सामने यह कठिनाई थी कि लाहौर में उत्तर प्रदेश के साथियों को ले जाकर उन्हें वहाँ ठहराने आदि का प्रबन्ध कैसे हो सकेगा, जब तक कि वहाँ के किसी व्यक्ति

1. परिशिष्ट-6

का सहयोग न हो। भगवतीचरण जी के सहयोग से ये सारी समस्याएँ हल हो गईं। इस एक्शन के लिए हथियार, बम इत्यादि की व्यवस्था करने का भार आज़ाद ने अपने ऊपर लिया और वहाँ रहने आदि की व्यवस्था का भार भगवतीचरण जी ने अपने ऊपर लिया।

इस व्यवस्था के अनुसार इन्द्रपाल ने लाहौर के कृष्णनगर मोहल्ले में एक मकान लिया। इस मकान में पहले भगवतीचरण, मैं तथा यशपाल जाकर रहने लगे। भगत-दत्त को छुड़ाने की योजना में एक प्रकार की गैस का प्रयोग का भी विचार हुआ। यह गैस हंसराज नाम के व्यक्ति ने बनाने का दावा किया था। इस गैस का नाम पिम्टा था, जिससे लोगों को आसानी से बेहोश किया जा सकता था। यह खोज यशपाल की थी। यशपाल ने ही पिम्टा के निर्माता हंसराज के विषय में भगवतीचरण जी तथा आज़ाद को बहुत कुछ बताया था। अन्त में इस व्यक्ति को इस गैस के बनाने में सहयोग देने का निर्णय हुआ। आशा यह थी कि इससे भगत-दत्त को छुड़ाने का काम आसान हो जाएगा।

लाहौर के कृष्णनगर के मकान में तैयारियाँ प्रारम्भ हो गईं। उन दिनों श्रीमती दुर्गा देवी, धनवन्तरी, सुखदेव राज तथा अहसान इलाही अपने-अपने घरों में ही रहकर सहयोग कर रहे थे। बाद में सुखदेव राज भी कृष्णनगर के मकान में आ गया था। धनवन्तरी शहर से आवश्यक वस्तुओं का संचय करते। दुर्गा भाभी भगत सिंह तथा भगवती भाई के बीच सन्देशवाहक का काम करती।

यह हंसराज साइण्टिन्ट महोदय उन दिनों लायलपुर में रहते थे तथा इन्द्रपाल की मध्यस्थता से इनसे बातचीत होती थी। पिम्टा नामक गैस बनाने के लिए हंसराज ने कोकीन की माँग की। धनवन्तरी ने कोकीन ला दी। इन्द्रपाल वह कोकीन हंसराज को दे आया और यह वादा था कि आठ दिन के बाद वह गैस तैयार कर देगा परन्तु आठ दिनों बाद इन्द्रपाल खाली हाथ लौटा। उसने बताया कि जो कोकीन भेजी गई थी वह अच्छी नहीं थी। वह किसी कॉलेज की साइन्स लेबोरेटरी की होनी चाहिए। वैसी कोकीन रसायनशाला लायलपुर कृषि कॉलेज में है। इस काम के लिए सुखदेव राज और इन्द्रपाल को भेजा गया। इन दोनों को हंसराज ने साथ ले जाकर वह अलमारी तथा शीशी दिखाई। उसी रात दोनों ने वहाँ जाकर वह बोतल निकाल ली पर चौकीदार के चौकन्ना हो जाने से इन्हें भागना पड़ा और ये लोग पकड़े जाने से बाल-बाल बचे।

अबकी बार हंसराज को लाहौर में कृष्णनगर के मकान में बुला लिया गया। यहाँ आकर उसने एक वस्तु 'लिक्रिस पाउडर' की माँग की। धनवन्तरी आयुर्वेद की परीक्षाएँ पास कर चुके थे तथा एलोपैथी भी जानते थे, इसलिए 'लिक्रिस पाउडर' लाने में उन्हें कठिनाई न हुई। प्रयोग प्रारम्भ हुए। एक दिन प्रयोग करते-करते कमरे धुआँ-सा भर गया और उसमें स्वयं हंसराज वायरलेस महोदय बेहोश भी हो गए। अनेक दिनों के इस प्रयोग से बापू भाई यह समझ गए कि 'पिम्टा' का यह नाटक अधिक दिन न चलेगा और भगत-दत्त को छुड़ाने की योजना में इसका कुछ लाभ न होगा। हंसराज वायरलेस

महोदय के पास कुछ हाथ के सफाई के नुकशे अवश्य थे जिनसे लोग प्रभावित होकर उन पर विश्वास कर लेते थे। ये प्रयोग बिजली के थे। तो जब हंसराज पिम्टा बनाने में असफल रहे तो उन्हें यह कहकर बिदा कर दिया गया कि वे अपने प्रयोग लायलपुर की अपनी प्रयोगशाला में ही जाकर करें। हंसराज ने वाइसराय की ट्रेन उड़ाने की योजना के समय भी यह दावा किया था कि वे वायरलेस योजना से बमों को उड़ा देंगे, जिससे किले से जहाँ से विस्फोट किया जानेवाला तारों को वहाँ से लाइन तक बिछाने की आवश्यकता न होगी। इस सम्बन्ध में हंसराज ने वायरलेस के कुछ चमत्कार दिखाए परन्तु अन्त में यही तय हुआ कि बमों को तारों से जोड़कर बिजली की बैटरी द्वारा उन्हें उड़ाया जाए। उन दिनों आज़ाद स्थायी रूप से लाहौर नहीं आए थे। दिल्ली तथा कानपुर भी आते-जाते रहे। इसी अवसर पर आज़ाद ने एक बार कैलाशपति को वीरभद्र तिवारी के पास कानपुर एक रिवाल्वर तथा कुछ पर्चे लाने के लिए भेजा था। वीरभद्र तिवारी ने कैलाशपति को इस सन्देश के साथ वापस कर दिया कि कानपुर में कई जगह तलाशियाँ होने के कारण वे कागजात तथा हथियार गाँवों में पहुँचा दिए गए हैं। कैलाशपति ने मुखबिर होने के बाद जो बयान दिया उसमें इस घटना का उल्लेख करते हुए कहा—वीरभद्र तिवारी ने मुझसे यह भी कहा कि चटगाँव के क्रान्तिकारी प्रतुल गांगुली आज़ाद से मिलना चाहते हैं। आज़ाद प्रतुल गांगुली से मिलने गए।

प्रतुल गांगुली आज़ाद से चटगाँव आर्मरीरेड की योजना के सम्बन्ध में चर्चा करने आए थे। भैया ने उनके सामने साथियों तथा हथियारों का सहयोग देने का प्रस्ताव रखा था। सम्भवतः यह अप्रैल 1930 की बात है। कानपुर में दलिहाई मोहल्ले में सिद्धा महाराज ने जो मकान किराए पर ले रखा था उसी में यह भेंट हुई थी। प्रतुल गांगुली ने आज़ाद के इस सहयोग के लिए आभार प्रदर्शन किया तथा हथियारों की मदद स्वीकार की। आज़ाद ने उन्हें एक या दो सर्विस रिवाल्वर दिए थे।

## बंगाल में एच.आर.ए.

बंगाल में यह नवयुवकों का दल पुराने क्रान्तिकारी दलों से अलग हो काम कर रहा था। वह हिन्दुस्तान रिपब्लिकन आर्मी के नाम से सक्रिय हुआ। यह तरुण दल उत्तर भारत में होनेवाले क्रान्तिकारी दल के कार्यों से प्रेरित होकर बंगाल में भी हिंसात्मक कार्य करना चाहता था, परन्तु बंगाल के कुछ पुराने क्रान्तिकारी इस योजना के विरुद्ध थे। इसलिए इन युवकों ने एच.आर.ए. के नाम से दल बनाकर कार्य प्रारम्भ किया। चटगाँव के साथ-साथ वहाँ अनेक 'एक्शन' हुए और इस तरह बंगाल के क्रान्तिकारियों ने सन् 1930-31 में सबसे अधिक ब्रिटिश शासकों से मोर्चा लिया। दमन की लपटें जितनी अधिक बढ़ी, क्रान्तिकारियों को बलिदान की भावना भी उतनी तीव्र होती गई। बंगाल के नवयुवक और युवतियों के लिए गोली, फाँसी और कारावास मानो खेल हो गया। चटगाँव शस्त्रागार कांड ब्रिटिश शासकों को अत्यधिक दहला देनेवाला था।

इसमें 19 नवयुवक शहीद हुए, जिनकी अवस्था 16 वर्ष से 21 वर्ष के बीच थी। पुलिस से काम न चलने पर यहाँ सेना बुलानी पड़ी। इसके बाद उच्च अधिकारियों तथा गद्दारों को मारने का ताँता बराबर जारी रहा जिसमें युवतियों ने भी भाग लिया। इन एक्शनों में अनेक गोली के शिकार हुए, अनेकों को फाँसी तथा कालेपानी की सजाएँ हुई।

उत्तर भारत तथा बंगाल के क्रान्तिकारियों में जो सम्बन्ध स्थापित हुआ उसमें बंगाल की क्रान्तिकारी महिला माँसी माँ का भी हाथ था। उसके साथ उनकी भाँजी माया देवी भी थीं। दोनों ही कानपुर के बालिका विद्यालय में अध्यापिका थीं। इन्होंने कानपुर आकर वीरभद्र तिवारी तथा सद्‌गुरुदयाल अवस्थी से सम्बन्ध स्थापित किया तथा इन्हीं के द्वारा उनका आज़ाद से परिचय हुआ। इन्हीं के द्वारा बाद में आज़ाद ने बंगाल के क्रान्तिकारियों से सम्बन्ध स्थापित किया।

माया देवी को खोकी के ही नाम से दल के लोग जानते थे। 1930 के दिसम्बर मास में माँसी माँ ने भैया (आज़ाद) के सामने यह प्रस्ताव रखा कि वे खोकी को अपने साथ रखें क्योंकि माँसीमाँ, खोकी और सद्‌गुरुदयाल अवस्थी की घनिष्ठता को पसन्द नहीं करती थीं। जो कुछ हम लोगों को पता था उससे हमें विश्वास था कि जो कुछ भी हो वह अवस्थी को छोड़ न सकेगी। परन्तु खोकी के विश्वास दिलाने पर कि वह अवस्थी से कोई सम्बन्ध न रखेगी, दीदी उसे अपने साथ रखने के लिए तैयार हो गई। उससे इलाहाबाद में मिलने की बात तय हुई। उन दिनों हम इलाहाबाद के कटरे में रहते थे। खोकी से मिलने मैं तथा दीदी एल्फेड पार्क गए। खोकी को लेकर दीदी जब एल्फ्रेड पार्क से चली गई तो मैंने देखा कि सद्‌गुरुदयाल एल्फ्रेड पार्क का चक्कर लगा रहे हैं। धीरे-धीरे यह खबर भी कानपुर में फैल गई कि आज़ाद के मिलने का स्थान एल्फ्रेड पार्क है तथा वे उसी के आस-पास कहीं रहते हैं। इसी के बाद पुलिस मुखबिरों के साथ इस क्षेत्र में सक्रिय हो गई। जिस दिन आज़ाद और मैं कानपुर स्टेशन पर पुलिस से घिर गए थे उस दिन तो हमें निश्चय हो गया कि इलाहाबाद भी सुरक्षित नहीं रहा है और हमें शीघ्र ही यहाँ से हट जाना चाहिए। उन्हीं दिनों वीरभद्र भी जेल से छूट चुका था। कानपुर के लोगों का तो यहाँ तक कहना था कि जिस दिन कानपुर स्टेशन पर हम लोग घिर गए थे उस दिन वीरभद्र को पुलिस ने पास ही कहीं रखा था, जिससे संघर्ष होने पर हमें पहचाना जा सके। पर गालिब के कथनानुसार 'देखने हम भी गए थे पर तमाशा न हुआ।' यह घटना इस प्रकार थी—कैलाशपति की गिरफ्तारी के बाद उसके मुखबिर हो जाने तथा वीरभद्र की पुलिस अफसरों से भेंट हो जाने के पश्चात् उसके छूट जाने से आज़ाद का उत्तर प्रदेश में रहना कठिन हो गया, परन्तु जल्दी कहीं भी चले जाना सहज नहीं था क्योंकि हम दोनों के सिवा भाभी, दीदी तथा सुखदेवराज भी थे। इसके लिए बम्बई जाना सम्भव था परन्तु बम्बई में लेमिंगटन शूटिंग के बाद वह भी स्थान सुरक्षित नहीं रहा था। अबकी मध्य भारत जाने का विचार किया। इसके लिए काफी रकम की आवश्यकता थी। दल की एक मोटर कार कानपुर में पड़ी थी। वह

कार बेचने की जिम्मेदारी शिवचरण को सौंपी गई थी। शिवचरण कुली बाजार कानपुर के उसी मकान में रहता था, जिसमें बम शेल ढालने का कारखाना था। उसी कार के सम्बन्ध में उस दिन आज़ाद और मैं कानपुर जा रहे थे।

## पुलिस की चक्कर, मुठभेड़ से बचे

सर्दी का मौसम होने के कारण ठंड से बचने के लिए हम लुधियाने की गरम शालें ओढ़ा करते थे, परन्तु इससे रिवॉल्वर या पिस्टल रखने में असुविधा होती थी। इसलिए गरम कोट बनने दिए थे। कटरे से जब हम चले तो ये ही चादरें ओढ़े हुए थे। स्टेशन जाते समय हम चौक से गुजरे तो भैया ने अचानक कहा—'उस दर्जी के बच्चे के यहाँ भी तो होते चलें शायद उसने कोट बना दिया हो। गाड़ी में अभी बहुत देर है इतनी जल्दी भी स्टेशन जाकर क्या करेंगे ?' दर्जी के दुकान के सामने एक्का रोककर हमने जानकारी की तो कोट बनकर तैयार थे। हमने कोट पहन लिए और शालों को ट्रंक में डाल दिया। इस ट्रंक में कार्वालिक एसिड की बोतलें थी। जब हम स्टेशन पहुँचे तो गाड़ी खड़ी ही थी। यह गाड़ी शाम को पाँच या साढ़े पाँच बजे चलकर रात को नौ या साढ़े नौ बजे कानपुर पहुँचती थी। गाड़ी चलने को हुई तो उसी समय एक पुलिस का सशस्त्र दस्ता हमारे डिब्बे में ही आ बैठा। इस घटना को हमने विशेष महत्त्व नहीं दिया क्योंकि नैनी सेन्ट्रल जेल में कैदियों को पहुँचाने पुलिस गारद उत्तर प्रदेश के अनेक स्थानों से आती-जाती रहती थी। हमने सोचा यह गारद भी ऐसी ही होगी।

गाड़ी में बहुत देर तक हम दोनों बैठे रहे। बाद में आज़ाद ने कहा—'बच्चन मुझे नींद नहीं आ रही है, तुम लेटना चाहो तो लेट लो।' उन दिनों रेल गाड़ियों में इतनी भीड़ नहीं होती थी। इससे ऊपर के बर्थ खाली थे, वही मैं जा लेटा। जब कानपुर स्टेशन पास आ गया तो भैया ने मुझे जगा दिया। मैं नीचे उतरकर बाहर देखने लगा। गाड़ी हमेशा की तरह एक नम्बर पर न जाकर तीन नम्बर पर जा रही थी। प्लेटफार्म धीरे-धीरे साफ दिखाई देने लगा था। मैंने देखा कि पुलिसवाले बन्दूकें लिए एक कतार में खड़े हैं। धीरे से मैंने भैया से उसका उल्लेख किया, तो वे बोले—'आ रहा होगा कोई पुलिस अफसर, उसी के स्वागत के लिए खड़े होंगे।' फिर स्वयं उन्होंने एक दृष्टि प्लेटफार्म पर डाली। उसके बाद मुझसे कहा सावधान जेब में रिवाल्वर पर हाथ रहे। फिर सामान की पेटी पर झल्लाए, यह एक साली मुसीबत साथ है। देखो इसे कुली को देकर तुरन्त मेरे पीछे-पीछे आना। यदि संघर्ष हो तो पीठ से पीठ मिलाकर संघर्ष करना। अब तक गाड़ी प्लेटफार्म पर आकर रुक चुकी थी। भैया पहले उतरे। मैंने कुली के सिर पर सामान दे उसका नम्बर ले लिया और मैं, भैया सही-सलामत स्टेशन से तो निकल गए। ताँगे में बैठने पर भी कुली बक्सा लेकर नहीं आया। हम चलने ही वाले थे कि कुली पेटी लेकर आ पहुँचा। भैया उस पर देरी करने पर झल्लाए। कुली ने घबराकर कहा—'टिकट कलेक्टर पूछ रहा था यह किसका सामान है ?' ताँगे में रखकर हम गुलजारी लाल मोटर

ड्राइवर के यहाँ पहुँच गए क्योंकि वही एक ऐसा स्थान था जो वीरभद्र या उसके साथियों को नहीं मालूम था। उस दिन आज़ाद किसी से नहीं मिले। रात को एक कार की व्यवस्था की गई और बड़े तड़के कार में बैठकर हम फतेहपुर पहुँच गए। गुलजारी लाल जी के स्वयं मोटर ड्राइवर होने से किसी और को साथ लेने की आवश्यकता न रही। फतेहपुर से हम इलाहाबाद ट्रेन से सही-सलामत पहुँच गए। बाद में पता चला कि उस दिन हमारी खोज रात भर होती रही, पर पुलिस को गरम शाल ओढ़े व्यक्ति न मिले। इलाहाबाद और कानपुर के बीच के स्टेशनों पर भी फोन किया गया पर इस हुलिया के व्यक्तियों का पता न चला। उस दिन से निश्चय किया गया कि भैया को कानपुर न जाने दिया जाएगा क्योंकि वहाँ उनके लिए अत्यन्त खतरा है।

## मेरी गिरफ्तारी

जिस दिन वीरभद्र तिवारी ने मुझे कुली बाजार में शिवचरण के घर के पास गिरफ्तार कराया उस दिन तो यह स्पष्ट हो गया कि वीरभद्र पुलिस को पूरी मदद कर रहा है। यह घटना 11 फरवरी 1931 के शाम को 4-5 बजे की होगी। यह तो मैं ऊपर लिख ही चुका हूँ कि शिवचरण के मार्फत पार्टी की कार बेचनी थी। और उस रकम के मिल जाने पर हम लोग उत्तर प्रदेश छोड़नेवाले थे। इस घटना का भी प्रारम्भ इलाहाबाद से ही होता है। मैं जब 10 तारीख की शाम को इलाहाबाद से चला तो इलाहाबाद स्टेशन पर ही मेरी श्री सद्गुरुदयाल अवस्थी से भेंट हो गई। वे मेरे कंधे पर हाथ रखकर एक ओर ले जाकर बोले–'मुझे भैया से मिलना आवश्यक है।' मैंने उन्हें रात दस बजे मिलने का समय दिया और उसी के साथ स्टेशन के बाहर चला आया। मैं चौक की ओर कुछ कदम चला और अवस्थी साइकिल पर वाटरवर्क्स की ओर चले गए। जब मैंने देखा कि वह आँखों से ओझल हो गया तो मैं तुरन्त लौटा और गाड़ी में जा बैठा। मैंने उसे दस बजे रात्रि का समय यही सोचकर दिया था कि उसके पहले मैं कानपुर पहुँच ही जाऊँगा। उसके बाद उसे हम लोगों के न आने का पता चलेगा। उन दिनों अवस्थी वाटरवर्क्स के इनचार्ज एक मुसलमान सज्जन...के यहाँ रहते थे। ये सज्जन भी पुराने क्रान्तिकारी थे। अवस्थी अक्सर स्टेशन और एल्फ्रेड पार्क के आसपास चक्कर लगाया करते थे। वे यहाँ इसीलिए थे कि खोखी (माया देवी) दीदी के पास थी।

कानपुर पहुँचकर मैं सीधे रामचन्द्र मुसद्दी जी के यहाँ पहुँचा। वे एक दिन पूर्व ही अपनी धर्मपत्नी श्रीदेवी के साथ कलकत्ते से कानपुर आए थे। रात बड़ी देर तक हम लोग बातें करते रहे पर सोने के पूर्व यह निश्चय हो गया कि मैं सबेरे जल्दी उठकर घर से चला जाऊँ क्योंकि वीरभद्र के आने की आशंका है। योजना के अनुसार मैं सबेरे ही वहाँ से निकल गया और दोपहर को उनके एक रिश्तेदार शिवशंकर के यहाँ मैं भोजन करने गया। श्रीदेवी ने मुझे बताया कि मेरे जाने के बाद ही वीरभद्र मुझे पूछता हुआ आया था। उनके मना करने पर भी उसने घर में चारों ओर दृष्टि दौड़ाई। इस शंका

से कि शायद मैं कहीं वहीं छिपा तो नहीं हूँ। उसे विश्वास तो था ही कि मैं कानपुर आ गया हूँ, क्योंकि इसकी सूचना उसे इलाहाबाद से मिल चुकी थी। उसे विश्वास था कि मैं कार की रकम के लिए शिवचरण के यहाँ जाऊँगा। दोपहर बाद मैं शिवचरण के यहाँ कुली बाजार के मकान में गया। उसके घर का दरवाजा बन्द था। मैंने आवाज दी तो वह स्वयं दरवाजे पर आ गया। वह मुझे नीचे ले गया और कहा कि उसके यहाँ वीरभद्र बैठा है और मेरा जाना उचित न होगा। उसके चले जाने के बाद ही मैं आऊँ। यह कह वह मुझे जरा आड़ में ही छोड़कर चला गया। तब मैं यह न समझ सका कि शिवचरण भी उसके साथ मुझे पकड़वाने के षड्यन्त्र में शामिल हो गया है। लगभग दस मिनट में वीरभद्र उसके घर से निकलकर गया। मैंने उसे जाते हुए देखा। बाद में शिवचरण मुझे अपने घर ले गया। उसके घर में मैं लगभग घंटे-डेढ़ घंटे रहा। उसने बताया कि आज 4 बजे शाम को जो व्यक्ति मोटर ले रहा है उसने आने को कहा है और सौदा हो जाता है तो कल वह पैसे भी दे देगा। आप कल पैसे लेकर ही जाइए।

परन्तु 4 बजे तक वह न आया। मैं जाने के लिए उठा। शिवचरण और उसकी माँ मुझे पहुँचाने नीचे तक आए। जीने से नीचे परछती में एक व्यक्ति भाँग घोट रहा था। शिवचरण ने उससे यह भी कहा, 'क्यों गुरु भाँग छन रही है ?' यह कह वह आगे बढ़ा। जब हम लोग उस तिराहे पर पहुँचे जो दुकानों से घिरा था तो यहीं खड़े होकर शिवचरण ने कल आने को कहा और जैसे ही मैंने साइकिल पर चढ़ने के लिए पैर मारा, तुरन्त ही आस-पास की दुकानों से लोग मुझ पर टूट पड़े और उन्होंने मुझे एकाएक दबोच लिया। तब मुझे पता चला कि वह भाँग घोटनेवाला व्यक्ति और दुकानों में बैठे लोग सफेद कपड़ों में पुलिसवाले थे। मैंने शिवचरण की ओर देखा तो उसका चेहरा सफेद पड़ गया था। यदि वह इस षड्यन्त्र में न होता तो घर से जाकर रिवाल्वर ला मेरी मदद करता। दूसरे मेरे साथ पुलिस उसे भी गिरफ्तार करती। पर यह सबकुछ नहीं हुआ। वह आराम से अपनी माँ के साथ घर लौट गया। जेल जाने पर मैंने यह समाचार 14-15 फरवरी को जेल सत्याग्रह में बन्द कुछ साथियों द्वारा बाहर भेज दिया था, जहाँ से वह आज़ाद के पास पहुँच ही गया होगा। जो लोग वीरभद्र की गद्दारी का प्रमाण चाहते हैं, क्या यह काफी प्रमाण नहीं है कि उसने मुझे शिवचरण के यहाँ बैठाकर पकड़वाने की व्यवस्था की। सन् 1967 में यशपाल ने वीरभद्र के समर्थन में जो लेख लिखे उसमें कहा है कि भूरे सिंह नामक सी.आई.डी. ने मेरा पीछा किया। पर कहाँ से किया इसका उल्लेख नहीं है। जब मैं कानपुर में और किसी से मिला ही नहीं तो पीछा करने का प्रश्न ही नहीं उठता है। इस सारी घटना से स्पष्ट है कि वीरभद्र ने शिवचरण के साथ षड्यन्त्र कर मुझे गिरफ्तार कराया।

यशपाल ने शिवचरण के यहाँ जिस तलाशी का उल्लेख किया है वह बहुत दिनों बाद की बात है। वह तलाशी एक बम विस्फोट के सिलसिले में हुई थी। जिसमें शिवचरण घायल हुआ था। मेरी गिरफ्तारी के समय वह न तो गिरफ्तार हुआ और न उसके घर की तलाशी ही हुई। तलाशी न करने के लिए ही पुलिस ने मुझे रास्ते पर पकड़ने का

जाल रचा। सदा से होता यह रहा है कि जिस घर से क्रान्तिकारी गिरफ्तार होते रहे वहाँ की तलाशी हुई और वहाँ के लोगों की भी गिरफ्तार किया गया। कैलाशपति के साथ मास्टर हरद्वारी लाल पकड़े गए। वहीं से चन्द्रवती गिरफ्तार हुई। यशपाल के इलाहाबाद में गिरफ्तार होने पर सावित्री देवी (आयरिश लेडी) गिरफ्तार हुई। ऐसे एक नहीं अनेक उदाहरण हैं, पर शिवचरण के यहाँ हथियार होते हुए भी वह गिरफ्तार नहीं हुआ। शिवचरण के यहाँ नीचे मकान में बम ढलते थे फिर भी वह दिल्ली षड्यन्त्र के मुकदमे में नहीं लाया गया। तो वीरभद्र की कृपा से ही तो पुलिस ने उसे छोड़ दिया। इस तरह मुझे गिरफ्तार कराने के बाद वीरभद्र आज़ाद के प्राणों का ग्राहक बन गया। वह जानता था कि जब तक मुझे वह पुलिस के हाथों नहीं सौंप देता तब तक आज़ाद विवश हो अधिक घूमेंगे-फिरेंगे नहीं और तब तक आज़ाद को घेरना सम्भव न होगा।

जिस दिन आज़ाद की शहादत हुई उस दिन वीरभद्र इलाहाबाद में था। उसे एक दिन पूर्व कानपुर से इलाहाबाद आते देखा गया। स्वयं वीरभद्र को आज़ाद ने देखा था। इस सम्बन्ध में विस्तृत चर्चा आज़ाद की शहादत की घटना का वर्णन करते समय करूँगा।

भगत सिंह तथा दत्त को छुड़ाने की योजना को कार्यान्वित करने के लिए जो मकान कृष्ण नगर में लिया गया था उसी में आज़ाद भी आकर ठहरे। अब यह निश्चय किया गया कि एक मकान जेल के आस-पास ही कहीं लिया जाए जिससे इस योजना को सफल बनाने में सुविधा हो। साथ ही उस स्थान में परिवार के रूप में रहा जाए जिससे आसपास के लोगों को शंका न हो। बापू भाई ने इसके लिए दीदी को बुलाने का सुझाव दिया। भैया ने कहा, भाभी को भी इस स्थान में बुला लेना उपयुक्त होगा, क्योंकि इस एक्शन के बाद भाभी की स्थिति खराब हो जाएगी और यह भी सम्भव है कि पुलिस उन्हें गिरफ्तार कर ले। इसलिए भाभी को भी यहाँ बुला लेने का निश्चय हुआ। इन्हीं दिनों श्रीमती प्रकाशवती यशपाल, तब कुमारी प्रकाशवती घर से भागकर पहले भाभी के यहाँ और फिर वहाँ से कृष्ण नगर के मकान में चली आई। इस घटना का विस्तृत वर्णन शायद मैं न करता परन्तु यशपाल ने अपने 'सिंहावलोकन' में इस घटना का जिस प्रकार वर्णन किया उससे उसने यह सिद्ध करना चाहा है कि आज़ाद ने उसके साथ अन्याय किया था जिसके लिए बाद में आज़ाद ने उनसे माफी माँगी, परन्तु बात उल्टी है। यशपाल ने स्वयं अपनी गलती की माफी माँगी थी और अपने इस अपराध का प्रायश्चित करने के लिए वह वीरभद्र को मारने के लिए भी तैयार हो गया था।

## प्रकाशवती कांड

जिस समय प्रकाशवती घर से भागकर आनेवाली थी उस समय भगवतीचरण जी ने मुझे बताया कि प्रकाशो दल के लिए कई हजार रुपया लानेवाली थी। वह पाँच हजार या

पचास हजार था, इस समय यह तो मुझे पूरी तरह याद नहीं, पर वह संख्या थी हजारों में। प्रकाशवती और यशपाल के बीच पत्र व्यवहार चलता था जिसे एक युवक लाता-ले जाता था, जिसे चिप्पड़ कहा जाता था। बाद में पता चला कि इसका नाम प्रेमनाथ था। अन्त में उसको भी प्रकाशो के घर से गायब होने पर घर से भागना पड़ा। 'सिंहावलोकन' में यशपाल ने एक पुलिस द्वारा घोषित इनामों का पोस्टर छापा जिसमें लिखा है कि प्रेमनाथ प्रकाशो को भगाने के अपराध में फरार घोषित किया गया है। प्रकाशवती यशपाल की बहन की शिष्या थी। तभी से वह यशपाल जी से परिचित थी। यशपाल के कृष्ण नगर मकान में आने पर उसकी डाक बराबर आती-जाती रही। एक दिन बापू भाई ने मुझे बुलाकर कहा, 'शिव तुम्हें इन्द्रपाल के साथ साही मोहल्ला जाना होगा और इन्द्रपाल वह गली तुम्हें दिखा देगा जिसमें एक लड़की रहती है। जब तुम इन्द्रपाल द्वारा बताए गए मकान के सामने पहुँचो तो टार्च से लाइट करना, उसके उत्तर में भी टार्च लाइट होगा। तुम आगे निकल जाना और गली के बाहर जा खड़े हो जाना। जब वह लड़की रुपया लेकर आएगी तब उसे साइकिल पर बैठाकर ले आना। उसके पास कई हजार रुपया होगा। उसे भी सँभालकर लाना होगा। इस काम के लिए मुझे भेजने का कारण जो उन्होंने मुझे बताया वह था कि यशपाल द्वारा भेजी गई चिट्ठी उसके घरवालों ने पकड़ ली है और वे गली के दोनों ओर लाठियाँ लेकर पहरा दे रहे हैं। चिप्पड़ या और कोई जाना-पहचाना व्यक्ति गया तो वे उसका सिर फोड़ देंगे। इसलिए तुमको भेज रहा हूँ क्योंकि तुम्हें वहाँ कोई नहीं जानता। इन्द्रपाल के साथ जाकर तुम लड़की को ले आओ।'

उस दिन शाम को मैं इन्द्रपाल के साथ गया। गली के पास पहुँचने पर इन्द्रपाल ने मुझे दूर से ही घर दिखा दिया। मैं गली के एक कोने से दूसरे कोने तक चला गया। अँधेरे में रास्ता देखने के बहाने टार्च जलाता जाता था परन्तु उत्तर में न कोई प्रकाश और न ही प्रकाशो मुझे दिखाई दी। अन्त में मैं इन्द्रपाल के साथ वापस चला आया और मैंने सारी स्थिति बापू भाई को बता दी। बाद में पता चला कि घर के लोगों को जब यह पता चला कि प्रकाशो घर से भागनेवाली है तो घरवालों ने उसके जेवर इत्यादि उतारकर उसे घर में बन्द कर रखा।

इस बीच किला गुज्जर सिंह में एक मकान ले लिया गया था, जहाँ सुखदेवराज विश्वेश्वर तथा दीदी के रहने की व्यवस्था की गई थी। इन्हीं दिनों अचानक एक दिन प्रकाशवती कृष्ण नगर वाले मकान में चली आई। भाई भगवतीचरण को यशपाल ने यह सूचना दी और साथ ही यह बताया गया कि वह जो कई हजार रुपया ला रही थी वह रास्ते में कहीं गिर गया। बापू भाई यह समाचार सुनकर गम्भीर हो गए। इतनी बड़ी रकम हाथ से निकल जाए और ऐसे समय जबकि उसकी बड़ी जरूरत थी तो उसके लिए दुख होना स्वाभाविक ही था। बापू भाई को इस पर विश्वास न हुआ। धीरे-धीरे इन दोनों के आपसी व्यवहार से उन्हें वास्तविकता का पता चल गया। उन्हें उससे बड़ा आघात पहुँचा। कुछ दिनों तक तो वह कृष्ण नगर के मकान में रही। बाद में उसे किला गुज्जर सिंह के मकान में भेज दिया गया जिससे वह दीदी के पास रहे। बापू भाई की

राय थी कि प्रकाशो की अवस्था अभी बहुत कम है, इसलिए उसे साथ न रखकर कहीं ऐसी जगह भेजा जाए जहाँ उसके पढ़ने-लिखने की व्यवस्था हो सके; परन्तु यशपाल को यह न भाया। वह चाहता था कि एक्शन के दिनों वह साथ रहे। उसकी यह दलील थी कि जब दीदी रह सकती थी तो प्रकाशो क्यों नहीं रह सकती। इस विषय की विस्तृत चर्चा यशपाल ने 'सिंहावलोकन' में की है इसलिए मैं उन सब बातों को दोहराना नहीं चाहता। उसी बीच एक रात्रि को सुखदेवराज किला गुज्जर सिंह वाले मकान में रात को तीन बजे के लगभग आए। जो कुछ राज ने उस समय बताया उसका सार यही है कि यशपाल और प्रकाशो पति-पत्नी बन चुके हैं। दूसरे दिन दीदी वहाँ गई और जब लौटी तो उन्होंने कहा कि मैं अब वहाँ नहीं जाऊँगी। उस दिन से दीदी हमारे साथ कृष्ण नगर में ही रहने लगीं।

बापू भाई ने जब इस बात की चर्चा यशपाल से की तो उसने उत्तर दिया कि उसने विवाह की आज्ञा भाभी से ले ली थी। बाद में 'सिंहावलोकन' में यशपाल ने इसे दूसरा ही रूप दिया है और वह यह है कि भाभी ने ही उसे प्रकाशो से विवाह के लिए बाध्य किया। इस तरह प्रकाशवती श्रीमती यशपाल बन गई। कानूनन भी यह विवाह बाद में यशपाल के जेल में रहने पर हुआ।

इस घटना से भाई भगवतीचरण को बड़ा सदमा हुआ। यशपाल से उन्हें यह आशा नहीं थी। उन्होंने इस समस्या पर गम्भीरतापूर्वक विचार कर कहा—'बच्चन अभी भैया से इस बात की चर्चा न करना अन्यथा भगत सिंह को छुड़ाने का मामला एक ओर रह जाएगा और वे इसी मामले को ले बैठेंगे। यह एक्शन समाप्त हो जाए तो फिर इस मामले में विचार किया जाएगा।' परन्तु उस दिन से वे अत्यन्त बेचैन थे।

श्री आज़ाद ने भी जब प्रकाशो को देखा तो उन्होंने भी यह राय दी कि इसे कहीं पढ़ने के लिए रख देना चाहिए और तब एक दिन यशपाल उसे दिल्ली छोड़ आया। उसे इस बात पर क्रोध भी था कि प्रकाशो को बहावलपुर रोड में ले जाकर क्यों नहीं रखा गया। इस समय तक आज़ाद को इस घटना का कुछ भी पता नहीं था।

28 मई 1930 को जिस दिन बम का परीक्षण करने का निश्चय हुआ तो उस दिन सबेरे ही भाई भगवतीचरण ने इस घटना के विषय में सारी बातें आज़ाद को बताकर मन हल्का कर लिया। बाद में जब मुझसे मिले तो बोले, 'बच्चन आज मैंने मन हल्का कर लिया। जिस दिन से यह घटना हुई, उस दिन से मेरे मन और मस्तिष्क पर यह बोझ-सा था कि मैं आज़ाद से यह सब क्यों छिपा रहा हूँ ? कल मैंने यह सोचा कि इस एक्शन में पता नहीं कौन जीवित रहे और कौन मर जाए। इसलिए मैं भैया से सारी बातें कह दूँ। मुझे विश्वास था कि सारी बातें कहने पर वे मेरा यह आग्रह मान जाएँगे कि इस प्रश्न पर अभी कुछ विचार न करें। एक्शन के बाद इस पर विचार होगा और भैया ने बात मान ली।' यह कहते-कहते उनकी आँखों में हर्ष से आँसू उमड़ आए। उस महान विभूति ने जीवन में अपने साथियों से ही ऐसे अनेक आघात सहे थे। ऐसी

बातों की कल्पना भी उन्हें अत्यन्त विचलित कर देती थी। उस व्यक्ति ने त्याग की पराकाष्ठा कर दी और अन्त में अपने को भी होम दिया एक महान आदर्श के लिए। लोगों ने उन्हें क्या कुछ नहीं कहा। उनका शोषण भी किस हद तक किया उसकी कहानी भी इतनी हृदय विदारक है कि जिस दिन यह सामने आएगी तो हर व्यक्ति श्रद्धा से उस विभूति की स्मृति में नतमस्तक हुए बिना नहीं रह सकेगा। मैं उनके साथ कुछ ही महीने रहा। उनके सन्दिग्ध से मानव जीवन की दुर्बलताओं को जाना तो यह भी देखा कि व्यक्ति त्याग करने का जब दृढ़ निश्चय कर लेता है तो वह उसी में परमानन्द का अनुभव करता है। आज़ाद और उनका साथ यदि कुछ वर्ष और होता तो इतिहास बदल जाता, परन्तु ऐसे महान तपस्वी का जो अन्त हुआ वह उसकी दृष्टि में मनचाहा वरदान था और दल के लिए महान अभिशाप।

यशपाल पर इस सम्बन्ध में यह आरोप था कि यदि उसे विवाह ही करना था तो उसे दल को स्पष्ट बता देना चाहिए था कि वह विवाह करना चाहता है, उसके लिए कई हजार रुपए पार्टी के लिए लाने की ओट की कोई आवश्यकता नहीं थी। इसकी चर्चा करते हुए यशपाल ने 'सिंहावलोकन' भाग-दो, पृष्ठ-24 पर लिखा है कि हि.म.प्र.स. के नियमों के अनुसार दल में विवाहित लोगों के सम्मिलित होने की मनाही नहीं थी परन्तु दल के लोगों को विवाह करने से पहले दल से अनुमति ले लेना आवश्यक था। साधारणतः इस नियम का अधिक महत्त्व न था क्योंकि विवाह का प्रश्न उठता न था। दूसरी ओर इस नियम की ओर साथियों का ध्यान दिलाए बिना नियम भंग हो जाने पर कड़ाई दिखाई गई। परिणाम में दो-तीन विकट घटनाएँ हो गईं।

परन्तु इन सब दलीलों से यशपाल जिम्मेदारी से बच नहीं सकता। वह तो स्वयं सेंट्रल कमेटी का सदस्य था, उस नाते भी दल के कायदे-कानून उसे मालूम होना अनिवार्य ही था। विवाह करने की बात यशपाल ने प्रारम्भ में ही कहकर प्रकाशवती को घर से भगाया होता तो दल उस सम्बन्ध में उसके भागने के पूर्व यशपाल को अपना निर्णय बताता। परन्तु प्रकाशवती ने घर छोड़ा रुपयों के बहाने, दल को आर्थिक सहायता करने के लिए।

अन्त में यशपाल ने 'सिंहावलोकन' भाग-2, पृष्ठ-25 पर लिखा। आज़ाद ने कहा, खैर जो हो गया उसे भूल जाना ही ठीक है। मुझे अफसोस है कि हम पार्टी का बहुत ही मूल्यवान और भरोसे का साथी खो बैठते। अब हमें साथ मिलकर ही काम करना है। एक-दूसरे ने जो कहा उसे जाने दो—इत्यादि।

परन्तु यह सबकुछ नहीं हुआ। केन्द्रीय समिति ने यशपाल को मृत्युदंड दिया और वीरभद्र ने जो केन्द्रीय समिति का सदस्य था इसकी जानकारी यशपाल को दी। उसे अपने घर में छिपा रखा। मेरे उससे पूछने पर भी उसने यशपाल के अपने यहाँ होने से इन्कार किया और रात की गाड़ी से उसे भगा दिया। इस बात का पता जब आज़ाद को चला तो उन्हें बहुत बड़ा धक्का लगा और उन्होंने पार्टी भंग करते हुए कहा कि जब दल में इतने गद्दार हैं तो केन्द्रीय समिति को भंग कर देना ही उचित है। उन्होंने

यशपाल को जो हथियार चाहिए थे, देकर अलग कर दिया। हथियार इसलिए दिए थे कि वह अपना संरक्षण कर सके। इसके बाद यशपाल पंजाब गया पर वहाँ भी उसका झगड़ा हुआ और तब वह उत्तर प्रदेश में ही प्रकाशो को ले टक्करें खाता रहा और अन्त में फिर आज़ाद की शरण आया तथा उनकी सहायता से रूस जाने की योजना बनाई। पर आज़ाद की शहादत के बाद वह योजना भी ठप्प हो गई। तब वे कमांडर इन चीफ बन बैठे। परन्तु इस काल में उसने कोई कार्य नहीं किया केवल अपनी गृहस्थी को निभाता रहा और अन्त में इलाहाबाद में तीन हथियारों और 57 गोलियों के साथ आत्मसमर्पण कर दिया। इस समय उसने केवल तीन गोलियाँ ही चलाईं।

यशपाल 23 जनवरी 1932 को गिरफ्तार हुआ और उसका मुकदमा एफ.एन.क्राफ्ट सिटी मजिस्ट्रेट के सामने पेश हुआ। इस मुकदमे में मि. डी. पोलिच (D. pillitch) सुपरिन्टेंडेंट स्पेशल ब्रांच सी.आई डी. ने यशपाल की गिरफ्तारी के सम्बन्ध में बयान दिया, वह इस प्रकार हैं--गवाह (पील्डिच) ने मकान पर पहुँचकर पुलिस टुकड़ी को दो भागों में बाँट दिया। और एक टुकड़ी को वह दूसरी मंजिल पर ले गया जब वह सीढ़ियाँ चढ़कर आखिरी सीढ़ी पर पहुँचा मि. स्मिथ असिस्टेंड सुपरिंटेंडेंट पुलिस अपने सिपाहियों को एक दरवाजे पर ले गया और गवाह अपनी टुकड़ी को दूसरे दरवाजे पर।

मि. पील्डिच ने दरवाजे पर दस्तक दी और कुछ देर रुकने के बाद दरवाजा एक महिला ने खोला जिसे भी गिरफ्तार किया गया है। उसने महिला को बताया था कि वह घर की तलाशी लेने आया है, जिस पर उसने एक प्रकार का आश्चर्य प्रकट किया। तब गवाह ने कहा कि उसे खेद है कि उसे अन्दर घुसना होगा। तब महिला ने उसे अन्दर जाने दिया।

जब पील्डिच अन्दर गया तो उसने जमीन पर तीन बिस्तर देखे। जब गवाह ने पूछा कि इन बिस्तरों पर सोनेवाले कहाँ हैं तो महिला ने कहा, तीनों ही बिस्तर उसके ही हैं। जब मैं अन्दर के दरवाजे पर पहुँचा तो अँधेरे में मैंने कारोगेटेड लोहे की चादरों की दीवार पर एक सफेद आकृति देखी। मैंने उसे ललकारा और आगे बढ़ा। जैसे ही मैं आगे बढ़ा इस आकृति ने एक गोली चलाई। इस समय अँधेरा था। मैंने भी अभी आटोमेटिक पिस्टल से गोली चलाई और आगे दौड़ा।

एक गोली चलाकर यह आकृति पार्टीशन के दूसरे ओर चली गई। जब मैंने पार्टीशन के ऊपर से देखा कि वह आकृति किधर भाग गई है तो एक दूसरी गोली आँगन के दूसरी ओर से उसने चलाई।

जिधर से गोली चलने से चमक दिखाई दी थी उस ओर गवाह ने दो गोलियाँ चलाई। और जरा ही देर रुककर उसने उस पार्टीशन के दूसरी ओर झाँका कि उसकी कोई गोली उस आकृति को लगी है या नहीं। इसी बीच वह आकृति उसी आँगन में केवल दो कदम पर आ गई। जैसे ही गवाह ने सिर उठाकर झाँका उसने तीसरी गोली चलाई।

जवाब में गवाह ने भी दो गोलियाँ चलाई। और उसके तुरन्त बाद ही उस आकृति

ने पार्टीशन की दूसरी ओर जहाँ गवाह था रिवाल्वर फेंक दिया और चिल्लाया कि वह निहत्था है। उसने अपने हाथ भी ऊपर उठा दिए जिससे कि मैं उन्हें पार्टीशन के ऊपर से देख सका।

रिवाल्वर डी.एस.पी. श्री मिश्रा ने उठाया। उसमें तीन खाली और तीन भरी गोलियाँ थीं।

तलाशी में एक भरा रिवाल्वर मिला और दो रिवाल्वर जिसमें एक पूरा भरा था और दूसरे में तीन गोलियाँ थीं। पुलिस की पहली रिपोर्ट में कहा गया है कि तीन रिवाल्वर्स और 50 से अधिक कारतूस यशपाल से मिले।

## प्रारम्भिक तैयारियाँ

भगत सिंह को छुड़ाने की योजना के सिलसिले में बहावलपुर रोड पर एक बँगले का आधा भाग यशपाल ने किराए पर लिया। इसे फर्नीचर आदि से सजाया गया कि लोग शंका न करें इसलिए वहाँ परिवार के रूप में रहने के लिए भाभी-दीदी को वहाँ लाया गया। मदनगोपाल और छैल बिहारी नौकर और बेरा के रूप में तथा टेहलसिंह ड्राइवर के रूप में था। इसके अलावा बँगले में आज़ाद, भगवतीचरण, यशपाल, धनवन्तरी, मैं तथा सुखदेवराज थे। मदनगोपाल तथा छैल बिहारी नाममात्र के खानसामा या बैरा थे। काम सभी मिलजुलकर कर लेते थे। यहाँ बम के खोल और बम का मसाला भी लाया गया। बम के खोल भैया कानपुर से लाए थे। उन्हें अन्दर से रंगना बाकी था जिससे उन पर रासायनिक क्रिया का परिणाम शीघ्रता से न हो सके। यशपाल ने उसमें जापानी ब्लेक रंग लगाकर रख दिया। इसके सिवा यशपाल ने 'सिंहावलोकन' में जो लम्बा-चौड़ा भाष्य लिखा है वह कुछ नहीं हुआ। और न उन्होंने किसी को यह बताया कि एक बम की पिन कसना बाकी है। यशपाल ने इस विषय में जितना ज्ञात होने की बात लिखी है उतने वे इन सब बातों के ज्ञाता नहीं थे। उनका ज्ञान पिकरिक, गन काटन आदि बनाने तक ही सीमित था। इसकी अधिक जानकारी उन्हें दिल्ली के साबुन के कारखाने में वात्स्यायन से हुई। उस समय यदि पिन ढीली होने की शंका भी होती तो वह बम न ले जाया जाता। यशपाल की यह बात कि मैं जानता था और मुझे पता था यह सब कथा साहित्य है। यदि लौटकर उसे मालूम हो चुका था तो वह रावी के किनारे आकर सावधान कर सकता था, परन्तु उसने वैसा नहीं किया और इसीलिए लोगों ने यह आरोप किया कि भगवतीचरण की मृत्यु उसके कारण हुई।

इसका यह भी आरोप था कि बम का रोगन सूखने के पहले ही उसे भरा गया इसलिए उसका विस्फोट हो गया। तो बाकी दो बम जो रोगन सूखने पर भरे गए थे फिर उनका अपने आप विस्फोट कैसे हुआ ? इस जैसी अनेक मनगढ़न्त बातें यशपाल ने 'सिंहावलोकन' में लिखी हैं जिससे पाठकों पर उसका प्रभाव पड़े।

उसी प्रकार यशपाल ने अपना महत्त्व बढ़ाने के लिए बहावलपुर रोड में बम के

धड़ाके की दुर्घटना का उल्लेख करते हुए 'सिंहावलोकन' में लिखा है कि जिस कमरे में बमों का धड़ाका हुआ वहाँ यशपाल सो रहा था और जैसे ही वह कमरे से बाहर गया बमों का विस्फोट हुआ।

वास्तविकता यह थी कि उस कमरे में पंखा चलाकर धनवन्तरी सो रहे थे। जैसे ही पंखा बन्द कर वे बाहर गए बमों का विस्फोट हुआ। इस घटना का उल्लेख करते हुए 'दीदी सुशीला मोहन' पुस्तक के 363 पृष्ठ पर 'दीदी की राम कहानी' अध्याय में स्वयं सुशीला दीदी का लिखा उद्धरण है—'अपने पति के देहान्त के बाद दुर्गा जी दिन भर बहुत रोती थीं। एक दिन चार बजे सबेरे उन्होंने बहुत जोर-जोर से रोना शुरू किया। मैं उनके पास बैठी उन्हें सान्त्वना दे रही थी। मैंने पास के कमरे से धनवन्तरी को उठाया और उनसे कहा, 'भाभी दुर्गा को कुछ सान्त्वना दो।' उसी कमरे की अलमारी में कुछ बम रखे थे, जैसे ही धनवन्तरी उस कमरे से उठकर बाहर आए। एक जोर का धमाका हुआ।' तो यशपाल ने 'सिंहावलोकन' में ऐसी 'सच-झूठ' अनेक घटनाएँ पाठकों को प्रभावित करने के लिए लिखी हैं।

# भाई भगवतीचरण की शहादत

28 मई 1930 को भगवतीचरण, सुखदेवराज तथा मैं लगभग दस-ग्यारह बजे भोजन कर रावी के किनारे घने जंगल में बम विस्फोट के लिए गए। जब रावी के किनारे पहुँचे तो साइकिल घाट पर ही छोड़ दी। यूनिवर्सिटी क्लब की नावें जिस व्यक्ति की देखरेख में थीं वह सुखदेवराज से अच्छी तरह परिचित था तथा सुखदेवराज बोट क्लब का सेक्रेटरी भी था। इसलिए नाव मिलने में कठिनाई न हुई। सुखदेवराज और बापू भाई नाव खेना जानते थे। इसलिए मल्लाह भी साथ लेने की आवश्यकता नहीं थी। आते समय रास्ते में कुछ सन्तरे व एक तरबूज साथ ले लिया था। गर्मी तेज थी, लू भी जोरों से चल रही थी। नाव जब जंगल के पास पहुँची तो उसे किनारे लगाकर खूँटे से बाँध दिया गया। साथ ही तरबूज भी नाव में ही छोड़ दिया गया। यह सोचकर कि लौटकर नाव पर ही उसे खाएँगे। सन्तरे भी साथ ले लिए थे कि प्यास लगने पर उनसे प्यास बुझाई जा सके। इन दिनों भाई भगवतीचरण बहुत प्रसन्न थे। आज़ाद से मिलकर उन्हें बड़ी प्रसन्नता हुई थी। वे कहा करते थे कि भैया के साथ काम कर ब्रिटिश शासन से टक्कर लेने में अब मजा आएगा। वे अनुभव करने लगे थे कि उनकी सारी जिम्मेदारी मानो आज़ाद ने सहेज ली हो और वे उस भार से मुक्त हो गए हों। उन्हें अब ऐसा व्यक्ति मिल गया है जिससे वे परामर्श कर उचित मार्गदर्शन प्राप्त कर सकते हैं। उन्हें पूर्ण विश्वास था कि वे भगत और दत्त को छुड़ाने में सफल हो जाएँगे।

जंगल में एक सुरक्षित स्थान देखकर हम लोग रुके। सामने एक बड़ा सा गड्ढा था। उसी में बम फेंककर परीक्षण करना था। पहले सुखदेवराज ने बम फेंकने को लिया, परन्तु उसने उसे देखने पर कहा कि बम की पिन ढीली है। इस पर मैंने उसे चलाने की इच्छा प्रकट की। बापू भाई ने बम हाथ में लेकर देखा और बोले, 'तुम लोग पीछे हटो मैं देखता हूँ।' हम दोनों ने बहुत मना किया पर वे न माने, अपनी जिद पर अड़े रहे। पिन निकाली, फेंकने को हाथ उठा भी न पाए थे कि बम का विनाशकारी विस्फोट उनके हाथ में ही हो गया। धुएँ का गुब्बार छा गया। उसके कम होते ही हमने देखा कि बापू भाई जमीन पर जख्मी हो पड़े हैं। इधर सुखदेवराज के बाएँ पैर में एक बम का टुकड़ा घुस गया था। हम दोनों ने तय किया कि सुखदेवराज बँगले में जाकर साथियों को खबर दे और मैं बापू भाई के पास रहूँ। यह सब क्षण भर में ही हो गया। राज के जाने पर मैंने बापू भाई को सहारा देकर जंगल के घने भाग में ले गया जिससे

विस्फोट की आवाज से यदि कोई इधर आए भी तो उसे पता न चले।

भाई भगवतीचरण को भूमि पर लिटाकर मैं उनके घावों पर पट्टियाँ बाँधने लगा। उनका एक हाथ कलाई से उड़ गया था। दूसरे हाथ की उँगलियाँ कट गई थीं। सबसे बड़ा घाव पेट में था जिससे कुछ अँतड़ियाँ बाहर निकल आई थीं। मैं एक हाफ पैंट और कोट को छोड़ शरीर पर जितने कपड़े थे उन सबको फाड़-फाड़कर उनके घावों पर बाँध चुका था। पर रक्त की धाराएँ धरती का अभिषेक किए ही जा रही थी। इतनी शारीरिक वेदनाएँ होते हुए भी उनके मुख पर मुस्कान वैसी ही थी। मानो वे वेदनाएँ उन्हें छू भी नहीं रही थीं। मृत्यु की उपेक्षा का यह अदम्य साहस था। मेरी स्थिति ऐसी थी मानो अपने मृत्यु का ही चित्र मैं अपने सामने देख रहा हूँ। उनके शरीर की भूक वेदनाएँ मेरी मानसिक वेदना का बोझ बनती जा रही थीं। मैंने रुँधे कंठ से इतना ही कहा, 'भैया आपने यह क्या किया।' उत्तर में वही हठीली मुस्कान, वही शान्त मधुर वाणी—'यह अच्छा ही हुआ। यदि तुम दोनों में से कोई घायल हो जाता तो मैं भैया को मुख दिखाने लायक न रहता।' आत्मबलिदान का कितना महान आदर्श ! मृत्यु से संघर्ष जारी था पर अन्त में विजय मृत्यु की हुई। उन्होंने हँसते-हँसते देश की स्वतन्त्रता की बलिवेदी पर अपने आपको चढ़ा दिया। बलिदान की आहुति पूर्ण हुई। पार्थिव शरीर छोड़ने के पूर्व उनका इतना ही सन्देश था। मेरी मृत्यु भगत-दत्त को छुड़ाने की योजना में बाधक न हो। उस कर्तव्य की पूर्ति ही मेरी आत्मा को शान्ति देगी। बाकी जो कहा वह मानो कोई अपने छोटे भाई से कह रहा हो। अपनी भाभी का साथ न छोड़ना, यह कहते-कहते उनके दोनों हाथ ऊपर उठे मानो वे मेरे अश्रु पोंछना चाहते हों। पर सान्त्वना का सुखद स्पर्श प्रदान करनेवाली उँगलियाँ तो होम हो चुकी थीं। वे निर्निमिष दृष्टि से मेरी ओर देखते रहे। फिर प्यास और पानी की पुकार। पास जो सन्तरे थे उन्हें छील-छील कर खिलाता रहा। उसके बाद पास के गड्ढे से हैट में पानी भरकर लाता और बूँद-बूँद उनके मुँह में टपकाता रहा। बीच-बीच में गीले कपड़े से उनका मुँह भी पोंछता रहा। पर यह सब तो मन को केवल समझाना मात्र था। मैं बार-बार आहट लेता था कि शायद कहीं साथी डॉक्टरी मदद लेकर आ रहे हों। पर घंटों बीत गए कोई नहीं। फिर यशपाल की आवाज सुनाई दी। थोड़ी ही देर में वह छैलबिहारी के साथ वहाँ पहुँच गया। मैंने पूछा—'डॉक्टरी सहायता नहीं लाए।' उत्तर था, 'भगवती भाई को ले जाने के लिए टैक्सी लाया हूँ !' परन्तु टैक्सी में उन्हें ले जाना असम्भव था।

अब हम छैलबिहारी को वहाँ छोड़ डॉक्टरी सहायता के लिए वापस लौटे। पहले इन्द्रपाल के घर जाकर उसे एक चारपाई और कुछ आदमियों के साथ वहाँ जाने को कहा और तब मेडिकल कॉलेज गए। वहाँ सच्चिदानन्द वात्स्यायन के भाई ब्रह्मानन्द जो मेडिकल कॉलेज में पढ़ते थे, उनकी सहायता से कुछ और साथी और आवश्यक दवाइयाँ ले घटनास्थल की ओर गए।

घना अन्धकार ! टार्च की रोशनी के सहारे हम जंगल में घुसे। मास्टर छैलबिहारी को पुकारना प्रारम्भ किया परन्तु कोई उत्तर नहीं। इसी बीच टार्च की रोशनी में सफेद

कपड़े की धज्जियाँ बँधी दिखाई दी। उन्हीं के सहारे आगे बढ़े। बापू भाई का शरीर शान्त एकान्त में पड़ा था। छैलबिहारी का कहीं पता नहीं था। सूर्यास्त के साथ ही बापू भाई महायात्रा का बहुत-सा मार्ग चलकर पार कर चुके थे। दूर बहुत दूर हमारी पहुँच से बाहर। केवल हमारी श्रद्धांजलि ही उन तक पहुँचने में समर्थ थी। इसलिए उन्हें ले जाने के लिए हम जो चादर लाए थे उसी में उनका पार्थिव शरीर लपेट दिया, एक मिनट मौन हो शहीद को श्रद्धांजलि अर्पित कर दल का एक महान नेता खोकर हम असहाय दीन हो बँगले वापस लौटे।

वहाँ लोगों को छैलबिहारी से सबकुछ मालूम हो चुका था। बीच के कमरे में बैठे सभी हमारी प्रतीक्षा कर रहे थे। सभी की दृष्टि में प्रश्न चिह्न थे और हमारी झुकी दृष्टि ही मानो उन सबका मौन उत्तर था। मैं भी उन्हीं के बीच बैठ गया। आँसू फिर बह चले। भाभी आँखें बन्दकर निश्चल बैठी थीं। दीदी सिर थामकर रह गई। भैया सिर झुकाकर आखें पोंछ रहे थे। धनवन्तरी भी बेहाल थे। मदन और छैलबिहारी भी उदास थे। राज घायल पलंग पर पड़ा था। अब भाभी उठी और सभी को धीरज बँधाने लगी, परन्तु उनका भी यह साहस अधिक देर न टिक सका। मैंने तथा भैया ने उन्हें ले जाकर पलंग पर लिटा दिया। भैया ने उन्हें धीरज बँधाते हुए कहा—'तुमने पार्टी के लिए अपना सर्वस्व निछावर कर दिया है। तुम्हारे प्रति हम अपने कर्तव्य को कभी न भूलेगें।' दीदी और धनवन्तरी सारी रात भाभी के पास बैठे रहे।

यह सब होते हुए भी भगवती भाई का अन्तिम संस्कार तो करना ही था। रात बापू भाई की स्मृति में आँखों में ही बीत गई। भाभी तथा दीदी ने बापू भाई के अन्तिम दर्शनों की इच्छा प्रकट की परन्तु सारी परिस्थिति समझकर भैया ने ऐसा करने से उन्हें मना किया। इतने सबेरे दो स्त्रियों को साथ लेकर रावी के जंगल में जाना खतरे से खाली नहीं था। धनवन्तरी ने गैती और फावड़ों की व्यवस्था की। धनवन्तरी, आज़ाद और मदनगोपाल पौ फटने के पूर्व ही रवाना हो गए। सूरज निकलते-निकलते वे शव को धरती माता की गोद में सुला लौट आए। क्योंकि दाहसंस्कार करना खतरे से खाली नहीं था। नदी में इतना पानी भी नहीं था कि शव को प्रवाह कर दिया जाता।

'दीदी सुशीला मोहन' नाम से स्व. सत्यदेव विद्यालंकार ने जो पुस्तक लिखी है उसके परिशिष्ट में 'दीदी की राम कहानी' शीर्षक के अन्तर्गत उनके द्वारा लिखी गई क्रान्तिकारी जीवन की घटनाओं का ब्यौरा है। इसमें उन्होंने रावी के किनारे की बम विस्फोट की घटना का उल्लेख करते हुए लिखा है। अफसोस उन्हें बचाया न जा सका। वहीं रावी के तट पर मृत शरीर दफना दिया गया। वे रावी के पवित्र तट पर सदा के लिए चिर निद्रा में सो गए। नीचे लिखा शेर सदा उनकी जबान पर रहता था जो कि बाद में उनके सम्बन्ध में सच्चा साबित हुआ।

*'दरे तदबीर पर सर फोड़ना शेवा रहा अपना।*
*वसीले हाथ ही आए न किस्मत आजमाई के।*

## मरकर भी चैन नहीं

उन्हें मातृभूमि की गोद में सदा के लिए सुलाकर हम समझ रहे थे कि वे पुलिस की पहुँच के बाहर हो चुके परन्तु उन्हें शहीद होकर भी शान्ति न मिली। द्वितीय लाहौर षड्यन्त्र में इन्द्रपाल के मुखबिर हो जाने के बाद उसने पुलिस को इस घटना की जानकारी दी तथा भाई भगवतीचरण के शव को तलाश करने में पुलिस की मदद की। शव खुदवाकर उनकी अस्थियाँ द्वितीय लाहौर षड्यन्त्र के मुकदमे में पेश की गई।

इस घटना का उल्लेख इस षड्यन्त्र के अभियुक्त श्री गुलाब सिंह ने अपनी पुस्तक 'अंडर दि शैण्डो ऑफ गैलोज' के अध्याय-5, पृष्ठ 132 पर लिखा है—इन्द्रपाल ने अपने बयान में कहा है कि नए तरह का बम तैयार किया गया और एक शाम भगवतीचरण, सुखदेवराज और वैशम्पायन के साथ उसका परीक्षण करने गए। जैसे ही पंडित भगवतीचरण उस बम को फेंकने ही वाले थे कि घोड़े के ढीले होने के कारण वह बम उनके हाथ में ही फूट गया।

इसी पुस्तक में पृष्ठ 135 पर आगे लिखा है—जंगल के किनारे ही एक कब्र खोदकर, साथियों ने शव को कब्र में दफना दिया। उस समय साथियों की आँखों से अश्रु थम नहीं रहे थे।

आगे चलकर इन्द्रपाल को यह बात स्वीकार करनी पड़ी थी कि उसकी सहायता से पुलिस ने लाश ढूँढ़ निकाली। मिट्टी छानकर हड्डियाँ प्राप्त कर उन्हें मुकदमे में पेश किया गया। इन्द्रपाल को भी यह बात यशपाल ने ही बताई थी कि लाश दफना दी गई है।

इसी पुस्तक के 152 वें पृष्ठ पर लिखा है कि—एक दाँत के डॉक्टर हमारे मुकदमे में सरकारी गवाह के नाते पेश हुए थे, बाद में सुखदेवराज के मुकदमे में भी उन्होंने गवाही दी। डॉक्टर ने टूटे हुए जबड़े की परीक्षा कर कहा था कि जबड़े में बम का टुकड़ा लगा था।

सुखदेवराज ने मेयो अस्पताल के सिविल सर्जन का बयान पढ़कर सुनाया जिसमें कहा था, 'व्यक्ति की मृत्यु पेट में चोट लगने से हुई।' सरदार गुलाब सिंह पंजाब में मन्त्री पद पर भी रहे हैं।

मैं वास्तविकता को जानता था परन्तु मेरे कथन की पुष्टि में दीदी तथा सरदार गुलाब सिंह की पुस्तकों के उद्धरण देने की इसलिए आवश्यकता हुई कि यशपाल जी ने अपनी पुस्तक 'सिंहावलोकन' के द्वितीय भाग में पृष्ठ 199 पर लिखा है—बड़े-बड़े पत्थर शव की गठरी में डालकर जल में समाधि दे दी गई। इत्यादि...। सम्भवतः इसी के आधार पर 'शहीद' चित्र में भी जल समाधि दिखाई गई है, जो गलत है। यशपाल ने सम्भवतः यह इसीलिए लिखा कि वह मुखबिर इन्द्रपाल के अपराध को जनता की दृष्टि में हल्का करना चाहता था। जहाँ-जहाँ इन्द्रपाल का उल्लेख 'सिंहावलोकन' में आया है—उसके प्रति सहृदयता प्रकट की गई है। इसमें मुझे आपत्ति नहीं परन्तु जब घटनाओं

का गला घोंटकर यह सहृदयता प्रदर्शित की जाए तो वह इतिहास के साथ गद्दारी होगी, इतिहासकारों को गुमराह करना होगा। इन्द्रपाल के गद्दार होने पर भी यशपाल ने भैया के मुख से उसकी तारीफ 'सिंहावलोकन' में कराई है। जबकि भैया ऐसा कुछ कभी नहीं कह सकते थे। इस विषय में एक बात और उल्लेखनीय है कि यशपाल के कथनानुसार उसके दो चेले थे। जयगोपाल और इन्द्रपाल, बाद में जो दोनों ही मुखबिर हो गए।

## भगत और दत्त को छुड़ाने का प्रयत्न

इस दुर्घटना के बाद भी एक्शन तो करना ही था। दो साथी कम हो चुके थे। बापू भाई शहीद हो चुके थे और सुखदेवराज भी घायल हो चुका था। एक्शन पर चलने को भाभी तथा दीदी ने हठ किया। भैया ने उन्हें समझाया कि इन दोनों को छुड़ाने के बाद उन्हें सुरक्षित स्थानों पर पहुँचाने में इनका अधिक उपयोग हो सकेगा। यह बात भाभी-दीदी मान गई। सबकुछ हो रहा था पर लोग यन्त्रवत काम कर रहे थे। कुछ दिन पूर्व जो उत्साह था इस समय उसका नितान्त अभाव था। एक जून की दोपहर को मैं सेन्ट्रल जेल पर यह देखने गया कि भगत-दत्त बोर्स्टल जेल कब जाते हैं। दो बजे के लगभग दोनों को लेकर पुलिस लॉरी बोर्स्टल जेल चली गई। मैंने तुरन्त लौटकर बँगले में खबर दी। आज़ाद के नेतृत्व में धनवन्तरी, मैं, यशपाल, मदन गोपाल तथा ड्राइवर टहल सिंह बोर्स्टल जेल के लिए कार में रवाना हुए। जाने से पूर्व दीदी ने अपनी उँगली काट कर सभी को अपने रक्त का टीका किया। सभी के हृदय भर आए थे। सभी को भाई भगवतीचरण का अभाव खटक रहा था परन्तु वह बात हृदय तक ही सीमित रही। मार्ग में सभी सोच रहे थे कि आज किसे आत्मोत्सर्ग का अवसर मिलता है। ड्राइवर के पास मैं तथा भैया थे। पीछे धनवन्तरी, यशपाल तथा मदन गोपाल थे। भगत-दत्त को लेकर जब लॉरी निकली तो संकेत के लिए मैंने बाँसुरी बजाई पर उधर से संकेत न मिलने के कारण हमारी कार वैसे ही खड़ी रह गई। पुलिस लॉरी हमारे सामने से ही उन दोनों को लेकर निकल गई। निराश हो हमें वापस लौटना पड़ा। भाभी-दीदी बड़ी उत्सुकता से हमारी प्रतीक्षा कर रही थीं। कार बँगले के सामने रुकी। सबसे पहले भैया कार से उतरे और एक लम्बी साँस लेकर बोले—आज उन लोगों से संकेत न मिलने पर कुछ भी करना सम्भव न हुआ। एक्शन स्थगित करना पड़ा। योजना यह थी कि जैसे ही भगत-दत्त जेल के फाटक से बाहर निकलेंगे बाँसुरी का संकेत पाकर वे हमारी ओर बढ़ेंगे। इसी बीच हम पुलिस लॉरी पर बमों से हमला करेंगे तथा भगत-दत्त को रिवाल्वर दे दिए जाएँगे। वे मोटर में आ बैठेंगे। यदि कोई पीछा करेगा तो माऊजर से भैया मोर्चा लेंगे। आवश्यकता पड़ने पर संघर्ष के लिए कुछ लोग पीछे रह जाएँगे।

लौटने पर तय हुआ कि अगले रविवार को फिर प्रयास किया जाए। इसी बीच भगत सिंह से सम्बन्ध स्थापित कर यह पता लगाया जाए कि भूल कहाँ हुई है जिससे गलती सुधारी जाए। पर उस दिन यह कहाँ पता था कि दूसरे रविवार की नौबत ही

न आएगी। उसके पूर्व ही लाहौर से भागना पड़ेगा। बमों के विस्फोट के साथ योजना में भी सुरंग लग जाएगी। बाद में यह पता चला कि भगवतीचरण की शहादत से भगत सिंह को अत्यधिक सदमा हुआ था। इस घटना के बाद उन्होंने बाहर निकलने का विचार छोड़ दिया और शहीद हो जाने का ही निश्चय किया।

उस रात कुछ लोग बँगले में सोए और कुछ लोग बाहर। जिस कमरे में धनवन्तरी सो रहे थे उसमें पंखा चल रहा था। भाभी बाहर सो रही थीं। चार बजे सबेरे के लगभग उन्होंने जोर-जोर से रोना शुरू किया। दीदी ने जब देखा कि वे उनके चुप कराने से नहीं मान रही हैं तो उन्होंने कमरे में जाकर धनवन्तरी को जगाया और उन्हें भाभी को समझाने को कहा। धनवन्तरी पंखा बन्द कर भाभी के पास गए। कुछ ही मिनट बाद अलमारी में रखे दोनों बमों में से एक फटा। बड़ी जोर का धमाका हुआ। हम लोग अभी सोच ही रहे थे कि दूसरे बम का भी धड़ाका हुआ। भैया ने सभी को तुरन्त हथियार तथा अन्य आवश्यक सामान सम्हालने को कहा। साथ ही मदन तथा छैलबिहारी को युनिवर्सिटी के मैदान में जाकर अगले आदेश की प्रतीक्षा में ठहरने को कहा। मुझे तथा भाभी को धनवन्तरी एक पास के ही बँगले में अपने एक इंजीनियर मित्र के यहाँ छोड़ आए। इस स्थान की जानकारी धनवन्तरी तथा आज़ाद के सिवा और किसी को नहीं थी। यह स्थान भगत तथा दत्त के रखने के लिए निश्चित था। सब लोगों के हट जाने के बाद पड़ोसी महोदय से कहा गया कि वे इस विस्फोट की सूचना आध घंटे तक पुलिस को न दें। उन्हें यह भी बता दिया कि हम लोग क्रान्तिकारी हैं। उन्होंने सारी बातें स्वीकार कर लीं।

इसी बीच बँगले के आस-पास रहनेवाले लोग चौकन्ने हो मकानों से बाहर निकल-निकलकर देख रहे थे। एक पुलिसवाला भी उस सड़क पर चक्कर काटने लगा था परन्तु बँगले के अन्दर घुसकर देखने या पूछताछ करने की किसी की हिम्मत न हो रही थी। पड़ोसी के फोन करते ही लॉरी भरकर सशस्त्र पुलिस आ गई। बँगले की तलाशी में यशपाल के हाथ के लिखे पत्र के टुकड़े मिले। साथ-ही-साथ पंजाब यूनिवर्सिटी लाइब्रेरी की दो किताबें भी वहाँ मिलीं जिन्हें सुखदेवराज अपने नाम लिखाकर ले आया था। घबराहट में यशपाल पत्र के टुकड़े और पुस्तकें वहीं छोड़ आया जबकि भैया का आदेश था कि ऐसी कोई चीज न छोड़ी जाए जिससे पुलिस को हमारा सुराग मिल सके। यह पत्र प्रकाशो को लिखा गया था। इसमें पुलिस को उसका पता भी हाथ लगा। पुलिस ने अनुमान लगाया कि बँगले में रहनेवाले लोग शायद दिल्ली चले गए हों इसलिए पुलिस उन पड़ोसी इंजीनियर महोदय को हवाई जहाज द्वारा दिल्ली ले गई। लाहौर से दिल्ली आनेवाली गाड़ियों को दिल्ली के पास रोककर क्रान्तिकारियों की तलाश की गई। इंजीनियर महोदय से लोगों को पहचानने के लिए कहा गया। उन्होंने केवल तीन ही व्यक्तियों को देखा था। आज़ाद, यशपाल तथा इन्द्रपाल को, जो उसे कुछ समय तक फोन न करने के लिए कहने गए थे। यशपाल के पत्र तथा पुस्तकों से पुलिस को यह तो पता चल ही गया कि बँगले में कौन लोग हो सकते थे।

इधर छैलबिहारी को एक परिवार के साथ शिमला भेज दिया गया। मदनगोपाल को भी ऐसे ही एक परिवार के साथ लाहौर से बाहर भेज दिया। भैया को लेकर दीदी लाला अचिन्तराम के मकान पर पहुँच गई। घर में उनकी पत्नी सत्यवती जी थीं। सत्यवती जी दीदी के साथ जालन्धर कन्या महाविद्यालय में पढ़ती थीं तथा उनसे उनकी बड़ी घनिष्ठता भी थी। उन्होंने बिना किसी हिचकिचाहट के आज़ाद का स्वागत किया और जब तक वे रहे उन्हें अपने घर में सुरक्षित रखा। इस घटना का उल्लेख 'दीदी सुशीला मोहन' पुस्तक में भी दीदी ने किया है।

कुछ दिनों के बाद भैया, दीदी और यशपाल लाहौर से चले गए और उनके सुरक्षित निकल जाने की सूचना हमें मिल गई तो मैं तथा भाभी भी लाहौर से बाहर निकले। भाभी ने घूँघट निकालकर ठेठ उत्तर प्रदेश की पर्दा करनेवाली स्त्रियों का सफल अभिनय किया। कल्पना यह थी कि मैं अपनी बहन को ससुराल से मायके लिवा ले जा रहा हूँ। स्टेशन पर ससुराल के लोग पहुँचाने आए हैं जिनसे पर्दा करना आवश्यक है। हम दोनों बातें पूर्वी ही भाषा में करते थे। दोनों के उत्तर प्रदेश के रहनेवाले होने के कारण यह असम्भव नहीं था। एक दिन इसी लाहौर स्टेशन से भाभी भगत सिंह के साथ ठेठ सुशिक्षित तथा सुसभ्य परिवार की स्त्री के रूप में पुलिस की आँखों में धूल झोंककर उनकी आँखों के सामने निकल गई थीं और आज पर्दावाली स्त्री के रूप में मानो उसे नए जमाने की हवा ने छुआ तक न हो।

दीदी पर तब तक पुलिस को शक नहीं हुआ था। यदि पता रहा भी हो तो यह तो निश्चय ही पता नहीं था कि वे इस बँगले में थी। इन्द्रपाल के मुखबिर होने पर ही पुलिस को दीदी का नाम मालूम हुआ। इन्द्रपाल ने उस इंजीनियर को भी फँसाया जिसने हमारे साथियों के कहने पर आध घंटे ठहरकर पुलिस को फोन किया था। इंजीनियर ने इस घटना का उल्लेख पुलिस को दिए बयान में नहीं किया था। इन्द्रपाल के बताने पर पुलिस उससे बहुत बिगड़ी और शायद उसने उसे विभाग से सजा भी दिलवाई। वह नौकरी से अलग कर दिया गया।

# फिर दिल्ली हेड क्वार्टर

भाई भगवतीचरण की शहादत तथा बहावलपुर के बँगले में बमों के विस्फोट से भगत सिंह और दत्त को छुड़ाने की योजना असफल हो जाने से श्री चन्द्रशेखर आज़ाद को अत्यधिक धक्का लगा। बापू भाई की शहादत से तो वे यह अनुभव करने लगे थे कि उनका तो दाहिना हाथ ही टूट गया। भगत सिंह के जाने के बाद जो स्थिति थी वही स्थिति भगवतीचरण जी के शहादत के बाद आई। ये सारी कठिनाइयाँ होते हुए भी आज़ाद को मानसिक शान्ति के लिए एकान्तवास की आवश्यकता नहीं प्रतीत हुई। सदस्यों में भाभी-दीदी की भी जिम्मेदारी उन पर आ पड़ी थी। दल के भविष्य के कार्यक्रम की रूप रेखा तैयार कर आवश्यक धन भी जुटाना था। भगत सिंह को छुड़ाने की योजना में जो आर्थिक समस्याएँ आई उन्हें भाई भगवतीचरण ने सुलझाया। इस कार्य के लिए भाभी-दीदी ने भी जो कुछ रकम पास थी उसे लगा दी। इस घटना के बाद एक दिन भैया आर्थिक समस्या सुलझाने की चिन्ता में बैठे थे। भाभी को जब यह मालूम हुआ तो उन्होंने अपने जेवरों की पोटली भैया के सामने रखते हुए कहा—'आप चिन्ता क्यों करते हैं। ये सब किस दिन काम आएगा।' आज़ाद ने एक बार जेवरों की ओर और एक बार भाभी की ओर देखकर मुस्कुराते हुए कहा—'चिन्ता न करो ? आवश्यकता पड़ने पर उन्हें भी ले लूँगा। अभी इन्हें दल की धरोहर समझकर रखो।'

लाहौर से निकलते समय यशपाल ने स्वास्थ्य सुधार के लिए दल से कुछ दिनों के लिए छुट्टी ले ली और वह प्रकाशो को ले पहाड़ों की ठंडी हवा के वातावरण में स्वास्थ्य सुधार के लिए चला गया।

## बम का कारखाना

दिल्ली लौटकर भैया ने साथियों से विचार विनिमय कर यह निश्चय किया कि जिस प्रकार हथियार मिलने की उचित व्यवस्था हो गई है, उसी प्रकार बम तथा बमों का मसाला बनाने की भी उचित व्यवस्था हो जानी चाहिए। इनमें से एक कारखाना दिल्ली में तथा दूसरा कानपुर में खोलने का विचार था। इस योजना की प्रारम्भिक रूप रेखा भाई भगवतीचरण के सामने ही तैयार हो चुकी थी। दिल्ली में जो दल कैलाशपति के नेतृत्व में काम कर रहा था उनमें प्रमुख थे—विमल प्रसाद जैन, प्रो. नन्दकिशोर निगम,

काशीराम, भवानी सहाय, भवानी सिंह, भागीरथ, मास्टर हरकेश, धर्मपाल आदि। उन दिनों आज़ाद और मैं दिल्ली में प्रो. नन्दकिशोर निगम के ही बँगले में ठहरते थे। निगम होस्टल सुपरिंटेंडेंट भी थे। दिल्ली में रहते समय तीन जगह डकैती की योजना बनाई गई थी। एक तो रेलवे क्लियरेन्स एकाउंट्स आफिस दिल्ली के वेतन की रकम। दूसरे कानपुर में एक कोठी पर डाका डालने का विचार था और तीसरी थी दिल्ली के कूँचा नटवा में गाडोदिया की कोठी पर। पहली योजना पर अमल इसलिए नहीं किया जा सका क्योंकि डकैती की योजना के दिन पं. मोतीलाल जी नेहरू की गिरफ्तारी के कारण सारे शहर में हड़ताल हो गई और शहर में सशस्त्र पुलिस लॉरियों में घूमने लगी। ऐसी अवस्था में 'एक्शन' सम्भव न हुआ।

गाडोदिया डकैती की योजना की सफलता विशम्भर की सूचना पर ही निर्भर करती थीं। फिर भी 5 जून 1930 को आज़ाद तथा कैलाशपति गाडोदिया स्टोर्स देखने गए। विशम्भर को यह काम सौंपा गया था कि दिन भर की बिक्री के बाद जैसे ही रकम गिनकर तिजोरी में रखी जाने लगे उसी समय वे आकर खबर दें। साथी कंचनी बाग में तैयार रहेंगे। 6 जून 1930 की रात को आज़ाद के नेतृत्व में धनवन्तरी, विद्याभूषण, काशीराम, भवानी सहाय तथा लेखराम एक कार में क्वीन्स गार्डन में कांग्रेस महिला ऑफिस के सामने पहुँचे। लगभग सवा दस बजे रात्रि को विशम्भर ने आकर खबर दी कि रोकड़ गिनी जा रही है। लेखराम को छोड़ सभी साथी आज़ाद के नेतृत्व में गाडोदिया की कपड़े की कोठी में पहुँचे। जितनी रकम थी सारी आज़ाद ने थैलों में भरवा ली। मुनीम ने तिजोरी में जो जेवर था उसे भी सामने रख दिया परन्तु आज़ाद ने साथियों को उसे उठाने के लिए मना कर दिया। उन्होंने कहा 'हम जेवर लूटने को कोई डाकू नहीं हैं।' रुपया लेकर जब चलने लगे तो साथियों को आगे कर आज़ाद स्वयं सबसे पीछे सबका संरक्षण करते हुए चले। निकलने के पूर्व टेलीफोन का तार काट दिया गया था। धनवन्तरी निचले दरवाजे पर पहरे पर थे। जहाँ रकम गिनी जा रही थी वहाँ से ऊपर जानेवाले रास्ते के दरवाजे की जंजीर चढ़ा दी गई थी। जब ये लोग नीचे उतरे तो एक लड़का चिल्लाया भी। एक हलवाई ने गली में मार्ग रोकने का प्रयत्न किया परन्तु विद्याभूषण के हाथ में चमकता रिवाल्वर देखते ही वह तुरन्त भाग गया। लोगों को डराने के लिए हवा में दो फायर किए गए। उतने ही से काम चल गया। फिर किसी व्यक्ति ने आगे आने की हिम्मत न की। सभी साथी मोटर में होस्टल पहुँच गए। इन्हीं के साथ विशम्भर भी चला आया।

गाडोदिया में लगभग तेरह हजार रुपया मिला था जिसमें से 6 हजार रुपया कानपुर में बम ढालने के लिए कारखाना खोलने के लिए वीरभद्र तिवारी को दिया गया। इसमें से ढेढ़ हजार रुपया वीरभद्र को प्रचार कार्य करने के लिए दिया गया। चार हजार कैलाशपति को साबुन का कारखाना तथा साइक्लोस्टाइल मशीन खरीदने के लिए दिया गया। यह साबुन का कारखाना दिल्ली में ही खुलना था। दो हजार रुपया अफ्रीदी बादशाह गुल के पास भेजने के लिए रखा गया। सीमा प्रान्त से जो हथियार विशेषकर

रिवाल्वर आते थे वे अफ़्रीदियों से ही लिए जाते थे। एक बार एक आटोमेटिक रिवाल्वर आया था जिससे एक बार ट्रिगर दबाने पर सारी गोलियाँ चल जाती थीं। श्री विद्याभूषण का कहना है कि वे अनेक बार सीमा पार गए थे और उन्होंने ही यह रकम बादशाह गुल को दी थी। पार्टी के एक सदस्य उन दिनों रावलपिंडी में रहते थे। ये थे श्री रामकिशन। इन्हीं की मार्फत भगत और दत्त को सीमा पार कराकर रूस भेजना था परन्तु बाद में रामकिशन भारत-अफगानिस्तान की सीमा पर एक बार नदी पार करते मारे गए। कोई कहता है कि उनकी मृत्यु नदी में डूबने से हुई तो कोई कहता है कि वे धोखे से अफ़्रीदियों की गोली के शिकार हुए।

## साबुन का कारखाना

दिल्ली में विमल प्रसाद जैन की जानकारी काफी थी। उन्हीं को साबुन का कारखाना खोलने की जिम्मेदारी दी गई। उन्होंने झंडेवालान में एक दुमंजिले मकान का ऊपरी हिस्सा किराए पर लिया तथा यहाँ 'हिमालियन टायलेट्स' के नाम से एक साबुन का कारखाना खोला गया। विमल प्रसाद के साथ श्रीमती विमल प्रसाद भी यहाँ आकर रहीं। पार्टी के एक सदस्य गिरवर सिंह को यहाँ नौकर की हैसियत से रखा गया। इधर वात्स्यायन को भी पंजाब से बुलाया गया। ये उस समय बी.एस.सी. के विद्यार्थी थे और पिकरिक आदि बनाने की उन्हें जानकारी थी।

गाडोदिया डकैती का समाचार सुनकर यशपाल भी दिल्ली आ गया। आज़ाद को यह मालूम था कि रोहतक में यशपाल ने पिकरिक बनाया था। इसलिए उन्होंने इसका उपयोग कर लेना चाहा। इसके बाद ही उन्होंने इसके विरुद्ध कार्रवाई करने का निश्चय किया। यशपाल ने पहले तो पंजाब में बापू भाई की जगह संगठनकर्ता के रूप में काम करना चाहा परन्तु आज़ाद यह काम धनवन्तरी को सौंप चुके थे। उन्होंने कहा कि धनवन्तरी के घर छोड़ने पर अब यह काम धनवन्तरी को सौंपा जा चुका है। इसलिए तुम चाहो तो फैक्टरी में पिकरिक, गनकाटन आदि बनाने के काम में वात्स्यायन को सहयोग दे सकते हो। यशपाल ने फैक्टरी में रहना स्वीकार कर लिया। साथ में प्रकाशो तो थी ही। इस प्रकार दिन में इस कारखाने में तेल-साबुन इत्यादि बनता था और रात्रि में पिकरिक, गनकाटन आदि। यहाँ वसन्त पराग सोप, वसन्त पराग क्रीम तथा वसन्त पराग हेयर आयल भी बनाने की योजना थी। धीरे-धीरे दिल्ली का यह कारखाना चलने लगा। यशपाल के अनुसार यहाँ तीस-चालीस पौंड पिकरिक एसिड, काफी गनकाटन तथा नाइट्रो ग्लैसेरीन आदि तैयार किए गए। यहाँ पिल्कोरीन गैस भी बनाई गई जिसका प्रयोग खरगोशों पर किया गया जो सफल रहा। उसी प्रकार पोटेशियम साइनाइड का भी दो चूहों पर प्रयोग किया गया। भैया बीच-बीच में आकर इन सब कामों की देखभाल करते थे।

## यशपाल का मुकदमा

बापू भाई की शहादत के दिन सबेरे ही यशपाल के मामले की चर्चा भाई भगवतीचरण तथा आज़ाद के बीच 28 मई 1930 को हुई थी। तब यह निश्चय किया गया था कि भगत सिंह और दत्त को छुड़ाने की योजना के बाद यशपाल के विरुद्ध कार्रवाई की जाएगी। इसलिए अगस्त 1930 के प्रथम सप्ताह में केन्द्रीय समिति की बैठक कानपुर में बुलाई गई। इस बैठक में आज़ाद, कैलाशपति, वीरभद्र तिवारी, सदगुरुदयाल अवस्थी, धनवन्तरी तथा विद्याभूषण उपस्थित थे। यशपाल पर यह आरोप लगाया गया था कि उसने प्रकाशो को अपने स्वार्थ के लिए उसके अभिभावकों की इच्छा के विरुद्ध घर से निकाला। उसने पार्टी को यह कहकर धोखा दिया कि वह पार्टी के लिए कई हजार रुपया लेकर आ रही थी जो रास्ते में गिर गया। यशपाल ने यह बात तो मेरे सामने भाई भगवतीचरण से कही थी। सारी रामकहानी सुनकर उन्हें बहुत बड़ा धक्का लगा था। उस समय वे मुस्कुराकर चुप रह गए थे। पर यशपाल के वहाँ से हट जाने के बाद उन्होंने मुझसे कहा था, 'बच्चन ? यह मुझे क्या बेवकूफ समझता है कि यह जो भी मनगढ़न्त कहानी सुनाएगा मैं उस पर विश्वास कर लूँगा ?' इसके बाद यशपाल तथा प्रकाशो के व्यवहार से यह सिद्ध हो गया था कि वे दोनों पति-पत्नी हैं।

यशपाल पर यह आरोप था कि उसने प्रकाशो से विवाह करने के लिए ही उसे घर से निकाला, जिसकी पूर्व सूचना उसने दल को नहीं दी। पार्टी के नियमों के अनुसार यह अपराध था। यशपाल ने 'सिंहावलोकन' भाग 2 पृष्ठ संख्या 24 पर स्वयं स्वीकार किया है। फणीन्द्र का उल्लेख करते हुए उसने लिखा है—विवाहित लोगों को दल में सम्मिलित होने की मनाही नहीं थी, परन्तु दल के लोगों को विवाह करने से पूर्व दल की अनुमति ले लेना आवश्यक था; इत्यादि। उसकी यह भी दलील थी कि इस विषय में उसे कभी बताया नहीं गया था। तो पहले तो यशपाल जो केन्द्रीय समिति का सदस्य था, उसे यह कहना शोभा नहीं देता कि नियम उसे मालूम नहीं थे ? दूसरे उसने यह बात दल के सामने कभी नहीं रखी। उसने तो विवाह को अपना निजी मामला समझा और अपनी इच्छानुसार उसे निपटा लिया। यहाँ दल के निर्णय के औचित्य या अनौचित्य का विवेचन करना मेरा उद्‌देश्य नहीं है। मैं तो केवल तथ्य पाठकों के सामने रख रहा हूँ।

केन्द्रीय समिति में यशपाल को प्राणदंड दिया गया। इस अवसर पर न तो वीरभद्र ने और न सद्‌गुरुदयाल ने इसका विरोध किया। 1966 में मैं देहरादून के क्रान्तिकारी सम्मेलन में गया था। वहाँ मेरी विद्याभूषण जी से भेंट हुई थी। उन्होंने मुझे स्पष्ट शब्दों में बताया कि यह निर्णय सर्वसम्मति से लिया गया था और किसी ने भी इसका विरोध नहीं किया था। इस निर्णय के अनुसार यह निश्चय किया गया कि कैलाशपति दिल्ली जाकर यशपाल को कानपुर भेजे। यशपाल कानपुर आकर चटाई मोहाल के मारवाड़ी बासे में ठहरे। वहाँ मैं उसे मिलूँ। उसके बाद भैया और मैं यशपाल को कानपुर टैनरी

(सीसामऊ) की ओर ले जाएँगे। उन दिनों उस ओर वीरान था तथा अक्सर हम लोग चाँदमारी के लिए वहाँ जाते थे। यशपाल को भी चाँदमारी के बहाने ही उधर ले जाना था।

निश्चित समय पर मैं मारवाड़ी ढाबे आनन्द भोजनालय गया परन्तु यशपाल वहाँ नहीं था। मैं वीरभद्र के यहाँ गया। वीरभद्र ने उसके घर में होने से साफ इन्कार कर दिया जबकि वह उसे स्वयं या किसी व्यक्ति के द्वारा अपने घर ले आया था। यशपाल का यह लिखना सरासर झूठ है कि उसे लेने स्टेशन पर कोई नहीं आया और उसे शहर में कोई जगह मालूम नहीं थी। इसलिए वह वीरभद्र के घर गया। वह आनन्द भोजनालय में अनेक बार आकर ठहर चुका था और इस बार भी उसे वहीं ठहराना था। परन्तु केवल वीरभद्र को बचाने की दृष्टि से उसने यह बात लिखी है कि वह कानपुर में वीरभद्र के सिवा अन्य कोई स्थान जानता न था। यशपाल ने 'सिंहावलोकन' में जितना नैतिक साहस बखारा है, उससे दसवाँ हिस्सा भी यदि उसने उस समय दिखाकर भैया के सामने आने का साहस कर सफाई दी होती तो कुछ बात बनती परन्तु उसने आज़ाद के सामने आने का साहस ही न किया और रात की गाड़ी से दिल्ली भागा। फैक्टरी में जाकर वहाँ से जो भी मसाला हाथ लगा उसे तथा प्रकशो को ले वह भाग गया। इन सारी बातों से स्पष्ट है कि उसके अपने दिल में चोर बैठा था जिससे आज़ाद से मिलने का वह साहस न कर सका।

आज़ाद उस दिन चिन्ता में रहे कि यशपाल क्यों नहीं आया। दूसरे दिन शाम को कैलाशपति का तार मिला। 'दीदी बीमार है शीघ्र आइए।' तार से भैया यह तो समझ गए कि दिल्ली में कुछ गड़बड़ अवश्य है, पर क्या है यह वह न समझ सके। इसलिए उसी दिन रात को मुझे लेकर वे दिल्ली के लिए रवाना हुए। वहाँ पहुँचकर पता चला कि कानपुर से यशपाल लौट आया तथा सामान लेकर प्रकाशो के साथ भाग गया। आज़ाद को यह विश्वास हो गया कि कानपुर ही में यशपाल को किसी ने पार्टी का निर्णय बता दिया है, इसी से वह भाग गया। आज़ाद इससे अत्यन्त दुखी हुए। उन्हें विश्वास हो गया कि केन्द्रीय समिति के किसी व्यक्ति ने गद्दारी की है। इसलिए सबसे पहले उन्होंने वास्तविकता को जानना चाहा। उन दिनों दीदी तथा धनवन्तरी भी वहीं थे। सुखदेवराज भी पैर के घाव का इलाज कराकर दिल्ली आ गया था। अन्त में यह निश्चय हुआ कि यशपाल को बुलाकर उसी से सारी बातें पूछी जाएँ। इसके लिए धनवन्तरी, मैं तथा सुखदेवराज लाहौर के लिए रवाना हुए। यशपाल ने इस चर्चा का उल्लेख करते हुए लिखा है कि हम लोग उसे मारने गए थे पर यह गलत है। हम लोग उसे दिल्ली भैया के पास लाने ही गए थे। बड़ी दौड़-धूप के बाद यशपाल से मिंटो पार्क में धनवन्तरी की भेंट हुई। वह अपने साथ कुछ व्यक्तियों को यह कहकर लाया था कि हम लोग उसे मारने आए हैं और यदि ऐसी कोई घटना हो तो वे उसकी रक्षा करें। धनवन्तरी ने उसे भैया का सन्देश दिया और वह दिल्ली आने के लिए तैयार हो गया। मैं, धनवन्तरी और सुखदेवराज भी दिल्ली लौट आए।

## यशपाल को क्षमादान

4 सितम्बर 1930 को झंडेवालान के मकान में आज़ाद, दीदी, धनवन्तरी तथा यशपाल की बैठक हुई। पहले तो यशपाल ने यह बताने से इंकार कर दिया कि केन्द्रीय समिति का निर्णय उसे किसने बताया परन्तु आज़ाद ने यह जानना ही चाहा और तब यशपाल ने सारी कहानी बता दी कि किस तरह वीरभद्र ने उसे बचाया। साथ ही उन्होंने प्रकाशवती के मामले की चर्चा की और उस पर सफाई माँगी।

कैलाशपति केन्द्रीय समिति का मेम्बर था। वह पकड़े जाने के बाद सरकारी गवाह बन गया था। उसने अपने बयान में इस सम्बन्ध में कहा है—आज़ाद ने यशपाल को घटना का उल्लेख करते हुए मुझसे कहा था कि यशपाल ने अपना अपराध स्वीकार कर लिया है और उसे क्षमा कर दिया गया है। उस समय यह भी निश्चित हो गया कि भविष्य में मुसम्मात प्रकाशो यशपाल की पत्नी समझी जाएगी।

आगे कैलाशपति ने बयान में कहा—यशपाल के मुकदमे में आज़ाद, मैं केन्द्रीय समिति के सदस्य के नाते तथा दीदी तथा धनवन्तरी साधारण सदस्य के नाते मौजूद थे। यशपाल ने जो कुछ आज़ाद से कहा था यह सब मीटिंग में दोहराया और उसे क्षमा कर दिया गया।

विवाह के सम्बन्ध में दल की नीति की चर्चा करते हुए कैलाशपति ने बयान दिया—पार्टी मेम्बरों के सम्बन्ध में अविवाहित मेम्बरों को सदा तरजीह देती थी। पार्टी का एक नियम था कि यदि कोई अविवाहित मेम्बर विवाह करना चाहे तो पहले उसे पार्टी की कार्यकारिणी से स्वीकृति लेनी होगी। इसी सम्बन्ध की जिरह में कैलाशपति ने बताया—यशपाल पार्टी से इसलिए नहीं निकाला गया कि उसने प्रकाशो से विवाह कर लिया था, बल्कि इसलिए कि प्रकाशो के माता-पिता की स्वीकृति के बिना वह प्रकाशो को लेकर भाग गया था। इस बात को दल ने अनुचित और अनैतिक समझा।

श्रीमती दुर्गा देवी ने 'नर्मदा' के आज़ाद अंक में 'भैया आज़ाद' पर लिखे लेख में पृष्ठ 30 पर लिखा है—सन् 1929 में जब मैं और दीदी उनसे (आज़ाद) मिली, तो वे बहुत प्रसन्न हुए थे। उस समय तक दल में स्त्रियों के लिए कोई स्थान न था। स्त्रियों के दल में आने से समस्याएँ न उठ खड़ी हों, इसके लिए भैया विशेष रूप से सतर्क रहते थे और इस झगड़े को वे सदा दूर ही रखने का प्रयत्न करते थे। ऐसी बात न थी कि स्त्रियों को इस दल के प्रति सहानुभूति न हो, पर उन्हें उनकी सीमा में ही रखकर उनसे सहायता और सहयोग लिया जाता था। एक घटना हमने सुन रखी थी कि किसी स्त्री के कारण दुर्बलता प्रमाणित होने पर भैया ने अपने एक अच्छे से अच्छे युवक कार्यकर्ता को कड़ी से कड़ी सजा दी थी और वह सजा थी मौत, क्योंकि यदि उसे केवल दल से हटा दिया जाता तो वह अपमानित होकर दल के भेद खोल सकता था और लोगों को पकड़ा भी सकता था। मनुष्य स्वभाव है कि एक दुर्बलता के बाद दूसरी दुर्बलता उसे दबा लेती है। अतः स्त्री-पुरुष का ऐसा आकर्षण उन्हें सह्य न था। उनका कहना

था कि ऐसा दुर्बल व्यक्ति न केवल अपने ध्येय के प्रति अनुरक्ति ढीली कर देता है, बल्कि वह समय की चोरी करता है और दल का पैसा भी व्यर्थ करता है।

उस उद्धरण से आज़ाद की विचारधारा, उसका औचित्य तथा यशपाल को मृत्युदंड देने का औचित्य स्पष्ट हो जाता है। जब आज़ाद को केन्द्रीय सदस्यों की गद्दारी का पता चला तो उन्होंने कहा—अब दल में किस-किस को मारा जाए। इसलिए केन्द्रीय समिति ही भंग कर देना उचित होगा। तुम (यशपाल) फरार हो इसलिए तुम्हें आत्मरक्षा के लिए जो भी हथियार चाहिए ले लो। यशपाल ने जो हथियार चाहे आज़ाद ने दिए। यशपाल ने मुझसे अपने साथ रहने का आग्रह किया परन्तु मैंने साफ इन्कार कर दिया क्योंकि भैया से अलग होने की कल्पना तो मैं स्वप्न में भी नहीं कर सकता था। यशपाल ने धनवन्तरी से भी साथ काम करने को कहा—परन्तु उसने भी इन्कार कर दिया। तब यशपाल पंजाब न जाकर मथुरा चला गया। बाद में कुछ दिन पंजाब में इन्द्रपाल के साथ काम किया।

यशपाल के जाने के बाद धनवन्तरी तथा दीदी पंजाब चले गए। सुखदेव[1] भी उन्हीं के साथ गया। अब आज़ाद ने दक्षिण जाने का निश्चय किया। मुझे आज़ाद ने भाभी को लेकर बम्बई जाने को कहा। उस समय सरदार पृथ्वी सिंह महाराष्ट्र में थे। उनके सबसे विश्वस्त व्यक्ति थे श्रीगणेश रघुनाथ वैशम्पायन जो दादर में रहते थे। उन्होंने भी अपना एक क्रान्तिकारी संगठन बना रखा था। वे सरकारी नौकरी में थे और वजीरिस्थान तक हो आए थे। आज़ाद का विचार था कि दक्षिण में श्री पृथ्वी सिंह तथा सावरकर जी के सहयोग से दक्षिण में ब्रिटिश शासन के विरुद्ध संघर्ष किया जाए। साथ ही वहाँ रहकर दक्षिण के प्रसिद्ध क्रान्तिकारी सीताराम राजू का पता लगाकर उनसे सम्पर्क स्थापित किया जाए। इसके पूर्व में एक बार भाई भगवतीचरण के साथ बम्बई जाकर बाबा सावरकर से मिल चुका था। श्री विनायक दामोदर सावरकर से भी मिलने का विचार था परन्तु उनके रत्नागिरि में नजरबन्द होने के कारण उस समय उनसे मिलना सम्भव न हो सका था। बाबा सावरकर ने आश्वासन दिया कि भविष्य में वे तात्या से भी मिलवा देंगे। बाबा सावरकर ने भी महाराष्ट्र में अपना एक क्रान्तिकारी संगठन बना रखा था। श्री गणेश रघुनाथ वैशम्पायन इसी संगठन के सदस्य थे।

## श्री सीताराम राजू

मद्रास प्रान्त में श्री सीताराम राजू का संगठन भी प्रभावशाली था। ये आन्ध्र के रहनेवाले राजपूत थे। उन्होंने सन् 1931-32 के आन्दोलन के समय आदिवासियों का एक संगठन बनाकर सरकार के विरुद्ध सशस्त्र विद्रोह किया। उन्होंने अनेक पुलिस थानों पर हमले किए तथा सरकारी खजानों को लूटा। जिन दिनों बाबा पृथ्वी सिंह मद्रास जेल में थे तो श्री सीताराम राजू ने सरकार को एक पत्र लिखकर धमकी दी थी कि वे जेल पर

1. सुखदेवराज—सं.

धावा बोलकर सरदार पृथ्वी सिंह को छुड़ा ले जाएँगे। इस पत्र से आतंकित हो मद्रास सरकार ने आसपास के इलाके की सशस्त्र पुलिस मद्रास में बुला ली। जब आसपास के इलाकों से पुलिस हट गई तो राम राजू ने आसपास के पुलिस थानों पर हमले किए और सरकारी खजाने लूटे। इसी पत्र के बाद मद्रास सरकार ने केन्द्र को लिखा कि सरदार पृथ्वी सिंह और कुछ अन्य राजबन्दियों को मद्रास प्रान्त में रखना खतरे से खाली नहीं है इसलिए उन्हें अन्य प्रान्तों में स्थानान्तरित किया जाए। केन्द्र ने ऐसा ही किया और इसी स्थानान्तरण के समय सरदार पृथ्वी सिंह पहली बार रेल से कूदकर भागे थे।

## सरदार पृथ्वी सिंह

इस सन्दर्भ में सरदार पृथ्वी सिंह के विषय में भी कुछ जानकारी दे देना आवश्यक है। सरदार पृथ्वी सिंह 1915 की गदर पार्टी के सदस्य थे। वे भी अमेरिका के प्रवासी भारतीयों के साथ भारत आए थे। उन्हें पंजाब में राजद्रोह के अपराध में गिरफ्तार कर उन पर तथा उनके अन्य 64 साथियों पर सरकार को उलटने का मुकदमा चलाया गया था। अदालत से इन्हें तथा इनके 23 साथियों को मृत्युदंड मिला था। इन सबको लाहौर की सड़कों पर सेना के पहरे में फाँसी दी जानेवाली थी। ऐसा करने का एक ही उद्देश्य था कि इससे आम जनता भयभीत और आतंकित हो जाए और सरकार के विरुद्ध भविष्य में कोई सशस्त्र विरोध का साहस न करे। बाद में इन्हें मृत्युदंड से कालेपानी की सजा हुई। सजा होने पर उन्हें कालेपानी भेज दिया गया। सरदार पृथ्वी सिंह ने यहाँ 1916 से 1921 तक भीषण यातनाओं के बीच दिन बिताए।

1921 में उन्हें मद्रास के पेनिटेंशनरी जेल में लाया गया। बाद में श्री सीताराम राजू के भय से इन्हें अन्य प्रान्त में भेजा गया। मार्ग में आँगोल स्टेशन के पास चलती गाड़ी से वे कूद पड़े। भाषा की कठिनाई होने पर भी वे बेड़ियाँ कटवाने में तो समर्थ हुए। परन्तु उस क्षेत्र की जानकारी न होने से वे घूमघामकर फिर आँगोल स्टेशन पर ही जख्मी हालत में पकड़े गए। भागने के अपराध में उन पर मुकदमा चला, सजा हुई और फिर राजमहेन्द्री जेल में बन्द कर दिए गए। सन् 1922 में वे फिर राजमहेन्द्री जेल से दूसरी जेल भेजे गए। वह 21 नवम्बर का दिन था। रेल यात्रा में वे रात्रि के समय रेल के संडास की ऊपर की खिड़की से कूदकर भाग गए। यह घटना सेंट्रल रेलवे पर वडनेरा के पास की है। इस क्षेत्र में भाषा की कठिनाई नहीं थी और उनके पैरों में बेड़ियाँ भी नहीं थी। इसलिए उन्हें भागने में सुविधा हुई। वे पैदल ही अमरावती पहुँचे और वहाँ से श्री वर्हाड़ पांडे के सहयोग से बम्बई डॉक्टर नारायण दामोदर सावरकर के पास पहुँचे। उन्होंने उन्हें पूना के श्री गणेश रघुनाथ वैशम्पायन के पास भेज दिया। उन दिनों वैशम्पायन भावनगर में टेलीग्राफ विभाग में काम करते थे। भावनगर में बाबा पृथ्वी सिंह स्वामीराव के नाम से रहने लगे। धीरे-धीरे वे गुजराती वातावरण में घुलमिल गए तथा उन्होंने गुजराती भाषा भी सीख ली। कुछ वर्षों में

तो वह उनकी मातृभाषा ही बन गई।

आज़ाद को इतना पता अवश्य था कि सरदार पृथ्वी सिंह बम्बई प्रान्त में हैं। यह सूचना उन्हें सरदार भगत सिंह से भी मिली थी। आज़ाद को यह पता चला था कि बड़ौदा के जुम्मा दादा व्यायामशाला के अधिष्ठाता श्री माणिकराव से उनका पता मिल सकता है। आज़ाद ने यह काम धनवन्तरी को सौंपा। यह बात सन् 1930 की है जब आज़ाद दिल्ली में थे। उस समय पुराने क्रान्तिकारियों का पता लगाना सहज नहीं था। जो लोग उन्हें जानते थे वे अपने घर में भी भूलकर इस बात का उल्लेख नहीं करते थे। यही कारण था कि बहुत उठापटक करने पर भी पुलिस बाबा पृथ्वी सिंह को न पा सकी।

धनवन्तरी के लिए यह एक समस्या थी कि वे माणिकराव के पास पहुँच भी जाएँ तो उन्हें अपने बारे में विश्वास कैसे कराएँ कि ये क्रान्तिकारी हैं और पुलिस के आदमी नहीं हैं ? धनवन्तरी का परिवार आर्य समाजी था। इसलिए आर्य समाजी नेताओं से भी उनकी अच्छी जान-पहचान थी। उन्हें पता चला कि गुजरात में जो आर्य समाज के मुख्य कार्यकर्ता पं. आत्माराम जी हैं, उनका माणिकराव पर प्रभाव है और उन्हीं के द्वारा यह काम हो सकता है। पं. आत्माराम जी के दोनों ही लड़के पंजाब में रहते थे और उनका धनवन्तरी से अच्छा परिचय था। उन्हीं का पत्र लेकर धनवन्तरी माणिकराव जी से मिले। माणिकराव जी ने उन्हें गणेश रघुनाथ वैशम्पायन के पास भेजा। उन दिनों स्वामीराव (बाबा पृथ्वी सिंह) उत्तर प्रदेश इलाहाबाद में श्रीराम वाजपेयी से मिलने चले गए थे। धनवन्तरी श्री गणेश रघुनाथ वैशम्पायन से पत्र लेकर इलाहाबाद आए। पृथ्वी सिंह जी के लिए धनवन्तरी पर विश्वास करने के लिए श्री वैशम्पायन का पत्र काफी था। धनवन्तरी ने उन्हें आज़ाद का सन्देश दिया और उनकी तथा आज़ाद की भेंट इलाहाबाद के अल्फ्रेड पार्क में कराई गई।

इस भेंट की चर्चा करते हुए बाबा पृथ्वी सिंह ने अपनी जीवनी 'क्रान्तिपथ का पथिक' में लिखा है—श्री चन्द्रशेखर आज़ाद से इलाहाबाद में मेरी वर्तमान राजनीति पर एक घंटे तक चर्चा होती रही। थोड़े समय में ही मुझे यह अच्छी तरह से ज्ञात हो गया कि उनके दिमाग में विचारों की स्पष्टता है। हर एक विषय पर सोचने का उनका ढंग अनोखा और निराला है। उनकी बात में उनका दृढ़ निश्चय साफ व्यक्त हो रहा था। मुझे उनके सहवास में बैठकर ऐसा लगने लगा कि अगर मौत से खेलना हो तो साथ में ऐसा ही खिलाड़ी होना चाहिए।

आज़ाद ने बताया कि सरदार भगत सिंह की तरफ से हमें तो सन्देश मिला है कि आपके साथ सम्पर्क स्थापित कर आपको पार्टी का सदस्य बनाएँ। साथ ही आपको रूस भेजा जाए जिससे आप वहाँ इंकलाबी कार्य पद्धति सीख आएँ और हिन्द के इन्कलाबियों का मार्ग दर्शन करें। हम इस भेंट के प्रतीक के तौर पर आपको यह ग्यारह गोलियोंवाला आटोमेटिक पिस्टल तथा पचास कारतूस भेंट करते हैं।

इसके बाद कानपुर में श्री रामचन्द्र मुसद्दी के मकान पर एक बार फिर आज़ाद

और पृथ्वी सिंह की भेंट हुई थी। दिल्ली में भैया ने जब केन्द्रीय समिति भंग करने की घोषणा की तो उन्होंने मुझे भाभी को लेकर बम्बई जाने का आदेश दिया। जाने से पूर्व आज़ाद ने मुझे आदेश दिया कि स्वामीराव के सहयोग से मैं बम्बई में पुलिस गवर्नर की हत्या की योजना बनाऊँ और जब सारी योजना तैयार हो जाए तो मैं आज़ाद को लेने कानपुर आऊँ। इस योजना के अनुसार मैं भाभी को लेकर बम्बई के लिए रवाना हो गया।

इधर पंजाब की जिम्मेदारी धनवन्तरी तथा दीदी को सौंपी गई। यशपाल प्रकाशो के साथ मथुरा चल ही दिया था। इधर दिल्ली का झंडेवालान का मकान छोड़ दिया गया और वहाँ से सारा सामान हटा दिया गया। आज़ाद कानपुर में ए.बी. रोड पर रामचन्द्र मुसद्दी के यहाँ ठहरते थे। दिल्ली में ही उन्होंने वीरभद्र तथा सद्गुरुदयाल से सम्बन्ध कम कर देने का निश्चय कर लिया था।

## बम ढलाई का कारखाना

कानपुर कुली बाजार में एक मकान लिया गया। उसमें निचले हिस्से में ढलाई का कारखाना खोला गया। यहाँ दिन में चमारों के कीले ठोकने के त्रिकोण ढलते थे और रात को 'बम शेल'। इस मकान में शिवचरण को रखा गया था जो सी.ओ.डी. में काम करते थे पर रात में आज़ाद, शिवचरण तथा एक-दो अन्य साथी बम ढालते थे। आज़ाद ने यहाँ जो बम ढलवाए वे सैनिक बमों से किसी प्रकार भी कम न थे, यहाँ ये बम खरादे भी जाते थे। आज़ाद ने यहाँ लगभग सौ बम ढाले। केन्द्रीय समिति भंग करने के बाद आज़ाद ने कानपुर का कारखाना भी बन्द कर दिया। उन्होंने यशपाल के मृत्युदंड के निर्णय की गोपनीयता को भंग करने के विषय में वीरभद्र तथा सद्गुरुदयाल दोनों से ही जवाब माँगा। इस सम्बन्ध में वीरभद्र ने भैया के सामने आकर क्षमायाचना की परन्तु सद्गुरुदयाल स्वयं नहीं आए। उन्होंने पत्र द्वारा ही अपने निर्दोष होने की दलील दी। इस घटना का भी उल्लेख यशपाल ने 'सिंहावलोकन' भाग 3 पृष्ठ 31 पर किया है।

कैलाशपति ने जिरह में बताया कि 30 अक्टूबर 1930 को पुलिस के सामने झूठा बयान इसलिए दिया कि वह तिवारी का नाम छिपाना चाहता था।

जज खान बहादुर के पूछने पर कैलाशपति ने कहा कि उसने तिवारी की शिनाख्त बचाने के लिए झूठ बोला था परन्तु अन्ततः पुलिस ने वीरभद्र तिवारी की वास्तविकता जान ली और तब फैजाबाद जेल में जाकर उससे पूछताछ की और बाद में मलाका जेल में लाकर वहीं से उसे छोड़ दिया।

दिल्ली षड्यन्त्र के मुकदमे में पुलिस अफसर मि. पील ने अपने बयान में कहा—वीरभद्र तिवारी की गिरफ्तारी काकोरी षड्यन्त्र में हुई थी परन्तु उस पर मामला नहीं चलाया गया। मैं यह नहीं कह सकता कि वह किन शर्तों पर छोड़ा गया था।

6 सितम्बर 1930 को मैं, भाभी तथा उनके पुत्र शची के साथ गणेश रघुनाथ

वैशम्पायन के यहाँ दादर पहुँचे। उन दिनों वे वायरलेस इन्सपेक्टर थे। उन्होंने पृथ्वी सिंह के पास हमारे जाने की सूचना भेजी और दो-चार दिनों में ही ये भी वहाँ आ गए। इसी बीच यह विचार भी हुआ कि बम्बई या उसके आस-पास एक मकान किराए पर लिया जाए, जिससे हम लोग अलग रह सकें। परन्तु उन दिनों वहाँ वर्षा इतनी हो रही थी कि घर से बाहर निकलना मुश्किल था। इसी बीच एक दिन सुखदेवराज भी बम्बई आ गया। उसने बताया कि भैया ने उसे यहीं भेजा है। अब हम दोनों मिलकर पुलिस गवर्नर की हत्या की योजना बनाने लगे। कई दिनों तक उसके दफ्तर तथा बँगले की निगरानी करने के पश्चात यह निश्चय किया गया कि एक्शन उसके बँगले के पास ही किया जाए। उसका बँगला मलाबार हिल्स पर था। बम्बई जाने के बाद यह भी तय हुआ कि एक्शन करने के पूर्व भाई भगवतीचरण के बच्चे शचीन्द्र को किसी सुरक्षित स्थान पर पहुँचाया जाए। सरदार पृथ्वी सिंह से परामर्श के पश्चात् यह निश्चय किया गया कि उसे भावनगर डॉक्टर काणे के यहाँ पहुँचाया जाए। डॉक्टर साहब की बड़ी लड़की ने उसे सम्हालने की जिम्मेदारी उठाई। मैं शचीन्द्र को भावनगर ले गया। वहाँ दो-तीन दिन रहने के पश्चात जब मुझे विश्वास हो गया कि शची को किसी प्रकार का कष्ट नहीं होगा तब मैं उसे वहाँ छोड़ आया।

पुलिस गवर्नर की देखभाल करने के पश्चात मैं आज़ाद को बम्बई ले जाने के लिए कानपुर आया। एक्शन शीघ्र ही कर डालने का विचार था क्योंकि उन दिनों बम्बई में पुलिस कांग्रेसी सत्याग्रहियों पर मनमाने अत्याचार कर रही थी। इस एक्शन से दो लाभ होते, एक तो पुलिस के अत्याचार कम हो जाते, दूसरे, जनता की हमारे आन्दोलन के प्रति सहानुभूति बढ़ती।

# फिर कानपुर हेड क्वार्टर

कानपुर में उन दिनों आज़ाद स्थायी रूप से रामचन्द्र मुसद्दी जी के यहाँ रहते थे क्योंकि अन्य साथी जिनके यहाँ वे टिकते थे वे सभी सत्याग्रह आन्दोलन में जेल जा चुके थे। आज़ाद और मेरे लिए मुसद्दी परिवार अपना परिवार-सा ही हो गया था। भैया इस परिवार से सन् 1929 से ही सम्बन्धित थे। पहले वे कभी-कभी यहाँ आकर टिकते थे पर कुछ साथियों के जेल चले जाने के बाद कानपुर आने पर वे मुसद्दी जी के यहाँ ही टिकते। यहीं पर श्री नारायण दास जी झंझुनू वाला से भी भैया की पहचान हुई। मुसद्दी जी से पहचान होने के पूर्व नारायण दास जी से ही रामचन्द्र जेलयात्री ने भैया की पहचान कराई थी। उन दिनों मुसद्दी जी कलकत्ते में थे। घर खाली था इसलिए नारायण दास इनके मकान में रहते थे। इन्हीं के द्वारा मुसद्दी जी से भैया का परिचय हुआ। रामचन्द्र मुसद्दी जी के फिर से जेल जाने पर नारायण दास जी ने ही कचहरी के पास डॉ. जवाहरलाल के अस्पताल का एक कमरा जिसमें वे रहते थे, भैया के लिए खाली कर दिया था। वैसे सरदार राम सिंह तथा पं. द्वारका प्रसाद मिश्र के मकान पटकापुर में भी हम लोग रहते थे। उस समय वहाँ उनके भाई बलभद्र प्रसाद मिश्र रहते थे।

मेरे कानपुर आने पर मुझे एक दिन अचानक हैजा हो गया और मैं मरते-मरते बचा। श्री नारायणदास जी ने डॉक्टरी सहायता की व्यवस्था की थी। इसके पूर्व नारायणदास जी ने 1929 में एक बार मुझे अपने काका के यहाँ घुटैयूया मिल में रख दिया था। वहाँ मैं तीन बच्चों को पढ़ाता था। घुटैयूया मिल में मैं दो महीने रहा। बाद में दल के काम से मुझे इधर-उधर बहुत जाना पड़ता था इसलिए वह स्थान छोड़ देना पड़ा। कालरा की बीमारी के कारण मुझे कानपुर में आठ-दस दिन लग गए। इसी बीच हम लोग बम्बई कोई खबर न भेज सके क्योंकि काकोरी षड्यन्त्र के अनुभव से आज़ाद ने यह सीख ली थी कि किसी से भी पत्र व्यवहार नहीं करना। आवश्यकता पड़ने पर वे किसी साथी को भेज देते पर पत्र न लिखते। इसका लाभ देहली षड्यन्त्र में हुआ। इसमें पत्र-व्यवहार के रूप में प्रमाण नहीं के बराबर थे। जिस दिन भगत सिंह को फाँसी की सजा सुनाई गई उस दिन बम्बई के हमारे साथी बहुत बेचैन हो उठे। उन्होंने 9 सितम्बर को एक्शन करने की ठानी और लेमिंगटन शूटिंग कांड कर डाला जो बाद में बम्बई षड्यन्त्र के नाम से प्रसिद्ध हुआ।

इस सम्बन्ध में सरदार पृथ्वी सिंह ने अपनी जीवनी में लिखा है—बम्बई में एक लेमिंगटन रोड पुलिस स्टेशन है। उस पुलिस स्टेशन में ज्यादातर 'एंग्लोइंडियन सार्जेंट' थे। फैसला हुआ कि उस स्टेशन पर गोलियाँ बरसाई जाएँ। इस काम के लिए एक मित्र से उसकी मोटर माँगी गई। चलानेवाला हमारा साथी था। हम तीन (स्वामीराव, सुखदेव[1] तथा दुर्गा भाभी) और ड्राइवर, इस तरह हम चारों मतवाले थे। अपने मतवालेपन में हम बताना चाहते थे कि भगत सिंह अकेला नहीं है। हम यह भी बताना चाहते थे कि जिस प्रकार का कार्य हम कर रहे हैं—भारत का एक-एक युवक कर सकता है।

रात के ग्यारह बजे होंगे। लेमिंगटन पुलिस स्टेशन पर पूरी रोशनी थी। पुलिस स्टेशन के सामने हमने गाड़ी रोक दी। स्टेशन में से चार गोरे सार्जेंट बाहर निकले। उनके निकलते ही गोलियों के धमाके से उनका स्वागत किया गया। बेचारे वहीं जमीन पर लेट गए। इसी बीच एक मोटर वहाँ आई। उसमें से जो लोग उतरे वे गोली के सामने आए। उसमें से मेम की टाँग में गोली लगी और वह गिर पड़ी। औरत पर गोली चलाने का हमारा उद्देश्य नहीं था। इसका हमें दुःख हुआ। हमने कुछ गोलियाँ मोटर के टायरों पर भी चलाई जिससे वह हमारा पीछा न कर सके। उसके बाद हम भाग निकले। यह सब चन्द मिनटों में ही हो गया। सड़कें सूनी थीं। हमारी गाड़ी 60 मील की रफ्तार से भाग निकली और हम मोटर मालिक के मकान पर जा पहुँचे। उसे सारी स्थिति बता दी। यह भी हमारा हमख्याली था।

बम्बई लेमिंगटन पुलिस स्टेशन पर गोलियाँ बरसाकर हम निकले तो सही परन्तु पुलिस के घेरे में से बचकर निकल जाने की सम्भावना कुछ कम ही नजर आती थी। न मालूम कब और किस जगह पुलिस से फिर टक्कर हो जाए, इसके लिए हमें तैयार रहना जरूरी था। जीते जी पुलिस के शिकंजे में फँस जाने की कल्पना हमारे लिए असह्य बन रही थी। पुलिस का अधिकार मेरे जिन्दा शरीर पर नहीं मेरी लाश पर ही हो सकता था। मेरी लाश को पहचाना कैसे जाएगा, इसके लिए एक बयान लिखकर मैंने अपनी जेब में रख लिया था। उसका असल बम्बई की अदालत में पेश है।[2]

इस दुर्घटना के चार घंटे बाद ही पुलिस मोटर ढूँढ़ निकालने में सफल हो गई। मोटर का नम्बर बदला नहीं गया था, केवल मोड़ दिया गया था। बाकी जो नम्बर दिख रहे थे उससे तथा मोटर की बनावट से मोटर का पुलिस को पता चल गया। गाड़ी में कारतूस के कुछ खाली खोल भी मिले। ड्राइवर तथा मालिक ने पुलिस को गणेश रघुनाथ वैशम्पायन का नाम भी बता दिया, जिससे उन्हें गिरफ्तार कर लिया गया परन्तु पुलिस को सुखदेवराज तथा भाभी के बारे में पता न चल सका। ड्राइवर के बयान से पुलिस को इतना ही पता चल सका कि उसमें एक लम्बे बालोंवाला व्यक्ति था। एक्शन में भाग लेनेवाली स्त्री हो सकती है, इसकी कल्पना पुलिस को नहीं हो सकी। इसलिए पुलिस ने कुछ ऐसे नौजवानों को पकड़कर पीटा जिनके लम्बे बाल थे और जो स्वतन्त्रता संग्राम

---

1. सुखदेवराज—सं.
2. परिशिष्ट-7

में भाग ले रहे थे। इधर दुर्गा देवी तथा सुखदेव शची को साथ ले बम्बई से भाग निकले और घटना के दो दिन बाद ही कानपुर पहुँच गए। उधर बाबा पृथ्वी सिंह जंगल के रास्ते पैदल ही नौसारी पहुँचे। वहाँ दो दिन ठहरकर वे साधु के वेश में कुछ दिन राजस्थान में विचरण करते रहे। बाद में भीषण कठिनाइयों का सामना करते हुए रूस चले गए।

इधर बम्बई में पहले दस व्यक्तियों पर 'लेमिंगटन शूटिंग' केस चला जिसमें प्रमुख अभियुक्त श्री गणेश रघुनाथ वैशम्पायन थे। इसमें स्वामीराव (पृथ्वी सिंह), दुर्गा भाभी, सुखदेवराज तथा मैं (विश्वनाथ वैशम्पायन) फरार घोषित किए गए। बाद में इसका नाम बम्बई शूटिंग केस हो गया। पहले यह मामला सेशंस में चला और बाद में हाईकोर्ट में। चार मई 1931 को हाईकोर्ट ने फैसला दिया। सारे अभियुक्त निर्दोष घोषित किए गए और सभी को छोड़ दिया गया। सरकार ने इस मुकदमे पर एक लाख रुपया खर्च किया पर फल कुछ भी न निकला। फरवरी 1931 में मैं जब कानपुर जेल में बन्द था, उस समय बम्बई के गुप्तचर विभाग का अंग्रेज अफसर इस विषय में पूछताछ करने आया था परन्तु जब मैंने कुछ भी बताने से इन्कार किया तो वह हताश होकर चला गया।

कानपुर में जब लेमिंगटन शूटिंग केस का समाचार पत्रों में पढ़ा तो भैया को भाभी की चिन्ता हो गई क्योंकि गोली चलानेवालों का जो वर्णन था उससे स्पष्ट पता चलता था कि भाभी उसमें थी। इस समय बम्बई जाना भी खतरे से खाली न था इसलिए कुछ दिन कानपुर ही आकर परिस्थिति का अध्ययन करने का निश्चय किया गया। इसी बीच भाभी और सुखदेवराज कानपुर आ गए।

दुर्गा भाभी ने 'नर्मदा' के आज़ाद अंक में अपने लेख में इस घटना का उल्लेख करते हुए लिखा है—जब हम लोग बम्बई से चले तो हम लोग डरे (आज़ाद से) पर उनके पास आए बिना कोई चारा नहीं था। हम कानपुर पहुँचे। हमें देख भैया गुस्से से काँप रहे थे। उन्हें बाहरी बातें तो बताई जा सकती थीं कि हमें क्यों ऐसा जल्दी (एक्शन) कर देना पड़ा परन्तु अन्दरुनी बातें जिन्हें कि दल के वहाँ के कुछ व्यक्तियों की दुर्बलता कहा जाए, मैं उन्हें न बताना चाहती थीं।

भाभी ने आज़ाद की शहादत की चर्चा करते हुए इसी लेख में आगे चलकर लिखा है—साधारण वातावरण धीरे-धीरे दूषित होने लगा था। क्रान्तिकारियों की संख्या बढ़ गई थीं। हर तरह के व्यक्ति इसमें आने लगे थे और झगड़े-झंझट भी कुछ बढ़ रहे थे। आज़ाद खिन्न और दुःखित रहने लगे थे। संगठन संख्या में बढ़ रहा था पर आदर्शों में गिर रहा था। समय ने उनका साथ दिया। मित्र ने उनके साथ प्रतिघात किया और वह कलाकार इस वीभत्स संसार से रूठकर चला गया। शान्त हो गया—मौन हो गया।

इसके बाद भैया ने भावी कार्यक्रम की रूपरेखा पर विचार किया। सुखदेवराज को पंजाब भेज दिया गया। दीदी को पंजाब से बुलाया गया। बाद में दीदी ने पहले इलाहाबाद जाने का निश्चय किया। वे 'चाँद' के सम्पादक श्री रामरख सिंह सहगल के यहाँ गई। उनकी पत्नी दीदी की सहेली और जालन्धर कन्या महाविद्यालय में दीदी के

साथ पढ़ चुकी थी। उन्होंने इनके लिए अपने यहाँ रहने की व्यवस्था करना स्वीकार किया। इसके बाद दीदी और भाभी शची को साथ लेकर इलाहाबाद चली गई। सहगल जी ने इनकी व्यवस्था रसूलाबाद मातृ मन्दिर में कर दी। बाद में भैया और मैं अनेक बार रामरख सिंह सहगल के यहाँ गए। भोर में हम इलाहाबाद पहुँचते और भाभी-दीदी से मिलकर रात को लौट आते। कैलाशपति के मुखबिर हो जाने के बाद जब हम लोग स्थायी रूप से इलाहाबाद में रहने लगे तो सुखदेव ने सहगल के 'भविष्य' हिन्दी साप्ताहिक में काम करना प्रारम्भ कर दिया था। हमने इलाहाबाद के कटरों में दो मकान ले रखे थे। एक में भाभी-दीदी और सुखदेवराज रहते थे और दूसरे में आज़ाद तथा मैं। भैया ने इन लोगों को भी अपना मकान नहीं दिखाया था। आवश्यकता होने पर या तो वे स्वयं वहाँ चले जाते या फिर उन लोगों से एल्फ्रेड पार्क में मिलते।

जिन दिनों कानपुर में श्री मुसद्दी के यहाँ हम लोग रह रहे थे, उन दिनों कांग्रेस आन्दोलन जोरों पर था। एक बार हम वहाँ कई सदस्य एकत्रित हो गए थे। सदस्य अधिक हो जाने के कारण अधिकतर खाने के लिए खिचड़ी ही बनती। एक तो आज़ाद को खिचड़ी अत्यधिक प्रिय थी, दूसरे रोटियाँ कहाँ तक सेकीं जाएँ इतने आदमियों के लिए। खिचड़ी पकाना भी एक समस्या थी क्योंकि इतना बड़ा बर्तन कहाँ मिले। इसलिए अक्सर पीतल की बड़ी बाल्टी में खिचड़ी पकती थी। श्रीदेवी के मायके से विवाह के समय जो बर्तन मिले थे उनमें एक बड़ी परात थी। वह शायद ही उनके यहाँ कभी काम आई हो पर इस अवसर पर वह काम आई। बाल्टी में खिचड़ी बनती और इस बड़ी परात में परोसकर उसी के इर्द-गिर्द सबलोग अपने चम्मच ले खाने बैठ जाते।

एक दिन की बात है। बाल्टी में खिचड़ी पक रही थी। एक सज्जन अमरनाथ, जो अक्सर मुसद्दी जी के यहाँ आया करते थे आ धमके। श्रीमती मुसद्दी जी से पूछ बैठे, 'बाल्टी में क्या पक रहा है।' श्रीमती मुसद्दी के मुँह से निकल गया 'ख़ीर' पक रही है। अब तो अमरनाथ जी के मुँह में पानी भर आया। वे रसोई की ओर लपके तो श्रीमती मुसद्दी ने उन्हें रोककर कहा—'रसोई में मत जाना। हमारी जो भाभी आई हैं वे छुआछूत बहुत मानती हैं। तुम्हारे जाने से उनका चौका छूत हो जाएगा। वे हमें भी चौके में नहीं घुसने देतीं।' अमरनाथ जी फिर आगे न बढ़े। बाद में जब हम लोग सब खिचड़ी खाने बैठे तो भाभी ने यह कहानी सुनाई। उसे सुन लोग खूब हँसे। हम लोग जो कभी छुआछूत न मानते थे वह छूत भी इस समय हमारे काम आई।

## कानपुर में डकैती

इसी बीच रामचन्द्र मुसद्दी नमक सत्याग्रह में जेल चले गए थे। श्रीमती मुसद्दी जिन्हें हम किरण भाभी कहा करते थे अपनी बच्ची शीला के साथ अकेली ही रह गई थीं। इसलिए कलकत्ते से उनकी बहन उन्हें लेने आई। इसके पूर्व ही हमने वहाँ से हटने का विचार कर लिया था। उस योजना के अनुसार हम कानपुर कचहरी के पास एक कमरे में जा टिके।

किरण भाभी हमें छोड़कर ज़ाने से अत्यन्त दुखी थीं। उनकी आँखों में आँसू थे। उन्हें इस तरह रोता देखकर भैया की आँखें भी दयार्द्र हो गईं। जब भाभी चली गई तो उस घटना का स्मरण कर एक दिन भैया बोले—'क्या मुझमें भी कमजोरी आ गई है ? किरण भाभी को रोता देख मैं भी पसीज गया।' मैंने कहा—'भैया हम लोग इस घर में रहते-रहते इस परिवार के ही सदस्य बन गए थे। दोनों ही पति-पत्नी की आपके प्रति जो श्रद्धा और स्नेह है उसी से आपको उनके विछोह से दुख होना स्वाभाविक था।' इसके बाद शायद आज़ाद की इस परिवार के सदस्यों से भेंट नहीं हुई, यही अन्तिम भेंट थी।

कचहरी के पासवाले कमरे में रहते समय दलिहाई की आढ़त में डकैती डाली गई। इसकी व्यवस्था करने के लिए वीरभद्र को कहा गया था। आज़ाद चाहते थे कि वीरभद्र इस डकैती में साथ रहे। परन्तु वह इसके पूर्व ही सत्याग्रह में जेल चला गैया। इस आढ़त की सूचना सिद्धा महाराज की दी हुई थी। आशा थी कि वहाँ पर भी पच्चीस-तीस हजार रुपया मिलेगा। जिस व्यक्ति ने उस दिन सूचना दी थी उसके अनुसार आढ़त में इतना रुपया था। आज़ाद के नेतृत्व में सालिग[1], सुरेन्द्र पांडेय, रामसिंह तथा मैं डकैती डालने निकले। यह एक कच्छी की तेल की आढ़त थी। हम सब लोग साइकिलों पर गए। साइकिलें बाहर टिका दीं। आज़ाद ने मुझे नीचे दरवाजे पर रखा और बाकी लोग ऊपर चढ़ गए। मुनीम को रिवाल्वर दिखाकर उससे चाबियाँ छीन लीं तथा एक व्यक्ति ने उसे पकड़कर एक हाथ उसके मुँह पर रखा तथा दूसरा उसके गले पर। वह जैसे-जैसे चिल्लाने का प्रयत्न करता वह दोनों हाथ दबाता जाता था। अन्त में वह चुप हो गया। रुपया सारा उठा लिया गया। वहाँ से कोतवाली मुश्किल से सौ गज दूर होगी। शायद उस कच्छी का चिल्लाना सुनकर एक पुलिसवाला हाथ में बेंत लिए साधारण कपड़ों में वहाँ आ पहुँचा। मैं उसे देख रहा था। जैसे ही वह जीने के पास आया मैंने उसे धमकाते हुए कहा, 'चुपचाप यहीं बैठ जाओ, जरा भी हिले तो गोली मार दूँगा।' उसने जो मेरे हाथ में चमकता हुआ रिवाल्वर देखा तो वहीं बैठ गया। और तब तक बैठा रहा जब तक हम सब साथी साइकिल पर चले न गए। हम सभी तुर्की टोपी लगाए थे। आते समय ऊपर एक टोपी छूट गई। या जानबूझकर ही छोड़ दी गई थी जिससे पुलिस यह समझे कि यह मुसलमानों का ही काम है।

सब साथी अपने-अपने ठिकाने पर चले गए। मैं तथा भैया अपने कमरे में चले आए। वहाँ जाकर भैया ने जो रुपया गिना तो वह केवल तीन हजार ही निकला। भैया समाचार देनेवाले पर बहुत झल्लाए। दूसरे दिन पत्रों में जब यह समाचार प्रकाशित हुआ कि उसमें एक व्यक्ति की मृत्यु हो गई है तो भैया को अत्यन्त दुःख हुआ। वे कभी इस पक्ष में नहीं थे कि अनावश्यक किसी व्यक्ति की मृत्यु हो। इस डकैती में कितना बड़ा संकट था। कोतवाली इतने करीब थी कि यदि पुलिस को पता चल जाता तो उसे आने में दस मिनट भी नहीं लगते और तब लड़ाई होती और शायद हममें से कोई न बचता। सभी मारे जाते।

1. सालिगराम—सं.

पार्टी के कानपुर के एक सदस्य श्री सिद्धा महाराज की मार्फत ही हम लोग इलाहाबाद के किले से हथियार खरीदते थे। यह ठिकाना वीरभद्र को भी मालूम था। कैलाशपति के गिरफ्तारी के बाद इससे सम्बन्धित लोगों को और विशेषकर अब्दुल इक्केवाले को पुलिसवालों ने बहुत तंग किया। यहाँ से हथियार या तो कूड़ागाड़ी में निकाले जाते थे या फिर किले के बुर्ज से पिछली ओर लटकाकर पूर्व योजना के अनुसार वहाँ खड़े व्यक्ति को दिए जाते थे। ये सारे सेना के सर्विस रिवाल्वर थे। इसी के साथ उनकी गोलियाँ भी रहतीं। यह एक गिरोह था जिसमें सार्जेंट से लेकर कई कर्मचारी शामिल थे। ये रिवाल्वर कंडम कराकर निकाले जाते थे। रजिस्टर में दर्ज कर दिया जाता था कि उन्हें नष्ट कर दिया गया। जब ये रिवाल्वर पुलिस को मिले तो उसे एक समस्या हो गई कि आखिर ये कहाँ से आते हैं। किर्की आर्सनल से हथियार मिलने की बात पुलिस से कैलाशपति ने कही थी पर वहाँ पुलिस को कुछ भी पता न चला। बाद में इलाहाबाद आर्सनल का पता चला।

आज़ाद से अब्दुल की पहली मुलाकात बहुत मनोरंजक थी। हम लोग इलाहाबाद में कटरा में श्री सुरेन्द्र शर्मा के यहाँ ठहरा करते थे। एक दिन शाम के समय आज़ाद मुझे लेकर यूनिवर्सिटी की ओर गए। एक स्थान पर पहुँचने पर उन्होंने मुझे रुकने को कहा और आप आगे बढ़ गए। आगे जाकर वे एक व्यक्ति से मिले। कुछ समय वहाँ खड़े रहे और बाद में लौट आए। थोड़ी दूर चलकर मुझसे बोले—'इस आदमी ने आज रिवाल्वर देने को कहा था परन्तु लाया कुछ भी नहीं। जब मैं उसके पास पहुँचा तो उसने बगल से एक बंडल निकालकर खोला। मैं समझा वह रिवाल्वर निकालकर देगा परन्तु खोला तो उसमें कुरानशरीफ थी। फिर उसने क्षमा माँगते हुए कहा—माफ करना बाबू ? पहला मौका था। मैं देखना चाहता था कि कहीं आप मुझे पुलिस को तो नहीं सौंप देंगे।'

आज़ाद के विषय में वह यह नहीं जानता था कि वे क्रान्तिकारी हैं। उसे यही मालूम था कि ये ठाकुर लोग हैं। शौकिया हथियार रखते हैं। उस दिन उसने कुरानशरीफ पर आज़ाद से हाथ रखवाकर कसम ली कि वे धोखा नहीं देंगे। उसी तरह उसने भी कसम खाई। बाद में तो फिर निर्भय हो सौदा चलता रहा। सर्विस रिवाल्वर 150 रुपए से लेकर दो सौ रुपए तक मिल जाता था। बाद में आज़ाद ने मेरा भी परिचय अब्दुल से करा दिया था। जेल से छूटने के बाद मैं उससे मिला था। उन दिनों वह बहुत बीमार था। आज़ाद को यादकर वह बहुत दुःखी हुआ। उसने कहा—'बाबू मुझे नहीं मालूम था कि वह इतनी बड़ी हस्ती हैं। नहीं तो मैं उनकी और खितमत करता। पुलिस से इनके बारे में पता चलने पर मैंने उन्हें ढूँढ़ने की बहुत कोशिश की पर वे मुझे नहीं मिले।'

## शालिगराम का बलिदान

कानपुर में एक दुर्घटना शालिगराम शुक्ल के बलिदान की हुई। वह पुलिस से लड़ते-लड़ते शहीद हुए। कैलाशपति के मुखबिर हो जाने के बाद जहाँ-तहाँ पुलिस सदस्यों की तलाश

करने लगी। उसी दिन श्री गजानन सदाशिव पोतदार की तलाश में पुलिस कानपुर डी.ए.वी. कॉलेज के होस्टल में उसे खोजने गई थी। अचानक शालिगराम पुलिस के सामने पड़ गए। पुलिस को देखकर वह भागा क्योंकि कांग्रेस आन्दोलन में भी पुलिस उसकी तलाश में थी। जैसे ही पुलिस ने उसे पकड़ने की कोशिश की शालिगराम ने रिवाल्वर से गोली चलाई। इस झड़प में, पुलिस सुपरिंटेंडेंट हण्ट, एक हेड कानस्टेबिल तथा प्रेमबल्लभ कानस्टेबिल घायल हुए। कानस्टेबिल उसी दिन अस्पताल में जाकर मर गया। वह झड़प आविजलरी फोर्स और डी.ए.वी. कॉलेज होस्टल के बीच की सड़क पर हो रही थी। जब आविजलरी फोर्स के दफ्तर के पहरे पर खड़े सिपाही ने देखा कि शालिगराम काबू में नहीं आ रहा है तो उसने राइफल से उस पर गोली चलाई और उसी से शालिग का प्राणान्त हुआ।

उसके एक दिन पहले यह निश्चय हुआ था कि दूसरे दिन सबेरे 2 दिसम्बर 1930 को सुरेन्द्र पांडेय तथा शालिगराम कचहरी के चौराहे पर आज़ाद की और मेरी प्रतीक्षा करेंगे। उन दिनों वे नवाबगंज में गंगा किनारे के एक मकान में रहते थे। दोनों ही अँधेरे मुँह अपनी-अपनी साइकिल पर रिवाल्वर और गोलियाँ लेकर निकले। लाल इमली के पास जो रेलवे लाइन थी उसमें सुरेन्द्र पांडेय की साइकिल का चक्का फँसकर खराब हो गया तो शालिगराम ने कहा कि वह उसे डी.ए.वी. कॉलेज के होस्टल में किसी लड़के के पास छोड़ आएगा और दूसरी साइकिल ले आएगा। सुरेन्द्र पांडेय कॉलेज में नुक्कड़ पर खड़े रहे और शालिगराम चला गया। थोड़ी ही देर में गोली चलने की आवाज आई और बी अवेयर बी अवेयर, की आवाज भी आई। सुरेन्द्र पांडेय को समझते देर न लगी कि पुलिस से झड़प हो गई। इसलिए वे तुरन्त वहाँ से भाग निकले। साइकिल, झोला और टिफिनकैरियर वहीं पड़े रह गए।

हमने भी अपने कमरे से गोली की आवाज सुनी, भैया तुरन्त समझ गए कि इनलोगों की पुलिस से झड़प हो गई। जब सब शान्त हो गया तो हम लोग भी उधर से निकले। मिल के मजदूर कारखाने जाने लगे थे, उससे उधर से आना आसान था। हमने शालिगराम की लाश पड़ी देखी। आगे चलकर थोड़ी ही दूर पर एक खम्भे से साइकिल टिकी थी। उसमें एक झोला और टिफिनकैरियर भी टँगा था। हम लोग आगे निकल गए और फिर घूमकर अपने कमरे में आ गए। बहुत दिनों तक यह रहस्य रहा कि होस्टल में पुलिस क्यों थी और शालिग का उन्हें कैसे पता चला ? हम लोग चाँदमारी करने जानेवाले थे, इस योजना का पता हम चार के सिवा और किसी को नहीं था।

बाद में जब मैं पकड़ा गया और दिल्ली षड्यन्त्र के मुकदमे के लिए दिल्ली भेजा गया तो वहाँ गजानन सदाशिव पोतदार ने बताया कि वह डी.ए.वी. कॉलेज में जब पढ़ता था तो होस्टल में रहता था। यह बात कैलाशपति को मालूम थी। परन्तु बाद में उसने पढ़ना छोड़कर नेशनल हैराल्ड में नौकरी कर ली थी। नौकरी की बात कैलाशपति को मालूम नहीं थी, इसीलिए पुलिस उसे खोजने होस्टल आ गई थी और अचानक शालिगराम उनके सामने पड़ गए। सी.आई.डी. इंस्पेक्टर शम्भूनाथ उन्हें पहचानता था

इसीलिए पुलिस उन्हें पकड़ने दौड़ी। शालिगराम बहुत ही साहसी थे। भैया को उनकी शहादत का अत्यन्त दुःख हुआ।

## दल के सदस्यों की गिरफ्तारियाँ

कैलाशपति की गिरफ्तारी और उसके बाद उसके मुखबिर बन जाने से चारों ओर जो दल के सदस्यों की धर-पकड़ प्रारम्भ हो गई, उसका वर्णन करने के पूर्व यह वर्णन कर देना आवश्यक है कि कैलाशपति की गिरफ्तारी के समय उसकी मनोदशा क्या थी ? क्या केवल पुलिस की यन्त्रणा से ही वह मुखबिर हो गया, या चन्द्रावती ने उसे मुखबिर बनने के लिए बाध्य किया, या भावी वैवाहिक जीवन के सुखमय जीवन की कल्पना से उसने ऐसा किया ?

यशपाल को जिस समय मृत्युदंड दिया गया था उसी समय कैलाशपति चौक गया था। उस समय उसका चन्द्रावती से जो प्रेम सम्बन्ध था वह काफी बढ़ चुका था। उसे भी समस्या थी कि किस प्रकार वह पार्टी से और विशेषकर आज़ाद से मुक्ति पाए। इसी समय आज़ाद ने केन्द्रीय समिति भंग कर सदस्यों को स्वतन्त्र कार्य करने की छूट तो दी पर वास्तव में आज़ाद फिर नए सिरे से संगठन करना चाहते थे पर यशपाल, वीरभद्र तथा सद्गुरुदयाल को छोड़कर। कैलाशपति को छूट नहीं दी थी। पर कैलाशपति ने इसे स्वर्णावसर मानकर आज़ाद से सम्बन्ध तोड़कर अहमदाबाद जाने की योजना बना ली थी। परन्तु आज़ाद को अपने इस निर्णय की हवा नहीं लगने दी। पर अजमेर के साथियों से उसने इसका उल्लेख किया था। 1966 में आज़ाद के सम्बन्ध में आवश्यक जानकारी एकत्र करने जब मैं राजस्थान गया था तो अजमेर में मदनगोपाल ने मुझे बताया कि शीतल (कैलाशपति) सितम्बर 1930 में अजमेर आया था। उस समय उसने बताया था कि वह दिल्ली छोड़कर अजमेर जा रहा है। उसके साथ जीजी (चन्द्रावती) भी जाएँगी। वहाँ वह मजदूरों में काम करेगा, जीजी को वह इसलिए साथ ले जा रहा है जिससे अहमदाबाद में मकान मिलने में सुविधा हो तथा लोग उस पर शंका न करें। उसने मदन से यह भी कहा था कि वह अहमदाबाद जाने से पूर्व उसे निश्चित तारीख की सूचना देगा, जिससे वह उसे स्टेशन पर आकर मिल सके।

वह भागकर इसीलिए अहमदाबाद जाना चाहता था कि वह वहाँ चन्द्रावती के साथ पारिवारिक जीवन सुखमय व्यतीत कर सके। दिल्ली में यह सम्भव नहीं था क्योंकि आज़ाद को मालूम होते ही वे उसे अवश्य मृत्युदंड देंगे। इसीलिए पकड़े जाने के बाद उसे मुखबिर बनकर ही भावी पारिवारिक सुख प्राप्त कर सकना सम्भव होगा, इसका उसे विश्वास हो गया। जब एक बार किसी व्यक्ति का पतन होता है तो फिर उसके पतन की सीमा नहीं रह जाती।

इन्द्रपाल भी मुखबिर हुआ क्योंकि उसका विवाह हो चुका था। वैवाहिक जीवन के भावी सुख की कल्पना ने ही उसे मुखबिर बनने को बाध्य किया। प्रथम लाहौर

षड्यन्त्र में फणीन्द्र भी मुखबिर इसीलिए बना कि थोड़े ही दिन पूर्व उसका विवाह हुआ था। उसके नवविवाहिता पत्नी के हाथ की मेंहदी का रंग भी फीका नहीं पड़ा था। विवाह के पूर्व तो फणीन्द्र में यह कमजोरी नहीं थी। क्रान्तिकारी आन्दोलन में इसके पूर्व वह एक बार जेल काट भी आया था। क्रान्तिकारियों के दादा लोगों की श्रेणी में उसका नाम गिना जाता था। यह सब लिखकर मैं यह कदापि नहीं कहना चाहता कि स्त्रियाँ इनकी कमजोरी की कारण थीं। इसके विरुद्ध अनेक स्त्रियाँ क्रान्तिकारी दल में रहीं। बंगाल में अनेक युवतियों ने जो वीरता दिखाई वह किसी वीर पुरुष से कम न थी। पुरुष की मानसिक दुर्बलता ही उसके पतन का कारण बनी।

कैलाशपति के मुखबिर बन जाने से पुलिस को हि.स.प्र.स. के केन्द्रीय समिति से लेकर साधारण सदस्यों तक के नाम मालूम हो गए। इसके अलावा कैलाशपति ने दल की सारी गतिविधियाँ पुलिस को बता दी। जहाँ कहीं रिवाल्वर या बन्दूक चलाने का प्रशिक्षण दिया जाता था उन सभी स्थानों को दिखा दिया या उनके विषय में सूचना दी। पहले दिल्ली में कपूरचन्द, मास्टर हरद्वारी लाल, गिरवर बालकृष्ण, डॉ. बाबूराम साबुनी, ख्याली राम गुप्ता, भगीरथ और मास्टर हरकेश गिरफ्तार हुए। पहली नवम्बर 1930 को पुलिस के साथ संघर्ष करते हुए धनवन्तरी गिरफ्तार हुए। 15 नवम्बर को मेरठ में विमल प्रसाद जैन, उसी दिन अमृतसर में सच्चिदानन्द हीरानन्द वात्स्यायन तथा 4 दिसम्बर को कानपुर की गया प्रसाद लाइब्रेरी में नन्दकिशोर निगम पकड़े गए।

इसी बीच हम कानपुर छोड़कर इलाहाबाद आ गए थे और यहाँ से हमारा दक्षिण की ओर जाने का विचार था। कानपुर में भैया दल की मोटर शिवचरण के जिम्मे बेंचने को कर आए थे। विचार यह था कि यह पैसा मिलते ही हम दिल्ली षड्यन्त्र का मामला चलने तक कहीं चुपचाप बैठे रहेंगे। इसी मोटर को बेचने के लिए एक बार आज़ाद और मैं कानपुर गए थे। उसी अवसर पर कानपुर स्टेशन पर हम पुलिस से घिर गए थे परन्तु उस समय हम बच निकले थे।

उस समय तक हमें यह शंका न थी कि शिवचरण जो कुली बाजार में बम कारखाने में रहता और पार्टी का सदस्य था, वीरभद्र से मिल गया है और हम लोगों को पकड़वाने के षड्यन्त्र में शामिल है। फरवरी 1931 को जब मैं उसके यहाँ गया तो वीरभद्र वहाँ था। दोनों ने मिलकर मुझे पकड़वाने की योजना बनाई। वीरभद्र के जाने के बाद शिवचरण मुझे अपने घर ले गया और मुझे बैठा ले रखा। उसने मुझे कैसे पकड़वाया इसका वर्णन मैं इसके पूर्व कर चुका हूँ।

# पं. जवाहरलाल नेहरू से भेंट

जिन दिनों मैं पकड़ा गया उन दिनों गांधी-इरविन समझौते की चर्चा चल रही थी। हमें यह पूर्ण विश्वास था कि समझौता हो जाने पर भी हममें से जो पकड़े गए हैं उन्हें न तो छोड़ा जाएगा और न जिन लोगों के विरुद्ध गिरफ्तारी के वारंट हैं उन्हें ही वापस लिया जाएगा। इसी सिलसिले में आज़ाद पं. जवाहरलाल नेहरू से भी मिलने गए थे। पं. जवाहरलाल नेहरू ने 'मेरी कहानी' पुस्तक में आज़ाद की भेंट का उल्लेख करते हुए कहा है—उन्हीं दिनों की एक कुतूहलपूर्ण घटना मुझे याद है, जिसने हिन्दुस्तान के आतंकवादियों की मनस्थिति का आन्तरिक परिचय मुझे कराया। मेरे जेल से छूटने के पहले ही, पिताजी के मरने के पहले या बाद यह घटना हुई। हमारे स्थान पर एक अजनवी मुझसे मिलने आया। मैंने पहले तो उसे कभी नहीं देखा था, हाँ दस वर्ष पहले उसका नाम जरूर सुना था, जबकि वह 1921 के असहयोग के जमाने स्कूल से असहयोग करके वह जेल गया था।

बाद में वह उत्तर भारत में आतंकवादियों का मुख्य आदमी बन गया। इसी तरह का कुछ हाल मैंने सुन रखा था। मगर इन अफवाहों में मैंने कोई दिलचस्पी न ली थी। इसलिए वह आया तो मुझे ताज्जुब हुआ। वह मुझसे इसलिए मिलने को तैयार हुआ था कि हमारे छूट जाने से आमतौर पर ये आशा बँधने लगी थी कि सरकार और कांग्रेस में कुछ न कुछ समझौता होनेवाला है। वह मुझसे जानना चाहता था कि अगर कोई समझौता हुआ तो उसके दल को शान्ति मिलेगी या नहीं। क्या उसके साथ अब भी विद्रोही का-सा बर्ताव किया जाएगा ? जगह-बजगह उसका पीछा इसी तरह किया जाएगा ? उनके सिर के लिए इनाम घोषित होते रहेंगे। और उनके सामने फाँसी का फन्दा हमेशा लटकता रहा करेगा, या उनके लिए शान्ति के साथ काम-धन्धे में लग जाने की कोई सम्भावना होगी। उसने कहा कि खुद मेरा तथा मेरे साथियों का विश्वास हो चुका है कि आतंकवादी तरीके बिल्कुल बेकार हैं और उनसे कोई लाभ नहीं है। हाँ, वह यह मानने के लिए तैयार नहीं था कि शान्तिमय साधनों से ही हिन्दुस्तान को आज़ादी मिल जाएगी। उसने कहा—आगे कभी सशस्त्र लड़ाई का मौका आ सकता है, मगर वह आतंकवाद न होगा ? हिन्दुस्तान की आज़ादी के लिए तो उसने आतंकवाद को खारिज ही कर दिया था। पर उसने फिर पूछा कि अगर मुझे शान्ति के साथ जमकर बैठने का मौका न दिया जाए, रोज व रोज, मेरा पीछा किया जाए तो मैं क्या करूँगा ?

उसने कहा, इधर हाल में जो आतंककारी घटनाएँ हुई हैं वह ज्यादातर आत्मरक्षा के लिए की गई है।

मुझे आज़ाद से यह सुनकर खुशी हुई थी और बाद में इसका और भी सबूत मिल गया कि आतंकवाद पर से उन लोगों का विश्वास हट रहा है। एक दल के विचार के रूप में तो वह अवश्य ही प्रायः मर गया है, जो कुछ व्यक्तिगत इक्की-दुक्की घटनाएँ हो जाती हैं, वे या तो किसी वजह से या बदले में या बचाव में या किसी की लहर से हुई घटनाएँ हैं, न कि आम धारणा के फलस्वरूप। अवश्य ही इसके यह मानी नहीं हैं कि आतंकवाद और उनके नए साथी अहिंसा के हामी बन गए हैं, या ब्रिटिश सरकार के भक्त बन गए हैं। हाँ, अब वे आतंकवाद की भाषा में नहीं सोचते, जैसा कि पहले किया करते थे। मुझे तो ऐसा मालूम होता है कि उनमें से बहुतों की मनोवृत्ति निश्चित रूप से फासिस्ट बन गई है।

मैंने चन्द्रशेखर आज़ाद को अपना राजनैतिक सिद्धान्त समझाने की कोशिश की और यह भी कोशिश की कि वह मेरे दृष्टिबिन्दु का कायल हो जाए लेकिन उसके असली सवाल का कि 'अब मैं क्या करूँ ?' मेरे पास कोई जवाब न था। ऐसी कोई बात होती हुई नहीं दिखाई देती थी जिससे उसको या उसके जैसों को कोई राहत या शान्ति मिले। मैं जो कुछ उससे कह सकता था वह इतना ही कि वह भविष्य में आतंकवादी कार्यों को रोकने की कोशिश करें क्योंकि उससे हमारे बड़े काम को तथा खुद उसके दल को भी नुकसान पहुँचेगा।

दो-तीन हफ्ते बाद ही जब गांधी-इरविन बातचीत चल रही थी, मैंने दिल्ली में सुना कि चन्द्रशेखर आज़ाद पर इलाहाबाद में पुलिस ने गोली चलाई और वह मारा गया। दिन के वक्त किसी पार्क में वह पहचाना गया और पुलिस के एक बड़े दल ने आकर उसे घेर लिया। एक पेड़ के पीछे उसने अपने को बचाने की कोशिश की। दोनों तरफ से गोलियाँ चलीं। एक-दो पुलिसवालों को घायल कर आखिरी गोली लगने से वह मर गया।

## क्रान्तिकारी फासिस्ट नहीं थे

इस सम्बन्ध में श्री मन्मथनाथ गुप्त ने अपनी पुस्तक 'क्रान्तियुग के संस्मरण' में इस घटना का उल्लेख करते हुए नेहरूजी के कथन की आलोचना करते हुए लिखा है--श्री पंडित जवाहरलाल नेहरू ने इस सम्बन्ध में जो यह लिखा है कि मुझे ऐसा मालूम होता है कि उनमें से बहुतों की मनोवृत्ति निश्चित रूप से फासिस्ट बन गई थी। यह बात बहुत ही अनौदार्यपूर्ण मालूम होती है। उन्होंने चन्द्रशेखर आज़ाद पर अपनी जगत प्रसिद्ध पुस्तक में तीन पेज लिखे हैं किन्तु उसमें कोई भी बात ऐसी नहीं लिखी जिससे यह प्रकट हो कि क्रान्तिकारी फासिस्ट विचार रखते थे। क्या आज़ाद ने यह जो कहा कि, 'खुद मेरा तथा मेरे दूसरे साथियों का यह विश्वास हो चुका है कि आतंकवादी तरीके बिल्कुल बेकार हैं और उनसे कोई लाभ नहीं है। फासिज्म है ?' आज़ाद ने जो यह उनसे

कहा था कि, 'वह यह मानने के लिए तैयार नहीं था कि शान्तिमय साधनों से ही हिन्दुस्तान को आज़ादी मिल जाएगी। क्या यह फासिज्म था ? क्या उसने पंडित जी से जो यह कहा था कि आगे कभी सशस्त्र लड़ाई का मौका आ सकता है पर वह आतंकवाद न होगा। क्या उसमें फासिज्म की कुछ बू आती है ? इसके अतिरिक्त आज़ाद के जीवन का अध्ययन करने से क्या पता लगता है कि वह फासिज्म में जरा भी विश्वास रखता था ? क्या आज़ाद के सम्बन्ध में या उसके दल के सम्बन्ध में कोई यह कह सकता है कि वह पूँजीपतियों की या मध्यवित्त श्रेणी की सामूहिक डिक्टेटरशिप चाहता था, फिर यह कैसे कहा गया कि अधिकांश क्रान्तिकारी फासिस्ट थे ? क्या यह बात पंडित जी को मालूम नहीं थी कि आज़ाद जिस दल का नेता था उस दल का नाम 'हिन्दुस्तान समाजवादी प्रजातन्त्र संघ' था। क्या यह बात फासिज्म थी कि छह वर्ष तक सरकार की पुलिस दिन-रात उसका पीछा करती रही फिर भी वह बराबर अपने कार्यक्रम को जारी रख रहा था। न तो पंडित जी के लिखे हुए आज़ाद के प्रसंग में कोई ऐसी बात, न अन्य उपायों से जिसमें कि वैयक्तिक परिचय भी एक है, जिससे कि मैं यह कह सकूँ कि आज़ाद या किसी बड़े क्रान्तिकारी की मनोवृत्ति फासिस्ट थी।

"पंडित जवाहरलाल नेहरू हमारे देश के ही नहीं किन्तु दुनिया के एक बड़े व्यक्ति हैं, उनकी प्रत्येक बात देश के कोने-कोने में बड़ी श्रद्धा से पढ़ी जाती है, बहुतों के लिए शायद वह वेदवाक्य भी हो। इसलिए जब उन्होंने अपनी सबसे सुन्दर कृति में लगभग एक दल को ही फासिस्ट बताया तो मुझे बड़ा दुःख हुआ। वे विदेश के आधुनिकतम आन्दोलन तथा विचारधाराओं से परिचय रखते हैं, इस अवस्था में उनके देश के ही एक प्रमुख आन्दोलन के सम्बन्ध में ऐसी अज्ञानता दयनीय है। पंडित जवाहरलाल को चाहिए था कि वे ऐसा फतवा देने के पूर्व वे क्रान्तिकारी दल के विधानों को पढ़ते, उस आन्दोलन के बड़े-बड़े इंटेलेक्चुअल नेताओं से मिलते, तब ऐसी बात कहते।"

यशपाल ने भी अपने 'सिंहावलोकन' में नेहरू जी से मिलने और उन्हें बहुत कुछ समझाने की चर्चा की है परन्तु जहाँ आज़ाद की भेंट का उल्लेख उन्होंने अपनी जीवनी में दो पाठों में किया है, वहाँ यशपाल की भेंट का उल्लेख एक लाइन में या दो शब्दों में भी कहीं नहीं है।

श्री मन्मथनाथ गुप्त ने जो 'भारतीय क्रान्तिकारी आन्दोलन का इतिहास' की छठवीं आवृत्ति 1966 में लिखी है उसमें भी उन्होंने आज़ाद के नेतृत्व के रहस्य का उल्लेख करते हुए वर्णन किया है–

अवश्य चन्द्रशेखर आज़ाद कम पढ़े-लिखे केवल स्कूल-कॉलेज की दृष्टि से ही थे, पर उनमें पढ़ी हुई पुस्तकों का सार ग्रहण करने की बहुत बड़ी शक्ति थी। इसके अलावा वह शुरू से लेकर हमेशा ऐसे सुगठित क्रान्तिकारियों के साथ रहे, जो बड़े विद्वान होने के साथ-साथ ही दिनभर सैद्धान्तिक तर्क करते रहते थे।

जब मैं इन पंक्तियों को लिख चुका था तब मेरा ध्यान 'धर्मयुग' में प्रकाशित एक लेख की ओर गया जिसमें श्री यशपाल के मुँह से यह कहलाया गया है कि, 'आज़ाद

जब श्री नेहरू से मिले तब उन्हें अंग्रेजी में समझा नहीं सके, पर मैं जब अगले दिन उनसे मिला तो नेहरू जी ने क्रान्तिकारी आन्दोलन के लिए पाँच हजार रुपए देने स्वीकार किए, जिनमें 1200 रुपए का भुगतान किया गया।' 'मुझे विश्वास नहीं है कि यशपाल ने इन शब्दों में इन बातों को कहा होगा, क्योंकि इस वक्तव्य में दो व्यक्तियों की बुद्धि के विरुद्ध आक्षेप हैं। एक तो आज़ाद के विरुद्ध कि वे समझा नहीं सके और दूसरा श्री नेहरू के विरुद्ध कि वे अंग्रेजी में ही समझ सकते हैं। मैं इन दोनों आधारों को ही बिल्कुल सही मान नहीं लेता हूँ। पहली बात तो यह है कि समझाने की प्रक्रिया केवल बौद्धिक नहीं है। बौद्धिक तर्कों से ही आदमी समझता है यह कहना भूल है। अन्य बातों का भी असर होता है...।'

आगे लिखा है--'मैं जानता हूँ कि ये बातें श्री यशपाल को मालूम है। इसीलिए जो बात उनके मुँह से कहलाई गई है, वह सही नहीं हो सकती। यदि उन्होंने सचमुच कहा है तो यह बहुत गलत बात है। मैं यह मानने में असमर्थ हूँ कि नेहरू जी जैसे बुद्धिमान व्यक्ति पर आज़ाद का असर (चाहे वह जिस प्रकार का होगा) किसी भी हालत में उक्त वक्तव्य देनेवाले से कम पड़ा होगा। इसका प्रमाण यह है कि जब नेहरू जी ने अपनी आत्मकथा लिखी तब उन्होंने आज़ाद के सम्बन्ध में लिखा और काफी लिखा। यहाँ यह प्रश्न नहीं है कि उन्होंने जो कुछ लिखा वह कहाँ तक सही था, पर प्रश्न यह है कि उनकी आत्मकथा में आज़ाद का ही उल्लेख आया न कि उस व्यक्ति का जिसने अब यह दावा किया है कि वह उन्हें ज्यादा समझा सके।

नेहरू जी ने पन्द्रह सौ रुपया शिवमूरत सिंह की मार्फत रूस जाने के लिए भेजा था। उसमें से पाँच सौ रुपया यशपाल ने आज़ाद को दिया और एक हजार रुपया अपने पास रखा। आज़ाद से भी अनेक बार लोगों ने रूस जाने को कहा था परन्तु उनका एक ही उत्तर था कि देश में स्वतन्त्रता संग्राम चल रहा है, ऐसे समय मैं कहीं नहीं जाऊँगा। मैं तो शत्रु से लड़ते-लड़ते यहीं मरूँगा।

# आज़ाद का बलिदान

मेरी गिरफ्तारी के पन्द्रह दिन बाद आज़ाद एल्फ्रेड पार्क में शहीद हुए। मैं बाहर नहीं था इसलिए जो लोग बाहर थे उनके ही कथन और उस समय जो समाचार पत्रों में प्रकाशित हुआ था उसी के आधार पर यह अध्याय लिख रहा हूँ। उस समय उनके पास सुखदेवराज थे इसलिए उनका ही वक्तव्य मैं पहले दे रहा हूँ। उन दिनों की आज़ाद की मनःस्थिति का उल्लेख करते हुए सुखदेवराज ने लिखा है, ''आज़ाद की परिस्थिति उस समय अत्यन्त गम्भीर थी। साथियों का भरोसा नहीं, जिनका भरोसा था वे धीरे-धीरे पकड़े जा रहे थे। वीरभद्र और यशपाल क्या खेल खेल रहे थे यह उनकी समझ में नहीं आ रहा था। यही स्थिति थी उनकी 27 फरवरी के सवेरे तक, जब मैं उनसे मिलने गया था।''

आज़ाद मुझे पार्क के बाहर ही मिले। जब हम दोनों पार्क में घुसे तो हमें एक आदमी पुलिया के ऊपर बैठा दातौन करता दिखाई दिया। उसने बड़े गौर से आज़ाद की ओर देखा। मैंने भी उसे घूरा। आज़ाद से मैंने उसके बारे में शंका प्रकट की। मैं फिर एक बार उसे देखने गया पर तब वह दूसरी ओर देख रहा था।

27 फरवरी 1931 को जब मैं वापस आकर उनके पास बैठा तो उन्होंने मुझसे छूटते ही यह प्रश्न किया 'तुम बर्मा गए हो ?' मैंने कहा–'हाँ।' 'बर्मा के रास्ते हमारे कुछ साथी हिन्दुस्तान से सुरक्षित जा सकेंगे ?' उन्होंने पूछा। मैंने कहा–'जब मैं बर्मा गया था तो मैंने इस बात का अध्ययन किया था। उस समय बर्मा और हिन्दुस्तान अविभाजित थे। बर्मा जाने के लिए पासपोर्ट की आवश्यकता नहीं थी। मलाया और थाईलैंड के जंगलों में से लोग आते-जाते थे। यह इतना ही दुर्गम मार्ग था जितना सीमाप्रान्त का इलाका।' आज़ाद से इस सम्बन्ध में मेरी जो चर्चा हुई थी, उसकी चर्चा मैंने अन्य साथियों से उसी दिन की थी।

जिस समय यह चर्चा हो रही थी उसी समय थार्न हिल रोड पर म्योर कॉलेज के सामने से एक व्यक्ति जाता दिखाई दिया। बातचीत का क्रम रोककर भैया ने कहा–वह वीरभद्र जा रहा है। शायद उसने हमें देखा नहीं। मैंने गर्दन घुमाकर उधर देखा, वह आदमी आगे बढ़ चुका था, केवल उसकी पीठ दिखाई दी। मैंने वीरभद्र को कभी नहीं देखा था। 27 फरवरी की घटना के पहले एक या दो बार उसका नाम मेरे सामने आया था। वह भी उस समय जब वीरभद्र को मारने की योजना असफल हो चुकी थी और

भैया और दूसरे साथी कानपुर से इलाहाबाद आ चुके थे। आज तक भी वीरभद्र को मैंने अपनी आँखों से नहीं देखा है।

ये बातें हो ही रही थी कि एक मोटर सामने सड़क पर आकर रुकी जिसमें से एक अंग्रेज अफसर और दो कांस्टेबिल सफेद कपड़ों में मोटर से उतरे। मोटर खड़ी होते ही हम लोगों का माथा ठनका। गोरा अफसर हाथ में पिस्तौल लिए सीधा हमारी ओर आया और पिस्तौल दिखाकर हम लोगों से अंग्रेजी में पूछा—तुम लोग कौन हो और यहाँ क्या कर रहे हो।

आज़ाद का हाथ अपनी पिस्तौल पर था और मेरा हाथ अपनी पिस्तौल पर। गोरे अफसर ने जैसे ही बात शुरू की हम दोनों ने पिस्तौल खींच ली और उत्तर गोली से दिया।

मगर गोरे अफसर की पिस्तौल पहले छूटी। गोली आज़ाद के जाँघ में लगी। आज़ाद की गोली गोरे के कंधे में लगी। गोलियाँ दोनों ओर से दनादन चल रही थीं।

गोलियों की बौछार गोरा अफसर सहन न कर सका। उसने पीछे दौड़कर मौलश्री के पेड़ की आड़ ली। सिपाही कूदकर नाले में जा छिपे। इधर हम लोगों ने जामुन के पेड़ की आड़ ली, एक क्षण के लिए लड़ाई रुक गई थी। उसी समय आज़ाद ने कहा—मेरी जाँघ में गोली लग चुकी है। सिराज तुम निकल जाओ।

आज़ाद के आदेश पर मैंने निकल भागने का रास्ता देखा। बाईं ओर एक 'समरहाऊस' था। पेड़ की ओट से निकलकर मैं समरहाऊस की ओर दौड़ा। कुछ गोलियाँ मेरे ऊपर चलाई गई मगर मुझे लगी नहीं। गोलियाँ नाट बावर और उसके सिपाहियों द्वारा चलाई जा रही थीं। 'समरहाऊस' के पास से एक तार का घेरा था, मैं उसे फाँदकर सड़क पर आया। यह सड़क पार्क के बीचोंबीच से लाइब्रेरी की ओर जाती थी। सड़क पर मैंने देखा एक लड़का साइकिल पर जा रहा है। मैंने उसे पिस्तौल दिखाई और साइकिल छीन ली। यहाँ से मैं साइकिल पर चढ़कर लाइब्रेरी की तरफ भागा। यहाँ से घूमते-घूमते मैं चाँद प्रेस पहुँचा। 'चाँद' के सम्पादक श्री रामरख सिंह सहगल दल के समर्थकों में से थे। मैं उन दिनों उन्हीं के यहाँ भविष्य के सम्पादन विभाग में काम करता था। मेरा असली नाम भी सहगल जानते थे। मैंने जाते ही सही घटना सहगल जी को बताई। उन्होंने सलाह दी, हाजिरी रजिस्टर पर फौरन दस्तखत करो और अपनी जगह बैठ जाओ। वैसे सुखदेवराज का सारा वक्तव्य परिशिष्ट में दिया गया है जहाँ 'आज़ाद की शहादत का जिम्मेदार कौन ?' विवाद सम्बन्धी अनेक लेख दिए गए हैं। जिससे पाठक स्वयं निर्णय कर सकें कि आज़ाद के मरवाने में किसका हाथ था। सुखदेवराज जुलाई 1967 में इसी चर्चा के सम्बन्ध में श्री बटुकनाथ अग्रवाल के यहाँ जौनपुर आए थे। उन्हीं से मुझे यह मालूम हुआ कि 'लीडर' की 1931-32 की फाइल सुरक्षित है और वह देखने को मिल सकती है। हम दोनों इलाहाबाद आज़ाद के शहादत सम्बन्धी तथा यशपाल की गिरफ्तारी की घटनाओं का रेकार्ड देखने गए। मैं वह सब उतार लाया। आज़ाद की शहादत सम्बन्धी जो समाचार उस समय 'लीडर' के एक मार्च

1931 के अंक में प्रकाशित हुआ वह इस प्रकार है—27 फरवरी को शुक्रवार सबेरे दस बजे लगभग 20 मिनट तक गोली चलती रही। यह गोली चालन दो क्रान्तिकारी तथा उत्तर प्रदेश सी.आई.डी. के बीच हुआ। इसमें एक क्रान्तिकारी मारा गया तथा स्पेशल सुपरिंटेंडेंट ऑफ सी.आई.डी. मि. जे.आर.एच. नाट बावर (Mr. J. R. H. Not Bower) तथा डिप्टी सुपरिंटेंडेंट ठाकुर विशेश्वर सिंह को गोली से चोट आई।

कहा जाता है कि ठाकुर विशेश्वर सिंह ने एक व्यक्ति को देखा जिस पर चन्द्रशेखर आज़ाद होने का शक हुआ। आज़ाद काकोरी तथा अन्य षड्यन्त्रों के मामले में फरार थे तथा उन पर पाँच हजार रुपयों का इनाम था। ठाकुर विशेश्वर सिंह ने अपनी यह शंका सी.आई.डी. लीगल एडवाइजर श्री डालचन्द पर प्रकट की। विशेश्वर सिंह अपने घर कटरे में वापस आया और आठ बजे सबेरे फिर डालचन्द और आर्डरली सरनाम सिंह के साथ यह देखने गया कि क्या वह वही आदमी है जिस पर उसकी शंका है।

पार्टी सिटी रोड की ओर से बड़ी सावधानी से गई जिससे इन लोगों को शंका न हो। उन्होंने देखा कि थार्न हिल रोड कार्नर से पब्लिक लाइब्रेरी की ओर पार्क में जो फुटपाथ जाता है वहाँ ये दोनों बैठे थे। सिटी रोड की ओर से मोटे आदमी का चेहरा स्पष्ट नहीं दिखाई दे रहा था, इसलिए वह उसका चेहरा देखने को उत्सुक था। सी.आई.डी. वाले उनके पास नहीं गए इस डर से कि कहीं उन्हें शंका न हो जाए। इसलिए पार्टी सिटी रोड से थार्न हिल रोड पर म्योर सेन्ट्रल कॉलेज के गेट की विरुद्ध दिशा में पहुँची। यहाँ पर डालचन्द और विशेश्वर सिंह आज़ाद को अच्छी तरह देखने के लिए अलग-अलग हो गए। जब उन्हें विश्वास हो गया तो आर्डरली सरनाम सिंह को नाट बावर को बुलाने भेजा, जो पास ही में पार्क रोड नम्बर एक पर रहता था।

इसी बीच दोनों व्यक्ति उठकर थार्न हिल रोड की ओर गए। उनमें से एक के पास जो बाद में भाग गया, साइकिल थी। वे डालचन्द के सामने से गुजरे। डालचन्द एक पुलिया पर बैठा दातौन कर रहा था। उसने तथा विशेश्वर सिंह ने दातौन का बहाना इसलिए किया था कि उन पर कोई शंका न करे। डालचन्द से आँखें चार हुई पर वे आगे थार्न हिल रोड पर पूर्व की ओर गए। साइकिलवाला व्यक्ति फिर से लौटा और डालचन्द के सामने से गुजरा। बाद में वे इंडियन प्रेस के दरवाजे की ओर से फिर पार्क में घुसे। डालचन्द ने इन दोनों के चेहरे अच्छी तरह देख लिए और जब ठाकुर विशेश्वर सिंह बाद में लौटा तो उसने उस घटना को बताया।

नाट बावर ने इस घटना का प्रेस को जो वक्तव्य दिया वह इस प्रकार है—ठाकुर विशेश्वर सिंह से मुझे सन्देश आया कि उसने एक व्यक्ति को एल्फ्रेड पार्क में देखा है जिसकी हुलिया आज़ाद से मिलती है जो क्रान्तिकारी मफरूर है। मैं अपने साथ मोहम्मद जमान और गोविंद सिंह कांस्टेबिल्स को साथ लेता गया।

जब हम उस जगह पहुँचे जहाँ समाचार लानेवाले ने विशेश्वर सिंह को छोड़ा था तो वहाँ उन्हें विशेश्वर सिंह नहीं दिखाई दिया। मैंने कार दूर खड़ी कर दी और दोनों व्यक्तियों की ओर बढ़ा। मेरे पीछे कांस्टेबिल थे। लगभग दस गज के फासले पर खड़ा

होकर मैंने पूछा, वे कौन हैं। उत्तर में उन्होंने पिस्तौल निकालकर गोलियाँ चला दीं। मेरी पिस्तौल तैयार ही थी। जैसे ही मैंने देखा कि मोटा आदमी पिस्तौल निकाल रहा है मैंने उसके गोली चलाने के क्षण भर पहले ही गोली चला दी। साथी अपनी मैग्जीन खाली कर कूदकर भाग गया। मेरे साथ जो तीन आदमी थे उन्होंने भी गोलियाँ कुछ तो मोटे आदमी पर और कुछ दूसरे व्यक्ति पर चलाईं।

जबकि मैं मैग्जीन निकालकर दूसरी भर रहा था, मुझे मोटे व्यक्ति ने गोली मारी, जिससे मैग्जीन गिर पड़ी जो मेरे बाएँ हाथ में थी। तब मैं एक पेड़ (मौलश्री) की ओर भागा जो वहाँ से दस गज पर था। सिपाही पास की खाई में जा छिपे। इसी बीच विशेश्वर सिंह एक झाड़ी में रेंगकर पहुँचा। वहाँ से उसने मोटे आदमी पर गोली चलाई। जवाब में मोटे आदमी ने गोली चलाई जो विशेश्वर के मुँह पर लगी।

मैं पिस्टल न भर सका। जब-जब मैं दिखाई देता मोटा व्यक्ति मुझ पर गोली चलाता रहा। आखिर वह पीठ के बल गिर पड़ा। मैं नहीं कह सकता कि उस पर किसी ने गोली चलाई या वह पहले जख्मों से मर गया। इस बीच लोग जमा हो गए। इसी बीच एक व्यक्ति एक वकशाट गन लेकर आया जो भरी थी। मैं नहीं जानता था कि मोटा आदमी सचमुच मरा है या बहाना कर रहा है। इसीलिए मैंने उस आदमी से उसके पैरों पर निशाना मारने को कहा। उस आदमी ने बन्दूक चलाई। उसके बाद मैं मोटे आदमी के पास गया तो वह मरा पड़ा था। उसका साथी भाग गया। मुझे पता नहीं कि वह घायल हुआ भी था या नहीं।

इसी बीच रामबदन सिंह सी.आई.डी. ने जो पास ही कहीं था, कर्नलगंज पुलिस स्टेशन पर जाकर खबर दी कि पार्क में एक अंग्रेज पर कोई गोली चला रहा है। इस पर ऑफिसर इन्चार्ज राय साहब चौधरी बिसाल सिंह ने दो बन्दूकधारी सिपाही लिए तथा स्वयं पिस्टल लेकर साइकिल से रवाना हुआ। उसने देखा कि नाट बावर जो एक पेड़ की आड़ में है, उस पर कोई गोली चला रहा है। उसने एक नौजवान को नाट बावर की ओर आते देखा, पर वह बाद में गायब हो गया। यह शंका है कि वह आज़ाद का साथी था और नाट बावर पर गोली चलाने की फिराक में था। नाट बावर के पास जो व्यक्ति बन्दूक लेकर आया था वह सफेद कपड़ों में एक कांस्टेबिल था।

इसी बीच डालचन्द अपने घर गया। वहाँ से एक मित्र की मोटर साइकिल पर बैठकर पुलिस लाइन गया। वहाँ से उसने सुपरिंटेंडेंट पुलिस मेजर्स (Measures) को फोन किया तथा सशस्त्र रिजर्व पुलिस के आदमियों को पार्क की ओर भेजा; परन्तु जब तक पुलिस के आदमी वहाँ पहुँचते तब तक लड़ाई करीब-करीब खत्म हो चुकी थी।

जाते समय नाट बावर ने हिदायत दी कि मोटे आदमी की तलाशी लेकर लाश चीर घर भेजी जाए तथा ठाकुर विशेश्वर सिंह को अस्पताल।

दोनों ही दल जिन पेड़ों के पीछे थे उन पर कई गोलियों के निशान थे। नाट बावर के पीछे उसकी खड़ी मोटर में भी गोलियाँ लगी थीं, उससे बॉडी में तीन जगह छेद हो गए थे।

'लीडर' 2 मार्च 1931 के अंक में अमर शहीद चन्द्रशेखर आज़ाद के शव के चीर-फाड़ का समाचार प्रकाशित हुआ। यह चीड़-फाड़ शनिवार को दो मजिस्ट्रेटों खान साहब रहमान बक्श कादरी तथा ठाकुर महेन्द्रपाल सिंह की देखरेख में हुई। बाद में इन्हीं मजिस्ट्रेटों की देखरेख में शव दाह हुआ।

आज़ाद के शरीर का पोस्टमार्टम (चीर-फाड़) सिविल सर्जन लेफ्टिनेन्ट कर्नल टाउनसेंड ने किया। उसके साथ डॉ. गाडे तथा डॉ. राधेमोहन लाल थे। दो गोलियों के घाव दाहिने पैर के निचले हिस्से में थे। गोलियों से टीबिया बोन फ्रेक्चर हुई। एक गोली दाहिनी जाँघ से निकाली गई। घातक गोलियाँ दो थीं। एक तो सर में दाहिनी ओर और दूसरी छाती में जिसका पोस्ट मार्टम के समय पता चला। कहा जाता है कि जो घाव छाती के आसपास हुआ था वह एक गोली जो दाहिने हाथ के कन्धे के पास छेदकर दाहिने फेफड़े में जा रुकी। सिर में दाहिनी ओर जो गोली लगी थी वह पैरिएटल (Parietal) बोन को छेदती हुई दिमाग में घुसी और सिर के नीचे दिमाग में बाईं ओर रुकी। डॉक्टरों की राय में यह कहना गलत है कि उन्होंने अपने आप गोली मार ली थी। यदि ऐसा होता तो वहाँ पर चमड़ी तथा बालों के जलने के निशान होते, जो नहीं थे।

यह जानना सम्भव नहीं था कि किसी को पुलिस ने लाश पहचानने के लिए बुलाया पर सी.आई.डी. सर्किल में यह विश्वासपूर्वक कहा जाता था कि वे चन्द्रशेखर आज़ाद थे।

चीर-फाड़ के समय सशस्त्र पुलिस का पहरा था तथा दो मजिस्ट्रेट तैनात थे। मृत व्यक्ति ब्राह्मण था इसलिए पुलिस लाइन से ब्राह्मण रंगरूट बुलाकर उन्हीं से शव उठाकर लॉरी में रखा गया। लाश भारी थी इसलिए स्ट्रेचर पर न रखी जा सकी। वह दूसरी लॉरी में रखी गई। साथ सशस्त्र पुलिस थी। उसके बाद अब्दुलसमद पुलिस इंस्पेक्टर की निगरानी में दोनों लॉरियाँ नदी की ओर जाने को तैयार थीं।

इसी बीच श्री पुरुषोत्तम दास टंडन आ पहुँचे। उनके साथ कुछ कांग्रेसी भी थे। उन्होंने लाश देखना चाही और कहा, आज़ाद के रिश्तेदार आ गए हैं। इसी बीच लॉरी चल पड़ी। मजिस्ट्रेट कादरी ने टंडन जी से जिला मजिस्ट्रेट से मिलने के लिए कहा। लाश ले जाने के विषय में गुप्तता रखी गई। पहले लॉरियाँ जार्ज टाउन की ओर गई, वहाँ से स्टैनले रोड घूमती रसूलाबाद घाट पर चली गई जहाँ दाह संस्कार की सारी व्यवस्था की गई थी।

जब एक ब्राह्मण दाह संस्कार करा रहा था तो कुछ लोग त्रिवेणी घाट पर तलाश कर रहे थे। मजिस्ट्रेट ने टंडन जी से कहा, दाह संस्कार कहाँ होना है इसका उसे पता नहीं और इंस्पेक्टर ने लोगों को त्रिवेणी घाट बताया।

जो व्यक्ति सबेरे बनारस से आए हैं, अपने आपको आज़ाद का रिश्तेदार बताते हैं उनका नाम शिवविनायक मिश्र है। वे एक कांग्रेस कार्यकर्ता भी हैं। उन्होंने शाम की सभा में बताया कि वे आज़ाद का शव लेने जिला मजिस्ट्रेट के पास गए थे। जिला मजिस्ट्रेट ने सुपरिंटेंडेंट पुलिस के पास जाने को कहा। सुपरिंटेंडेंट पुलिस ने पहले तो

कहा कि शव जला दिया गया है। परन्तु जब पंडितजी ने कहा कि चीर घर से तो शव अभी कुछ देर पहले ले जाया गया है तो सुपरिंटेंडेंट पुलिस ने दारागंज पुलिस स्टेशन इनचार्ज के नाम पत्र दिया। इंस्पेक्टर ने त्रिवेणी घाट पर शव ढूँढ़ा पर पता न चला। आखिर रसूलाबाद का पता चला। पर जब ये लोग रसूलाबाद पहुँचे तब तक लगभग शरीर जल चुका था। मिश्र जी को सुपरिंटेंडेंट की आज्ञानुसार दाह संस्कार की आज्ञा दे दी गई। इसी बीच श्रीमती कमला नेहरू, बाबू पुरुषोत्तमदास टंडन भी वहाँ पहुँच गए। अन्तिम संस्कार होने पर उनकी अस्थियाँ एकत्रित कर पंडित मिश्र शहर में लाए। स्टूडेंट्स एसोसिएशन के प्रस्ताव के अनुसार जुलूस खद्दर भंडार से निकाला गया, लकड़ी के तखत पर एक काली चादर बिछाई गई। जिस पर अस्थियाँ रखी गई। तखत लोगों ने अपने कन्धे पर उठाया था। जुलूस शहर में घूमता पुरषोत्तमदास पार्क पहुँचा। शवयात्रा में चलनेवाले लोग नंगे सिर और नंगे पैर थे। अस्थियों पर शहर में जहाँ-तहाँ फूल बरसाए गए। स्टूडेंट्स एसोसिएशन के तत्त्वाधान में तथा श्री मोहन लाल गौतम की अध्यक्षता में सभा हुई। श्री गौतम स्टूडेंट्स एसोसिएशन के अध्यक्ष थे।

सभा में श्री पुरुषोत्तम दास टंडन, श्रीमती कमला नेहरू, श्री मंगलदेव सिंह, श्री काशीराम तिवारी, श्री बसन्तलाल शर्मा, श्री शिवविनायक मिश्र, श्रीमती शचीन्द्र (प्रतिभा) सान्याल (काकोरी के अभियुक्त शचीन्द्रनाथ सान्याल की धर्मपत्नी), श्री पद्मकान्त मालवीय आदि के भाषण हुए।

मुसलमानों को छोड़कर शहर में हड़ताल रही। हड़ताल स्टूडेंट्स एसोसिएशन ने कराई थी। उसने जनता से व्रत रखने को भी आग्रह किया था।

कहा जाता है कि सेवा समिति की ओर से डॉ. बेनी प्रसाद तथा पंडित पद्मकान्त मालवीय ने शव दाह संस्कार के लिए माँगा था परन्तु जिला मजिस्ट्रेट वमफोर्ड ने शव यह कहकर नहीं दिया कि शव केवल मृतक के रिश्तेदार को ही दिया जा सकता है। आज़ाद के शव की तलाशी लेने पर उनके पास से 448 रुपए के नोट तथा कुछ नगदी निकला, साथ ही 16 गोलियाँ तथा 22 खाली कारतूस पड़े मिले।

कुछ लोगों का कहना है कि उनकी मृत्यु के बाद उनके शव का अपमान किया गया। कुछ का कहना है कि एक गोरे अफसर के कुत्ते ने उनका रक्त चाटकर वफादारी का सबूत दिया। कुछ ने उनके शरीर को घसीटा तथा गालियाँ दीं। पर कहीं आज़ाद की प्रशंसा भी सुनी गई। स्वयं सी.आई.डी. सुपरिंटेंडेंट ने जो चाँद प्रेस तलाशी लेने आए थे, सहगल जी से आज़ाद के जीवन की प्रशंसा की। उनका कहना था कि ऐसे सच्चे निशानेबाज उन्होंने बहुत कम देखे हैं, खासकर ऐसी शंकामय परिस्थिति में जब तीन ओर से उन पर गोलियों की वर्षा हो रही थी। उन्होंने यह भी स्वीकार किया कि यदि पहली गोली उनकी जाँघ में न लगी होती तो पुलिस का एक भी अफसर जीवित न बचता, क्योंकि नाट बावर का हाथ पहले ही बेकार हो चुका था। उन्होंने यह भी बताया था कि आज़ाद विप्लवी दल का कोई प्रतिष्ठित नेता था।

'भविष्य' के संवाददाता ने दूसरे दिन दोपहर को घटनास्थल का निरीक्षण किया।

जिस पेड़ के पीछे आज़ाद ने प्राण विसर्जन किए, वह वृक्ष फूलों से लदा था। पेड़ पर कई जगह जनता ने आज़ाद आदि लिख दिया था। कहा जाता है कि वहाँ की मिट्टी भी कॉलेज के लड़के उठा ले गए थे।

## श्री बटुकनाथ जी का कथन

जिस समय आज़ाद शहीद हुए श्री बटुकनाथ जी अग्रवाल उस समय इलाहाबाद युनिवर्सिटी में बी.एस.सी के विद्यार्थी थे तथा हिन्दू बोर्डिंग हाउस में रहते थे। इनका श्रीमती दुर्गा देवी से अच्छा परिचय था। ये तथा दुर्गा देवी जिला इलाहाबाद शाहजादपुर के रहनेवाले थे। श्रीमती दुर्गा देवी के पिता पं. बाँके बिहारी नागर तथा श्री बटुक जी के मामा श्री कन्हैया लाल अभिन्न मित्र थे। दोनों ही स्वामी नित्यानन्द के शिष्य और गुरु भाई थे। बाद में दुर्गा देवी के पिता ने संन्यास ले लिया था।

लाहौर बहावलपुर बमकांड के बाद जब दुर्गा देवी इलाहाबाद आई तो उन्होंने बटुक जी को बुला भेजा। इसके पूर्व भी बटुक जी का इलाहाबाद के क्रान्तिकारी दल से सम्बन्ध था। आज़ाद की शहादत के पूर्व एक रविवार को दुर्गा देवी व दीदी से उनकी भेंट एल्फ्रेड पार्क में विक्टोरिया के मूर्ति के पीछे हुई थी। साथ में सुखदेवराज भी थे। बटुकजी के द्वारा भाभी ने अपने पिताजी से भेंट की थी। सुखदेवराज उनसे अक्सर मिलते रहे और इनकी मार्फत और उनकी डाक भी आती रही। 27 फरवरी को भी उनका एक पत्र आया जो दो दिन बाद जगदीश द्वारा सुखदेवराज के पास 1 मार्च को भेजा गया था।

आज़ाद की शहादत के सम्बन्ध में उन्होंने बताया कि 27 फरवरी 1931 को सबेरे पौने दस बजे जब मैं हिन्दू बोर्डिंग हाउस के फाटक पर पहुँचा तो गोली चलने की आवाजें सुनाई दी। मैं आवाक हो गया। इतने में मैंने देखा कि एक घायल व्यक्ति जिसके जबड़े से खून बह रहा है कराहता हुआ तेजी से जा रहा है। मैंने दौड़कर उससे पूछा कि क्या हुआ ? उसने कराहते हुए कहा कि एक अंग्रेज पागल दो स्वयंसेवकों को मार रहा है। बाद में पता चला की वही सी. आई. डी. डिप्टी सुपरिंटेंडेंट ठाकुर विशेश्वर सिंह था। मैं अल्फ्रेड पार्क में उस दिशा की ओर बढ़ा जहाँ से गोलियाँ चलने की आवाज आ रही थी। कुछ और आगे बढ़ा तो पुलिस की बड़ी भीड़ देखी। गोली चलानेवाले व्यक्ति की इह लीला समाप्त हो चुकी थी। फिर भी पुलिसवाले उसके शरीर पर गोलियाँ बरसा रहे थे। इस समय तक वहाँ युनिवर्सिटी के विद्यार्थियों की काफी भीड़ जमा हो गई थी। पुलिस कप्तान मेजर्स वहाँ पहुँच चुके थे और उन्होंने विद्यार्थियों को तितर-बितर होने को कहा पर एक भी विद्यार्थी टस से मस न हुआ। कलेक्टर बमफोर्ड भी वहाँ मौजूद थे। कप्तान ने भीड़ पर गोली चलाने को आज्ञा माँगी, पर कलेक्टर ने नहीं दी। उस समय पता चला कि आज़ाद शहीद हो गए।

थोड़ी देर में लाश ले जाने के लिए एक ट्रक भी आ गई। मैं उस महापुरुष के

अन्तिम दर्शनों के लिए उत्सुक था। मैं लाश ले जानेवाली ट्रक के पीछे हो लिया और उसके रुकने पर उसके नीचे घुस गया और आज़ाद के दर्शन किए। साथ ही एक जामुन का पत्ता जिस पर उनकी शहादत का खून पड़ा था, मैं अपने साथ ले आया था। वह पत्ता मेरे पास काफी अर्से तक रहा। यूनिवर्सिटी के विद्यार्थियों ने आज़ाद की शहादत के बाद आज़ाद पार्क कहना प्रारम्भ किया जो नाम देश की स्वतन्त्रता के बाद भी बरसों चलता रहा।

जिस पेड़ के नीचे आज़ाद वीरगति को प्राप्त हुए उस स्थान पर प्रतिदिन श्रद्धालू स्त्री-पुरुष की भीड़ लगने लगी। लोग वहाँ फूलमालाएँ चढ़ाने लगे तथा दीपक जलाने लगे। यह बात ब्रिटिश शासकों के लिए असह्य थी। इसीलिए एक दिन रातों रात उस पेड़ को जड़ से काटकर नामोनिशान मिटा दिया और रातोरात मिलटरी लॉरी द्वारा पेड़ उठवा दिया गया। आज़ाद का निशाना अचूक था। पुलिस से घिर जाने पर तथा घायल हो जाने पर भी उन्होंने अपना मानसिक सन्तुलन नहीं खोया। जिस मौलश्री के पेड़ के पीछे नाट बावर खड़ा था, उस पर आज़ाद के सच्चे निशाने के चिह्न मौजूद हैं और पेड़ पर आज़ाद के गोलियों के निशान 6 फुट की ऊँचाई तक मौजूद मिले थे जबकि उस पेड़ पर, जिसके नीचे आज़ाद घायल होकर गिर गए थे, 10-12 फीट ऊँचाई पर पुलिस के गोली के निशान थे, इससे प्रतीत होता था कि आज़ाद का अन्तिम समय तक मानसिक सन्तुलन कितना ठीक था जबकि पुलिसवाले अपने को बिल्कुल खो बैठे थे।

## जनता के प्रिय आज़ाद

आज़ाद की शहादत के बाद उनके प्रति जनता की कितनी श्रद्धा थी तथा उनके प्रति जनता ने कितनी भाव भीनी श्रद्धांजलि अर्पित की उसका कुछ उल्लेख 'नर्मदा' मासिक पत्रिका 1964 में प्रकाशित आज़ाद अंक से दे रहा हूँ। इसके सम्पादक थे श्री शम्भूनाथ सक्सेना परन्तु इस अंक का सम्पादन श्री बनारसीदास चतुर्वेदी ने किया था। श्री पद्मकान्त मालवीय तथा श्री शिवविनायक मिश्र के लेखों के उद्धरण यहाँ दिए जा रहे हैं। श्री पद्मकान्त मालवीय ने लिखा है– स्वर्गीय आज़ाद पर पूज्य मालवीय जी का असीम स्नेह था और वे उन्हें पुत्रवत् मानते थे। आज़ाद की मृत्यु से उन्हें मर्मान्तिक कष्ट हुआ। उन्होंने इस आदेश के साथ मुझे यहाँ भेजा था (इलाहाबाद) कि इस विप्र बालक का अन्तिम संस्कार विधिवत् किया जाए, साथ ही वह भारतीय स्वतन्त्रता सेना के सर्वोपरि सेनानी की शान के अनुरूप हो। मैं सोच में पड़ गया। यहाँ के कांग्रेसी नेताओं के असहयोग की बात मिश्र जी सुना ही चुके थे। विद्यार्थी संघ के जो साथी साथ थे, प्रेस पहुँचते ही उनके द्वारा एलान करा दिया कि विद्यार्थी संघ की ओर से शहर में पूरी हड़ताल हो, पाँच बजे शाम को 'राख' का जुलूस 'अभ्युदय' प्रेस से उठेगा और पुरुषोत्तम दास पार्क में सभा होगी। देखते-देखते शहर भर में हड़ताल हो गई, ऐसी

हड़ताल कम देखी गई थी। मिठाई, खोमचे और पानवालों तक ने अपना बारोबार बन्द कर दिया था। इक्के-ताँगे सब बन्द। इधर सशस्त्र पुलिस और घुड़सवारों ने जुलूस के सारे मार्ग को घेर लिया। दस-दस कदम पर सड़क के दोनों ओर गलियों और चौराहों पर, सभी ओर पुलिस ही पुलिस दिखाई देने लगी। जगह-जगह सशस्त्र पुलिस का पहरा था। इधर प्रेस में फूलों का विमान सजाया ही जा रहा था कि खबर आई कि मिलटरी बुला ली गई है और यदि जुलूस उठा तो गोलियाँ अवश्य चलेंगी। अब मैं चिन्तित हुआ। विद्यार्थी संघ और उसके कारण मुझसे कांग्रेसवाले यूँ ही नाराज हैं, गोलियाँ चल गईं और कुछ जानें गई तो इन सबकी जिम्मेदारी मेरे ऊपर मढ़ी जाएगी। राजर्षि टंडन उन दिनों प्रयाग में ही थे और प्रेस के समीप ही रहते थे। मैं उठा और उनके पास गया। सारी परिस्थिति बताकर उनसे राय माँगी। स्थानीय कांग्रेस नेताओं की बातें सुनकर वे दुखी हुए। उन्होंने कहा कि 'बाबू (पूज्य मालवीय जी) की आज्ञा ठीक थी और तुमने जो कुछ किया बिल्कुल ठीक किया। तुम जुलूस लेकर चलो मैं आता हूँ। जो कुछ होगा उसकी जिम्मेदारी मेरी होगी। राजनैतिक मतभेद मैं समझता हूँ पर मृत्यु के साथ ही सारे मतभेद समाप्त हो जाते हैं।' यह कहकर उन्होंने एक बड़ी कांग्रेस नेत्री से फोन मिलाने को कहा। फोन से ही उन्होंने अपने निर्णय की सूचना तथा आज्ञा-सी देते हुए कहा—"मैं जुलूस के संग जा रहा हूँ, तुम भी सभा में आ जाओ। आज़ाद विशुद्ध देशभक्त थे, क्या इस पर भी किसी को मतभेद हो सकता है ?"

अब क्या था हिम्मत चौगुनी बढ़ गई और विद्यार्थी संघ के दस-बीस कार्यकर्ता तथा अभ्युदय प्रेस के कर्मचारियों को साथ लेकर जुलूस चल पड़ा। फूलों से सजी एक चौकी पर अस्थिघट रखा हुआ था, घट के सामने आज़ाद का एक छोटा-सा चित्र था और चौकी को हम लोग कन्धे पर लिए हुए थे। सभी लोग नंगे सिर और नंगे पैर थे। प्रारम्भ में हम लोग थोड़े ही आदमी थे। पर सड़क पर आते ही देखा तो गलियों में लोग पटे पड़े थे और वहीं से खड़े-खड़े झाँक रहे थे। जुलूस के सामने पहुँचते ही पुलिसवाले चौंककर तनिक हिले-डुले कि गलियों की भीड़ हमारे साथ। पुलिस घुड़सवारों का दल घंटाघर से जुलूस की ओर बढ़ा ही था कि टंडन जी आ गए। पुलिसवालों की ओर से हम निश्चिन्त हो चुके थे। पुरुषोत्तम दास पार्क तक पहुँचते-पहुँचते जुलूस काफी बड़ा हो गया। पार्क में भी जनता पहले से ही मौजूद थी। वहीं वे कांग्रेस नेत्री महोदया भी आ गई, जिन्हें टंडन जी ने फोन किया था। सभा की कार्यवाही शुरू हुई। मैंने प्रारम्भ ही किया था कि एक बंगाली ललना साक्षात दुर्गा के रूप में मंच पर आ गईं। लोगों ने बताया कि वे एक-दूसरे महान क्रान्तिकारी श्री शचीन्द्रनाथ सान्याल की धर्मपत्नी थीं। शचीनदा के साथ मैं जेल में रहकर आया था और वहाँ उन्होंने मुझे स्नेह से भिगो सा दिया था। शचीनदा का वह रूप मैं जीवन में कभी न भूल पाऊँगा। वाइसराय लार्ड इरविन और गांधी जी में समझौता वार्ता चल रही थी। नेहरू पिता-पुत्र भी हमारे साथ नैनी जेल में थे और वे लोग भी इस सम्बन्ध में महात्मा जी से मिलने जानेवाले थे। शचीनदा चाहते थे कि समझौते की शर्तों में कांग्रेसी कैदियों की ही नहीं, वरन समस्त

राजनैतिक कैदियों की अर्थात् क्रान्तिकारियों की भी रिहाई की शर्त रखी जाए। उन्होंने अपना यह विचार तिकड़म द्वारा नेहरू के पास भिजवाया तो उन्हें उत्तर मिला कि समझौते में हिंसात्मक राजनैतिक कैदियों की माँग अहिंसात्मक कांग्रेस की ओर से नहीं रखी जा सकती। यह उत्तर पाकर उस दिन शचीनदा बहुत ही उत्तेजित और उग्रभाव में बैरक में चक्कर पर चक्कर काट रहे थे, जैसे बन्द कटघरे में शेर। क्रोधावेश में कुछ कहते, फिर ध्यान मग्न हो कुछ सोचने लगते, फिर कुछ कहते और टहलने लगते। हाँ तो ऐसे मनस्वी, तेजस्वी शचीनदा की धर्मपत्नी को जिनके त्याग और तपस्या की कथा शचीनदा के मुँह से सुन चुका था एकाएक सामने देखकर मैंने उसके चरण स्पर्श किए और उनसे भी दो शब्द कहने की प्रार्थना की। जनता को भी यह खुशखबरी सुनाई तो उसकी उत्तेजना का पारावार न रहा। भाभी उस दिन बोलीं क्या उन्होंने अपने दो-चार वाक्यों में आग बरसाई थी। उन्होंने कहा—खुदीराम बोस के भस्मी को लोगों ने ताबीज में रखकर अपने बच्चों को पहनाया था कि उनके बच्चे भी खुदीराम बोस की तरह बहादुर देशभक्त बनें। मैं उसी भावना से भाई आज़ाद की राख की चुटकी लेने आई हूँ। और फिर तो राख ऐसी लुटी कि बड़ी मुश्किल से उसका कुछ अंश काशी ले जाने के लिए बचा पाए।

बहुत शानदार हुई थी यह सभा और इलाहाबाद के पूज्य मालवीय जी की इच्छानुसार भारतीय स्वतन्त्रता के महासेनापति आज़ाद की शानदार मृत्यु पर उनकी शान के अनुरूप ही उनके प्रति श्रद्धांजलि अर्पित की थी।

## श्री शिवविनायक मिश्र की जबानी

27 फरवरी 1931 को जब श्री चन्द्रशेखर आज़ाद इलाहाबाद के एल्फ्रेड पार्क में शहीद हुए तो इलाहाबाद के गांधी आश्रम के एक सज्जन मेरे पास आए। उन्होंने बताया कि आज़ाद शहीद हो गए हैं और उनके शव को लेने के लिए मुझे इलाहाबाद बुलाया गया है। मेरा उनसे (आज़ाद) सम्बन्ध भी था। मैं कुछ दिन पूर्व ही फैजाबाद जेल से छूटकर घर आया था। उसी रात्रि को साढ़े चार बजे की गाड़ी से मैं इलाहाबाद के लिए रवाना हुआ। झूँसी स्टेशन पहुँचते ही मैंने एक तार सिटी मजिस्ट्रेट को दिया कि आज़ाद मेरा सम्बन्धी है, लाश डिस्ट्राय न की जाए। इलाहाबाद पहुँचकर मैं आनन्द भवन पहुँचा। कमला नेहरू से मालूम हुआ कि लाश पोस्ट मार्टम के लिए गई हुई है। मैं सीधा डिस्ट्रिक्ट मजिस्ट्रेट के बँगले गया। उन्होंने बताया कि आप सुपरिंटेंडेंट पुलिस से मिलिए। शायद लाश तो जला दी गई होगी। मुझे पता नहीं कि लाश कहाँ है।

मैं सुपरिंटेंडेंट पुलिस से मिला। उन्होंने मुझसे बहुत वाद-विवाद किया। उसके बाद उन्होंने मुझे भुलावा देकर एक खत दारागंज के दरोगा के नाम से दिया कि त्रिवेणी पर लाश गई है। पुलिस की देखरेख में इनको अन्त्येष्टि क्रिया संस्कार करने दिया जाए।

बँगले से बाहर निकला तो थोड़ी दूर पर पूज्य मालवीय जी के पौत्र श्री पद्मकान्त

मालवीय जी दिखाई दिए। उन्हें पता चला था कि मैं आया हूँ। उनकी मोटर पर बैठकर हम दारागंज पुलिस थानेदार के पास गए। वे हमारे साथ मोटर में त्रिवेणी गए। वहाँ कुछ नहीं था। हम फिर कलेक्टर साहब के बँगले की ओर जा रहे थे कि मार्ग में एक लड़के ने मोटर रुकवाकर बताया कि लाश रसूलाबाद गई है। रसूलाबाद पहुँचे तो चिता में आग लग चुकी थी। पुलिस काफी थी। इंचार्ज अफसर को चिट्ठी दिखाई। उन्होंने मुझे धार्मिक कार्य करने की आज्ञा दे दी। हमने फिर लकड़ी आदि मँगवाकर विधिवत दाहसंस्कार किया। चिता जलते-जलते श्री पुरुषोत्तम दास टंडन जी तथा कमला नेहरू भी वहाँ आ गईं। करीब दो-तीन सौ आदमी भी जमा हो गए। चिता बुझाकर अस्थि संचय मैंने किया। कुछ राख एक पोटली में एकत्रित की तथा थोड़ी अस्थियाँ मैं अपने साथ लेता आया। 'उन अस्थियों में से एक अस्थि आचार्य नरेन्द्र देव भी ले गए थे। शायद विद्यापीठ में जहाँ आज़ाद के स्मारक का पत्थर लगा है, वहाँ उन्होंने उस अस्थि क़े टुकड़े को रखा है।

सायंकाल काले कपड़े में आज़ाद की भस्मी का चौक पर जुलूस निकला। श्री पुरुषोत्तम दास पार्क में श्री मोहनलाल गौतम की अध्यक्षता में सार्वजनिक सभा हुई। सभा आदि का कार्यक्रम स्टूडेंट एसोसिएशन द्वारा हुआ। कुछ कांग्रेस मैन नहीं चाहते थे कि आज़ाद के लिए हड़ताल और सभा हो। सभा में पुरुषोत्तम दास टंडन, श्रीमती कमला नेहरू तथा मेरे भी भाषण हुए।

शाम की गाड़ी से मैं बनारस वापस चला आया। वहाँ मैंने विधिवत श्री चन्द्रशेखर आज़ाद का संस्कार किया। दसवें दिन कुछ नौजवानों ने जुलूस और सभा का प्रबन्ध किया। परन्तु सरकार ने 144 दफा लगाकर मुझे जाने से रोक दिया। बाद में बाबू शिवप्रसाद गुप्त के समझाने से लड़के मान गए और जुलूस नहीं निकला। आज़ाद से मेरी यही अन्तिम भेंट उनकी जलती चिता पर हुई।

× × ×

जिस जगह आज़ाद शहीद हुए थे और जिस पेड़ को सरकार ने काट डाला था। देश की स्वतन्त्रता के बाद उस स्थान पर बाबा राघवदास ने वृक्षारोपण किया। उस समय उन्होंने मुझे एक पत्र भी लिखा था, जो इस प्रकार था—

**श्रीमान् पं. शिवविनायक जी,**
वन्दे !
ता. 1-9-39 को

आज़ाद पार्क में जहाँ अमर शहीद श्री चन्द्रशेखर आज़ाद की मृत्यु हुई थी, जिस जामुन के वृक्ष के सहारे यह अपना बचाव करते रहे, जिस वृक्ष को अंग्रेजी हुकूमत ने रातोरात में काटकर जमीन बराबर कर दी थी। वहाँ फिर मित्रों की सहायता से जामुन का वृक्षारोपण किया गया है। वह वृक्ष हमारे लिए मृत्यु को आलिंगन करने में एवं मानव

सेवा, समाज सेवा, राष्ट्र सेवा के लिए सहायक हो, यही प्रार्थना है।

आज़ाद की पूज्य माताजी को प्रणाम।

**राघवदास**

बरहज आश्रम, गोरखपुर।

## दुर्गा भाभी की श्रद्धांजलि

दुर्गा भाभी ने आज़ाद के अन्तिम दिनों के विषय में 'नर्मदा' के अंक में लिखा है—मेरे पति की मृत्यु 28 मई 1930 को रावी नदी के किनारे बम विस्फोट से हुई। उनके न रहने से भैया कहा करते थे कि मेरा दाहिना हाथ टूट चुका है। भैया सरल स्वभाव के थे। दाँव-पेंच और कपट की बातों से उनका दम घुटता था। क्रान्तिकारी सदा ही सप्तमस्वर (High Time) पर रहता हो, ऐसी बात नहीं। उस समय पूरे देश में एक संगठन था और इसके केन्द्र थे आज़ाद। काम के लिए हम सभी सच्चे और ईमानदार थे, किन्तु साधारण वातावरण धीरे-धीरे दूषित होने लगा था। क्रान्तिकारियों की संख्या बढ़ गई थी, हर तरह के व्यक्ति इसमें आने लगे थे और झगड़े-झंझट भी बढ़ रहे थे। भैया का जीवन इस प्रकार पैदा हुई समस्याओं में उलझने लगा, वे खिन्न और दुःखित रहने लगे। कोई ठोस काम हो न पा रहा था। समय ने उनका साथ दिया। मित्र ने उनके प्रति घात किया और वह कलाकार इस संसार से रुठकर चला गया।

भैया में कठोरता और कोमलता दोनों ही असीम थी। 27 फरवरी 1931 के दिन अन्तिम विदाई में जब मेरे आँसू सूख गए तो मैंने उन्हें अपने सपनों में डूबा हुआ एक कलाकार कहा—ऐसा कलाकार जिसका हृदय अत्यन्त कोमल था। जिसका अन्तर-बाह्य सभी पवित्र था किन्तु कर्तव्य उतना ही कठोर। कलाकार (भैया) जिस चित्र की रचना में रमा था वह पूर्ण न होता देख, उसका मन बुझ रहा था और उसी समय मानो आँधी के किसी झोके ने उसके इस चित्र को गिराकर चकनाचूर कर दिया और साथ ही हृदय गति को ठंडा कर दिया।

हि.स.प्र.स. का वह महान सेनापति बात का धनी था। उसका प्रण था कि जीते जी शत्रु मेरे शरीर को हाथ नहीं लगा सकता। वे कहा करते थे—

*'दुश्मन की गोलियों का सामना करेंगे*
*आज़ाद ही रहे हैं आज़ाद ही रहेंगे।'*

अपनी इस वाणी का उन्होंने एक-एक अक्षर सत्य कर दिखा दिया।

× × ×

इस तरह आदर्श पुरुष चन्द्रशेखर आज़ाद क्रान्तिकारी जीवन का उज्ज्वल आदर्श देश के नवयुवकों के सामने प्रस्तुत कर गए। उनका जीवन त्याग, तपस्या और बलिदान की अमर कहानी है जिसका एक-एक अक्षर अनुकरणीय है।

देश की भावी सन्तान देश की स्वतन्त्रता के लिए उनके द्वारा किया गया अद्भुत प्रयास कभी नहीं बुला सकेगा। आज़ाद का निस्पृह बलिदान आनेवाली पीढ़ी के लिए दीप स्तम्भ की तरह है।

आज़ाद जिस सिद्धान्त को लेकर क्रान्तिकारी संघर्ष कर रहे थे, उसकी पूर्ति आज भी नहीं हुई। वे समाजवादी शासन व्यवस्था के घोर समर्थक थे। उनके प्रति उचित श्रद्धांजलि तो यही होगी कि हम उनके स्वप्न को साकार करें।

पर आज तो स्थिति यह है कि स्वार्थी लोग आज़ादी के इन दीवानों का इतिहास मिटाने के लिए प्रयत्नशील हैं। कुछ इने-गिने साथियों के हृदयों में ये घाव स्मृति की पुरवैय्या के चलते ही हरे होकर क़सकने लगते हैं।

परन्तु क्या यह इतिहास मिटाया जा सकता है ? एक दिन तो वह अवश्य ही प्रकाश देखेगा। देश की स्वतन्त्रता के लिए भारतीय क्रान्तिकारियों ने जो त्याग, तपस्या और बलिदान किया है वह कदापि भुलाया न जा सकेगा।

*जालिम फलक ने लाख मिटाने की फिक्र की*
*हर दिल में अक्स रह गया तस्वीर रह गई।*

हे अमर बलिदानी तुझे शत-शत प्रणाम।

# 1924 में क्रान्तिकारी दल का विधान

क्रान्ति की सफलता के लिए जनता में तीव्र राजनैतिक चेतना, अपनी अधिकार रक्षा के लिए सबकुछ होम देने की भावना का होना निहायत जरूरी होता है। और इसके लिए जनता के सामने एक स्पष्ट आर्थिक और राजनैतिक कार्यक्रम रखकर, उसके प्रचार करने की खास जरूरत होती है। हम कैसा स्वराज्य चाहते हैं। शासन शक्ति किसके हाथों में होगी, बेकारी, भूख और गरीबी की समस्या को स्थायी रूप से हल करने के लिए क्या प्रयत्न किया जाएगा, इन बातों को अपने कार्यक्रम में स्पष्ट रूप से रख देने से जनता उस पर अधिक ध्यान देगी और अधिक जोश से उसका समर्थन करेगी, ऐसा सोचकर क्रान्तिकारी संघ ने अपने कार्यक्रम का एक पर्चा प्रकाशित किया। यह पर्चा, 'पीला पर्चा' के नाम से मशहूर हुआ। इसमें संघ का नाम 'भारतीय प्रजातन्त्र संघ' और उद्देश्य संगठित, सशस्त्र क्रान्ति द्वारा देश में सत्ता प्राप्त करना बताया गया था। इस विधान का आधार आम मताधिकार और मनुष्य का मनुष्य द्वारा हर प्रकार का शोषण बन्द करना रखा गया। इसमें यह भी कहा गया था कि रेल, खान, जहाज और प्रमुख उद्योग धन्धे राज्य के होंगे। संघ के कार्य संचालन के लिए प्रत्येक प्रान्त से चुने हुए प्रतिनिधियों से बनी हुई एक सेन्ट्रल कमेटी रखी गई और उसके तमाम फैसले एक राय से करने का निश्चय किया गया। इस कौंसिल का काम तमाम प्रान्तों में संगठन को एक नीति पर संचालित करना और आन्दोलन को शक्तिशाली बनाने के लिए अन्य विदेशी राष्ट्रों से सम्बन्ध स्थापित करना था। इसके मातहत प्रान्तीय कौंसिलें थीं जिसमें प्रत्येक प्रान्त की कौंसिल में पाँच विभागों के प्रतिनिधि के रूप में पाँच सदस्य होते थे, और प्रान्त के कार्य-संचालन की पूरी जिम्मेदारी इसी कौंसिल पर थी। इसके सब फैसले भी एक राय से होना आवश्यक था। संगठन में पाँच विभाग थे—प्रचार, जन संग्रह, आतंकवाद और धन संग्रह, युद्धोपयोगी सामान संग्रह तथा विदेश सम्बन्ध। इसमें प्रचार करने के लिए खुले और गुप्त प्रेस, व्यक्तिगत बातचीत, आम सभा समितियों, संगठित कथाओं तथा मैजिक लालटेनों के साधन काम में लाने को कहा गया था। मनुष्य संग्रह का काम जिला संगठनकर्ता के अधीन दिया गया था। धन संग्रह के लिए खुशी से दिया गया चन्दा तथा आवश्यकता पड़ने पर जबर्दस्ती एकत्रित करने का तरीका काम में लाने के लिए बताया गया था। साथ ही कठोर दमन के अवसर पर प्रतिशोध लेने के लिए हर सम्भव तरीके को काम में लाना संघ का आवश्यक कर्तव्य कहा गया था।

संघ के प्रत्येक सदस्य को सशस्त्र बनाने का निश्चय था। पर वे शस्त्र प्रान्तीय कौंसिल के हुक्म के मुताबिक काम में लाने और रखने का नियम रखा गया था। जिले के अधिकारी के बिना जानकारी के यह हथियार कहीं रखे या हटाए नहीं जा सकते थे और विदेशों के सम्बन्ध का सारा काम सेन्ट्रल कमेटी के सीधे आदेशानुसार ही करने का आदेश था।

इस विधान के अनुसार जिला आर्गनाइजर प्रान्तीय कौंसिल के मातहत अपने जिले का पूरा जिम्मेदार माना गया था। संघ के नए सदस्य भर्ती करना, जिले में स्थान-स्थान पर संघ की शाखाएँ खोलना, संघ के सदस्यों को भर्ती करने हेतु जिले के तमाम सभा, समितियों, संस्थाओं से अपना सम्बन्ध बनाए रखना और सदस्यों को छोटे-छोटे दलों में एक-दूसरे से अलग और अपरिचित रखते हुए संगठन करने की उसकी जिम्मेदारी थी। जिला आर्गनाइजर के लिए यह आवश्यक था कि वह अपने कार्यक्रम पर पूर्ण विश्वास रखनेवाला हिम्मती, त्यागी, संसार की वर्तमान सामाजिक, आर्थिक, राजनैतिक समस्याओं को ठीक तरह से समझनेवाला तथा विभिन्न प्रकृति और योग्यता के आदमियों से सन्तोषजनक और हँसी-खुशी से काम लेने की योग्यता रखनेवाला हो। संघ का कार्यक्रम खुला और गुप्त इन दो हिस्सों में बँटा था। क्लब, सेवा समिति, पुस्तकालय, वाचनालय, व्यायामशाला आदि स्थापित करना, मजदूर और किसान सभाओं को संगठित करना, उनमें क्रान्तिकारी भावों का प्रचार करना तथा संघ के उद्देश्यों के प्रचार के लिए एक साप्ताहिक पत्र, समय-समय पर देश-विदेश को उन्नत विचारधारा और समस्याओं पर पुस्तिकाएँ प्रकाशित करना तथा कांग्रेस आदि में घुसकर उसे अपने आदर्श के प्रति प्रभावित करने की कोशिश करना खुले काम के अन्तर्गत था। गुप्त प्रेस स्थापित कर उसके द्वारा उग्र राजनैतिक साहित्य का प्रचार करना, स्थान-स्थान पर संघ की शाखाएँ स्थापित करना, हर मुमकिन तरीकों से धन एकत्रित करना, विदेशों में आदमी भेजकर उन्हें फौजी और वैज्ञानिक तालीम दिलाकर, आगे के लिए तैयार करना, युद्धोपयोगी सामग्री का संग्रह करना, देशी फौजी में संघ के आदर्शों का प्रचार करना तथा विदेशों में रहनेवाले भारतीय क्रान्तिकारियों से सम्पर्क स्थापित कर उनके द्वारा अन्य विदेशी राष्ट्रों से अपने कार्य के लिए सहायता प्राप्त करना गुप्त कार्यों के अन्तर्गत बताया गया था। संघ की सदस्यता के लिए अपना पूरा समय और आवश्यकता पड़ने पर अपना जीवन उत्सर्ग कर देने को तत्पर रहने की योग्यता निश्चित की गई थी। अधिकारी का हुक्म बगैर उज्र के मानना पड़ता था। बिना अधिकारी की आज्ञा के वह कहीं जा नहीं सकता था और न वह किसी दूसरी संस्था का सदस्य ही हो सकता था। उसे यह आदेश था कि वह अपने आपको किसी भी प्रकार का राजनैतिक कार्यकर्ता होने के सन्देह से पुलिस की नजरों में चढ़ने से बचाए। साथ ही अपनी कोई भी बात जहाँ तक सम्भव हो अधिकारी से न छिपाए।

संघ से विश्वासघात का दंड, पार्टी से निकाल दिया जाना या सजाए मौत थी। सजा देने का अधिकार पूरी तरह से प्रान्तीय कमेटी के ही अधीन था।

इस विधान को देखने से पता चलता है कि उस समय के कार्यकर्ता बहुत कुछ मार्क्सवाद से प्रभावित हुए थे, पर मार्क्सवाद की पूरी कार्य प्रणाली को उन्होंने उस समय अपनाया नहीं। इसका कारण चाहे जो कुछ भी रहा हो पर बात यह है सत्य।

दल के सदस्यों को आदेश दिया गया कि वे अपने राजनैतिक विकास के लिए अध्ययनशील हो और भावी क्रान्ति के लिए सब प्रकार की तैयारी करने में जुट जाएँ। साथ-साथ हर जिले में इन 12 बातों की पूरी जानकारी रखी जाए—

(1) जिले के राजनैतिक-कार्यकर्ता के नाम मय पते और उनकी वर्तमान विचारधारा तथा प्रणाली के विवरण सहित।

(2) जिले की जनसंख्या, गाँवों की तादाद, हर गाँव में रहनेवालों की तादाद, उनका पेशा, आमदनी, यदि सरकारी नौकर हों तो किस विभाग में और किस जगह तैनात हैं, क्या आमदनी है ? गाँव के धनवानों की संख्या, हथियारों की किस्म और तादाद, गाड़ी-मोटर-साइकिल-घोड़े आदि की संख्या मय उनके मालिकों के नाम के, तहसील, थाना, सड़कें, नदी, नाले और उनकी अवस्था, हर गाँव का फौजी दृष्टि से नक्शा, रेलवे स्टेशन, रेलवे लाइन, कच्चे-पक्के पुल, अस्पताल और औषधालय। इन सब बातों को सूचित करनेवाले, गाँव, तहसील और जिले के अलग-अलग नक्शे तैयार करा लेवें।

(3) जिले के हर थाने और चौकी के पुलिस सिपाहियों की संख्या और उनके मकानों का पता, कितने सशस्त्र हैं, कितने सादे ? हर थाने, चौकी, तहसील आदि में रहनेवाले हथियार और गोला-बारूद की तादाद और उनकी किस्म, इन चीजों के रखने की जगह।

(4) यदि जिले में कोई फौज रहती है तो हिन्दुस्तानी और गोरे सिपाहियों की किस्म और उनकी अलग-अलग संख्या। उनके मातहत रहनेवाले हथियार और गोला-बारूद की संख्या और किस्म तथा उनके रखे जाने की जगह। सिपाहियों के असली निवास स्थान का पता, मय उनके और उनके बाप के नाम के।

(5) खुफिया पुलिसवाले, उनके सहायक और सरकारी खैरख्वाहों के नाम और उनका पूरा पता।

(6) जिले में हथियार रखनेवालों के नाम, मय उनके पते के। उनके पास के हथियार और गोला-बारूद का विवरण, हथियारों की दुकान का पूरा विवरण, यहाँ तक कि जिस जगह पर हैं उसका पूरा नक्शा।

(7) जिले के तमाम ऐसोसिएशन—संघ, सभा, समिति और क्लब, आदि का उनकी अवस्था और सदस्य और सदस्य संख्या बगैरह का पूरा विवरण।

(8) जिले के सब प्रकार के स्कूल-कॉलेज, आदि का पूरा पता और विवरण। उनमें पढ़नेवालों की तादाद तथा स्कूल के वर्तमान अधिकारियों का राजनैतिक रुझान।

(9) जिले के तमाम कल-कारखानों तथा ऊँचा उद्योग-धन्धों का, उनकी पैदावार की

चीज, उनकी किस्म, लगी पूँजी आदि की अवस्था, काम करनेवाले मजदूरों की संख्या और उनके साथ होनेवाले व्यवहारों का ठीक और सच्चा वर्णन।

(10) जिले के तमाम डाकखाने, तारघर, बैंक और धनवानों के मकानों का पूरा नक्शा, उनके यहाँ काम करनेवाले नौकरों की तादाद और उनका ठीक पता।

(11) जिले के तमाम मोटर, साइकिल और मोटर बोटों की तादाद, मय पूरे विवरण के, उनके मालिकों के नाम व पते सहित।

(12) सरकारी अफसरों के नाम, पते, उनका पद, वेतन और माली दशा का पूरा विवरण। सिविल अंग्रेजों की तादाद, उनके नाम व पते और पेशे का विवरण।

# परिशिष्ट-2

लाहौर षड्यन्त्र के अभियुक्त श्री सुखदेव ने अपने भाई को पत्र लिखा। यह पत्र जेल से चोरी से भेजा गया था, पर वह पुलिस के हाथ लग गया। इस पत्र में सुखदेव ने साण्डर्स हत्याकांड की चर्चा करते हुए कहा था—पहले हमारा विचार था कि एक सदस्य पिस्तौल लेकर भेजा जाए जो स्काट को मारकर आत्म समर्पण कर दे। उसके बाद वह एक वक्तव्य दे जिसमें यह बताया जाए कि जब तक भारतीय क्रान्तिकारी हैं, राष्ट्रीय अपमान का बदला इसी प्रकार लिया जाता रहेगा। फिर यह तय किया गया कि एक आदमी की शक्ति पर्याप्त न होगी इसलिए तीन व्यक्तियों को भेजना ठीक होगा। यह योजना बनाते समय भी मारकर भाग आने की बात को प्रधानता नहीं दी गई थी। हम लोग भागना चाहते भी नहीं थे। हमारी तो योजना थी कि खून करने के बाद यदि पुलिस हमारा पीछा करे तो हम उससे मोर्चा लें। इस संघर्ष में जो जीवित बचने पर पकड़ा जाए वह वक्तव्य दे। इसीलिए एक्शन करने के पश्चात् हम डी.ए.वी कॉलेज होस्टल की छत पर चढ़ गए। योजना यह थी कि भगत सिंह जो स्काट को पहचानता था उस पर पहली गोली चलावे। यदि उस पर कोई आक्रमण करे तो राजगुरु उस व्यक्ति से मोर्चा ले। इसके बाद राजगुरु तथा भगत सिंह को भागना था। भागते समय वे पीछा करनेवाले पर गोली नहीं चला सकते थे, इसलिए पंडित जी को उनके संरक्षण के लिए पीछे खड़ा रहना था।

हम लोग मारकर भागने से अधिक इस बात के लिए दृढ़ संकल्प थे कि उसे पूरी तरह खत्म करने के लिए डटे रहें, अपनी जान बचाने के लिए भागने की चिन्ता न करें। हम यह नहीं चाहते थे कि जिस व्यक्ति को निशाना बनाया जा रहा है, वह केवल घायल हो और बाद में अस्पताल में जाकर मरे। इसीलिए राजगुरु के गोली चलाने के बाद भी भगत सिंह तब तक बराबर गोली चलाता रहा, जब तक कि उसे यह विश्वास नहीं हो गया कि जिस पर गोली चलाई गई है वह पूरी तरह समाप्त हो गया है। हत्या करने के बाद भागने की हमारी योजना नहीं थी। हम यह बता देना चाहते थे कि यह राजनैतिक हत्या थी और उसके करनेवाले क्रान्तिकारी ही थे, तथा उनका सम्बन्ध मलंगों (गुंडों) से नहीं था। इसलिए बाद में हमने पर्चे चिपकाए और कुछ पर्चे अखबारों में छापने के लिए भी भेजे। परन्तु खेद है कि उस समय न तो राजनैतिक नेताओं और न अखबारों ने हमारा साथ दिया बल्कि उन्होंने सरकार को धोखा देने के प्रयत्न में जनता को ही धोखा दिया। हम चाहते थे कि वे घुमा-फिराकर यह लिखें कि यह राजनैतिक हत्या थी और यह सरकारी नीति का ही परिणाम था और वही इसके लिए जिम्मेदार हैं। वे यह सब जानते थे परन्तु मेरे बार-बार कहने पर भी उन्होंने ऐसा कहने का साहस नहीं

किया। यह अच्छा ही हुआ कि हम सब पकड़े गए और प्रत्येक बात स्पष्ट हो गई।

प्यारे भाई ! इसी दृष्टिकोण से मैं अपनी गिरफ्तारी को शुभ समझता हूँ। इस कार्य का औचित्य बताने के बाद मैं अब दल की नीति की चर्चा करूँगा। मैं बताना चाहता हूँ कि हमारा दृष्टिकोण यह था कि हमारे एक्शन्स (कार्य) से जनता की इच्छाओं की पूर्ति हो, तथा सरकार के विरुद्ध उन्हें जो शिकायतें हैं उनके वे अनुकूल हों जिससे हमें जनता की सहानुभूति तथा समर्थन प्राप्त हो सके। इस लक्ष्य को सामने रखकर इस प्रकार हम जनता में क्रान्तिकारी विचार तथा रीति-नीति का प्रचार करना चाहते थे और ऐसे विचार तब और भी प्रभावशाली होते हैं जब वे ऐसे व्यक्ति के मुँह से निकलें जो अपने उद्देश्य के लिए फाँसी के तख्ते पर खड़ा हो।

# हिन्दुस्तान सोशलिस्ट रिपब्लिकन आर्मी

## नोटिस

बहरों को सुनाने के लिए जोरदार धमाके की जरूरत है। एक फ्रांसीसी अनार्किस्ट शहीद वेलाण्ट ने एक ऐसे ही मौके पर ये शब्द कहे थे। हम भी उन्हीं शब्दों को दुहराते हुए अपने इस कार्य को उचित ठहराते हैं। भारत में पिछले दस वर्ष से जिन अपमानजनक उपायों से राजनैतिक परिस्थितियों को कार्यान्वित किया जा रहा है, उसका विस्तृत वर्णन किए बिना तथा नियुक्त सदस्यों की इस पार्लियामेंट द्वारा जिस तरह देश की आशाएँ घृणापूर्ण तरीकों से कुचली जा रही हैं, उस सबका वर्णन किए बिना हम यह जता देना चाहते हैं कि जहाँ एक ओर जनता साइमन कमीशन से कुछ अधिक सुधारों की आशा कर रही है, वहाँ देश की विभिन्न पार्टियों में कुर्सियों की बन्दर बाँट के लिए झगड़े भी शुरू हो गए हैं। सरकार देश पर पब्लिक सेफ्टी और ट्रेड डिस्प्यूट बिलों जैसे काले कानूनों को लादने पर तुली है। वह केवल यहीं तक नहीं रुकी बल्कि उसने एक और काले कानून--प्रेस सेडीशन बिल को अगले सेशन के लिए विचारार्थ रख छोड़ा है। इसके अलावा मजदूरों में काम करनेवाले मजदूर नेताओं की सरकार ने बेहिसाब गिरफ्तारी करना प्रारम्भ कर दी है, इस सबसे यह स्पष्ट संकेत मिलता है कि हवा का रुख किस दिशा में है।

ऐसी भीषण परिस्थितियों में हिन्दुस्तान सोशलिस्ट रिपब्लिकन एसोसिएशन ने पूरी जिम्मेदारी और गम्भीरतापूर्वक अपने सदस्यों को केन्द्रीय एसेम्बली में बम फेंकने का यह विशेष कार्य करने का आदेश दिया है, जिसका उद्देश्य इस अपमानजनक स्वाँग पर नियन्त्रण कर नौकरशाही शोषक व समर्थकों को मनमानी करने देकर, जनता के सामने उनका पर्दाफाश किया जाए।

हम जानते हैं कि हमारी कमजोर आवाज इन काली करतूतों को रोक न सकेगी। लेकिन इससे एक लाभ होगा वह यह कि जनता के सामने उनकी असलियत खुल जाएगी और दुनिया उनके असली रूप देख सकेगी।

हम पार्लियामेंट के मेम्बरों से अपील करते हैं कि व्यर्थ ही यहाँ बैठकर अपना समय व्यर्थ न गवाएँ बल्कि अपने-अपने क्षेत्रों में जाकर आम जनता को आनेवाली क्रान्ति के लिए तैयार करें। सरकार को यह समझ लेना चाहिए कि हम असहाय जनसाधारण का

प्रतिनिधित्व करते हुए न केवल पब्लिक सेफ्टी बिल, ट्रेड डिस्प्यूट बिल तथा लाला लाजपतराय की घृणित हत्या का ही विरोध करना चाहते हैं बल्कि इसका ध्यान इतिहास में दोहराए गए उस सबक की ओर भी दिलाना चाहते हैं कि गुलामों और बेबस जनता को कुचलना आसान है परन्तु विचार अमर होते हैं और दुनिया की कोई ताकत उन्हें कुचल नहीं सकती। दुनिया में अनेक बड़े-बड़े साम्राज्य नष्ट हो गए परन्तु जनसाधारण ने जिन विचारों से प्रेरित होकर इन्हें समाप्त किया वे अब भी जीवित हैं। फ्रांस के सम्राट बोरवान मिट गए, जार के शाही खानदान का अस्तित्व ही समाप्त हो गया। किन्तु क्रान्तिकारी अब भी सीना ताने आगे बढ़ रहे हैं।

हमें खेद है कि हम क्रान्तिकारियों को, जो न केवल मनुष्य मात्र के जीवन को पवित्र समझते हैं और शानदार भविष्य का स्वप्न देख रहे हैं। जब संसार के समस्त लोगों को स्वतन्त्रता प्राप्त होगी और सारी दुनिया में अमन और शान्ति का दौर-दौरा होगा, तो इन्सानी खून बहाने के लिए मजबूर होना पड़ेगा। लेकिन ऐसी क्रान्ति की बलिवेदी पर जो न केवल विश्व की जनता को आज़ादी के वरदान से ही लाभ पहुँचेगा बल्कि लूट-खसोट को भी हमेशा के लिए समाप्त कर देने का कारण होगी, ऐसे बलिदान अवश्यम्भावी हैं।

*'इंकलाब-जिन्दाबाद'*

# परिशिष्ट-4

असेम्बली बम कांड के मुकदमे में भगत सिंह तथा दत्त ने एक-एक अंग्रेज़ी में लिखित वक्तव्य 8 जून 1929 को दिल्ली सेशंस कोर्ट में दिया था जिसका अनुवाद नीचे हिन्दी में दिया जा रहा है—(1)

हमारे विरुद्ध भयंकर आरोप लगाए गए हैं। इस विषय में हमने जो किया उस विषय में हम सफाई देना चाहते हैं।

इस सम्बन्ध में निम्नलिखित प्रश्न सामने आते हैं—

(1) क्या असेम्बली में बम फेंके गए, यदि यह सच हैं तो क्यों ?

(2) निचली अदालत ने जो आरोप लगाए हैं, वे सच हैं या नहीं ?

प्रथम प्रश्न के पहले आधे हिस्से का उत्तर है—'हाँ'। पर जो स्वयं आँखों देखा बताते हैं उन्होंने सच न कहकर अदालत का अपमान किया है; परन्तु जब हम स्वयं उस बात से इन्कार नहीं कर रहे हैं इसलिए हमारे वक्तव्य के उसके औचित्य को देखते हुए न्याय किया जाए। उदाहरणार्थ, सार्जेंट टेरी का वक्तव्य जो उसने दिया है कि उसने हममें से एक के हाथ से पिस्तौल छीना—यह जानबूझकर झूठ कहा गया है क्योंकि जब हमने आत्मसमर्पण किया तो हममें से किसी के पास भी पिस्तौल नहीं था।

जिन अन्य गवाहों ने यह कहा कि उन्होंने हमें बम फेंकते देखा था, उनका यह झूठ उनकी सूरत पर साफ दिखाई दे रहा था। यह तो उन्हीं लोगों के लिए नसीहत है जो न्याय की पवित्रता और योग्य न्याय करने का दम भरते हैं। हम सरकारी वकील के न्यायपूर्ण व्यवहार तथा अदालत के न्यायिक दृष्टिकोण की सराहना करते हैं।

रहा पहले प्रश्न का उत्तरार्ध तो हम तनिक विस्तृत रूप में उसका स्पष्ट और खुले शब्दों मैं उत्तर देना चाहेंगे। साथ ही हम यह भी बता देना चाहते हैं कि ऐसा करने में हमारा क्या उद्‌देश्य था और किन परिस्थितियों ने हमें ऐसा करने के लिए बाध्य किया, जो आज इतिहास की घटना हो गई है। कुछ पुलिस अधिकारी जो हमसे जेल में मिलने आए थे, उन्होंने हमें बताया कि लार्ड इरविन ने दोनों भवनों के सम्मिलित अधिवेशन के अपने भाषण में इस घटना का उल्लेख करते हुए कहा था कि यह हमला किसी एक व्यक्ति के विरुद्ध नहीं बल्कि स्वयं विधान के विरुद्ध था, इससे हमें तुरन्त ही विश्वास हो गया कि घटना के उद्‌देश्य का उचित मूल्यांकन किया गया है।

हम मानव प्रेम में किसी से कम नहीं हैं। और व्यक्ति विशेष से तो हमारा तनिक भी द्वेष नहीं है। हम तो मानव जीवन को इतना पवित्र मानते हैं कि उनका शब्दों में वर्णन करना असम्भव है। न तो हम व्यावसायिक घृणात्मक आतंक के प्रणेता हैं और न इस कारण देश के लिए कलंक हैं जैसा कि थोथे समाजवादी दीवान चमनलाल ने

आरोप किया है और न तो जैसा लाहौर के 'ट्रिब्युन' तथा अन्य पत्रों ने हमें पागल कहा है, हम पागल ही हैं।

## इतिहास के गम्भीर विद्यार्थी

हम अपने आपको इतिहास के अपने देश की परिस्थिति के और मानव-आशा-आकांक्षाओं के एक नम्र विद्यार्थी के सिवा और कुछ नहीं समझते। साथ ही हम दया से घृणा करते हैं।

हमारा सक्रिय विरोध तो उस संस्था से है जो जन्म से ही अपने आपको न केवल निकम्मा साबित करती रही है, बल्कि अपनी बर्बर शक्ति से उत्पात मचाती रही। हम जितना अधिक इस प्रश्न पर सोचते हैं, उतना ही अधिक हमें यह विश्वास होता जाता है कि यह संस्था संसार के सामने यह प्रदर्शन कर रही है कि भारत कितना गिरा और असहाय देश है। इस तरह यह सत्ता कितनी आतताई, गैर-जिम्मेदार तथा एकतंत्रवादी शासन की प्रतीक है।

जनता के प्रतिनिधियों ने राष्ट्रीय माँगों को बार-बार शासन के सामने दुहराया परन्तु उन माँगों का अन्त रद्दी की टोकरी में ही फेंके जाने में हुआ। सदन में जो उचित प्रस्ताव पारित किए गए उनका अनादर कर पार्लियामेंट में ही उन्हें पैरों तले रौंदा गया। दमनकारी कानूनों के विरुद्ध सदन ने जो प्रस्ताव पारित किए तथा मध्यस्थता से झगड़े सुलझाने के प्रस्तावों के प्रति अनादर दिखाया गया और सरकारी सुझावों तथा प्रस्तावों का चुने हुए सदस्यों द्वारा विरोध करने पर भी उस सबकी उपेक्षा कर कलम के एक झटके से उन्हें कानूनों में परिवर्तित कर दिया गया।

संक्षिप्त में, हमारे हजार प्रयत्न करने पर भी हम ऐसी संस्था के रहने का न्याय संगत कारण न पा सके। यह संस्था जो बड़े तामझाम से करोड़ों भारतीयों के खून-पसीने की कमाई से बनी है, वह एकदम खोखली है और एक धोखा मात्र है।

उसी तरह हम उन जननेताओं की विचारधारा को भी समझने में असमर्थ हैं, जो जनता के समय और पैसे, इस प्रकार के भारतीय गुलामी के नाटकीय ढंग के इस प्रदर्शन पर बर्बाद कर रहे हैं।

हम इन सब पर विचार करते रहे। अन्त में मजदूर आन्दोलन में भाग लेनेवाले नेताओं की सामूहिक गिरफ्तारी पर ट्रेड-डिस्प्यूट बिल ने हमें असेम्बली भवन में आने पर बाध्य किया कि हम उस पर होनेवाली बहस को सुनें। उसे सुनने के पश्चात् हमें विश्वास हो गया कि हमें शोषकों की दमन-नीति तथा मजदूरों को गुलाम बनानेवाली शक्ति के इस प्रतीकात्मक शासन से कुछ भी आशा नहीं करनी चाहिए।

अन्त में समस्त देश की जनता के प्रतिनिधियों का जो अपमान किया गया तथा देश की लाखों भूखी तथा संघर्षरत जनता को उसके आर्थिक सुख-समृद्धि के प्राथमिक अधिकारों से वंचित किया गया, तो हमने इसे अमानुषिक तथा बर्बर व्यवहार समझा।

हमारी ही तरह जिन्होंने विचार किया होगा वे शान्त नहीं बैठ सकते। जिनकी आत्मा

ऐसे पीड़ितों के लिए दुःखी है, जिन्होंने मूक रह अपने रक्त से इस शोषक वर्ग का आर्थिक ढाँचा तैयार किया, ऐसे शोषकों में सरकार सबसे बड़ी शोषक है, जो हमारी दुःखी और पीड़ित आत्मा की पुकार को इस प्रकार रौंद सकती है।

इस सम्बन्ध में हमने गवर्नर जनरल की कार्यकारिणी के भूतपूर्व विधि सदस्य श्री एस.आर.दास के वे शब्द याद रखें जो उन्होंने, उस प्रसिद्ध पत्र में अपने पुत्र को लिखे थे, जिसमें उन्होंने कहा था–'इंगलैंड को उसके स्वप्नों की निद्रा से जगाने के लिए बम के धमाके की आवश्यकता है।' इसीलिए हमने पार्लियामेंट में बमों का धमाका उनकी ओर से किया जिन्हें अपने हृदय की वेदना को व्यक्त करने का इसके सिवा और कोई चारा न रह गया था। ऐसा करने में हमारा केवल यही उद्देश्य था कि बहरों को हम अपनी आवाज सुनाएँ और जो वास्तविकता की ओर ध्यान नहीं दे रहे हैं उन्हें समय से चेता दें।

दूसरों ने भी ऐसा ही अनुभव किया है जैसा कि हमने किया है कि इस भारतीय जनभावना के जनमहासागर में इन बुराइयों से एक भयंकर तूफान आनेवाला है। हमने उन लोगों के लिए यह खतरे का झंडा फहरा दिया है जो भावी संकटों की परवाह न कर आगे बढ़े चले जा रहे हैं। हमने उस काल्पनिक अहिंसा के युग की समाप्ति की सूचना दी है जिसकी निरर्थकता, उदीयमान पीढ़ी पूर्ण रूप से समझ चुकी है। (8 जून 1929) हमने यह मार्ग इसीलिए अपनाया है कि हम और हमारे जैसे लाखों भविष्य में आनेवाली यातनाओं का स्पष्ट चित्र सामने देख रहे हैं।

## काल्पनिक अहिंसा

ऊपर हमने काल्पनिक अहिंसा का उल्लेख किया है, इसके विषय में कुछ कहना आवश्यक है। शक्ति का जब जबरन उपयोग किया जाता है तो वह हिंसा कहलाती है, और इसीलिए वह अन्यायपूर्ण कहलाती है परन्तु जब उसका उपयोग न्यायोचित कारणों के लिए किया जाता है तो उसका नैतिक औचित्य होता है। शक्ति का किसी भी रूप में उपयोग न करने की बात केवल कल्पनामात्र है और जो नया आन्दोलन देश में प्रारम्भ हुआ है और जिस सम्बन्ध में हमने चेतावनी दी है उसकी प्रेरणा का स्रोत गुरुगोविन्द सिंह, शिवाजी, कमालपाशा, रिजाखा, वाशिंगटन, गैरीबाल्डी, लफायत और लेनिन हैं। हमने जब देखा कि भारतीय जननायक तथा सरकार ने इस उद्देश्य की ओर से आँख और कान बन्द कर लिए हैं तो हमने यह चेतावनी ऐसे स्थान पर देने का निश्चय किया जहाँ वह अनसुनी न की जा सके।

## हमारा उद्देश्य

अभी तक हमने जो कुछ कहा वह था कि हमने यह क्यों किया। अब हम अपने उद्देश्य पर प्रकाश डालना चाहते हैं।

हम इस बात को फिर दुहराना नहीं चाहते कि जिन व्यक्तियों को इस दुर्घटना में थोड़ी-बहुत चोटें आई हैं, उनमें से या एसेम्बली के किसी अन्य सदस्य के विरुद्ध न तो हमें कोई शिकायत है, न व्यक्तिगत द्वेष। बल्कि हम तो मानव जीवन को अत्यन्त पवित्र मानते हैं, जिसका शब्दों में वर्णन नहीं किया जा सकता। हम मानव समाज को किसी प्रकार दुःखी न कर उसके हित में अपने प्राण निछावर कर देना चाहेंगे। हम साम्राज्यवादियों की सेना की तरह पैसे के लिए व्यक्ति की हत्या नहीं करना चाहते। इसे हम पाप समझते हैं। हमें मानव जीवन के प्रति श्रद्धा है, और यथाशक्ति उसकी रक्षा करना चाहते हैं, फिर भी हम यह स्वीकार करते हैं कि हमने जान-बूझकर असेम्बली में बम फेंके। तथ्य स्वयं ही प्रमाण हैं और इसीलिए किन्हीं काल्पनिक परिस्थितियों के आधार पर कुछ भी धारणा नहीं बनाई जानी चाहिए। सरकारी विशेषज्ञ के बयान के बावजूद भी जो बम एसेम्बली में फेंके गए थे, उनसे बेचों को भी नुकसान न पहुँचा तथा केवल आधे दर्जन लोगों को मामूली-सी खरोचें आईं। सरकारी विशेषज्ञ जबकि उसे एक अद्भुत चमत्कार बताता है, परन्तु यह अद्भुत चमत्कार नहीं केवल विज्ञान की करामात है। एक तो ये दोनों बम लकड़ी के खाली घेरे में बेंच तथा डेस्कों के बीच फटे। दूसरे मि. राउ., मि. शंकर राव तथा सर जार्ज शुस्टर जो विस्फोट के स्थान से केवल दो फुट के फासले पर थे, उन्हें तनिक भी चोट न आई और यदि कुछ हुआ भी तो मामूली-सी खरोचें आईं। यदि इन बमों में घातक पुटेशियम क्लोरेट और विघातक पिकरेट भरा होता तो उसने न केवल घेरे को तहस-नहस कर डाला होता बल्कि आस-पास कुछ गज तक भयंकर विनाश किया होता। इसके सिवा यदि इन बमों में ऐसा विघातक मसाला भरा होता तो एसेम्बली में बैठे आधे से अधिक सदस्य समाप्त हो जाते। हम चाहते तो यह कर सकते थे। हम उन्हें सरकारी अधिकारियों के बैठने के स्थान पर फेंक सकते थे। उस समय वह भाग सरकारी अधिकारियों से खचाखच भरा था। अन्त में हम सर जान साइमन को भी घेर सकते थे जिनके नेतृत्व में बने अभागे कमीशन को राष्ट्र के समस्त बुद्धिजीवी घृणा की दृष्टि से देखते थे और जो उस समय अध्यक्ष की गैलरी में बैठे थे; परन्तु यह सब करने का हमारा इरादा नहीं था। बमों ने उतना ही काम किया जिस उद्देश्य से वे बनाए गए थे। इसके अलावा विस्फोट में और कोई चमत्कार जो था वह इतना ही कि उन्हें सुरक्षित स्थानों में गिराया जाए, जो सफल रहा।

हमने जानबूझकर ही आत्म समर्पण किया जिससे कि हमने जो कुछ किया उसका परिणाम भोग सकें और साम्राज्यवादी शोषकों को यह मालूम हो जाए कि व्यक्तियों को कुचलने से वे विचारों को नष्ट नहीं कर सकते। केवल दो साधारण व्यक्तियों को कुचल देने से राष्ट्र नहीं कुचला जा सकता। हम इस बात को जोरदार शब्दों में बता देना चाहते हैं कि लोग उस ऐतिहासिक सबक को जान लें कि फ्रांस में फ्रांसीसी सम्राट के हस्ताक्षर से जारी किए गिरफ्तारी के वारंट या बेसिल्स (जेल) की धमकियों से क्रान्तिकारी आन्दोलन समाप्त न किया जा सका। रूस के जार द्वारा लोगों को साइबेरिया के खदानों में भेजे जाने तथा उन्हें फाँसी चढ़ा देने के बाद भी रूसी क्रान्ति

की आग न बुझाई जा सकी। तो क्या आर्डिनेन्स तथा सुरक्षा बिल की फूँकों से भारतीय स्वतन्त्रता की लपटें बुझाई जा सकती है ? चाहे जितने षड्यन्त्रों के मुकदमे चलाए जाएँ या कितने ही नवयुवकों को जेलों में सड़ाया जाए पर जिन नवयुवकों के दिलों में महान् उद्देश्य हैं उन्हें न तो समाप्त किया जा सकता है और न क्रान्ति की गति ही रोकी जा सकती है। यदि समय पर दी गई चेतावनी को अनसुना न किया गया तो उससे बहुत से आदमियों की जानें बच सकती हैं, तथा अनेक यातनाओं से भी बचा जा सकता है। हमने यह चेतावनी देने की जिम्मेदारी ली थी जिसे हमने पूरा कर दिया।

## क्रान्ति क्या है ?

भगत सिंह से निचली अदालत में पूछा गया था कि क्रान्ति से उनकी क्या मंशा है ? उस प्रश्न का उत्तर यह है कि क्रान्ति का अर्थ न तो केवल रक्तपात है और न व्यक्तिगत द्वेष और न वह केवल बम या पिस्तौल का दर्शन है। क्रान्ति से हमारा मतलब है, आज की शासन व्यवस्था, जिसकी आधारशिला अन्याय है, उसे बदलना। उत्पादनकर्ता या मजदूर जो समाज का आवश्यक अंग है, शोषक उसका शोषण कर रहे हैं तथा उसके प्राथमिक अधिकारों का हनन् कर रहे हैं, दूसरी ओर किसान जो अनाज पैदा करता है, वह भी अपने परिवार सहित भूखा मर रहा है, बुनकर जो दुनिया की मंडियों को कपड़ा देता है उसे अपना तथा अपने बाल-बच्चों का तन ढकने को कपड़ा नसीब नहीं होता। बढ़ई, राज तथा अन्य कारीगर जो बड़े-बड़े महलों का निर्माण करते हैं, स्वयं गन्दी बस्तियों में रहते हैं। दूसरी ओर यह स्थिति है कि पूँजीपति, शोषक तथा समाज के जोंक केवल अपनी सनक पर लाखों बरबाद कर देते हैं। यह भीषण असमानता और जबरदस्ती निर्माण किया गया असन्तुलन समाज में अराजकता का कारण होगा, परन्तु यह अवस्था अधिक समय नहीं रहेगी। आज का समाज ज्वालामुखी के मुँह पर आनन्द कर रहा है। और शोषकों के मासूम बच्चे लाखों की संख्या में बड़े खतरनाक कगार पर चल रहे हैं। सभ्यता की इस इमारत को यदि समय पर न बचाया गया तो वह नष्ट-भ्रष्ट हो जाएगी। इसलिए क्रान्तिकारी परिवर्तन आवश्यक है, और जो इसकी आवश्यकता समझते हैं उन्हें चाहिए कि वे समाजवादी व्यवस्था के आधार पर नए समाज का निर्माण करें। जब तक यह नहीं होगा, मनुष्य द्वारा मनुष्य का शोषण, राष्ट्र द्वारा राष्ट्र का शोषण जिसका कि दूसरा नाम पूँजीवाद है, समाप्त नहीं किया जाता तब तक मानवता के भीषण कष्ट और विनाशों को रोका नहीं जा सकता और तब तक युद्ध रोकने की लम्बी-चौड़ी बातें करना भी बेकार तथा दम्भ मात्र है। क्रान्ति से हमारा यही मतलब है कि ऐसे समाज का निर्माण हो जिसे इन सब आपदाओं का संकट न हो, जिसमें किसान-मजदूरों का वर्चस्व स्वीकार किया जाए, जिससे विश्वसंघ मानवता को पूँजीवाद के शोषण से बचा सके तथा युद्धों के संकट से उसे छुटकारा दिलाए।

## उचित तथा काफी जोरदार चेतावनी

यही हमारा उद्देश्य है, इसी सिद्धान्त के आधार पर हमने उचित और काफी जोरदार चेतावनी दी है। यदि इस पर ध्यान नहीं दिया जाता और सरकार की आज की नीति, जो उठती हुई स्वाभाविक शक्तियों के मार्ग का रोड़ा बन रही है, के विरुद्ध भीषण संघर्ष प्रारम्भ हो जाएगा, जिसमें सभी रोड़े नष्ट किए जाएँगे, जिससे मजदूर और किसान का राज्य स्थापित होकर क्रान्ति का मार्ग प्रशस्त होगा। क्रान्ति मानव का ऐसा अधिकार है जिसमें कोई समझौता नहीं। स्वतन्त्रता हर व्यक्ति का जन्मसिद्ध अधिकार है। मजदूर समाज का वास्तविक स्तम्भ है। जनता की सार्वभौमसत्ता ही मजदूरों का चरम लक्ष्य है। इस उद्देश्य तथा सिद्धान्त के लिए हम हर प्रकार के कष्टों को झेलने के लिए तैयार हैं। इसी वेदी पर हम अपनी तरुणाई का धूप-दीप प्रज्वलित करने को कटिबद्ध हैं, क्योंकि इस महान उद्देश्य की प्राप्ति के लिए कोई भी त्याग बड़ा नहीं है। हम धैर्य से क्रान्ति की प्रतीक्षा करेंगे।

*'क्रान्ति चिरंजीवी हो'*

# लाहौर षड्यन्त्र केस की समाप्ति पर अमर शहीद सरदार भगत सिंह ने देश के नाम जो अन्तिम सन्देश दिया था

*"संघर्ष उस समय तक चलता रहेगा जब तक कि समाजवादी गणतन्त्र की स्थापना नहीं हो जाती"*

(इस अभिलेख के लेखक श्री विजय कुमार सिन्हा सरदार भगत सिंह के साथी थे जिन्हें उनके साथ अपराधी ठहराया गया था तथा आजीवन कारावास का दंड दिया गया था। न्यायाधीश ने उन्हें 'षड्यन्त्र के नायक' की संज्ञा दी थी।)

आज हम एक नैतिक संकट के बीच से गुजर रहे हैं। स्वाधीनता संग्राम के दिनों के सेवा तथा उच्चादर्श के भाव जो एक राष्ट्र के रूप में हममें विद्यमान थे, क्षीण होते जा रहे हैं और जीवन राष्ट्रीय पुनर्निर्माण के घोषित उद्देश्य के अनन्तर भी भौतिक उपलब्धियों के निमित्त स्पर्धा की ओर तीव्र गति से बढ़ता जा रहा है।

ऐसे अवसर पर हमें अपने उन शहीदों को याद करना चाहिए जिन्होंने नए भारत की आधार शिला रखने में अपना सर्वस्व बलिदान कर दिया। उनके वीरतापूर्ण कार्यों तथा महान विचारों की पावन स्मृति से हमें भविष्य के लिए शक्ति तथा आशा लेनी चाहिए।

23 मार्च के दिन सरदार भगत सिंह लाहौर सेंट्रल जेल में फाँसी के झूले पर झूल गए।

राष्ट्र ने उन्हें श्रद्धा के फूल चढ़ाए और सारे देश में क्रोध की लहर व्याप्त हो गई। उस समय श्री जवाहरलाल नेहरू ने जन भावना को निम्नलिखित शब्दों में व्यक्त किया था—"आज हम उनमें भी गर्व का अनुभव करते हैं जो हमारे बीच नहीं हैं और अब जब इग्लैंड हमसे समझौते की बातें करेगा तब हमारे बीच भगत सिंह का निर्जीव शरीर होगा।"

भगत सिंह अपने साहसपूर्ण कार्यों के लिए ही नहीं अपितु मूक जनता के उत्साह तथा उनकी आकांक्षाओं को व्यक्त करने के कारण ही देश के पौराणिक महापुरुष बन गए। हमारी तरह उन्हें भी विश्वास था कि 'हिन्दुस्तान सोशलिस्ट रिपब्लिकन दल' की सामाजिक व्यवस्था के माध्यम से ही देश को आज़ादी मिल सकती है।

इतिहास का विद्यार्थी होने के कारण वे भली-भाँति जानते थे कि सरकार अपने प्रचार साधनों से क्रान्तिकारियों तथा उनके विचारों को गलत ढंग से जनता के सामने उपस्थित करेगी अतः अपने अभियोग के सुनवाई के समय मिले अवसर का, उन्होंने अपना दृष्टिकोण प्रकट करने में, यह आशा व्यक्त करते हुए, अच्छा उपयोग किया कि एक न एक दिन उनके ये विचार देशवासियों तक पहुँचेंगे ही।

3 मार्च, 1931 को भगत सिंह ने जेल विभाग के दो बादामी कागज के टुकड़ों पर जो स्पष्टतया उन्हें किसी वार्डर की सहानुभूति से मिले थे, पंजाब के गवर्नर को एक चुनौती देनेवाला सन्देश[1] लिखा व उसे उन्होंने चोरी से बाहर भेजा और आज उनका वह अभिलेख लेखक के अधिकार में है। मोटी कापिंग पेन्सिल से लिखा गया वह अभिलेख कई स्थानों पर मिट-सा गया है किन्तु एक वाक्य के एक शब्द के अतिरिक्त सभी पढ़े जाने योग्य हैं। वह अभिलेख जहाँ तक विचारों की महानता तथा क्रान्ति की तीव्र भावनाओं का प्रश्न है बड़ा ही रोमांचकारी है। इसका अविकल अनुवाद निम्नांकित है—

सेवा में,

गवर्नर पंजाब

महोदय,

यथोचित सम्मान के साथ हम निम्नांकित तथ्य आपके सामने प्रस्तुत करना चाहते हैं।

कि भारत में ब्रिटिश सरकार के प्रधान वाइसराय महोदय द्वारा लागू किए गए स्पेशल एस.सी.सी. के अन्तर्गत निर्मित विशेष अदालत द्वारा 7 अक्टूबर 1930 को हमें मौत की सजा दी गई है। हम पर दोप लगाया गया था कि हमने इग्लैंड के शासक महाराज जार्ज के विरुद्ध युद्ध का संचालन किया है।

न्यायालय की उक्त तजबीजों में दो चीजें पहले ही मान ली गई हैं :

प्रथम तो यह है कि भारत तथा इग्लैंड के बीच युद्ध की स्थिति है और दूसरा यह है कि हमने वस्तुतः युद्ध में भाग लिया है और इसलिए हम युद्ध बन्दी के रूप में हैं।

दूसरी पूर्व मान्यता से थोड़ी-सी मिथ्या प्रशंसा-सी ज्ञात होती है, किन्तु फिर भी उससे सहमत होने की आकांक्षा का प्रतिरोध करने को जी नहीं चाहता।

## युद्ध की स्थिति

जहाँ तक युद्ध का प्रश्न है, हमें उसके कुछ विस्तार में जाने की आवश्यकता है। प्रत्यक्ष रूप से तो यहाँ किसी प्रकार का युद्ध नहीं है किन्तु फिर भी यदि हम मान लें कि युद्ध की स्थिति है तो ठीक समझे जाने के लिए हमें इसे और स्पष्ट करना चाहिए। हम

1. भागतसिंह के दस्तावेजों में इस पत्र की तिथि 20 मार्च 1931 मिलती है, जो उन्हें फाँसी पर लटकाए जाने से 3 दिन पूर्व की है।—सं.

घोषित करें कि यहाँ युद्ध की स्थिति विद्यमान है और तब तक विद्यमान रहेगी जब तक भारत के पसीना बहानेवाले जनसमूह तथा उसके प्राकृतिक वैभव का मुट्ठी भर शोषकों द्वारा शोषण होता रहेगा। हो सकता है कि वे शोषक विशुद्ध अंग्रेज पूँजीपति हों, अथवा भारतीय तथा अंग्रेज दोनों मिले-जुले हों, अथवा विशुद्ध भारतीय ही हों। हो सकता है कि वे अपने कपटपूर्ण शोषण का संचालन मिलजुलकर करें, अथवा उसका संचालन विशुद्ध भारतीय नौकरशाही के माध्यम से किया जाए। इससे मूल तथ्य में कोई अन्तर नहीं पड़ता। इसकी हमें कोई चिन्ता नहीं है कि आपकी सरकार प्रयत्न करे और उसे छोटी-मोटी सुविधाओं तथा समझौतों द्वारा भारतीय समाज के उच्चवर्ग के नेताओं को मिला लेने में सफलता भी मिल जाए और इस प्रकार सेना के मुख्य गठन में अस्थायी मनोबल की कमी भी आ जाए। हमें इसकी भी कोई चिन्ता नहीं कि एक बार पुनः भारतीय आन्दोलन का अगुआ 'क्रान्तिकारी दल' अपने को घने युद्ध के बीच छुटा हुआ पाए। हमें इसकी भी परवाह नहीं कि वे नेता जिनके हम सहानुभूति तथा भावना के लिए व्यक्तिगत रूप से ऋणी हैं, जो उन्होंने हमारे लिए व्यक्त की, अन्यथा बातें करने लगे हैं। किन्तु फिर भी हम उस तथ्य की उपेक्षा नहीं कर सकते कि वे नेतागण इतने कठोर हृदय हो जाएँ कि शान्तिवार्ता में गृहविहीन, मित्रविहीन तथा निर्धन महिला कार्यकत्रियों की जिन पर सेना के अगुवा लोगों से सम्बन्धित होने के आरोप लगाए गए हैं तथा जिन्हें नेतागण अपने अहिंसात्मक आन्दोलन का जो पहले ही अतीत का विषय बन चुका है, शत्रु समझते हैं, अवहेलना की जाए। हम उन वीरांगनाओं की उपेक्षा होते हुए भी नहीं देख सकते जिन्होंने प्रसन्नता के साथ अपने पतियों, भाइयों तथा अपने साथ अपने सर्वस्व का जो उन्हें प्रियतम था, बलिदान कर दिया है तथा जिन्हें तुम्हारी सरकार ने बागी घोषित कर दिया है। हम इसकी भी परवाह नहीं करते कि तुम्हारे दलाल इतने नीचे स्तर पर उतर आते हैं कि वे उनके निर्मल चरित्र पर उनकी तथा उनके दल की प्रतिष्ठा को ठेस पहुँचाने के लिए मनगढ़न्त आधारहीन कलंक लगाते हैं। ऐसी स्थिति में भी हमारा संघर्ष जारी रहेगा।

## चुनाव आपके हाथ में

विभिन्न अवसरों पर संघर्ष का स्वरूप विभिन्न हो सकता है, कभी यह प्रकट और कभी गुप्त हो सकता है, कभी यह विशुद्ध आन्दोलन का तो कभी जीवन तथा मृत्यु के भीषण संघर्ष का रूप ले सकता है। इस बात का चुनाव कि यह संघर्ष रक्तरंजित हो अथवा तुलनात्मक ढंग से शान्तिमय हो, यह आपके हाथ में है। जिस मार्ग को आप चाहें, चुन लें। किन्तु यह युद्ध निरन्तर चलता रहेगा और हम उन अर्थविहीन कोरे आदर्शों तथा छोटी-मोटी (इसके आगे का शब्द मिटा है) का विचार न करेंगे। यह युद्ध निरन्तर नई शक्ति, निर्दिष्ट उत्साह तथा अदम्य दृढ़ता से चलता रहेगा जब तक कि सोशल रिपब्लिक की स्थापना नहीं हो जाती तथा वर्तमान सामाजिक व्यवस्था का स्थान सार्वजनिक वैभव

पर आधारित नई सामाजिक व्यवस्था नहीं ले लेती और इस प्रकार प्रत्येक प्रकार के शोषण का अन्त होने के उपरान्त आवश्यक तथा अस्थायी शान्ति के युग में मानवता का अभ्युदय नहीं हो जाता। निकट भविष्य में ही अन्तिम निर्णायक युद्ध लड़ा जाएगा और अन्तिम निष्कर्ष प्राप्त होंगे।

पूँजीवादी तथा साम्राज्यवादी शोषण के दिन अब गिने-चुने हैं। युद्ध न तो हमारे साथ आरम्भ हुआ है और न उसका अन्त हमारे जीवन के साथ होने जा रहा है। यह ऐतिहासिक घटनाओं तथा वर्तमान वातावरण का अवश्यम्भावी परिणाम है। हमारे तुच्छ बलिदान उस श्रृंखला की कड़ी मात्र होंगे जिसका सौन्दर्य अतुलनीय बलिदान, कामरेड भगवतीचरण के अत्यन्त दारुणिक किन्तु बहुत ही शानदार आत्म त्याग और हमारे प्रिय योद्धा आज़ाद की शानदार मृत्यु से निखर उठा है।

## प्रेरक आवाज

जहाँ तक हमारे भाग्य का सवाल है मैं यह कहने की आज्ञा चाहता हूँ कि जब तुमने हमें मौत के घाट उतारने का निश्चय कर लिया है, तुम निश्चय ही ऐसा करोगे, तुम्हारे हाथ में शक्ति है और संसार में शक्ति ही सबसे बड़ा औचित्य है। हम जानते हैं कि 'जिसकी लाठी उसकी भैंस' वाली कहावत ही तुम्हारा मार्ग निर्देशन करती है। हमारा पूरा अभियोग उसका प्रमाण है। यहाँ हम यह कहना चाहते हैं कि तुम्हारे न्यायालय के कथनानुसार हमने एक युद्ध का संचालन किया और इसलिए हम युद्ध के बन्दी हैं और हम कहते हैं कि हमारे साथ वैसा ही व्यवहार हो अर्थात् हम कहते हैं कि हमें फाँसी चढ़ाने के स्थान पर हमें गोली मार दी जाए। यह सिद्ध करना तुम्हारा काम है कि वास्तव में तुम्हारा अर्थ वही है जो तुम्हारे न्यायालय ने कहा है। हम प्रार्थना करते हैं और हमें आशा है कि आप कृपया अपने सैनिक विभाग को हमारे वध को पूर्ण करने के लिए अपनी टुकड़ी भेजने की आज्ञा देंगे।

आपका
भगत सिंह

## अमर विश्वास

अंग्रेज सरकार ने उनके प्रार्थना को नहीं माना। उनके वध के निमित्त गोली चलानेवाली सैनिक टुकड़ी के स्थान पर जेल अधिकारियों ने क्रान्तिकारियों को फाँसी पर लटका दिया और उनके शरीर निर्जन स्थान पर रात्रि में सतलज नदी के किनारे मिट्टी का तेल छिड़ककर जला दिए गए। कदाचित भगत सिंह को अपने ऐसे अन्त का पूर्व ज्ञान था। अपने अन्तिम पत्र में उन्होंने अपने भाई कुलतार को लिखा था :

"प्रातः काल के दीपक लौ की तरह ऊषा की आभा के पूर्व मैं अदृश्य होता हूँ।

विद्युत की चमक की तरह, हमारा विश्वास तथा हमारे विचार सारे विश्व को आलोकित करेंगे। इससे क्या हानि है जो यह मुट्ठी भर राख विनष्ट की जाती है।" उनका भौतिक शरीर सचमुच नष्ट कर दिया गया, किन्तु उनकी आस्थाएँ अमर रहीं। आज राष्ट्र ने समाजवाद को स्वीकार कर लिया है और इसका अन्तिम लक्ष्य तथा इसकी विजय निश्चित है चाहे मार्ग में कितने ही अवरोध आवें।

परिशिष्ट-6

# The H.S.R.A. MANIFESTO.

*The Philosophy of the Bomb.*

*Distributed all over the country on 26th of Jan., 1930.*

## Introductory

Recent events, particularly the congress resclution on the attempt to blow up the viceregal special on the 23 rd Dec., 1929, and Gandhi's subsequent Writings in 'Young India', clearly show that the Indian National Congress Conjunction with Gandhi, has launched a crusade against the revolutionaries. A great amount of public criticism both from the press and platform has been made against them. It is a pity that they have all along been, either deliberately or due to sheer ignorance, misrepresented and misunderstood. The rovolutionaries do not shunn criticism and public scrutiny of their ideals or actions. They rather welcome these as a chance of making those understand who have a genuine desire to do so, the basic principles of the revolutionary movement and the high and noble ideals that are perenial source of inspiration and strenght to it. It is hoped that this article will help that general public to know the revolutionaries as they are and will prevent it from taking them for what interested and ignorant persons would have it believed them to be.

## Violence or Non-Violence

Let us first take the question of Violence and Non-Violence. We think that the use of these terms in itself, is a grave injustice to either party for they express the ideals of neither of them correcty. Violence is a physical force applied for committing inJustice, and that is certainly not what the revolutionaries stand for. On the other hand, what generally goes by the name of non-violence is in reality the theory of soul force as applied to the attainment of personal and national rights through courting suffering and hoping to finally convert your opponent to your view point.

When a revolutionary believes certain things to be his right, he asks for them, pleads for them, argues for them, wills to attain them, with all soul force at his command, stands the greatest amount of suffering for them, is always prepared to make the highest sacrifice for their attainment and also backs his efforts with all the physical force he is capable of. you may coin what other word you like to describe his mothods, but you can not call it violence because that would constitute an outrage on the dicitionary meaning of that word. Satyagraha is insistance upon truth. Why press for the acceptance of truth by soul force alone? Why not add physical force to it? While the revolutionaries stand for winning independence by all the forces physical as well as moral, at their command, the advocate of soul force would like to ban the use of physical force, The question really is therefore not whether you will have violence or non-violence but whether you will have soul force plus pysical force or soul force alone.

## Over ideal

The revolutionaries believe that the deliverance of their country will come through revolution. The revolution they are constantly working and hoping for, will not only express itself in the form of an armed-conflict between the foreign government and its supporters and the people, it will also usher in the new social order. The revolution will bring the death knell of capitalism and class distinction and privileges. It will bring the nation into its own. It will give birth to a new state, a new society. Above all it will establish the Dictatorship of the proletariat and will for ever banish social parasites from the seat of political power.

## Terrorism

The revolutionaries already see the advent of the evolution in the restlessness of youth, in its desire to get free from the mental bonbage and religious superstions that hold them. As the youth will get more and more saturated with the psychology of revolution, it will come to have a clearer realisation of the national bondage and a growing, intense unquenchable thirst for freedom, till, in their righteous anguish infuriated youth will bigin to kill the oppres sors. Thus has Terrorism been born in the country. It is a phase, a necessary and inevitable phase of the revolution. Terrorism is not complete revolution and the revolution is not complete without Terrorism. This thesis can be supported by an analysis of any and every revolution in history. Terrorism instills fear in the hearts of the oppressors, it brings hopes of revenge and redumption to the oppressed masses. It gives courage and self confidence to the wavering, it shatters the spell of the subject race in the eyes of the world, because it is the most convincing proof of a nation's hunger for freedom. Here in India, as in other countries in the past, terrorism will develop into the revolution and the revolution into Independence, social. Political and economic.

## Revolutionary Methods

This then is what the revolutionary believes in; this is what they hope to accomplish for the country. They are doing it both openly and secretly and in their own way. The experience of a centruy long and world wild struggle between the mases an the governing class, is their goal and the methods they are beliving have never been known to have failed.

## Congress and the revolutionaries

Meanwhile, what the Congress has been doing? It has changed its creed from Swaraj to complete independence. As a logical sequence to this, one would expect it to declare a war on the British Govt. Instead we find it has declared war against the revolutionaries, the first offensive of the Congress came in the form of a resolution deploring the attempt made on 23rd Dec. 29 to blow up the viceroy's special. It was drafted by Gandhi and he fought tooth and nail for it with the result that it was passed by a trifling majority of 31 in a house of 1713. Was even this bare majority a result of honest political conviction? Let us quote the opinion of Sarala Deve Chaudharani, who has been a devotee of the congress all her life, in reply she says, 'I discovered in the course of my conversations with a good many of Mahatma's followers that it was only their sense of personal loyality to him that was keeping them back from an expression of their independent view and preventing them voting against any resolution that was fathered by Mahatmaji.' As to Gandhi's arguments in favour of his proposition we will deal with them later, when we discuss his article 'The cult of the bomb', which is more or less an amplification of his speech in the congress. There is one fact about this deplorable resolution which we must not loose sight of and that is this. Inspite of the fact that the Congress is pledged to nonviolence and has been actively engaged in carrying on propoganda in its favour for the last ten years, and inspite of the fact also that the supporter of the resolution indulged in abuse, called the revolutionaries 'Cowards' and described their actions as 'Destardly' and one of them even threateningly remarked that if they wanted to be led by Gandhi they should pass this resolution without any opposition inspite of all this, the resolution could only be adopted by a dangerously narrow majority. That demonstrates beyond the shadow of doubt how solidly the country is backing the revolutionaries. In a way Gandhi deserves our thanks for having brought the question up for discussion and thus having shown to the world at large that even the Congress that stronghold of the non-violence is at least as such if not more with the revolutionaries as with him.

## Gandhi on war path

Having achieved a victory which is more than a defeat Gandhi has returned to the attack in his articles 'The cult of the Bomb'. We will give it our close attention before proceeding further. That article consists of three things. his faith, his opinion and his arguments. We will not discuss what is a matter of faith with him because reason has little in common with faith. Let us then take such of his opinions as are backed by arguments proper, against what he calls violence and discuss them one by one.

## Do The Masses believe In Non-Violence

He thinks, that on the basis of his experience during his latest tour in the country, he is right in believing that the large masses of Indian Humanity are untouched by the spirit of violence and that non-violence has come to stay as political weapon. Let him not delude himself on the experience of his latest tour in the country. Though it is true, that the average leader confines his tours to places where only the mail train can conveniently land him, while Gandhi has extended his tour limit to where a motor car can take him, the practice of staying only with the richest people in the places visited, of spending most of his time on being complemented by his devotees in private and in public and of granting Darshan, now and then to the illitrate masses, whom he claims to understand well disqualifies him from claiming to know the minds of the masses. No man can claim to know the people's mind by seeing them from the public platform and giving them Darshan, And updesh. He can utmost claim to have told the masses that he thinks about the things. Has

Gandhi, during, recent years mixed in the social life of the masses? Has he sat with the peasant round the evening fire and tried to know what he thinks? Has he passed a single evening in the company of a factory labourer and shared with him his vows? We have, and therefore claim to know the masses. We assure Gandhi that the average Indian, like the average human being understands little of the fine theological necessitles about Ahinsa and loving one's enemy. The way of the world is like this. You have a friend. You love him, some times so much that you even die for him. You have an enemy, you shunn him you fight against him, and, if possible kill him. The gospel of the revolutionaries is simple and straight. It is what it has been since the days of Adam and Eve and no man has any difficulty in understanding it. We affirm personal experience. The day in not far off when they will flock in thousands to work the will of the revolution.

## The Gospel of Love

Gandhi declaress that his faith in the efflciency of non-violence has increased. That is to say, he believes more and more, that through his gospel of love and self-imposed suffering he hopes some day to convert the foreign rulers to his way of thinking. Now he has devoted his whole life to the preaching of his wonderful gospel and had practised it with unwavering constance, as few others have done. Will he let the world know how many enemies of India he has been able to turn into friends of India. How many O'Dyers, Dyers, Readings and Irwins has he been able to convert into friends of India? If none, how can India be expected to share his growing faith that he will be able to persuade or compel England to agree to Indian Independence through the practice of non-violence.

## What Would Have Happened

If the bomb that burst under the Viceroy's Special, had exploded properly one of the two things suggested by would have surely happened. The Viceroy would have either been badly injured of killed. Under such circumstances there certainly would have been no meeting between the leaders of political parties and the Viceroy. The uncalled for and indignified attempt on the part of these individbals, to lower the national prestige by knocking at the Government House with the beggars bowl in their hands and Dominion status on their lips, inspite of the clear terms of the

Calcutta, Ultimatum would have been checkmated and the nation would have been the better off for that. If, fortunately, the explosion would have been powerful enough to kill the Viceroy, one more enemy of India would have met a well deserved doom. The author of the Meerut prosecutions and the Lahore and Bhusawal proseeutions can appear a friend of India only to the enemies of India's Freedom. Inspite of Gandhi and Nehru and their claim to political sagacity and statesmanship, Irwin has succeeded in shattering the unity between the different political parties in the country; that had resulted from the Bovcott of the Simon Commission. Even the Congress today is a house divided against itself. Who else, except the Viceroy and his olive toung have we to thank for our grave misfortunes, And yet there exist people in our country, who proclaim him a friend of india.

## The Future of Indian National Congress

There might be those who have no regard for the Congress and hope nothing from it. It Gandhi thinks that the revolutionaries belong to that category he wrongs them grieviously. They fully realise the part played by the Congress in awakening, among the ignorant masses, a keen desire for freedom. They expect great things of it in future. Though they hold firmly to their opinion that so long persons like Sen Gupta whose wonderful intelligence compels him to discern the have of the C.I.D., in the late attempt to blow up the viceroy's Special and persons like Ansari, who thinks to abuse the better part of the argument and know so little of politics as make the ridiculous and fallicious assertion that no nation had achieved freedom by the bomb, have the determing in the affairs of the Congress, the country voice can hope little of them, they are hope fully looking forward to the day, when the mania of nonviolence would have passed away from the Congress, and it would march arm in arm with revolutionaries to their common goal of complete Independence. This year it has accepted the ideal which the ravolutionaries preached and lived up to for more than a quarter to century. Let us hope the next year will see it endorse their methods also.

## Violence and Military Expenditure

Gandhi is of opinion that as often as violence has been practiced in the country, it has resulted in an increase of military expenditure. If his reference is to revolutionary activity during the last twenty five years, we dispute the accuracy of his statement and challenge him to prove his statement with facts and figures. If, on the other hand, he had, the wars that have taken place in India since the British came in land our reply is that even his modest experiment with Ahinsa and Satyagraha which had little to compare in it with the wars for independence, produced its effect on the finances of the bureaucracy. Mass action, whether violent or non-violent whether successful or unsuccessful, is bound to produce its effect on the finances of India.

## The Reform

Why should Gandhi mix up the revolutionaties with various constitutional reforms granted by the Govt. They never cared or worked for the Morley-Minto reforms, Montague reforms and the like. These the British Govt. Threw before the consititutionalist agitators to lure them away from the right path. This was the bribe paid to them for their support to the Govt. In its policy of crushing and uprooting the revolutionaries. These toys as Gandhi calls them were to India for the benefit of those, who from time to time raised the cry of 'Homerule', 'Self Rule', 'Responsible Govt.', 'Full Responsible Govt.', 'Dominion Status', and such other constitutional name for slavery. The revolutionaries never claim the reforms as their achivements. They have raised the standard of Independence long ago. They have lived for it. They have ungrudgingly laid their lives down for the sake of this ideal. They claim that their sacrifices have produced a tremendous change in the mentality of the people. That their efforts have advanced the country a long way on the road to Independece as granted by even those who do not see eye to eye with them in politics.

## The way of Progress

As to Gandhi's contention that violence impedes the march of progress and thus directly postpones the day of freedom. We can refer him to so many contemporary instances where violence has led to the social progress and political freedom of the people who practiced it. Take the case of Russia and Turkey for example. In both the countries the party for progress took over the state organisation through an armed revolution. Yet social progress has made the masses go double on the road of progress. The solitary example of Afghanistan can not establish a political formula. It is rather the exception.

## Failure of non-violence

Ganghi is of opinion that the great awakening in the people, during the days of non-Cooperation was a result of the preaching of non-violence. It is wrong to assign to non-violence, the wide spread awakening of the masses which in fact is manifested whereever a programme of direct action is adopted. In Russia for instance there came about wide-spread awakening among the peasants and workers, when the Communists launched aforth their great programme of militant mass action. Though nobody preached non-violence to them. We even go further and state that it was mainly the non-violence and Gandhi's compromise mentality that brought the disruption of the forces that had come tegether at the call of mass action. It is claimed that non-violence can be used as a weapon for righting the political wrongs. To say the least, it is a novel idea, yet untried. It failed to achive what were considered to be the just rights of Indians in south Africa. It failed to bring 'Swaraja within a year' to the Indian masses inspite of the untiring labours of an army of national workers and one and a quarter crore of rupees. More recently, it failed to win for the Bardoli peasants what the leaders of satyagrha had promised them the famous irreducible minimum of Gandhi and patel. We know no other trials non-violence had on a country wide scale. Upto this time non-violence has been blessed with one rusult-Failure little wonder then that the country refuses to give any other trial. In fact satyagraha as preached by Gandhi is a form of agitation, a protest, leading up invariably as has already been seen to a compromise. It can hardly be of any use to a nation striving for a national independence which can never come as a compromise. The sooner we recognise that there can be no compromise between Independence and slavery, the better.

## Is it a new era

'We are entering upon a new era' thinks Gandhi. The mere act of defining Swaraj as complete Independence, this technical change in the congress constitution can hardly constitue a new era. It will be a great day indeed when the Congress will decide upon a countrywide programme of mass action, based on well-recognised revolutionary principles. Till then the unfurling of the flag of Independence is a mockery and we concur with the following remarks of Sarala Devi Chaudharani, which she recently made in a press interview. "The unfurling of the flag of independence." she says "At just one minute after midnight of the 31st Dec. 29 was too strange for words just as the G.O.C. and the Asstt G.O.C. and other in guady uniforms were cardboard grand officers commanding." The fact that the unfurling of the flag of Independece lay hanging in the balance till midnight of that date, and that the scales might have been turned at even the eleventh hour 59 minute had a message from the Viceroy or the Sacretary of State come to the Congress granting Dominion Status, proves that Independence is not a heart hunger of the leaders but that the declaration is only like a psylent child's retort. It would have been a worthy action of the Indian National Congress if Independence was achieved first and declared afterward. It is true that the Congress orators will henceforth harangue the masses on complete Independence instead of Dominion Status. They will call upon the people to prepare for a struggle in which one party is to deliver blow and the other is to simply receive them, till beated and dimoralised beyond hope of recovery. Can such a thing be named a struggle and can it even lead the country to complete Independence. It is very well to hold fast the highest ideal worthy of a nation, but it is none the less necessary to adopt the best the most efficacious and tried means to achieve it ere you become the laughing stock of the whole world.

## No bullying please

Gandhi has called upon all those who are nearest to reason to with draw their support from the revolutionaries and condemn their actions so that our deluded patriots may, for want of nourishment to their violent spirit, realise the futility of violence and the great harm that violent activities have every time done. How easy and convenient it is to call people deluded to decalre them to be past reason, to call upon the people to withdraw its support and condemn them so that they may get isolated and be forced to suspend their activities specially when a man holds the confidence of an influential section of the public. It is a pity that Gandhi does not understand and will not understand revolutionary psychology inspite of his life long experience of public life. It is a precious thing. It is dear to every one. If a man becomes a revolutionary, if he goes about with his life in the hollow of his hand realy to sacrifice it at any moment he does not do so merely for the fun of it. He does not risk his lifc because sometimes when the crowd is in a sympathetic mood it cries bravo in appreciation. He does it because his reasons forces him to that course because his conscience dictates it. A revolutionary believes in reasons more than any thing else. It is to reason and reason alone that he bows. No amount of abuse and condemnation even it enmates from the highest of the high, can turn him from his set purpose. To think a revolutionary will give up his ideals if public support and appreciation is withdrawn from him is the highest folly. Many a revolutionary has erenow stepped on the scaffolds and laid his life for the cause, regardless of the curses that the constitutional agitators rained plentyfully upon them. If you will have the revolutionaries suspend their activities reason with them squirely. This is one way and the only way. For the rest let there be no doubt in anybody's mind. A revolutionary is the last person on the earth to submit to bullying.

## An appeal

We take this opportunity to appeal to our countrymen to the youth to the workers and peasants to the revolutionary intelligentia to come forward and to join us in carrying aloft the banner of freedom. Let us establish new order of society in which political and economic exploitation will be an impossibility. In the name of those gallant men and women who willingly accepted the death so that we their descendents may lead a happier life, who toiled ceaselessly and perished for the poor defamished and exploited millions of Iddia.

We call upon every patriot to take up the fight in all seriousness. Let nobody toy with the Nations freedom which is her very life by making psychological experiments with non-violence and such other novelties. Our slavery is our shame when shall we have courage and wisdom enough to be able to shake ourselves free of it? What is our great heritage of our civilisation and culture worth if we have not enough self-respect left in us to prevent us from bowing survilance to the commands of foreigners and paying homage to their king and flag.

## Victory or death

There is no crime that Braitain has not committed in India. Deliberate misrule has reduced us to paupers had beld us white. As a race and as a people we stand dishonoured and outraged. Do people still expect us to forget and forgive. we shall have our revenge a people's righteous revenge on the tyrant. Let cowards fall back and cling for compromise and peace. We ask not for mercy and we give no Ouarter. Oures is a war to the end; to victory or death. Long live revolution.

Kartar singh
President

*परिशिष्ट-6 (क)*

# हिन्दुस्तान सोशलिस्ट रिपब्लिकन आर्मी

## मेनिफेस्टो

## 'बम का दर्शन'

*सारे देश में एक साथ 26 जनवरी 1930 को वितरित*

### प्रस्तावना

हाल ही की घटनाएँ ! विशेष रूप से 23 दिसम्बर 1929 को वाइसराय की स्पेशल ट्रेन उड़ाने का जो प्रयत्न किया गया था, उसकी निन्दा करते हुए कांग्रेस द्वारा पारित किया गया प्रस्ताव तथा 'यंग इंडिया' में गांधी जी द्वारा लिखे गए लेखों से स्पष्ट हो जाता है कि भारतीय राष्ट्रीय कांग्रेस ने गांधी जी से साँठगाँठ कर भारतीय क्रान्तिकारियों के विरुद्ध घोर आन्दोलन प्रारम्भ कर दिया है। जनता के बीच भाषणों तथा पत्रों के माध्यम से क्रान्तिकारियों के विरुद्ध बराबर प्रचार किया जाता रहा है। या तो यह जानबूझकर किया गया या फिर केवल अज्ञान के कारण उनके विषय में गलत प्रचार होता रहा और उन्हें गलत समझाया जाता रहा; परन्तु क्रान्तिकारी अपने सिद्धान्तों तथा कार्यों की ऐसी आलोचना से नहीं घबराते हैं। बल्कि वे ऐसी आलोचना का स्वागत करते हैं, क्योंकि वे इसे इस बात का स्वर्णावसर मानते हैं कि ऐसा करने से उन्हें उन लोगों को क्रान्तिकारियों के मूलभूत सिद्धान्तों तथा उच्चादर्शों को जो उनकी प्रेरणा तथा शक्ति के अनवरत स्रोत हैं, समझाने का अवसर मिलता है। आशा की जाती है कि इस लेख द्वारा आम जनता को यह जानने का अवसर मिलेगा कि क्रान्तिकारी क्या हैं, और उनके विरुद्ध किए गए, भ्रमात्मक प्रचार से उत्पन्न होनेवाली गलतफहमियों से उन्हें बचाया जा सके।

### हिंसा और अहिंसा

पहले हम हिंसा और अहिंसा के प्रश्न पर ही विचार करें। हमारे विचार से इन शब्दों का प्रयोग ही गलत किया गया है, और ऐसा करना ही दोनों दलों के साथ अन्याय करना है; क्योंकि इन शब्दों से दोनों ही दलों के सिद्धान्तों का स्पष्ट बोध नहीं हो पाता। हिंसा का अर्थ है अन्याय के लिए किया गया बल प्रयोग, परन्तु क्रान्तिकारियों का तो यह

उद्देश्य नहीं है, दूसरी ओर अहिंसा का जो आम अर्थ समझा जाता है, वह है आत्मिक शक्ति का सिद्धान्त। उसका उपयोग व्यक्तिगत तथा राष्ट्रीय अधिकारों को प्राप्त करने के लिए किया जाता है। इसका उपयोग अपने आपको कष्ट देकर आशा की जाती है कि इस प्रकार अन्त में अपने विरोधी का हृदय परिवर्तन सम्भव हो सकेगा। एक क्रान्तिकारी जब कुछ बातों को अपना अधिकार मान लेता है तो वह उनकी माँग करता है, अपनी उस माँग के पक्ष में दलीलें देता है, समस्त आत्मिक शक्ति के द्वारा उन्हें प्राप्त करने की इच्छा करता है, उसकी प्राप्ति के लिए अत्यधिक कष्ट सहन करता है, इसके लिए वह बड़े से बड़ा त्याग करने के लिए प्रस्तुत रहता है, और उसके समर्थन में वह अपना समस्त शारीरिक बलप्रयोग भी करता है। उसके इन प्रयत्नों को आप चाहें जिस नाम से पुकारें परन्तु आप इन्हें हिंसा के नाम से सम्बोधित नहीं कर सकते; क्योंकि ऐसा करना कोश में दिए इस शब्द के अर्थ के साथ अन्याय होगा। सत्याग्रह का अर्थ है सत्य के लिए आग्रह। उसकी स्वीकृति के लिए केवल आत्मिक शक्ति के प्रयोग का ही आग्रह क्यों ? उसक्रे साथ-साथ शारीरिक बल प्रयोग भी क्यों न किया जाए ? क्रान्तिकारी स्वतन्त्रता प्राप्ति के लिए अपनी शारीरिक एवं नैतिक शक्ति दोनों के प्रयोग में विश्वास करता है; परन्तु नैतिक शक्ति का प्रयोग करनेवाले शारीरिक बल प्रयोग को निषिद्ध मानते हैं। इसलिए अब सवाल यह नहीं है कि आप हिंसा चाहते हैं या अहिंसा बल्कि प्रश्न तो यह है कि आप अपने उद्देश्य प्राप्ति के लिए शारीरिक बल सहित नैतिक बल का प्रयोग करना चाहते हैं, या केवल आत्मिक शक्ति का।

## हमारा सिद्धान्त

क्रान्तिकारियों का विश्वास है कि देश को क्रान्ति से ही स्वतन्त्रता मिलेगी। वे जिस क्रान्ति के लिए प्रयत्नशील हैं और जिस क्रान्ति का रूप उनके सामने स्पष्ट हैं उसका अर्थ केवल यह नहीं है कि विदेशी शासकों तथा उनके पिट्ठुओं से क्रान्तिकारियों का केवल सशस्त्र संघर्ष हो, बल्कि इस सशस्त्र संघर्ष के साथ-साथ नवीन सामाजिक व्यवस्था के द्वार देश के लिए मुक्त हो जाएँ। क्रान्ति पूँजीवाद, वर्गवाद तथा कुछ लोगों को ही विशेषाधिकार दिलानेवाली प्रणाली का अन्त कर देगी। यह राष्ट्र को अपने पैरों पर खड़ा करेगी, उससे नवीन राष्ट्र और नए समाज का जन्म होगा। क्रान्ति से सबसे बड़ी बात तो यह होगी कि वह मजदूर तथा किसानों का राज्य कायम कर उन सब सामाजिक अवांछित तत्त्वों को समाप्त कर देगी जो देश की राजनैतिक शक्ति को हथियाए बैठे हैं।

## आतंकवाद

आज की तरुण पीढ़ी को जो मानसिक गुलामी तथा धार्मिक रूढ़िवादी बन्धन जकड़े हैं, और उससे छुटकारा पाने के लिए तरुण समाज की जो बेचैनी है, उसी में क्रान्तिकारी

प्रगतिशीलता के अंकुर देख रहा है। नवयुवक जैसे-जैसे क्रान्ति में मनोविज्ञान को आत्मसात करता जाएगा वैसे-वैसे राष्ट्रीय गुलामी का चित्र उसके सामने स्पष्ट होता जाएगा तथा उसकी देश को स्वतन्त्र करने की इच्छा प्रबल होती जाएगी और उसका यह क्रम तब तक चलता रहेगा जब तक कि युवक न्याय, क्रोध और क्षोभ से ओत-प्रोत हो अन्याय करनेवालों की हत्या न प्रारम्भ कर देगा। इस प्रकार देश में आतंकवाद का जन्म होता है। आतंकवाद सम्पूर्ण क्रान्ति नहीं और क्रान्ति भी आतंकवाद के बिना पूर्ण नहीं। यह तो क्रान्ति का एक आवश्यक और अवश्यम्भावी अंग है। इस सिद्धान्त का समर्थन इतिहास की किसी भी क्रान्ति का विश्लेषण कर जाना जा सकता है। आतंकवाद आततायी के मन में भय पैदा कर पीड़ित जनता में प्रतिशोध की भावना जागृत कर उसे शक्ति प्रदान करता है। अस्थिर भावनावाले लोगों को इससे हिम्मत बँधती है तथा उनमें आत्मविश्वास पैदा होता है। इससे दुनिया के सामने क्रान्ति के उद्देश्य का वास्तविक रूप प्रकट हो जाता है। क्योंकि यह किसी राष्ट्र की स्वतन्त्रता की उत्कट महत्त्वाकांक्षा का विश्वास दिलानेवाला प्रमाण है। जैसे दूसरे देशों में होता आया है, वैसे ही भारत में भी आतंकवाद क्रान्ति का रूप धारण कर लेगा और अन्त में क्रान्ति से ही देश को सामाजिक, राजनैतिक तथा आर्थिक स्वतन्त्रता मिलेगी।

## क्रान्तिकारी कार्य प्रणाली

तो यह हैं क्रान्तिकारी के सिद्धान्त जिनमें वह विश्वास करता है और जिन्हें देश के लिए प्राप्त करना चाहता है। इस लक्ष्य की प्राप्ति के लिए वह गुप्त तथा खुलेआम दोनों ही तरीकों से प्रयत्न कर रहा है। इस प्रकार एक शताब्दी से संसार में जनता तथा शासक वर्ग में जो संघर्ष चला आ रहा है, वही अनुभव उसके लक्ष्य पर पहुँचने का मार्गदर्शक है। क्रान्तिकारी जिन तरीकों में विश्वास करता है वे कभी असफल नहीं हुए।

## कांग्रेस और क्रान्तिकारी

इसी बीच कांग्रेस क्या कर रही थी ? उसने अपना ध्येय स्वराज्य से बदलकर पूर्ण स्वतन्त्रता घोषित किया। इस घोषणा से कोई भी व्यक्ति यही निष्कर्ष निकालेगा कि कांग्रेस ने ब्रिटिश शासन के विरुद्ध युद्ध की घोषणा न कर उसने क्रान्तिकारियों के विरुद्ध ही युद्ध की घोषणा कर दी है। इस सम्बन्ध में कांग्रेस का पहला वार था उसका वह प्रस्ताव जिसमें 23 दिसम्बर 1929 को वाइसराय को स्पेशल उड़ाने के प्रयत्न की निन्दा की गई। इस प्रस्ताव का मसविदा गांधी जी ने तैयार किया और उसके पारित कराने के लिए गांधी जी ने अपनी सारी शक्ति लगा दी थी। परिणाम यह हुआ कि 1713 की सदस्य संख्या में वह केवल 31 अधिक मतों से पारित हो सका। क्या इस अत्यल्प बहुमत में भी राजनैतिक ईमानदारी थी ? इस सम्बन्ध में हम सरला देवी

चौधरानी का मत ही यहाँ उधृत करें। वे तो जीवन भर कांग्रेस की भक्त रही हैं। इस सम्बन्ध में प्रश्न के उत्तर में उन्होंने कहा है—मैंने महात्मा गांधी के अनुयाइयों के साथ इस विषय में जो बातचीत की उसमें मुझे मालूम हुआ कि वे इस सम्बन्ध में अपने स्वतन्त्र विचार महात्मा जी के प्रति व्यक्तिगत निष्ठा के कारण प्रकट न कर सके, तथा इस प्रस्ताव के विरुद्ध मत देने में असमर्थ रहे, जिसके प्रणेता महात्मा जी थे। जहाँ तक गांधी जी के दलील का प्रश्न है, उस पर हम बाद में विचार करेंगे। उन्होंने जो दलीलें दी हैं वे कुछ कम या अधिक इस सम्बन्ध में कांग्रेस में दिए गए भाषण का ही विस्तृत रूप है। इस दुखद प्रस्ताव के विषय में एक बात मार्के की है जिसे हम अनदेखा नहीं कर सकते, वह यह कि यह सर्वविदित है कि कांग्रेस अहिंसा का सिद्धान्त मानती है और पिछले दस वर्षों से वह इसके समर्थन में प्रचार करती रही है। यह सब होने पर भी प्रस्ताव के समर्थन के भाषणों में गाली-गलौज की गई। उन्होंने क्रान्तिकारियों को बुजदिल कहा और उनके कार्यों को घृणित। उनमें से एक वक्ता ने धमकी देते हुए यहाँ तक कह डाला कि यदि वे (सदस्य) गांधी जी का नेतृत्व चाहते हैं तो उन्हें इस प्रस्ताव को सर्व सम्मति से पारित करना चाहिए। इतना सब कुछ किए जाने पर भी यह प्रस्ताव बहुत थोड़े मतों से ही पारित हो सका। इससे यह बात निशंक प्रमाणित हो जाती है कि देश की जनता पर्याप्त संख्या में क्रान्तिकारियों का समर्थन कर रही है। एक तरह से इसके लिए गांधी जी हमारे बधाई के पात्र हैं, कि उन्होंने इस प्रश्न पर विवाद खड़ा किया और इस प्रकार संसार को दिखा दिया कि कांग्रेस जो अहिंसा का गढ़ माना जाता है, वह सम्पूर्ण नहीं तो इस हद तक तो कांग्रेस से अधिक क्रान्तिकारियों के साथ है।

## गांधी जी का युद्ध का नारा

इस विषय में गांधी जी ने जो विजय प्राप्त की वह एक प्रकार से हार ही के बराबर थी और अब वे 'दि कल्ट आफ दि बाम' लेख द्वारा क्रान्तिकारियों पर दूसरा हमला कर बैठे हैं। इस सम्बन्ध में आगे कुछ कहने के पूर्व इस लेख पर हम अच्छी तरह विचार करेंगे। इस लेख में उन्होंने तीन बातों का उल्लेख किया है। उनका विश्वास, उनके विचार और उनका मत। हम उनके विश्वास के सम्बन्ध में विश्लेषण नहीं करेंगे, क्योंकि विश्वास में तर्क के लिए स्थान नहीं है। गांधी जी जिसे हिंसा कहते हैं और जिसके विरुद्ध उन्होंने जो तर्क संगत विचार प्रकट किए हैं, हम उनका सिलसिलेवार विश्लेषण करें।

## क्या आम जनता अहिंसा में विश्वास करती है ?

गांधी जी सोचते हैं कि उनकी यह धारणा सही है कि अधिकतर भारतीय जनता को हिंसा की भावना छू तक नहीं गई है और अहिंसा ही उनका राजनैतिक शस्त्र बन गया है। हाल ही में उन्होंने देश का जो भ्रमण किया है उस अनुभव के आधार पर उनकी

यह धारण बनी है, परन्तु उन्हें अपनी इस यात्रा के इस अनुभव से इस भ्रम में न पड़ना चाहिए। यह बात सही है कि (कांग्रेस) नेता अपने दौरे वहीं तक सीमित रखता है जहाँ तक डाक गाड़ी उसे आराम से पहुँचा सकती है, जबकि गांधी जी ने अपनी यात्रा का दायरा वहाँ तक बढ़ा दिया जहाँ तक कि मोटरकार द्वारा वे जा सके। इस यात्रा में वे धनी व्यक्तियों के ही निवास स्थानों पर रुके। इस यात्रा का अधिकतर समय उनके भक्तों द्वारा आयोजित गोष्ठियों में की गई उनकी प्रशंसा सभाओं में यदाकदा अशिक्षित जनता को दिए जानेवाले दर्शनों में बीता; जिसके विषय में उनका दावा है कि वे उन्हें अच्छी तरह समझते हैं परन्तु यही बात इस दलील के विरुद्ध है कि वे आम जनता की विचारधारा को जानते हैं। कोई व्यक्ति जनसाधारण की विचारधारा को केवल मंचों से दर्शन और उपदेश देकर नहीं समझ सकता। वह तो केवल इतना ही दावा कर सकता है कि उसने विभिन्न विषयों पर अपने विचार जनता के सामने रखे। क्या गांधी जी ने इस वर्षों में आम जनता के सामाजिक जीवन में भी कभी प्रवेश करने का प्रयत्न किया ? क्या कभी उन्होंने किसी सन्ध्या को गाँव के किसी चौपाल के अलाव के पास बैठकर किसी किसान के विचार जानने का प्रयत्न किया, क्या किसी कारखाने के मजदूर के साथ एक भी शाम गुजारकर उसके विचार समझने की कोशिश की है ? पर हमने यह किया है और इसीलिए हम दावा करते हैं कि हम आम जनता को जानते हैं। हम गांधी जी को विश्वास दिलाते हैं कि साधारण भारतीय साधारण मानव के समान ही अहिंसा तथा अपने शत्रु से प्रेम करने की आध्यात्मिक भावना को बहुत कम समझता है। संसार का तो यही नियम है...तुम्हारा एक मित्र है, तुम उससे स्नेह करते हो, कभी-कभी तो इतना अधिक कि तुम उसके लिए अपने प्राण भी दे देते हो। तुम्हारा शत्रु है, तुम उससे किसी प्रकार का सम्बन्ध नहीं रखते हो। क्रान्तिकारियों का यह सिद्धान्त नितान्त सत्य, सरल और सीधा है, और यह ध्रुव-सत्य आदम और हौवा के समय से चला आ रहा है तथा इसे समझने में कभी किसी को कठिनाई नहीं हुई। हम यह बात स्वयं के अनुभव के आधार पर कह रहे हैं। वह दिन दूर नहीं जब लोग क्रान्तिकारी विचारधारा को सक्रिय रूप देने के लिए हजारों की संख्या में जमा होंगे।

## प्रेम का साक्षात्कार

गांधी जी घोषणा करते हैं कि अहिंसा के सामर्थ्य तथा अपने आपको पीड़ा देने की प्रणाली से उन्हें यह आशा है कि वे एक दिन विदेशी शासकों का हृदय परिवर्तन कर अपनी विचारधारा का उन्हें अनुयायी बना लेंगे। अब उन्होंने अपने सामाजिक जीवन की इस चमत्कार की 'प्रेम संहिता' के प्रचार के लिए अपने आपको समर्पित कर दिया है। वे अडिग विश्वास के साथ उसका प्रचार कर रहे हैं, जैसा कि उनके कुछ अनुयाइयों ने भी किया है। परन्तु क्या वे बता सकते हैं कि भारत के कितने शत्रुओं का हृदय परिवर्तन कर उन्हें भारत का मित्र बनाने में समर्थ हुए हैं। वे कितने ओ-डायरों, डायरों,

रीडिंग और इरविन को भारत का मित्र बना सके हैं ? यदि किसी को भी नहीं तो भारत उनकी इस विचारधारा से कैसे सहमत हो सकता है कि वे इंग्लैंड को अहिंसा द्वारा समझा-बुझाकर इस बात को स्वीकार करने के लिए तैयार कर लेंगे कि वह भारत को स्वतन्त्रता दे दे।

## क्या हो सकता था ?

यदि वाइसराय की गाड़ी के नीचे बमों का ठीक से विस्फोट हुआ होता तो दो में से एक बात अवश्य हुई होती, या तो वाइसराय अत्यधिक घायल हो जाता या फिर उसकी मृत्यु हो गई होती। ऐसी स्थिति में वाइसराय तथा राजनैतिक दलों के नेताओं के बीच मन्त्रणा न हो पाती, यह प्रयत्न रुक जाता और इससे राष्ट्र का भला ही होता। कलकत्ता कांग्रेस की चुनौती के बाद भी स्वशासन की भीख माँगने के लिए वाइसराय भवन के आसपास मँडरानेवालों के ये घृणास्पद प्रयत्न विफल हो जाते। यदि बमों का ठीक से विस्फोट हुआ होता तो भारत का एक और शत्रु उचित सजा पा जाता। 'मेरठ' तथा 'लाहौर षड्यन्त्र' और 'भुसावल कांड' का मुकदमा चलानेवाले केवल भारत के शत्रुओं को ही मित्र प्रतीत हो सकते हैं। साइमन कमीशन के सामूहिक विरोध से देश में जो इकाई स्थापित हो गई थी, गांधी तथा नेहरू की राजनैतिक बुद्धिमत्ता के बाद भी इरविन उसे छिन्न-विछिन्न करने में समर्थ हो सका। आज कांग्रेस में भी आपस में फूट पड़ गई है। हमारे इस दुर्भाग्य के लिए वाइसराय या उसके चाटुकारों के सिवा कौन जिम्मेदार हो सकता है। इस पर भी हमारे देश में ऐसे लोग हैं जो उसे भारत का मित्र कहते हैं।

## भारतीय राष्ट्रीय कांग्रेस का भविष्य

देश में ऐसे भी लोग होंगे जिन्हें कांग्रेस के प्रति श्रद्धा नहीं, उससे वे कुछ आशा भी नहीं करते। यदि गांधी जी क्रान्तिकारियों को इसी श्रेणी में गिनते हैं तो वे उनके साथ अन्याय करते हैं। वे इस बात को अच्छी तरह जानते हैं कि कांग्रेस ने जन-जागृति का महत्त्वपूर्ण कार्य किया है। उसने आम जनता में स्वतन्त्रता की भावना जागृत की है गोकि उनका यह दृढ़ विश्वास है कि जब तक कांग्रेस में सेन गुप्ता जैसे अद्‌भुत प्रतिभाशाली व्यक्तियों का, जो वाइसराय की ट्रेन उड़ाने में गुप्तचर विभाग का हाथ होने की बात करते हैं, तथा अंसारी जैसे लोग जो राजनीति कम जानते हैं और उचित तर्क की उपेक्षा कर बेतुकी और तर्कहीन दलीलें देकर यह कहते हैं कि किसी राष्ट्र ने बम से स्वतन्त्रता नहीं प्राप्त की आदि; जब तक कांग्रेस के निर्णयों में इनके विचारों का प्राधान्य रहेगा, देश उससे बहुत कम आशा कर सकता है। क्रान्तिकारी तो उस दिन की प्रतीक्षा में है जब कांग्रेस आन्दोलन से अहिंसा की यह सनक समाप्त हो जाएगी और वह क्रान्तिकारियों के कन्धे से कन्धा मिलाकर पूर्ण स्वतन्त्रता के सामूहिक लक्ष्य की ओर

बढ़ेंगे। इस वर्ष उन्होंने उस सिद्धान्त को स्वीकार कर लिया है, जिसका प्रतिपादन क्रान्तिकारी पिछले 25 वर्षों से करते चले आ रहे हैं। हम आशा करें कि अगले वर्ष वे उनके स्वतन्त्रता प्राप्ति के तरीकों का भी समर्थन करेंगे।

## हिंसा और सैनिक व्यय

गांधी जी यह प्रतिपादन करते हैं कि जब-जब हिंसा का प्रयोग हुआ है तब-तब सैनिक खर्च बढ़ा है। यदि उनका मन्तव्य क्रान्तिकारियों की पिछली 25 वर्षों की गतिविधियों से है तो हम उनके वक्तव्य को चुनौती देते हैं कि वे अपने इस कथन को तथ्य और आँकड़ों से सिद्ध करें। बल्कि हम तो यह कहेंगे कि उनके अहिंसा और सत्याग्रह के प्रयोगों का परिणाम, जिनकी तुलना स्वतन्त्रता संग्राम से नहीं की जा सकती, नौकरशाही अर्थव्यवस्था पर हुआ है। आन्दोलनों का फिर वे हिंसात्मक हो या अहिंसात्मक, सफल हो या असफल, परिणाम तो भारत की अर्थ व्यवस्था पर होगा ही।

## सुधार

देश में सरकार ने जो विभिन्न सुधार किए, गांधी जी उसका सम्बन्ध क्रान्तिकारियों से क्यों जोड़ते हैं ? उन्होंने, मार्लेमिंटो रिफार्म, मांटेग्यूरिफार्म या ऐसे ही अन्य सुधारों की न तो कभी परवाह की और न उनके लिए आन्दोलन ही किया। ब्रिटिश सरकार ने तो यह टुकड़े वैधानिक आन्दोलनकारियों के सामने फेंके थे, जिससे उन्हें उचित मार्ग पर चलने से पथभ्रष्ट किया जा सके। ब्रिटिश सरकार ने उन्हें तो यह घूस दी थी, जिससे वे क्रान्तिकारियों को समूल नष्ट करने की उनकी नीति के साथ सहयोग करें। गांधी जी जैसा कि इन्हें सम्बोधित करते हैं, कि भारत के लिए ये खिलौने जैसे हैं, उनलोगों को बहलाने-फुसलाने के लिए जो समय-समय पर होमरूल, स्वशासन, जिम्मेदार सरकार, पूर्ण जिम्मेदार सरकार, औपनिवेशिक स्वराज्य जैसे अनेक वैधानिक नाम जो गुलामी के हैं, माँग करते हैं। क्रान्तिकारियों का लक्ष्य तो शासन सुधार का नहीं है, वे तो स्वतन्त्रता का स्तर कभी का ऊँचा कर चुके हैं, और वे उसी लक्ष्य की प्राप्ति के लिए बिना किसी हिचकिचाहट के बलिदान कर रहे हैं। उनका दावा है कि उनके बलिदानों ने जनता की विचारधारा में प्रचंड परिवर्तन किया है। उनके प्रयत्नों से वे देश को स्वतन्त्रता के मार्ग पर बहुत आगे बढ़ा ले गए हैं और यह बात उनसे राजनैतिक क्षेत्र में मतभेद रखनेवाले लोग भी स्वीकार करते हैं।

## प्रगति का मार्ग

गांधी जी का कथन है कि हिंसा से प्रगति का मार्ग अवरुद्ध होकर स्वतन्त्रता का दिवस स्थगित होता जाता है, तो हम इस विषय में अनेक ऐसे उदाहरण दे सकते हैं, जिनमें

जिन देशों ने हिंसा से काम लिया उनकी सामाजिक प्रगति होकर उन्हें राजनैतिक स्वतन्त्रता प्राप्त हुई। हम रूस तथा तुर्की का ही उदाहरण लें। दोनों ने हिंसा के उपायों से ही सशस्त्र क्रान्ति द्वारा सत्ता प्राप्त की। उसके बाद भी सामाजिक सुधारों के कारण वहाँ की जनता ने बड़ी तीव्र गति से प्रगति की। एक मात्र अफगानिस्तान के उदाहरण से राजनैतिक सूत्र सिद्ध नहीं किया जा सकता। यह तो अपवाद मात्र है।

## अहिंसा की असफलता

गांधी जी के विचार में 'असहयोग आन्दोलन' के समय जो जन जागृति हुई वह अहिंसा के उपदेश का ही परिणाम था; परन्तु यह धारणा गलत है और यह श्रेय अहिंसा को देना भी भूल है, क्योंकि जहाँ भी अत्यधिक जन जागृति हुई वह सीधे मोर्चे की कार्यवाही से हुई। उदाहरणार्थ, रूस में शक्तिशाली जन आन्दोलन से ही वहाँ किसान और मजदूरों में जागृति उत्पन्न हुई। उन्हें तो किसी ने अहिंसा का उपदेश नहीं दिया था, बल्कि हम तो यहाँ तक कहेंगे कि अहिंसा तथा गांधी जी की समझौता नीति से ही उन शक्तियों में फूट पड़ गई जो सामूहिक मोर्चे के नारे से एक हो गई थी। यह प्रतिपादित किया जाता है कि राजनैतिक अन्यायों का मुकाबला अहिंसा के शस्त्र से किया जा सकता है पर इस विषय में संक्षेप में तो यही कहा जा सकता है कि यह अनोखा विचार है जिसका अभी प्रयोग नहीं हुआ है। दक्षिण अफ्रीका में भारतीयों के जो न्यायोचित अधिकार माने जाते थे उसे प्राप्त करने में अहिंसा का शस्त्र असफल रहा। वह भारत को स्वराज्य दिलाने में भी असफल रहा जबकि राष्ट्रीय कांग्रेस स्वयंसेवकों की एक बड़ी सेना उसके लिए प्रयत्न करती रही तथा उस पर लगभग सवा करोड़ रुपया भी खर्च किया गया। हाल ही में बारदोली सत्याग्रह में इसकी असफलता सिद्ध हो चुकी है। इस अवसर पर सत्याग्रह के नेता गांधी और पटेल ने बारदोली के किसानों को जो कम-से-कम अधिकार दिलाने का आश्वासन दिया था, उसे भी वे न दिला सके। इसके अतिरिक्त अन्य किसी देश व्यापी आन्दोलन की बात हमें मालूम नहीं। अब तक इस अहिंसा को एक ही आशीर्वाद मिला और वह था असफलता का। ऐसी स्थिति में यह आश्चर्य नहीं कि देश ने फिर उसके प्रयोग से इंकार कर दिया। वास्तव में गांधी जी जिस रूप में सत्याग्रह का प्रचार करते हैं, वह एक प्रकार का आन्दोलन है, एक विरोध है जिसका स्वाभाविक परिणाम समझौते में होता है जैसा कि प्रत्यक्ष देखा गया है। इसलिए जितनी जल्दी हम समझ लें कि स्वतन्त्रता और गुलामी में कोई समझौता नहीं हो सकता उतना ही अच्छा है।

## क्या यह नया युग है ?

गांधी जी सोचते हैं हम नए युग में प्रवेश कर रहे हैं। परन्तु कांग्रेस विधान में शब्दों का हेर-फेर मात्र कर अर्थात् स्वराज्य को पूर्ण स्वतन्त्रता कह देने से नया युग प्रारम्भ

नहीं हो जाता। वह दिन वास्तव में एक महान दिवस होगा जब कांग्रेस देशव्यापी आन्दोलन प्रारम्भ करने का निर्णय करेगी। जिसका आधार सर्वमान्य क्रान्तिकारी सिद्धान्त होंगे। ऐसे समय तक स्वतन्त्रता का झंडा फहराना हास्यास्पद होगा। इस विषय में हम सरला देवी चौधरानी के इन विचारों से सहमत हैं जो उन्होंने एक पत्र संवाददाता की भेंट में व्यक्त किए। उन्होंने कहा, '31 दिसम्बर 1929 की अर्धरात्रि के ठीक एक मिनट बाद स्वतन्त्रता का झंडा फहराना, यह एक विचित्र घटना है। उस समय जी.ओ.सी. असिस्टेंट, जी.ओ.सी. तथा अन्य लोग इस बात को अच्छी तरह जानते थे कि स्वतन्त्रता का झंडा फहराने का निर्णय आधी रात तक अधर में लटका है, क्योंकि यदि वाइसराय या सेक्रेटरी ऑफ स्टेट का कांग्रेस को यह सन्देश आ जाता है कि भारत को औपनिवेशिक स्वराज्य दे दिया गया है तो रात्रि को 11 बजकर 59 मिनट पर भी स्थिति में परिवर्तन हो सकता था।' इससे स्पष्ट है कि पूर्ण स्वतन्त्रता प्राप्ति ध्येय नेताओं की हार्दिक इच्छा नहीं थी, बल्कि एक बाल-हठ के समान थी। भारतीय राष्ट्रीय कांग्रेस के लिए उचित तो यही होता कि वह पहले स्वतन्त्रता प्राप्त कर फिर उसकी घोषणा करती। यह सच है कि अब औपनिवेशिक स्वराज्य के बजाय कांग्रेस के वक्ता जनता के सामने पूर्ण स्वतन्त्रता का ढोल पीटेंगे। वे अब जनता से कहेंगे कि जनता को उस संघर्ष के लिए तैयार हो जाना चाहिए जिसमें एक पक्ष तो मुक्केबाजी करेगा और दूसरा उन्हें केवल सहता रहेगा, जब तक कि वह खूब पीटकर इतना हताश हो जाए कि फिर न उठ सके। क्या उसे संघर्ष कहा जा सकता है और क्या इससे देश को पूर्ण स्वतन्त्रता मिल सकती है। किसी भी राष्ट्र के लिए सर्वोच्च लक्ष्य प्राप्ति का ध्येय, सामने रखना अच्छा है परन्तु साथ यह भी आवश्यक है कि इस लक्ष्य तक पहुँचने के लिए साधनों का उपयोग किया जाए जो योग्य हों और जो पहले उपयोग में आ चुके हों, अन्यथा सारे संसार के सम्मुख हमारे हास्यास्पद बनने का भय बना रहेगा।

## लोगों को आतंकित न किया जाए

गांधी जी ने सभी विचारशील लोगों से कहा है कि वे लोग क्रान्तिकारियों से सहयोग करना बन्द कर दें तथा उनके कार्यों की निन्दा करें जिससे हमारे इस प्रकार उपेक्षित देशभक्तों की हिंसात्मक विचारधारा को बल न मिल सके और वे हिंसा की निरर्थकता और हिंसात्मक कार्यों से जो हानि हुई है, उसे समझ सकें। लोगों को उपेक्षित तथा पुरानी दलीलों के समर्थक कह देना कितना आसान है, उसी प्रकार उनकी निन्दा कर जनता से उनसे सहयोग न करने को कहना, जिससे वे अलग-अलग हो अपना कार्यक्रम स्थगित करने के लिए बाध्य हो जाएँ। यह सब करना विशेष रूप से उस व्यक्ति के लिए आसान होगा जो कि जनता के कुछ प्रभावशाली व्यक्तियों का विश्वासपात्र हो। गांधी जी ने जीवन भर जन जीवन का अनुभव किया है पर यह बड़े दुख की बात है कि वे फिर भी क्रान्तिकारियों का मनोविज्ञान न तो समझते हैं और न समझना ही चाहते हैं। वह

सिद्धान्त अमूल्य है, जो प्रत्येक क्रान्तिकारी को प्रिय है। जो व्यक्ति क्रान्तिकारी बनता है, जब वह अपना सिर हथेली पर रखकर किसी क्षण भी आत्मबलिदान के लिए तैयार रहता है तो वह केवल खेल के लिए नहीं। वह यह त्याग और बलिदान इसलिए भी नहीं करता कि जब जनता उसके साथ सहानुभूति दिखाने की स्थिति में हो तो उसकी जय-जयकार करे। वह इस मार्ग का इसीलिए अवलम्बन करता है कि उसका सद्विवेक उसे इसकी प्रेरणा देता है, उसकी आत्मा उसे इसके लिए प्रेरित करती है। एक क्रान्तिकारी सबसे अधिक तर्क में विश्वास करता है। वह केवल तर्क और तर्क में ही विश्वास करता है। किसी प्रकार की गाली-गलौज या निन्दा, चाहे फिर वह ऊँचे से ऊँचे स्तर से की गई हो, उसे अपने निश्चित उद्देश्य प्राप्ति से वंचित नहीं कर सकती। यह सोचना कि यदि जनता का सहयोग न मिला या उसके कार्य की प्रशंसा न की गई तो वह अपने उद्देश्य को छोड़ देगा, निरी मूर्खता है। अनेक क्रान्तिकारी, जिनके कार्यों की वैधानिक आन्दोलनकारियों ने घोर निन्दा की फिर भी वे उसकी परवाह न कर फाँसी के तख्ते पर झूल गए। यदि तुम चाहते हो कि क्रान्तिकारी अपनी गतिविधियों को स्थगित कर दें तो उसके लिए होना तो यह चाहिए कि उनके साथ तर्क द्वारा अपना मत प्रमाणित किया जाए। यह एक और केवल यही एक रास्ता है। और बाकी बातों के विषय में किसी को सन्देह नहीं होना चाहिए। क्रान्तिकारी इस प्रकार के डराने-धमकाने से कदापि हार माननेवाले नहीं।

## निवेदन

इस अवसर पर हम अपने देशवासियों—नवयुवकों, मजदूरों, किसानों तथा क्रान्तिकारी विचारकों से निवेदन करते हैं कि आज़ादी का झंडा ऊँचा रखने में वे हमसे सहयोग करें। आइए हम सब मिलकर नई समाज व्यवस्था स्थापित करें जिसमें राजनैतिक तथा आर्थिक शोषण असम्भव हो जाए। जिस व्यवस्था के लिए अनेक वीर स्त्री-पुरुषों ने स्वेच्छा से मृत्यु का आलिंगन किया; जिन्होंने भारत के लाखों-करोड़ों शोषितों का उद्धार करने के लिए अथक प्रयत्न किए, जिससे हम उनके उत्तराधिकारी सुखमय जीवन व्यतीत कर सकें।

हम प्रत्येक देशभक्त से निवेदन करते हैं कि वे हमारे साथ गम्भीरतापूर्वक इस युद्ध में शामिल हों। कोई भी व्यक्ति अहिंसा और ऐसे ही अजीब व गरीब तरीकों से मनोवैज्ञानिक प्रयोग कर राष्ट्र की स्वतन्त्रता के साथ खिलवाड़ न करें। स्वतन्त्रता राष्ट्र का प्राण है। हमारी गुलामी हमारे लिए लज्जास्पद है, न जाने कब हममें यह बुद्धि और साहस होगा कि हम उससे मुक्ति प्राप्त कर स्वतन्त्र हो सकें ? हमारी प्राचीन सभ्यता और गौरव की विरासत का क्या लाभ, यदि हममें यह स्वाभिमान न रहे कि हम विदेशी गुलामी, विदेशी झंडे और बादशाह के सामने सिर झुकाने से अपने आपको न रोक सकें।

क्या यह अपराध नहीं है कि ब्रिटेन ने भारत में अनैतिक शासन किया ? हमें

भिखारी बनाया; तथा हमारा समस्त खून चूस लिया ? एक जाति और मानवता के नाते हमारा घोर अपमान तथा शोषण किया गया है। क्या जनता अब भी चाहती है कि इस सब अपमान को भुलाकर हम ब्रिटिश शासकों को क्षमा कर दें। हम बदला लेंगे; जो जनता द्वारा शासकों से लिया गया न्यायोचित बदला होगा। कायरों को पीठ दिखाकर समझौता और शान्ति की आशा से चिपके रहने दीजिए। हम किसी से भी दया की भिक्षा नहीं माँगते हैं और हम भी किसी को क्षमा नहीं करेंगे। हमारा युद्ध विजय या मृत्यु के निर्णय तक चलता ही रहेगा। क्रान्ति चिरंजीवी हो।

करतार सिंह—प्रेसीडेंट

---

(श्री बटुकनाथ अग्रवाल जी ने यह पैम्फलेट सुरक्षित रखा था। बाद में जब वह गलने लगा तो उसको टाइप कराकर रखा गया। उन्हीं से मुझे ये प्राप्त हुआ।)

# सरदार पृथ्वी सिंह का वक्तव्य

हिन्द की जनता पर अत्याचार करनेवाले अंग्रेजों सुनो, आँखों पर से जाला उतारकर देखो, कानों के पर्दे खोलकर सुनो, सही दिमाग से सोचो, असलियत को पहचानो और इन्सानियत की राह पर चलना सीखो। सन् 1909 में वीर मदनलाल ढोंगरा ने पिस्तौल के जोर से तुम्हारी हुकूमत को चौकन्ना किया था। सन् 1912 में वतन के प्यारों ने बम के धड़ाके से दिल्ली के 'शाही जश्न' के समय तुम्हारे कानों के पर्दों को हटाकर इंकलाब पसन्दों की पुकार सुनाई थी। जब इंकलाब पसन्दों ने देखा कि तुम्हारी आँखों पर चर्बी चढ़ी है, तो सन् 1915 में उन्होंने फैसला किया कि तुम्हें और तुम्हारी हुकूमत को बरबाद करने के सिवाय और कोई चारा नहीं। वे असफल हुए। फिर से सन् 1929 में भगत सिंह और उनके साथी बटुकेश्वर दत्त ने दिल्ली की एसेम्बली में बम के धड़ाके से ललकारा कि अंग्रेजों होश में आ जाओ। भगत सिंह और उनके साथियों को फाँसी पर (लटकाने के मंसूबे जाहिर कर) तुमने हिन्द के नौजवानों को चैलेंज दिया है। इसे हम स्वीकार करते हैं। आज लेमिंगटन पुलिस स्टेशन पर पिस्तौलों से फुलझड़ी बरसाकर हमने यह बताने की कोशिश की है कि जुल्म व सितम के बल से हिन्द में राज्य चलाना तुम्हारे लिए मौत के साथ खेलने के बराबर होगा। आज हम इस बात का सबूत पेश कर रहे हैं कि हिन्द के युवक और युवतियाँ तुम्हारे साथ खून की होली खेलने के लिए तैयार खड़े हैं। हमने हथियारों के बल से खुलेआम रास्ते पर तुम्हारी हथियारबन्द पुलिस को पीटा है, और ललकारकर कह दिया है कि अगर तुममें हिम्मत है तो मुकाबले में आकर बतलाओ। देश से प्यार करनेवाले सभी युवक हमारे सहायक बनकर खड़े होंगे। एक समय था जबकि हिन्द के कुछ भोले-भाले लोग हुकूमत के खिलाफ बगावत करनेवालों को देशद्रोही समझते थे। आज अंग्रेजी हुकूमत के चाकर और उसके दलाल क्या यह नहीं देख रहे हैं कि जनता की नजर में वही देशद्रोही हैं जिसके दिल में देश का प्यार नहीं है।

मैंने अपने वतन से प्यार किया था और तुम्हारी जालिम हुकूमत ने फाँसी के तख्ते पर लटकाना चाहा था। देश की जनता ने मुझे मौत के मुँह से बचाया था और मैंने अपनी शक्ति के बल तुम्हारे सब बन्धनों को तोड़कर मुक्ति पाई। वतन से प्यार करनेवालों ने जिस प्रकार से मुझे अपनी आँखों की पुतली बनाकर हर आफत से बचाकर रखा है उसी प्रकार मुझे सुरक्षित रखेंगे। आज मुझे अगर कहीं जालिम हुकूमत की पुलिस

से टकराना पड़ा तो मैं यह यकीन से कह सकता हूँ कि पुलिस मुझे न पा सकेगी। मेरी मिट्टी ही उसके हाथ आएगी।

जिस तरह से हम आज सड़कों पर निकले हैं इसी तरह देश के युवक और युवतियाँ सड़कों पर व मैदानों में तब तक निकलते रहेंगे जब तक कि तुम्हारी इस जालिम हुकूमत का नामोनिशान न मिटा दिया जाएगा।[1]

## आज़ाद की शहादत के लिए जिम्मेदार कौन : कुछ और तथ्य

मैं अपनी प्रारम्भिक अवस्था से ही कांग्रेस-आन्दोलनों में भाग लेता रहा और कांग्रेस का कार्य करता रहा। इस सिलसिले में कई बार जेल जाना पड़ा। आन्दोलनों में भाग लेने के कारण मेरी पत्नी श्रीदेवी भी कई बार जेल गई।

हम कानपुर में जिस स्थान पर रहते हैं वह ऐसा केन्द्र-स्थान है जहाँ कांग्रेस कमेटी का कार्यालय भी है। मेरे मकान के निकट ही वीरभद्र तिवारी का मकान था और उनसे मेरा मिलना-जुलना भी था। कानपुर में मेस्टन रोड स्थित आर्यसमाज हॉल के ऊपरी भाग में मेरा रहना है। वहीं यह सौभाग्य मुझे प्राप्त हुआ कि आज़ाद जी अनेक बार मेरे मकान पर मेरे पास रहे; वे कई-कई दिन बने रहते थे।

आज़ाद जी स्वभाव से बहुत सरल, भद्र और मितभाषी थे, किन्तु उनकी त्योरियों पर विद्रोह का तेवर हर क्षण झिलमिलाया करता था। अपने शरीर पर कोड़ों के निशान दिखाकर कहते कि इन कोड़ों ने मुझे क्रान्तिकारी बना दिया, नहीं तो मैं भी कांग्रेसी था। मैंने स्वयं वीरभद्र को आज़ाद के सामने यह कहते हुए सुना कि आपकी एक भृकुटि टेढ़ी होने से मेरे देश का नाश हो जाएगा। वे प्रायः रात्रि में मेरे यहाँ आकर ठहरते और बिना खाए-पिए सो जाते। एक बार उनका ठहरना मेरे यहाँ कई दिनों तक हो गया। बिना खाए-पिए सोने का क्रम उनका नित्य ही चलता। उनका कुछ संकेत भी रहता था कि इस मामले में उनसे छेड़-छाड़ न की जाए; न ही घर में उनके रहने की कोई चहल-पहल दिखे। फिर भी उत्सुकता और व्यवहार के नाते मैंने उनसे भोजन का आग्रह किया जिसे उन्होंने भी स्वीकार कर लिया। उन्होंने छककर भोजन किया और मुझे पता लगा कि वे बिना खाए-पिए थे। मैंने सोचा कि हो सकता है कि वे नित्य ही ऐसे आते हों। यह बात ठीक भी निकली। उस दिन से रात्रि में उनके भोजन की मैंने बराबर व्यवस्था रखी। मेरे यहाँ रहने-सहने, उनकी बातचीत, उनके स्वभाव, उनके कार्यकलापों के सैकड़ों सन्दर्भ मैंने सजाए हैं।

अन्तिम बार आज़ाद जी जब मेरे यहाँ से गए थे तब कहते गए थे कि अगली बार सम्भवतः उनका आना देर में हो।

आज़ाद जी के मेरे यहाँ आने-जाने के दिनों में वीरभद्र तिवारी का भी आना-जाना

---

1. यह बयान उस समय समाचार पत्रों में भी प्रकाशित हुआ था तथा लेमिंगटन शूटिंगकेस के रेकार्ड में भी था।

था और वह उनसे भी मिलता-जुलता तथा एकान्त वार्ता करता रहता था। वैशम्पायन जी और एन.के. निगम जी भी आते-जाते रहते थे।

अनायास ही एक दिन वैशम्पायन जी ने मुझसे कहा कि उनके आगमन की सूचना वीरभद्र को न दी जाए। वस्तुतः वीरभद्र उनकी टटोल में बाद में आया भी। इस घटना के दिन ही वैशम्पायन जी ने मेरे भाई के यहाँ शादी के सिलसिले में दोपहर में भोजन किया और तीसरे पहर एक मित्र के यहाँ से लौटते समय कुली बाजार में वे गिरफ्तार कर लिए गए। इस घटना के बाद से ही मैं वीरभद्र के सम्बन्ध में तरह-तरह की धारणाएँ बनाता रहा।

26 फरवरी 1931 की रात्रि में वीरभद्र ने मेरे साथ कानपुर से इलाहाबाद तक यात्रा की और 27 फरवरी को आज़ाद जी इलाहाबाद में शहीद हुए। यह समाचार मैंने अपने भतीजे की बारात में बनारस में जाना। वीरभद्र इलाहाबाद में रात्रि में किसी से बिना बताए स्टेशन पर गुम हो गया था, यह बात मुझे बनारस में स्मरण हुई। आज़ाद जी की शहादत से मैं भी बहुत शोकाकुल था। कानपुर में यह प्रसंग बहुत दिनों तक चलता भी रहा।

इस सन्दर्भ में वीरभद्र की मुखबिरी की बात जब फैली तब वीरभद्र से भी प्रश्नोत्तर किए गए, किन्तु सदैव वीरभद्र ने अपने को अछूता बताया। यहाँ तक कि स्व. गणेश शंकर विद्यार्थी एवं पं. बालकृष्ण शर्मा 'नवीन' से वीरभद्र ने यह भी कहा कि उस दिन वह इलाहाबाद में ही नहीं था। यह बात तो मेरे कहने पर और समूचा घटना-क्रम मेरे द्वारा बताए जाने पर वीरभद्र ने बाद में स्वीकार कर ली कि वह उस दिन इलाहाबाद मेरे साथ ही गया था।

मेरे इस रहस्योद्‌घाटन पर गणेश जी ने वीरभद्र को प्रताड़ित किया और वीरभद्र से तब से मिलना-जुलना भी समाप्त हुआ। कानपुर नगर में वीरभद्र की बहुत थू-थू हुई। श्री रमेश गुप्त ने दो बार उस पर वार भी किए। एक-दो बार वीरभद्र मेरे मकान पर आया तो मैंने उससे बात करना भी अपराध समझा और मेरी पत्नी तो उसे घृणा की दृष्टि से देखने लगी।

वस्तुतः मेरा दृढ़ मत है और मेरे पास प्रमाण हैं कि वीरभद्र ही आज़ाद की शहादत का जिम्मेदार है।

बात यह है कि वीरभद्र एक बहुत बड़ा एक्टर (अभिनेता) है जो क्षण भर में रो देता है, क्षण-भर में हँस देता है। उसके स्वभाव और व्यक्तित्व में साधारण व्यक्ति से असीम असमानताएँ हैं। जैसा कि श्री लल्लन प्रसाद व्यास के लेख में यशपाल जी के कथन से भी विदित होगा कि आज़ाद जी वीरभद्र की गतिविधियों से दुःखी हो चुके थे। किसी भी एक्शन के समय वह भगोड़े की तरह भागता था और पार्टी के लोगों को अपनी बातचीत से हतोत्साह करता था।

पं. शम्भूनाथ, टीकाराम और पाठक तथा कानपुर में तैनात अनेक सी.आई.डी. के ऊँचे अफसरों ने क्रान्तिकारी आन्दोलन को ध्वस्त करने, उसकी गतिविधियों का पता

लगाने और पकड़-धकड़ का उन दिनों ऐसा जाल फैला रखा था कि काम करनेवाले परेशान थे। एक-दूसरे में घुलाने-मिलाने, मतभेद और फूट डालने का काम भी ये लोग करते थे और इस प्रकार क्रान्तिकारी दल में एक-दूसरे के प्रति अविश्वास और फूट का वातावरण दृष्टिगत होता था। सी.आई.डी. वाले इसका लाभ उठाते थे।

शम्भूनाथ तो वीरभद्र के मकान के बगल में रहते थे और वीरभद्र के ही घर के-से थे। शम्भूनाथ का जाल वीरभद्र पर पूरी तरह छाया हुआ था।

आज़ाद जी की शहादत के पूर्व मैं और वीरभद्र सन् 1930 में फैजाबाद जेल में थे। अंग्रेज नाट बावर, जो सी.आई.डी. का बड़ा अफसर था, जिसने चन्द्रशेखर आज़ाद के उस गोलीकांड में हिस्सा लिया था, एक दिन अनायास फैजाबाद जेल आया और उसने वीरभद्र को जेल के फाटक पर बुलाया। एक मिनट की उस मुलाकात ने न जाने क्या जादू किया कि वीरभद्र ने तभी से भयभीत होकर नाटकीय मुद्राएँ बनाना और एक्टिंग करना शुरू कर दिया—'अब मेरा क्या होगा; मैं कहाँ जाऊँगा ? कुछ नहीं बता सकता।'

इसके दूसरे-तीसरे दिन एकाएक वीरभद्र को वहाँ से हटाकर मलाका जेल, इलाहाबाद भेज दिया गया और बाद में वहाँ से छोड़ भी दिया गया। मैं पूछता हूँ—क्यों ? किस खुशी में ? फैजाबाद जेल में ही वीरभद्र ने मेरी मार्फत एक चिट्ठी अपने घर भिजवाई जिसमें उन्होंने कानपुर के सी.आई.डी. अधिकारी शम्भूनाथ को जेल में बुलाया। पर क्यों ? क्या वीरभद्र ने आज़ाद को पकड़वाने का आश्वासन पुलिस को नहीं दिया ?

इसके बाद तो वीरभद्र कितना बड़ा आदमी बन गया। उरई म्यूनिसिपल बोर्ड का चेयरमैन हो गया। ठाठ हो गए। कैसे ?

वह सरकारी इनाम वीरभद्र के अलावा किसको मिला ? केवल वीरभद्र को। आज अंग्रेजी सरकार के वे पुराने रिकार्ड कहाँ मिलेंगे।

लेकिन वीरभद्र भी समझ ले और आदरणीय श्री लल्लन प्रसाद जी व्यास भी कि झूठ चल नहीं सकता। 35-36 साल की लम्बी खामोशी के बाद अब सफाई करने-कराने की एक्टिंग चलेगी नहीं। इस लम्बी अवधि में न जाने कितने चले गए। अब तक वीरभद्र किस नींद में सो रहा था। अभी भी सैकड़ों लोग जिन्दा हैं। आज़ाद जी के साथ के लोग भी जीवित हैं। न जाने कितनी क्रान्तिकारी सभाएँ हो चुकीं। अभी देहरादून में ही हुई थी। वीरभद्र ने सामना क्यों नहीं किया ? सबके सामने अपनी निरपराधिता प्रमाणित क्यों नहीं की ?

उरई म्यूनिसिपल बोर्ड के मान-पत्र के बाद स्व.पं. जवाहरलाल नेहरू तो वर्षों जीवित रहे। वीरभद्र ने उनके समक्ष अपने निरपराध होने के तथ्य क्यों नहीं प्रकट किए कि पंडित जी, आपने मेरे प्रति गलत धारणा बना ली है। मैं वह वीरभद्र नहीं हूँ जिसने चन्द्रशेखर आज़ाद का हनन कराया।

वीरभद्र की आयु अब 70-71 वर्ष की हुई है। इस बुढ़ापे में उनको अपना कलंक धोना चाहिए न कि झूठ बोलकर अपने पाप की गठरी और भारी करनी चाहिए।

वीरभद्र की गद्दारी के पश्चात् भी आज़ाद ने अपनी यह बात पूरी करके दिखा

दी कि 'मेरे हाथों में कोई हथकड़ी नहीं डाल सकता।' उन्होंने लड़ते हुए इलाहाबाद के अल्फ्रेड पार्क में अपने प्राण त्याग दिए और संसार को दिखा दिया कि बिना बढ़िया पिस्तौल के भी कैसे निशाना लगाया जा सकता है–

*साकी को दिखा देंगे अन्दाज फकीराना,*
*फूटी हुई बोतल है और टूटा हुआ पैमाना।*

**–रामचन्द्र मुसद्दी**

# सन्देहों का गोलमाल

## काकोरी षड्यन्त्र के मुखबिर वीरभद्र

श्री मन्मथनाथ गुप्त ने 'भारत के क्रान्तिकारी' पुस्तक में पृष्ठ 167 पर फतेहगढ़ जेल का वर्णन करते हुए लिखा है कि मैं (मन्मथ), मणीन्द्र और यशपाल 1934 की मई में एक साथ रह रहे थे। उन्हीं दिनों खबर आई कि उसी जेल में सी श्रेणी के एक राजनैतिक कैदी चन्द्रमाप्रसाद सिंह उर्फ चन्द्रभान सिंह को मारा-पीटा गया है और वे अनशन कर रहे हैं। इसी के साथ-साथ काकोरी षड्यन्त्र के मुखबिर वीरभद्र तिवारी पर गोली चलाकर दस साल सजा पानेवाले कानपुर के रमेशचन्द्र गुप्त को भी बेड़ी और चक्की दी गई।

## वीरभद्र तिवारी के विषय में

*(मन्मथनाथ गुप्त की पुस्तक 'क्रान्ति युग के संस्मरण' का प्रकाशन 15-9-37 को हुआ था)।*

वीरभद्र तिवारी के विषय की चर्चा मैं श्री मन्मथनाथ गुप्त की पुस्तक 'क्रान्तियुग के संस्मरण' के काकोरी का मुकदमा के अध्याय में पृष्ठ 38 पर की गई चर्चा से प्रारम्भ करता हूँ।

'हम यह कहना भूल गए कि हमारे साथ एक व्यक्ति वीरभद्र तिवारी भी गिरफ्तार हुआ था। यह कानपुर का था। यह हमारे दल की प्रान्तीय कौंसिल का सदस्य था। यह एक दिन एकाएक छोड़ दिया गया। मैंने उसी समय उस पर बड़ी आवाजकसी की तथा अपने बड़ों से यह पूछने की घृष्टता की कि यह व्यक्ति क्यों छोड़ा जा रहा है जबकि उसके विरुद्ध उतना ही प्रमाण है जितना कि सुरेश बाबू या दुबलिस जी पर है। इस पर कहा गया कि वे किसी टेकनिकल कानूनी नुकता के कारण छूट गए हैं। बाद में यह सिद्ध हो चुका है कि हमारे बड़े इस सम्बन्ध में बड़ी सख्त गलती पर थे। मेरा तो, यहाँ तक कथन है कि यदि हमारे बुजुर्ग लोग इस मामले में वही रुख धारण कर लेते जो कि मैंने किया था—कम से कम उसकी प्रशंसा लिख-लिख कर बाहर न भेजते—तो बाद में जितनी भी खुरापात वीरभद्र द्वारा किए बताए जाते हैं, उनमें से एक भी न होते। इसके अतिरिक्त लोगों ने इसी वीरभद्र पर वह सन्देह किया था कि उसी ने चन्द्रशेखर आज़ाद का पता दे दिया। लोग अभी यह न भूलें होंगे कि इस कथित विश्वासघात के सन्देह में दंडस्वरूप उस

पर दो बार—एक बार नारियल बाजार कानपुर में व दूसरी बार उरई में गोली चलाई गई। दोनों बार वार खाली गया। नारियल बाजार में कोई गिरफ्तार नहीं हुआ किन्तु उरई में कानपुर के श्री रमेशचन्द्र गुप्त पकड़े गए और उन्हें दस वर्ष की सजा हुई।'

## श्री मन्मथनाथ गुप्त का दूसरा उद्धरण

'भारतीय क्रान्तिकारी आन्दोलन का इतिहास' (छठवाँ परिवर्धित संस्करण, प्रकाशन, 1966) में श्री मन्मथनाथ गुप्त ने आज़ाद की शहादत का उल्लेख करते हुए लिखा है—सन् 1931 की 27 फरवरी की बात है। दिन के दस बजे थे। चन्द्रशेखर आज़ाद इलाहाबाद के चौक से कटरा जानेवाली सड़क पर सुखदेवराज के साथ घूम रहे थे। रास्ते में वे एकाएक चौंक पड़े। बात यह है कि उन्होंने वीरभद्र तिवारी को देखा था। यह वीरभद्र तिवारी काकोरी षड्यन्त्र में गिरफ्तार हुआ था, किन्तु कुछ रहस्यजनक कारणों से छूट गया था। तभी से कुछ लोग उस पर सन्देह करते थे। किन्तु वीरभद्र ऐसा तरजुबेकार तथा बात करने में चालाक था कि लोग उसकी बातों में आ गए। यही नहीं वह दल का एक प्रमुख व्यक्ति हो गया। कहा जाता है, बराबर दल में उसका यही रवैया रहा कि पुलिस से भी मिला रहता था और दल से भी। आज़ाद बहुत ही सीधे आदमी थे और वे उसके चकमें में बहुत ही जल्दी आ जाते थे, किन्तु कई बार धोखा खाकर आखिरी फैसला उसको साथ न रखने का किया था। वीरभद्र भी जानता था कि वह इस प्रकार दल से निकाल दिया गया है। इसीलिए इलाहाबाद में जब आज़ाद ने वीरभद्र को देखा तो वे चौकन्ने हो गए।

## डॉ. भगवान दास माहौरजी के पत्र का उद्धरण

जब यशपाल के लेख 'धर्मयुग' में प्रकाशित हुए तो डॉ. भगवान दास माहौर ने मुझको एक पत्र लिखा था। 29-7-67 को पत्र मिला। यशपाल के लेख पढ़े हैं, कापियाँ खरीदकर रख छोड़ी हैं। यह तो जान नहीं सका कि तुमने और सुखदेवराज ने क्या उत्तर और किस लहजे में दिया होगा। समझ में नहीं आता कि यशपाल ने क्यों ये लेख लिखना अच्छा समझा ?

अपने किसी सम्बन्धी के मार्फत वीरभद्र ने मुझसे भी कहला भेजा कि वे मुझसे मिलना चाहते हैं। मैंने उत्तर में कहला भेजा कि मुझसे मिलने से कोई लाभ नहीं, मुझे इस मामले की कोई सीधी जानकारी नहीं और मित्रों और सहयोगियों की धारणा और भावना में सन्देह का कोई कारण नहीं दीखता, यशपाल का लेख पढ़ लेने के बाद भी।

## आज़ाद की शहादत का जिम्मेदार कौन ?

*सुखदेवराज का वक्तव्य*

भाई वैशम्पायन ने एक कटिंग 'धर्मयुग' की भेजी है जिसमें श्री चन्द्रशेखर आज़ाद के

प्रति किसने विश्वासघात किया ? इसकी चर्चा है। लेखमाला लिखी है श्री यशपाल ने।

यशपाल से मेरा विरोध उसी समय से है जिस समय से वह प्रकाशो को पार्टी में लाया था। केवल मैं ही उसके विरोध में था सो बात नहीं। मुख्य विरोध भाई भगवती चरण, धनवन्तरी, दीदी तथा भाभी का था।

किस प्रकार इस विरोध ने यशपाल को प्राणदंड का हकदार बना दिया इसकी पूरी कथा वर्णन करने का यहाँ प्रयोजन नहीं है। थोड़े ही दिनों में बहावलपुर रोडवाले बँगले में बम बनाने की योजना बनी। भाई भगवतीचरण, वैशम्पायन तथा मैं रावी के किनारे बम का परीक्षण करने 28-5-1930 को गए। वहाँ बम के फट जाने से भाई भगवतीचरण का देहान्त हो गया और मैं भी घायल हुआ। इलाज के लिए मैं अमृतसर और बाद में शिमला पहाड़ियों में स्वास्थ्य लाभ की दृष्टि से रहा।

जब मैं अगस्त 1930 में दिल्ली लौटा तो मुझे धनवन्तरी ने बताया कि दल ने यशपाल को प्राणदंड की सजा दी थी मगर वह किसी से इसकी खबर पाकर पंजाब भाग गया है। धनवन्तरी और वैशम्पायन के साथ मैं लाहौर लौट गया। धनवन्तरी ने यशपाल को समझा-बुझाकर उसे आज़ाद के पास आने के लिए राजी किया।

यशपाल ने अपने किए पर पश्चात्ताप किया और भैया (आज़ाद) ने उसे क्षमा कर दिया। मगर उसको बता दिया गया कि दल के प्रति वफादारी का सबूत उसे देना होगा।

वह सबूत क्या था ? यशपाल को प्राणदंड की सूचना दी थी वीरभद्र तिवारी ने। यह महाशय केन्द्रीय समिति के एक वरिष्ठ सदस्य थे। उनकी उपस्थिति में ही यशपाल को प्राणदंड देने का निर्णय लिया गया था।

यशपाल पहले सूचना देनेवाले का नाम नहीं बताना चाहता था; परन्तु आज़ाद के दबाने पर उसने वीरभद्र का नाम बता दिया। बाद में वीरभद्र ने भी यह अपराध स्वीकार कर लिया।

यशपाल पर दल ने मुख्यतः तीन आरोप लगाए थे :

1. उसने दल की बिना अनुमति के प्रकाशो को घर से अपने साथ विवाह करने के लिए भगाया।
2. उसने दल को यह कहकर धोखा दिया कि प्रकाशो कई हजार रुपया अपने घर से चुराकर दल के लिए ला रही है परन्तु जब वह आई तो उसने बताया कि वह रुपया प्रकाशो ने कहीं रास्ते में ही गिरा दिया, जो कि सरासर झूठ था।
3. शुरू से ही यशपाल और प्रकाशो का सम्बन्ध इतना घनिष्ट तथा इस प्रकार का व्यवहार था कि लोगों को वह खटकने लगा। त्याग सर्वसाधारण के सामने किया जाता है मगर भोग एकान्त की वस्तु है। भोग यदि सीमा के बाहर खुलेआम हो तो समाज या दल के लिए अहितकर होता है। यही आरोप यशपाल पर था।

कैलाशपति की गिरफ्तारी के बाद स्थिति और भी गम्भीर हो गई। कैलाशपति मुखबिर बन गया और उसने अपने बयान में दल के सभी मेम्बरों के नाम, पते और कार्यों का पूर्ण विवरण पुलिस को दिया। बहुत-सी गिरफ्तारियाँ हुई। मगर वीरभद्र तिवारी

दल का वरिष्ठ सदस्य होते हुए भी गिरफ्तार नहीं हुआ।

आज़ाद के सामने परिस्थिति विकट थी। यशपाल विद्रोह कर चुका था मगर आज़ाद किसी प्रकार स्थिति सम्हाले थे। वीरभद्र स्वतन्त्र था जबकि उससे कम महत्त्व रखनेवाले सदस्यों को भी पुलिस ने नहीं छोड़ा। इस तरह दल के प्रति जिम्मेदार साथी ही अब विश्वासघात कर रहे हैं ऐसा उन्होंने अनुभव किया।

आज़ाद ने एक योजना बनाई। वीरभद्र के प्रति उनका विश्वास तो पूर्ण रूप से उठ ही चुका था। यशपाल कहाँ तक अब विश्वास-पात्र है इसका निश्चय करना बाकी था। तय यह हुआ कि यशपाल यदि दल के प्रति वफादार है तो वीरभद्र की हत्या कर वह अपनी वफादारी का सबूत दे। आज़ाद स्वयं यशपाल के साथ जाने को तैयार थे ताकि विश्वासघाती से प्रतिशोध अपने सामने लिया जा सके।

यशपाल और आज़ाद दो बार नियत समय पर वीरभद्र से मिलने गए। वीरभद्र ने आने का वादा किया, मगर वह नहीं आया। वीरभद्र को क्या प्राणदंड की पूर्व सूचना मिल चुकी थी ? क्या यशपाल ने अहसान का बदला चुका दिया था ?

इसी समय बच्चन (वैशम्पायन) की कानपुर में गिरफ्तारी हुई जिसका उन्हें बड़ा सदमा हुआ। बच्चन उनका सबसे विश्वस्त साथी था। सालों से उनका काम सम्हालता था। गुप्त से गुप्त बातों की भी आज़ाद उससे विवेचना कर लेते थे। बच्चन की गिरफ्तारी से आज़ाद को जो सदमा हुआ उसका अन्दाज हम लोगों को था जो बाद में उनके साथ चन्द दिन रहे।

आज़ाद की परिस्थिति बहुत गम्भीर थी। साथियों का भरोसा नहीं। जिनका भरोसा था वे धीरे-धीरे पकड़े जा रहे थे। वीरभद्र और यशपाल क्या खेल खेल रहे हैं यह उनकी समझ में नहीं आ रहा था। यह स्थिति थी दल की 27 फरवरी के सबेरे तक, जब मैं उनसे मिलने को गया।

27 फरवरी को जब मैं उनसे मिला तो उन्होंने मुझसे छूटते ही यह प्रश्न किया, 'तुम बर्मा गए हो ?' मैंने कहा, 'हाँ।' 'बर्मा के रास्ते हमारे कुछ साथी हिन्दुस्तान से सुरक्षित जा सकेंगे' उन्होंने पूछा। मैंने कहा कि मैं जब बर्मा गया था तो मैंने इस बात का थोड़ा अध्ययन किया था। उस समय बर्मा और हिन्दुस्तान अविभाजित थे। बर्मा जाने के लिए पासपोर्ट की आवश्यकता नहीं थी। मलाया और थाईलैंड के जंगलों में से लोग आते-जाते थे। यह इतना ही दुर्गम मार्ग था जितना सीमाप्रान्त का इलाका। आज़ाद से इस सम्बन्ध में मेरी जो चर्चा हुई थी, इसका विवरण मैंने अन्य साथियों से उस दिन किया था।

जिस समय आज़ाद से यह चर्चा हो रही थी उसी समय थार्न हिल रोड पर म्योर कॉलेज के सामने से एक व्यक्ति जाता दिखाई दिया। बातचीत का क्रम रोककर भैया ने कहा। वह वीरभद्र जा रहा है। शायद उसने हमें देखा नहीं। मैंने गर्दन घुमाकर उधर देखा। वह आदमी आगे बढ़ चुका था केवल उसकी पीठ दिखाई दी। मैंने वीरभद्र को कभी नहीं देखा था। 27 फरवरी की घटना के पहले, एक या दो बार उसका नाम मेरे

सामने आया था। वह भी उस समय जब वीरभद्र को मारने की योजना असफल हो चुकी थी। और भैया और दूसरे साथी कानपुर से इलाहाबाद आ चुके थे। आज तक भी वीरभद्र को मैंने अपनी आँखों से नहीं देखा है।

ये बातें हो ही रही थीं कि एक मोटर सामने सड़क पर आकर रुकी जिसमें से एक अंग्रेज अफसर और दो कांस्टेबिल सफेद वर्दी में मोटर से उतरे। मोटर खड़ी होते ही हम लोगों का माथा ठनका। गोरा ऑफिसर हाथ में पिस्तौल लिए सीधा हमारी तरफ आया और पिस्तौल दिखाकर उसने अंग्रेजी में पूछा—'तुम लोग कौन हो और यहाँ क्या कर रहे हो।'

आज़ाद का हाथ अपनी पिस्तौल पर था और मेरा हाथ अपनी पिस्तौल पर। गोरे अफसर ने जैसे ही बात शुरु की हम लोगों ने पिस्तौल खींच ली। उत्तर गोली से दिया गया। मगर गोरे ऑफिसर की पिस्तौल पहले छूटी। गोली आज़ाद की जाँघ में लगी। आज़ाद की गोली गोरे ऑफिसर के कंधे में लगी। गोलियाँ दोनों तरफ से दनादन चल रही थीं।

गोलियों की बौछार गोरा ऑफिसर सहन न कर सका। उसने पीछे दौड़कर एक पेड़ की आड़ ली। सिपाही कूदकर नाले में जा छिपे। इधर हम लोगों ने जामुन के पेड़ की आड़ ली। एक क्षण के लिए लड़ाई रुक गई थी। उसी समय आज़ाद ने कहा—'मेरी जाँघ में गोली लग चुकी है। सिराज तुम निकल जाओ।'

आज इस घटना को हुए 37 साल हो गए। यह ठीक है कि आज़ाद ने मुझे भाग जाने के लिए कहा। यह भी ठीक है कि मेरे पास गोलियाँ कुल मिलाकर दो या तीन बची थीं। यह भी ठीक है कि पुलिस के साथ जमकर लड़ाई करने का कायदा क्रान्तिकारियों का नहीं था। डानब्रीन की एक कविता हम इस सम्बन्ध में अक्सर कहा करते थे—

*One who fights and runs away.*
*Lives to fight another day.*

(अर्थात जो क्रान्तिकारी लड़कर भाग निकलता है वह दूसरी बार के संघर्ष के लिए जिन्दा रहता है)

यह सब सही होते हुए भी आज़ाद को पार्क में शहादत के समय अकेला छोड़ आने की जो गलती मैंने की उसके लिए मैंने अपने आपको कभी माफ नहीं किया।

आज़ाद के आदेश पर मैंने निकल भागने का रास्ता देखा। बाईं ओर एक समर हाउस था। पेड़ की ओट से निकलकर मैं समर हाउस की तरफ दौड़ा। कुछ गोलियाँ मेरे ऊपर चलाई गई मगर मुझे लगी नहीं, ये गोलियाँ नाट बावर और उसके सिपाहियों द्वारा ही चलाई जा रहीं थी। समर हाउस के पास एक तारों का घेरा था। मैं उसे फाँदकर सड़क पर आया। यह सड़क पार्क के बीचोबीच से लाइब्रेरी की ओर जाती थी। सड़क पर मैंने देखा एक लड़का साइकिल पर आ रहा है। मैंने उसे पिस्तौल दिखाई और साइकिल से उतरने को कहा। लड़के ने चुपचाप साइकिल मुझे दे दी और मैं साइकिल

पर चढ़कर लाइब्रेरी की तरफ भागा। वहाँ से घूमते-घूमते मैं चाँद प्रेस पहुँचा। चाँद प्रेस के सम्पादक श्री रामरख सिंह सहगल दल के समर्थकों में से थे। मैं उन्हीं के यहाँ 'भविष्य' के सम्पादन विभाग में उन दिनों काम करता था। मेरा असली नाम भी सहगल जानते थे। मैंने जाते ही सारी घटना सहगल जी को बताई। उन्होंने सलाह दी कि हाजिरी रजिस्टर में दस्तखत फौरन करो और अपनी जगह बैठ जाओ। मैं पार्क में जाकर स्थिति देख आता हूँ।

शाम को मैं राजर्षि पुरुषोत्तमदास टंडन जी से मिला। टंडन जी को मैंने सारी बात ब्योरेवार बता दी और उनकी सलाह पूछी तो उन्होंने कहा कि अभी इलाहाबाद से जाना उचित न होगा। पुलिस चारों तरफ आज़ाद के साथी की तलाश कर रही है। शहर से बाहर जानेवाली सड़कों पर पुलिस लोगों की तलाशियाँ ले रही है।

दूसरे या तीसरे दिन मैं टंडन जी से फिर मिला। टंडनजी ने बताया कि मुझे पुलिस सुपरिंटेंडेंट नाट बावर ने बुलाकर पूछा था कि दूसरा क्रान्तिकारी कौन है और कहाँ गया। उत्तर में उन्होंने कहा कि हम देश की स्वतन्त्रता के लिए अहिंसक लड़ाई लड़ रहे हैं। जो लोग हिंसा में विश्वास करते हैं हम उनसे भी सम्पर्क रखते हैं और कोशिश करते हैं कि वे हमारे साथ मिलकर अहिंसक क्रान्ति में भाग लें। उनकी गतिविधि हमको मालूम होने पर भी उसकी सूचना आपको देना हमारा काम नहीं है।

इन्हीं दिनों 'पाइनियर' अखबार में एक लेख निकला जिसमें कांग्रेसवालों पर यह आरोप किया गया था कि वे लोग छिपे-छिपे हिंसक क्रान्तिकारियों को मदद करते हैं और अपने यहाँ इन्हें पनाह देते हैं।

जिस लड़के की साइकिल मैं ले गया था, यह हजारों में एक थी। साधारणतः साइकिल का हैण्डिल सफेद होता है पर इसका काला था। साइकिल इतनी असाधारण थी कि उसका पकड़ा जाना मुश्किल नहीं था। मैं केवल रात को ही उसे लेकर निकलता था। दोस्तों ने सलाह दी कि साइकिल को जमुना में विसर्जन कर दो। यह बात मुझे नहीं जँची। लड़के का नाम और पता समाचार पत्रों में प्रकाशित हो चुका था। एक दिन रात के समय रामकिशन मेहरा के घर पर मैं पहुँचा, इसी से साइकिल मैंने छीनी थी।

जिस समय मैं मेहरा के मकान पर पहुँचा तो वह खाना खा रहा था। मेरे बुलाने पर वह बाहर आया। मैंने उन्हें साइकिल लौटाई और उसके साथ एक धन्यवाद का पत्र भी दिया जो अंग्रेजी में था।

A soldier of the H.S.R.A. barrowed a cycle from you under irregular circumstances. The cycle is being returned herewith.

—**Balraj.**

चिट्ठी देकर मैं अपने मित्र शिवनन्दन शर्मा के यहाँ चला गया। शर्मा जी हिन्दी प्रेस इलाहाबाद के मालिक हैं। शिवनन्दन शर्मा, उनके बड़े भाई रघुनन्दन शर्मा और छोटे भाई वृजनन्दन शर्मा हमारी सहायता करते थे।

मैंने शिवनन्दन शर्मा से कहा—'बैंक रोड जाकर देखकर आओ कि साइकिल लौटाने

की क्या प्रतिक्रिया हुई है।' जब शर्मा लौटकर आए तो उन्होंने बताया कि लड़के के पिता प्रोफेसर मेहरा ने पुलिस को इत्तला दे दी है और पुलिस सर्चलाइट लेकर साइकिल के पहियों के निशान से यह पता लगाने की कोशिश कर रही है कि वह क्रान्तिकारी किधर से आया और किधर चला गया।

इसके बाद मैं सुविधानुसार कुछ दिनों के बाद लखनऊ चला गया।

यशपाल ने जो जहर मेरे विरुद्‍ध उगला है उसका उत्तर देने से पहले एक बात स्पष्ट करना आवश्यक है। यशपाल और वीरभद्र की साझेदारी उस समय से चली आ रही है, जिस समय से वीरभद्र ने यशपाल को मृत्युदंड से बवाया और उसके एवज में यशपाल ने वीरभद्र को सतर्क कर दिया।

इस साझेदारी में पुलिस उस समय शामिल हुई जब कैलाशपति मुखबिर हुआ और उसके बयान के बावजूद वीरभद्र नहीं पकड़ा गया। श्री रामचन्द्र मुसद्‍दी के बयान के अनुसार वीरभद्र को नाट बावर ने फैजाबाद जेल में मिलकर उसे बाध्य किया कि वह पुलिस की मदद करे जैसा कि उसने आश्वासन दिया था। इसके बाद वीरभद्र मलाका जेल भेजा गया जहाँ उसे इन्सपेक्टर शम्भूनाथ मिला और उसे छोड़ दिया गया। इस प्रकार तीन शक्तियों की धुरी का निर्माण हुआ। यशपाल, वीरभद्र और पुलिस के प्रतीक राय साहब शम्भूनाथ, वीरभद्र के परम मित्र और पड़ोसी।

जहाँ तक मुझे मालूम हो सका है शम्भूनाथ उस समय कानपुर में था और मैं सहगल जी के साप्ताहिक पत्र 'भविष्य' (इलाहाबाद) में काम करता था। दीदी और भाभी मेरे साथ ही रहती थी ! मेरी गिरफ्तारी के लिए दो हजार रुपया का इनाम उसी पोस्टर में घोषित था जिसमें चन्द्रशेखर आज़ाद, यशपाल, वैशम्पायन तथा अन्य साथियों का था। मेरे खिलाफ आठ मुकदमे रजिस्टर थे, जिनका ब्योरा किसी पुराने पत्रों के फाइलों में से मिल सकेगा। ये केस थे—बाम्बे षड्यन्त्र केस, दफा 307(2) अब्दुल अजीज को मारने का अभियोग, दफा 302(3) दिल्ली षड्यन्त्र, दफा 392(4) बहावलपुर बम, दफा 504, जिसमें भगवतीचरण शहीद हुए। (5) आज़ाद के साथ संघर्ष के समय लड़ते-लड़ते भागे, दफा 307 (6) शालीमार में गोली चलाने के अपराध में, दफा 307(7) लाहौर षड्यन्त्र केस में, दफा 4,5,6 और (8) बहावलपुर रोड में बम बिस्फोट। यह सब बातें मेरे मुकदमे के प्रारम्भ में पंडित ज्वाला प्रसाद पब्लिक प्रासिक्युटर ने एक प्रश्न के उत्तर में कही थीं।

मुझे गिरफ्तारी के बाद इलाहाबाद लाया गया। शिनाख्त परेड हुई। स्वयं नाट बावर मुझसे मिलने के लिए यूरोपियन लाकअप में आए। उन्होंने कहा, मैं इसलिए शिनाख्त परेड से पहले तुमसे मिलने आया हूँ क्योंकि मैं जानता हूँ कि मैं शिनाख्त परेड में तुम्हारी शिनाख्त नहीं कर पाऊँगा। मैं तुमको देखने को भी उत्सुक था क्योंकि जो आदमी मेरे साथ लड़ते-लड़ते भाग निकला उसको देखना था। श्री नाट बावर ने कमीज खोलकर वह घाव का निशान भी दिखाया जो आज़ाद की गोली से हुआ था।

उसके बाद नाट बावर ने उस पत्र का भी जिक्र किया जो मेरे हाथ का लिखा था

और मैं जो साइकिल के साथ रामकृष्ण मेहरा को दे आया था। नाट बावर बोले इस पत्र से तुमको सजा होना निश्चित है। मैंने इसका उत्तर दिया ऐसा सम्भव नहीं मालूम होता। पत्र मेरे हाथ का लिखा जरूर है मगर उसकी भाषा कैसी है ? उसमें लिखा है एच.एस.आर.ए. का एक सिपाही बेकायदा परिस्थितियों में आपसे साइकिल उधार ले गया था जो धन्यवाद के साथ लौटाई जाती है। उससे तो केवल यही सिद्ध होता है कि पत्र मैंने लिखा परन्तु साइकिल कौन ले गया, कौन लौटा गया इसका कोई प्रमाण इस पत्र में नहीं है।

इसके बाद शिनाख्त परेड हुई। पुलिस के गवाहों में से केवल एक व्यक्ति ने शिनाख्त किया। दूसरी शिनाख्त की रामकृष्ण मेहरा ने जिसकी साइकिल मैं ले गया था और लौटा आया था।

पंजाब पुलिस मुझे लाहौर से लाई थी। उसने उत्तर प्रदेश की पुलिस से सलाह कर यह कहा कि इससे तो पंजाब के मुकदमे काफी तगड़े हैं इसलिए इलाहाबाद में मुकदमा न चलाया जाए तो ठीक रहेगा। यहाँ की पुलिस राजी हो गई और मुझे पंजाब वापस ले जाया गया।

बम्बई षड्यन्त्र केस में सभी अभियुक्त बरी हो चुके थे। मुझे बम्बई ले जाकर मुकदमा चलाना व्यर्थ ही था।

गुरुदासपुर का केस खान बहादुर अब्दुल अजीज को गोली मारने का प्रयत्न का था। उसमें धनवन्तरी तथा मैं अभियुक्त थे। उसकी विचित्र बात यह थी कि जिस दिन लेमिंगटन शूटिंग हुआ उसी दिन खान बहादुर पर भी गोली चली थी। इसलिए उस केस को चलाकर पुलिस की हँसी ही होती। इसलिए वह मुकदमा भी नहीं चला। बाकी तीनों मुकदमे चले। आर्म्स एक्ट में मुझे तीन साल की सजा हुई जो अपील में दो साल रह गई। दोनों सजाओं का कुछ हिस्सा साथ-साथ चला कुल मिलाकर पाँच साल मैं जेल में रहा।

यशपाल ने यह भी लिखा है कि मैं अर्जी देकर लाहौर षड्यन्त्र के अन्य अभियुक्तों से अलग रहा। सच्चाई यह है कि मुझे शुरू से ही इन साथियों से अलग रखा गया था जिसके विरोध में ट्रिब्युनल में मैंने अर्जी दी। ट्रिब्युनल ने तय किया कि जेल सुपरिंटेंडेंट का अधिकार है कि वह किसी कैदी की व्यवस्था की दृष्टि से उसे कहीं भी रखे। इसके विरुद्ध अपील हाईकोर्ट में हुई। हाईकोर्ट ने तय किया कि किसी हवालाती को एकान्तवास में नहीं रखा जा सकता जब तक उसने कोई जेल नियम भंग न किया हो। हाईकोर्ट का फैसला वापस ट्रिब्युनल के पास आया। ट्रिब्युनल ने सुपरिंटेंडेंट जेल को आदेश दिया कि सुखदेवराज को किन्हीं दूसरे कैदियों के साथ रखा जाए जिससे उसका एकान्तवास खतम हो। कुछ दिन तक मुझे मामूली कैदियों के साथ रखा गया। आखिर संघर्ष करते-करते एक दिन मुझे षड्यन्त्र केस के कैदियों के साथ रखा गया। ट्रिब्युनल के फैसले और हाईकोर्ट के फैसले समाचार पत्रों में छपे हैं। हाईकोर्ट का फैसला 'ला जर्नल' में भी छपा था।

तथ्यों का तोड़-मरोड़ यशपाल ने जिस प्रकार किया है उसको देखकर मुझे सन्देह होने लगा है कि यशपाल का दिमाग विकृत तो नहीं हो गया है। द्वेष की भावना से उसकी आँखों पर पट्टी बँध गई है या स्मृतिविभ्रम हो गया है जिसको 'गीता' में विनाश का लक्षण माना गया है। मेरे गोली खाकर न मरने का दुख न तो आज़ाद को था और न धनवन्तरी को, वह है तो केवल यशपाल को।

अब चार जगह निकल भागने का यशपाल के आरोप पर विचार करें—

(1) पहला आरोप है कि विशेश्वर पर जब पुलिस ने गोली मारी तो मैं उसके साथ था और मैं वहाँ से भाग गया। यह घटना 4 नम्बर 1930 की है। विशेश्वर के साथ मैं नहीं बल्कि टहल सिंह था। विशेश्वर गोली से शहीद हुआ और टहल सिंह ने गोली चलाई और बाद में गिरफ्तार हुआ तथा उसे सात वर्ष की सजा हुई।

(2) धनवन्तरी और मैं 1 नवम्बर 1930 को विशेश्वर को घटना से तीन दिन पहले चाँदनी चौक में कपड़ा खरीद रहे थे। कपड़ा खरीदकर जैसे ही हम बाहर निकले तो सामना हुआ दो सी. आई. डी. वालों का, जो धनवन्तरी और मेरी लाहौर से निगरानी कर रहे थे। उनमें से एक व्यक्ति ज्ञानचन्द मुझे अच्छी तरह पहचानता था क्योंकि दो वर्ष तक उसने हमारा पीछा रात-दिन किया था। जैसे ही आँखें चार हुई ज्ञानचन्द बोला—नमस्कार बाबू जी। मैंने उत्तर दिया नमस्ते ज्ञानचन्द। मैंने ज्ञानचन्द से पूछा—यहाँ कैसे धूम रहे हो, हम लोगों की फिराक में तो नहीं आए ? ज्ञानचन्द ने कहा—नहीं हम लोगों की डयूटी चाँदनी चौक में लगी है। चाँदनी चौक में एक दिन पहले गोली चली थी इसीलिए कुछ लोग यहाँ तैनात हैं। धनवन्तरी ने भी कुछ दो-चार शब्द ज्ञानचन्द से कहे थे। उसके बाद धनवन्तरी ने कहा—अब चलो। हम लोग 15-20 कदम ही गए होंगे कि सी.आई.डी. वालों ने चिल्लाना शुरु किया—चोर-चोर ? हम लोगों ने भागना शुरु किया। धनवन्तरी आगे निकल गए और मेरा पैर बम की चोट के कारण अभी कमजोर था उस वजह से मैं जल्दी-जल्दी न चल सका। हम दोनों बिछड़ गए। धनवन्तरी आगे जाकर पुलिस द्वारा नहीं पकड़ा गया बल्कि आम जनता ने ही उसे घेर लिया और एक लाठीबाज ने उसके सिर पर लाठी का प्रहार किया। इसी भागा-दौड़ी में मैं एक डॉक्टर की दुकान में घुस गया। पुलिस मेरे पीछे थी। पुलिसवाले मुझे दुकान में जाते देख चुके थे। डॉक्टर ने मुझे घुसते नहीं देखा था पर डॉक्टर के एक साथी रायबहादुर चुन्नीलाल स्पेशल जज को, जो दुकान में थे, जाने का आभास हो गया था। ये दोनों ही बाहर खड़े तमाशा देख रहे थे। पुलिसवालों ने कहा—चोर अन्दर गया है। डॉक्टर साहब को यह विश्वास नहीं था पर राय बहादुर साहब यह देखने के लिए अन्दर आए। मैं किवाड़ की ओट में था। मैंने पिस्तौल उनकी छाती पर रख दी और उन्हें इशारा किया कि बताना मत। वे लौटकर पुलिस से बात करने गए। इतने में मुझे एक रास्ता दुकान में से ऊपर की ओर जाता दिखाई दिया। मैं ऊपर जाकर दो-चार मकानों की छतें लाँघकर सड़क पर गया। बाद में बाजार में आने पर मुझे मालूम हुआ कि धनवन्तरी गिरफ्तार हो गए।

(3) तीसरी घटना आज़ाद की है जिसे विस्तारपूर्वक ऊपर दे चुका हूँ।

(4) चौथी घटना में तो मैं गिरफ्तार ही हो गया था। उस समय जो समाचार छपे हैं उनसे स्पष्ट है कि कम-से-कम डेढ़ सौ सशस्त्र पुलिस ने शालीमार बाग (लाहौर) को घेर लिया था। जगदीश ने कभी कोई गोली नहीं चलाई। उसके पास रिवाल्वर या पिस्तौल था ही नहीं। ये सारी बातें हमारे केस में आई थीं। मुझ पर दफा 307 का मुकदमा नहीं था। केवल आर्म्स एक्ट का था जिसमें सजा हुई।

क्रान्तिकारी जब फरार होते हैं तो उनकी गिरफ्तारी दो सूरतों में होती है। पुलिस को पूर्व सूचना न हो और एक-दो आदमियों के ही साथ सामना हो जाए तो पचास प्रतिशत मौका निकल भागने का होता ही है और ऐसे मौके से हमने हमेशा ही लाभ उठाया है। गुरिल्ला वारफेयर में जबकि दुश्मन की शक्ति हमसे हजारों गुना ज्यादा मजबूत होती है जम के लड़ना कोई अर्थ नहीं रखता। आज़ाद की शहादत के समय और धनवन्तरी की गिरफ्तारी के समय निश्चित पूर्व सूचना नहीं थी। मगर दोनों ही मौकों पर पुलिस को यह सूचना थी कि इस क्षेत्र में क्रान्तिकारी सक्रिय हैं और जगह-जगह उनके लिए सफेद वर्दी में पुलिस और मुखबिर घूम रहे थे। ऐसी स्थिति में इन दो स्थानों में से भाग जाना कोई असम्भव बात नहीं थी।

जगदीश की शहादत के समय हम लोग शालीमार बाग में घिर गए थे। शालीमार बाग की दीवार आठ फुट से भी अधिक ऊँची है। आने-जाने का एक ही रास्ता था जो पुलिस ने रोक रखा था। डेढ़ सौ सशस्त्र पुलिस के सामने हथियार डाल देने के सिवा और कोई चारा न था।

'वीर शिरोमणि' यशपाल 'स्वयंभू' कमांडर इन चीफ जब इलाहाबाद में घिर गए थे तो उन्होंने केवल तीन गोली चलाई थी, पुलिस को सलामी देने के लिए तीन गोली पुलिस कप्तान ने चलाई। उसके बाद 'दोनों बिछुड़े बहादुर' मिले और यशपाल जहाँ ठहरे थे वहाँ से 50 कारतूस और तीन पिस्तौल बरामद हुई। ये घटना उस समय के पत्रों में प्रकाशित हुई जिसका ब्योरा पुलिस रेकार्डों में भी है।

36 साल तक अपने दल की गन्दी चादरें धोने का काम मैंने करने से गुरेज किया परन्तु यशपाल ने जो छींटाकशी की, जो उचित-अनुचित बातें कहीं और लिखीं, उनको अनदेखा किया। मगर जिस ऐतिहासिक तथ्य की दुहाई उन्होंने दी है उसकी सफाई देना जरूरी हो गया। इसलिए अनिच्छा होते हुए भी यह सब लिखना पड़ा।

वीरभद्र के सम्बन्ध में मुझे व्यक्तिगत जानकारी नहीं। इन महाशय से मिलने का कभी सौभाग्य भी नहीं हुआ। आज़ाद ने शहादत से पहले उसका नाम लिया था जिसका उल्लेख किया जा चुका है।

चन्द्रशेखर आज़ाद को गिरफ्तार कराने या मरवाने का लोभ किसको हो सकता है। उस दिन इलाहाबाद में दल के निम्नलिखित लोग थे—आज़ाद, यशपाल, सुरेन्द्र पांडे, वीरभद्र, सद्गुरुदयाल अवस्थी और मैं। मैं और चन्द्रशेखर आज़ाद घटनास्थल पर ही थे। नाट बावर के बयान के अनुसार मैंने और आज़ाद ने गोली चलाई। उसके बाद

मैं वहाँ से भाग आया। उस वक्त नाट बावर के साथ केवल दो आदमी थे।

यशपाल और सुरेन्द्र पांडे दूर नहीं गए थे जबकि गोली चलनी शुरू हुई। वीरभद्र तिवारी ने अभी तक सफाई अपने सम्बन्ध में नहीं दी और जहाँ तक मुझे याद है अवस्थी ने भी नहीं दी।

घटनाक्रम को देखते हुए ऐसा मालूम होता है कि यह सूचना तो गुप्तचर विभाग को थी कि आज़ाद इलाहाबाद में हैं और क्रान्तिकारियों के मिलने का स्थान अल्फ्रेड पार्क है। मगर अल्फ्रेड पार्क में कौन समय और किस कोने में आज़ाद या उनके साथी आएँगे इसकी निश्चित सूचना नहीं थी।

एक बात और कहना चाहता हूँ, आज़ाद को गिरफ्तार कराने में या उनको मरवाने में किसको लाभ हो सकता था। मोटिव किसका हो सकता था। आज़ाद के साथ किन लोगों का झगड़ा था, किन लोगों को आज़ाद ने प्राणदंड देने की घोषणा की थी, कौन लोग उससे छिपे-छिपे घूम रहे थे और किन लोगों से दल के प्रति वफादारी का सबूत माँगा गया था ? इसका उत्तर यशपाल और वीरभद्र ही दे सकते हैं।

—**Sukhdev Raj**

## वैशम्पायन का वक्तव्य

15 जनवरी के अंक में श्री लल्लन प्रसाद व्यास का एक लेख पढ़ा जिसमें श्री वीरभद्र तिवारी के निष्कलंक होने-न होने की चर्चा की गई है। चर्चा में श्री यशपाल की पुस्तक 'सिंहावलोकन' तथा श्री रामचन्द्र मुसद्दी के लेख का उल्लेख है। इस विषय की चर्चा करने के पूर्व मैं यह कह देना आवश्यक समझता हूँ कि 8-9 अक्टूबर, 1966 को एक क्रान्तिकारी सम्मेलन देहरादून में हुआ था, उस समय श्री लल्लन प्रसाद व्यास मुझसे मिले थे और उन्होंने श्री वीरभद्र तिवारी की चर्चा मुझसे की थी। उन्होंने यह भी कहा था कि वीरभद्र तिवारी का आग्रह है कि व्यास जी उनकी सफाई के सम्बन्ध में लेख लिखें। इस सम्बन्ध में उन्होंने मुझसे कुछ प्रश्न भी किए थे और मैंने उनके उत्तर भी उन्हें दिए थे।

इस सच्चाई के सम्बन्ध में सबसे पहले यह प्रश्न उठता है कि इन 35 वर्षों तथा देश की स्वतन्त्रता के बाद के 19 वर्षों में श्री वीरभद्र ने यह प्रश्न क्यों नहीं उठाया ? उन पर किसी प्रकार का बन्धन नहीं था। वे कानपुर के क्रान्तिकारियों के साथ बैठकर अपनी सफाई दे सकते थे। अब जबकि उन तथ्यों को जाननेवाले बहुत-से साथी मर चुके हैं, ऐसे समय में ही यह सफाई की इच्छा प्रबल क्यों हुई ? शायद जो साथी बचे हैं उनकी संख्या कम है, इसलिए सम्भव है कि कलंक धोने का उन्होंने यही अवसर उपयुक्त समझा हो। वे ये भी जानते हैं कि ब्रिटिश शासनकाल के अनेक महत्त्वपूर्ण रेकार्ड देश के स्वतन्त्र होने के पूर्व गुप्तचर विभाग ने नष्ट कर दिए हैं। और जो हैं भी वे क्रान्तिकारियों को आसानी से नहीं मिल सकेंगे। उस कांड से सम्बन्धित जो अधिकारी

जीवित हैं वे हैं उनके परम मित्र और पड़ोसी श्री शम्भुनाथ। वे उनके विषय में सत्य बताने से रहे। फिर भी जो तथ्य और सत्य हमारे सामने हैं वे ही इतने पर्याप्त हैं कि उनसे यह सिद्ध हो जाएगा कि आज़ाद के मरवाने में उनका कितना हाथ रहा है ?

श्री तिवारी ने कहा है कि वे 26 फरवरी को श्री रामरख सिंह सहगल की मार्फत आज़ाद से मिलने इलाहाबाद गए थे। प्रश्न यह है कि सहगल से सम्बन्ध होने का उन्हें कैसे पता चला। इसका पता केवल चार व्यक्तियों को था—भाभी, दीदी, आज़ाद तथा मुझे। दूसरे, आज़ाद के पास सन्देश भेजने तथा उनसे मिलने का प्रयत्न करने के लिए कानपुर में मासीमाँ थीं जिनसे मिलकर वह कह सकते थे। वे उनसे मिलते भी रहे। क्योंकि उन्हें जब मारने की योजना बनी थी तब उन्हें मासीमाँ या खोकी की मार्फत ही बुलाया गया था। पर वे नहीं आए। इसके अलावा आज भी यह कहनेवाले लोग हैं कि श्री वीरभद्र को कटरे में एक तिमंजिले मकान के ऊपर के खंड में ठहराया गया था। क्या यह गलत है ? इसका अर्थ है कि वे इलाहाबाद पहले भी गए हैं।

जब कभी भी किसी क्रान्तिकारी षड्यन्त्र में पकड़े जाने पर मुखबिरों ने बयान दिए उसी समय उसमें उल्लिखित व्यक्तियों को पुलिस ने गिरफ्तार किया। दिल्ली षड्यन्त्र के मुकदमे के प्रारम्भ में कैलाशपति गिरफ्तार हुआ। उसने जो बयान दिया उसी के आधार पर लोग पकड़े गए। जो पकड़े गए उनमें एक तो सक्रिय सदस्य थे, दूसरे केवल सहानुभूति रखनेवाले। सहानुभूति रखनेवालों को पुलिस अधिकतर गवाह बनाने का प्रयत्न करती और इन्कार करने पर उसे अभियुक्तों के कटघरे में खड़ा करती। ऐसे ही एक व्यक्ति श्री हरदुवारी लाल टेलर मास्टर थे। उनका अपराध केवल कैलाशपति को मकान देना था। अब इसी आधार पर भी वीरभद्र की स्थिति को परखें। वीरभद्र क्रान्तिकारी दल की केन्द्रीय समिति के सदस्य थे और पुराने क्रान्तिकारी माने जाते थे। कैलाशपति ने उनका नाम भी पुलिस को बताया। उस समय वे फैजाबाद जेल में कांग्रेस आन्दोलन में सजा भुगत रहे थे। वहाँ नाट बावर ने जाकर उन्हें दफ्तर में बुलाया। कहते हैं कि उन्होंने उन्हें फाँसी पर लटकवाने की धमकी दी। उस समय इसे प्रत्यक्ष सुननेवाला कोई नहीं था। उस दिन वे बेचैन रहे। उसके बाद उन्हें फैजाबाद जेल से मलाका जेल इलाहाबाद ले जाया गया। वहाँ उनसे मिलने उनके परम मित्र इन्सपेक्टर शम्भुनाथ और उनकी पत्नी आए। बाद में उन्हें छोड़ दिया गया। अब भी फैजाबाद जेल के रेकार्डों से यह पता चल सकता है कि वे कब मलाका जेल इलाहाबाद भेजे गए और सजा पूरी कर छूटे या पहले ही छोड़ दिए गए। यदि वे पुलिस के मुखबिर या गवाह नहीं बने थे, तो उन्हें सीधा दिल्ली ले जाया जाना चाहिए था, पुलिस ने ऐसा क्यों नहीं किया ? उनके साथ यह रियायत क्यों की गई ? कांग्रेस-आन्दोलन में जाकर गिरफ्तार हो जाने में उन्होंने पार्टी का हित देखा ? वे तो स्वयं डकैती करने जाने से डरकर जेल गए थे। वे जानते थे कि आज़ाद इस बार उन्हें नहीं छोड़ेंगे क्योंकि केन्द्रीय समिति ने यह नियम बना दिया था कि केन्द्रीय समिति के प्रत्येक सदस्य को किसी-न-किसी एक्शन में भाग लेना होगा। यह भाई भगवतीचरण का प्रस्ताव था। वे यह देख रहे थे कि वीरभद्र तथा

अवस्थी एक्शन में भाग लेने से न केवल बचते हैं बल्कि उत्तर प्रदेश में यथाशक्ति एक्शन नहीं होने देते। इसका उल्लेख मैंने अपनी पुस्तक 'अमर शहीद चन्द्रशेखर आज़ाद' द्वितीय भाग में किया है। ठीक यही नीति काकोरी षड्यन्त्र केस का एक मुखबिर अपना चुका था। श्री वीरभद्र पर मुकदमा न चलाने का कारण उनका नाट बावर से पुराना सम्बन्ध था। क्या उन्हें इसलिए नहीं छोड़ा गया कि उन्होंने आज़ाद को पकड़वाने का आश्वासन दिया ?

मैं कानपुर में 11-2-1931 को गिरफ्तार हुआ। वह भी तिवारी जी की कृपा से। मैं जब कुली बाजार में शिवचरण के मकान पर गया तब वे वहाँ मौजूद थे। शिवचरण मुझे दूर ले गया और इधर तिवारी वहाँ से निकले। उनके घर से जाने पर शिवचरण पर विश्वास था और इसलिए पार्टी की मोटर बेचने का काम उन्हें सौंपा गया था। लगभग एक-डेढ़ घंटे बाद जब मैं मकान से उतरा, तब शिवचरण मेरे साथ बातें करता आ रहा था। सादे कपड़ों में आसपास की दुकान पर बैठे पुलिसवालों ने हमला कर मुझे गिरफ्तार कर लिया। मेरे दोनों हाथ साइकिल के हैंडिल पकड़े हुए थे। मैं चढ़ने ही लगा था कि उन्होंने हमला किया। मेरा बैलेन्स चला गया, मैं साइकिल से गिरा और पकड़ा गया। शिवचरण के घर एक रिवॉल्वर था। यदि शिवचरण चाहता तो मेरी मदद कर सकता था, परन्तु यह सब उसने नहीं किया। पुलिस ने भी न तो उसके घर की तलाशी ही ली और न उसे गिरफ्तार ही किया। उसी के घर के निचले भाग में लोहारखाना था, जहाँ बम ढलते थे।

आज़ाद की शहादत के बाद श्री वीरभद्र पर कानपुर तथा उरई में कई हमले हुए। कहा जाता है कि कानपुर में उन्होंने पर्चेबाजी की, वह क्यों और उन पर्चों में क्या था ? उनके खिलाफ भी पर्चे बँटे थे। वे किसने बाँटे थे यह भी श्री तिवारी जानते थे। कानपुर के बचे साथी वह सब भूले नहीं हैं। जेल से 1939 में छूटने के बाद मैं झाँसी अक्सर जाता था। ऐसे ही अवसर पर एक बार झाँसी के मास्टर रुद्रनारायण ने मुझे बताया कि वीरभद्र झाँसी में हैं। हम दोनों उनसे मिलने गए। मिलने पर मेरा पहला प्रश्न यही था कि आज़ाद के मारने में आपका हाथ कहाँ तक था ? उनका उत्तर था—'इस मामले में मैं ही अकेला दोषी नहीं हूँ, और भी लोग थे।' मैंने उस दिन उनसे इस विषय में विस्तृत जानना चाहा पर वे मौन रहे। मैंने दूसरे दिन मिलने को कहा। उन्होंने घर पर ही रहने का आश्वासन दिया, पर दूसरे दिन जब हम लोग गए तब वे झाँसी छोड़कर चले गए थे। बाद में भी मैं कई दिन तक झाँसी में रहा, पर वे न लौटे। और एक दिन यह पता चला कि उन्होंने जो लोहे का कारखाना झाँसी में खोला था वह भी बन्द कर दिया। इस प्रकार एकाएक चले जाने का वे कुछ भी कारण दे सकते हैं, पर बात साफ है कि वे सफाई देते तो क्या ? इसीलिए मुझसे फिर नहीं मिले।

अन्त में एक बात और भी पूछनी है और वह यह कि आज तक पुलिस ने किसी क्रान्तिकारी को संरक्षण दिया है ? सिवा मुखबिरों और गद्दारों के। श्री तिवारी के पास जो पिस्तौल या रिवाल्वर था, वह कैसा था ? उसका लाइसेन्स उन्हें कहाँ से मिला ?

पुलिस संरक्षण की भी बात बहुत से लोग जानते हैं।

आज भी यदि तिवारी चाहें तो कानपुर में काकोरी षड्यन्त्र के बख्शी जी तथा आज़ाद के समय के जो साथी जीवित हैं, उन्हें एकत्र कर उनके सामने आने का साहस कर सफाई दें। सम्भवतः मार्च में कानपुर में क्रान्तिकारियों का एक सम्मेलन होनेवाला है। कानपुर के श्री रामदुलारे त्रिवेदी से वे इसकी विस्तृत जानकारी प्राप्त करें तथा उस समय आकर सफाई दें। वहाँ दूध का दूध और पानी का पानी हो जाएगा। पर मैं जानता हूँ कि श्री वीरभद्र तिवारी में आज भी सत्य का सामना करने का नैतिक साहस नहीं है। उनका पाप ही उन्हें खा रहा है और उसी की आग में वे छटपटा रहे हैं।

**–विश्वनाथ वैशम्पायन**

## आज़ाद की मृत्यु और वीरभद्र तिवारी

*सरदार भगत सिंह के पुराने साथी प्रसिद्ध क्रान्तिकारी काशीराम का पत्र*

15 जनवरी के 'साप्ताहिक हिन्दुस्तान' में श्री लल्लन प्रसाद व्यास का एक लेख आज़ाद की मृत्यु और श्री वीरभद्र के सम्बन्ध में पढ़ने को मिला। उस लेख में श्री वीरभद्र के उस पत्र को भी उद्धृत किया गया है, जो उन्होंने व्यास जी को भेजा था।

ब्यास जी उत्साही युवक पत्रकार हैं। उनके कई लेख अन्य क्रान्तिकारियों के सम्बन्ध में पढ़ने को मिले हैं, पर यह लेख अपने ढंग का निराला ही है। मैं यह समझ नहीं पा रहा कि वीरभद्र जी ने व्यास जी को ही ऐसा पत्र क्यों लिखा ?

वीरभद्र के शब्दों में यशपाल उनके मित्र हैं, अहसानमन्द भी और वे जानकार साथी भी हैं। फिर पत्र उन्हें ही क्यों नहीं लिखा गया ?

चूँकि वैशम्पायन जी ने अपना वक्तव्य छपा दिया है, इसलिए अधिक लिखने को रह नहीं जाता, फिर भी मैं अपने अनुभव की दो बातें लिख देना चाहता हूँ।

सन् 38 या 39 में श्री मोहनलाल गौतम के साथ किसान सभा के कार्य से मेरा उरई जाना हुआ था। वीरभद्र जी की मुझ पर विशेष कृपा रही थी, इसलिए उनसे मिलने उरई में उनके घर गया था। घर पर उनकी स्त्री थीं, थोड़ी देर में वीरभद्र जी भी आ गए। मुझे देखकर वे घबरा गए। और उन्होंने कहा–'मुझे बहुत घबराहट हो रही है–तुमसे डर लगता है। तुम मेरे घर से फौरन चले जाओ !' मैंने कुछ बात भी करनी चाही, पर उन्होंने जबर्दस्ती मुझे अपने घर से बाहर निकाल दिया और झट से किवाड़ बन्द कर लिए। मौका अच्छा था, यदि वे चाहते तो शान्ति में अपनी बात कह सकते थे।

वीरभद्र जी जिला बोर्ड के चेयरमैन थे। उनके हाथ से स्व. पंडित जवाहरलाल नेहरू ने बोर्ड की ओर से मानपत्र स्वीकार किया था। इस घटना की काफी आलोचना समाचार-पत्रों में हुई थी और पं. नेहरू को सीधे लिखा भी गया या। सुनते हैं कि इस पर नेहरू जी ने खेद प्रकट किया था।

यह भी एक ऐसा अवसर था कि वीरभद्र अपनी सफाई दे सकते थे और नेहरू जी के प्रभाव से जाँच-पड़ताल भी तुरत-फुरत हो सकती थी।

आज आज़ादी मिलने के बीस वर्ष बाद वीरभद्र जी को अपनी सफाई देने की बात सूझी है। वैशम्पायन और यशपाल ईश्वर की कृपा से आज भी जीवित हैं। पहले उनसे ही अपनी सफाई करनी उचित थी। उनका पुत्र आज कानपुर में सर्किल इन्सपेक्टर पुलिस है। यह भी सुना गया है कि अंग्रेज सरकार ने वीरभद्र को काफी धन और जमीन उनकी सेवाओं के उपलक्ष्य में दी थी। कह नहीं सकते इसमें कितना सत्य है।

व्यास जी ने वीरभद्र की बात मानकर जाँच की माँग की है। इसमें उन्होंने दूरदर्शिता का परिचय दिया है तथा 'शहीद आज़ाद की मृत्यु का जिम्मेदार कौन' इस प्रश्न को उठाकर एक जनोपयोगी का कार्य किया है।

चूँकि व्यास जी और वीरभद्र ने जनता को जज बनाया है, इसलिए फिलहाल इसका फैसला भी जनता पर ही छोड़ना ठीक होगा।

**—काशीराम**
**अरविन्द आश्रम, पांडिचेरी**

# चन्द्रशेखर आज़ाद की शहादत के लिए जिम्मेदार कौन

*ले. विश्वनाथ वैशम्पायन*

'चन्द्रशेखर आज़ाद के प्रति विश्वासघात किसने किया' यशपाल की इस लेखमाला का उत्तर देते समय वीरभद्र के विषय में अपना संशय दृढ़ करनेवाले प्रमाण एक बार दुहराना असंगत न होगा।

सन् 1967, 12 मार्च के 'हिन्दुस्तान साप्ताहिक' में चन्द्रशेखर आज़ाद की शहादत के लिए वीरभद्र के उत्तरदायी होने के संशय की पुष्टि में मैंने जो लिखा था उसमें से कुछ तथ्य इस प्रकार हैं—वीरभद्र तिवारी आज़ाद के शहादत के दिन इलाहाबाद में था। स्वयं आज़ाद ने उसे सड़क पर से जाते देखा था। उस समय सुखदेव आज़ाद के साथ पार्क में बैठा था। प्रथम बात की पुष्टि श्री रामचन्द्र मुसद्दी के पत्र से होती है जो 'साप्ताहिक हिन्दुस्तान' के 18 जून के अंक में प्रकाशित हुआ है। सुखदेवराज ने दूसरी बात की पुष्टि की है और आज भी कर रहा है। उसका इस सम्बन्ध का लेख अन्यत्र दिया गया है।

(2) वीरभद्र उत्तर प्रदेश में और विशेषकर कानपुर में कोई ऐसा एक्शन नहीं होने देना चाहता था जिससे पुलिस सतर्क हो इसका उत्तर उससे माँगती, क्योंकि वह पुलिस का मुखबिर था। इसीलिए आज़ाद जब उसे कानपुर के एक 'एक्शन' में ले जाना चाहते थे तो वह सत्याग्रह में जेल चला गया। परन्तु कैलाशपति मुखबिर ने जिस समय यह बताया की वीरभद्र केन्द्रीय समिति का सदस्य था और अनेक 'एक्शनों' के निर्णयों में वह शामिल था, तो नाट बावर, फैजाबाद जेल में उससे मिला। उसी के आदेश पर वीरभद्र मलाका जेल इलाहाबाद भेजा गया। जहाँ सी.आई.डी. इन्सपेक्टर शम्भूनाथ तथा वीरभद्र की पत्नी उससे मिलने आई थीं। उस दिन मैं मलाका जेल के फाटक पर उस मजिस्ट्रेट को पहचानने के लिए गया था जो सत्याग्रहियों को कड़ी सजाएँ देता था। आज़ाद उसे मार डालने की योजना बना रहे थे ! मुसद्दी जी ने यह और इसके सिवा भी अनेक तथ्य दिए हैं।

जब कानपुर के साथियों ने उस पर आरोप किया था तथा विद्यार्थी जी ने उससे इस सम्बन्ध में पूछा था तभी वीरभद्र अपनी सफाई देकर उनका एक वक्तव्य निकलवा

देता, या उन्हीं के द्वारा आज़ाद से मिलकर अपनी सफाई देता। विद्यार्थी जी की धारणा का भी उल्लेख मुसद्दी जी ने किया है। परन्तु उस समय वीरभद्र ने ऐसा कुछ न किया। आज भी वह स्वयं न लिखकर किसी अन्य के हाथ में भोंड़े तीर देकर अपनी सच्चाई देना चाहता है। वह यह भी जानता है कि तथ्य जाननेवाले अनेक साथी मर चुके हैं। वह जानता है कि यशपाल की जान बचाने की कीमत इस तरह मिल सकती है। उसने स्वयं तो अपनी लेखनी विद्यार्थी जी के चरणो में रख दी है, जैसा कि उसने अपने एक पत्र में लिखा है।

यशपाल की इस लेखमाला में वीरभद्र के पक्ष में जो तर्क प्रस्तुत किए गए हैं, इस प्रकार हैं—

(1) वाइसराय स्पेशल ट्रेन उड़ाने की योजना वीरभद्र को मालूम थी, फिर भी उसने पुलिस को जानकारी नहीं दी। परन्तु मैं तो अनेक बार यह बता चुका हूँ कि कैलाशपति के मुखबिर होने तक वीरभद्र के विषय में पुलिस को यह पता नहीं था कि वह क्रान्तिकारी दल से सम्बन्धित है। जब उसे मालूम हुआ तभी उन्होंने उसका गला दबाया और वह आज़ाद का शत्रु बन बैठा क्योंकि आज़ाद को मालूम हो चुका था कि वीरभद्र को पुलिस ने छोड़ दिया है। आज़ाद को अकेला बना देने के लिए आवश्यक था कि पहले मुझ पर वार होता। एक बार कानपुर स्टेशन पर हम दोनों को घेरने का प्रयत्न किया गया था जो विफल हो गया। बाद में मुझे गिरफ्तार कराने की योजना बनी जो सफल रही।

(2) 26 जनवरी 1929 को 'बम का दर्शन' परचा बँटा था। उसको छपवाने की जिम्मेदारी वीरभद्र की थी। यह यशपाल का दावा है। साथ यह भी कहना है कि उसने उसका पता पुलिस को क्यों नहीं दिया। स्वयं यशपाल ने 'सिंहावलोकन' के दूसरे भाग पृष्ठ 148 पर इस घटना का उल्लेख किया है। इसमें वीरभद्र के नाम का कहीं उल्लेख नहीं है। उसमें स्पष्ट लिखा है कि यह व्यवस्था आज़ाद द्वारा की गई थी। अब वीरभद्र के आदेश पर यह तथ्य जोड़ा जा रहा है।

क्रान्तिकारी इतिहास के जिस कालखंड की यह बात है उस समय केन्द्रीय समिति भंग हो चुकी थी और आज़ाद के रहते यशपाल के कमांडर इन चीफ होने का प्रश्न ही नहीं था। अतः उस समय सभी सदस्य समान थे। यशपाल ने भगत सिंह के समय से क्रान्तिकारी होने का दावा किया है तो मैं उसके पहले रामप्रसाद बिस्मिल के समय से क्रान्तिकारी दल का सदस्य था। मुझे सदस्य बनानेवाले श्री शचीन्द्रनाथ बख्शी आज भी जीवित हैं जो इसका समर्थन कर सकते हैं। ऐसी लचर दलील से यशपाल का कथन ही अधिक विश्वास योग्य है, यह नहीं माना जा सकता।

यशपाल का आरोप है कि मैंने लोगों से सुनकर वीरभद्र पर आरोप किए हैं। परन्तु मैं अपनी गिरफ्तारी की बात तो जानता ही था। उसमें सुनी हुई बातों का आरोप निरर्थक है और जो बातें मैंने कही हैं उनका समर्थन तो आज भी अनेक साथी करते

हैं। इसके विपरीत यशपाल ने वही उगला है जो वीरभद्र ने उसे निगलवाया है। दूसरे उसके समर्थक पुलिसवाले हैं, जिनके नाम वह गुप्त रखना चाहता है। पुलिसवाले वीरभद्र के रहते उसके विरुद्ध कुछ कैसे कहेंगे। यशपाल के द्वारा मुझ पर लगाए एक बेबुनियाद आरोप का प्रभाव मैं यहाँ दस्तावेज सहित दे रहा हूँ। उसने आरोप किया है कि मुझमें कमजोरी आ जाने पर मैंने पुलिस का साथ दिया। इसीलिए मुझ पर आर्म्स एक्ट का मुकदमा नहीं चला। लिखने से पहले वह कुछ साथियों से पूछते या आतंकवाद का इतिहास ही पढ़ लेते। परन्तु उसकी उसने जरूरत नहीं समझी। मैं वीरभद्र की कृपा से 11 फरवरी 1931 को पकड़ा गया। वहाँ से मुझे शम्भूनाथ के घर ले जाया गया। फिर वहाँ से सिविल लाइंस के पुलिस लाकअप में। जहाँ संगीन के पहरे में बन्द रहा। वहीं विशेश्वर सिंह और नाट बावर मुझसे मिले। दोस्तों की तरह नहीं दुश्मनों की तरह। तभी विशेश्वर सिंह ने कहा था—'एक बार मैं आज़ाद से सामना करना चाहता हूँ।' मैंने कहा था—'भूलकर भी ऐसा न करना अन्यथा घर के लोगों को रोने के लिए छोड़ जाओगे।' मैं 11 फरवरी से 13 फरवरी के सबेरे तक लाकअप में रहा। वहाँ यशपाल की तरह मैंने ऐश नहीं किए। मुझे बिस्तरे की जगह एक कम्बल ही दिया गया था जिसमें जुँए भरे थे। पेशाब-पाखानों के लिए भी बाहर नहीं निकाला जाता था। इसी सबके विरोध में मैंने भूख हड़ताल कर दी थी जिसके बाद मुझे 13 तारीख को जिला जेल कानपुर भेज दिया गया। वहाँ मुझे तनहाई की कोठरी में पैरों में बेड़ी डालकर रखा गया तथा 14 फरवरी को एक दिन में ही आर्म्स एक्ट का मुकदमा हुआ, जिसमें मुझे दो वर्ष सख्त कैद की सजा हुई जिसका प्रमाण यह सर्टिफिकेट है—

## सर्टिफिकेट

प्रमाणित है कि श्री विश्वनाथ गंगाधर वैशम्पायन पुत्र गंगाधर महादेव वैशम्पायन रहनेवाले पंचकुइयाँ कोतवाली, झाँसी जिन्हें सजा यू/ एस 19 (सी) आर्म्स एक्ट के अन्तर्गत 14-2-31 को दो वर्ष की बामशक्कत सजा हुई...इत्यादि।

हस्ता. बी.पी. शर्मा

एडी. जिला मजिस्ट्रेट कानपुर

जेल की तनहाई कोठरियों में उन दिनों श्री अर्जुन अरोड़ा भी बन्द थे जो आजकल एम.पी. हैं। मेरे इस कथन का समर्थन वे कर सकते हैं। मुझे लाकअप या जेल में यशपाल की तरह ऐश करने को नहीं मिला, न पुलिस अधिकारी मुझसे मिलने फलों इत्यादि की भेंट लेकर आए। यशपाल ने इन सब बातों को 'सिंहावलोकन' में लिखकर स्वीकार किया है। कानपुर से मुझे बेड़ी, डंडाबेड़ी और हथकड़ी लगाकर दिल्ली भेजा गया। वहाँ दिल्ली षड्यन्त्र का मुकदमा चला। उसे उठा लेने पर मुझ पर ग्वालियर षड्यन्त्र चला जिसमें मैं सेशंस से छूटा। परन्तु पुलिस ने मुझे फिर गिरफ्तार किया। श्री

पोतदार भी मेरे साथ थे। यह गिरफ्तारी आर्डिनेन्स के अन्तर्गत हुई थी। बाद में श्री पोतदार छोड़ दिए गए और मुझे रेग्युलेशन्स 3 में बन्द रखा गया जिसमें मैं 1939 तक रहा। इसमें जो कुछ सुविधाएँ मिली वे कानूनन मिली। पुलिस की मेहरबानी से नहीं।

मेरी गिरफ्तारी के बाद न तो कोई मेरे कारण गिरफ्तार हुआ, न कहीं तलाशी हुई। न मेरे पास कोई पत्र ही निकला। कानपुर में जो गिरफ्तारियाँ और तलाशियाँ हुई वे शिवचरण के बम विस्फोट में घायल होने पर हुई। यह बहुत बाद की घटना है जिसका मेरी गिरफ्तारी से कोई सम्बन्ध नहीं। यशपाल के 'सिंहावलोकन' में इन सब बातों का कहीं उल्लेख नहीं है।

यशपाल ने लिखा है कि आज़ाद को तर्क और बहस के मामले में अपने पर भरोसा नहीं था। पर यह कहना एकदम गलत है। हाँ उन्होंने अपना निर्णय कभी किसी पर नहीं लादा। उस सम्बन्ध में वे खुले दिल से विचार विनिमय करते थे। इसका प्रमाण एसेम्बली बमकांड है। वे नहीं चाहते थे कि साथी आत्मसमर्पण करें परन्तु बहुमत जब इस पक्ष में था तो उन्हें बहुमत की बात माननी पड़ी। यशपाल ने यह इसीलिए लिखा है, जिससे लोग यह विश्वास कर लें कि यशपाल आज़ाद का सबसे बड़ा सलाहकार और विश्वासपात्र था।

अन्तिम लेख में यशपाल ने कहा है कि आज़ाद के एल्फ्रेड पार्क में होने का वीरभद्र के पास यह जानने का क्या सूत्र था, दूसरे क्रूमलेदर ने यह सूचना दी, तीसरे भाभी का कथन जिसमें सुखदेवराज पर यह आरोप किया गया है। ये सब बातें यशपाल की सुनी ही हैं। वीरभद्र को भैया (आज़ाद) के पार्क में होने की बात मालूम हुई उसके मित्र विशेश्वर सिंह द्वारा। जब विशेश्वर सिंह एक गोरे घुँघराले बाल तथा चेचक के दागवाले व्यक्ति से आज़ाद की अल्फ्रेड पार्क में होने की सूचना पाकर घर से चला तो कटरे में उसने वीरभद्र को इसकी जानकारी के लिए भेजा और स्वयं एल्फ्रेड पार्क में गया। उसके बाद वह थोड़ी देर के लिए चला गया था तो किसके पास ? जब नाट बावर पहुँचा तो विशेश्वर सिंह कहाँ गया था और पार्क में नाट बावर के पहुँचने पर नहीं मिला। इसी बीच वीरभद्र को आज़ाद ने देखा। यह ठीक है कि पुलिस ने आज़ाद की शिनाख्त के लिए बनारस और झाँसी से लोग बुलाने का नाटक किया। परन्तु पुलिस अफसरों के बयान से यह स्पष्ट है कि गुप्तचर विभाग को पूर्ण विश्वास हो चुका था कि वे आज़ाद हैं। तो यह दृढ़ विश्वास किस आधार पर था ? यह आधार था वीरभद्र और विशेश्वर सिंह के घर में बन्द रहनेवाला व्यक्ति। क्रूमलेदर उर्फ परमानन्द पर भी यह आरोप गलत है क्योंकि उस दिन वह श्री वीरेन्द्र पांडे के पास कानपुर में था। दूसरे यदि वह पकड़वाना चाहता तो कटरे के पहले मकान में ही यह दुर्घटना हो जाती। वह घर उसी ने किराए पर ले दिया था तथा वहाँ वह आता-जाता भी था। वह अब इस संसार में नहीं है इसलिए पुलिसवाले भी निःसंकोच उस ओर उँगली उठा देते हैं। पुलिस अफसरों के बयान में स्पष्ट रूप से गोरे व्यक्ति का उल्लेख है। परमानन्द तो कालास्याह था।

रही सुखदेवराज की बात तो भाभी जब तक स्वयं इस सम्बन्ध में नहीं लिखती तब तक इस पर मैं कुछ न कहूँगा। क्योंकि इसके पूर्व भी यशपाल ने भाभी के नाम पर अनेक बातें थोपी हैं। और इस बात का उत्तर देने के लिए स्वयं सुखदेवराज जीवित हैं। इस सम्बन्ध में उनका भी लेख इसी पुस्तक में है।

यशपाल ने इन लेखों में वीरभद्र के जेल से छूटने पर मिलने तथा इस सम्बन्ध में चर्चा करने की बात लिखी है पर 'सिंहावलोकन' में ऐसा कुछ नहीं है। उससे तो यही प्रकट होता है कि यशपाल उसे बचाकर निकल गया। ('सिंहावलोकन' भाग-3, पृ. 46) उसमें स्पष्ट है कि हमने परस्पर पहचानने का कोई संकेत नहीं दिया। अब 'धर्मयुग' के लेखों में वह लिखता है...वीरभद्र कोतवाली से विपरीत दिशा में जा रहे थे। वे मेरे साथ लौट पड़े। परस्पर हाल-चाल पूछा...

'सिंहावलोकन' में मेरी गिरफ्तारी का उल्लेख भाग 3 के 66 पृष्ठ पर है जिसमें लिखा है; 'स्वयं वैशम्पायन के कानपुर में रिवाल्वर जेब में होते हुए भी गिरफ्तारी के समय कुछ न कर सकने से आज़ाद किस परिणाम पर पहुँचे होंगे।' इससे स्पष्ट है कि उस समय आज़ाद के पास यशपाल नहीं था। भैया के मुँह से लेख में उसने जिन गन्दे शब्दों का प्रयोग करवाया है, वह उसके लखनऊ में रहने का परिणाम हो सकता है। या फिर उसके पास हाल ही में स्वर्ग से आज़ाद का कोई विशेष सन्देश आया हो तो मुझे मालूम नहीं।

स्वयं यशपाल ने अपनी गिरहवान में मुँह डालकर कभी यह नहीं सोचा कि उसकी गिरफ्तारी के बारे में लोग क्या कहते हैं। पील्डिच के अनुसार, यशपाल ने तीन गोली चलाकर दोनों हाथ ऊपर उठाकर आत्मसमर्पण कर दिया और पील्डिच से पूछा—'आशा है आपको चोट नहीं आई।' उत्तर 'जी नहीं ! और आपको भी नहीं।' थैंक्यू का आदान-प्रदान। इस घटना का उल्लेख करते हुए 'आतंकवाद के इतिहास' के पृष्ठ 418 पर लिखा है—'यशपाल जहाँ थे वहाँ से तीन तमंचे रिवाल्वर तथा 18 राउंड गोलियाँ थीं।' इतना सब रहते कमांडर इन चीफ ने आत्म समर्पण किया। एक कमांडर इन चीफ की शहादत के बाद भी पुलिस ने उनके शरीर को अपमानित किया—घसीटकर अपशब्दों का प्रयोग कर और दूसरे कमांडर इन चीफ के साथ पुलिस ने बहुत अच्छा बर्ताव किया तो क्यों ? अनेक लोग तो यह भी शंका करते हैं कि पार्टी ने यशपाल पर जो अपराध लगाया तथा बाद में उसे क्षमा किया गया उस अपमान का बदला आज़ाद से भंजाया गया। इसीलिए आज़ाद की शहादत के बाद यशपाल ने रूस न जाकर अपने सिर पर कमांडर इन चीफ का ताज रखा था। परन्तु इन तीन दिन की हुकूमत में कोई एक्शन नहीं हुआ। इस नाते पुलिस अधिकारियों से घनिष्ट सम्बन्ध हो गए।

अन्त में मुझे एक ही शंका का समाधान करना रह जाता है कि यशपाल ने वीरभद्र की आड़ लेकर यह झूठ वमन क्यों किया। इसका उत्तर यही है कि यशपाल ने 'सिंहावलोकन' में भी मेरे, सुशीला दीदी, धनवन्तरी, विमल प्रसाद जैन तथा सुखदेव राज के विरुद्ध बहुत कुछ लिखा है। और जब आज़ाद की जीवनी का मेरे द्वारा लिखा प्रथम

खंड प्रकाशित हो गया तो उसे यह भय हो गया कि प्रकाशवती कांड की सत्यकथा अब अवश्य प्रकाश में आएगी। मुझे भी वह लिखनी ही पड़ी, क्योंकि यशपाल ने 'सिंहावलोकन' के भाग तीन की प्रस्तावना में चुनौती-सी दी है कि, 'जो मुझसे अधिक सत्य जानते हों वे भी लिखें।' इसलिए जो सत्य और तथ्य मुझे मालूम हैं वे तो मैं अवश्य लिखूँगा। यह सब समझ-सोचकर उसने मेरे विरुद्ध यह भूमिका बाँधी कि जिससे लोग मुझे गद्दार समझें। मेरे लिखे को झूठा माने। मैंने और यशपाल ने जो कुछ लिखा है उसका निर्णय तो पुलिस अधिकारी नहीं करेंगे। इस सबका निर्णय मैं पाठकों पर ही छोड़ता हूँ। अन्त में यशपाल ने नैनी जेल में मुझसे जो कहा था कि बच्चन हम पिछली बातों को भूल जाएँ तो वह कौन-सा रहस्य था ? क्या वह प्रकाशवती कांड नहीं था !

**—विश्वनाथ वैशम्पायन**

## सन्देहों का गोलमाल

### सुखदेव राज का पत्र

सारनाथ
25-8-67

प्रिय भाई वैशम्पायन,

जो चर्चा आजकल समाचार पत्रों में चली है वह यह प्रश्न लेकर चली है कि स्व. चन्द्रशेखर आज़ाद के प्रति विश्वासघात किसने किया। छत्तीस साल के बाद ये चर्चा महत्त्व की होते हुए भी इसका दूसरा पहलू मुझे अधिक महत्त्वपूर्ण मालूम होता है। वह पहलू है कि किन परिस्थितियों में और किन कारणों से क्रान्तिकारी दल में फूट पड़ी और किन कारणों से भैया आज़ाद ने दल भंग किया। जो लोग परस्पर स्नेह से देश के लिए बलिदान होने की भावना लेकर घर से निकले थे, वे लोग ब्रिटिश साम्राज्य के साथ अपनी लड़ाई रोककर एक-दूसरे के शत्रु क्यों बन बैठे, एक-दूसरे के प्रति अविश्वास किन कारणों से पैदा हुआ और क्रान्तिकारियों ने एक-दूसरे को डरपोक, चोर, कायर और पुलिस का भेदिया बनाना क्यों शुरू किया ? ऐसे अविश्वास के वातावरण में स्व. चन्द्रशेखर आज़ाद की शहादत के पीछे क्या विरोधी शक्तियाँ काम कर रही थीं, इनका विवेचन करना उचित होगा।

जिस दिन प्रकाशवती शाही मोहल्ला हीरा मंडी का मकान छोड़कर कृष्णनगर के दल के मकान में आई, उसी दिन सर्वनाश का जो क्रम शुरू हुआ उसकी इति दस महीने के बाद हुई एल्फ्रेड पार्क इलाहाबाद में, जहाँ चन्द्रशेखर आज़ाद ने वीरगति पाई।

क्रान्तिकारी दल में यह निर्णय सर्वमान्य था कि दल का कोई सदस्य यदि विवाह करना चाहे तो उसको दल से अनुमति लेनी चाहिए। साधारणतः अनुमति माँगी भी नहीं जाती थी, और माँगने से अनुमति मिल ही जाएगी इसका भी कोई निश्चय नहीं था। कारण स्पष्ट है कि जो लोग विवाहित थे उन्होंने विवाह के बाद गृहस्थ जीवन बिताया

था, उनका मन और बुद्धि स्थिर हो चुकी थी। ऐसी दशा में यदि कोई गृहस्थ दल का काम करना चाहता था और अपने घर की बर्बादी के लिए तैयार हो तो वह दल के लिए श्रद्धास्पद होता था। ऐसे ही व्यक्तियों में से एक भाई भगवतीचरण थे। बाल्यावस्था में ही उनका विवाह हो गया था। गृहस्थ जीवन का उपभोग वे कर चुके थे। ऐसी स्थिति में क्रान्ति की ज्वाला में कूदना उनके लिए श्रेयस्कर भी था। उन्हें गृहस्थी का ऐसा कोई बन्धन नहीं था जो उन्हें पीछे घसीटता। जैसे बुद्ध भगवान ने स्त्री और बच्चे का मोह त्यागकर संसार के दुःख निवारण के लिए साधना की थी, ऐसी ही कुछ साधना भाई भगवतीचरण की भी थी। पीछे मुड़कर उन्होंने कभी नहीं देखा। पत्नी और बच्चे का मोह उन्हें कभी कर्तव्यच्युत न कर सका।

दुर्गा भाभी और दीदी हमारे दल की वरिष्ठ सदस्या थीं। उनके प्रति जितना आदर आज़ाद भैया और अन्य साथियों के मन में था उसका विस्तृत विवेचन आवश्यक नहीं; इसमें दो राय नहीं।

इन्हीं दिनों दो और महिलाएँ दल के सम्पर्क में आईं। एक प्रकाशवती और दूसरी चन्द्रावती। दोनों ही सीधे रास्ते से दल में प्रविष्ट नहीं हुईं। प्रकाशवती का सम्पर्क यशपाल के परिवार से था। यशपाल की बहन प्रेमवती इस लड़की को स्कूल में पढ़ाती थी। प्रकाशवती का सम्बन्ध यशपाल से कब हुआ इसका हिसाब मेरे पास नहीं है, मगर प्रकाशवती का दल को पैसे देने का लोभ देना, फिर पैसे के वगैर एक दिन अचानक चोरी से घर छोड़कर दल के काम के बहाने आना, यशपाल का उस लड़की के साथ घर से प्रेमनाथ उर्फ चिप्पड़ के द्वारा पत्र व्यवहार करना, (बाद में प्रेमनाथ को केवल इसी के कारण घर छोड़कर फरार होना पड़ा। सरकार ने अपनी घोषणा में प्रेमनाथ पर प्रकाशवती को घर से भगाने का आरोप लगाया था। केवल इसी के लिए उसे फरार घोषित किया।) यशपाल का कहना कि मैं प्रकाशवती से शादी नहीं करना चाहता था, फिर दो ही चार दिनों में जब यह बात स्पष्ट हो गई कि उनका सम्बन्ध पति-पत्नी का है, इस सबसे क्या निष्कर्ष निकलता है ? यशपाल फरार था। उसकी गिरफ्तारी के लिए तीन हजार रुपया इनाम घोषित था। ऐसे व्यक्ति के साथ कोई माँ-बाप अपनी लड़की का विवाह करने के लिए तैयार न होगा। न ही कोई लड़की ऐसे व्यक्ति से शादी करने को तैयार होगी जब तक उसके साथ लड़की का पूर्व प्रेम सम्बन्ध न हो।

(यशपाल अद्भुत कहानी लेखक है। उसकी कहानियाँ आज भारतवर्ष में प्रसिद्ध हैं। जो कहानी उसने प्रकाशवती के सम्बन्ध में गढ़ी वह रोचक होते हुए भी दल की विश्वसनीय न हो सकी। कारण कि ढाँचा वास्तविक है या नहीं इसकी जाँच उपन्यासों में नहीं होती बल्कि वास्तविक जीवन संघर्ष में।) मगर क्रान्तिकारी दल में जहाँ सभी साथियों के जीवन-मरण का प्रश्न होता है। छोटी-छोटी बातों पर भी दृष्टि जाती है और प्रेम सम्बन्ध विकृत होकर दल का अनिष्ट न करे इसका ध्यान रखा जाता है।

यशपाल के प्राणदंड की कहानी उस संघर्ष की कहानी है जो आज़ाद और यशपाल के बीच हुआ। यह संघर्ष चरित्र और प्रतिभा का संघर्ष था। आज़ाद कम पढ़े-लिखे होते

हुए भी चरित्रवान, वीर और सुलझे हुए व्यक्ति थे। (यशपाल उदीयमान कहानीकार और अवसरवादी था।) विश्व के साहित्य में ऐसे बहुत से प्रतिभाशाली लेखक हुए हैं जिनकी प्रतिभा ने दुनिया को हैरान कर दिया। मगर वह जिस मोहल्ले से निकल जाते थे वहीं के लोग उन्हें देखकर घर के दरवाजे बन्द कर लेते थे। उन लेखकों में से एक आस्कर वाइल्ड भी था। स्त्रियों तथा लड़कों के प्रति उसका आचरण इतना हीन था कि अन्त में उसे इंग्लैंड छोड़कर फ्रांस में शरण लेनी पड़ी।

दूसरा उदाहरण कैलाशपति का है। कैलाशपति पर यशपाल की तड़क-भड़क और मुक्त हस्त से पार्टी के पैसे खर्च करने की मनोवृत्ति का प्रभाव पड़ा। यदि एक साथी जो गरीब घर में पैदा हुआ हो और उसने गुरुकुल में निःशुल्क शिक्षा पाई, और जिसमें गरीबी की कसक और अपमान की व्यथा बहुत दिनों से दबी पड़ी थी, पार्टी में प्रवेश करते ही पार्टी की मदद से वह स्त्री को ले आता है और उसकी सुविधा के लिए बढ़िया कपड़े, मोटर का सफर, रेलगाड़ी में फर्स्ट क्लास के कूपे में सफर की व्यवस्था करता है तो उसका असर दूसरों पर होना स्वाभाविक ही है, जैसा कि आगे चलकर कैलाशपति पर हुआ। एक दिन वह था कि कैलाशपति अपनी सुविधा का ध्यान न रखकर दूसरे साथियों की सुविधा का ध्यान रखता था, वही व्यक्ति प्रकाशवती कांड के बाद इतना स्वार्थी और शान-शौकत वाला आदमी हो गया कि एक दिन उसने भूखे-प्यासे यशपाल की भी सहायता करने से इन्कार कर दिया। इस बात का उल्लेख यशपाल ने भी किया है। एक ओर तो चन्द्रावती का पति दल के लोगों की सहायता करता था। उसने भगत सिंह के पम्पलेट टाइप करने में अपनी नौकरी जोखिम में डाली। दल के लोगों के लिए घरों की व्यवस्था की। अपने यहाँ दल के लोगों को ठहराया भी और अन्त में दल के ही सदस्य कैलाशपति ने उसके ही घर में रहकर उसकी स्त्री को फँसा लिया। यह सब दल में फैली वासना की मनोवृत्ति के कारण ही हुआ। बाद में यशपाल को जब प्राणदंड हुआ तो उससे भयभीत हो वह चन्द्रावती को लेकर अहमदाबाद भाग जाना चाहता था।

इस पत्र लिखने का उद्देश्य इस बात का विश्लेषण करना है कि स्त्रियों के प्रति दल में कोई घृणा नहीं थी। न उन्हें हीन दृष्टि से देखा जाता था। समस्या यह थी कि क्रान्तिकारी दल में जो लोग काम करते हैं स्त्रियों के प्रति उनका आचरण उनकी मनःस्थिति पर ही निर्भर करता है। यदि उसका चरित्र ऊँचा है तो स्त्री को वह आदर की दृष्टि से देखेगा और यदि वह चरित्रहीन है तो किसी भी आन्दोलन में ऐसे व्यक्ति संगठन के लिए खतरनाक हो सकते हैं। क्रान्तिकारी संगठन में तो यह सर्वनाश का कारण होगा जैसे यशपाल और कैलाशपति सिद्ध हुए।

*From the Book -*

## In Search of Freedom

Sri Joghesh Chandra Chatterji, M.P. (Kakori Case)

pp. 324 : In the Magistrate's Court another noteworthy occurrence was the sudden release of Virbhadra Tewari of Kanpur on the 29th Jan. 1926. This was unexpected as there was sufficient evidence to give him a long sentence. Sanyal, Ram Prasad and myself had a long discussion about it and reached the unanimous conclusion that he had managed to become a favourite of the police.

pp. 433 : Bijoy wanted to know so many things from me about so many persons but never a word was mentioned about Virbhadra Tiwari and Tewari was in their full confidence, nay, he was incharge of the U.P. Organisation. But we could not rely on him as he was let off by the lower Court although there was ample evidence to entangle him in the Kakori Case.

# दिनांक 27.2.1931 को आज़ाद के निधन पर लिखी गई कविता

*ऐ शहीदे वतन, ऐ माँ के दुलारे बेटे,*
*आज आराम से आगोश[1] लहद[2] में लेटे।*
*वक्त जब आन पड़ा मारकाआराइ[3] का,*
*ध्यान हर वक्त रहा मुल्क के रुसवाई का।*
*सामने आँख उठाने की जिन्हें ताव न थी,*
*छिपके बच जाएँ यह आसान कोई बात न थी।*
*उनके ही हाथ का तू सैद[4] हुआ आखिरकार,*
*वाय किस्मत नहीं उसमें कोई चारा जिन्हार[5]।*
*दम में गरदम है, तो कुछ कौम की खिदमत हो जाए,*
*जिन्दगी यों ही न आराम से रुक्सत हो जाए।*
*मादरे हिन्द की जिन्दां[6] से रिहाई हो जाए,*
*हर तरह अपने फरायेज[7] की अदाई हो जाए।*
*बस इसी धुन में भटकता फिरा बीरानों में,*
*कौम का एक ही दीवाना था दीवानों में।*
*दे गई दर्स[8] फना[9] हमको शहादत तेरी,*
*मिस्ल अपना नहीं रखती है शहादत तेरी।*
*आज मर कर के भी तू जिन्दा है दिलों में सबके,*
*उम्र जावेद[10] मिली राहें वफा में मिट के।*
*फूल मकतल पै तेरी चन्द पड़े थे बिखरे,*
*जख्म दिल देख के उनको हुए जाते थे हरे।*
*नवहाँ[11] करती हुई वाँ, वादे सबा आती थी,*
*गर्व से कान में सबके ये सदा[12] आती थी।*

---

1. गोद, 2. कब्र, 3. झगड़ा, 4. शिकार, 5. हर्रा गज, 6. कैदखाना, 7. पुरज़ों, 8. सबक, 9. मौत, 10. मुस्तकिल, 11. मातमी गान, 12. आवाज।

*मादरे हिन्द हो आज़ाद, तुम आज़ाद बनो,*
*हक तुम्हारा है कि आज़ाद हो आज़ाद बनो।*

सौजन्य से
श्री सीताराम श्रीवास्तव, जौनपुर
तथा श्री बाँके बिहारी सिंह, सुलतानपुर

## श्रद्धा के सुमन समर्पण

(1)
वरदान-सदृश इस भू पर,
पा सुर-दुर्लभ मानवतन,
करते हैं मानव-हित में—
जो जीवन सदा समर्पण।

(2)
निज स्वत्व स्वार्थ विस्मृत कर,
प्रतिक्षण परार्थ जो जीते,
जो सुधा जगत को देकर—
बन शम्भु गरल हैं पीते।

(3)
अत्याचारों की आँधी,
पथ रोक न जिनका पाती,
अन्याय-तिमिर भेदन में,
रत जिनकी जीवन बाती।

(4)
हो स्वाभिमान उत्प्रेरित,
रक्षा की शपथ उठाते,
निज जन्म सिद्ध अधिकारों
के हित जो शस्त्र उठाते।

(5)
जो जन्म भूमि गौरव हित,
करते हैं प्राण निछावर,
उनका चरित्र है सचमुच—
पावन इतिहास धरोहर।

(6)

था वीर चन्द्रशेखर का—
ऐसा ही अनुपम जीवन,
निज जन्म भूमि हित जिसने—
कर दिया निछावर तन-मन।

(7)

पग-पग पर वह शासन को,
करता था सदा प्रवंचित,
उसमें अपूर्व अद्‍भुत था—
कौशल, साहस, बल संचित।

(8)

वह मनःपूत निस्पृह औ,
भास्वर रवि सम तेजस्वी,
तप, तेज, त्याग की प्रतिमा
वीरत्व-पुंज ओजस्वी।

(9)

उस नीति कुशल नायक के,
साहस दुर्दान्त विलक्षण—
से बृटिश-शक्ति शंकित औ,
विस्मय विजड़ित थी प्रतिक्षण

(10)

गोरे शासन से भिड़ना,
था पत्थर से टकराना,
प्राणों की बाजी रखकर,
सागर की थाह लगाना।

(11)

सीमित साधन लघु दल के,
बल पर वह जा टकराया,
उस महाकाय शासन को,
उसने आमूल हिलाया।

(12)

गुप्तचर पुलिस अधिकारी,
भी थे उससे थर्राते,
पाकर भी पता अकेले,
वे उसके निकट न जाते।

(13)

इस भाँति बृटिश शासन को,
जीवन भर नाच नचाया,
प्रण के अनुरूप पुलिस के—
वह जीवित हाथ न आया।

(14)

उस महापुरुष का जीवन,
सब आदर्शों का गृह था,
वह वीतराग संन्यासी
दल के धन से निस्पृह था।

(15)

जग वैभव तुच्छ समझते,
अंगार उगलने वाले,
सिर कफन बाँधकर फिरते
इतिहास बदलनेवाले।

(16)

पथ के शूलों पर उसने,
आशा के फूल खिलाए,
निज मातृभूमि सेवा का—
था मन्त्र-मूल अपनाए।

(17)

दल की विशृंखलित कड़ियों,
को उसने सदा मिलाया,
जन-जन को आज़ादी का
था महामन्त्र बतलाया।

(18)

यदि मुक्ति चाहते हो तुम—
दासत्व अनाचारों से,
शोषण, अन्याय, अनादर
के दुःसह व्यवहारों से।

(19)

यदि मुक्ति चाहते हो तुम
बर्बरता उत्पीड़न से
पग-पग होते अपमानित—
इस पराधीन जीवन से।

(20)

हरजोर जुल्म के बदले,
असि-धार उठानी होगी,
इस क्रूर कुटिल शासन को
ललकार लगानी होगी।

(21)

हमको स्वीकार नहीं है,
कायरता पूर्ण अहिंसा,
अपने हक के हित लड़ना
कहलाता है कब हिंसा।

(22)

परतन्त्र पराश्रित जीवन,
सदियों तक हमने भोगा,
इस बन्धन से छुटकारा—
बस क्रान्ति-मार्ग से होगा।

(23)

अत्याचारों का बदला,
दे सकते नहीं अहिंसक !
प्रतिकार किया करते हैं
निज स्वाभिमान के रक्षक।

(24)

इस क्रान्ति-यज्ञ में 'आहुति'
बनकर ज्वाला को बल दें
निज वज्र बाहुओं से हम
आओ इतिहास बदल दें।

(25)

इस भाँति दिया था उसने,
उन्माद भरा उद्‌बोधन,
सुनकर जिसको उत्तेजित
हो गया धरा का कण-कण।

(26)

पी कालकूट कष्टों का
दे जननी को नव जीवन
कर दिया देश हित उसने
अपना सर्वस्व समर्पण

(27)

उसके पद-चिह्न धरा पर,
युग-युग तक अक्षुण पावन,
उस देव-तुल्य मानव को
श्रद्धा के सुमन समर्पण।

**—उमाशंकर शुक्ल 'उमेश'**